Badach/Hoffmann

Zukunft der IP-Netze

AF733745

Bleiben Sie auf dem Laufenden!

Der Hanser Computerbuch-Newsletter informiert Sie regelmäßig über neue Bücher und Termine aus den verschiedenen Bereichen der IT. Profitieren Sie auch von Gewinnspielen und exklusiven Leseproben. Gleich anmelden unter

www.hanser-fachbuch.de/newsletter

E-Book inklusive

Mit folgendem Code können Sie die E-Book-Ausgabe dieses Buches downloaden:

`87vad-t7xas-txrt0-gebet-zh1eo`

Registrieren Sie sich unter

plus.hanser-fachbuch.de/ebookinklusive

Das E-Book können Sie auf Ihrem Rechner*, Tablet-PC und E-Book-Reader nutzen.

* Systemvoraussetzungen: Internet-Verbindung und Adobe® Reader®

Anatol Badach
Erwin Hoffmann

Zukunft der IP-Netze

Virtualisierte, software-definierte, intelligente System-
lösungen und -anwendungen

HANSER

Print-ISBN: 978-3-446-47756-8
E-Book-ISBN: 978-3-446-47921-0

Die allgemein verwendeten Personenbezeichnungen gelten gleichermaßen für alle Geschlechter.

Bibliografische Information der Deutschen Nationalbibliothek:
Die Deutsche Nationalbibliothek verzeichnet diese Publikation in der Deutschen Nationalbibliografie; detaillierte bibliografische Daten sind im Internet unter http://dnb.d-nb.de abrufbar.

Vilshofener Straße 10 | 81679 München | info@hanser.de
www.hanser-fachbuch.de
Lektorat: Sylvia Hasselbach
Layout: Erwin Hoffmann mit LaTeX
Copy editing: Jürgen Dubau, Freiburg/Elbe
Herstellung: Grazyna Lada
Coverkonzept: Marc Müller-Bremer, www.rebranding.de, München
Covergestaltung: Thomas West
Titelmotiv: © Adobestock/AllistairBot/Peopleimages - AI
Druck: Elanders Waiblingen GmbH, Waiblingen
Printed in Germany

Inhaltsverzeichnis

TCP/IP incl. IPv6
Technik der IP-Netze
HANSER
TECHNIK DER IP-NETZE
FUNKTIONSWEISE, PROTOKOLLE UND DIENSTE
1. Auflage: 2000
2. Auflage: 2007
Technik der IP-NETZE
INTERNET-KOMMUNIKATION IN THEORIE UND EINSATZ
Technik der IP-NETZE
INTERNET-KOMMUNIKATION IN THEORIE UND EINSATZ
Technik der IP-NETZE
3. Auflage: 2015
4. Auflage: 2019
5. Auflage: 2023
Weiterführung mit neuem Stoff
Anatol BADACH
Erwin HOFFMANN
E-BOOK inklusive
Zukunft der IP-NETZE
Virtualisierte, software-definierte, intelligente Systemlösungen und -anwendungen
HANSER
1. Auflage: 2026

Vorwort

'Zukunft der IP-Netze' schließt an unser Buch 'Technik der IP-Netze' [17] an und versucht, die Themen aufzugreifen, die hierin nicht behandelt werden konnten.

Scope des Buchs

Im Grunde beschreibt 'Technik der IP-Netze' die Welt bis zum Jahr 2020, während 'Zukunft der IP-Netze' den Blick weitet und die Perspektiven der Computernetze und den Einfluss für unsere Gesellschaft zu vermitteln versucht. In diesem Buch wollen wir den Blick auf die Zukunft richten und unter Kenntnis der bisherigen Entwicklungen folgende Fragen aufwerfen:

- Wie verlief die Menschheitsentwicklung und ihre technisch-wissenschaftliche Kultur, sodass es zu den heutigen IT-Technologien kommen konnte?
- Was sind die heute gebräuchlichen Systemlösungen für verteilte und intelligente Komponenten?
- Welche denkbaren Entwicklungen werden bereits heute konzipiert, die unser Leben von morgen bestimmen werden?

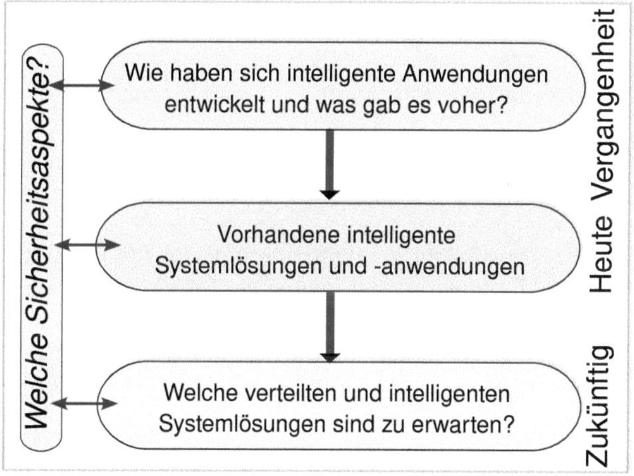

Und natürlich: Welche Gefahren sind hiermit verbunden bzw. welche Maßnahmen und Schritte sind zu unternehmen, sodass Sicherheitsrisiken vermieden oder zumindest minimiert werden können?

Hintergrund

Die Entwicklung der IP-Netze hat in den 2000er-Jahren enorm an Momentum gewonnen. Während wir die 'Materialisierung' dieser Technologie quasi in unseren Händen halten, treten damit aber nicht nur neue Perspektiven, sondern auch Gefahren auf. Die Politik (in Europa und speziell Deutschland) sieht sich Gefahren aus dem 'Cyberspace' ausgesetzt, die Politiker nur von ihren Beratern und aus Zukunftsromanen kennen.

Die Zukunft ist heute

Bereits 1942 hatte der bekannte Science-Fiction-Autor *Isaac Asimov* die drei Robotergesetze in seiner Kurzgeschichte '*Runaround*'[1] so formuliert:

Die drei Robotergesetze

> 1. Ein Roboter darf kein menschliches Wesen verletzen oder durch Untätigkeit zulassen, dass einem menschlichen Wesen Schaden zugefügt wird.
> 2. Ein Roboter muss den ihm von einem Menschen gegebenen Befehlen gehorchen – außer solche Befehle stünden im Widerspruch zu Regel eins.
> 3. Ein Roboter muss seine Existenz beschützen, solange dieser Schutz nicht mit Regel eins oder zwei kollidiert.

Roboter begegnen uns heute bereits in Supermärkten und werden in naher Zukunft auch als Bestandteile von Fahrzeugen – in Form von autonomem Fahren – für uns selbstverständlich sein.

Ein weiterer Science-Fiction-Autor – *Arthur C. Clark* – hat 1973 darüber hinaus folgende Ansicht postuliert[2]:

> «Jede hinreichend fortschrittliche Technologie ist von Magie nicht zu unterscheiden.»

Dies trifft für viele Menschen zu, die täglich ihr Smartphone benutzen und glauben, dass sie Beherrscher dieses Gerätes sind.

Die oben genannten Thesen können letztlich zurückgeführt werden auf *Alan Turing* – einer der Gründerväter der Informatik –, der 1949 in einem Interview mit der Zeitschrift *Times* sagte:

> «This is only a foretaste of what is to come, and only the shadow of what is going to be.»

Dieser Satz ist mehr als weitsichtig: Er antizipiert die (ab diesem Zeitpunkt 1949) zu erwartenden bahnbrechenden Entwicklungen der Informatik als Wissenschaft und des Computers als Werkzeug sowie der Computernetze als deren Verbindungen, was zu diesem Zeitpunkt noch nicht erahnt werden konnte und auf den grundlegenden Arbeiten zur Kommunikationstheorie von *Claude Shannon* [79] aufbaut.

Selbst Fachleuten erscheint die Entwicklung *virtueller Welten*, der *künstlichen Intelligenz* (KI) und des *Quantencomputers* (QC) kaum mehr nachvollziehbar. Seit dem Jahr 2024 ist zudem die Möglichkeit vorhanden, Forschungsergebnisse in diesen Bereichen durch KI so aufzubereiten und zu fälschen, dass diese kaum mehr von realen Forschungen zu unterscheiden sind. In diesem Zusammenhang ist man fast geneigt zu glauben, dass wir in einer *post-faktischen Zeit* leben.

---

[1] Darin soll ein Roboter einem Menschen helfen, gerät hierbei aber in Konflikt mit seiner eigenen 'Existenz'.

[2] *Essay Hazards of Prophecy: The Failure of Imagination*

Ziel und Entstehung des Buchs

Ziel des Buchs

Wie auch in unserem Buch 'Technik der IP-Netze' wollen wir den Versuch wagen, die komplexen technischen Sachverhalte soweit herunter zu brechen, dass sie für den Leser nachvollziehbar sind. Dies verlangt allerdings teilweise Vorkenntnisse, die wir in 'Technik der IP-Netze' vermittelt haben, aber auch einige Kenntnisse der Mathematik und Physik, ohne die die aktuellen Entwicklungen nicht vermittelbar sind.

Wir hoffen allerdings, einen geeigneten Mittelweg gefunden zu haben, der die Rezeption dieses Buches auch für interessierte Leser, Studenten der Naturwissenschaften und der Informatik sowie das Fachpublikum ermöglicht und mit dem vermittelten Erkenntnisgewinn belohnt.

Zur Entstehung des Buchs

'Zukunft der IP-Netze' versteht sich als Fortsetzung unseres Standardwerks 'Technik der IP-Netze' und spannt den Rahmen bewusst weiter. Ausgehend von den Entwicklungen, die sich im Netzwerkbereich seit etwa 2010 vollzogen haben, kamen wir nicht umhin, auch die neuesten Entwicklungen im Bereich der IT zu berücksichtigen, die verstärkt Gestalt annehmen.

Ausgehend von Prof. Badachs Forschungsunterlagen, die sich auf *Researchgate* finden lassen, wurden die zentralen Teile des Buchs erstellt und bieten somit eine aktuelle Zusammenfassung und Weiterführung dieser Ergebnisse.

Basierend auf Vorlesungsmaterialien für die Informatik an der *Frankfurt University of Applied Sciences* und der Wirtschaftsinformatik an der *Provadis Hochschule*, wurde Kapitel 1 und Kapitel 12 zeitnah erstellt (2025). Sie präsentieren hier also einen 'Snapshot' der Diskussion über die Themen *Künstliche Intelligenz*, *Quantencomputer* und Kryptographie im Zeitalter der '*Post Quantum Cryptography*'. Kapitel 1 unterschiedet sich von den weiteren Kapiteln dadurch, dass die Abbildungen in deutscher Sprache verfasst sind, während in den weiteren Kapiteln hierfür durchgängig Englisch genutzt wird. Wir hoffen damit, dem Leser die Hürden für die Rezeption des Stoffs nicht zusätzlich anzuheben. Hingegen haben wir es vorgezogen, die 'Technizität' der folgenden Kapitel nicht durch die 'Eindeutschung' vom vorliegenden Quellmaterial zu verwässern.

Zur Erstellung des Buchs wurde natürlich wieder LaTeX eingesetzt, wobei die Abbildungen diesmal mittels *InkScape* in die finale Form gebracht wurden und daher auch im SVG-Format vorliegen. Diese können bei Bedarf separat bereitgestellt werden.

Zum Aufbau des Buchs

Das erste Kapitel stellt zunächst die allgemeinen Prinzipien der Digitalisierung, die der Virtualisierung vor und versucht sich in einer Einordnung der 'Künstlichen Intelligenz'. Ergänzt wird dies mit einer Vorstellung der Grundlagen von Quantencomputern.

Die nachfolgenden drei Abschnitte besitzen die im Folgenden dargestellten Schwerpunktthemen:

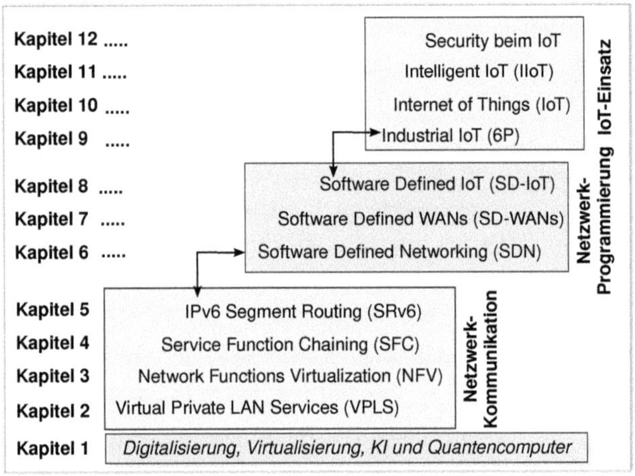

Teil 1
- Die neuen Protokolle zur Netzwerkkommunikation

Teil 2
- Die sich hiermit öffnenden Möglichkeiten der Software Defined Netzwerk-Programmierung

Teil 3
- Deren Umsetzung in Form des 'Internet of Things'

Nutzung and Adressaten des Buchs

Neben den üblichen Referenzen schließen die meisten Kapitel mit Verweisen auf relevante Internet-Adressen ab, die als Start für weitere Recherchen genutzt werden können. Häufig verweisen wir auch auf *Wikipedia*-Quellen. Im webbasierten Internet sind Quellen häufig *volatil*, d.h. die Adresse (URL) ändert sich oder das Quellmaterial wird nicht mehr referenziert. Dies ist ein Fluch, von dem auch wir uns nicht befreien können.

Die Nutzer und Adressaten des Buchs sind aufgefordert, uns Korrekturen und ggf. alternative Quellen und Ergänzungen mitzuteilen. Diese werden über die Webadresse `https://www.fehcom.de/pub/zipn.html` bekanntgegeben. Über diese URL sind auch Korrekturen und Ergänzungen zu finden.

Die Autoren

Prof. Dr.-Ing. Anatol Badach

Über 40 Jahre war er auf den Gebieten Informatik und Telekommunikation tätig; Promotion (1975), Habilitation (1983). Von Dezember 1985 bis August 2012 war er Professor im Fachbereich Angewandte Informatik an der Hochschule Fulda. Seine Schwerpunkte in Lehre und Forschung waren: Rechnerkommunikation, Netzwerktechnologien, VoIP und Next Generation Networking. Er war 1983 bei der Konzeption der Anbindung des Deutschen Forschungsnetzes an das *Computer Science Network* maßgeblich beteiligt. Über diesen Verbund wurde die erste Internet-E-Mail in Deutschland am 3.8.1984 empfangen, womit die Internet-Ära in Deutschland begann. Er ist Verfasser und Mitverfasser von über 20 Fachbüchern.
`https://www.researchgate.net/profile/Anatol-Badach`

Prof. Dr. rer. nat. Erwin Hoffmann

Jahrgang 1958, Studium der Physik und Astrophysik an der Universität Bonn und 1989 Promotion an der TU München (Max-Planck-Institut für Physik und Astrophysik). Durch seine Tätigkeit in der experimentellen Teilchenphysik am CERN und Fermilab verschaffte er sich Kenntnisse über unterschiedlichste Rechnerbetriebssysteme. Bis 2025 war er Professor für Informatik an der Frankfurt University of Applied Science. Seit 1998 ist er an der Weiterentwicklung der Software von D.J. Bernstein involviert und veröffentlicht diese als *Public Domain.*
`https://www.fehcom.de`

Danksagung

An dieser Stelle sei allen Dank ausgesprochen, die mit ihren Bemühungen und ihrem Einsatz das föderative Internet aufrecht erhalten und so zu der Kommunikationsplattform des 21. Jahrhundert werden ließ, die unser tägliches Leben begleitet.

Um dies auch 'Mundgerecht' zu gestalten hat der Hanser-Verlag uns dankenswerterweise ein qualifiziertes Lektorat zur Verfügung gestellt, wobei unser besonderes Dankeschön Herrn Jürgen Dubau gilt.

1 Digitalisierung, Virtualisierung, Künstliche Intelligenz und die Quantenwelt

Für viele Angehörige der *Generation 'Z'* (GenZ), also für diejenigen, die um das Jahr 2000 geboren sind, ist die Digitalisierung ihrer Alltagswelt zur Selbstverständlichkeit geworden. Vertreter früherer Generationen schütteln hierüber gerne mal die Köpfe und haben Schwierigkeiten hier mitzuhalten.

Grundlage hierfür ist ein Technologiebruch, der sich ab 1970 erst schrittweise, nach 2000 dann aber massiv vollzogen hat: das Internet und seine Möglichkeiten.

In diesem Buch versuchen wir, den Bogen zu schlagen zwischen den Grundlagen der sich entwickelnden Internet-Technologien und ihren Auswirkungen. Hierbei erscheint es uns wichtig, zunächst die Begriffe 'Digitalisierung' und 'Virtualisierung' – die in aller Munde sind – genauer einzugrenzen. Wir werden sehen, dass speziell die 'Digitalisierung' eine Grundlage der menschlichen Zivilisation ist und sich nicht nur auf das Internet-Zeitalter beschränkt. Die Nutzung dieser jeweiligen 'Digitalisierung' brachte in vielen Fällen revolutionäre Umbrüche mit sich, von denen wir nun selbst zu Zeitzeugen werden.

Die 'Virtualisierung' ist hingegen nur auf Grundlage leistungsfähiger Computertechnologien zu verstehen: Elemente der 'realen Welt' werden in die 'digitale Welt' abgebildet und somit 'virtualisiert'. Die Interaktion dieser beiden Welten ist nicht nur 'faszinierend', sondern prägt auch die moderne Nutzung der Internet-Technologie, die wir hier näher beschreiben.

In Kapitel 1 wollen wir den Leser mit folgenden Themen vertraut machen:

- Die 'erste Digitalisierung' der realen Welt ist eng verbunden mit der Entwicklung der menschlichen Zivilisation, Wissen und Technik, sowie Ökonomie. Sie reicht zu den Anfängen der Menschheit zurück und hat zu Systembrüchen maßgeblich beigetragen.
- Als 'zweite Digitalisierung' der technischen Welt wollen wir die Entwicklung der Computer- und später Internet-Technologie bezeichnen, die auf der Grundlage der Elektronik, genauer des Einzugs von modernen Halbleitertechnologien (insbesondere des Transistors) fußt. Diese zweite Welle führte über mehrere Zeitdekaden zu den sehr bedeutsamen technischen Entwicklungen insbesondere von Computern (60er-Jahre), dem Betriebssystem Unix (70er-Jahre) und dem Internet (ab 1980).
- Die 'dritte Digitalisierung' kann um das Jahr 1995 (*E-Commerce*) verortet werden, was schließlich mit der Entwicklung von Smartphones um ca. 2005 zu der heutigen 'digitalen Welt' mit ihren Virtualisierungsmöglichkeiten geführt hat.

- Neben der von Politikern geforderten 'digitalen Souveränität' – die ohne Kenntnis der technischen Hintergründe aussichtslos ist – wollen wir kurz einen kleinen Blick auf das aktuelle Thema AI (*Artificial Intelligence*) und die *Large Language Models* (LLM) werfen.
- Noch herausfordernder ist der Blick auf zukünftige Entwicklungen: dem *Quantencomputer*, dessen erste Ideen sich auf Anfang der 1990er-Jahre zurückdatieren lassen, und den sich hieraus entwickelnden Möglichkeiten, einschließlich der Erfordernissen der *Post Quantum Cryptography* (PQC).

1.1 Die Digitalisierung der Welt

Wenn wir an Digitalisierung denken, assoziieren wir in der Regel *Nerds*, die hinter großen Computern sitzen [Abb. 1.1-4]. Tatsächlich könnte kaum ein Bild falscher sein als dieses. Da Sie – lieber Leser – Ihre Augen auf diese Zeile richten, dürfen wir Ihnen verraten, dass diese Zeilen Gegenstand einer (ersten) Digitalisierung sind: *Buchstaben*.

Buchstaben: Das Alphabet als Code

Buchstaben und speziell auch Zahlen sind der Ausdruck eines Codes. Ein Code ist eine Abbildung eines (fiktiven) Gegenstands in ein Symbol, was allgemeinverbindlich mitgeteilt und anerkannt ist. In der Schule lernen wir die Buchstaben 'A' bis 'Z' und 'a' bis 'z' kennen und verstehen, was deren Aussprache und Bedeutung ist. Manchmal macht das uns Schwierigkeiten, wenn es um Buchstaben wie 'Y' geht. Wozu wird das gebraucht? Wenn Fremdsprachen auf dem Lehrplan stehen, verrät uns der Lehrer (oder die Lehrerin), dass das Deutsche 'sch' in Englisch 'sh' geschrieben wird: 'Die Leute von der Shiloh Ranch'.

Zahlen als Code

Bei den Zahlen ist es vergleichbar: Die '1' zählt ein Finger, die '2' zwei, und wenn wir beide Hände benutzen, symbolisiert das die '10', also die Grundlage des Dezimalsystems. Andere Zählweisen beziehen sich auf die Knochen im Finger: Hieraus können wir ein *Hexagesimalsystem* konstruieren.

Dies alles sind Konventionen, die von Generation zu Generation übermittelt werden, und sie bilden das Grundgerüst der menschlichen Zivilisation:

- Wir benötigen *Zahlen* (in beliebiger Darstellung), um unser Hab und Gut *quantitativ* zu erfassen.
- Wir benötigen *Symbole* (Buchstaben und Wörter), um die Gegenstände zu beschreiben – und somit *semantisch* zu erfassen –, derer wir habhaft sind.

Cyberspace

Diese generellen Anforderungen gelten unverändert auch für die moderne Welt. Mittlerweile haben wir Maschinen (*Computer*), die rechnen können und eigenständig in der Lage sind, Texte zu verfassen: Sie agieren im Cyberspace.

Bei der ersten Digitalisierung bestand die Aufgabe darin, die reale Welt in eine Zahlenwelt zu überführen. Die zweite – aktuelle – Digitalisierung führt dazu, dass die digitale Welt die reale Welt beeinflusst. Wie dies im technischen Sinne 'auf der Netzwerkwelt' passiert, wird in den nächsten Kapiteln ausführlich vorgestellt. Welche

Konsequenzen hiermit verknüpft sind, soll in diesem Kapitel erläutert werden. Hierzu wollen wir einen historischen Exkurs vornehmen, der allerdings vornehmlich aus westlicher Sichtweise geprägt ist.

1.1.1 Die erste Digitalisierung

Die Fähigkeit des Rechnens und Schreibens besitzt die Menschheit seit mindestens 7000 Jahren. Sie stellt die Grundlage der modernen Gesellschaften dar. Die zivilisatorischen und technischen Leistungen der frühen Babylonier, der Ägypter, Griechen, Römer, aber auch Chinesen, Azteken, Mayas und Inkas (um nur einige zu nennen) haben sich in das Gedächtnis der Menschheit eingebrannt, wofür die *Sieben Weltwunder der Alten Welt* Zeugnis sind.

Die Erfindung von Zahlen und Symbolen

Die Erfindung von Zahlen und Symbolen ist die erste Digitalisierung: Gegenstände der Realwelt werden durch definierte, unterscheidbare Symbole beschrieben und gekennzeichnet, die allgemein anerkannt und in ihrer Bedeutung gleichbleibend sind. Hiermit lässt sich ein Wirtschaftssystem (*Ökonomie*) aufbauen:

1. Die Menge und Art von Gütern kann *protokolliert* werden.
2. Ein *Datenträger* wird benötigt, der die eindeutigen Bezeichnungen festhält und der nach seiner Erstellung über eine gewisse Zeit gelesen werden kann.
3. Der Wert eines Gutes kann durch Zahlen ausgedrückt (*bepreist*) werden – so wurde '*Geld*' erfunden.

Die Zahlenwelt – Grundlage der ersten Digitalisierung

Einfache Operationen mit Zahlen

Von besonderer Bedeutung sind zunächst die Zahlen: damit kann man die Anzahl an Besitzgütern festhalten, wozu die Operation 'Addition' gebraucht wird[1]. Werden Güter entfernt, benötigen wir die Umkehroperation: Subtraktion[2]. Allerdings können nie mehr Einheiten entfernt werden, als vorhanden sind. Negative Größen werden somit zunächst nicht gebraucht; auch die '0' ist nur fiktiv und fand erst im 6. Jahrhundert – aus Indien kommend – in unser Zahlensystem Einzug [76].

Die 'negativen' Zahlen

Wie sieht es nun aus, wenn einer Person Güter überlassen werden, die diese nicht besitzt? Hierzu wurde historisch ein *Kerbholz* [Abb. 1.1-1] herangezogen. 'Etwas auf dem Kerbholz haben' heißt sinngemäß, etwas zu schulden (engl: debt); sondern schlicht etwas 'schuldig sein', also eine Verbindlichkeit 'besitzen'. Das Kerbholz war im einfachsten Fall ein 'Stock', und so wundert es auch nicht, dass die Börse im Englischen *Stock Exchange* genannt wird: *Verbindlichkeiten* (Schuldscheine) können hier ausgetauscht werden.

Die erste Virtualisierung: Bepreisung

Besitzanteile an den Verbindlichkeiten werden nun im Grunde genommen *virtualisiert*, in dem hierfür ein eigener *Markt* geschaffen wird: Der virtuelle Wert bezieht sich somit

- auf die potenzielle *Nützlichkeit* des erworbenen Gegenstandes oder der Leistung und eben

[1] Dies wird als *Inkrement* – also Zuwachs um eine (u.U. komplexe) Einheit – bezeichnet.
[2] Also die *Dekrement*-Operation.

- nicht auf die *Wiederbeschaffungsaufwände* für das Produkt (Material und Herstellung) oder die Mühsal der Leistung (Regenerierung des Körpers).

Durch die *Bepreisung* haben sich Produkt bzw. Leistung und der Wert (ausgedrückt durch eine einfache quantitative Größe) entkoppelt. Hierdurch ergibt sich eine neue Dynamik im Wirtschaftssystem, was letztlich die Grundlage für unsere heutige Zivilisation ist.

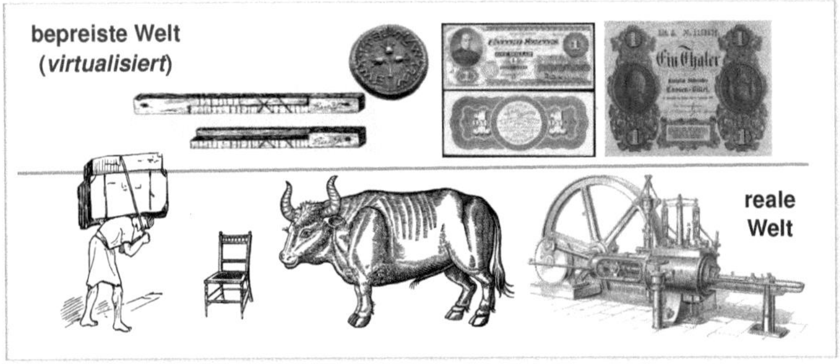

Abb. 1.1-1: Entwicklung der Zahlungssysteme (oben: Kerbholz, Münzen, Banknoten) zur Bepreisung der realen Welt (unten: Menschen und Arbeitskraft, Produkte, Tiere und Maschinen)

Kataster und Buchhaltung – Erfassung von Gütern und Besitztümern

Erweiterte Operationen mit Zahlen

Im alten Ägypten war es notwendig, ein *Kataster* für die Felder anzulegen, die regelmäßig vom Nil überschwemmt wurden und somit zur Ernte beitrugen. Die Größe eines rechteckigen Feldes entspricht bekanntermaßen Länge mal Breite. Andere Formen können auftreten (Dreiecke). Zur korrekten Beschreibung benötigen wir Multiplikation (aber auch die Division) und Ansätze der Trigonometrie, die uns aus der Schulmathematik durch den 'Satz des Pythagoras' noch in Erinnerung sind.

Zuvor muss aber noch das Problem des 'Überlaufs' gelöst werden. Falls bei der Addition (oder Multiplikation) Zahlen vorkommen, die außerhalb des darstellbaren Bereichs auftreten, müssen wir eine Buchhaltung vornehmen und ein System einführen, das uns mitteilt, dass die folgende Zahl um die 'Basis' zu vergrößern ist.

Die Nützlichkeit des 'richtigen' Zahlensystems und seine Schreibweise

Basis der Zahlensysteme

Diese 'Basis' ist bei uns die Zahl 10, weshalb wir von einem *Dezimalsystem* sprechen. Die 'Zehn' ist aber keine günstige Wahl für das 'Teilen', weil hierdurch selbst einfache Berechnungen schwierig werden. Sinnvoll ist eine Zahl zu wählen, die sehr viele Teiler besitzt:

- 2, 3, 5, 6, 8, 10, 12, 15, 20, 30 ... und das ist die Zahl 60. Diese bildete für Jahrtausende die Grundlage des Rechnens und der Mathematik. Das Dutzend macht hier Sinn, und wir sind hier beim *Hexagesimalsystem* gelandet.
- Zudem ist $60/19 \simeq 3.1579$ nur 0.5% vom wahren Wert der Kreiszahl π entfernt.
- Für die *Eulersche Zahl* gilt, dass 60/22 $\simeq$ 2.727 'e' auf eine Genauigkeit von 0.3% approximiert.

- Auch der Wert für den *'Goldenen Schnitt'* $\Phi = \frac{1+\sqrt{5}}{2} \simeq 1.6180$ wird mit $60/37 = 1.62162162162$ erstaunlich genau getroffen.

Arabische Ziffern

Die Darstellung der Zahlen ist darüber hinaus von besonderer praktischer Bedeutung: Rechneten die Römer mit *lateinischen Ziffern* (`I`, `II`, `V`, `IX`, `X`, `L`, `C` ... `MCMLXX`, also 1970), bedienen wir uns heute der arabischen Schreibweise, bei der im Dezimalsystem jeder Ziffernwert durch genau ein Symbol dargestellt wird, was das praktische Rechnen ungemein vereinfacht (vgl. Abb. 1.1-2a). Nun können wir – bei einem Überlauf – das nächste Zeichen der 'Basis' einfach durch eine *führende* weitere Ziffer ausdrücken. Diese Umstellung erfolgte in Europa im 15. Jahrhundert und war ein Meilenstein für die Weiterentwicklung der Algebra. Diese war zuvor in der arabischen Kultur deutlich weiter fortgeschritten [84]. Ausgehend von *Fibonacci* (Leonardo von Pisa) verbreiteten sich die arabischen Ziffern in Europa ab dem Jahr 1202, was dann ein Jahrhundert dauerte.

Von der Arithmetik über die Algebra zur Differentialrechnung

Rationale und 'reelle' Zahlen

Damit verlassen wir den Bereich der natürlichen und ganzen Zahlen und haben nach einem Ausflug zu den rationalen Zahlen (*Brüche*) die Welt der reellen Zahlen betreten, die bei der Operation *'Wurzelziehen'* auftreten können. Das ist naturgemäß sehr unangenehm. Im gleichen Schritt sind auch andere Probleme der Trigonometrie zu lösen: Winkelfunktionen wie *Sinus*, *Kosinus* und *Tangens*.

Infinitesimalrechnung → 'Kalkül'

Die notwendige Mathematik bildet zu diesem Zeitpunkt die reale Welt ab: Zahlen können beliebig klein werden ('Infinitesimal'). Diese Eigenschaft war bereits bei den Griechen (*Archimedes*) bekannt, aber erst in der Neuzeit durch *Newton* und *Leibniz* im Rahmen des *Kalküls* systematisch erforscht und axiomatisiert worden. Der Leser weiß nun, woher die irrationalen und transzendenten Zahlen wie 'e' und 'π' stammen.

In der physikalischen Welt werden deren Objekte durch *reelle Zahlen* abgebildet; erst mit der Quantenmechanik finden beim Drehimpuls wieder ganze und halbe ('gequantelte') Zustände bzw. Zahlen Verwendung.

Abschluss der ersten Digitalisierung

In Europa war die erste Digitalisierung Mitte des 19. Jahrhunderts weitgehend abgeschlossen:

- Die *Französische Revolution* lag nun einige Jahrzehnte zurück und brachte auch für Deutschland einen merklichen Modernisierungsschub mit sich, in dessen Folge das metrische *Einheitensystem* Einzug fand.
- Die *Mathematik* war soweit entwickelt, die Welt (ohne *Quantenmechanik*) mit *Differentialgleichungen* bis hin zu stochastischen Prozessen zu beschreiben.
- In England vollzog sich die erste Industrialisierung mit der *Dampfmaschine* [Abb. 1.1-1] unter Einsatz dieses Wissens (*Carnot'scher Kreislauf*).
- Die *allgemeine Schulpflicht* hatte sich durchgesetzt: Die Menschen hatten die Grundlagen des Rechnens, Lesens und Schreibens vermittelt bekommen. Somit konnte nun jeder volljährige Mensch – und nicht nur die Mitglieder der herr-

schenden Klassen und des Klerus – als vollumfängliches *Geschäftssubjekt* fungieren: Der *Kapitalismus* war geboren.

Blick zurück in die Medienwelt

Buchdruckkunst

Ursächlich für die Realisierung einer allgemeinen Schulpflicht war eine Erfindung, die einige Jahrhunderte zuvor stattgefunden hatte: die *Buchdruckkunst.*

Damit war eine Technologie erfunden worden, die das schnelle und verlustfreie Duplizieren von Daten und Informationen ermöglichte. Die Einführung von Papier in Europa datiert auf das 12. Jahrhundert, und in seinem Zuge wurden Bücher im *Skriptorium* (von wenigen qualifizierten Menschen) mühsam kopiert. Mit dem Aufkommen des Holzschnitts und des Kupferstichs (*Albrecht Dürer* und *Lucas Cranach*) und kurz danach durch die Erfindung des Buchdrucks durch *Johannes Gutenberg* – bei dem bewegliche und wiederverwendbare *Lettern* genutzt wurden – ergab sich im Mittelalter ein bahnbrechender Medienbruch (vgl. Abb. 1.1-2b) und der Aufbruch zur Neuzeit.

Cranach's Kupferstiche für die Luther-Propaganda

Die Folge war eine nie dagewesene Medien- und Informationsflut (in Form von antiklerikalen Kupferstichen), die mit als Auslöser des 30-jährigen Krieges gelten kann. War es zunächst das gedruckte Bild, mit dem *Martin Luther* und *Lucas Cranach* (der Ältere) den Protestantismus einläutete, so war es in darauf folgenden Jahrhunderten möglich, Bücher günstig auch für das profane Volk verfügbar zu machen und somit Wissen zu verbreiten: Der Medienbruch wurde zu einer politisch-sozialen Zäsur[3].

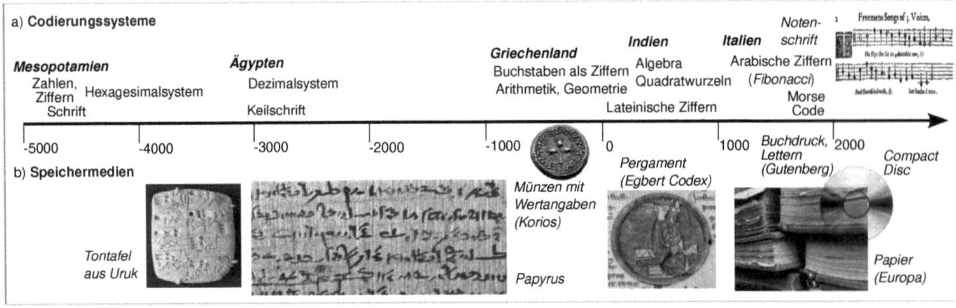

Abb. 1.1-2: Entwicklung von a) Codierung von Zahlen, Schrift sowie Noten und b) Datenträgermedien über die Jahrtausende

Papier wird zum Informationsträger und zu Geld

Mit Banknoten zur Geldwirtschaft

Zwei Jahrhunderte später führten diese Umbrüche auch dazu, dass die Zahlungssysteme *digitalisiert* wurden: Statt Münzen zu stanzen, wurden nun Geldscheine gedruckt [Abb. 1.1-1]. Der US-amerikanische *Dollarbill* und der in Deutschland ab 1864 eingeführte *Thalerschein* sind Zeugen hierfür, nachdem schon ein Jahrhundert

[3]Dies begleitet uns seit dieser Zeit durch das *Digital Rights Management* (DRM) – als Auswirkung der Rechte der englischen *Buchdruckergilde.* Das Monopol auf das gedruckte Werk wurde im 19. Jahrhundert in den deutschen Ländern unterlaufen, und die Popularisierung des nun günstigen Buchs erfolgte postwendend und erreicht dadurch auch 'bildungsferne' Bevölkerungsschichten.

zuvor der papierene *Livre*[4] in Frankreich als Zahlungsmittel eingesetzt und nach seinem Kollaps 1795 durch den *Franc* ersetzt wurde.

Etwa zur gleichen Zeit machten sich *Karl Marx* und (später auch) *Friedrich Engels* auf den Weg, die hierdurch sich umfangreich ändernden ökonomischen Strukturen in *Das Kapital* zu beschreiben [53]. Dies allerdings, ohne die Konsequenzen für die sich hierdurch bedingten radikalen Auswirkungen auf die Geldwirtschaft und die Gesamtökonomie bereits im Voraus antizipieren zu können: Für die Wirtschaft (und die westliche Gesellschaft) hatte sich ab diesem Zeitpunkt die *Geldwirtschaft* von der *Realwirtschaft* entkoppelt. Diese Konsequenz wird uns in der zweiten und dritten Digitalisierung ein weiteres Mal begegnen.

1.1.2 Die zweite Digitalisierung

Geburt des Computers

Die zweite Digitalisierung startete etwa zur gleichen Zeit, zu der die erste Digitalisierung Vollzug meldete:

- Um das Jahr 1820 stellte *Charles Babbage* in England eine digitale Rechenmaschine vor: die *Difference Engine*. Zwar gab es schon zuvor sowohl 'digitale' (*Abakus*) als auch 'analoge' Rechengeräte (*Rechenschieber*).
- Das Neuartige an dieser Maschine war aber ihre *Programmierbarkeit* und die Durchführung automatischer Berechnungen.
- Auch wenn hierbei nicht von *Binärzahlen*, sondern von *Dezimalzahlen* Gebrauch gemacht wurde, ist die *Difference Engine* doch durch ihr *Rechenwerk* der Vorläufer aller modernen Computer.

Digitale Logik: Boole'sche Algebra

Während *David Hilbert* auf dem 23. 'Weltkongress der Mathematik' in Paris im Jahr 1900 die 'Probleme der Mathematik des 20. Jahrhunderts' umriss, trugen die Jahrzehnte zuvor erfolgten Arbeiten von *George Boole* zur mathematischen Logik maßgeblich zum Verständnis *binärer* – also mit zwei Zuständen – arbeitenden Rechenmaschinen bei.

Lochkarte als Symbol der Datenverarbeitung mit dem Computer

Für die in dieser frühen Phase noch jungen Industrialisierung war eine schnelle und konsistente Datenverarbeitung notwendig. *Lochkarten* gab es schon länger zur Steuerung mechanischer Webstühle. Die bis in die 70er-Jahre des letzten Jahrhunderts verwendeten Lochkarten (*punch cards*) basierten nun auf dem Codierungsschema des Wieners *Hermann Hollerith* und wurden zunächst für Tabellierungsmaschinen eingesetzt.

Erfinder der Informatik: Alan Turing

Bedingt durch die Umwälzungen Anfang des 20. Jahrhunderts besonders im Bereich der Physik (*Albert Einstein, Nils Bohr, Werner Heisenberg* und *Erwin Schrödinger*) und die beiden verheerenden Weltkriege, erfolgte die Weiterentwicklung der Computertechnik erst wieder in den 40er-Jahren des 20. Jahrhunderts. Sie mündete in den ersten lauffähigen Computern, die vor allem im militärischen Bereich genutzt wurden. So auch in England am *Bletchley Park*, wo ein Team um *Alan Turing* und weiteren polnischen Kryptoanalytikern beschäftigt war, damit die mittels

[4] franz. *Blatt*; abgeleitet von lateinisch *libra*; ital. *Lire*.

der *Enigma*-Maschine verschlüsselten Funksprüchen der deutschen Wehrmacht zu entziffern.

Von da an war die Computertechnologie in aller Munde, und in den 50er- und 60er-Jahren entwickelte sich die Informatik als eigenständige Wissenschaft rapide.

Rechnen mit binären Zahlenwerten

Neben dem Militär und den Regierungen waren aber auch die großen Firmen daran interessiert Computer einzusetzen. Die nun verfügbaren Computer arbeiteten aber im Binär- bzw. Dualsystem und nutzen für die Berechnung folglich nur die '0' und die '1'. Dies wird auf der elektronischen Ebene durch zwei Spannungszustände abgebildet; in der Regel 0 Volt für die '0' sowie +5 Volt für die '1' [Abb. 1.1-3]. Für den seit Mitte der 50er-Jahre verfügbaren Transistor sind dies die idealen Spannungswerte und erlauben die Abbildung der logischen Axiome von *George Boole* in einfachen Schaltungen und zur Durchführung von arithmetischen und logischen Berechnungen.

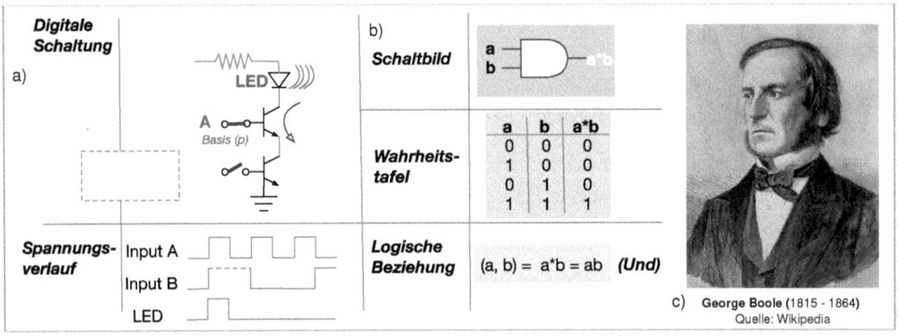

Abb. 1.1-3: a) Einfache digitale Transistorschaltung b) mit einer UND-Verknüpfung nach den Grundlagen von c) George Boole (Quelle: Wikipedia)

Aufgaben eines Universalcomputers

Hierbei kommt man allerdings schnell an Grenzen, will man einen 'Universalcomputer' bauen:

1. Obwohl nur auf '0' und '1' aufgebaut, mit denen sich die natürlichen Zahlen im Binärsystem elementar darstellen lassen, muss der Computer noch mit negativen Zahlen (ganze Zahlen) und reellen Zahlen (Fließkommazahlen) umgehen können.
2. Der Computer sollte auch eine *Textverarbeitung* durchführen können, also Texte (Buchstaben) lesen, schreiben und manipulieren können.
3. Zudem braucht der Computer ein *Interface*, über das er mit Menschen kommunizieren kann.

In der Phase der 'zweiten Digitalisierung' wurden diese Probleme dann wie folgt angegangen (und gelöst):

Zahlen im Binärsystem

- Die einzelnen '0'en und '1'en – nun als Bit (*Binary Digit*) bezeichnet – werden in einer Struktur angeordnet, die Byte genannt wird (1956). Die Länge eines Bytes, d.h. wie viele Stellen es besitzt, war zunächst unklar. Aufgrund der digitalen Arbeitsweise von Computern bietet es sich aber an, dieses als Zweierpotenz darzustellen: 1 Byte = 8 Bit ($2^8 - 1$ als größtem darstellbaren Wert).

- Damit auch negative Zahlen abgebildet werden können, wird für das 'Minuszeichen' ein zusätzliches Bit benötigt, das aus dem Byte entnommen wird. Negative Zahlen werden sodann als 'Zweierkomplement' aufgefasst.

ASCII-Alphabet

- Will man, dass der Computer auch mit Texten klar kommt, müssen diese auf Zahlen abgebildet (codiert) werden. Beispielsweise könnte der Buchstabe 'a' als Zahl 1, 'b' als Zahl '2' etc. umgesetzt werden; der Computer muss dann wissen, dass er bei der Ausgabe statt der Zahl '1' ein 'a' zu schreiben hat. Ein besonders einfaches Schema wurde 1963 als ASCII-Code veröffentlicht (Tab. 1.1-1), wobei die Buchstaben durch ein Byte (unter Auslassung des Vorzeichenbits) codiert werden.

Hex	0	1	2	3	4	5	6	7	8	9	A	B	C	D	E	F
0	NUL	SOH	STX	ETX	EOT	ENQ	ACK	BEL	BS	HT	LF	VT	FF	CR	SO	SI
1	DLE	DC1	DC2	DC3	DC4	NAK	SYN	ETB	CAN	EM	SUB	ESC	FS	GS	RS	US
2	SP	!	"	#	$	%	&	'	(	)	*	+	,	-	.	/
3	0	1	2	3	4	5	6	7	8	9	:	;	<	=	>	?
4	@	A	B	C	D	E	F	G	H	I	J	K	L	M	N	O
5	P	Q	R	S	T	U	V	W	X	Y	Z	[	\	]	^	_
6	`	a	b	c	d	e	f	g	h	i	j	k	l	m	n	o
7	p	q	r	s	t	u	v	w	x	y	z	{	|	}	~	DEL

Tab. 1.1-1: Die ASCII-Tabelle für die Abbildung von Buchstaben, Ziffern sowie Sonderzeichen in korrespondierende Hexadezimalwerte '00' bis 'FF'

Die ersten 32 Zeichen dienen zur Steuerung, von denen heute nur noch das NUL (Terminierung einer Zeichenkette), HT (Horizontal Tabulator), CR (Carriage Return für Zeichenumbruch) sowie LF (Line Feed für Ende einer Zeile) relevant sind. Auch das Zeichen DEL wird nicht mehr benutzt [RFC 20 (!)].

IEEE 754 Fließkommazahlen

- Besonders kniffelig wird es mit der Umsetzung nicht-ganzer Zahlen (reelle Zahlen): Diese müssen speziell codiert werden: Entweder mit einer festen Anzahl oder aber einer variablen Zahl von Nachkommastellen (Festkomma- bzw. Fließkommazahlen). Bis vor Kurzem war die 1985 eingeführte Norm IEEE 754 der unangefochtene Standard hierfür. Allerdings handelt man sich damit einige prinzipielle Schwierigkeiten ein:

  1. Die Rechengenauigkeit ist beschränkt und hängt von der Anzahl der Bit bzw. Bytes ab. Normalgenauigkeit liegt mit 32 Bit vor, hohe Genauigkeit verlangt 64 (oder 128) Bit.
  2. Bei der Verarbeitung von Fließkommazahlen ist deren Reihenfolge entscheidend: $(a + b + c)$ ist nicht dasselbe wie $(c + b + a)$. Das Assoziativ- und das Distributivgesetz gelten hier prinzipiell nicht. Um Berechnungen mit Fließkommazahlen effizient durchführen zu können, werden diese Operationen in der Regel von einem speziellen *Arithmetic CoProcessor* (ACPU) durchgeführt (vgl. Abb. 1.1-6a ohne ACPU).

- Zur Steuerung des Computers braucht es eine Sprache, die sowohl der Computer als auch der Mensch verstehen kann: eine *Programmiersprache.* Zudem wird ein Kommunikationsinterface benötigt, mit denen Befehle an den Rechner übergeben werden können als auch Ergebnisse mitgeteilt werden. Dies wird als *Betriebssystem* verstanden und realisiert die Computer/Mensch-Schnittstelle.

Abb. 1.1-4: Dennis Ritchie (links) und Ken Thompson 1972 am Bedienerpult einer PDP-11 unter Unix

Quelle: `https://www.nokia.com/bell-labs/about/dennis-m-ritchie/picture.html` (public domain)

In Abb. 1.1-4 sehen wir die beiden 'Nerds' *Ken Thompson* und *Dennis Ritchie*, wie sie an einem der ersten Unix-Systeme arbeiten, das auf der DEC PDP-11 lief. Eingabesystem ist die Tastatur; Ausgabesystem ist der Drucker. Das sind die 'Peripherals', die bis heute die Unix-Welt begleiten und in abstrakter Form in das Betriebssystem konzeptionell eingeflossen sind.

Das Betriebssystem, das die beiden Herren hier nutzen, läuft bis heute (in etwas angepasster Form) auf unserem Smartphone, der Smartwatch, in unseren Autos, aber auch auf Computern in den Raketen von *Elon Musk* oder *Jeff Bezos*.

Die digitale Welt hat die Menschheit in ihrer zweiten Ausprägung praktisch vollständig erfasst, ohne dass die meisten verstanden haben, welch einen 'Faustkeil' sie da in den Händen halten.

1.1.3 Die dritte Digitalisierung

Nachdem wir uns bereits mit dem Zahlensystem beschäftigt haben, benötigt die dritte Digitalisierung nun einen Ausflug in die Algebra, die sich seit etwa 1990 schrittweise in die Computerwelt eingeschlichen hat:

Was ist die Antwort auf alle Fragen[5]? 42! Die Zahl 42 ist eigentlich nichts Besonderes. Schreiben wir sie im Binärsystem hin, ergibt sich:

[5]Douglas Adams: *Per Anhalter durch die Galaxis*

- 101010 – dem entspricht: $1 * 2^5 + 0 * 2^4 + 1 * 2^3 + 0 * 2^2 + 1 * 2^1 + 0 * 2^0 = 42$, oder
- 010101 – in der Darstellung: $0 * 2^0 + 1 * 2^1 + 0 * 2^2 + 1 * 2^3 * 0 * 2^4 + 1 * 2^5 = 42$,

MSB und LSB

je nachdem, ob wir die binäre Zeichenkette von links nach rechts oder von rechts nach links interpretieren, wobei wir davon ausgehen, dass die Bitwertigkeit monoton aufsteigend oder absteigend ist. Wir interpretieren dies als:

- *Most Significant Bit* (first)
- *Least Significant Bit* (first)

Die Wertigkeit einer Bitfolge (Byte) ist eine Konvention! In der arabischen Sprache wird von rechts nach links geschrieben, in den meisten westlichen Sprachen von links nach rechts. Das spielt für die Verarbeitung kaum eine Rolle, ist jedoch für die zeitliche Übertragung von Signalen ausschlaggebend: Hier wird eine *Synchronisation* erwartet. Wird im LSB-Fall das erste ankommende Bit falsch interpretiert, hat dies (für seinen numerischen Wert) wesentlich geringere Auswirkungen als im MSB-Fall.

Algebraische Interpretation einer Bitfolge

Die Übertragung des Bitmaterials kann aber nicht nur zahlentheoretisch, sondern auch *algebraisch* interpretiert werden. Hierbei nutzen wir die Tatsache, dass die Zahl 2 eine Primzahl ist, und wir interpretieren ein Byte als Galois-Feld über der Primzahl $p = 2$ unter Angabe des Rangs des jeweiligen Bit mit n, sodass sich p^n ergibt. Dies entspricht dem *Galois-Feld* $GF(p^n)$ mit der allgemeinen Repräsentierung (für $GF(2^8)$):

$$b(x) = b_7 \cdot x^7 + b_6 \cdot x^6 + b_5 \cdot x^5 + b_4 \cdot x^4 + b_3 \cdot x^3 + b_2 \cdot x^2 + b_1 \cdot x^1 + b_0$$

Rechnen mit Polynomen

Dies ist nun ein Polynom, und die Koeffizienten b_i fassen wir hierbei als die *Bit* in einem *Byte* auf, was für die Informatik auf binären Rechensystemen eine günstige Wahl darstellt. Damit kann die Darstellung von Dezimalzahlen einfach vorgenommen werden: $53 \rightarrow x^5 + x^4 + x^2 + x^0$ bzw. für $42 \rightarrow x^5 + x^3 + x^1$.

Mittels dieser Polynom-Darstellung der Bit bzw. Bytes lassen sich die elementaren Berechnungen sehr einfach durchführen, und durch die Erweiterung des Verständnis der Bitstruktur auf eine algebraische Struktur fallen uns zentrale Aussagen und Beispiele der Zahlentheorie quasi in den Schoß. Hierzu zählen z.B.

- der *Reed-Solomon-Code*, mit dem sich Bitfehler, die in der Übertragung auftreten können, sehr effizient erkannt und korrigiert werden können,
- das sog. irreduzible *Rijndael*-[6] Polynom: $m(x) = x^8 + x^4 + x^3 + x + 1$ als Grundlage für die AES-Verschlüsselung,
- und natürlich die gesamte modulare Arithmetik, die zentraler Baustein für die *Public Key Cryptography* ist.

Auch wenn wir es nicht auf Anhieb merken: Beim Empfang eines verschlüsselten Fernsehsignals über unsere Satellitenschüssel oder beim Streamen eines *YouTube*-

[6] Benannt nach ihren Erfindern *Joan Daemen* und *Vincent Rijmen*

Videos auf unserem Smartphone spielen diese drei Aspekte eine tragende Rolle: Die *dritte Digitalisierung* ist im täglichen Leben angekommen.

> Es ist diese neue Art der Mathematik – also algebraische Strukturen –, die unsere Computerprogramme so leistungsfähig macht. Die Algorithmen werden hierbei durch spezielle Bausteine in der CPU abgebildet und dadurch für Programme, die diese nutzen, sehr schnell gemacht.

1.1.4 Vor und nach dem Internet-Zeitalter

Die zweite Digitalisierung verlief ab den 50er-Jahren des letzten Jahrhunderts zunächst nur in den Köpfen der beteiligten Wissenschaftler und Ingenieure. Da Computer unglaublich groß und teuer waren, spielte deren Einsatz für den Normalbürger zunächst kaum eine Rolle.

20. Jahrhundert = analoges Medienzeitalter

Im Gegenteil, im zweiten Drittel des 20. Jahrhunderts und dann verstärkt im dritten Drittel ergab sich durch die Verbreitung des Mediums *Radio* sowie *Film* und *Fernsehen* eine starke Fokussierung auf analoge Medien: Die Informationsdichte beim Lesen eines Buches ist deutlich niedriger als beim Zuhören bzw. Konsum eines Films.

Während das Gehirn die Reize über die Stäbchen und Zäpfchen des Auges, die über den Sehnerv weitergeleitet werden, umfangreich filtern muss, um hieraus eine 'Szene' zu ermitteln, bedingt das Lesen eines Buches genau das Gegenteil: Informationen müssen aus dem Code synthetisiert werden. Da die Filter in unserem Gehirn quasi automatisch angelegt und genutzt werden, stellt die *Synthetisierung* von Informationen aus dem vorliegenden Material einen bewussten Akt dar, der intellektuelle, angelernte Fähigkeiten erfordert.

> Allerdings gilt es auch den umgekehrten Weg zu beachten: Durch die Entwicklung elektronischer Geräte (wie Radio, Telefon und Fernsehen) für die breite Masse fielen die Preise hierfür rapide, und die nun verfügbare Technologie konnte auch für den Bau von Computern genutzt werden.

Inkubator: Xerox PARC

Für die meisten Anwender ist es daher erforderlich, dass der Computer mit ihnen 'spricht' und Bilder präsentiert [Abb. 1.1-5a]. Diese Technologie wurde in den 70er-Jahren am *Xerox PARC*[7] entwickelt und vollzog sich praktisch zeitgleich mit der Entwicklung des Unix-Betriebssystems (nachdem *Multics* gescheitert war) und der Vernetzung von Rechnern [Abb. 1.1-5b]. Diese fand zunächst 'on-premises' statt und wurde anschließend über das *DARPA-Projekt* quasi ins 'Internet' verlegt.

World Wide Web

Die Zusammenführung dieser drei Entwicklungen erfolgte Anfang der 80er-Jahre über das *World Wide Web* (WWW), das zunächst als Prototyp (zur Informationsvernetzung) am CERN von *Tim Berners-Lee* konzipiert und entwickelt wurde. Zusammen mit dem nun verfügbaren, preisgünstigen *Personal Computer* erfolgte schrittweise die Nutzung des Internets zunächst für (ingenieur-)wissenschaftliche Zwecke und mit Aufkommen der SSL-Verschlüsselungstechnologie auch für Geschäftsprozesse.

[7] PARC: Palo Alto Research Center

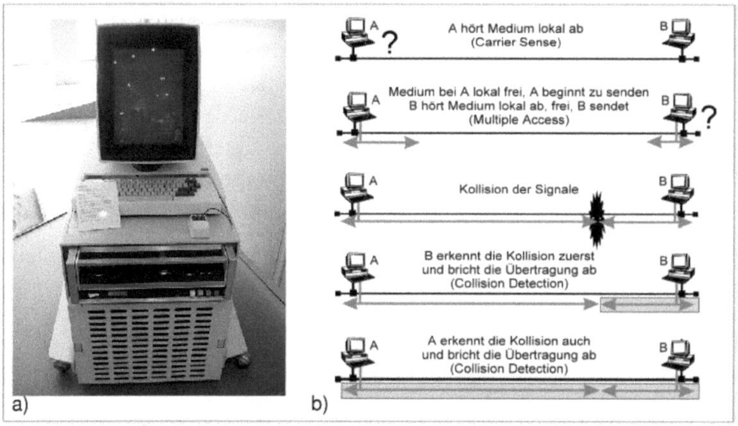

Abb. 1.1-5: Zwei grundlegende Erfindungen am Xerox PARC: a) die interaktive Workstation Xerox Alto von 1973 mit Maus (Quelle: Wikipedia), b) das Ethernet LAN als Carrier Sense Multiple Access/Collision Detection (CSMA/CD) Netzwerk

Zugleich wurden die Erkenntnisse aus der dritten digitalen Revolution in Consumer-Geräte eingebaut: Mit dem Einzug der *Compact Disc* Anfang der 80er-Jahre begann der Wandel von der Analog- in die Digitalzeit, da hier bereits nicht nur von der Digitalisierung analoger Signale, sondern auch von einer ausgeprägten Fehlerkorrektur auf Bit- und Frame-Ebene Gebrauch gemacht wurde. CD → MP3

Mit dem Aufkommen des Smartphones, speziell des *iPhones* im Jahr 2007, schaffte es diese Technologie dann bis in jede Hand und verbindet den Benutzer mit dem Internet bzw. den Applikationen, die anschließend dort zur Verfügung standen. Die Technologie ist somit für die meisten Menschen konsumerabel geworden, ohne dass notwendigerweise ein Verständnis über die hintergründigen Abläufe hierfür vorhanden sein muss bzw. vorausgesetzt wird. Smartphones mit Internet- zugang

Diesen Umstand machen sich die großen (wie auch kleinen) Konzerne zunutze und bilden nun ihr Angebot im Internet ab, um dieses rund um die Uhr für die Kunden verfügbar zu machen. Hierzu werden nicht nur die eigentlichen Geschäftsprozesse, sondern auch die Unternehmensprozesse soweit als möglich *digitalisiert*, um der nun vorhandenen Volatilität zu entsprechen.

1.1.5 Objekte im digitalen Raum (Cyberspace)

Mitte der 80er-Jahre schuf der Autor *William Gibson* in seinem Roman 'Neuromancer' den Begriff *Cyberspace* und damit ein geflügeltes Synonym für das sich nun entwickelnde Internet, verband es doch den Begriff 'Cyber' (also Kybernetik) mit dem Weltraum ('Space') im Rahmen seiner Science-Fiction-Reihe, die später das Etikett 'Cyberpunk' erhalten sollte. Etwa zur gleichen Zeit erstellte der Autor dieser Zeilen auf einem vom legendären *Seymour Cray* konzipierten Computer der *Control Data Corporation* CDC-7600 ('Cyber') Datenbänder für ein Experiment am CERN.

Wir erinnern uns daran, dass ein Computer in der Regel Bit verarbeitet, die als Bytes zusammenfasst werden. Genauer gesagt müssen diese Bit vom Schaltwerk Bit → Bytes → Datenworte des Rechners – das aus mehreren elektronischen Bausteinen wie Transistoren besteht – in einem gemeinsamen Schritt angefasst werden. Wie schnell die Abfolge vorgenommen wird, bestimmt die Schaltfrequenz bzw. Taktrate des Rechners. Wie viele Bit oder Bytes gleichzeitig verarbeitet werden können, wird durch die sog. Wortbreite festgelegt und als *Datenwort* bezeichnet. Hierin sind eine oder mehrere Instruktionen untergebracht – oder alternativ die Daten. Diese Wortbreite beträgt heutzutage bei den meisten 'größeren' Computern in der Regel 64 Bit.

Damit ein Computer überhaupt arbeiten kann, müssen zwei prinzipiell unterschiedliche Arten von Informationen vorliegen:

1. Die *Daten*, mit denen es zu rechnen gilt, und
2. die *Instruktionen*, mit denen mitgeteilt wird, wie die Daten zu verarbeiten sind, wobei der Computer hier zwischen arithmetischen und logischen Operationen unterscheidet.

Arithmetische Operationen werden für Zahlen eingesetzt. Bei der Textverarbeitung hingegen erfolgt deren Verarbeitung über logische Verknüpfungen (Vergleiche). Bei der vorgestellten ASCII-Tabelle wurde der Trick angewendet, dass einige Operationen auf Buchstaben sich arithmetisch darstellen lassen[8].

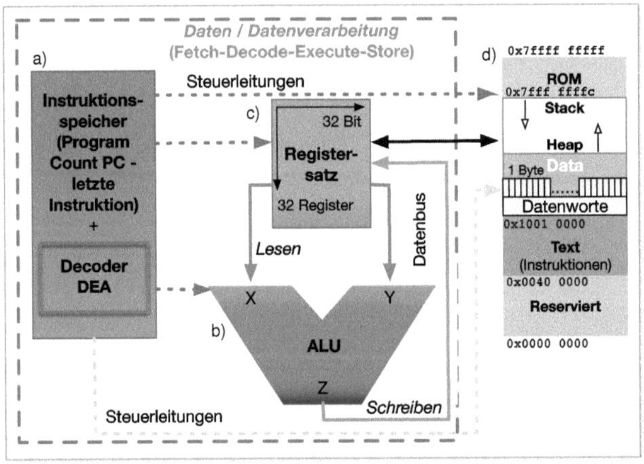

Abb. 1.1-6: Zentrale Komponenten eines 32-Bit-Computers mit Instruktionszyklus (Fetch/Decode/Execute/Store) und Datenverarbeitung; a) Instruction-Decoding-Einheit (Schaltwerk), b) Arithmetic Logic Unit (ALU), c) Registersatz, d) Hauptspeicher (Random Access Memory, RAM)

DEA: Deterministischer Endlicher Automat, ROM: Read-Only Memory. Hauptspeicheradressen werden mit mit hexadezimalen Werten dargestellt, die mit '0x' beginnen.

Gemeinsamer Speicher für Instruktionen und Daten

Nach dem *von-Neumann-Prinzip* [Abb. 1.1-6d] liegen Daten und Instruktionen gemeinsam im Hauptspeicher des Rechners; aber an getrennten Stellen. Das Schaltwerk überführt die aufbereiteten Instruktionen an die CPU. Die Daten werden an die Register weitergereicht und nach der Berechnung dort abgeholt.

Informationsobjekte

Die 'Objekte' im Cyberspace liegen als strukturierte Informationen (Bitfolgen) vor, die nach einem Schema dekodiert und anschließend entweder als Instruktionen ge-

[8] Zum Beispiel: $a \to b = a + 1$; $A \to a = A + 32$.

nutzt oder als Daten verarbeitet werden. Das ist genau das gleiche Prinzip, mit dem auch die Sätze in diesem Buch aufgebaut sind:

- Entweder wissen wir, wo der Datenstrom beginnt (bei uns links oben auf der Seite, im Arabischen rechts oben), oder
- wir identifizieren Sequenzen (Sätze) durch ihre Struktur: Sätze fangen mit einem Großbuchstaben an und enden mit einem *Terminal-Symbol* (z.B. der Punkt '.').

Grammatiken von Computersprachen

Während wir aber Lesen und Schreiben in der Schule gelernt haben, bleibt das Arbeiten eines Computers für die meisten im Verborgenen. Zudem ist die Grammatik einer Computersprache nach dem strengen Gesichtspunkt der Nützlichkeit und mathematischen Prinzipien aufgebaut[9].

Datenpakete für den Informationsaustausch zwischen Computern

Damit Computer im 'Cyberspace' kommunizieren können, müssen die Informationen in strukturierter Form ausgetauscht werden:

- Die Daten werden in Pakete 'geschnürt' und mit Ziel und Absender versehen. Zum Schutz gegen Verfälschungen werden sie durch eine *Checksumme* angereichert, über die sich fehlerhafte Bits sogar korrigieren lassen. Allgemein werden diese als *Pakete* oder *Frames* (*Rahmen*) bezeichnet, was ein sehr treffender Ausdruck ist.
- Remote Procedure Calls: Die Rechner können auch Instruktionen untereinander austauschen, wobei sich diese allerdings nicht auf die Maschineninstruktionen beziehen, sondern auf einer abstrakteren Ebene angesiedelt sind: *Remote Procedure Calls.* Ist die Laufzeitumgebung auf dem entfernen Computer bekannt, lassen sich Anweisungen auch direkt übermitteln: *JavaScript* ist hierfür ein bekanntes Beispiel und vollzieht sich im Webbrowser millionenfach.
- SDN: In Kapitel 6 zeigen wir, dass sich auch das die Computer verbindende Netzwerk programmieren lässt. Dies ist der Beginn einer neuen Ära des Internets: *Software Defined Networking.*

Daten (und Instruktionen) im Cyberspace (der digitalen Welt) sind zustandslos, d.h. es sind Bitfolgen und Zahlenobjekte, die ohne ihre besondere Interpretation (durch einen Computer) bedeutungslos sind, auch wenn sie ggf. eine innere Struktur aufweisen[10].

Kommt nun aber ein Computer ins Spiel, ändern sich die Verhältnisse: Durch das Hinzufügen von Energie und dem im Steuerungswerk des Computers 'verdrahteten' Ablaufprogramms beginnen die Daten 'zu leben' und werden schrittweise (im Takt der CPU) verarbeitet. Hierbei können die Daten in drei verschiedenen Zuständen auftreten [Abb. 1.1-7]:

[9] siehe *Noam Chomskys* Generative Grammatiken

[10] Verschlüsselte Daten sind immer so aufgebaut, dass sie sich praktisch nicht von einer Zufallsfolge unterscheiden.

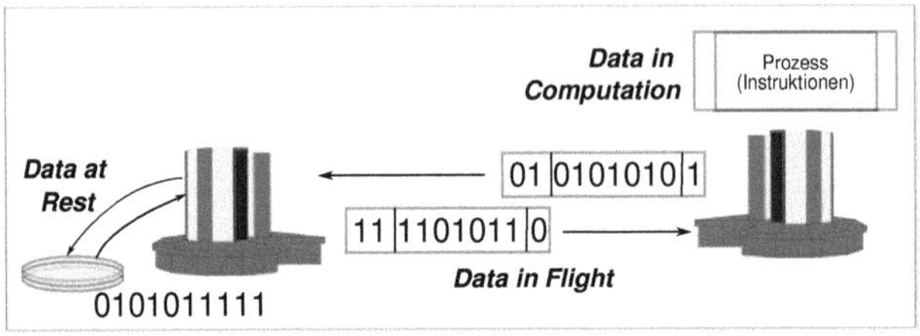

Abb. 1.1-7: Zustände von Daten in der digitalen Welt: links eine sog. Storage Node, rechts eine Computational Node; Netzwerkkomponenten nicht gezeigt

Data in Computation

1. Daten werden vom Computer verarbeitet und liegen damit in seinem Hauptspeicher.

Data in Flight

2. Daten werden zwischen Computern ausgetauscht und über ein Netzwerk übertragen.

Data at Rest

3. Daten liegen auf einem Datenträger vor und können von dort wieder gelesen werden.

Die Lauffähigkeit des Computers determiniert die Verfügbarkeit und Nutzung von Daten im Cyberspace.

Smart Devices und IoT

> Beim *Internet of Things* (IoT) bzw. bei sog. *Smart Devices* findet eine Vorverarbeitung der Daten auf einem (leistungsmäßig begrenzten) lokalen Computer (Device) statt, der mit dem Internet (drahtlos) verbunden ist, wo die Daten für weitere Auswertungen – ggf. mit unserer Einwilligung, aber immer ohne unser Zutun – genutzt werden können (siehe Kapitel 10).

1.1.6 Interaktion des digitalen Raums mit der Wirklichkeit

Die Abbildung eines Objektes aus der realen Welt in den digitalen Raum bedeutet praktisch in jedem Fall die Bereitstellung eines mathematischen Modells, das lediglich die wesentlichen Eigenschaften des 'realen' Objektes beinhaltet. Was bedeutet dies?

Objekt-ID

Digitaler Avatar

- Inventarisierung und eindeutige Beschreibung eines Objektes im digitalen Raum:
  - ▷ Jedes Objekt in der realen Welt muss zunächst durch eine *Objekt-ID* eindeutig gekennzeichnet sein und somit identifiziert werden können. Häufig bedient man sich hierbei einer sog. UUID (*Unique User Identifier*).
  - ▷ Jedes (individuelle) Objekt wird somit eindeutig abgebildet. Das 'lebende' Objekt – durch seine Objekt-ID zu identifizieren – besitzt im Zustand 'Data in Computation' einen aktiven, aber begrenzten Raum im Hauptspeicher des Rechners.

Reduziertes Objekt

- Das digitale Objekt ist in den meisten Fällen eine Reduktion des realen Objektes:
  - ▷ Die komplexen Eigenschaften eines realen Objektes müssen reduziert, programmtechnisch erfasst und somit digitalisiert werden.
  - ▷ Das Objekt besitzt eine Anzahl von *Eigenschaften*, deren Messwert und Typ bekannt sein muss (z.B. der obere und untere Blutdruckwert einer Person).

 ▷ Diese Attribute werden typischerweise in Tabellenstrukturen mit *Typ* und *Wert* festgehalten.

- Die Modellierung der Dynamik digitaler Objekte kann nach unterschiedlichen Prinzipien (Klassen) stattfinden. Die beiden wichtigsten sind hier:

  Automaten und Computer

  ▷ Das Objekte wird als *Deterministischer Endlicher Automat* (DEA) dargestellt, der eine genau bestimmte Anzahl von Eingangs- und Ausgangszuständen hat.

  ▷ Das Objekt ist *Turing-vollständig*, kann also jeden beliebigen Zustand annehmen und nutzt dabei die Eigenschaften des Computersystems, auf dem es läuft.

- Das Objekt und seine Eigenschaften unterliegen Transformationen:

  Lebensdauer digitaler Avatare

  ▷ Objekt und Eigenschaften werden zum Zeitpunkt `X` (mit Wert `Y`) registriert und zum Zeitpunkt `Z` gelöscht (wobei die Löschung nicht permanent zu sein braucht).

  ▷ Während dieses *Life Cycles* werden die Attribute des Objekts erfasst und protokolliert.

  ▷ Das Objekt selbst wird kommissioniert und dekommissioniert (also ins Leben gerufen oder 'retired').

- Wir benötigen eine Schnittstelle, um von der realen Welt auf das digitale Objekt zuzugreifen (und es zu steuern):

  ▷ Das digitale Objekt kann über *Sensoren* Daten als *Nachrichten* aus der realen Welt erhalten, die sein dynamisches Verhalten prägt.

  ▷ Die hierdurch vorgenommene Zustandsänderung (Daten des folgenden Zustands) kann mittels *Generatoren* in die reale Welt gespiegelt werden.

  ▷ Das digitale Objekt kann zusätzlich über *Aktuatoren* verfügen, mit denen es mit der realen Welt interagieren kann, und diese Interaktion wiederum über Sensoren verarbeiten.

In Abb. 1.1-8 sind die zentralen Elemente zusammengefasst. Die Objekte im digitalen Raum sind dabei rein fiktiv oder virtuell – sofern sie nicht über Sensoren mit der realen Welt kommunizieren und diese Information in den virtuellen Raum mit aufnehmen: Die Programme sind *Instruktionen*, die *Daten* sind künstlich und werden über die Schnittstellen vermittelt.

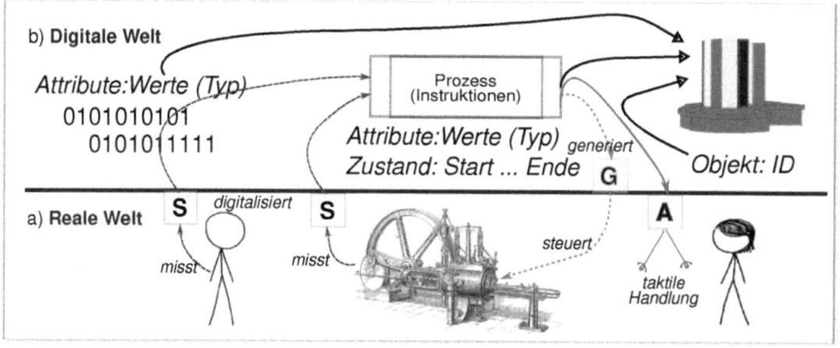

Abb. 1.1-8: Abbildung der a) realen auf b) die digitale Welt
S: Sensor, G: Generator, A: Aktuator

Rolle der IT-Systeme

Zur Abbildung dieser Daten werden IT-Systeme benötigt, die während der Erfassung des Objekts lauffähig sind und über die gegebenen Daten und Instruktionen verfügen. Dies muss nicht notwendigerweise ein einzelnes System sein, sondern kann sich über ein Netzwerk erstrecken (*Cloud*), in dem die Informationen ausgetauscht werden.

Die Verfügbarkeit der Daten und ihre Verarbeitung benötigt elektrische Energie. Steht diese nicht zur Verfügung, besteht die digitale Welt nicht weiter: Weder können Daten eingespeist noch abgerufen werden. Hieraus folgt, dass die Daten zumindest im 'virtuellen Speicher' eines IT-Systems vorrätig sein müssen. Daten und Instruktionen können aber auf einem Datenspeicher – der keine weitere Energie benötigt – persistent abgelegt und bei Bedarf wieder eingelesen werden. Da sich die 'reale Welt' weiter bewegt, hat sich die 'reale' nun von der 'digitalen' Welt (dem *Avatar*, wie später beschrieben wird) entfremdet.

1.1.7 Unternehmens- und Geschäftsprozesse im digitalen Raum

Computer werden zu 'Commodity'

Waren am Anfang der Computerzeit diese Systeme vor allem für naturwissenschaftliche (Fließkommazahl-) Berechnungen vorgesehen (speziell, was die Simulation von Nuklearexplosionen betraf), so war doch schnell klar, dass mit der aufkommenden Computertechnologie mühsame, manuelle Prozesse nun von Maschinen durchgeführt werden können.

Hierzu zählt auch das Hochrechnen von potenziellen Gewinnern bei Wahlen. 1952 wurde bei der Präsidentschaftswahl in den USA der schnellste damals verfügbare Computer, die UNIVAC (*Universal Automatic Calculator*), eingesetzt, um den Wahlausgang zwischen *'Ike' Dwight Eisenhower* und *Richard Nixon* zu bestimmen.

In Deutschland wurde erst 1965 die damalige Wahl zum Bundestag durch Computer-Hochrechnungen ergänzt[11].

Computer im Unternehmenseinsatz

Damit war das Tor aufgestoßen, Computer auch für Alltagsaufgaben in Unternehmen einzusetzen, wie z.B. für

- Buchhaltung und Kontoführung sowie
- Lagerverwaltung und Inventarisierung,

auch wenn die Eingabe der Daten noch mühevoll und die Darstellung der Ergebnisse noch eingeschränkt waren. Üblicherweise fand das auf sog. 'Midrange'-Computern statt, die in den 60er und 70er Jahren des letzten Jahrhunderts von vielen Firmen hergestellt wurden (*IBM, Nixdorf, Wang, Honeywell, Triumph-Adler, Olivetti* – um nur einige zu nennen).

Bei großen Datenmengen ist der Computer schnell im Vorteil, auf Grundlage der verfügbaren Eingangsdaten Analysen vorzunehmen. Die Crux ist hierbei die Erfassung und somit Bemessung der Bestände, die per Hand (der Mensch als Sensor) vorgenommen werden muss. Dies wird auch als *permanente Inventur* verstanden.

[11] Der am Ende des Kapitels verlinkte Film aus der späteren 'WDR Computernacht' ist ein historischer Hochgenuss, wobei unklar ist, ob die zusammengeschnittenen Sequenzen repräsentativ sind.

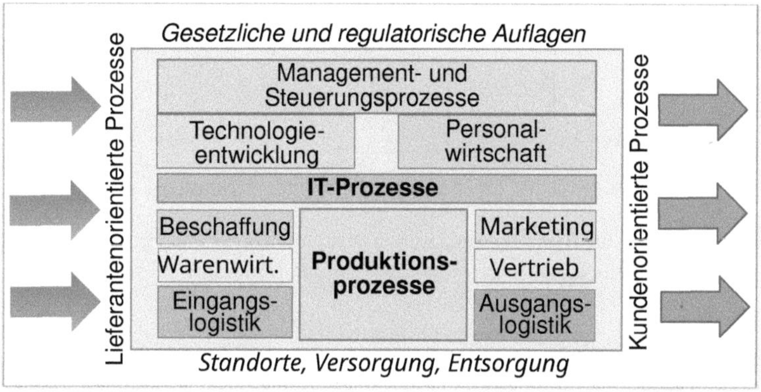

Abb. 1.1-9: Die vielfältigen Unternehmensprozesse unter Berücksichtigung von Lieferanten- und Kundenprozessen mit IT als Querschnittsfunktion

Supply Chain Digitalisierung

Abb.1.1-9 lehnt sich an das 'added value' (*Wertschöpfung*) Unternehmensmodell von *Porter* (für ein Industrieunternehmen) an. Wir sehen, dass IT-Systeme die innerbetrieblichen Unternehmensprozesse als Querschnittsfunktion unterstützen. Ab ca. 1985 wurden diese dann auch eingesetzt, um die *Supply Chain* mit den Lieferanten zu digitalisieren. Für die Warenwirtschaft wichtig war die Einführung der *European Article Number* (EAN), die maschinenlesbar als Strichcode konzipiert wurde.

Enterprise Resource Planning

Objekte der realen Welt werden somit computergerecht erfasst und aufbereitet, und Änderungen können kurzfristig ermittelt und hieraus Aktionen wie z.B. Warenbestellungen vorgenommen und auch automatisiert werden: *Enterprise Resource Planning* (ERP) war entstanden. Die Datenbestände werden hierbei von Prozessen automatisch erfasst und verarbeitet, was die betriebliche Ablauforganisation deutlich beschleunigt. Da dies auf digitalem Weg erfolgt, werden die Datenbestände zu Informationen, die durch ein betriebliches Informationssystem zu verarbeiten sind. Dies ist Gegenstand des ARIS-Konzepts (*Architektur integrierter Informationssysteme*), das an der Universität des Saarlandes von *August-Wilhelm Scheer* entwickelt wurde.

Betrachten wir die linke Seite von Abb. 1.1-9, so können wir feststellen, dass schon sehr früh die Kommunikation mit den Zulieferern digitalisiert wurde. In Bezug auf die Lieferketten fand um 2005 das webbasierte Protokoll SOA (*Service Oriented Architecture*) Einzug in das Beschaffungswesen (*Procurement*), speziell wenn es sich nicht um physische Produkte, sondern um Dienstleistungen handelt.

Digitale Geschäftsprozesse mit Endkunden

Mit der Verbreitung des Internet und der verfügbaren Verschlüsselung der Anwenderdaten mittels der *Secure Socket Layer* (SSL) in Webbrowsern ergab sich auch die Möglichkeit, die Digitalisierung der Geschäftsprozesse auch für die Endkunden voranzutreiben.

Abb. 1.1-10 illustriert den Geschäftsprozess, der in die Einzelprozesse

Abb. 1.1-10: Geschäftsprozess mit seinen vier relevanten Unterprozessen. Die oberen Unterprozesse können komplett digital abgewickelt werden.

- Angebotserstellung, (Offer)
- Bestellung, (Order)
- Bezahlung sowie (Payment)
- Lieferung (Delivery)

unterteilt werden kann. Augenscheinlich ist es möglich, sowohl das Angebot als auch die Bestellung (und bei digitalen Produkten wie z.B. einem Hörbuch auch die Lieferung) komplett zu digitalisieren. Dies war die Geburtsstunde von *Amazon* und anderen Online-Händlern, die sowohl die früher üblichen Versandhändler (wie *Neckermann* mit dem berühmten 'Neckermann-Katalog') vom Markt verdrängten als auch sich für den Einzelhandel aufgrund des nahezu unerschöpflichen Angebots zu einer ernsthaften Konkurrenz entwickelten.

Zahlungsdienstleister wie *American Express*, *Visa* oder auch *Mastercard* stellten zeitgleich ihre Abrechnungssysteme von Papier auf das Internet um, indem beim Einzelhändler geeignete Terminals für den Transfer genutzt werden können und sich somit der Bezahlprozess digital abwickeln lässt.

Internet-Ökonomie

Auf mobilen Endgeräten wie dem Smartphone kann der Kunde nun praktisch medienbruchfrei auf Geschäftsprozesse digital zugreifen, wobei die Anbieter wie *Apple* und *Google* auch ihre eigenen *Payment-Systeme* integriert haben: Die digitale Internet-Ökonomie ist komplettiert.

1.2 Die Virtualisierung der Welt

Von Virtualisierung reden wir, wenn Objekte der digitalen Welt so aufbereitet werden, dass diese die Sinne des Menschen ansprechen.

Im Grunde ist dies das Gegenteil der Digitalisierung:

- Digitalisierung: Objekte der realen Welt werden hier entnommen und in der digitalen Welt abgebildet. Die Digitalisierung ist auf realen Daten aufgebaut (*Sensorik*): Sie ist ein (eingeschränktes) Abbild der realen Welt.
- Virtualisierung: Objekte der digitalen Welt werden in die reale Welt projiziert. Bei der Virtualisierung stehen berechnete – und somit im Grunde genommen fiktive – Daten bereit, die in die reale Welt mittels Schnittstellen (*Generatoren*) übertragen werden.

Bei Computerspielen sind Sensoren das Keyboard oder der Controller, mit denen wir Daten in die 'digitale' Welt einspeisen und das Handlungsgeschehen steuerbar machen, als wären wir mit dieser Welt verschmolzen, die uns nun als 'virtuelle' Welt[12] erscheint.

Virtuelle Welten

Mit anderen Worten: Zwischen der realen Welt und der virtuellen Welt gibt es sowohl einen Hin- als auch einen Rückkanal. Der Datenkanal (also der Generator aus Abb. 1.1-8) ist aber auf die menschlichen Sinnesorgane angepasst. Welche Konsequenzen und Möglichkeiten das mit sich bringt, wollen wir uns in den nächsten Abschnitten anschauen und ansatzweise modellieren.

Hin- und Rückkanal

1.2.1 Virtuelle Welten im digitalen Raum

Was ist aber nun eine 'virtuelle Welt' und was kennzeichnet diese als Objekte im 'digitalen Raum'?

Zunächst halten wir einmal fest, welchen Datenbestand die virtuelle Welt aufweist. Hierbei können wir unterscheiden:

> Die virtuelle Welt speist sich vollumfänglich von der realen Welt und ist ein Abbild. Dies können wir aus Abb. 1.2-1 gut nachvollziehen: Unterschiedliches Kartenmaterial liegen den virtuellen Welten
>
> - https://www.google.com/maps,
> - https://www.openstreetmap.org/ sowie
> - https://openinframap.org/
>
> zugrunde und bilden einen (domain-)spezifischen Teil der Realität ab.

Typ 1: Virtuelle Welt als Abbild der realen Welt

> Die virtuelle Welt besteht sowohl aus Daten der Realwelt, die aber zusätzlich mit Daten aus dem digitalen Raum angereichert wird. Dies werden wir uns unter dem Stichwort 'Augmented Reality' noch genauer anschauen.

Typ 2: Virtuelle Welt zur 'Anreicherung' der realen Welt

> Die virtuelle Welt ist rein fiktiv und eine Spielewelt. Ihre Herkunft hat sie aus sog. *Textadventures*, die auch als *Multi User Dungeon* (MUD) bezeichnet werden. Die ersten computerbasierten Spielewelten kamen bereits 1970 heraus und waren daher vollständig textbasiert, ggf. ergänzt mit sog. ASCII-Grafiken.

Typ 3: Rein fiktive virtuelle Welten

Diese 'virtuellen Welten' sind aber im Gegensatz zu dem bislang in diesem Kapitel Gesagten nicht abstrakt, sondern sie benötigen eine computerbasierte Instanz, die die Kontrolle der 'Werte' ermöglichen muss:

> Die virtuelle digitale Welt wird durch ein Regelwerk aufgezogen, dessen Instantiierung durch physisch existierende Computer-Netzwerke (*Cloud, Blockchain*) 'realisiert' werden. Das Regelwerk ist in Form von *Protokollen* beschrieben. Zusammen mit den *Computersystemen* stellt dies die Inkarnation einer Technologie dar, die als *Plattform* bezeichnet wird. Die Abbildung der virtuellen Welt in die reale Welt erfolgt über ein (Display-)Device, das mehrere Sinneseindrücke erzeugen kann.

Was ist eine virtuelle Welt?

Das Problem für den Nutzer in Bezug auf die virtuellen Welten vom **Typ 1** und **Typ 2** ist die Korrektheit der Information: Falls fehlerhafte und/oder unvollständige

[12] Virtual Reality

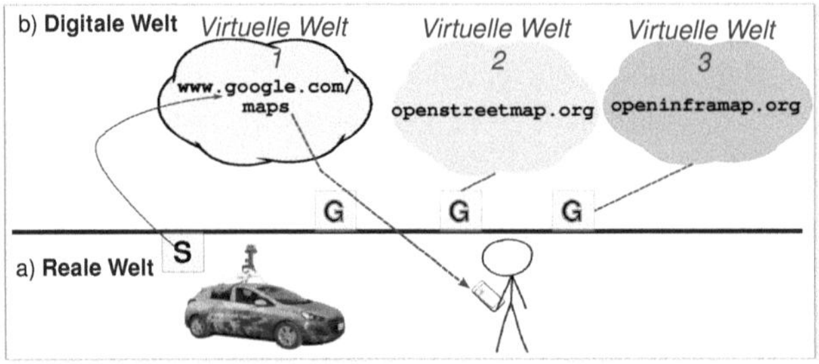

Abb. 1.2-1: Kartenmaterial als virtuelle 'Typ 1'-Welt a) reale Welt mit Sensoren und dem Smartphone als Display-Einheit b) die digitale Welt mit unterschiedlichen Inkarnationen der virtuellen Welten

S: Sensor, G: Generator

Sensordaten vorliegen oder die Daten im digitalen Raum falsch zugeordnet worden bzw. veraltet sind, kann dies zu erheblichen Auswirkungen führen. Das Navi führt uns gerne dort entlang, wo es keine Straßen gibt.

Bei **Typ 3** virtuellen Welten kann der Effekt auftreten, dass die virtuelle Welt einen größeren Realismus aufweist als die reale Welt. Der Nutzer gleitet somit (intellektuell) in die virtuelle Welt hinüber und verliert die 'Bodenhaftung' in der realen Welt.

Avatare

In der virtuellen Welt können auch Personen abgebildet werden, der *Avatar*, der ähnliche Eigenschaften aufweist wie die reale Person. Wir bezeichnen den Avatar daher auch als *digitaler Zwilling* und stellen die sich hieraus wachsenden Implikationen in Kapitel 10 vor.

1.2.2 Interaktion mit der virtuellen Welt

Wenn wir über Objekte in der virtuellen Realität reden, sind dies digitale Objekte, die über eine Maschine/Mensch-Schnittstelle in unser Bewusstsein geraten. Sie sind durch unsere Sinne gefilterte Objekte. Was bedeutet das?

Der Mensch hat bekanntlich 'fünf' Sinne, mit denen er die Umwelt wahrnimmt:

Sensor	Rezeptor	Datenrate	Nettorate	Erläuterung
Auge	Zäpfchen (ca. 6 Mio.)	5 Gbit/s	unklar	Gesichtssinn
Ohr	Trommelfell → Schnecke	1 Mbit/s	unklar	Hörsinn
Ohr	Schnecke	unklar	unklar	Lagesinn
Nase	Riechschleimhaut	4 kbit/s	10 bit/s	Geruchssinn
Zunge	Geschmacksknospen	unklar	unklar	Geschmackssinn
Zunge	Fadenpapillen	unklar	unklar	Tastsinn der Zunge
Haut	Hitze-Nozizeptoren	unklar	unklar	Temperatursinn
Haut	C-taktile Fasern (ca. 1 Mio.)	unklar	unklar	Tastsinn
Körper	Nozizeptor	unklar	unklar	Schmerzsinn

Tab. 1.2-1: Einordnung der menschlichen Rezeptoren (eigene Abschätzung)

Diese tabellarische Darstellung ist selbstverständlich nicht vollständig noch kann deren Korrektheit validiert werden. Es erscheint aber einleuchtend, dass diejenigen

Rezeptoren mit dem größten (reduzierten) Informationsgehalt für das Gehirn von zentraler Bedeutung sind.

Wir berücksichtigen dabei, dass die wichtigsten Informationsquellen Wellen (elektromagnetisch, Schall) sind, die wir im Prinzip sehr gut technisch nachbilden können. Werden zudem Kräfte simuliert (wie z.B. ein sich bewegendes Jahrmarkts-U-Boot), dann sind die Eindrücke so komplex und korreliert, dass sich ein *sensorisches* Ergebnis hieraus ableiten lässt, das von der Realität kaum mehr zu unterscheiden ist.

Emulation virtueller Ereignisse in die Realwelt

Dieser Zusammenhang ist bei den Computerspielen gut zu beobachten: Die Animation muss in Bild und Ton stimmig sein, damit ein 'Ego Shooter' funktioniert. Bei einem Konsolenspiel darf auch gern der *Controller* zum gegebenen Ereignis vibrieren.

Es erscheint einsichtig, dass sich gerade ein junger Mensch mit einerseits sehr offenen Sinnen und andererseits mit noch wenig Erfahrungen zu diesen Illusionen herangezogen fühlt.

Wir halten fest, dass es möglich ist, über die Computer/Mensch-Schnittstelle eine virtuelle Umgebung für den Menschen zu schaffen, die der Programmierung im *Cyberspace* folgt:

Realismus und Realität

- Die Menge der Daten, die über den Gesichtssinn übertragen werden können, bestimmt den '*Realismus*' der virtuellen Welt.
- Die Interaktion des Menschen zur Steuerung von Objekten in der virtuellen Welt ist Maß für die '*Realität*', d.h. das *Einbezogensein.*

Dem steht gegenüber, dass eine realistische Abbildung der virtuellen Welt sich nur mit einer großen Menge von Daten über den Generator (vgl. Abb. 1.1-8) erzielen lässt. Die Objekte im Cyberspace sind immer strukturierte Information. Um deren Inhalt zu ermitteln, müssen sie (fehlerfrei) erzeugt, dekodiert und übertragen werden. Bei optischen Informationen mit ihrem hohen Informationsgehalt [Tab. 1.2-1] bedeutet das einen erheblichen Rechenaufwand und eine große Bitrate, sprich Bandbreite der Datenverarbeitung. Dies können nur spezielle und leistungsfähige *Grafikprozessoren* (GPUs) bereitstellen, die über dedizierte Hardware-Beschleunigung verfügen. Hierbei ist in allen Fällen Effizienz gefragt: Jede Operation auf der Bit-Ebene benötigt elektrische Energie, um den Schaltvorgang vorzunehmen.

Hohe Datenrate → hoher Energieverbrauch

1.2.3 Anreicherung der realen Welt durch Informationen aus dem digitalen Raum: Augmented Reality

Ein Spezialfall liegt vor, wenn die Informationen aus dem digitalen Raum die Wahrnehmung der realen Welt ergänzen sollen: *Augmented Reality* (AR).

Hierbei ist Folgendes zu beachten:

- Die virtuelle Realität muss die reale Welt (modellhaft) geeignet abbilden können.

- Für einzelne Objekte der virtuellen Welt (der *Avatar*) müssen steuerbare Attribute vorliegen, die es ermöglichen, das korrespondierende Objekt in der realen Welt zu 'bereichern'.
- Diese Informationen müssen dem Nutzer in der realen Welt 'erfassbar' zugänglich gemacht werden.

In diesem Fall können wir von einem Verbundsystem Sensor/Generator sprechen, das die reale mit der virtuellen Welt verbindet. Notwendig ist ferner eine quasi Echtzeitbearbeitung der Sensordaten durch den Computer und die gleichzeitige Bereitstellung der hieraus generierten Informationen für den handelnden Menschen.

In Anbetracht der Tab.1.2-1 kann der Computer viel mehr Informationen aus der Realwelt 'abzapfen' und zudem mehrere Quellen verknüpfen, wozu ein Mensch nicht in der Lage wäre. Dies kann z.B. im Bereich Wartung von komplexen Maschinen durchaus vorteilhaft eingesetzt werden.

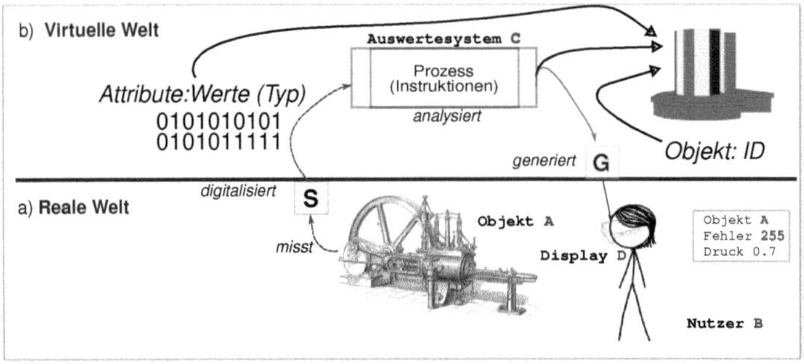

Abb. 1.2-2: Modellhafter Einsatz von Augmented Reality zwischen Objekten und Beobachtern in der realen Welt (a) und die Abbildung der Objekte in der virtuellen Welt (b) mit Ausgabe von Fehlermitteilungen über die AR-Brille (Display D)
G: Generator, S: Sensor

Smart Glasses

Augmented Reality kennen wir vor allem von AR-Brillen verschiedener Hersteller, die um das Jahr 2015 angeboten wurden. Die Brille spielte hierbei aber nur eine Rolle für die Informationsausgabe. Will man AR effizient in der Praxis nutzen, sind einige Randbedingungen zu beachten:

- Das auszuwertende Objekt A der Realwelt muss über geeignete Sensoren verfügen und qualifiziert modelliert worden sein. Hierzu müssen wohldefinierte Schnittstellen vorliegen, die eine bidirektionale Kommunikation zwischen A und dem Auswertesystem C erlauben. C kann hierbei durch einen Service in der Cloud realisiert werden.
- Es muss eine Echtzeitverbindung zwischen realer und virtueller Welt vorhanden sein. Die Übertragung der Informationen zum AR-Display D sollte drahtlos erfolgen.
- Ein Rückkanal von AR-Brille D zum Auswertesystem C ist vorhanden, damit das spezifische Objekt A automatisch von C identifiziert und seine Attribute ausgewertet und mitgeteilt werden können.

- Ein weiterer Rückkanal kann über die Mitteilung der Positionen der Hände und Finger (über die Brille oder andere Sensoren) aufgebaut werden, was aber herausfordernd ist.
- Die Informationsdarstellung auf `D` ist zu standardisieren, d.h. der Nutzer `B` muss nicht für jedes System `A` speziell geschult werden.

Beim Einsatz von AR ist Folgendes zu bedenken:

AR im Einsatz

- Der Engpass in diesem System ist der Mensch. Die Informationsvermittlung aus der virtuellen Welt und ihre Darstellung in der realen Welt hat so zu erfolgen, dass der beteiligte Mensch nicht überfordert und abgelenkt wird.
- Hieraus ergibt sich unmittelbar die Frage nach der Mensch/Maschinen-Schnittstelle, also dem *User Interface*. Diese stellt sich seit Anbeginn des Computereinsatzes und ist immer noch nicht zufriedenstellend gelöst.
- Die Objekte in der realen Welt müssen digital erfasst und ihre Attribute bestimmt worden sein. Gibt es kein 'Match' zwischen digitaler und realer Welt, bekommt der Beobachter falsche Daten angezeigt. Somit gilt es auch hier, die Frage der Authentizität und der Korrektheit digitaler Informationen zu beantworten.
- Wird AR z.B. für Wartungsarbeiten von Maschinen eingesetzt, kann der Rückkanal d.h. von der realen in die digitale Welt, zur Übermittlung von Objekt-IDs genutzt werden, falls beispielsweise auf der Maschine QR- oder Barcodes angebracht sind, die diese mitteilen.

Diese anwendungstechnischen Fragen sind bis dato nicht gelöst. AR-Lösungen sind daher immer herstellerspezifisch und somit im Einsatz eingeschränkt.

Verzichtet man auf eine *Objekt-ID*, müsste der Computer `C` die reale Welt a priori kartographiert und Zugang zu den gesamten visuellen Informationen der AR-Brille haben; sprich: Die Brille `D` fungiert als *Kamera* (Spion) und überträgt diese Informationen permanent und mit hoher Datenrate an das Auswertesystem `C`.

Wir werden in den nächsten Abschnitten sehen, dass dies ein entscheidendes Anwendungskriterium sog. *Large Language Models* (LLM), sprich *Artificial Intelligence* (AI) ist.

1.2.4 Besitztum an digitalen Objekten: Cybercurrency und Non-Fungible Token (NFT)

Die Objekte in der digitalen Welt sind ausschließlich binäre Daten: Instruktionen oder Daten, die als Zahlen dargestellt werden können.

Grundgerüst: Zufallszahlen

Im Prinzip sind Zahlen zustandslos, d.h. sie können einfach gewählt werden. Hierbei tritt das Phänomen auf, dass Zahlen entweder in einer algebraischen Struktur geordnet (z.B. in aufsteigender Reihenfolge) oder rein zufällig gewählt werden können.

In diesem Fall kann mein Nachbar nicht abschätzen oder ermitteln, welche 'Zufallszahlen' ich mir ausgedacht habe. Dieser *Nachbar* kann aber auch ein Automat sein. Im Speziellen ist es der Lotto-Automat, der zweimal pro Woche die Lottozahlen zieht: *Zufallszahlen* sind die Grundlage der Kryptographie:

> Alle Schlüssel[13], die wir nutzen, werden nach dem Prinzip der *Zufälligkeit* erzeugt und benötigen genügend *Entropie* zu ihrer qualifizierten Erzeugung.

Die im digitalen Raum erzeugten Objekte sind Zahlenfolgen. Diesen Zahlenfolgen kann jedoch eine Struktur mitgegeben werden. Abb. 1.1-6d hat dies für die Belegung im Hauptspeicher gezeigt, und Abb. 1.1-7 illustriert dies für Data-in-Flight. Dieses System können wir auch auf persistente Daten (also auf einer Festplatte beispielsweise) übertragen. Betrachten wir diese Zahlenfolge als digitales Objekt, muss ich wissen, wie ich an dieses herankomme.

Wir können uns dieses digitale Objekt vorstellen wie ein Gemälde, das von *Picasso* oder anderen großartigen Malern erstellt wurde. Im Grunde sind dies auch nur 'Farbkleckse', die aber gemeinsam ein Bild ergeben. In der realen Welt können wir Bilder fälschen, sodass sie sich beim Anschauen nicht vom Original unterscheiden lassen. Lediglich eine Untersuchung des materiellen Status gibt hierüber Auskunft.

Besitz → Wissen

In der digitalen Welt gibt es keine 'Substanz'; alle Informationen und Daten können komplett verlustfrei kopiert werden und unterscheiden sich daher nicht von den Ursprungswerten. Daher gibt es auch keinen 'Besitz' an Daten (sieht man einmal von einem physischen Datenträger ab, der die einzige Kopie dieser Daten beinhaltet). In der digitalen Welt müssen wir die digitalen Objekte, die wir besitzen, an einem Ort im digitalen Raum unterbringen, zu dem nur wir den Zugang kennen (*Wissen*): Damit können wir eine Bindung zwischen Besitzer und digitalem Objekt vornehmen: *Non-Fungible Token.*

Instantiierung der virtuellen Welt: Plattformen

Das Regelwerk sieht hierbei folgende hierarchisch gegliederte Mechanismen vor [18] [Abb. 1.2-3]:

① Die *Persistenzschicht*, die beschreibt, wo und wie die Daten physisch abgelegt werden.

② Die *Authentisierungsschicht*, die es einem potenziellen Nutzer ermöglicht festzustellen, wer der Ersteller oder der 'Besitzer' der Daten ist.

③ Die *Verifikationsschicht*, mit der die Korrektheit der abgelegten Daten belegt und ermittelt werden kann.

④ Die *Blockchain-Schicht*, die die einzelnen Datenbestände unlösbar und nachvollziehbar miteinander verknüpft.

⑤ Die *Anwendungsschicht*, mit der der Zugriff auf die Daten (samt Protokollierung) geregelt wird.

Solche Systeme können entweder als zentrale Dienste von z.B. Regierungen bereitgestellt werden oder aber *föderiert* sein – also von einer Gruppe von assoziierten

[13] Mit Ausnahme der Passwörter, die wir selber vergeben.

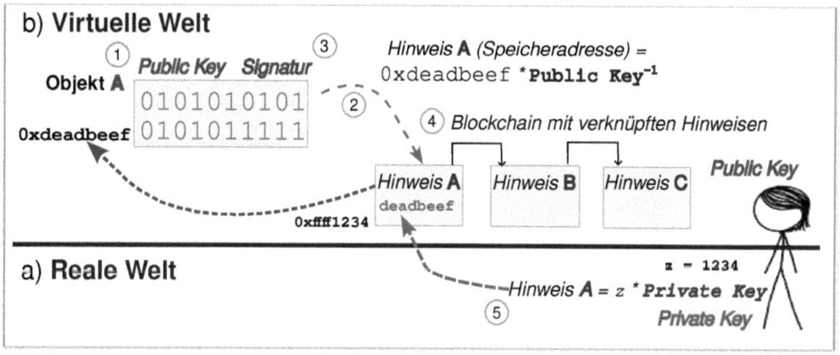

Abb. 1.2-3: Non-Fungible Token im virtuellen Raum: a) Platzierung des Objekts an einer Speicheradresse im virtuellen Raum, b) Berechnung der Speicheradresse durch eine verknüpfte Identität in der realen Welt mittels eines public und private Keys; der private Key darf in der virtuellen Welt nicht öffentlich verfügbar sein. Erklärung von ① bis ⑤ siehe oben.

Betreibern betrieben werden, was beispielsweise auf den bekannten Bitcoin ₿ zutrifft. Zentrale Aufgabe dieses Systems ist es, den Zugang zu den Daten (d.h. deren 'Benutzung') zu regeln und zu protokollieren. Dies basiert auf einer Abmachung (Vertrag) zwischen 'Besitzer' der Daten und dem System sowie dem System und den 'Nutzern' der Daten.

Es erscheint einleuchtend, dass derjenige, der Kenntnisse über das System besitzt, sich die digitalen Objekte hierin beschaffen bzw. erschleichen kann: Das System ist ein *Scam*. Es wurde nur geschaffen, um gutgläubigen Benutzern 'Geld aus der Tasche zu ziehen', ohne einen wirklichen Mehrwert zu bieten (der sowieso komplett 'immateriell' ist und sich einer Bewertung entzieht). Internet Scam

Wie auch beim Geld besteht der 'Wert' darin, dass dieser zu einem gegebenen Zeitpunkt zu einer 'Leistung' umgemünzt werden kann. Dies ist nichts anderes als ein Versprechen. Wie wir anfangs des Kapitels gesehen haben, verbürgt sich beim Geld hierfür der Staat. Bei den digitalen Welten gibt es aktuell hierfür noch keine anerkannten Ansätze. Daher sind die gängigen Plattformen für 'digitale Objekte' für Internetbetrug prädestiniert.

Public-Key-Verfahren als Fundament der digitalen Welt

Ein digitales Objekt können wir uns wie die Kombination eines Bankschließfachs mit einer öffentlichen Galerie vorstellen:

> In der öffentlichen Galerie liegt mein Picasso, den jeder ansehen kann. Zudem kann jeder überprüfen, dass er sich in meinem Besitz befindet. Den 'Picasso' kann ich aber auch 'verkaufen', sodass dieser den Besitzer wechseln kann.

Wie kann das funktionieren? Hierbei hilft uns die spezielle Mathematik auf den ganzen Zahlen, die wir als Algebra über einem endlichen Zahlenkörper kennengelernt haben [Abb. 1.2-3].

Rezept zur Generierung von NFTs

1. Wir generieren für eine Identität in dieser virtuellen Welt sowohl einen öffentlichen Schlüssel K_{pub} als auch den zugehörigen privaten Schlüssel K_{priv}. Beide sind im Grunde genommen nur Zahlen, die aber eine besondere Eigenschaft aufweisen:
   - Die Mathematik (das Protokoll) in diesem System (der Plattform) verlangt nun, dass das Produkt von $K_{priv} \otimes K_{pub} \equiv 1$ ist; Modulo einer großen Primzahl p. Dies stellt die *Umkehroperation* auf der Plattform dar. p nennen wir die Ordnung der (mathematischen) Gruppe.
   - K_{pub} und K_{priv} sind einmalig im System, der Plattform. Die Identität ist einfach K_{pub}, die jeder kennt und kennen darf. K_{priv} ist unbedingt geheim zu halten.
2. Zur Identifikation eines zugehörigen digitalen Objekts **A** wird eine Zufallszahl z benötigt. Diese wird mit K_{priv} multipliziert, wobei der resultierende Wert die *Speicheradresse* als $\texttt{Hinweis}_A$ (*Token*) ergibt, der an einer öffentlich bekannten Stelle im System hinterlegt wird.
   - $\texttt{Hinweis}_A$ beinhaltet nun die Adresse, an der das digitale Objekt auf der Plattform platziert ist.
   - Das digitale Objekt **A** kann zusätzlich mit dem public Key K_{pub} sowie einer digitalen Signatur ergänzt werden, die die Nutzung von K_{priv} erfordert. Dieses Objekt ist sodann *immutable*, also vor Veränderungen geschützt.
3. Unter Mitteilung der Adresse $\texttt{Hinweis}_A$ oder falls jemand zufällig darauf stößt, kann nun über den Hinweis und den öffentlichen Schlüssel K_{pub} festgestellt werden, wer der Besitzer dieses Objekts im virtuellen Raum ist bzw. wer das Objekt dort hinterlegt hat.
4. Die Plattform (das Regelwerk) stellt sicher, dass sich keine unautorisierte Kopie meines digitalen Objektes im System erstellen lässt, wofür dann noch digitale Signaturen benötigt werden (und ergänzend zu $\texttt{Hinweis}_A$ hinterlegt werden kann).
5. Die Plattform sorgt ferner dafür, dass es keine Überschneidungen der Hinweise für dieses beschreibende digitale Objekte geben darf. Ist der digitale Raum groß genug (dies ergibt sich durch den Wert der Primzahl p), kann dies weitgehend garantiert werden (sofern korrekt umgesetzt).

Digitaler Raum

Beim digitalen Raum sprechen wir hierbei über Größenordnungen, zu der relativ die Anzahl der Atome im Universum sehr, sehr klein ist. Der digitale Raum verhält sich daher wie ein extrem dünnes, extragalaktisches Gas, wo nur ganz gelegentlich einige benutzte Bytesequenzen hinterlegt sind (so die Theorie), die zudem voneinander eine große Distanz aufweisen (der digitale Raum ist also spärlich besetzt – *sparse*).

Dieser mathematische Hokuspokus (der durchaus komplexer aufgestellt sein kann) steht und fällt mit der Integrität der Plattform. Es ist möglich, die öffentlichen Hinweise untereinander zu verschränken, sodass wir eine *Blockchain* erstellen und damit deren Reputation erhöhen. Letztlich ist dies aber auch nur ein weiterer Baustein, die 'virtuelle Welt' seriöser erscheinen zu lassen[14].

Art der digitalen Objekte

Unser digitales Objekt **A** weist im Grunde genommen keine Einschränkungen seines Inhaltes auf. Typischerweise kann dies

- eine Patentschrift sein [18], die immer öffentlich ist,

[14] Das Thema Blockchain und die hierfür benötigten Technologien bzw. mathematischen Verfahren greifen wir in Kapitel 12 wieder auf.

- ein (öffentlicher) Vertrag zwischen zwei oder mehreren Partnern,
- eine Abbildung (oder Zeichnung),
- ein (digitalisiertes) Musikstück, sowie profan
- ein öffentliches Dokument (z.B. dieses Buch).

Smart Contracts

Im Prinzip kann die Plattform die Verfügbarkeit der *Tokens* (also der Hinweise auf die digitalen Objekte) einschränken bzw. steuern und mit *Credentials* verbinden. Dann wäre es möglich, auch nicht-öffentliche bzw. vertrauliche Dokumente als NFT zu hinterlegen. Dies bedingt dann aber ein außergewöhnliches Vertrauensverhältnis zwischen den Anbietern der NFT-Infrastruktur und seinen Nutzern. Will man Teile des digitalen Objekts auf einen spezifischen Benutzerkreis einschränken, muss dieses *partitioniert* werden.

Vertrauensverhältnis Infrastruktur ↔ Nutzer

Die Vergabe und Einhaltung von *Credentials* könnte z.B. durch eine staatlich betriebene Infrastruktur garantiert werden, bei der auch haftungsrechtliche Konsequenzen klar geregelt sind (Verlust, Weitergabe, Verfälschung etc). Ein föderativer Betreiber einer solchen Plattform würde das wahrscheinlich ausschließen wollen, wobei natürlich für die Bereitstellung der Infrastruktur sowohl für das Einstellen eines NFTs als auch für dessen Nutzer ein Obulus fällig wird.

Credentials

Ein solches System bietet für staatliche Hoheitsaufgaben wenig Nutzwert: Die oben beschriebenen Aktionen (Erstellung, Zugriff, Verwaltung, auch Löschung), die wir als *Notarisierung* bezeichnen können, wären genauso gut über einfache Datenbanken zu realisieren, die technisch weniger aufwendig, dafür bei einem großen zu verarbeitenden Aufgabenvolumen deutlich performanter sind.

Notarisierung

Cryptocurrencies: Die Währungen im digitalen Raum

In Abb. 1.1-1 wurden die unterschiedlichen Möglichkeiten gezeigt, einen Preis für ein Produkt oder eine Dienstleistung zu 'materialisieren'. Im Grunde kann dies

- entweder ein anderes *Gut* (mit etwa) gleichem Wert sein oder aber
- eine *Verbindlichkeitserklärung*, deren Erfüllung durch eine übergeordnete Instanz (Staat) garantiert bzw. deren Nichterfüllung sanktioniert wird.

Tauschwirtschaft

Geldwirtschaft

Betrug (engl. *fraud*) liegt dann vor, wenn der Leistungsnehmer nicht die Absicht hat (und dies verhindern kann), seine Verbindlichkeit einzulösen («Ich gebe Dir Deinen Hammer später zurück!»). Findet das im großen Maßstab statt, unterminiert dieses Vorgehen den Zusammenhalt und die Arbeitsfähigkeit einer Gesellschaft. Das Regelwerk zur Verhinderung bzw. Sanktionierung von Betrug auf Grundlage staatlicher Strukturen ist eine zivilisatorische Errungenschaft, die auch in der digitalen Welt Gültigkeit besitzen muss.

Fraud

In modernen Gesellschaften – und speziell im Internet – ist der Bezahlprozess (*Payment*) nur ein Teil des Geschäftsprozesses [Abb. 1.1-10] und kann komplett *digital* abgebildet werden: Das Verrechnungssystem wird virtualisiert. Unabhängig davon, wie dies vorgenommen wird (Kerbhölzer, Schuldscheine, Geldscheine, Aktien, Genussscheine, Obligationen, ...) ergibt sich hierbei die Notwendigkeit einer funktionierenden Infrastruktur – wie wir sie bereits bei der Virtualisierung in diesem Abschnitt kennen gelernt haben.

Payment Prozess

Entstehung von Geldmärkten

Eine frei konvertierbare Währung bringt eine Situation hervor, die uns allen gut bekannt ist: Ein *Geldmarkt* ist entstanden, der eigene Gesetzmäßigkeiten und – je nach Verrechnungsträger – eine eigene Dynamik aufweist.

Hierbei hat es sich bewährt, die Verrechnung eines Gutes oder einer Leistung in doppelter Buchführung vorzunehmen, also sowohl die Seite des Leistungsgebers als auch die des Leistungsnehmers zu berücksichtigen:

Kreditorenkonto

- *Account payable*: Die eingegangenen *Verbindlichkeiten.*

Debitorenkonto

- *Account receiveable*: Die *Forderungen* gegenüber Dritten.

Diese Verrechnung ist ein Prozess, der sich selbstverständlich ebenfalls digital abwickeln lässt: *Digitales Geld, Cyber Money, Cybercurrency.*

Die Bitcoin-Währung

Der erste bekannte Ansatz, dieses Problem zu lösen, war das *Krypto-Anarchische Manifest* von *Timothy C. May*, der dieses 1988 entwickelt und 1992 veröffentlicht hat[15].

Bei der Krypto-Währung Bitcoin (₿) hat der Autor *Satoshi Nakamoto* (ein Pseudonym) bestimmt, dass der Wert eines *Bitcoins* klassisch vom Markt, d.h. von Angebot und Nachfrage festgelegt wird, da die Anzahl der möglichen Bitcoins prinzipiell beschränkt ist. Verrechnungseinheiten:

- 1 ₿(Bitcoin)
- 1 Milli-₿= 1 ₿/ 1.000
- 1 Satoshi = 1 ₿/ 100.000.000 = 1 Milli-₿/ 100.000

1 *Satoshi* ist die Verrechnungseinheit für die Bitcoins in allen *Transaktionen.*

> Eine Payment-**Transaktion** ist eine *Absichtserklärung* zur Bezahlung
> - eines Geschäfts (mit der Nummer *X* [*Purchase Order Number* PON])
> - und des *Kompensationsbetrags* (ausgedrückt) in **Satoshi** (₿/100.000.000),
> - für den *Verkäufer* (identifiziert durch dessen **public Key**)
> - zu einem *Zeitpunkt t*,
> - digital *signiert* mit dem **private Key** des *Käufers.*

ECC-Verfahren + sha256

Grundlage der virtuellen Bitcoin-Welt ist das *Bitcoin-Protokoll*, dessen kryptographischen Bausteine der auf elliptischen Kurven basierende Public-Key-*ECC-Mechanismus*[16] sowie die Hashfunktion `sha256` darstellen, was zum Zeitpunkt seiner Entstehung die jeweils stärksten Algorithmen waren.

Wie das Transaktionsbeispiel zeigt, treten in der virtuellen Welt der Bitcoins Käufer und Verkäufer niemals anonym, sondern immer über ihre (aus dem *public Key*) abgeleiteten (*digitalen*) Identitäten auf. Welcher Identität in der realen Welt diese entspricht, entzieht sich dem Bitcoin-Protokoll, und es macht hierüber keine Aussa-

[15]Quelle: `https://groups.csail.mit.edu/mac/classes/6.805/articles/crypto/cypherpunks/may-crypto-manifesto.html`

[16]ECC: Elliptical Curve Cryptography

ge. Hierdurch wird fälschlicherweise auch davon gesprochen, dass es sich um eine 'anonyme' Währung handelt.

Das Bitcoin-Netzwerk

Neben der Währung und dem Protokoll bedarf es bei jeder rein digitalen Währung noch einer Infrastruktur: Das föderative Bitcoin-Netzwerk, das aus folgenden Knoten besteht:

- **Miner** erzeugen die notwendigen (leeren) Blöcke mittels spezieller Hard- und Software in der Blockchain und bekommen hierfür ein Entgelt bzw. können sich welches gutschreiben.
- **Wallets** (digitale 'Brieftaschen' oder 'Geldbeutel') sind die üblichen Bitcoin-Clients, mit denen die 'Kompensations'-Transaktion durchgeführt werden kann. Sie sind als Applikationen sowohl auf dem PC als auch auf mobilen Endgeräten zu finden. Hierin befindet sich neben dem eigenen public Key auch der zugehörige private Key (in einem geschützten Container), um bei einem Kauf die Transaktion zu signieren.
- **Nodes** haben die Aufgabe, die Blockchain zu 'maintainen', Transaktionen weiterzurouten, und besitzen eine komplette, aktuelle Kopie der Blockchain. Das Laden und Überprüfen der gesamten Blockchain braucht erhebliche Zeit und Rechenleistung.
- **SPV Nodes** (*Simplified Payment Verification Nodes*) kennen nur einen Teil der Blockchain, können aber zur Überprüfung gültiger Zahlungen eingesetzt werden.

Die Ledger: Buchhaltung im virtuellen Raum

Neben den public Keys und den IDs der Teilnehmer besteht das virtuelle Inventar der Bitcoin-Währung in einem Geschäftsbuch, das alle Transaktionen unveränderlich (*immutable*) protokolliert: die *Ledger*[17].

Ein 'Blatt' in diesem Buch ist ein 'Leaf' bzw. Bitcoin-Block. Das zentrale Spezifikum von Bitcoins besteht nun darin, dass

1. leere Blätter (sprich Bitcoin-Blöcke) in einer bestimmen Nummernfolge von Minern erzeugt werden müssen, wofür sie eine Belohnung (in Bitcoins), den *Reward*, erhalten und
2. anschließend dieses Blatt mit einer (relativ kleinen) Anzahl von Transaktionen beschrieben werden kann,
3. die dann alle untereinander in einer *Blockchain* verschränkt sind.

Durch diesen Mechanismus (1.) ist die verfügbare 'Geldmenge' in Bitcoins in der Blockchain ursächlich beschränkt und beeinflusst somit den 'Wechselkurs'.

Mining

Das Mining von neuen Blöcken ist teuer und wird für jedes Folgeblatt immer teurer. Der hexadezimale Hashwert des ersten erzeugten Startblocks lautet: '`000000000019d6689c085ae165831e934ff763ae46a2a6c172b3f1b60a8ce26f`'.

Proof of Work

Dieser Hashwert muss für jeden folgenden Bitcoin-Block numerisch immer kleiner werden. Da der *Hashalgorithmus* auf einer nicht-injektiven Funktion aufbaut (die bei der Hashfunktion `sha256` erstaunlich gut umgesetzt ist), funktioniert dieses *Bitcoin Mining* nur durch Ausprobieren und wird immer teurer; sprich, es muss viel elektrische Energie aufgebracht werden, dies zu erzielen. Da dies von der 'Difficulty'

[17] engl. *ledger*: hier das *Kassenbuch* oder allgemein das *Hauptbuch*.

des vorherigen Blocks abgeleitet wird und dessen Wert 'übertreffen' muss, sprechen wir hier von einem *Proof of Work.*

Proof of Stake

Allerdings kann, wie in Abb. 1.2-3 gezeigt, auch ein anderer Algorithmus hierfür befleißigt werden, bei dem lediglich ein nachvollziehbares Wissen um eine spezielle Zahl im digitalen Zahlenraum erforderlich ist. Wir sprechen dann von einem *'Proof of Stake'*. Dieser Ansatz liegt z.B. *Ethereum* zugrunde, das die Möglichkeit von *Smart Contracts* mit einer 'Cryptocurrency' verbindet.

Übergänge zwischen realer Welt und virtuellen Währungen
Wie auch beim Tausch von z.B. Dollar ($) in Euro (€) wird eine Instanz benötigt, die die unterschiedlichen Währungen 'konvertiert': *Money Exchange.*

Der 'Wert' einer Währung wird hierbei ebenfalls über den Markt bestimmt. Da dieser Käufer und Verkäufer zusammenbringt, ist dies per se eine volatile Größe, die auf vielen Faktoren, speziell aber im Hinblick auf die Stabilität und die Nützlichkeit einer Währung aufsetzt.

Digitale Wallets

Aufgrund der Verfügbarkeit von geeigneten 'Wallets' – vor allem auf Smartphones – haben sich die digitalen Währungen einen Vorteil verschafft, der aber von anderen aktuellen Payment-Varianten (z.B. *Apple Pay* oder *Google Pay*) eingeholt wird. Bei jedem 'Payment' kennt aber die Bank bzw. das Geldinstitut die wahre Identität zumindest eines Beteiligten, was bei 'Cryptocurrencies' nur dem Netzwerk bekannt ist – sofern darauf Wert gelegt wird.

UTXO

Auch lassen sich Bitcoin ₿ sowie € in beide Richtungen tauschen. Das eigene Konto im *Wallet* weist das verfügbare Saldo als *Unspent Transaction Output* (UTXO) aus, das mit den Konten der jeweiligen Quellen (*Debitoren*) verknüpft ist. Da aber der ₿ eine 'knappe' Währung ist, gilt wie auch bei anderen knappen Gütern, die einen wachsenden Wert vermuten lassen (Gold, Schmuck, Oldtimer ...), dass Cryptowährungen Gegenstand von Spekulationen sind.

Kosten des Geldverkehrs

Abschließend lässt sich festhalten, dass die *Nutzung* jeder Währung mehr oder weniger teuer ist, je nachdem, auf welcher Infrastruktur sie aufsetzt. Das Drucken von Geldscheinen, diese in Umlauf zu bringen und vor Fälschungen zu sichern gehört genauso hinzu wie der Betrieb von Bitcoin- oder Ethereum-Knoten, die sich in den Transaktionskosten niederschlagen (müssen). Die Bitcoin-Währung ist hierbei eine der teuersten. Einen Espresso bei *Starbucks* aus dem Bitcoin-Wallet zu bezahlen, kann beträchtliche (Transaktions-)Kosten verursachen, die weit höher sind als der 'Wert' des Espresso.

1.3 Die Sache mit der 'künstlichen Intelligenz'

Ein neuer 'Bewohner' der digitalen Welt sind die KI-Systeme, also IT-Systeme, die versprechen, künstliche Intelligenz (*Artificial Intelligence*, AI) zu besitzen. Diese bevölkern die 'virtuellen Räume' mehrerer Anbieter:

- *OpenAI* bzw. *ChatGPT*, die (derzeit noch) auf *Microsofts Azure* Cloud zuhause ist,
- *Gemini* von *Google*,

- *Grok* von *xAI*, einem *Elon Musk*-Ableger seines 'X'-Firmenimperiums,
- *DeepSeek*, gegründet von der chinesischen Firma *Hangzhou*, sowie
- *Perplexity*, eine Art 'Meta-AI-Engine', die sich mehrerer AI-Anbieter bedienen kann,

um nur einige zu nennen.

In diesem Zusammenhang fällt auch oft der Term *Large Language Models* oder auch *generative KI*. Wir wollen uns diesen Begriffen und den sich hieraus ergebenden Implikationen schrittweise annähern, ohne allerdings auf die konkrete Arbeitsweise der KI-Systeme einzugehen. Zunächst aber wollen wir uns ein Modell erstellen, wie ein KI-System überhaupt prinzipiell funktioniert.

1.3.1 Vereinfachtes Funktionsmodell von KI-Systemen

Alle KI-Implementierungen arbeiten in einer virtuellen Welt. Sie stützen sich hierbei auf Daten der realen Welt – oder anderen virtuellen Welten. Eine dieser Welten ist die *Wikipedia*, die das Wissen unserer Zeit digital bereitstellt.

Die Interaktion eines Menschen (es könnte aber auch eine KI sein) mit der KI kann aus Abb. 1.3-1 entnommen werden. Dies ist klassischerweise eine Mensch/Maschinen-Kommunikation, die allerdings vor allem durch die Erwartungshaltung des Menschen (in seiner Doppelrolle als *Fragesteller* und *Rezipient*) geprägt ist.

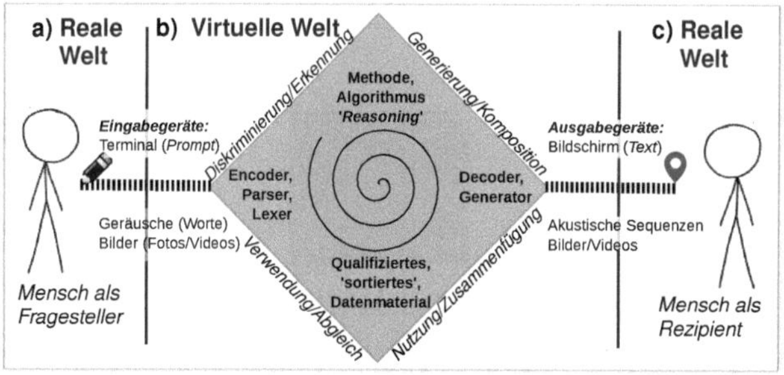

Abb. 1.3-1: Einfaches KI-Modell: a) Nutzer in der realen Welt befragt oder gibt Auftrag an KI, b) KI analysiert Fragestellung bzw. Aufgabe und versucht, unter Nutzung von Domaindaten eine Antwort an den c) Rezipienten in der realen Welt zu liefern.

Aus Abb. 1.3-1 können zentrale Schritte eines KI-Modells abgeleitet werden:

- Der Mensch (in der realen Welt) muss zunächst die Fragestellung der KI kommunizieren. Typischerweise geschieht dies Input: Prompt
  - ▷ über eine Texteingabe – der Tastatur –, wobei neben der eigentlichen Eingabe auch Metainformationen (wie 'Temperatur') mitgeben werden können und von der KI interpretiert werden,
  - ▷ durch eine Sprachnachricht («Hey, Siri ....»), die digitalisiert und von der KI 'verstanden' werden muss,

- ▷ durch ein Videosignal (vgl. Abb. 1.2-2), das analysiert und von der KI in einen Kontext versetzt werden muss, damit überhaupt eine weitere Verarbeitung stattfinden kann.

Diskriminierung → Matching → Reasoning → Generierung

- Der Prozess, der nun von der KI zu bewältigen ist, besteht aus folgenden Teilschritten:

  1. Die einlaufenden Daten sind zu *diskriminieren*, indem die relevanten von den nicht relevanten Anteilen zu separieren sind, sodass überhaupt eine verwertbare Eingabe vorliegt. Nach der Erkennung findet ein *Bewertungsschritt* statt, was bereits das EU-AI-Gesetz[18] vorschreibt, in dem speziell biometrische Daten des Fragestellers und der Anfrage zu berücksichtigen sind.
  2. Im Anschluss hieran werden die Daten nach den vorliegenden Algorithmen verarbeitet, indem ein Abgleich (*Matching*) mit den vorliegenden sog. Domaindaten vorgenommen wird.
  3. Wiederum auf Grundlage der implementierten Algorithmen erfolgt dann die Bestimmung der als am wahrscheinlichsten bestimmten Datenverknüpfungspunkten (*Reasoning*) und
  4. anschließend eine Synthese der Antworten, die wiederum einer Filterfunktion der Implementierung ('Ethische Grundsätze') unterworfen wird.
  5. Die somit 'gefundene' und als am wahrscheinlichsten bewertete 'Antwort' wird generiert und in der gewünschten Form 'komponiert' und ausgegeben.

Output: Derivat

- Der Rezipient (im Allgemeinen identisch mit dem Fragesteller) nimmt die Antwort (das *Derivat*) entgegen und kann aufgrund seines vorliegenden (Erkenntnis-)Bias die Korrektheit der Antwort beurteilen, d.h. dieser 'glauben' oder sie ganz oder in Teilen verwerfen.

Die in Abb. 1.3-1 gezeigte 'innere Box' ist der KI-Algorithmus. Abhängig von der Art der Eingangsdaten haben wir folgende aktuelle Implementierungen, also die '*Engine*':

- Text- und sprachbasiert: *Large Language Models* (LLM), die auf die Analyse der menschlichen Sprache spezialisiert sind. Hierbei werden die Sätze in Token heruntergebrochen und diese neu zusammengesetzt, was in der Regel mit einem quadratisch wachsenden Rechenaufwand verbunden ist.
- Bildbasiert: *Neuronale Netze*, die auch als *Deep Learning* (DL) oder *Machine Learning* (ML) bekannt sind.
- Ebenfalls bildbasiert: *Stable Diffusion* (SD), das in Deutschland an der LMU München und in Heidelberg entwickelt wurde.

GPT: General-purpose text-based tasks

In allen Fällen ist das Trainingsmaterial relevant, das qualifiziert und vorsortiert sein sollte. Im Fall der LLM spricht man in diesem Zusammenhang auch von 'General-purpose text-based tasks', also GPT.

Wurde das Eingabematerial übertragen, versucht die KI zunächst einen Abgleich mit den vorhandenen Daten und diese in einem weiteren Schritt zu korrelieren. Dies

[18] https://eur-lex.europa.eu/legal-content/DE/TXT/?uri=CELEX:32024R1689

geschieht je nach Aufgabenstellung, die zuvor ermittelt bzw. bekannt sein muss (z.B. aus der Fragestellung). Es beginnt dann eine mehr oder weniger intensive Suche im Raum der Möglichkeiten, die aus dem Trainingsmaterial stammen.

Bei vielen Modellen kann die Breite des Suchbaums durch einen Parameter beschränkt werden, der sich bei ChatGPT als *Temperatur* eingeben lässt. Dies ist im Grunde genommen ein Wert, der die Ungenauigkeit der Suche beschreibt (*Fuzziness*).

Im Gegensatz zu klassischen Algorithmen ist das Ergebnis *nicht deterministisch* («Wie viel ist $2 * 2$?») und muss auch nicht korrekt sein. Zudem hängt die Antwort nicht nur von den Eingabegrößen, sondern auch vom Datenmaterial ab sowie ergänzend von Metadaten wie z.B. der 'Temperatur', aber auch von anderen Daten (Uhrzeit, Benutzer, Standort, Sprache), die der KI zur Verfügung stehen.

Hierdurch besitzen KI-Antworten ein gewisses Maß an *Volatilität*. Dies ist ein zentrales Kriterium virtueller Welten, die einen gefühlten 'Realismus' vermitteln und somit als 'lebendig' oder 'beseelt' wahrgenommen werden können[19].

KI-Domaindaten

KI-Training

Das Wissen, das eine KI besitzt, bezieht sie aus vorliegenden Daten, die im Prinzip ein korrektes Abbild der Realität ermöglichen sollten. Praktisch gesehen muss dieses Wissen in digitaler Form vorliegen. Die zentrale Quelle hierfür ist das existierende Internet und in geringerem Umfang Quellen, die der Implementierung quasi privat vorliegen. Diese sind die *Trainingsdaten*.

KI-Bots

Das Absuchen des Internets auf Quellmaterial wird durch KI-Bots realisiert. Diese 'besuchen' die im WWW bekannten und verlinkten Webseiten, lesen die Daten aus, verarbeiten diese (im Rohformat) und stellen sie der KI zur Verfügung. Da viele Webseiten nicht statisch, sondern auf die Anfrage dynamisch reagieren (was Prozessorleistung kostet), stellen die KI-Bots einen erheblichen Anteil am Web-Datenverkehr (siehe Abb. 1.3-2) und an der Energiebilanz der Webserver dar. Viele öffentliche Webseiten (wie etwa *Stackexchange*) haben daher Vorkehrungen getroffen, diese unerwünschten 'Besucher' in ihre Schranken zu verweisen.

Copyright

Zwar stehen die im WWW auffindbaren Dateien öffentlich bereit, sie unterliegen aber dennoch dem Urheberrecht (*Copyright*). Ob die Nutzung dieser Daten für kommerzielle Zwecke – d.h. als 'Futter' für eine KI – überhaupt rechtmäßig ist, befindet sich derzeit in der Diskussion. Dem Gesetzgeber ist es vorbehalten, hier entsprechende Regelungen zu treffen. Inwiefern sich dies auf bereits inventarisierte Daten auswirkt, ist ebenfalls unklar.

Internet-Etikette

Ergänzend sei festgehalten, dass dieses Prinzip für alle KI-Systeme gilt, die Trainingsdaten benötigen: Je mehr unabhängige KIs existieren, umso mehr wird das Internet 'abgegrast'. Hierbei gehen die KI-Bots durchaus unterschiedlich aggressiv vor (siehe oben) und missachten bestehende Regelungen, wie z.B. die häufig eingesetzte Datei `robots.txt`, in der Bereiche mitgeteilt werden, die für 'Bots' tabu ('Disallow') sind bzw. aufgrund der Internet-Etikette sein sollten.

[19] https://www.golem.de/news/lamda-google-entlaesst-entwickler-der-ki-eine-seele-zusprach-2207-167118.html

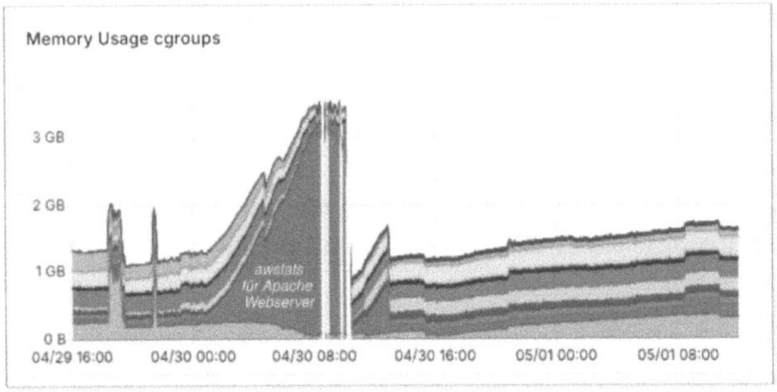

Abb. 1.3-2: Belastung meines Apache Webservers durch KI-Bots am 30.4.2025 anhand der Hauptspeicher-Nutzung von awstats.
In den Logs identifizieren sich KI-Bots durch ihre angegebene Kennung, z.B. 'GPTBot/1.2; +https://openai.com/gptbot'.

1.3.2 Entwicklung der KI-Systeme

Die Entwicklung von denkenden und handelnden Maschinen ist in der Menschheitsgeschichte nicht neu. Bekannt geworden ist der maschinelle Schachtürke, der im 18. Jahrhundert für große Aufregung sorgte, aber im Grunde auf dem Trick beruhte, dass sich im 'Türken' ein Mensch befand, der auf Anweisung von außen reagierte. Zwei Jahrhunderte später stellte IBM das Computerprogramm *Deep Blue* vor und ließ es 1996 gegen den damaligen Schachweltmeister *Garry Kasparow* antreten.

Computer-Schachprogramme haben unter Kenntnis der Schachregeln und konkreten Aufstellung die Aufgabe, eine große Anzahl möglicher Züge vorauszuberechnen und hierbei die günstigsten Züge auszuwählen. Eines der bekanntesten Programme ist **Fritz**, das von *Frans Morsch* und *Mathias Feist* programmiert und 1991 veröffentlicht wurde.

Operations Research

Diese Programme arbeiten nach dem Prinzip des *Operations Research*, zu der generell alle *problemlösenden* Algorithmen gezählt werden. Einer der bekanntesten und ältesten Ansätze besteht in der Lösung des 'Traveling Salesman'-Problems, das 1930 formuliert wurde.

Graphentheorie

Dies stellt eine besondere Formulierung des Graphen-Problems dar. Hierbei gibt es Knoten und Verbindungen, und es gilt, den kürzesten Weg zwischen allen Knoten n zu ermitteln. Hierfür stehen verschiedene Lösungswege zur Verfügung, von denen der *Dantzig–Fulkerson–Johnson*-Algorithmus heute am gebräuchlichsten ist. Will man einfach alle Wege ausprobieren, führt dies zu Permutationen, deren Anzahl in der Ordnung $n!$ liegt ($\mathcal{O}(n!)$), und somit ist dieser Lösungsansatz nicht mehr praktikabel.

Turing-Test
Mit der Neuaufstellung der Informatik durch *Alan Turing* stellte sich wiederum die Frage: *Können Computer denken?*

Vergleichbar mit der Informationstheorie, die in etwa zur gleichen Zeit durch *Claude Shannon* durch einen verblüffenden neuen Ansatz praktikabel formuliert wurde, hat auch Alan Turing nicht nur die *Turing-Vollständigkeit* durch ein Modell darstellen können, sondern auch die Frage neu aufgeworfen und modelliert, ob Computer denken können.

Das Problem, das sich hierbei unmittelbar stellt, ist die Frage, was 'Denken' überhaupt ist. Da der Computer weder über Synapsen noch Neuronen in seinem 'Gehirn' verfügt, muss man sich von einer 'biologischen' Betrachtungsweise lösen und die Frage der Interaktion von Mensch und Maschine als Ausgangspunkt wählen. Der *Turing-Test* [Abb. 1.3-3] sagt nun Folgendes aus:

Turings Imitation Game

> Falls ein Computer über eine Schnittstelle eine Konversation mit einem Menschen führt und diese sich nicht von einer Konversation mit einem Menschen unterscheiden lässt, kann behauptet werden, dass der Computer 'denkt'.

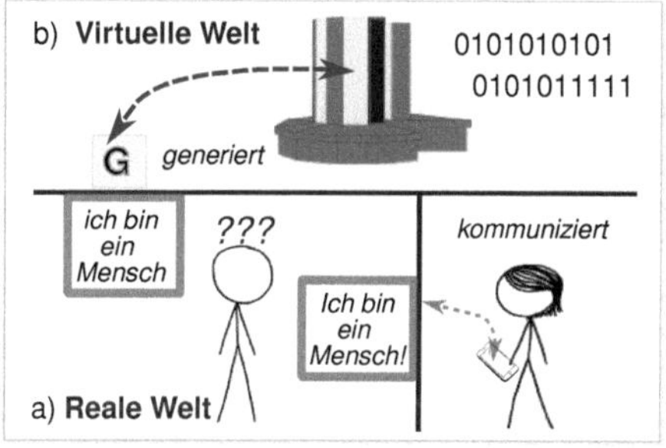

Abb. 1.3-3: Modellierung des Turing-Tests durch Konversation einer Person aus der a) realen Welt mit einer KI in der b) virtuellen Welt unter Vergleich mit einer Person in der realen Welt, wobei in beiden Fällen die Schnittstelle ein Terminal ist und das Gegenüber unbekannt bleibt.

Dieses Modell ist als *Imitation Game* bekannt und bezieht sich auf die Interaktion eines Menschen mit einer Maschine.

Menschliches Denken ↔ Maschinelles Denken

'Denkt' nun dieser Computer wirklich? Was unterscheidet 'menschliches Denken' vom 'maschinellen Denken'?

Wenn wir uns am Kopf kratzen, dann aus dem Grund, dass der Mensch aus nur wenigen Informationen[20] eine Antwort ableiten, d.h. generalisieren kann. Es kann abgeschätzt werden, dass die Anzahl der (bewussten) kognitiven Operationen beim Menschen zwischen 1 und 10 pro Sekunde variiert[21]. Die Maschine kann sich aber (noch) nicht am Kopf kratzen und benötigt daher sehr viele Informationen, um eine (korrekte und auf die Fragestellung spezialisierte) Antwort zu finden, indem große $n \times m$-Matrizen miteinander multipliziert werden und das Ergebnis als Resultat ausgegeben wird.

[20] Die menschliche Sensorik ist beschränkt [Tab. 1.2-1]. Eine Antwort und die Menge an Daten, an die man sich erinnern kann, ist begrenzt.

[21] siehe z.B. https://www.pnas.org/doi/10.1073/pnas.2425166122

Wie sich maschinelles Lernen und Denken entwickelt hat, wollen wir uns nun genauer anschauen:

Phase 1: Learning Machines

Ein zentraler Eckpunkt in Abb. 1.3-3 ist die Frage, ob der Computer (besser: das auf ihm laufende Programm bzw. die 'KI') aus der Konversation mit dem Menschen lernen kann und somit ihre Antworten (oder das Verhalten) ändern kann. Dies bedeutet letztlich, dass sich das laufende Computerprogramm (vgl. Abb. 1.2-2) selbst modifizieren kann, und zwar in einer konvergenten Weise. Hierdurch kann sich die KI quasi ihrer Umgebung anpassen.

Neuronale Netze

Diese Eigenschaft wurde von *Karl Steinbuch* 1961 als sog. *künstliches neuronales Netzwerk* beschrieben. Hierbei besteht das neuronale Netzwerk aus 'virtuellen' Synapsen, die durch 'Eigenschaftsleitungen' und 'Bedeutungsleitungen' verknüpft sind und diese verschränkt. Dies ist dann ein *Schaltnetzwerk* bzw. eine *Lernmatrix*, die mit Daten trainiert werden muss.

Phase 2: Expertensysteme

Mit dem Einzug des Internet seit den 90er-Jahren des letzten Jahrhunderts stand einerseits die Tür weit auf, um mittels des WWW Daten zu verknüpfen; andererseits war die Informationsmenge so groß geworden, dass allenthalben von 'Big Data' gesprochen wird [36].

Mooresches Gesetz

Zudem standen nun auch die notwendigen Computerleistungen bereit, um komplexe Probleme algorithmisch lösen zu können wie der weiter oben diskutierte Deep Blue-'Schachcomputer', der auf einem IBM *PowerPC*, einer *RS/6000*, unter dem Betriebssystem AIX (einer Unix-Variante) lief. Die CPU wurde ergänzt um spezielle 'Chess Chips', damit diese Leistung erzielt werden konnte. Die Leistungssteigerung folgt hierbei dem *Mooreschen Gesetz*, das aussagt, dass sich die Leistung einer CPU aufgrund der höheren Chip-Integration ca. alle zwei Jahre verdoppelt.

In diesem Zusammenhang entwickelten sich Algorithmen zur schnellen Verarbeitung großer Datenmengen wie der bekannte *Page*-Algorithmus zur Internet-Suche bei *Google* und die ersten Online-Übersetzungsprogramme für Sprachen wie z.B. von *DeepL*.

Semantisches Web

Expertensysteme analysieren und verknüpfen hierbei Informationen (Daten) und stellen diese in gerichteten Vektoren dar: der *forward chain* und der *backward chain*. Die Inhalte, die auf diese Weise verknüpft werden, stellen quasi den Wissensraum dar und bilden eine Klassenhierarchie, die die Zugehörigkeit der dargestellten Objekte beschreiben kann und auch als *Semantisches Web* bezeichnet wird.

Phase 3: Generative AI

Die generative AI entwickelte sich ab ca. 2015 auf Grundlage *neuronaler Netze* sowie des Verfahrens der *Stable Diffusion* und charakterisiert sich durch zwei Stufen:

1. Die perzipierten Daten werden diskriminiert, d.h. entsprechend einem Modell analysiert, erkannt und beschrieben. Die hierfür notwendige Rechenleistung kann bereits auf dem Eingabegerät (z.B. dem Smartphone) mittels einer sog. NPU (*Neural Processing Unit*) bereitgestellt werden.

2. Durch Änderungen der nun bekannten Daten können hieraus neue 'Gebilde' generiert werden, die der 'Formensprache' der Eingangsdaten entlehnt sind.

Deepfakes

Die KI tritt im zweiten Schritt quasi kreativ auf. Als praktische Auswirkung hieraus kann der schöpferische Mensch durch die KI ersetzt werden. Es entwickeln sich neue Objektformen:

- Romane und Geschichten können von der KI geschrieben werden.
- Musik kann von der KI komponiert und auch 'gespielt' werden[22].
- Fotos können verfremdet (*Morphing*) und ganze Videos produziert werden.

KI schafft sich virtuelle Welt

Damit ist klar geworden, dass sich die KI bereits eigene virtuelle Welten baut, da nun diese Daten auch wiederum als Eingabe- und Trainingsdaten genutzt werden. Hieraus haben sich Stimmen erhoben, die fordern, dass ausschließlich digital erzeugtes Gut als solches auch bezeichnet werden muss. Dies ist aber noch weit von der Praxis entfernt, und zudem stellen sich die Fragen, wie weit dies operationalisiert werden kann und welche Kriterien und Gütesiegel hier anzuwenden sind.

Ambiguitäten der KI

Während wir bei der Lektüre von Fantasy-Romanen à la *Harry Potter* recht gut einschätzen können, dass wir es hier mit einer fiktiven Welt zu tun haben, die Elemente aufweist, die in der realen Welt so nicht auftreten (können), ist das Ergebnis einer KI nur schwerlich einzuschätzen, ob es aus der Analyse der realen Welt oder einer (selbstgenerierten) virtuellen Welt stammt.

Phase 4: Large Language Models

Damit eine KI als Kommunikationspartner oder 'Mensch' angesehen werden kann, muss sie zumindest ansatzweise den Turing-Test (siehe Abb. 1.3-3) bestehen, indem sie 'Verständnis' für die vorgetragen Daten (Texte) besitzt und hierauf 'adäquat' antwortet. Die bei der KI heute dafür zur Verfügung stehende Verfahren sind die der *Large Language Models* (LLM).

KI-Trainingsmaterial und Inferenz

LLMs müssen mit einer großen Menge qualifizierter (Text-)Daten ausgestattet werden, sodass sie über dieses Trainingsmaterial die

- *Syntax* (Aufbau, Grammatik),
- *Semantik* (Worte, Bedeutungen) sowie
- *Ontologie* (also Aufbau und Zusammenhang)

einer Sprache bzw. des ihnen vorliegenden Textes erfassen können, was als *Inferenz* bezeichnet wird.

KI reasoning

Mittels der nun 'verstandenen' Sachverhalte beginnt die Suche in der vorliegenden Informationsmenge, der Erkennung und Auswahl geeigneter Elemente und letztlich Ausgabe der 'vorgelernten' Ergebnisse [Abb. 1.3-1]. Damit ist auch klar, dass z.B. eine KI im eigentlichen Sinne nicht 'rechnen' kann wie z.B. Wolfram Alpha[23]. Es steht den Betreibern einer KI natürlich frei, bei der Erkennung einer Methode hierbei Algorithmen zu nutzen, die diese nativ unterstützen.

[22] siehe: https://www.telepolis.de/features/The-Velvet-Sundown-KI-Phantomband-findet-halbe-Millionen-Fans-10466651.html

[23] https://www.wolframalpha.com

Prelearned data

Entscheidende Bedeutung für die Korrektheit der Ergebnisse sind die qualifizierten, kategorisierten und somit 'vorgelernten' (prelearned) Daten. Diese sind in einem Parameter-'Wald' abgelegt, der Milliarden von Werten enthält und bei allen Anfragen durchsucht werden muss, was nur auf qualifizierter Hardware mit massiver Rechenleistung möglich ist.

Der Nutzer dieser KI wie z.B. *ChatGPT* hat damit Zugang zum gesammelten Wissen unserer Zeit, insbesondere von Wikipedia. Während selbst Experten in der Regel nur Teile ihres Fachgebiets überblicken, hat die KI die Möglichkeit, in die kleinsten Verästelungen zu blicken und – falls vorhanden – dort Antworten zu suchen und zu übernehmen.

Der Prompt

Im Falle der LLMs wird hierzu in der Regel ein Textinterface benutzt: der *Prompt*. Unter *Prompt Engineering* wird die Formulierung von Fragen an die KI verstanden, sodass diese die Frage 'richtig' versteht und somit die geeigneten Antworten liefert. Hierzu steht bei *ChatGPT* der Parameter 'Temperatur' zur Verfügung.

Phase 5: Artificial General Intelligence

Mit der *Artificial General Intelligence* (AGI) ist ein weiterer Meilenstein in der KI-Entwicklung zu erwarten:

- Bisherige KI-Systeme können nur auf Grundlage der vorhandenen Domaindaten (belastbare) Aussagen treffen.
- KI-Systeme, die auf AGI aufbauen, können aus diesem Domainkorsett ausbrechen und sich die Welt quasi selbst erschließen.

Singularität

Einige Szenarien gehen davon aus, dass diese Entwicklung in den nächsten Jahren realisiert werden kann, was als *Singularität* bezeichnet wird. Eine solche KI wird auch als 'Superintelligenz' verstanden.

1.3.3 Siri, das Fräulein vom Amt – ist heute unpässlich

Wie problematisch die Entwicklung von KI-Systemen ist, zeigt uns die Firma *Apple*, die zum Zeitpunkt des Schreibens dieser Zeilen (Mitte 2025) immer noch keine konkurrenzfähige KI anbieten kann.

Zwar nutzt Apple schon seit vielen Jahren *Siri* als Kommando- und Frageschnittstelle; es fehlt aber an der Ankopplung eines KI-Systems, um Siri für weitergehende Aufgaben fit zu machen.

Wir haben bereits kennengelernt, dass KI-Systeme, die sich *Large Language Models* bedienen, zunächst umfangreich mit qualifizierten Daten gefüttert werden müssen. Bereits diese Aktion ist aufwendig, und die Ergebnisse müssen im Grunde kuratiert werden:

> Sind die gewonnen Erkenntnisse aus dem Web überhaupt adäquat oder nur ein Hoax[24]?

Heuristiken und Bias

Hierzu werden Heuristiken benötigt, die die abzubildende Domain umfassen und diese 'korrekt' interpretieren. Dieser Prozess ist vergleichbar mit einer Messung physikalischer Größen: Auch hier muss sichergestellt werden, dass die Messung sinnvolle Daten geliefert hat und der Messvorgang bzw. die Messapparatur entsprechend den Vorgaben gearbeitet hat. Die Resultatsmenge – also das statistische Sample – muss ggf. auf diese imperfekten Randbedingungen hin korrigiert werden; ansonsten liegt ein *Bias* vor.

Bei der zur verarbeitenden (prelearning) Datenmenge kann dies nur durch statistische Verfahren erreicht werden: Die Mehrheitsmeinung wird zum Gradmesser der Richtigkeit. Stellen wir der KI also Fragen zum Aufbau und Größe der Erde, bekommen wir in der Regel korrekte Antworten und keine, die auf eine 'Hohlerde' hindeuten – außer wir fragen konkret hiernach.

Anreicherung des KI-Wissens

Allerdings gibt es auch einen alternativen Weg: Wir können die KI anreichern mit Wissen um die konkreten Prozesse, die es zu berücksichtigen gibt. Dies kann z.B. in Form von Differentialgleichungen erfolgen, die dem physikalischen Problem zugrunde liegen. Dann kann die KI z.B. nicht *spekulieren*, ob ein Raumflug zum Alpha-Centauri möglich ist, sondern ihre Ergebnisse aufgrund der physikalischen Möglichkeiten zumindest flankieren.

Domänenmodell

Daher benötigen wir neben der verfügbaren Datenmenge auch noch ein Domänenmodell, mit der die KI die Anfragen entgegen nimmt. Fragen wir *Siri*:

> «Welchen Schraubendreher benötige ich, um ein MacBookPro zu öffnen?»

ist die Antwort mit Domain-Wissen verknüpft, das Apple bereit stellen muss, um seine Kundschaft zu bedienen, und kann sich hier keine Fehler erlauben.

Perzeption und Rezeption

Da Siri das gesprochene Wort (in verschiedenen Sprachen) analysieren und 'verstehen' muss, ist zudem eine Transformation in das Zielsystem vorzunehmen, das die (transformierten) Befehle auszuwerten hat (Perzeption, Diskriminierung). Die Rücktransformation der Domain-Information ist ebenso komplex (Generierung, Rezeption).

KI CPU-Leistung

Der in Abb. 1.3-1 gezeigte mittlere Bestandteil stellt rechentechnisch die größte Herausforderung dar, falls das KI-System in der Lage sein sollte, viele Anfragen/Sekunde zu verarbeiten. Hiervon kann allerdings bei der vorliegenden Nutzung und Durchdringung der KI ausgegangen werden.

Nvidia Dominanz im KI RZ

Einerseits kann das nur mittels besonderer Hardware erfolgen, wobei hier die Grafikkarten der Firma *Nvidia* mit ihrer *CUDA*-Schnittstelle[25] derzeit nahezu konkurrenzlos sind. Andererseits geht das nur durch Skalierung der Rechnerleistung mittels Grid- oder Cloud-Computing. Es bleibt abzuwarten, ob die Idee (2025) von *Mark Zuckerberg* (Meta) umgesetzt werden kann, einen Computer für KI zu bauen, der so groß wie eine Stadt ist[26] und 1 GW Leistung benötigt.

---

[24] Engl. hoax: Falschmeldung oder Schabernack.
[25] CUDA: Compute Unified Device Architecture
[26] `https://www.golem.de/news/meta-mark-zuckerberg-plant-rechenzentren-so-gross-wie-staedte-2507-198103.html`

Science Fiction ist der Zeit voraus

Dies erinnert stark an den 'Robotregenten' in der Science-Fiction-Reihe *Perry Rhodan*, wie dies Anfang der 60er-Jahre dort beschrieben wurde – und dieser besaß bereits eine 'künstliche Intelligenz' und ein 'Bewusstsein'. Während hier der 'Robotregent' zur Administration eines Sternenreiches dient, in dem die eigentlichen Intelligenzen degeneriert sind, ist das heutige Verständnis von KI an den Roman *Neuromancer* (1984) von *William Gibson* angelehnt, in dem unterschiedliche KIs in einer relativ nahen Zukunft (in Bezug auf die Entstehung des Werkes) mit Menschen über Sensoren interagieren.

AI in der CPU

In der heutigen Gegenwart erfolgt der erste Schritt aus Abb. 1.3-1 – d.h. die Aufbereitung der Eingabedaten für die KI – durch die Ergänzung der heutigen Computer (CPUs) durch dedizierte *Artificial Intelligence* (AI)-Einheiten. Sowohl Apple als auch AMD nutzen bei ihren aktuellen Modellen AI-APUs als Erweiterung ihrer Consumer-CPUs, mit denen z.B. für die Bildbearbeitung *Stable Diffusion* unterstützt wird.

1.3.4 Die virtuelle Welt träumt

Ein offensichtliches Problem ist allen KI-Systemen inhärent:

> Woher stammen die Daten, die zum Training verwendet werden?

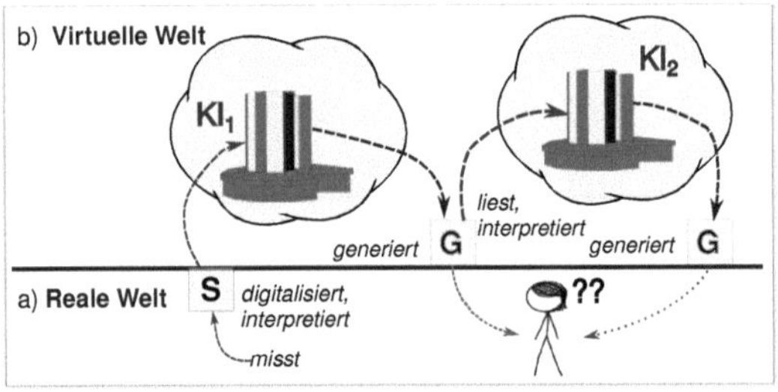

Abb. 1.3-4: Selbstreferenzierung von erzeugtem Trainingsmaterial durch KIs: KI_1 hat Daten über seine Sensoren aus der a) realen Welt erhalten und spiegelt diese über seine Generatoren zurück. KI_2 liest nun diese generierten Daten, wertet sie aus und stellt sie dem Anwender in der a) realen Welt wiederum – nun verfälscht – zur Verfügung.

'Blinde' Sensorik

Die 'Sensoren', die eine KI besitzt, unterscheiden sich je nach Art der KI. So kann z.B. eine KI, die für die Bildrekonstruktion und -generierung geschaffen ist, auf öffentliches Bild- und Videomaterial zurückgreifen. Das wären z.B. Überwachungskameras, die die Daten in die *Cloud* übertragen, also Daten aus der realen Welt. Würde man die KI mit Daten aus Fernsehserien nutzen, lernt die KI quasi das Abbild der Realität: Ein *Bias* tritt auf.

Noch komplexer stellt sich die Antwort bei KIs dar, die auf LLMs basieren: Diese sind auf Textmaterial angewiesen, das bereits digitalisiert wurde, also in einer eigenen virtuellen Welt existiert. Da KIs auch selbst Texte erzeugen können[27], können auch diese zu Trainingszwecken (automatisiert) eingesetzt werden [Abb. 1.3-4].

Wir haben es hier also mit einem Zirkelschluss zu tun: Die KI kennt in der Regel die Quelle ihrer Daten nicht. Damit die KI 'korrekte' Antworten geben kann, müssen die Trainingsdaten ursprünglich aus der realen Welt stammen. Ansonsten fängt die KI an zu halluzinieren. Im schlimmsten Fall baut sich die KI – im Zusammenspiel mit KIs anderer Hersteller – ein Traumgebilde auf.

KI-Halluzinationen

Eine Möglichkeit, dieses Risiko zu minimieren, ist, von der KI zu verlangen, dass sie – wie in wissenschaftlichen Arbeiten – das genutzte Quellmaterial ausweist[28], was noch keine hinreichende *Anforderung* für die Richtigkeit der gegebenen Antworten, aber zumindest eine *Notwendigkeit* darstellt.

Beschränkung auf Quellmaterial

Auch hier gilt allerdings, dass das (aktuelle) Quellmaterial mittlerweile auch gänzlich oder zumindest teilweise mit KI-Unterstützung erstellt wurde. Daher wird gefordert, dass in wissenschaftliche Ausarbeitungen und Veröffentlichungen dies explizit zu erwähnen ist.

KI gestützte Veröffentlichungen

1.3.5 Usability: KI-Agenten

Bislang haben wir KI nur als passives System betrachtet. Wie auch beim *autonomen Fahren* können KI-Assistenten auch zur *Steuerung*, d.h. den Eingriff in die reale Welt genutzt werden. Wir bezeichnen diese dann als *KI-Agenten*.

KI zur Steuerung

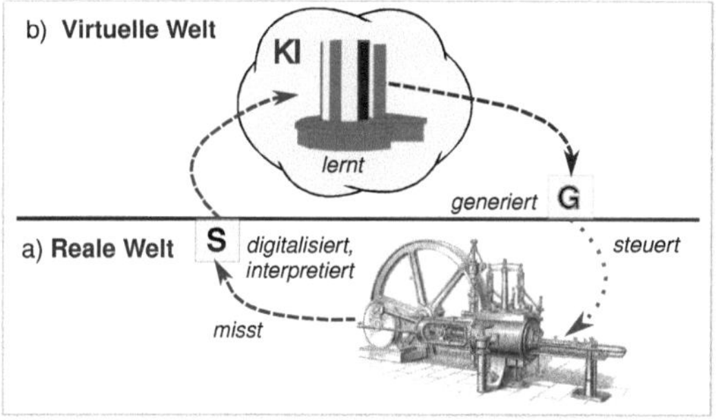

Abb. 1.3-5: KI-Agent mit Sensor- und Steuerungsfunktion, der Daten aus der a) realen Welt misst, in der b) virtuellen Welt interpretiert sowie auswertet und damit eine Maschine in einem Regelkreis steuert und somit aus seinen eigenen Aktionen lernen kann.

Die KI-Agenten sind aufgrund ihrer Sensoren und Interaktion mit der realen Welt lernfähig [Abb. 1.3-5] und können somit ihr Verhalten an die äußeren (realen) Umstände anpassen. In diesem Zusammenhang sprechen wir von *Artificial General Intelligence* (AGI), die einer neuen Stufe der KI entspricht.

Artificial General Intelligence

[27] Dies ist z.B. bei Google-Anfragen mittlerweile der Normalfall ('AI Overview'). Ironischerweise versagt(e) diese AI bei der Frage nach der Anwendung des LaTeX-Paketes `\footmisc` für dieses Buch komplett und hat nicht-funktionierende Auskünfte erteilt, sodass es bei diesem Wust von Aufzählungen bleiben muss.

[28] Dies verlangen z.B. die Algorithmen, die hinter der KI *Perplexity* stecken.

Um dies zu verstehen, müssen wir unseren Blick auf die KI-Agenten schärfen und das einfache Funktionsmodell aus Abb. 1.3-1 um neue Funktionen erweitern und speziell Komponenten für die Mensch/Maschine- und die Maschine/Maschine-Kommunikation einführen.

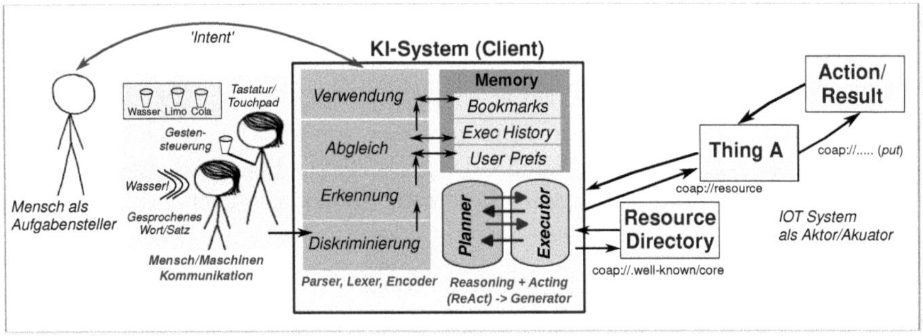

Abb. 1.3-6: KI-Agent mit Mensch/Maschinen-Schnittstelle sowie Planner und Executor für die Kommunikation mit anderen IoT-Devices mittels CoAP

Mensch/ Maschinen-Kommunikation

Soll die KI mit dem Menschen interagieren, muss zunächst diese Schnittstelle angepasst werden. War in Abb. 1.3-1 von einem Termin – dem *Prompt* – ausgegangen, sind folgende weitere Schnittstellen zu berücksichtigen:

1. Schalter/Knöpfe/Tastatur bzw. ein *Touchpad.*
2. Eine *Gestensteuerung*, die mittels Kameras erfasst wird.
3. Eine Steuerung über das Verständnis des *gesprochenen Worts* oder eines Satzes («Hey Siri!») über Mikrofone.

Abb. 1.3-6 zeigt dies beispielhaft bei der Anforderung eines Getränkes:

- Auswahl über Symbole auf einem Touchpad.
- Per Gestensteuerung über eine Handbewegung, die das Trinken symbolisiert. Hier muss die KI noch die Art des Getränkes erfragen.
- Durch die mündliche Anforderung von 'Wasser'.

Wir bezeichnen dies als *multimodale Schnittstelle*, wie sie z.B. in modernen Fahrzeugen vorliegt, und verlangen bei den letzten beiden Punkten eine lexikalische und semantische Aufbereitung, die in einem auszuführenden Befehl mündet. Die KI muss die *Intention* des Menschen verstehen.

Erkennung der Intention

Um dies zu unterstützen, benötigt die KI ein *Gedächtnis*, in dem zum Beispiel für den Nutzer dessen Sprachmuster eines Befehls erkannt und hinterlegt wird, sodass hier eine Assoziation vorgenommen werden kann, die in einer schnellen Erkennung und letztlich Aktion mündet.

In Abb. 1.3-6 sind diese drei Schnittstellen für die Mensch/Maschinen-Kommunikation dargestellt und in ihrem Speicher die Benutzerpräferenzen (*User Prefs*) verankert. Für alle diese Schnittstellen sind adäquate Schritte für die Erkennung einzubeziehen. Bei der Steuerung über Schallereignisse geschieht dies über die Unterdrückung von Nebengeräuschen und einen Vergleich der Hüllkurven für die gegebenen Befehle, was z.B. über ein *künstliches neuronales Netz*

(KNN) und mittels Deep Learning (über ein *domainspezifisches* Large Language Modell) für die Semantik realisiert werden kann. Erst wenn dies geeignet vorliegt, kann der KI-Agent die Intention des Benutzers herausarbeiten und gegenüber falschen Eingaben filtern. Hierbei hilft der KI ein weiteres 'Gedächtnis', in dem die Befehlshistorie abgelegt wird.

Robotic Process Automation

Im Gegensatz zur *Robotic Process Automation* (RPA) besitzt die KI ein *semantisches Verständnis* für die Aufgabenstellung. Anker hierfür ist eine Datenquelle, die als Ausgangspunkt für die folgenden Verknüpfungen dient; in Abb. 1.3-6 ist dies das *Resource Directory*. KI-Systeme verhalten sich hierbei nur annähernd wie ein *Deterministischer Endlicher Automat* (DEA), da sie nun auch lernfähig sind und zudem mit anderen KI-Systemen interagieren können. Um dies zu ermöglichen, benötigt das KI-System noch zwei weitere Komponenten:

- Den *Planner*, der die entgegengenommenen Befehle abarbeitet und den Durchführungsverlauf im Gedächtnis ablegt, sowie
- den *Executor*, der für die Ansteuerung der Außenwelt maßgeblich ist.

Internet of Things

Dies kann – wie in Abb. 1.3-6 gezeigt – ein KI-Client sein, der die Anfragen – nach der Analyse der Intention – an weitere KI-Systeme bzw. Sensoren oder Aktuatoren weiterleitet. Um dies vornehmen zu können, benötigt der Executor zunächst ein Wissen um die zu erreichenden Endpunkte im IoT. Diese sollten erreichbar und für die vorgegebene Aufgabe vorgesehen sein, und sie sind zudem extern auf einem Server abzulegen, der unter einer bekannten Adresse abgefragt werden kann.

CoAP

In Abb. 1.3-6 wird dies über das *Constrained Application Protocol* (CoAP) vorgenommen (siehe Kapitel 17 in [17]), das die Ressourcen über eine RESTful-Schnittstelle – ähnlich dem Web-Protokoll – verfügbar macht. Unter Mitteilung der Ressource kann diese nun angefordert werden. Hierfür bietet CoAP Funktionsprimitive, die mit den Sensoren und Aktuatoren kommunizieren können.

Ein solcher KI-Agent im Fahrzeug könnte beispielsweise Folgendes realisieren:

- «Regele die Klimaanlage auf 20° herunter!»
- «Wie lange dauert es noch, bis ich zuhause ankomme?»

Im ersten Fall muss der KI-Agent mit dem Sensor/Aktuator der Klimaanlage kommunizieren und die Einstellung der Innenraumtemperatur neu justieren. Der zweite Befehl verlangt, dass sich der KI-Agent des GPS-Sensors[29] bedient und anschließend über einen Online-Kartendienst unter Nutzung der Verkehrsdichte und der mittleren Fahrzeuggeschwindigkeit und unter Kenntnis der aktuellen Koordinaten und der Zielkoordinate die voraussichtliche Zeit berechnet.

Einigen Lesern dieses Buches wird das vermutlich vertraut vorkommen.

[29] GPS: *Global Positioning System*

1.3.6 Die Beherrscher der digitalen Welt

Die IT-Systeme, die wir üblicherweise nutzen, entstammen einem Hersteller wie Microsoft oder Apple bzw. Google bei den Smartphones oder benutzen ein auf den Computer abgestimmtes Betriebssystem.

UEFI-BIOS mit TPM

Dieses Betriebssystem ist aber nicht beim Starten des Rechners (dem Booten) aktiv, sondern hier kommt noch das sog. BIOS[30] ins Spiel, das zunächst alle Hardware-Ressourcen überprüft und initialisiert. Moderne Computer besitzen auf dem Mainboard zusätzlich noch ein sog. *Trusted Platform Modul* (TPM), das die Zertifikate der Hersteller enthält. Im TPM können wir zusätzlich unsere eigenen Schlüssel (für die Festplattenverschlüsselung) sowie biometrische Informationen – wie unseren Fingerabdruck – geschützt hinterlegen.

Offene Betriebssysteme

Lediglich offene Betriebssysteme wie Linux, die BSD-Familie (*Free/Net/OpenBSD*) und andere aus dem UNIX-Umfeld stammende Entwicklungen (wie z.B. auch *Illumos*) besitzen keine unmittelbaren Abhängigkeiten vom TPM, sodass dieses in der Regel ausgeschaltet bleibt.

Digital signierte Software

Software, die wir auf einem IT-System hinterlegen, ist in der Regel vom Herausgeber digital signiert. Die Kommunikation mit Internet-Knoten geschieht in der Regel verschlüsselt auf Grundlage von TLS [17], und das Vertrauensverhältnis fußt auf den damit verbundenen X.509-Zertifikaten.

Dieses Vertrauensverhältnis wird durch folgende beide Maßnahmen überprüft bzw. erzwungen:

1. Der Computer bzw. eine Applikation besitzt einen sog. *Trust Store*, in dem sich vertrauenswürdige X.509-(Stamm-)Zertifikate[31] befinden.
2. Bei der Nutzung eines Objekts bzw. bei der Verbindungsaufnahme mit einem Objekt im Internet überprüft die Software, ob das Objekt sich 'ausweisen' und somit seine Legitimität durch eines der abgelegten Stammzertifikate bestätigt werden kann.

Kann die Legitimität nicht nachgewiesen werden, verweigert die Applikation auf dem Rechner den Dienst oder sie fordert den Benutzer auf, diese Prüfung zu übergehen.

Die Überprüfung erfolgt in folgenden Schritten:

Authentication

1. Der übermittelte public Key des Besitzers muss zu seinem private Key – der angefordert wird – 'passen'. Dies ist ein kryptographisches Verfahren.

Verifikation

2. Das Objekt muss digital signiert sein. Wie bereits in Abb. 1.2-3 dargestellt, geschieht dies durch den private Key des Herausgebers und steht als Signatur zur Verfügung. Der zugehörige public Key der *Ausgabestelle* muss verfügbar sein. Dies stellte seine kryptographische Verifikation sicher.

Validierung

3. Der public Key des Besitzers ist zusammen mit der Signatur des Herausgebers im X.509-Zertifikat des Objektes und mit weiteren Informationen eingebettet.

[30] Heute oft das UEFI-BIOS: Unified Extended Firmware Interface/Basic Input Output System; das UEFI wird heute in der Regel durch das *MINIX*-Betriebssystem von *Andrew Tanenbaum* realisiert.

[31] X.509 beschreibt eine Zertifikats-Datenstruktur im X.500-Verzeichnisdienst.

> Diese ergänzenden Daten können zusätzlich mit den vorliegenden Kommunikationsmetadaten (wie z.B. IP-Adresse) validiert werden.

Welche *genauen* Kriterien der Hersteller hierbei an den Tag legt, bleibt für den Benutzer in der Regel im Verborgenen. Die Situation richtet sich nach der 'gängigen Praxis' aus (die nicht unbedingt geeignet sein muss[32]) oder dem aktuellen IT-Security-Umfeld.

Automatische Aktualisierungen

Da unsere IT-Systeme heutzutage fast immer mit dem Internet verbunden sind und über Automatismen zur Aktualisierung der Software und den Inhalten des Trust Stores ausgestattet sind, ist letztlich der Hersteller des Betriebssystem der eigentliche 'Beherrscher' unseres Computers/Tablets/Smartphones.

Digitale Souveränität

Als Benutzer sind wird nur 'geduldeter Gast' des Geräts: zwar möglicherweise der Eigentümer der Hardware, aber nicht 'Master' der installierten Software. Es sind die Konzerne Apple, Google und Microsoft, die in überwältigender Macht das Sagen über unsere IT-Systeme haben. Die 'digitale Souveränität' ist schon lange verloren gegangen: Das Aufspielen neuer Software und das Zulassen von Internet-Kommunikation ist reglementiert; und der normale Benutzer ist hierbei unter Kontrolle des Herstellers. Zudem dient der Benutzer auch als Lieferant von 'Telemetrie-Daten' an die großen Konzerne.

Open-Source-Software

Deshalb gibt es im Profibereich starke Tendenzen, auf 'Open-Source-Software' zu setzen, bei der diese Abhängigkeit in dieser Weise nicht besteht und der Quellcode zumindest im Prinzip nachvollziehbar ist – und damit: was der Rechner beim Ausführen des Programms treibt.

1.4 Die Eroberung der digitalen Welt durch Quantencomputer

Mussten wir schon bei der Darstellung der 'künstlichen Intelligenz' auf Vorbilder aus der *Science Fiction* zurück greifen, so wird es in diesem Abschnitt um Größenordnungen mehr 'phantastisch' aber nichtsdestotrotz realistisch: der Quantencomputer und dessen Implikationen für die 'Zukunft der Netze', dessen erste Ideen in das Jahr 1995 zurück reichen.

Um zu verstehen, welche Revolution sich damit andeutet, müssen wir einige Schritte zurückgehen und die Grundlagen neu betrachten – und neu bewerten –, was uns die IT-Welt bislang mitgebracht hat, bevor wir diese in Relation zur Quantenwelt bringen, mit der wir es in diesem Abschnitt zu tun haben werden.

Signalübertragung
Während wir in der IT von Daten sprechen, sind deren Repräsentanten in der physikalischen Welt *Signale* (bei der Übertragung) oder elektrische Impulse (während der Verarbeitung).

[32] Erinnert sei hierbei an die unsinnige 'Richtlinie' des BSI, Passwörter regelmäßig zu ändern.

'Daten', die wir über unsere Umwelt bekommen, sind Signale, d.h. ein kontinuierlicher 'Strom' von Energien, die wir als *Wellen* beschreiben und die folgende (klassischen) Eigenschaften aufweisen:

- **Amplitude** (= Intensität), z.B. Lautstärke und Helligkeit,
- **Frequenz** ($\sim$ Energie), z.B. Tonhöhe und Farbe, sowie auch
- **Phase**, die in Form von Schwingungsüberlagerungen (*Flageolett-Töne*, Interferenzen) hör- und sichtbar gemacht werden kann.

Bei der klassischen Signal- bzw. Informationsübertragung gelten folgende physikalischen Gesetzmäßigkeiten:

- Bei der Signalübertragung wird *Energie* vom Sende- zum Empfangssystem übertragen.
- Beim Empfang erzielt diese Energie eine *Wirkung* im Zielsystem, die gemessen werden kann.
- Die *Übertragungsrate* der Information ist durch die Ausbreitungsgeschwindigkeit des Signals im Medium limitiert.
- Der mögliche *Informationsgehalt* wird durch Übertragungsfehler (die als Rauschen approximiert werden) begrenzt (*Shannon*'sche Informationstheorie).

Signalabtastung führt zu Daten

Sampling

Durch die 'Abtastung' eines analogen Signals kann dieses in diskrete Werte überführt (*Analog-zu-Digital-Codierer*, ADC) bzw. wieder von den digitalen Werten zum analogen Signal zurückgewandelt werden (*Digital-zu -Analog-Wandler*, DAC), wie dies in [Abb. 1.4-1] dargestellt ist.

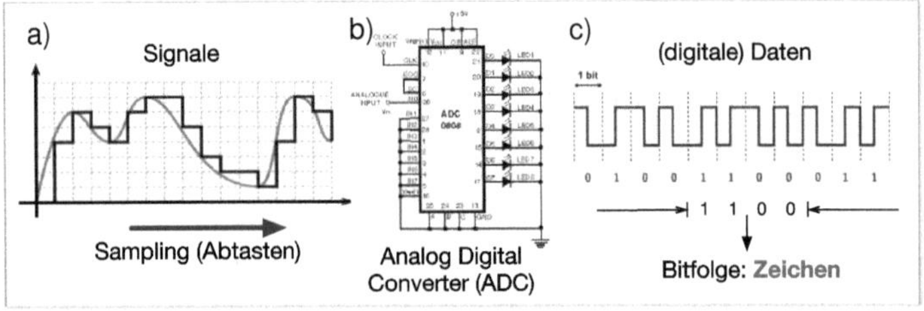

Abb. 1.4-1: Signale werden zu Daten; a) analoge Signale, b) Signalabtastung und -codierung durch einen Analog-Digital-Wandler, c) Interpretation als Zeichen (Beispiel)

Daten zu Informationen

Die Daten bestehen aus Sequenzen von '0' und '1': `1101010100101011` und benötigen eine *Interpretation*, damit aus den Daten *Informationen* gewonnen werden können.

Je nachdem, welche 'Richtung' wir betrachten, sind folgende Probleme zu lösen:

Repräsentierung

1. Bei der (korrekten) *Entnahme* von Informationen aus den vorliegenden Daten müssen wir deren *Repräsentierung* kennen.

Abstraktion

2. Bei der (qualifizierten) *Weitergabe* von Informationen in Form von Daten benötigen wir eine geeignete *Abstraktion*. Hierzu zählt insbesondere die Unterschei-

dung von 'Nicht-Terminal-' und 'Terminal-Symbolen'[33], wobei Letztere zum Zwecke der Aussagebegrenzung genutzt werden.

Eine der Herausforderungen der Informatik in den 70er-Jahren war die Verbreitung von Daten zwischen Rechnern, damit die Informationen korrekt übertragen werden konnten: *Lokale Netzwerke* wurden geschaffen und die *Internetprotokolle* formuliert.

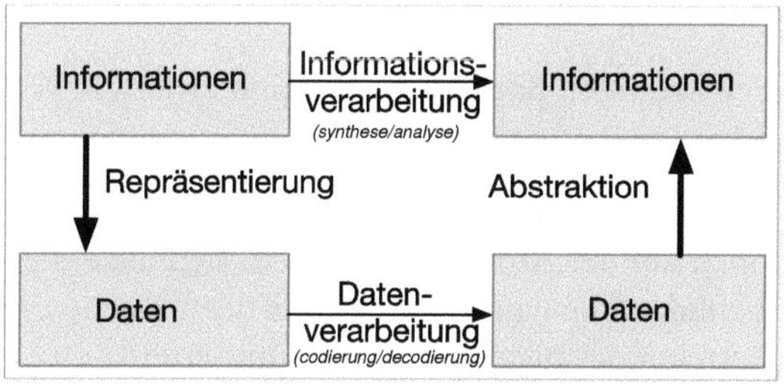

Abb. 1.4-2: Prinzipielle Vorgehensweise beim Austausch von Daten und Informationen zwischen Rechnern

Zentrales Paradigma bei der 'Datenfernübertragung' ist hierbei:

Daten-übertragung

3. Die Informationen (der *Payload*) werden als Daten *paketiert* (*Service Data Unit* – SDU) und um Kontrollinformationen ergänzt (*Header/Trailer*), was gemeinsam als *Protocol Data Unit* (PDU) verstanden wird [17].

Damit verlassen wir die Welt der klassischen Informations- und Datenübertragung und betrachten die Grundprinzipien der Quantenmechanik in den für uns wichtigen Bereichen.

1.4.1 Quantenmechanik und Quantenprozesse

Wie auch im Bereich der klassischen Physik, die durch die Mechanik und den Elektromagnetismus beschrieben werden kann, benötigen wir ein einfaches Modell, das die Eigentümlichkeit der Quantenwelt beschreibt. Erstaunlicherweise brauchen wir hierfür keine 'exotischen' oder gar fiktive Teilchen zu betrachten, sondern wir können für das prinzipielle Verständnis die wichtigste Alltagssubstanz für Menschen nutzen: *Wasser.*

Wir wollen dieses 'Medium' als Beispiel heranziehen, um die drei zentralen Prinzipien der Quantenmechanik zu erläutern:

- *Superposition* – Überlagerung von Zuständen und Eigenzustände
- *Unschärfe* – Lokalität und Realismus
- *Verschränkung* – Nicht-Lokalität von Quantenzuständen

Das Besondere an Wasser (H_2O)

'Wasser' ist ein hochinteressantes Molekül, dessen komplexe Organisation wir erst

[33] Terminal-Symbole sind üblicherweise der Punkt (.) am Ende eines Satzes.

seit ein paar Jahrzehnten kennen und die uns alltäglich in drei physikalischen Zuständen begegnet:

- *Eis*: fester kristalliner Aufbau; auch Schneeflocken!
- *Wasser*: flüssig; höchste Dichte bei $+4°$ Celsius, da sonst keine Fische existieren könnten.
- *Wasserdampf*: verhält sich wie ein *ideales Gas*.

Wasser ist aus einem sechswertigen Sauerstoffatom und zwei (einwertigen) Wasserstoffatomen aufgebaut:

- Das Sauerstoffatom besitzt in der Regel 8 Protonen und 8 Neutronen ($_8\mathrm{O}$) sowie natürlich acht Elektronen auf der Atomhülle, bei dem sich die ersten beiden auf der innersten Schale befinden (die damit voll ist) und die restlichen sechs *Valenzelektronen* den Atomkern auf der nächsten Schale umkreisen.
- Das Wasserstoffatom ($_1\mathrm{H}$) besitzt nur ein Proton und ein Elektron auf der innersten Schale.

Wasser verbindet somit durch den Aufbau der Atomkerne *physikalische* und durch den Aufbau der Atomhülle *chemische* Eigenschaften in höchst interessanter Weise!

Aufbau des Wassermoleküls

Die Eigenschaften des Wassers werden daher nicht nur über seine chemische Zusammensetzung, sondern auch über seinen physikalischen Aufbau bestimmt, der sich durch die *V-Gestalt* des Moleküls ausdrückt:

> Das Sauerstoffatom ($_8\mathrm{O}$) mit seinem Atomgewicht 16 (acht Protonen und acht Neutronen) wird quasi von den beiden Protonen des Wasserstoffs ($_1\mathrm{H}$) 'umkreist', die ihr jeweiliges Valenzelektron an das Sauerstoffatom abgeben und somit zu Ionen werden und je eine positive elektrische Ladung aufweisen. Hierbei richten sie sich so aus, dass der Gesamtenergiezustand des Moleküls am niedrigsten ist: Dies führt letztlich zu der 'V'-Form des Wassermoleküls.

- Im flüssigen Zustand besitzt das Wassermolekül die Charakteristik eines elektrischen *Dipols* und dämpft elektromagnetische Wellen.
- Im festen Zustand manifestiert sich dies zu der bekannten Kristallstruktur, sichtbar bei den Schneeflocken.

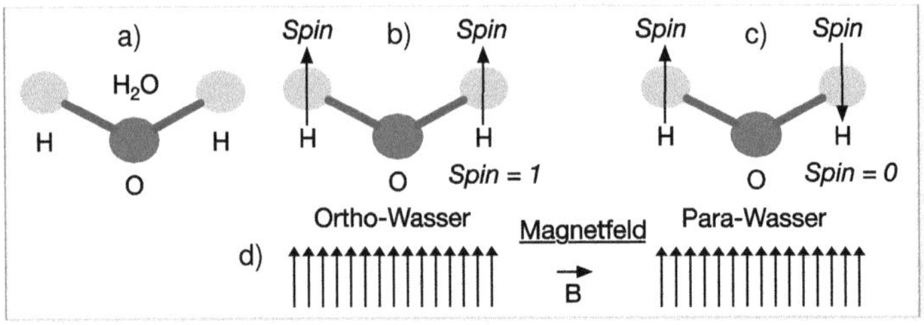

Abb. 1.4-3: Aufbau des Wassermoleküls a) V-Struktur mit Sauerstoffatom (O) und den beiden Wasserstoffatomen (H), b) als Ortho-Wasser mit parallelen Spins der Wasserstoff-Ionen und c) als Para-Wasser mit entgegen gerichteten Spins, wobei sich beide Zustände mittels d) eines Magnetfelds $\vec{B}$ separieren lassen

Aufbau von Atomkernen

Der Kern des Sauerstoffatoms besteht aus *Protonen* und *Neutronen* oder – im heutigen Verständnis – den entsprechenden *Quarks* $|uud\rangle$ und $|udd\rangle$ in einem 'ausgewogenen' Verhältnis (gemeinsam mit den *Gluonen*, die die *Quarks* zusammen halten).

Wie alle elementaren Materieteilchen (*Quarks*, *Leptonen*), besitzen diese einen halbzahligen Spin. In Summe ist dieser aber beim Sauerstoffkern '0'. Anders der Wasserstoff: Jedes Wasserstoffatom – das nur genau ein Proton aufweist – besitzt den Kernspin $1/2$.

Teilchen mit halb- oder ganzzahligem Spin

Materie ist deshalb *materiell*, weil sich maximal genau zwei Teilchen in einem gemeinsamen quantenmechanischen Zustand befinden dürfen. Das resultiert z.B. in der Tatsache, dass die innere Elektronenhülle nur genau zwei Teilchen aufnehmen kann.

- *Fermionen* sind Teilchen, die dieser Eigenschaft entsprechen und der *Fermi-Dirac-Statistik* gehorchen.
- *Bosonen* sind Teilchen, die keinen oder einen ganzzahligen Spin aufweisen und somit der *Bose-Einstein-Statistik* entsprechen.

Ein weitläufig bekanntes *Boson* ist das *Photon*, also das Lichtteilchen, welches das Elektronen beim 'Sprung' von einer Elektronenschale auf eine innere als Energie freigibt.

Spinore

Der Spin wird in der Quantenmechanik in einer sog. komplexen Ebene mittels *Spinoren* beschrieben. Von besonderer Bedeutung ist die Komponente des Spins in der (willkürlich gewählten) z-Richtung, die mittels der Teilchenbewegung in einem Magnetfeld beobachtbar ist und deshalb auch gelegentlich *magnetische* Spin-Komponente genannt wird. Dessen Wert und Ausrichtung (entlang der Bewegungsrichtung) ist wohl definiert.

Spinausrichtung beim Wasser

Das Wassermolekül hat bezüglich der Ausrichtung der Spins der Wasserstoff-Ionen zwei Möglichkeiten (siehe Abb. 1.4-3b und Abb. 1.4-3c):

- Beide Spins zeigen in die gleiche Richtung: Wir sprechen dann von *Ortho-Wasser* (Gesamtspin ist **1**).
- Die Spins zeigen in die entgegengesetzte Richtung: Es handelt sich nun um *Para-Wasser* (Gesamtspin ist **0**).

Entartung des Wassermoleküles

Im Normalzustand merken wir von der unterschiedlichen Zusammensetzung des Wassers nichts; wir sprechen daher von *Entartung*. Tatsächlich verhalten sich die Wasser-Derivate auch chemisch ein wenig anders, allerdings tritt dies nur bei niedrigen Temperaturen auf.

Jetzt nehmen wir aber einen Magneten und schauen, wie sich unser Wasser daraufhin verhält, da wir mittels des Magnetfelds das Dipolmoment des Wassers 'angreifen' und somit messen können [Abb. 1.4-3d]. Das Magnetfeld zwingt die Wassermoleküle dazu, sich auszurichten, und wir bestimmen das Verhältnis von Para- zu Ortho-Wasser bei niedrigen Temperaturen, etwa bei 50° Kelvin:

$$\frac{\text{Para-Wasser}}{\text{Ortho-Wasser}} = \frac{1}{3}$$

Um das zu verstehen, müssen wir einen ersten Blick in die Quantenmechanik werfen:

- Wir bezeichnen das *Ortho-Wasser* als $|\uparrow\uparrow\rangle$[34], weil beide Spins der Wasserstoff-Ionen (gleichgerichtet) nach oben zeigen.
- Nun gilt für *Para-Wasser* $|\uparrow\downarrow\rangle$, somit sind die Spins entgegen gerichtet.

Allerdings ist unsere Überlegung noch nicht ganz vollständig. Es können ja auch zusätzlich folgende Kombination auftreten:

- *Ortho-Wasser*: $|\downarrow\downarrow\rangle$ zusätzlich zu $|\uparrow\uparrow\rangle$ (Spin nach oben *oder* unten).
- *Para-Wasser*: $|\downarrow\uparrow\rangle$ und natürlich $|\uparrow\downarrow\rangle$ (wir können dies nicht unterscheiden).

Spin-Kombinatorik

Jetzt kommt die Quantenmechanik ins Spiel und das Postulat, dass es immer genau $2n+1$ mögliche (besetzbare und ansonsten identische) Zustände für Quanten (Teilchen) mit Spin n gibt; das ist, was wir als *Kombinatorik* oder *Statistik* beschreiben:

- Spin 0: $(2 * 0 + 1) \rightarrow 1$
- Spin 1/2: $(2 * 1/2 + 1) \rightarrow 2$
- Spin 1: $(2 * 1 + 1) \rightarrow 3$
- Spin 3/2: ....

Superposition

Für unser *Ortho-Wasser* ergeben sich dann folgende (in Summe drei) Möglichkeiten, die sich formal schreiben als: $|\downarrow\downarrow\rangle + |\uparrow\uparrow\rangle + \frac{1}{\sqrt{2}}(|\downarrow\uparrow\rangle + |\uparrow\downarrow\rangle)$

↪ Dies ist das *Superpositionsprinzip* der Quantenmechanik.

Das ist der Grund, warum wir dreimal so viel *Ortho-Wasser* wie *Para-Wasser* gemessen haben: Der mögliche Zustandsraum ist dreimal so groß! Allerdings liegt bei sehr niedrigen Temperaturen Wasser immer im energetisch niedrigsten Zustand vor: als *Para-Wasser.*

Dekohärenz

Bei höheren Temperaturen (und Dichten) tauschen die Wasserstoffmoleküle durch Stöße kinetische Energie aus, sodass es letztlich zu einer Gleichverteilung ihrer Zustände kommt. Dieses Phänomen bezeichnen wir als *Dekohärenz*.

Heisenbergsche Unschärferelation

Bei unserem Versuch, Ortho- von Para-Wasser zu unterscheiden, mussten wir eine Messung durchführen. Diese bestand in der Anlegung eines Magnetfeldes und in der Messung des resultierenden magnetischen Flusses. Damit haben wir eine *Wirkung* auf das Wassermolekül ausgeübt und es gezwungen, mit seiner Umgebung zu interagieren.

Schrödinger-Gleichung

In der Quantenmechanik wird ein (freies) Teilchen durch eine Zustandsgleichung beschrieben, in der z.B. Ort, Energie und Impuls aufgeführt sind; typischerweise als *Schrödinger-Gleichung* oder in Form der *Dirac-Gleichung*. Neben diesen Werten

---

[34] $|\psi\rangle$ ist der quantenmechanische 'ket'-Operator für den Zustand ψ, der begleitet wird vom 'bra'-Operator $\langle\psi'|$; gemeinsam als $\langle\psi|\psi'\rangle$ 'bra-ket' bezeichnet.

besitzt ein Teilchen aber auch noch eine Anzahl von Eigenwerten, die diskret sind, wie z.B. der Spin.

Observablen

Mit jeder Messung nehmen wir in jedem Fall Einfluss auf das zu betrachtende System – dessen 'Substanz' in der Quantenwelt sehr klein ist. Hieraus ergibt sich die Konsequenz, dass das Resultat der Messung (einer *Observablen*) sowohl die Eigenschaften des zu *Messenden* als auch den Einfluss der *Messung* selbst beinhaltet und sich diese somit – mit Ausnahme der Eigenwerte des Systems – nicht trennen lassen.

Planck-Konstante

In der Quantenmechanik wird diese Korrelation durch die *Heisenbergsche Unschärferelation* beschrieben, die den Wert einer (minimalen) Wirkung vorgibt, mit der die Genauigkeit von Zuständen als *Observablen* erfasst werden kann: das Plancksche Wirkungsquantum mit dem Wert $\hbar = 6.62607015 * 10^{-34} Js$. Dies betrifft insbesondere die gemeinsame Messung von Impuls und Ort eines Teilchens, die nie genauer als $\Delta_{\text{Ort}} * \Delta_{\text{Impuls}} \gtrsim \hbar$ bestimmt werden können.

Verschränkung

Bei den Atomen sind die Atomhülle und der Atomkern unterschiedliche Komponenten, da sie verschiedenartige Teilchen (Elektron, Neutronen, Protonen) umfassen: Die Gleichungen, die diese beschreiben, sind *separabel*. Wie wir schon beim Wasser gesehen haben, kann der Spin des Elektrons und der des Protons parallel oder anti-parallel ausgerichtet sein (korreliert). Bei der Messung des Kernspins im Magnetfeld – und somit Festlegung seiner Richtung – haben wir nun aber eine *Wirkung* auf das Gesamtsystem ausgeübt mit der Konsequenz, dass im Anschluss eine statistisch gleiche Verteilung der Spinausrichtung aus der Überlagerung von Kern- und Elektronenspin die Folge ist.

Bell Test

Im Gegensatz dazu besitzen *identische* Elementarteilchen, die aus der gleichen Quelle entstammen, aus Erhaltungsgründen gemeinsam den Quantenzustand dieser Quelle. Dies betrifft z.B. die Annihilation von Elektronen und Positronen (dem Antiteilchen des Elektrons und elektrisch positiv geladen). Die hieraus entstehenden Photonen weisen entgegen gesetzte Polarisierungen auf: Bestimmt in Abb. 1.4-4 Bob die Polarisationsrichtung 'seines' Photons γ_1, so weist nun das Photon γ_2 bei Alice die entgegen gesetzte Polarisierung auf: Beide Photonen sind *verschränkt*.

EPR-Paradox

Diese Verschränkung erfolgt nicht durch eine Art 'Feld' zwischen beiden Teilchen[35], sondern ist prinzipieller Natur in der Quantenmechanik, da diese nur über eine gemeinsame Zustandsgleichung beschrieben werden können. Zudem kann dieser Effekt durch simultane Messung an beiden Teilchen auch dann nachgewiesen werden, wenn diese so weit voneinander entfernt sind, dass eine Kopplung über lichtschnelle Austauschkräfte ausgeschlossen werden kann: Wir sprechen hier von *Nicht-Lokalität*.

Bob hat in Abb. 1.4-4 über seine Messungen eine Wirkung auf γ_1 vorgenommen, um dessen Polarisationsrichtung zu bestimmen. Dies gilt auch für Alice, die allerdings

[35] Dies ist eine eigenständige Episode in der Entwicklung der Quantenmechanik, die durch einen Disput zwischen Einstein und Bohr ausgelöst, später als *Einstein/Podolsky/Rosen* (EPR) Paradox bekannt und durch *John Stewart Bell* getestet und bestätigt wurde.

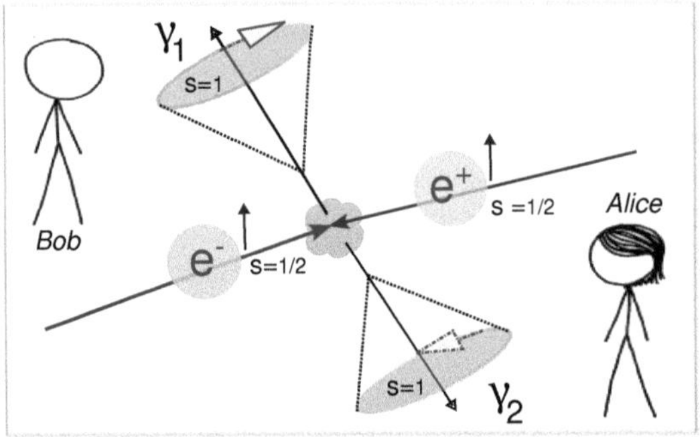

Abb. 1.4-4: Verschränkung von quantenmechanischen Zuständen: Die resultierenden Photonen (γ_1 und γ_2) erben die Quantenzustände des sich annihilierenden Positrons (e^+) und Elektrons (e^-), was durch eine Polarisationsmessung jeweils von Alice und Bob nachweisbar ist.

Spin des Elektrons/Positrons: $s = 1/2$, Spin der Photonen: $s = 1$.

von der Messung von Bob nichts weiß und von daher beide unkorreliert sind. In dem Moment, wo Alice ihre Messung vornimmt, bestimmt sie ebenfalls die Polarisationsrichtung von γ_2 somit auch die von γ_1 [8].

1.4.2 Quantencomputer

Bei der Diskussion um die Zukunft der IT und der Netze wird häufig auch der Quantencomputer ins Feld geführt, von dem gehofft wird, dass er mathematische Operation um ein Vielfaches beschleunigen kann. Hierbei werden zwei theoretische Ansätze vorgebracht:

- Der *Shor-Algorithmus* [80]: Die Zerlegung einer (großen) Zahl N in Faktoren (also auch das Produkt von Primzahlen wie beim RSA-Schlüsseltausch benutzt [17]), kann in polynomieller Zeit erfolgen $\sim \log N$.
- Der *Grover-Algorithmus* [33]: Mit dessen Hilfe eine schnelle Suche nach z.B. Schlüsseln der Größe N ermöglicht wird. Üblicherweise sind hierfür $N/2$ Operationen notwendig (statistisch muss man die Hälfte 'durchprobieren'). Diese Anzahl kann mit dem Grover-Algorithmus (theoretisch) auf $\sqrt{N}$ reduziert werden.

Post Quantum Cryptography

Dies hat einen entscheidenden Einfluss auf die Verschlüsselungsalgorithmen, von denen angenommen wird, dass die heutigen *Public-Key*-Verfahren durch Quantencomputer gebrochen werden können. Während man bei der Formulierung einer *Post Quantum (Computer) Cryptography* (PQC) schon weit gekommen ist, verharren die Quantencomputer noch in den Startlöchern.

Informationselemente des Quantencomputers: Qubits

Zentrales 'Bauelement' eines Quantencomputers ist ein sog. *Qubit*. Ein Qubit ist ein sich entsprechend der Quantenmechanik verhaltendes Teilchen mit zwei möglichen Zuständen, die von 'außen' anregbar, aber auch bestimmbar sein müssen. Wie im Beispiel mit dem Wassermolekül können das z.B. die Spins von Atomen sein, die in ihrer z-Richtung ausgerichtet werden können.

Diese beiden Zustände können wir als

$$|\downarrow\rangle \rightarrow |0\rangle = \begin{pmatrix} 0 \\ 1 \end{pmatrix} \quad \text{und} \quad |\uparrow\rangle \rightarrow |1\rangle = \begin{pmatrix} 1 \\ 0 \end{pmatrix}$$

also als binäre Zahlen in einem zweidimensional (komplexen) Raum (der der *Spinoren*) interpretieren: Hier haben wir die Qubits $|0\rangle$ und $|1\rangle$ definiert.

Besitzt der Quantencomputer aber n-Teilchen, ergeben sich somit insgesamt 2^n mögliche Zustände für die *Zustandsfunktion* $|\psi\rangle$. Auch für die Qubits gilt das *Superpositionsprinzip*:

$$|\,|\psi\rangle\,|^2 = \langle\psi|\psi\rangle = \alpha\,|0\rangle + \beta\,|1\rangle$$

Das heißt, dass sich der resultierende (messbare) Zustand zur Überlagerung vieler Zustände beschreiben lässt. Es folgt:

$$|\alpha|^2 + |\beta|^2 = 1 \quad (\rightarrow \sin^2 + \cos^2 = 1)$$

womit ausgesagt ist, dass die Anzahl der möglichen Kompositionen sich als reelle Zahl zwischen $\{0, 1\}$ darstellen lässt, von denen es beliebig viele gibt.

Anforderungen an einen Quantencomputer

Der Quantencomputer ist – im Gegensatz zu einem klassischen Computer – ein Analogrechner. Es gilt, eine Implementierung zu erstellen, die eine

1. Initialisierung,
2. Programmierung sowie
3. Auslese

von Spin-Zuständen ermöglicht. Dies geschieht in der Regel durch magnetische Felder und die Messung von Spin-Übergängen bei den Elektronen, was als *Hyperfine Splitting* bekannt ist und mit einer charakteristischen (Licht-) Strahlung einhergeht. Innerhalb des Zeitraums zur Realisierung der Punkte 1 bis 3 müssen die Bedingungen des *Rechenwerks* konstant bleiben: Jeder Einfluss von außen führt zu einer Zerstörung der *Kohärenz*, also einer Fehlberechnung. Deshalb arbeiten die meisten Quantencomputer nahe 0° Kelvin, um thermische Störeinflüsse zu vermeiden.

Von *David Di Vincenzo* [48] wurden fünf Kriterien aufgestellt, die ein Quantencomputer erfüllen muss:

I. Das System besteht aus einem skalierbaren System gut charakterisierbarer und verstandener *Qubits*.

II. Es muss möglich sein, die Qubits in einen definierten Anfangszustand zu versetzen (*Initialisierung*).

III. Ein universeller Satz elementarer *Quantengatter* (Rechenoperationen) kann ausgeführt werden.

IV. Einzelne Qubits (zumindest eines) können gemessen bzw. ausgelesen werden (*Read-Out*).

V. Die *Kohärenzzeit* des Systems ist deutlich länger als die Dauer einer Rechenoperation.

Aufbau eines Quantencomputers

Die Herausforderung beim Aufbau eines Quantencomputers sind vielfältig und sollen anhand des *Baby Diamond*-Computers an der Frankfurter *Goethe-Universität*[36] kurz beschrieben werden:

- Die Qubits werden als Gitterfehlstellen in einem Kohlenstoff-Kristallverbund ($_6\mathtt{C}$) durch Stickstoffatome ($_7\mathtt{N}$) bereit gestellt, das ein zusätzliches Elektron (gemeinsam mit einem weiteren Proton/Neutron-Pärchen im Kern) besitzt [95]. Der Kern des Stickstoffatoms weist den Spin $s = 1$ auf: ein sog. *Triplett-Zustand* (wie beim Ortho-Wasser), der mittels Kernspin-Magnetfeld-Resonanz in den Zustand $|0_z\rangle$ ausgerichtet werden kann.
- Die Kernspins der Stickstoffatome bilden hierbei die *Qubits* und stellen somit die 'Register' des Quantencomputers dar. Währenddessen werden die Elektronenspins für die eigentliche Rechenaufgabe genutzt.
- Durch Einwirken von Magnetfeldern und genau dosierte (Laser-) Lichtimpulse lassen sich die Elektronenspins ausrichten, und das Gesamtsystem wird in den gewünschten (gemeinsamen) Zustand gebracht. Dies entspricht der Initialisierung des Quantencomputers. Aufgrund der Trägheit der Kernspins und der Konstanz des Magnetfeldes kann die Überlagerungszeit (die *Kohärenzdauer*) auch unter üblichen Raumtemperaturen für eine 'lange' Zeit (Sekunden/Minuten) aufrecht erhalten werden, was für das spätere Auslesen von Bedeutung ist.

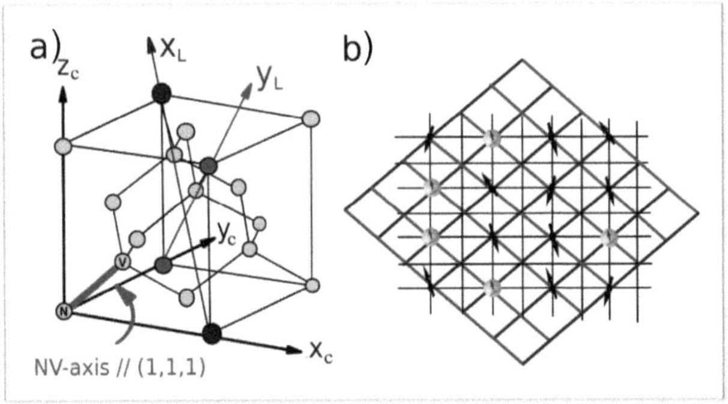

Abb. 1.4-5: Aufbau von Qubit-Zellen eines Kohlenstoff/Stickstoff Quantencomputers
a) Räumliche Atomstruktur mit zwei Stickstoff-Fehlstellen im Kristall in der von X_L und Y_L aufgespannten Ebene als 'Rechengitter', b) Verschränkung der Qubits in einer Rechenebene (über Quantengatter) mit ihren Spinausrichtungen [95].
Schwarz: Stickstoff-Fehlstellen, Grün: Elektron-Spins, Gelb: Kernspins; NV: Nitrogen Vacancy

Baby Diamond Quantencomputer

Abb. 1.4-5 zeigt den prinzipiellen Aufbau eines Quantencomputers auf Grundlage von Stickstoff-Fehlstellen (*Nitrogen Vacancy* NV) im Kristallverbund eines Diamanten (Kohlenstoff).

[36] siehe: https://aktuelles.uni-frankfurt.de/forschung/goethe-universitaet-erhaelt-ihren-ersten-quantencomputer

Gatter in einem Quantencomputer

Nach der Befüllung der 'Daten' des Quantencomputers muss dieser nun 'rechnen'. In Abb. 1.1-3a wurde eine einfache Schaltung zur Abbildung eines logischen `UND` (`AND`) mittels einer Transistorschaltung vorgestellt. Die anderen Boole'schen Operationen sind `ODER` (`OR`) und `NICHT` (`NOT`) und werden gemeinsam als *Gatter* (Gate) bezeichnet.

Quanten-Gates

Beim Quantencomputer werden diese Gates durch eine Kombination von Qubits abgebildet. Ein besonders einfaches Gate ist das *Hadamard Gate*, das wie folgt definiert ist [73]:

$$\chi = \frac{1}{\sqrt{2}} \begin{pmatrix} 0 & 1 \\ 1 & 0 \end{pmatrix}$$

Dies ist der logische NOT-Operator:

$$\chi\,|0\rangle = |1\rangle \quad \text{sowie} \quad \chi\,|1\rangle = |0\rangle$$

Mittels einer modulierten Mikrowellenstrahlung und unter Ausnutzung von Resonanzen werden nun einzelne Stickstoffelektronen vom Zustand $|1\rangle$ nach $|0\rangle$ gebracht, was dieses Gate realisiert. Vergleichbar hierzu kann auch der Aufbau der anderen grundlegenden Quantengatter erzielt werden.

Qubit-Verschränkung

Die eingesetzte Mikrowellenstrahlung wirkt aber nicht nur auf *ein* Qubit, sondern kann ein ganzes Ensemble anregen, sodass sich diese nun in einem verschränkten Zustand befinden. Der Gitteraufbau des Diamanten ist hier so gewählt, dass sich *Ebenen* von miteinander verbundenen Qubits erstellen lassen.

Read Out

Nach der Initialisierung des Systems mit den nun besetzten Qubits und der anschließenden 'Berechnung' kann im Abschluss die im Mikrowellenbereich liegende Strahlung der Spin-Flips an den Gitterfehlstellen geortet und damit deren Endzustand bestimmt werden.

Damit wäre zumindest qualitativ die Funktionsweise eines Quantencomputers geklärt. Ergänzend sei betont, dass die Initialisierung und Programmierung eines Quantencomputers durch Hochfrequenzstrahlung (HF) und Laser vorzunehmen ist, die örtlich, zeitlich und betragsmäßig genau abgestimmt sein müssen, was nur durch die (konventionelle) Programmierung der Geräteschaft möglich ist. Dies bedingt Spezialwissen über den Aufbau und die Arbeitsweise des konkreten Quantencomputers und komplettiert den Aufwand, der beim Bau von Quantencomputern anfällt.

Es erscheint einsichtig, dass das vorgestellte Schema enorme Komplexität selbst für einfache Aufgaben mit sich bringt. Zudem besitzt der Quantencomputer eine Eigenschaft, die dieser mit seinem Urahn – dem Rechenschieber – verbindet: Der Ergebniswert ist in der Regel fehlerbehaftet.

Der Quantencomputer macht Fehler

Bitfehlerrate (BER)

Von einem elektronischen Rechner – gleich ob Taschenrechner oder High-Performance Computer – wissen wir, dass die Wahrscheinlichkeit für eine fehlerhafte Rechen- oder Speicheroperation sehr, sehr gering ist (*Bit Error Rate* BER $< 10^{-12}$). Dies ist einerseits der Tatsache zu verdanken, dass die Signalpegelunterschiede für die Darstellung von '0' und '1' relativ groß sind, andererseits der Computer und der Speicher über mehrere Fehlererkennungs- und -korrekturmechanismen verfügt.

Quanfidelity

Dies ist beim Quantencomputer prinzipiell anders, und zukünftige Implementierungen müssen eine dedizierte Fehlerkorrektur implementieren. Häufig wird hierbei von *fidelity* (Treue) bzw. *quanfidelity* gesprochen. Die Ursachen für auftretende Fehler sind mannigfaltig:

- Können wir überhaupt einzelne Qubits unterscheiden bzw. wie groß ist deren 'Distanz' im Substrat?
- Wie gut bzw. wie lange behält ein Qubit seinen (ursprünglichen) Wert?
- Welchen Einflüssen unterliegt ein verschränktes Qubit-Ensemble?
- Wie präzise kann der Wert eines Qubits ausgelesen werden?

Logisches Qubit

Für ein einzelnes Qubit ergibt sich immer der Fall, dass es vom Zustand $|1\rangle$ nach $|0\rangle$ umschlagen kann: Qubit-Flip. Eine einfache Möglichkeit, dem entgegenzutreten, ist das Hinzufügen von 'Guard-Qubits'. Entsprechend dem Problem der *Byzantinischen Generäle* [42] müssen hier zwei zusätzliche Qubits eingesetzt werden, die einen festen Wert aufweisen. Besäße 'unser' Qubit den (unbestimmten) Wert $|\psi\rangle$, so werden zwei weitere Qubits mit den jeweiligen Werten $|0\rangle$ und $|0\rangle$ benötigt, um eine effektive Fehlerunterdrückung zu ermöglichen. Diese drei gemeinsam werden dann als 'logisches' Qubit betrachtet.

In der Literatur finden sich viele weitere Ansätze, um das Auftreten von Fehlern bei Quantencomputern in den Griff zu bekommen, wie z.B. der von *Calderbank-Shor-Steane* (CSS) in [59], auf die wir aber – wegen deren Komplexität – nicht näher eingehen werden.

Koexistenz von Computern und Quantencomputern

Aufgrund der vorgestellten Arbeitsweise eines Quantencomputers ergibt sich die Schlussfolgerung, dass ein Quantencomputer auch in Zukunft nur für spezielle 'Rechenaufgaben' eingesetzt werden kann. Hierzu zählen z.B. die Berechnung quantenmechanischer Prozesse, wie sie in der Elementarteilchenphysik vorgenommen werden.

Quantencomputer und Shor-Algorithmus

Häufig besteht die Meinung, dass die Geheimdienste und hier speziell die US-Amerikanische *National Security Agency* (NSA) die Internet-Kommunikation mit aufzeichnet und somit bei Bedarf – unter Einsatz eines Quantencomputers und dem *Shor-Algorithmus* – diese auch entschlüsseln kann. Allerdings wurde schon in [17] gezeigt, dass auch die heutigen Verschlüsselungstechnologien nach dem Prinzip der *Forward Data Secrecy* vorgehen. Hierbei wird für jede (neue) Datenverbindung eine neuer (einmaliger) Schlüssel gebildet. Sofern dies Prinzip richtig umgesetzt wird, ist die Fähigkeit, diese Verbindungsdaten zu entschlüsseln, auch für Quantencomputer – aufgrund der schieren Massen – eingeschränkt und kaum praktikabel.

Sollte die Entwicklung der Quantencomputer so ablaufen wie hier beschrieben, kann ein Quantencomputer quasi als *Quantum Processing Unit* (QPU) eines Rechnerverbunds in der Cloud oder einer Grid verstanden werden. Hierbei wird er dann für passende Operationen eingesetzt, die zunächst von einer vorgeschalteten *Translation Unit* vorbereitet werden, um anschließend die aufbereitete Aufgabenstellung dem Quantencomputer zu übergeben und die (fehlerkorrigierte) Antwort zu entnehmen.

Quantum Processing Unit

1.4.3 Quanteninformationstheorie

Bei der Diskussion der Arbeitsweise eines Quantencomputers haben wir das Qubit als 'Informationselement' eines zweikomponentigen Vektors eingeführt:

$$|\psi_1\rangle = |0\rangle = \begin{pmatrix} x=0 \\ y=1 \end{pmatrix} \text{ sowie } |\psi_2\rangle = |1\rangle = \begin{pmatrix} x=1 \\ y=0 \end{pmatrix} \text{ mit } x^2+y^2=1.$$

In dieser Darstellung besitzt das Qubit die klassische Bedeutung einer *Information*. Wir haben aber auch festgestellt, dass der Wert der einzelnen Komponenten x, y zwischen $\{0, \cdots, 1\}$ liegen kann.

Beim Photon, dem γ-Quanten, das den Spin 1 besitzt, kann dieses Verhalten auch in der makroskopischen Welt betrachtet werden, indem die folgenden Zustände gebildet werden können[37]:

Photon als Beispiel eines Spin-1-Teilchens

- Links polarisiert: $\leftrightarrow = |0\rangle$
- Rechts polarisiert: $\updownarrow = |1\rangle$
- Zu je 45° polarisiert: $\nwarrow\!\!\searrow = \frac{1}{\sqrt{2}}(|1\rangle + |0\rangle)$ bzw. $\swarrow\!\!\nearrow = \frac{1}{\sqrt{2}}(|0\rangle + |1\rangle)$ (ununterscheidbar)
- Zirkular links polarisiert: $\circlearrowleft = \frac{1}{\sqrt{2}}(|0\rangle + i\,|1\rangle)$
- Zirkular rechts polarisiert: $\circlearrowright = \frac{1}{\sqrt{2}}(|1\rangle + i\,|0\rangle)$

Bei den 'gemischten' Zuständen lässt sich immer nur eine Projektion des Wertes auf die x- oder y-Achse bestimmen, d.h. der konkrete *Zustand* ist nicht ermittelbar. Dies kann man z.B. mit zwei Polaroid-Sonnenbrillen feststellen, deren Gläser um 90° gegeneinander verschränkt sind.

Ähnliches Verhalten gilt auch für die Qubits [20]. Betrachten wir ein Ensemble von zwei Qubits mit der Zustandsfunktion ψ, ergeben sich zunächst vier Zustände mit den Werten $|00\rangle$, $|01\rangle$, $|10\rangle$ sowie $|11\rangle$. Es ergeben sich hieraus einige wichtige Konsequenzen:

Essenz der Quanteninformation

- In der Quantenwelt stehen n klassischen Bits (also von $00\cdots0$ bis $11\cdots1$) 2^n Qubits entgegen: $\psi = \sum_{00\cdots0}^{11\cdots1} \alpha_x\,|x\rangle$ mit $\sum|\alpha_x|^2 = 1$. Wir können dies prinzipiell zu einer *Nachrichtenkomprimierung* ausnutzen.
- Der 'Wert' zweier verschränkter Qubits kann nur dann präzise ermittelt werden, wenn diese in der 'Orthogonalform' vorliegen (im Beispiel bei den Photonen also links oder rechts polarisiert). Ansonsten gilt für die Wahrscheinlichkeit ihres Wer-

[37] i ist im Folgenden die imaginäre Zahl: $i = \sqrt{-1}$.

tes die Relation: $\alpha\,|0\rangle + \beta\,|1\rangle$ mit $|\alpha|^2 + |\beta|^2 = 1$. Die nur 'ungenau' bestimmbaren Werte können wir klassisch als *Quanten-Bitfehler* betrachten.

- Die verschränkten Qubits können 'unphysikalische' Zustände für ein Einzelteilchen aufweisen, da nur die Zustandsfunktion ψ für das Ensemble wohl bestimmt ist.
- Ein Qubit kann daher wie ein klassisches Informations-Bit betrachtet werden, das einen zusätzlichen quantenmechanischen Anteil aufweist, die sich beide in ihrer Natur unterscheiden. Dies führt zu weiteren Aussagen wie der *Quantenteleportation* und dem *no-cloning*-Theorem.

Ein isoliertes quantenmechanisches System behält bei seiner freien Propagation seine Verschränkung und seine Unterscheidbarkeit (no-cloning) bei. Dies gilt auch für Operationen wie dem beim Quantencomputer gezeigten *Hadamard Gate*: Dies stellt eine sog. *unitäre* Transformation U im quantenmechanischen Raum dar, dem *Hilbert-Raum*.

Shannon'sche Informationstheorie in der Quantenwelt

Die klassische Informationstheorie, die 1949 durch *Claude Shannon* [79] aufgestellt wurde, beschreibt das Zusammenspiel vom Senden und Empfang einer Nachricht über einen gestörten Übertragungskanal [Abb. 1.4-6].

Der zentrale Aspekt in Abb. 1.4-6 ist, dass die Störung als Rauschen (*Noise*) mathematisch beschrieben werden kann: Die von Alice erzeugten Nachrichtenbits an Bob werden bei der Übertragung (unabhängig und einzeln) verfälscht, was sich als Rauschen mittels statistisch auftretender *Bitfehler* modellieren lässt: Je größer das Rauschen, desto mehr Verfälschungen treten (statistisch) auf und desto geringer ist die klassische Kanalkapazität C.

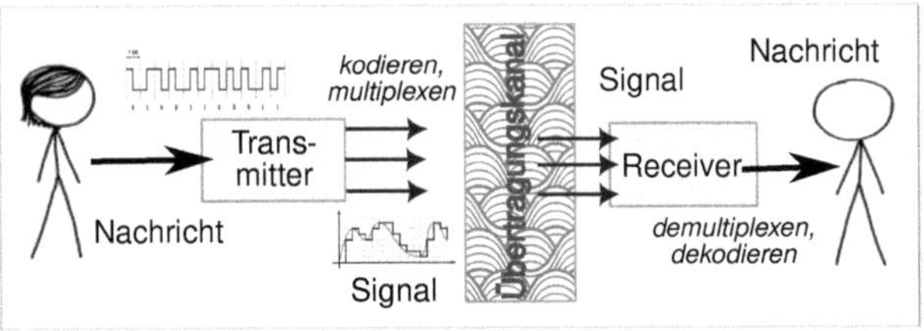

Abb. 1.4-6: Klassischer Nachrichtenaustausch zwischen Alice und Bob mittels Signalübertragung über gestörte Kanäle mit den typischen Schritten Kodierung und Multiplexen

Um dem Problem der Verfälschung vorzubeugen, können im klassischen Fall einfach die Nachrichtenbits verdoppelt werden, was die Übertragungskapazität reduziert, aber die Wahrscheinlichkeit für Verfälschungen verringert, also die 'Treue' (*fidelity*) der Übertragung verbessert.

No-cloning-Theorem

Im Fall von Qubits hieße das, den Zustand ψ zu vervielfältigen, also z.B. $\psi \rightarrow \psi \otimes \psi \otimes \psi$. Dies ist aber in der Quantenwelt 'verboten', da dies Wissen über die Zustandsfunktion beinhalten würde, was wir nicht besitzen: *No-cloning*-Theorem.

Vielmehr kann auch hier von 'Guard'-Qubits Gebrauch gemacht werden, die in einem definierten orthogonalen Zustand vorliegen, also z.B. $|\psi\rangle \to |\psi\rangle \oplus |0\rangle \oplus |0\rangle$, und anschließend gemeinsam übertragen/transformiert werden. Guard-Qubits

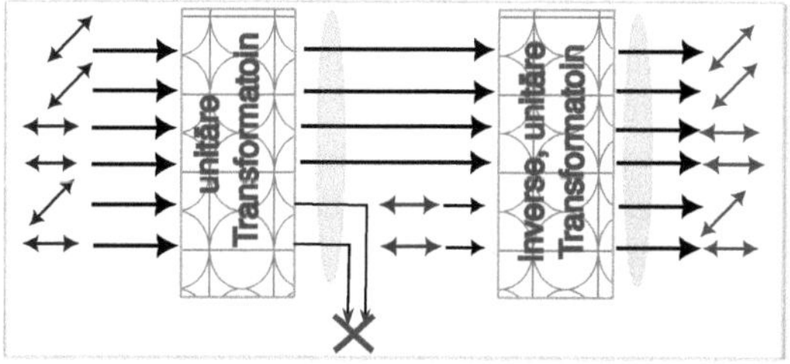

Abb. 1.4-7: Qubit-Komprimierung und Datenregenerierung durch komplementäre unitäre Transformationen

Aber auch ohne Wissen über die Zustandsfunktion ψ_i eines Qubits i bleibt diese Information, die wir im Gegensatz zum klassischen Informationsgehalt c_i als q_i bezeichnen wollen, bei unitären Transformationen erhalten. Abb. 1.4-7 illustriert ein Beispiel, wo mehrere Qubits zunächst *gemeinsam* unitär über ein Quantengate enkodiert werden und im Anschluss zwei Qubits verloren gehen. Die fehlenden Informationen lassen sich durch ergänzende Qubits – ausgehend von einem definierten orthogonalen Zustand – vor der Dekodierung hinzufügen, sodass der ursprüngliche (klassische) Informationsgehalt wieder hergestellt werden kann. Dieses Verfahren kann zur Qubit-Komprimierung auch bewusst eingesetzt werden. In diesem Zusammenhang sprechen wir auch davon, dass der Quantenübertragungskanal über eine klassische Kanalkapazität C und eine quantenmechanische Kapazität Q verfügt. Qubit Komprimierung

1.5 Schlussbemerkungen

In diesem Kapitel haben wir uns einen Überblick über 5000 Jahre der Digitalisierung verschafft – von den Anfängen des Zählens bis hin zum abstrakten Hilbert-Raum der Qubits.

Während sich die Informationstechnologie in den letzten Jahren sprunghaft entwickelte, ist das Wissen um deren Möglichkeiten nicht in gleichem Umfang bei den Anwendern – den Menschen – gewachsen. Daher wird IT, das Internet, und speziell auch E-Mail häufig als Drohung angesehen.

Allerdings lässt sich das Rad der Geschichte nicht mehr zurückdrehen, und somit gehören 'smarte' Geräte, also die Waschmaschine, der Fernseher, die Musikanlage ('Smart Home') und die Photovoltaikanlage auf dem Dach zum heutigen Alltag. Smart Devices

Ergänzt werden diese Produkte durch sog. 'Cyber Physical Devices', die nicht nur mit dem Internet verbunden sind (bzw. den Servern der Hersteller dort), sondern mit den dort vorhandenen Daten und Steuerungen in den Alltag eingreifen: *Internet of Things*. Dies gilt im besonderen Maße für die Elektrofahrzeuge (EV), die ohne die Anbindung an das Internet quasi nur dumm herum stehen. Internet of Things

Lösungsformel KI?

Viele Menschen glauben daher, in der Künstlichen Intelligenz einen Partner gefunden zu haben, der sie bei der Nutzung der IT unterstützt. Das 'Wissen' der KI basiert aber in erster Linie auf der Qualität der erfassten Daten.

Moderne Personal Computer – aber auch die Smartphones – sind bereits mit KI-Prozessoren ausgestattet, die für einfache Aufgaben eingesetzt werden können. Komplexere Verarbeitungen erfordern jedoch eine Kommunikation der lokalen KI mit den KI-Systemen in der Cloud. Für portable Geräte werden hierfür Funknetze genutzt, die entsprechende Verfügbarkeiten und Bandbreiten aufweisen müssen, denn sonst bleibt das Smartdevice 'dumm'.

IoT bedingt Internet-Anbindung

Dies ist einer der Gründe für den Aufbau eines 5G-Mobilfunknetzes in Deutschland. Hierzu werden geeignete, intelligente und zukunftsfähige Netzwerkprotokolle benötigt, deren Grundlagen wir in den nachfolgenden Kapiteln vorstellen werden.

Quantencomputer

Welche Weichenstellung hierbei für die Nutzung des Quantencomputers zu erwarten ist, bleibt abzuwarten:

- Entwicklungen an vorderster Front diskutieren die Entwicklung von Betriebssystemen, mit denen Quantennetzwerke zur Informationsübertragung genutzt werden können [30].
- Weitergehende Gedanken sehen bereits die Kopplung von Quantencomputern über optischen Datenverbindungen vor [51].

Harvest know, decrypt later

Unabhängig von diesen Entwicklungen scheint sicher zu sein, dass ein Quantencomputer kein 'general purpose' Computer sein kann, sondern die heutigen Rechner für spezielle Aufgabenstellungen ergänzt. Als Hauptgefahr hierbei wird die Nutzung des *Shor-Algorithmus* gesehen, mit dessen Hilfe die bisherigen kryptographischen Verfahren unterlaufen werden, d.h. 'geknackt' werden können. In diesem Zusammenhang spricht man von 'Harvest now, decrypt later'. Ob diese Gefahr real wird, bleibt abzuwarten. Selbst wenn die zukünftigen Quantencomputer so leistungsfähig sein werden, müssen noch die folgenden Umstände hierfür günstig ausfallen, die derzeit eine massenhafte Entschlüsselung unterbinden:

Speicherkapazität

1. Praktisch die gesamte Kommunikation im Internet erfolgt verschlüsselt. Es müsste somit zumindest der (für die Geheimdienste) relevante Anteil komplett über Jahre aufgezeichnet werden. Dies ist eine Frage nicht nur der *Datenspeicherkapazität*, sondern auch der Algorithmen, hieraus die passenden Stellen zu finden.

Temporäre Schlüssel

2. Die Datenverschlüsselung und der Schlüsselaustausch erfolgt *ephemeral*, d.h. es werden bei jeder Verbindung neue Schlüssel gebildet. Der Entschlüsselungsaufwand ist somit linear in der Anzahl der Verbindungen. Das führt zu Engpässen in der *Rechenkapazität*.

Gedankenexperiment

Auch in diesem Kapitel konnten wir die konkrete Arbeitsweise des Quantencomputers nicht vollständig beschreiben und belegen [7]. Wir nehmen nun ein *Gedankenexperiment* vor:

> Im Rahmen der *Traditionellen Chinesischen Medizin* (TCM) spielt die Fußreflexzonenmassage eine wichtige Rolle. Hierbei wird einem Organ im Körper eine Stelle auf der Fußsohle zugeordnet. Dieses kann über die *Massage* der Fußsohle an dieser Stelle (positiv) stimuliert werden.
> Wir stellen uns jetzt einen 'Patienten' vor, der bei Stimulierung seiner Fußsohle nicht nur «Oh» und «Ah» stöhnt, sondern nach Abschluss der Behandlung genau die zwei Primzahlen aufsagen kann, die das Produkt der Zahl ist, die der Masseur durch das Ansprechen der Fußzehen im *Hexagesimalsystem* mitgegeben hat.

Phantastisch, diese 'Quantencomputer'! [34]

Zum Abschluss dieses Kapitels wollen wir hier nochmals die prophetischen Worte von *Alan Turing* aufgreifen:

> «This is only a foretaste of what is to come,
> and only the shadow of what is going to be.»

Ergänzende Wikipedia-Artikel und weitere Internet-Quellen

- https://de.wikipedia.org/wiki/Null
- https://de.wikipedia.org/wiki/Kerbholz
- https://www.youtube-nocookie.com/embed/R_xsWWaspbA
- https://de.wikipedia.org/wiki/Sexagesimalsystem
- https://de.wikipedia.org/wiki/Geschichte_der_Analysis#Infinitesimalrechnung
- https://de.wikipedia.org/wiki/Metrisches_Einheitensystem
- https://www.youtube.com/@ComputerHistoryArchivesProject (Computer History Archives Project)
- https://de.wikipedia.org/wiki/Carnot-Prozess
- https://de.wikipedia.org/wiki/Transistor
- https://www.reppa.de/lexikon/livre
- https://de.wikipedia.org/wiki/American_Standard_Code_for_Information_Interchange
- https://en.wikipedia.org/wiki/IEEE_754
- https://de.wikipedia.org/wiki/Gleitkommazahl
- https://en.wikipedia.org/wiki/Unix
- https://www.youtube.com/watch?v=irPw9oyAju8 (Werbevideo von IBM)
- https://www.golem.de/news/unix-wird-50-die-wilde-jugend-von-unix-2006-149027.html
- https://en.wikipedia.org/wiki/Xerox_Alto
- https://de.wikipedia.org/wiki/Chomsky-Hierarchie
- https://de.wikipedia.org/wiki/Generative_Grammatik
- https://de.wikipedia.org/wiki/Präsidentschaftswahl_in_den_Vereinigten_Staaten_1952
- https://www.youtube.com/watch?v=EOFvQL-obwg (WDR Computernacht zur Bundestagswahl 1965)

- https://de.wikipedia.org/wiki/Michael_E._Porter
- https://de.wikipedia.org/wiki/European_Article_Number
- https://de.wikipedia.org/wiki/ARIS
- https://en.wikipedia.org/wiki/Enterprise_resource_planning
- https://de.wikipedia.org/wiki/Enterprise-Resource-Planning
- https://en.wikipedia.org/wiki/Moore%27s_law
- https://de.wikipedia.org/wiki/Multi_User_Dungeon
- https://de.wikipedia.org/wiki/Scam
- https://de.wikipedia.org/wiki/Schachtürke
- https://99bitcoins.com/de/wiki/was-ist-ethereum/ (Ethereum)
- https://groups.csail.mit.edu/mac/classes/6.805/articles/crypto/cypherpunks/may-crypto-manifesto.html (Crypto-Anarchiches Manifest)
- https://www.itiv.kit.edu/4787.php (Laudatio für Karl Steinbuch und Quellen dort)
- https://en.wikipedia.org/wiki/Deep_Blue_(chess_computer)
- https://en.wikipedia.org/wiki/Travelling_salesman_problem
- https://de.wikipedia.org/wiki/PageRank
- https://de.wikipedia.org/wiki/DeepL
- https://en.wikipedia.org/wiki/Robotic_process_automation
- https://en.wikipedia.org/wiki/Hopfield_network
- https://en.wikipedia.org/wiki/Bell%27s_theorem
- https://en.wikipedia.org/wiki/Einstein-Podolsky-Rosen_paradox
- https://www.heise.de/hintergrund/Cloudflare-vs-KI-Bots-Die-Menschheit-braucht-vom-Menschen-gemachte-Inhalte-10493072.html

Teil I

Die neuen Netzwerkprotokolle

Netzwerk Container?

AI Overview (Google Suche, Aug. 2025):

> Ein "Netzwerk Container" bezieht sich im Kontext von Containern wie Docker oder Kubernetes auf die Art und Weise, wie Container miteinander und mit dem Host-System sowie externen Netzwerken verbunden sind. Es geht also um die Konfiguration und Verwaltung von Netzwerken, in denen Container betrieben werden. Dabei gibt es verschiedene Netzwerkmodelle und -treiber, die unterschiedliche Konnektivitätsoptionen und Isolationsstufen ermöglichen.

2 VPLS – Virtual Private LAN Service

Alle lokalen Rechnernetze, als LANs (*Local Area Networks*) bezeichnet, basieren heutzutage auf der Technologie *Ethernet*. Erstreckt sich ein Ethernet-basiertes LAN, kurz Ethernet-LAN, über mehrere Gebäude, dann wird es beim Einsatz von Layer-2- und Layer-3-Switches in der Regel so strukturiert, dass ein zusätzliches Ethernet zwischen den Gebäuden zur Vernetzung kleinerer Ethernet-LANs aus den einzelnen Gebäuden als eine Art Backbone, auch *Core Network* genannt, mit einer entsprechend hohen Übertragungskapazität eingerichtet wird.

WANs

Der Wunsch, ein ähnliches, über große Entfernungen verteiltes Netz einrichten zu können, hat zur Entwicklung von Konzepten zur Nutzung von Weitverkehrsnetzen (*Wide Area Network*, WAN) mit Übertragungsraten im Bereich von GBit/s zur Nachbildung von Ethernet-LANs geführt. Eines dieser Konzepte wird als *Virtual Private LAN Service* (VPLS) bezeichnet. Dies soll in diesem Kapitel näher erläutert werden.

OWANs

Optische Weitverkehrsnetze (*Optical WANs*, OWANs) auf Basis des bekannten *Internet Protocol* (IP), kurz *IP-WANs*, ermöglichen Übertragungsraten im Bereich von GBit/s. Es bietet sich daher an, diese IP-WANs zu nutzen, um die Bildung von Ethernet-LANs mit großen Reichweiten und folglich standortübergreifend zu ermöglichen.

MPLS

Der Einsatz von WANs auf Grundlage der IP-Technologie – also von IP-WANs – in Verbindung mit dem *Multiprotocol Label Switching* (MPLS), also in den sog. MPLS-Netzen, zur Nachbildung von Ethernet-LANs hat bereits Mitte der 2000er-Jahre die Entwicklung von VPLS ermöglicht. Die technischen Grundlagen zur Realisierung von VPLS wurden von der Internet Engineering Task Force (IETF) in mehreren RFCs[1] spezifiziert. Heute sind die Systemkomponenten, um VPLS in der Praxis verwirklichen zu können, auf dem Markt verfügbar.

MPLS → VPLS

Das Konzept von VPLS ermöglicht es, ein Ethernet-LAN auf der Basis eines MPLS-Netzes auf eine solche Weise nachzubilden, dass sogar ein weltweites Ethernet – also de facto eine weltweite Ethernet *Broadcast Domain* – nachgebildet werden kann. Dies stellt eine Form von Ethernet-Emulation (bzw. von LAN-Emulation) durch MPLS-Netze dar. Zur Vernetzung von Ethernet-Systemkomponenten bei VPLS werden spezielle virtuelle Standleitungen über MPLS-Netze verwendet, *Pseudo Wires* (Pseudo-Drähte) genannt.

Verteilter Ethernet Switch

Ein MPLS-Netz verhält sich bei VPLS wie ein scheinbar verteilter Ethernet Switch, sodass wir diesen hier als *Virtual Distributed Ethernet Switch* (VDE Switch, VDES) bezeichnen. Um in der Praxis VDE Switches so einfach wie herkömmliche Ethernet Switches, d.h. Layer-2-Switches (*L2-Switch*), einsetzen zu können, wurden Konzepte entwickelt, die VDE Switches in die Lage versetzen, sogar selbstständig MAC[2]-

[1] Request for Comments. Diese können über `https://datatracker.ietf.org/` bezogen werden.
[2] Medium Access Control

Adressen (Ethernet-Adressen), die über ihre Ports zu erreichen sind, zu erlernen. Somit verhalten sich VDE Switches nach dem VPLS-Konzept ähnlich, sind also ebenso lernfähig, und zwar so wie klassische Ethernet Switches in herkömmlichen LANs.

Wir gehen hier in zwei wesentlichen Schritten vor:

- Zunächst soll das allgemeine Konzept von VPLS und die notwendigen technischen Grundlagen, dabei u.a. das logische Modell des MPLS-Konzepts und die Übermittlung von Ethernet Frames über sog. *Pseudo Wires* besprochen werden.
- Danach werden die Möglichkeiten der Weiterentwicklung von VPLS und dabei u.a. der Weg zum sog. *Ethernet Virtual Private Network* (EVPN) erörtert.

2.1 Grundlegende Idee von VPLS

Mittels VPLS können mehrere Ethernet-LANs über ein MPLS-Netz so verbunden werden, dass sie zusammen wie ein einziges größeres Ethernet-LAN arbeiten.

MPLS-Netz als VDE-Switch

Abb.2.1-1 illustriert dies und bringt dabei die grundlegende Idee von VPLS zum Ausdruck. Es wurde hier beispielhaft angenommen, dass die Ethernet-LANs der drei Kunden (*Customer*) A, B und C über ein MPLS-Netz eines Netzanbieters (Provider), das hier als ein WAN eingesetzt wird, untereinander vernetzt sind. Die Vernetzungen von Ethernet-LANs bei den einzelnen Kunden in drei funktionell voneinander getrennte Bereiche, findet auf Grundlage virtueller Ethernet-Netze statt und werden als VPLS x (x = A, B und C) bezeichnet. Aus der Sicht jedes Kunden verhält sich das ganze MPLS-Netz jedoch so, als ob sein eigenes VPLS ein einziger *VDE Switch* (VDES) wäre.

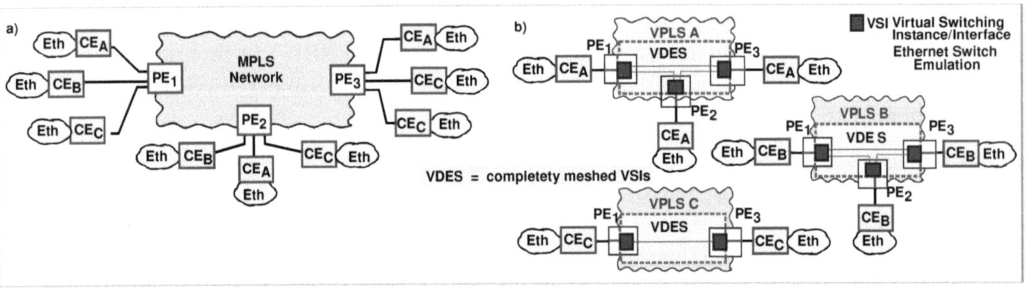

Abb. 2.1-1: Grundlegende Idee von VPLS: a) aus physischer Sicht, b) aus logischer Sicht
C/PE: Customer/Provider Edge (Device), Eth: klassisches Ethernet-LAN, MPLS: Multiprotocol Label Switching, VDES: Virtual Distributed Ethernet Switch

VPLS als Backbone

Aus physischer Sicht wird, wie in Abb. 2.1-1a dargestellt, mit VPLS ein Backbone-Netz auf Basis eines MPLS-Netzes zur Vernetzung von Ethernet-LANs (z.B. eines Unternehmens bzw. einer anderen Institution) zur Verfügung gestellt. Mithilfe des VPLS-Konzepts kann ein Netzanbieter für seine Kunden eine Art getrenntes *Virtual Private Network* (VPN) auf der Schicht 2, d.h. sog. Layer-2-VPNs (L2VPNs), einrichten. VPLS kann man auch als *Transparent LAN Service* (TLS) oder *Virtual Private Switched Network Service* (VPSNS) bezeichnen.

Die Ethernet-LANs von einzelnen Anwendern (*Customer*) A, B und C eines Netzanbieters werden über die als *Customer Edge* (CE) bezeichneten Systemkomponenten an das MPLS-Netz beim Netzanbieter angeschlossen. Ein CE kann beispielsweise einen L2-Switch (*Ethernet Switch*) oder einen Router bzw. einen Wirt-Server mit mehreren virtuellen Rechnern darstellen. An den CE beim Kunden werden keine VPLS-spezifischen technischen Anforderungen gestellt. Dagegen müssen die als *Provider Edge* (PEs) bezeichneten Randkomponenten beim Netzanbieter VPLS-fähig sein.

Customer Edge Anbindung

Insbesondere müssen in PEs spezielle VPLS-spezifische, als *Virtual Switching Instance* (VSI) bezeichnete Systemkomponenten eingerichtet werden, und zwar in jedem PE eine separate VSI für jeden erbrachten VPLS (vgl. Abb. 2.1-1b). Die hier dargestellte Idee von VPLS aus logischer Sicht soll zum Ausdruck bringen, dass man VSIs quasi als eine Art Ports in VDE Switches ansehen kann. Über VSIs werden die Ethernet-LANs miteinander in Form einer Vollvermaschung verbunden (Abb. 2.2-3).

Virtual Switching Instance

Wie aus Abb. 2.1-1b hervorgeht, führt VPLS logisch gesehen dazu, dass ein MPLS-Netz für eine Institution bzw. für ein Unternehmen als privater virtueller und verteilter Ethernet Switch fungiert. Daher stellt VPLS letztendlich ein privates virtuelles Ethernet-LAN auf Basis des MPLS-Netzes eines Netzanbieters dar.

VPLS = virtuelles privtes Ethernet LAN

VPLS kann auch ein standortübergreifendes, sogar weltweites VLAN bilden. Ein VDE Switch bzw. der ihm entsprechende VPLS eines Kunden stellt eine besondere Topologie der Vernetzung – und zwar eine Vollvermaschung – virtueller Switch-Instanzen (VSIs) dar, die in einzelnen PEs untergebracht sind. Jede VSI verhält sich der Funktion nach als besonderer Ethernet Switch und hat folglich – wie jeder normale Ethernet Switch – die Aufgabe, empfangene Ethernet Frames nach einer sog. Weiterleitungstabelle (*Forwarding Table*, FT) weiterzuleiten (Abb. 2.3-2a).

Daher werden über das MPLS-Netz Ethernet Frames übermittelt (Abb. 2.2-2). Jede VSI muss also in der Lage sein, ihre Forwarding Table zu erstellen. Folglich muss jede VSI in der Lage sein zu erlernen, welche MAC-Adressen als potenzielle Ziele über einzelne dieser Ports zu erreichen sind.

Es sei darauf verwiesen, dass jedes MPLS-Netz ein verbindungsorientiertes IP-Netz ist, in dem spezielle, als *Label Switched Path* (LSP) bezeichnete, virtuelle Verbindungen zwischen kommunizierenden Endsystemen eingerichtet werden können (siehe Abb. 2.2-1b). Über diese virtuellen Verbindungen werden dann Ethernet Frames in zusätzlichen, speziellen Data Link Frames eingekapselt – und so nach dem Tunneling-Prinzip über das MPLS-Netz übermittelt (Abb. 2.2-3). Um VPLS zu verwirklichen, ist ein MPLS-Netz nicht unbedingt notwendig. Auch ein anderes, nicht MPLS-fähiges IP-Netz, in dem das Tunneling-Prinzip z.B. durch den Einsatz des Headers GRE (*Generic Routing Encapsulation*) realisiert wird, kann hierfür zum Einsatz kommen. Für Näheres über GRE sei verwiesen auf RFC 2784.

2.2 Logisches Modell von MPLS

Um schildern zu können, nach welchen Prinzipien die Ethernet Frames bei VPLS zwischen PEs über ein MPLS-Netz übermittelt werden, wird an dieser Stelle kurz das allgemeine Modell von MPLS dargestellt. Für fundierte Informationen über MPLS sei verwiesen auf Kapitel 12 in [17].

MPLS Datenströme

Nach MPLS können mehrere Datenströme als unterschiedliche Klassen von IP-Paketen zwischen zwei PEs über physische Leitungen parallel übertragen werden. Dies lässt sich anhand des in Abb. 2.2-1 gezeigten logischen Modells veranschaulichen. Hier wurde allerdings ein einfaches Beispiel gegeben, in dem nur ein MPLS-Switch zwischen den beiden PEs gezeigt wird.

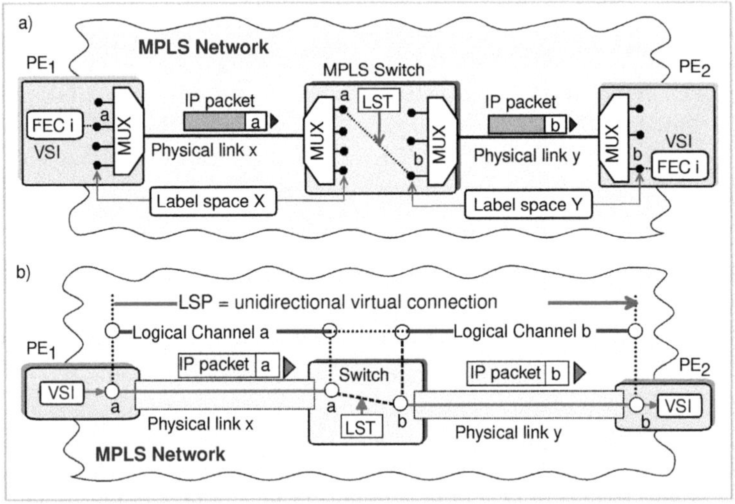

Abb. 2.2-1: Logisches Modell von MPLS: a) Interpretation der Kopplung von Multiplexübertragungsstrecken auf Basis von physical Links, b) logische Darstellung eines LSP

FEC: Forwarding Equivalence Class; LSP: Label Switched Path, d.h. eine Verbindung zwischen zwei VSIs, LST: Label Switching Table, MPLS: Multiprotocol Label Switching, MUX: Multiplexer, PE: Private Edge, VSI: Virtual Switching Instance

MPLS = IP-Multiplexing

Bei der Datenübermittlung nach dem MPLS-Prinzip bildet eine physische Leitung – in Abb. 2.2-1 als *Physical Link* bezeichnet – eine Multiplexübertragungsstrecke.

MPLS Ports = Sende-/Empfangspuffer

Die Ports des Multiplexers kann man hier als Sende/-Empfangspuffer für IP-Pakete betrachten. Sie werden mittels sog. *Labels* identifiziert, die den zu übermittelnden IP-Paketen vorangestellt werden. Die direkt verbundenen beiden Multiplexer müssen immer die gleiche Anzahl von Ports aufweisen – also de facto die Zahl der den Ports entsprechenden Labels. Im PE und im Switch wird jeder physischen Leitung eine Menge von Labels zugeordnet, die als Label-Raum (*Label Space*) eines physischen Interfaces angesehen wird.

Forwarding Equivalence Class

Die Tatsache, dass einer *Forwarding Equivalence Class* (FEC, logische Klasse) zu übermittelnder IP-Pakete ein Label zugeordnet wird, bedeutet praktisch, dass die Pakete derselben Klasse im PE zum Absenden immer am gleichen Port vor dem Multiplexer abgespeichert werden. Das Label, das einer IP-Paket-Klasse zugeordnet wurde, dient also als Identifikation dieses Ports im Multiplexer, in dem die IP-Pakete dieser Klasse zum Absenden bzw. nach dem Empfangen abgespeichert werden. Dies folgt aus Abb. 2.2-1a.

In Abb. 2.2-1a wurde z.B. das Label *a* der Klasse FEC i zugeordnet. Somit wird das Label a jedem zu übertragenden IP-Paket der Klasse FEC i vorangestellt. Die Pakete dieser Klasse werden am Eingangsport a vor dem Absenden im PE abgespeichert und nach dem Empfangen im MPLS-Switch im Ausgangsport a zwischengespeichert.

> Wird ein MPLS-Netz[3] auf Basis der Ethernet-Technologie eingerichtet, werden IP-Pakete in Ethernet Frames eingekapselt übermittelt. In diesem Falle wird, um den zu übermittelnden IP-Paketen Labels voranstellen zu können, nach dem Ethernet-Header und vor dem IP-Header ein zusätzlicher MPLS-Header eingebettet; in diesem werden die Label-Werte eingetragen.

Label Switching

Nach MPLS können parallel mehrere Klassen von IP-Paketen – also mehrere Datenströme – über eine physische Leitung übertragen werden. Hierbei wird jede Klasse mit einem Label markiert. Daher kann eine physische Leitung auf eine Vielzahl von logischen Kanälen aufgeteilt werden, und das Label stellt hierbei die Identifikation eines logischen Kanals dar. Das Prinzip des Label Switching (Abb. 2.2-1) besteht darin, dass ein empfangenes IP-Paket (z.B. aus der Leitung x und mit dem Label *a*) mit einem (im Allgemeinen) anderen Label auf eine andere Leitung (z.B. auf die Leitung y und mit dem Label *b*) weitergeleitet wird.

Label Switch Path

Die Aufgabe von *Label Switching* ist es, durch die Kopplung logischer Kanäle in Switches virtuelle, als *Label Switched Path* (LSP) bezeichnete Verbindungen unterwegs zu realisieren. Hierfür müssen die Label-Werte mithilfe einer *Label Switching Table* (LST) so umgesetzt werden, dass eine korrekte Verknüpfung der logischen Kanäle in Switches erfolgen kann.

Wie Abb. 2.2-1b zeigt, stellt ein LSP eine gerichtete Kette von logischen Kanälen in physischen Leitungen dar. Ein LSP kann somit als eine unidirektionale virtuelle Ende-zu-Ende-Verbindung angesehen werden. Hierbei wird ein logischer Kanal mit einem Label identifiziert. Daher wird das IP-Paket z.B. mit Label *a* vom Port a im PE_1 auch zum Port a im Switch übermittelt.

Nach der LST wird im Switch zuerst eine physische Ausgangsleitung für das Absenden des IP-Pakets und dann ein Ausgangsport von dieser physischen Leitung bestimmt. Dem zu sendenden IP-Paket wird danach eventuell ein neuer Label-Wert, der dem Ausgangsport entspricht, vorangestellt. Daraus resultiert, dass jedes MPLS-Label nur eine lokale – d.h. nur auf einen Übermittlungsabschnitt zutreffende – Gültigkeit hat, was in Abb. 2.2-1 verdeutlicht wird.

2.2.1 Ethernet over MPLS (EoMPLS)

In IP-Netzen mit MPLS, also den MPLS-Netzen, lassen sich quasi physische Standleitungen in ausreichender Qualität weitgehend durch eine serielle Kopplung virtueller Verbindungen gewissermaßen softwaremäßig nachbilden, sodass die Möglichkeit besteht, Ethernet-LANs über ein MPLS-Netz sogar weltweit zu verbinden.

[3]Wie MPLS-Netze auf der Grundlage unterschiedlicher Netztechnologien realisiert werden können, insbesondere wo und wie werden die Label-Werte übermittelt, findet man im Buch 'Technik der IP-Netze'.

Pseudo Wire

Da man eine so nachgebildete Standleitung oft als *Pseudo-Draht* (*Pseudo Wire*, PW) bezeichnet, spricht man in diesem Zusammenhang von *Pseudo Wire Emulation Edge-to-Edge* (PWE3). Die Idee von PWs liegt der Realisierung von *Ethernet over MPLS* (EoMPLS) zugrunde. Abb. 2.2-2 bringt dies näher zum Ausdruck.

Ethernet over PW

Wie hier ersichtlich ist, kann EoMPLS auch als *Ethernet over PW* (EoPW) angesehen werden. Über PWs können mehrere lokale Ethernet-LANs eines Unternehmens sogar weltweit kostengünstig miteinander verbunden werden. Verwendet man das Konzept EoPW, kann ein MPLS-Netz als verteilter virtueller Ethernet Switch (L2-Switch) fungieren. Diese Idee hat zur Entstehung von VPLS geführt.

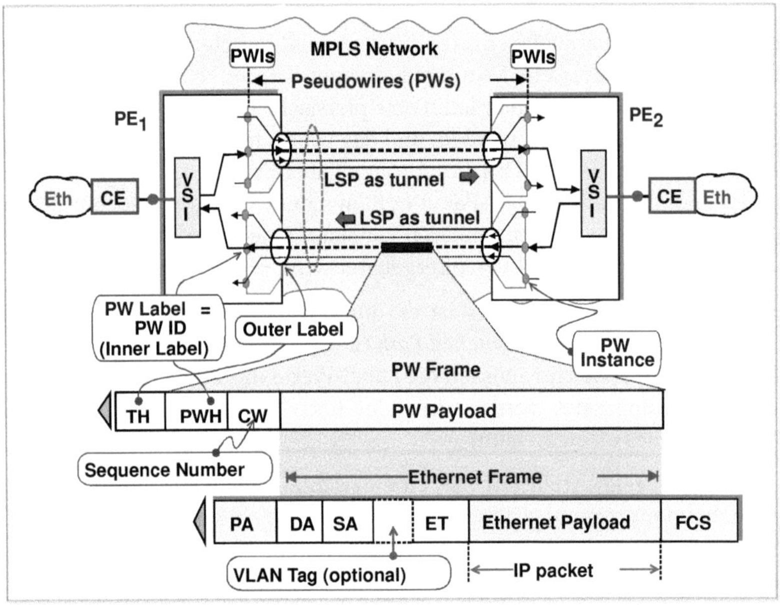

Abb. 2.2-2: Grundlegendes Konzept von EoMPLS nach RFC 4448

CE: Customer Edge, CW: Control Word, D/SA: Destination/Source Address (MAC-Ziel-/Quelladresse), ET: EtherType, die Nummer des Layer-3-Protokolls (IPv4, IPv6, ...), FCS: Frame Checking Sequence, LSP: Label Switched Path, MPLS: Multiprotocol Label Switching, PA: Preamble (Präambel), PE: Provider Edge (Device), PW: Pseudo Wire, PWH: PW Header (enthält PW Label), PWI: Pseudo Wire Instance als Sende- und Empfangsport einer VSI, PW-ID: PW Identification (auch als PW/Inner Label bezeichnet), TH: Tunnel Header (enthält Outer Label für Switching), VSI: Virtual Switching Instance

Gegengerichtete Tunnel

Bei E-MPLS werden (wie in Abb. 2.2-2 gezeigt) zwei entgegen gerichtete LSPs zwischen jeweils zwei PEs nach dem in Abb. 2.2-1 gezeigten Konzept eingerichtet. Es kommt hier das sog. *Tunneling-Konzept* zum Einsatz, sodass die LSPs (siehe Abb.2.2-1b) als virtuelle (scheinbare) Tunnel angesehen werden können.

Virtuell betrachtet kann man, dank der Angabe PW Label im PW Header, über diese Tunnel mehrere PWs einrichten. Es sei angemerkt, dass PWs unidirektional sind und somit die bidirektionale Kommunikation zwischen zwei zu einem VPLS gehörenden VSIs jeweils zwei in entgegen gerichtete LSPs verlaufende PWs verlangt.

Bidirektionale PWs könnte man sich daher als zwei 'virtuelle in entgegen gerichteten LSPs verlaufende Übermittlungspfade' vorstellen.

Es sei an dieser Stelle hervorgehoben, dass PW Labels nach PWE_3 als Identifikation von Ende-zu-Ende-Verbindungen eine globale Ende-zu-Ende-Gültigkeit haben. Im Gegensatz dazu haben Labels, die sowohl IP-Paketen (Abb. 2.2-1) als auch Ethernet Frames bei E-MPLS zu ihrer Übermittlung über einzelne Übermittlungsstrecken vorangestellt werden, nur lokale Gültigkeit.

Einsatz von Control Word

Die Nutzlast (*Payload*) aus den Ethernet Frames wird als PW Payload in PW Frames transportiert. Hierbei werden den Ethernet Frames zusätzliche Steuerungsangaben vorangestellt, d.h. zuerst ein *Control Word* (`CW`), dann ein PW Header und anschließend noch ein *Tunnel Header* (`TH`). Das CW ermöglicht es, die über einen PW übertragenen Ethernet Frames zu nummerieren[4].

Einsatz des Outer Label

Im `TH` ist ein *Outer Label* enthalten, welches den zu übermittelnden Ethernet Frames vorangestellt wird und als Switching bzw. als Routing Label anzusehen ist. Dieses Outer Label entspricht der Funktion nach dem Switching Label in Abb. 2.2-1. Dies bedeutet: Nach Outer Label wird de facto das EoMPLS realisiert – und dabei wird insbesondere ein Tunnel zwischen zwei PEs aufgebaut.

Um zu ermöglichen, dass, wie in Abb. 2.2-2 dargestellt, in einem Tunnel mehrere PWs verlaufen können, wird im PW Header das PW Label – somit die PW-Identifikation (`PW-ID`) als quasi Inner Label – eingetragen. Jedem Paar entgegen gerichteter PWs, mit dem man jeweils zwei zu einem VPLS gehörenden VSIs verbindet, wird demzufolge das gleiche PW Label zugewiesen. Ein solches Paar entgegen gerichteter PWs wird daher als ein bidirektionaler PW betrachtet.

Bei der Übermittlung eines Ethernet Frame in einem PW Frame über ein MPLS-Netz ist noch Folgendes hervorzuheben:

- Die Präambel `PA` und die Prüfsumme `FCS` aus dem Ethernet Frame werden über PWs nicht übermittelt. Da es sich bei MPSL-Netzen um Netze auf der Basis von Ethernet- bzw. von ATM-Netzen[5] handelt, werden die PW Frames sowieso in anderen Frames (wie z.B. in Ethernet- oder *AAL5-Frames*[6] übermittelt, in denen eine Prüfsumme enthalten ist. Daher kann auch bei der Übermittlung von PW Frames ohne `FCS` eine Fehlerkontrolle gewährleistet werden.
- Die Payload aus einem Ethernet Frame und der Ethernet-Header werden als Payload im PW Frame transportiert.
- Dem PW Payload wird ein CW vorangestellt, in dem die laufende Nummer des Ethernet Frame als *Sequence Number* übermittelt werden kann. Dadurch können Verluste von Ethernet Frames während ihrer Übermittlung über ein MPLS-Netz einfach entdeckt werden.

MPLS Resource Reservation

Die in Abb. 2.2-2 gezeigten Tunnel zwischen jeweils zwei PEs – als sog. MPLS-Tunnel – können entweder manuell konfiguriert oder mithilfe des *Label Distribution*

[4]Nach RFC 6658 ist das CW optional.
[5]siehe Abschnitt 12.2.8 in [9]
[6]AAL5 ist die ATM (Asynchronous Transfer Mode) Adaption Layer 5 zur Übertragung von Daten mit variablen Frame-Längen.

Protocol (LDP) bzw. des *Resource Reservation Protocol – Traffic Engineering* (RSVP-TE) aufgebaut werden. Es sei hier aber hervorgehoben, dass, um VPLS zu realisieren, diese Tunnel nicht unbedingt MPLS-Tunnel sein müssen. Sie können auch nach dem Konzept der *Generic Routing Encapsulation* (GRE) als sog. *GRE-Tunnel* eingerichtet werden.

2.2.2 VPLS erbracht durch Vollvermaschung von VSIs

Wie bereits in Abb. 2.1-1b gezeigt, stellt ein VPLS eine Vollvermaschung von VSIs dar. Dies bedeutet, dass jede VSI (Virtual Switching Instance) mit allen anderen den VPLS erbringenden VSIs nach dem in Abb. 2.2-2 gezeigten Prinzip jeweils mit einem Paar gegenseitig verlaufender unidirektionaler *Pseudo Wires* (PWs) verbunden ist. Da eine als VSI bezeichnete virtuelle Switching-Instanz einen Ethernet Switch, praktisch einen L2-Switch, emuliert, entsteht durch die Vollvermaschung von VSIs ein virtueller verteilter Ethernet Switch – also der bereits angesprochene *Virtual Distributed Ethernet Switch* (VDE Switch). Mit diesem VDE Switch wird eben ein VPLS verwirklicht. Abb. 2.2-3 möchte die Vermaschung von VSIs nochmals näher veranschaulichen.

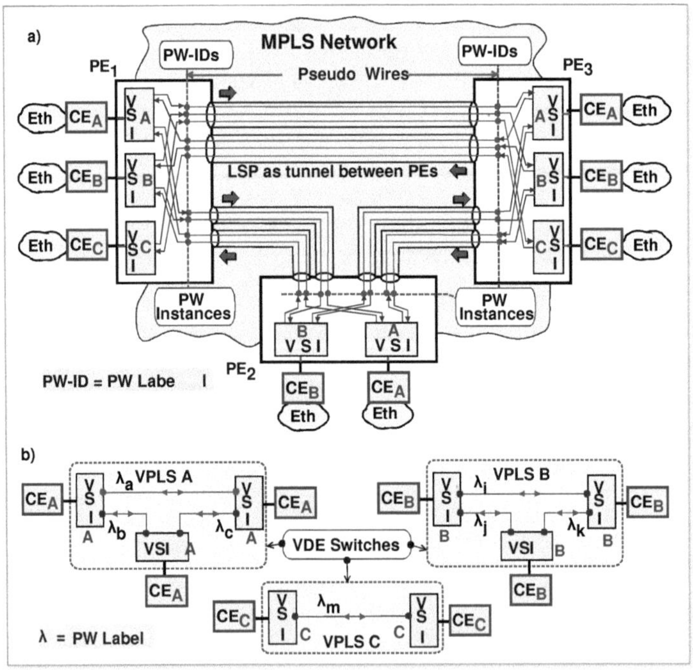

Abb. 2.2-3: Realisierung der in Abb. 12.2-1 gezeigten VPLSs A, B und C:
a) Vernetzung von PEs mit Tunneln (LSPs) und von VSIs mit in diesen Tunneln verlaufenden Pseudo Wires (PWs),
b) Vernetzung von VSIs einzelner VPLSs mit PWs

CE: Customer Edge, CPW-ID: PW Identification, auch als PW Label bezeichnet, Eth: Ethernet, PE: Provider Edge, VDE: Virtual Distributed Ethernet, VPLS: Virtual Private LAN Service, VSI: Virtual Switching Instance

Berücksichtigt man das in Abb. 2.2-2 gezeigte Konzept von EoMPLS, so lässt sich, um die in Abb. 2.1-1b gezeigten VLPSs A, B und C erbringen zu können, die Vernetzung von den in Abb. 2.1-1a gezeigten PEs untereinander mit Tunneln und von in diesen PEs bereitgestellten VSIs über die in diesen Tunneln verlaufenden PWs, wie Abb. 2.2-3a illustriert, verwirklichen. EoMPLS

Aus Abb. 2.2-3b geht direkt hervor, dass eine VSI einen Ethernet Switch emuliert und dass jeder VPLS durch einen auf der Basis eines MPLS-Netzes realisierten VDE Switch, welcher auf Basis der Vernetzung von VSIs mit PWs – hier als λ bezeichnet – erbracht wird.

2.3 Basisfunktionen von VSIs

Wie bereits erwähnt wurde, muss jede *Virtual Switching Instance* (VSI) die Funktionen eines Ethernet Switches, also de facto eines L2-Switch, emulieren (nachbilden). Daher wird jede VSI als emulierter Ethernet Switch angesehen, und folglich müssen so, wie in Abb. 2.2-3b gezeigt, alle zu einem VPLS gehörenden VSIs derart kooperieren, dass sie einen *Virtual Distributed Ethernet Switch* (VDE Switch) bilden.

Demzufolge muss jede VSI aus jedem VPLS, um einen L2-Switch zu emulieren und zusammen mit allen restlichen den betreffenden VPLS erbringenden VSIs einen VDE Switch aufbauen zu können, die folgenden Funktionen realisieren:

- **Weiterleitung von Ethernet Frames**: Im Allgemeinen hat jede VSI als emulierter L2-Switch die Aufgabe, jeden empfangenen Ethernet Frame anhand seiner Ziel-MAC-Adressen entsprechend der aktuellen 'Lage' in dem VPLS-basierten Netz weiterzuleiten, also zum Absenden an einen ihrer Ausgangsports zu übergeben. Jede VSI muss daher wissen, welche MAC-Adressen über jeden ihrer Ausgangsports zu erreichen sind. Hierfür enthält jede VSI eine Forwarding Table mit den Zuordnungen: `MAC-Adresse` ⇔ `Portnummer` (vgl. Abb. 2.3-2a und Abb. 2.3-5). Ein VSI-Port ist, und das sei an dieser Stelle hervorgehoben, Forwarding
  - ▷ entweder *lokal* positioniert und verbunden mit einem CE
  - ▷ oder *remote* positioniert und verbunden über eine PW mit einer VSI in einem anderen PE.
- **Erlernen von MAC-Adressen**: Jede VSI muss in der Lage sein, ihre *Forwarding Table* selbst zu erstellen und diese auch ständig zu aktualisieren. Also muss jede VSI fähig sein, ständig zu erlernen, welche MAC-Adressen über jeden ihrer Ports zu erreichen sind. Learning
- **Versenden sog. BUM-Frames**[7]: Jede VSI muss sowohl das Versenden von Ethernet Frames mit Broadcast- und Multicast-MAC-Adressen unterstützen als auch Ethernet Frames mit Unknown-MAC-Adressen entsprechend weiterleiten. So werden beispielsweise Broadcast Frames vom *Address Resolution Protocol* (ARP) erzeugt, um eine Zuordnung 'IP-Adresse ⇔ MAC-Adresse' zu ermitteln. Flooding

[7] Broadcast, Unicast and Multicast

Loop Avoidance

- **Vermeidung von Loops**: Alle einen VPLS erbringenden VSIs als emulierte L2-Switches sind untereinander vollvermascht; d.h. jede VSI ist mit allen anderen VSIs bidirektional verbunden. In einer solchen Vernetzungstopologie gibt es redundante Routen zwischen VSIs. Dieser 'Umstand' hat wiederum zur Folge, dass ein zwischen zwei VSIs übermittelter Unicast Ethernet Frame über mehrere Routen in Form von geschlossenen Schleifen (Loops) übermittelt werden kann – er kann also quasi 'rotieren'. Dadurch können verschiedene unerwünschte Effekte entstehen. Beispielsweise kann die Ziel-VSI mehrere Kopien eines entlang mehrerer Loops übermittelten Frames erhalten.

Spanning Tree und Split Horizon

Um Loops und ihre möglichen nachteiligen Folgen zu vermeiden, kommt bei der Vernetzung von klassischen L2-Switches das *Spanning Tree Protocol* (STP) bzw. sein Nachfolger *Rapid STP* (RSTP) zum Einsatz. Zur Vermeidung von Loops bei der Vernetzung von VSIs wird hingegen weder STP noch RSTP verwendet, sondern ein als *Split Horizon* bezeichnetes Prinzip angewandt. Dieses ist einfach und besteht darin, dass ein Ethernet Frame nie über den Port weitergesendet wird, über den er bereits empfangen wurde.

2.3.1 VPLS-Modell im Hinblick auf die VSI-Vernetzung

Nachdem bereits die grundlegende Idee von VPLS vorgestellt wurde, soll nun näher auf die allgemeine Struktur der Edge-Komponente PE eingegangen werden und dabei insbesondere auf die Art der Informationen, die benötigt werden, um die von den PEs erbrachten Vernetzungstopologien von einzelnen VPLSs auf eine übersichtliche Weise zu spezifizieren.

Topologie-Information

Da mehrere VPLSs auf der Basis eines MPLS-Netzes eingerichtet werden können, müssen die Informationen über ihre topologischen Strukturen übersichtlich abgespeichert werden. Hinzu kommt noch eine wichtige Anforderung: Die in allen an der Erbringung von VPLSs beteiligten PEs abgespeicherten Informationen über die Strukturen einzelner VPLSs müssen deren Skalierbarkeit (u.a. deren zukünftige Erweiterungen) und dabei auch diverse Veränderungen in deren Vernetzungstopologien zulassen.

Um eventuelle zukünftige VPLS-Erweiterungen zu ermöglichen, müssen, wie in Abb. 2.3-1 dargestellt, ausreichende 'Mengen' von zu jeder VSI führenden PWs vorgesehen werden. Die bei einer VSI hierfür reservierten PWs müssen auf eine geeignete Weise spezifiziert (identifiziert) und anderen VSIs gegenüber angekündigt werden (Abb. 2.3-2b). Auf die daraus entstehende Problematik wird im Folgenden noch näher eingegangen.

Logisches MPLS-Modell

Um einige Begriffe, die zur Beschreibung der Information über VPLS-Topologie benötigt werden, erläutern zu können, zeigt Abb. 2.3-1 ein logisches Modell von VPLS im Hinblick auf die gegenseitige Vernetzung von VSIs mit *Pseudo Wires* (PWs).

In diesem Modell wurde angenommen, dass jede Edge-Komponente PE eine beliebige Anzahl von VSIs enthalten kann – sie also jederzeit an einer beliebigen 'Menge' von VPLSs beteiligt sein kann. Jede VSI, in einigen RFCs auch als *VPLS Edge* (VE) bezeichnet, stellt einen besonderen Ethernet Switch (also L2-Switch) dar. Wie aus

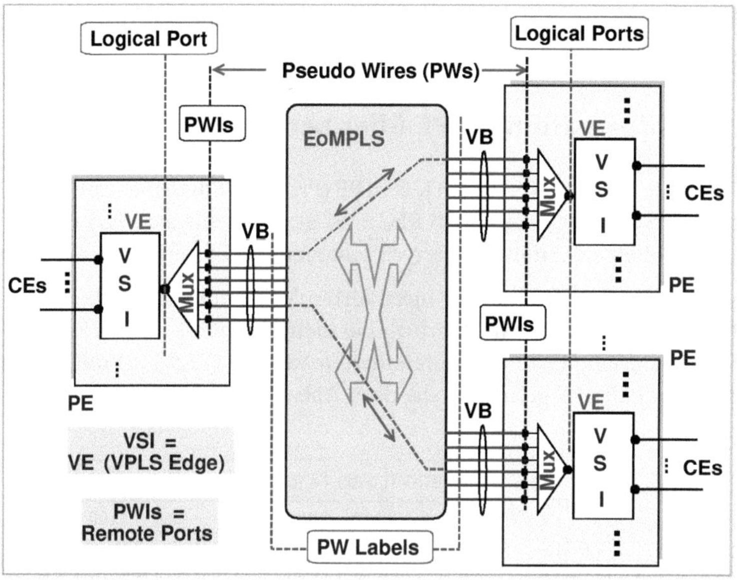

Abb. 2.3-1: Modell von VPLS zur Spezifikation der gegenseitigen Vernetzung von Virtual Switch Instanzen (VSI)

C/PE: Customer/Provider Edge, Mux: Multiplexer, PWI: Pseudo Wire Instance, als Sende- und Empfangsport einer VSI, VB: VE Block von PW Labels, VE: VPLS Edge (Bezeichnung von VSI u.a. nach RFC 4761), VSI: Virtual Switching Instance

Abb. 2.3-1 ersichtlich ist, kann jede VSI zwei Arten von Ports besitzen, und zwar: mehrere physische Ports (als lokale Ports) zur Anbindung von CEs und einen logischen Port (bei Bedarf auch mehrere), der auf mehrere (Sub-)Ports – also Remote Ports – zur Vernetzung mit VSIs in anderen PEs 'aufgeteilt' ist.

Über beide Arten dieser Ports muss jede VSI ankommende Ethernet Frames empfangen und diese entsprechend weiterleiten; hierfür benötigt sie eine gut strukturierte Forwarding Table (Abb. 2.3-2a).

Aufgaben eine Multiplexers

Am logischen Port jeder VSI wird quasi ein Multiplexer (Mux) realisiert, der mehrere mit PW Labels identifizierte Remote Ports zur Verfügung stellt. Über diese werden die zu einem VPLS gehörenden, in verschiedenen PEs installierten VSIs untereinander vollvermascht. Da die Remote Ports durch *Pseudo Wire Instances* (PWIs) erbracht werden, können PWIs als tatsächliche remote Sende- und Empfangsports von VSIs angesehen werden.

Da die einzelnen, in verschiedenen PEs eingerichteten VSIs untereinander über *Pseudo Wires* (PWs) vernetzt sind und die PWs mit Labels identifiziert werden, müssen PEs spezielle Tabellen – in Abb. 2.3-2 als *PW Label Tables* (PW-LTs) bezeichnet – mit verfügbaren/zulässigen PW Labels verwalten. Darauf wird im Weiteren noch näher eingegangen.

Die Anzahl von einer *VPLS Edge* (VE) zugewiesenen PW Labels – als *VE Block* (VB) bezeichnet – bestimmt die maximale Anzahl von in anderen PEs eingerichteten VSIs, die mit der betreffenden VSI über PWs vernetzt sein können. Dies geht aus Abb. 2.3-1 hervor.

2.3.2 Information im PE über bereitgestellte VPLSs

Wie Abb.2.3-1 zeigt, können in jedem PE (Provider Edge) mehrere VSIs als emulierte Ethernet Switches, hier gemäß RFC 4761 auch jeweils als *VPLS Edge* (VE) bezeichnet, enthalten sein, mittels derer verschiedene VPLSs erbracht werden können.

Daher sind alle in einem PE installierten VEs eindeutig zu kennzeichnen (siehe Abb. 2.3-1). Jeder VE wird hierfür eine Identifikation – kurz VE-ID – zugewiesen, und es wird eine Liste von unterstützten VPLSs (*VPLS List*) mit der Angabe ihrer VE-IDs in jeder PE geführt; siehe dazu Abb. 2.3-2.

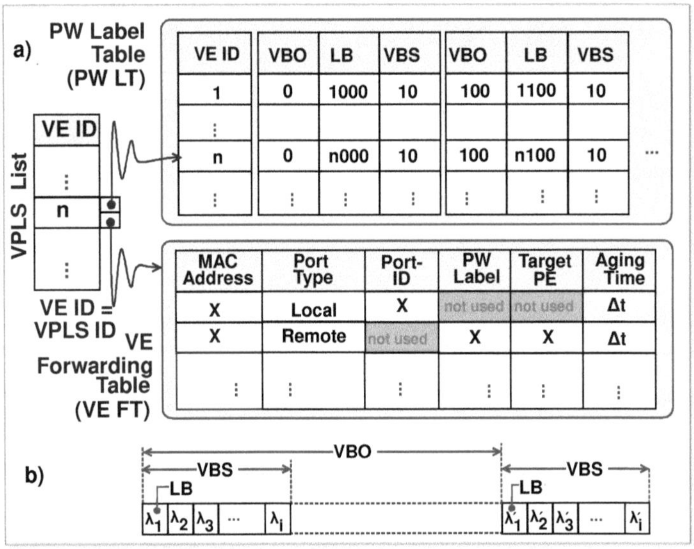

Abb. 2.3-2: Information im PE über die von ihm bereitgestellten VPLSs:
a) Struktur der PW-LT und der FT,
b) Spezifikation der dem logischen Port der VSI zugewiesenen PW Labels (in VE-Blocks) – siehe z.B. Patent US 7,463,639 B1

ID: Identification, LB: Label Base, das erste Label im Label Block, MAC: Media Access Control, VBO: VE Block Offset, der Beginn des nächsten Label Block, VBS: VE Block Size, die Anzahl von PW Labels im Block, VE: VPLS Edge, λ: PW Label, eine Art PW-ID

Wie hier zum Ausdruck gebracht wurde, sind in jedem PE [Abb. 2.3-1] für jede dort eingerichtete VSI, um diese funktionell zu spezifizieren, zwei Arten von Informationen notwendig. Diese sind in den zwei folgenden Tabellen enthalten:

PW-LT

- **PW Label Table**: Diese Tabelle enthält alle notwendigen Informationen, um den von jeder VSI erbrachten VPLS jederzeit modifizieren, d.h. die Vernetzung von VSIs untereinander mit PWs innerhalb eines VPLS erweitern bzw. verändern zu können. Es sei angemerkt, dass die in Abb. 2.3-2a gezeigte Struktur der `PW-LT` dem in RFC 4671 präsentierten Konzept der Nutzung des Protokolls MP-BGP[8] zum Einrichten von VPLSs entspricht. Dieses Konzept wird im Weiteren noch näher erläutert.

- **Forwarding Table**: Diese Tabelle (genauer, die *Virtual Edge Forwarding Table*) liefert Informationen, die benötigt werden, damit die VSI die von ihr empfangenen Ethernet Frames entsprechend dem aktuellen Stand der Vernetzung von VSIs weiterleiten kann. FT
  Es sei angemerkt, dass dem 'Logical Port' der VSI (vgl. Abb. 2.3-1) mehrere Blöcke von PW Labels (VE Blocks) zugeteilt werden können. Damit ist die Vernetzung in Form einer Vollvermaschung der VSI mit VSIs in anderen PEs 'theoretisch' fast beliebig erweiterbar. Abb. 2.3-2b zeigt zugleich das Prinzip der Beschreibung von PW Labels in VE Blocks. Wie man die so spezifizierten PW Labels zur Vernetzung von VSIs nutzen (belegen) kann, wird im Weiteren noch erläutert.
- **VSI Forwarding Table**: Jede VSI [Abb. 2.3-1b] hat als eine Art emulierter L2-Switch die Aufgabe, jeden empfangenen Ethernet Frame anhand seiner Ziel-MAC-Adresse an einen ihrer Ausgangsports weiterzuleiten. Die VSI muss daher wissen, welche MAC-Adressen über jeden ihrer Ausgangsports zu erreichen sind. Hierfür enthält jede VSI eine Forwarding Table mit den folgenden Zuordnungen (siehe auch Abb. 2.3-2a): Learning and Forwarding
  - ▷ `MAC-Adresse` ⇒ `Port-ID` für lokale Ports, über welche die lokal angeschlossenen CEs erreichbar sind, und
  - ▷ `MAC-Adresse` ⇒ `PW Label` für Remote Ports, welche zu remote positionierten VSIs in anderen PEs führen.

> Wie aus Abb. 2.3-1 und Abb. 2.3-2 hervorgeht, stellt das PW Label, z.B. das PW Label = β, die Identifikation einer PW Instance dar.

Nach dem in Abb. 2.2-2 gezeigten Konzept EoMPLS findet Folgendes statt:

- Das PW Label β muss allen über diese PW Instance zu sendenden Ethernet Frames vorangestellt werden.
- Das PW Label β wurde allen von anderen PEs ankommenden, an diese PW Instance gerichteten Ethernet Frames bei deren Absenden in anderen PEs vorangestellt.

Die Weiterleitung jedes Ethernet Frame vollzieht sich in jeder VSI (siehe Abb. 2.3-1) in den in Abb. 2.3-3 dargestellten Schritten A, B, C sowie D.

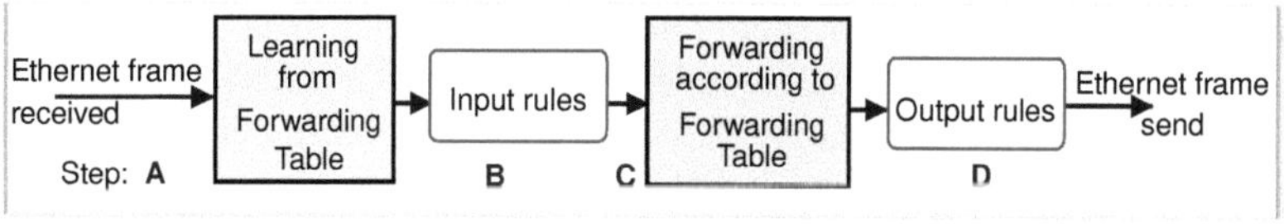

Abb. 2.3-3: Schritte bei der Weiterleitung von Ethernet Frames in VSIs
Eth: Ethernet

Die hier gezeigten Schritte lassen sich wie folgt beschreiben:

[8] Multiprotocol Border Gateway

Learning der Forwarding Table

Schritt A

Um eine *Forwarding Table* (FT) zu erstellen, muss jede VSI die MAC-Quelladressen in allen empfangenen Ethernet Frames interpretieren. Sie muss in die *Forwarding Table* (FT) eintragen, welche Quelladresse sie an welchem Port 'empfangen' hat; so kann die FT aufgebaut werden. Daher bezeichnet man diesen Prozess als 'Learning von FT' bzw. als 'Learning von MAC-Adressen'.

Bei jeder VSI [Abb. 2.3-1] wird zusätzlich der Port-Typ in die FT eingetragen (Abb. 2.3-2a). Handelt es sich hierbei um einen 'Remote Port', wird das dem empfangenen Ethernet Frame (z.B. mit der MAC-Adresse ξ) vorangestellte PW Label zusätzlich in der diesem 'Remote Port' entsprechenden Zeile in der VE FT eingetragen. Dies soll garantieren, dass der gleiche Label-Wert allen an die MAC-Adresse ξ gesendeten Ethernet Frames vorangestellt wird. Dadurch werden, wie bereits in Abb. 2.2-3b gezeigt wurde, die zwei entgegen gerichteten, mit dem gleichen Label markierten Übermittlungspfade quasi zu einem bidirektionalen Übermittlungspfad zusammengefasst.

Jede VSI ist in der Lage, ihre VE FT selbständig zu erstellen und diese auch zu aktualisieren. Hierfür wird in jedem empfangenen Frame die MAC-Quelladresse gelesen und die VE FT wie folgt modifiziert:

- Ist die MAC-Adresse noch nicht in der VE FT vorhanden, notiert die VSI in einer neuen Zeile diese MAC-Adresse, den Port und evtl. das PW Label, auf dem der Frame empfangen wurde, und setzt die *Aging Time* (AT) mit einem von vornherein festgelegten Anfangswert ein. Es sei hervorgehoben, dass man jeden Remote Port, der praktisch eine PWI [Abb. 2.2-2] darstellt, mit einem PW Label identifiziert. Daher kann ein PW Label auch als Bezeichnung eines Remote Port angesehen werden (vgl. die VE FT in Abb. 2.3-2a).
- Ist die MAC-Adresse in VE FT bereits vorhanden, setzt die VSI nur die Aging Time auf den Anfangswert; so wird eine Aktivität des Rechners 'vermerkt'.

Lebensdauer

> Die *Aging Time* (Lebensdauer) in der FT gibt an, wie lange eine FT-Zeile bestehen soll. Auf diese Weise wird die Aktivität von Rechnern überwacht. Ist ein Rechner während der Aging Time nicht aktiv, dann empfängt die VSI während dieser Zeitspanne keinen Frame von ihm und geht davon aus, dass der betreffende Rechner über diesen Port nicht erreichbar ist, d.h. entweder 'umgezogen' oder ausgefallen ist. Dieser als MAC *Address Aging* bezeichnete Mechanismus ermöglicht aber auch, die Mobilität von Rechnern zu unterstützen.

Einhaltung von Eingangsrichtlinien

Schritt B

Bei der Weiterleitung von Ethernet Frames müssen in der Regel bestimmte Richtlinien eingehalten werden. Diese werden oft *Access Control Lists* (ACLs) genannt. Beispielsweise können in Security ACLs sicherheitsrelevante Berechtigungen einzelner Rechner gespeichert werden. In QoS[9]-relevanten ACLs können Angaben gemacht werden, um empfangene Ethernet Frames klassifizieren und ihnen verschiedene Prioritäten zuweisen zu können. So kann z.B. einem Frame mit zeitkritischen Sprachdaten eine höhere Priorität zugewiesen werden.

[9] Quality of Service

Weiterleitung nach der Forwarding Table

Um einen Ethernet Frame mit einer Unicast-MAC-Adresse weiterzuleiten, vergleicht die VSI (*Virtual Switch Instance*, siehe Abb. 2.3-3 und Abb. 2.3-1) dessen Zieladresse mit den bereits in ihrer *Forwarding Table* (FT) eingetragenen MAC-Adressen. Dort – in der ersten Spalte (Abb. 2.3-2a) – sind alle bekannten MAC-Adressen mit den zugehörigen Ausgangsports gespeichert. Schritt C

Findet die VSI dort eine Zeile mit der betreffenden MAC-Zieladresse, leitet sie den empfangenen Frame direkt über den in dieser Zeile angegebenen Port als Ausgangsport weiter. Findet die VSI in ihrer FT die MAC-Zieladresse aus dem empfangenen Ethernet Frame aber nicht, dann verschickt die VSI den Frame über alle ihre Ports. In einem solchen Fall spricht man von '*Unknown Unicast Flooding*' bzw. '*Flooding of Frames*'.

Wie schon eingangs ausgeführt, stellt die VSI hinsichtlich ihrer Funktion einen emulierten Ethernet Switch (*L2-Switch*) dar. Daher muss man in jedem VPLS, welcher durch eine Vollvermaschung von VSIs erbracht wird, auch mit der Entstehung von Loops rechnen – und als Folge mit diversen unerwünschten Situationen.

Weiterleitung von Broadcast Frames

Da eine VSI eine reine Softwareinstanz darstellt, kann die Weiterleitung von Ethernet Frames in der VSI intelligenter als im normalen Ethernet Switch realisiert werden. Dies erfolgt, indem man bei der Weiterleitung von Broadcast Frames folgende Regel beachtet:

Ein aus dem PW mit Label α empfangener Ethernet Frame wird an alle anderen PWs mit Ausnahme von PWs mit Label α weitergeleitet.

Dies schon oben angesprochene Prinzip des *Split Horizon* dient der Vermeidung von Loops in VPLSs. Hier sei angemerkt, dass im Ethernet Frame während der Weiterleitung in der VSI [Abb. 2.3-1] keine Angabe verändert wird.

Einhaltung von Ausgangsrichtlinien

Auch vor dem Absenden von Ethernet Frames aus VSIs müssen oft diverse Richtlinien eingehalten werden. So werden beispielsweise die Frames gemäß ihrer Prioritäten in Warteschlangen (*Queues*) am Ausgangsport vor der Leitung eingereiht. Schritt D

2.3.3 Learning von MAC-Adressen aus Broadcast Frames

Nachdem die Bedeutung der *Forwarding Table* (FT) und deren Struktur erläutert wurde, soll nun das Prinzip des Learning von MAC-Adressen detaillierter dargestellt werden. Hierfür illustriert Abb. 2.3-4 das Erlernen einer MAC-Adresse aus einem Ethernet Frame mit einer Broadcast-Adresse – d.h. aus einem Broadcast Frame[10].

Hat die VSI (*Virtual Switching Instance*) im PE_1 (*Provider Edge*) den Broadcast Frame vom lokalen CE (*Customer Edge*) empfangen, leitet sie ihn an die VSIs im PE_2 und

[10] Das Versenden dieses Broadcast Frame hat z.B. das `Address Resolution Protocol` (ARP) bei Ermittlung der MAC-Adresse eines Rechners initiiert, um dessen MAC-Adresse zu ermitteln, da ihm nur dessen IP-Adresse bekannt war.

PE_3 weiter. Durch diese drei untereinander vernetzten VSIs wird VPLS mit `ID = A` erbracht.

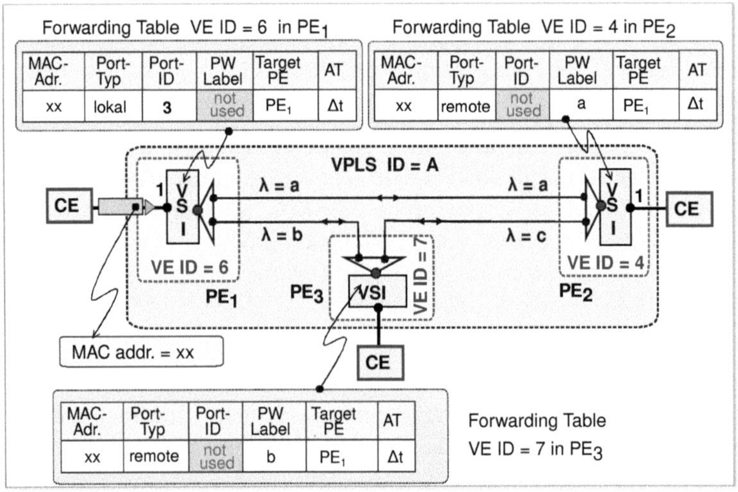

Abb. 2.3-4: Erlernen von MAC-Adressen aus Ethernet Broadcast Frames

AT: Aging Time; gibt an, wie lange die FT-Zeile bestehen soll, CE/PE: Customer/Provider Edge, ID: Identification, λ: PW Label, de facto die Identifikation eines Remote Port, VE: Virtual Edge, VSI: Virtual Switching Instance

Die VSI im PE_1 hat hier eine 'neue' MAC-Quelladresse `xx` an ihrem Port *1* entdeckt. Daher trägt sie dies in ihrer FT (*Forwarding Table*) ein. In diese wird auch eingetragen, ob die Quelle des Frame lokal ist; d.h. ob sie sich in einem direkt angeschlossenen CE befindet oder ob die Quelle des Frame – und somit auch der Port, über den der betreffende Frame empfangen wurde – remote ist, d.h. ob die Quelle des Frame sich in einem Ethernet-Segment befindet, das an einer VSI in einem anderen PE angeschlossen ist.

Hat die VSI im PE_2 den Broadcast Frame von der VSI im PE_1 empfangen, so entdeckt sie eine 'neue' MAC-Quelladresse `xx` an ihrem Port zum PE_1. Sie trägt dies in ihrer FT ein. In diese wird auch eingetragen, dass die Quelle des Frames über den mit dem PW Label a identifizierten Remote Port erreichbar ist. Ähnliche Einträge werden in der FT der VSI im PE_3 vorgenommen.

2.3.4 Learning von MAC-Adressen aus Unicast Frames

Das soeben in Abb. 2.3-4 dargestellte Beispiel soll nun um ein in Abb. 2.3-5 gezeigtes ergänzt werden, welches das Erlernen von MAC-Adressen aus zwei Unicast Frames illustriert. Diese beiden Frames werden entsprechend von der VSI im PE_2 und von der VSI im PE_3 empfangen.

Hat die VSI im PE_2 den Ethernet Frame vom lokalen CE empfangen, leitet sie den Frame gemäß der MAC-Zieladresse an die VSI im PE_1 weiter. Hierbei trägt die VSI im PE_2 aber in die FT eine 'neue' MAC-Quelladresse `yy` ein. Die VSI im PE_2 hat

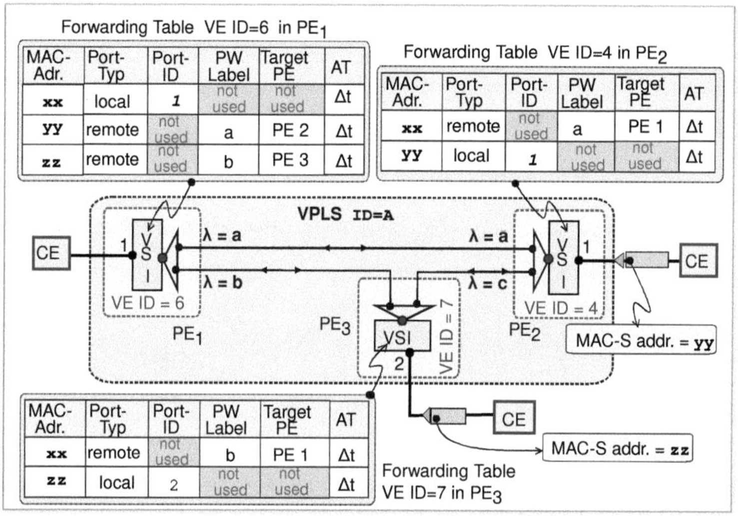

Abb. 2.3-5: Erlernen von MAC-Adressen aus Unicast Ethernet Frames

CE/PE: Customer/Provider Edge, ID: Identifier, VE: Virtual Edge, VSI: Virtual Switching Instance, MAC-S-Adr: MAC Source Address

bereits die MAC-Adressen xx und yy erlernt. Nun weiß sie also, über welche Ports diese MAC-Adressen bei ihr zu erreichen sind.

Hat die VSI im PE_1 den Ethernet Frame von der VSI im PE_2 empfangen, trägt sie die für sie neue MAC-Adresse yy in ihre FT ein. Dabei wird auch angegeben, dass die Quelle des Frames über den mit dem PW Label a identifizierten Remote Port und über ein PW mit Label a erreichbar ist.

Der von der VSI im PE_3 empfangene Unicast Ethernet Frame mit der MAC-Quelladresse zz wird an die VSI im PE_1 weitergeleitet. Somit wird die MAC-Adresse zz sowohl der VSI im PE_3 als auch der VSI im PE_1 bekannt gemacht und entsprechend, wie in Abb. 2.3-5 gezeigt, in deren FTs eingetragen.

2.4 Skalierbarkeit des VPLS

Die Voraussetzung für eine VPLS-Realisierung ist, abgesehen von der Unterstützung des Punkt-zu-Punkt-Verkehrs, die Unterstützung des sog. BUM-Verkehrs (*Broadcast, Unknown Unicast and Multicast*) zwischen den VSIs aus einem VPLS, die in verschiedenen PEs untergebracht sind.

Dies bedeutet, dass die einzelnen PEs die Vernetzung aller VSIs untereinander nach einem elaborierten Prinzip ermöglichen müssen. Soll eine neue VSI in einem bereits bestehenden oder in einem neuen PE zu einem bereits etablierten VPLS hinzugefügt werden, sind PW-Verbindungen von der neuen VSI zu allen anderen – den betreffenden VPLS erbringenden – VSIs einzurichten.

Die zur Bereitstellung des VPLS nötige Vernetzung von VSIs soll in der Praxis oft Broadcast-Verkehr ermöglichen. Daher stellt die Vollvermaschung von VSIs eines VPLS eine Broadcast-Domäne dar – das heißt eine, die mit der Broadcast-Domäne eines IP-Subnetzes vergleichbar ist.

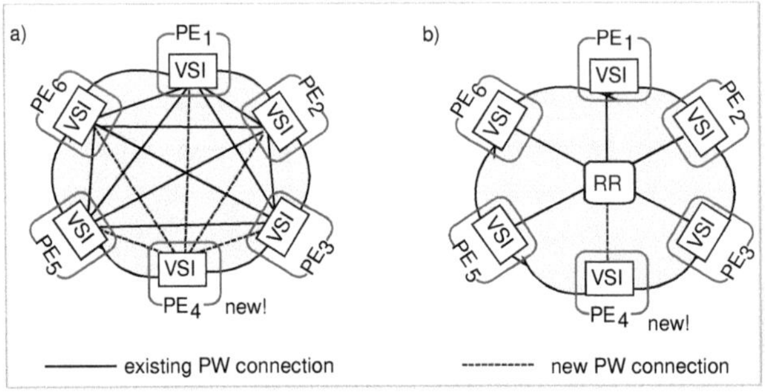

Abb. 2.4-1: Hinzufügen einer neuen VSI zu einem bestehenden VPLS: a) ohne Route Reflector (RR), b) mithilfe eines Route Reflectors

PE: Provider Edge, VSI: Virtual Switching Instance

Um Broadcast-Verkehr in einem VPLS zu ermöglichen, müsste man – logisch betrachtet – PW-Verbindungen zwischen allen am VPLS beteiligten VSIs einrichten. Dies würde aber bei einer großen Anzahl von VSIs zu einer riesigen Menge von PW-Verbindungen führen.

Route Reflector

Um diesen Aufwand zu vermeiden, wird in der Praxis, wie in Abb. 2.2-1b gezeigt, eine übergeordnete, mit allen VSIs eines VPLS verbundene Netzkomponente eingesetzt. Ihre Aufgabe besteht darin, den von einer VSI empfangenen Ethernet Frame an alle anderen VSIs des gleichen VPLS direkt weiterzuleiten. Diese übergeordnete Komponente wird als *Route Reflector* (RR) bezeichnet.

> Der Einsatz eines *Route Reflector* ist eigentlich keine völlig neue Vorgehensweise. Bei den klassischen, gut bekannten hierarchischen Routingprotokollen wie z.B. beim *Open Shortest Path First* (OSPF) wird ein designierter Router, der vollkommen dem in Abb. 2.4-1b gezeigten Route Reflector entspricht, als 'Routen-Verteiler' eingesetzt.

Der Route Reflector beim VPLS bietet darüber hinaus die Möglichkeit, zusätzlich verschiedene Veränderungen im VPLS, wie z.B. das Hinzufügen bzw. Abbauen einer VSI, einfach durchzuführen, ein Feature, das der Skalierbarkeit von VPLS zugute kommt.

2.4.1 Auto Discovery und VPLS Signaling

Bei der Realisierung von VPLS sind folgende zusammenhängenden Probleme zu lösen:

- **Auto Discovery**
  Darunter werden sämtliche Aktivitäten verstanden, die es u.a. ermöglichen festzustellen, welche VSIs in welchen PEs zu einem VPLS gehören. Diese Information wird beispielsweise benötigt, wenn ein VPLS um eine neue VSI erweitert werden soll. Ist dies der Fall, sind folgende zwei Fragen zu beantworten:

- ▷ Welche VSIs in welchen PEs gehören zu dem betreffenden VPLS?
- ▷ Auf welche Weise kann eine neue VSI mit den restlichen, den betreffenden VPLS bildenden VSIs vernetzt werden?

Dabei muss man insbesondere wissen: Welche PW Labels, genauer gesagt welche `PW-IDs` (vgl. Abb. 2.3-2b), können zur Vernetzung der neuen VSI mit den restlichen VSIs verwendet werden?

- **VPLS Signaling**
  Hierunter werden im Wesentlichen folgende Aufgaben verstanden:
  - ▷ Auf- und Abbau von PWs: Das Einrichten und Abbauen von PW-Verbindungen zwischen den an einem VPLS beteiligten VSIs.
  - ▷ Bekanntgabe von PW Labels: Um VSIs mit PWs zu vernetzen, müssen die Labels von PWs, die hierfür verwendet werden können, bekannt sein. Daher ist die Bekanntgabe von für die Vernetzung von VSIs zur Verfügung stehenden PW Labels eine wichtige Funktion des VPLS Signaling.

Es werden die folgenden zwei Realisierungsvarianten von VPLSs spezifiziert:

- **BGP-based VPLS**
  Die Realisierung von VPLSs dieser Art spezifiziert RFC 4671. Wie der Name 'BGP-based VPLS' bereits verrät, wird zu diesem Zweck das *Border Gateway Protocol* (BGP) in der Version 4 verwendet, genauer gesagt dessen Erweiterung *Multiprotocol BGP* (MP-BGP), bei der der Route Reflector zum Einsatz kommt. Mittels des MP-BGP werden die Funktionen *Auto Discovery* und *Signaling* unterstützt.
- **LDP-based VPLS**
  Zur Realisierung von LDP-based VPLSs wird das *Label Distribution Protocol* (LDP) verwendet; RFC 4762 beschreibt diese Art von VPLSs. Mittels des LDP wird aber lediglich das *Signaling* erreicht.

> Selbstverständlich kann man in einfachen Fällen ein MPLS-Netz manuell einrichten und auch verändern, ohne dabei die hier dargestellten Funktionen *Auto Discovery* und *Signaling* mithilfe der Protokolle MP-BGP oder LDP realisieren zu müssen.

2.4.2 Bekanntgabe von Informationen über PW Labels

Üblicherweise sollte die Möglichkeit gegeben sein, jede beliebige Topologie der Vernetzung von in verschiedenen PEs eingerichteten VSIs zu gewährleisten.

Einsatz des Route Reflector

Zu diesem Zweck sollte man annehmen, so wie es im Abb. 2.3-1 der Fall ist, dass jede VSI eine beliebige Anzahl von mit PW Labels identifizierten Remote Ports hat, welche sie zum Aufbau von Verbindungen über PWs zu den VSIs in anderen PEs nutzen kann. Um dies verwirklichen zu können, müssen u.a die zur Vernetzung von VSIs eines VPLS geplanten, in der PW Label Table (`PW-LT`) gespeicherten Werte von PW Labels auf eine einfache Art und Weise allen anderen VSIs des VPLS bekannt gegeben werden; Abb. 2.4-2 illustriert, wie das erfolgen kann. Wie hier ersichtlich

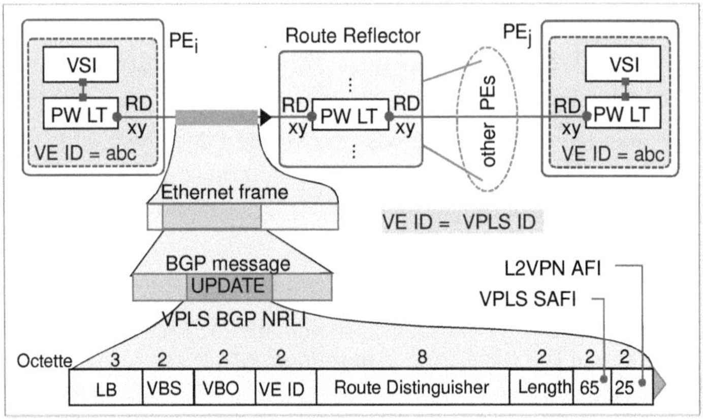

Abb. 2.4-2: Informationsübermittlung aus der PW-LT einer VSI über PW Labels via Route Reflector mithilfe des MP-BGP

AFI: Address Family Identifier, L2VPN: Layer 2 Virtual Private Network, LB: Label Base, NRLI: Network Layer Reachability Information, PW-LT: PW Label Table (Auflistung verfügbarer PW Labels), RD: Route Distinguisher (Route-Bezeichner dient als Verweis auf die PW-LT), SAFI: Subsequent AFI, VBO: VE Block Offset, VBS: VE Block Size, VE: VPLS Edge

ist, beruht dieser Lösungsansatz auf dem bekannten Route Reflector und dem MP-BGP.

Label-Blöcke

Wie bereits in Abb. 2.3-1 und Abb. 2.3-2 gezeigt wurde, kann der Administrator jeder VSI eine Anzahl von mit PW Labels identifizierten Remote Ports zuordnen. Diese PW Labels können zu einem bzw. bei Bedarf auch zu mehreren, in Abb. 2.3-2b gezeigten Label-Block/-Blöcken zusammengefasst werden.

Die Label-Blöcke einer VSI enthalten somit Angaben von PW-Identifikationen (PW-IDs), über welche eine bestimmte VSI von VSIs in anderen PEs erreicht werden kann. Diese Label-Blöcke können, wie in Abb.2.4-1 gezeigt, in den BGP-Nachrichten `UPDATE` in sog. VPLS BGP NRLIs übermittelt werden. Sie werden zuerst an den Route Reflector übergeben und dann von ihm an PEs verteilt bzw. von diesen auch selbst abgerufen.

2.5 Hierarchical VPLS als Multi-Tenant VPLS

Wie bereits in Abb. 2.1-1 zum Ausdruck gebracht wurde, kann ein VPLS als *Virtual Distributed Ethernet Switch* (VDE Switch) angesehen werden. Auf der Grundlage eines solchen Switch, der quasi als *Core VPLS* (Backbone VPLS) fungiert, können weitere VPLSs eingerichtet werden.

Core und Access VPLSs

Demzufolge kann man diese an den Core VPLS anschließen und als Access VPLSs betrachten. Eine solche Idee führt zur Entstehung von hierarchischen VPLS-Strukturen, und man spricht in diesem Zusammenhang von *Hierarchical VPLS* (H-VPLS). Abb. 2.5-1 illustriert das Konzept von H-VPLS.

In jedem H-VPLS sind folgende Bereiche zu unterscheiden:

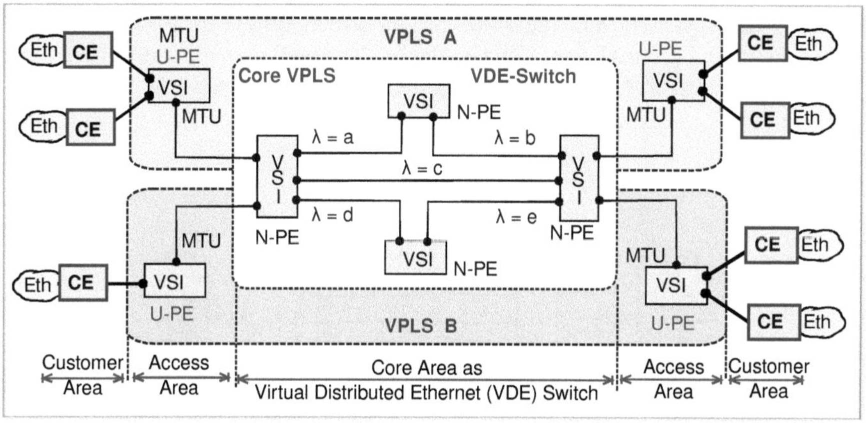

Abb. 2.5-1: Konzept von Hierarchical VPLS – eine mehrmandantenfähige Architektur (Multi-Tenancy Architecture)

Eth: Ethernet, CE/PE: Customer/Provider Edge, MTU: Multi-Tenant Unit (Mehrmandanten-Einheit), N/U-PE: Network/-User Provider Edge (PE), VDE Virtual Distributed Switch, VSI: Virtual Switching Instance

- **Core Area**: Dieser Bereich stellt einen Core VPLS dar und kann z.B. von einem übergeordneten Network Provider eingerichtet werden. Einen PE mit VSIs aus diesem Bereich bezeichnet man oft als *Network PE* (`N-PE`).
- **Access Area**: Diesen Bereich können mehrere Access VPLSs bilden. Diese VPLSs können von untergeordneten Network Providers eingerichtet und von deren Kunden, oft auch Mandanten (Tenants) genannt, genutzt werden. Einen PE mit VSIs aus diesem Bereich bezeichnet man als *User PE* (`U-PE`) bzw. als *Multi-Tenant Unit* (`MTU`).
- **Customer Area**: Zu diesem Bereich gehören die als *Customer Edge* (CE) bezeichneten Ethernets von Kunden.

In einem H-VPLS ist es somit möglich, auf der Basis eines VPLS eines großen Network Provider, der als Core VPLS angesehen werden kann, mehrere VPLSs von kleinen Network Providers einzurichten. Diese dienen als Access VPLS und können von Kunden/Mandanten in Anspruch genommen werden. Aus diesem Grund kann ein H-VPLS von mehreren Network Providers und deren Kunden benutzt werden (Abb. 2.5-2). Dies ist ein wesentlicher Vorteil von H-VPLS und begründet die Bezeichnung 'Multi-Tenant Unit' (MTU), also Mehrmandanten-Einheit.

2.5.1 H-VPLS und VLANs – Bedeutung von VLAN Stacking

Ein sehr großer Vorteil von H-VPLS besteht darin, dass ein Core VPLS dazu verwendet werden kann, für mehrere Network Providers getrennte Provider VLANs (P-VLANs), faktisch Virtual Ethernets, aufzubauen. Jedes Provider VLAN kann wiederum als virtuelles Medium dienen und somit die Einrichtung weiterer Customer VLANs (C-VLANs) ermöglichen. Abb. 2.5-2 illustriert diese Möglichkeiten und zeigt außerdem, wie eine hierarchische, mehrmandantenfähige VLAN-Struktur nach dem unten beschriebenen Konzept des VLAN Stacking realisiert werden kann.

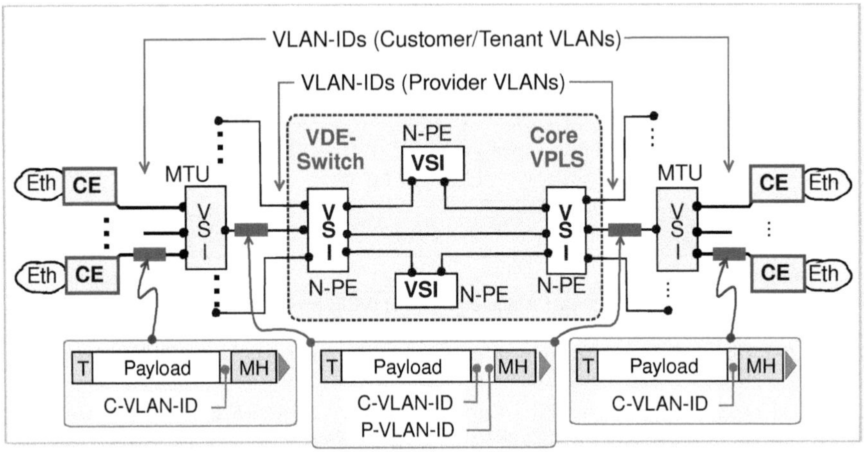

Abb. 2.5-2: Hierarchische, mehrmandantenfähige VLAN-Strukturen auf der Basis von H-VPLS und VLAN Stacking

C: Customer (Tenant), CE/PE: Customer/Provider Edge, ID: Identifier, MH: MAC Header, MTU: Multi Tenant Unit, P: Provider, T: Trailer, VSI: Virtual Switching Instance, VLAN: Virtual LAND,

Multi-Tenant Capability

Wie aus der obigen Abbildung zu entnehmen ist, kann eine MTU als VLAN-Multiplexer eines VLAN angesehen werden, der für die Mehrmandantenfähigkeit (*Multi-Tenant Capability*)[11] sorgt. Eine solche Lösung kann auch als VLAN-in-VLAN bezeichnet werden.

VLAN Stacking

Die Grundlage für die Bildung dieser mehrmandantenfähigen VLAN-Strukturen in einem H-VPLS stellt *VLAN Stacking* dar. Abb. 2.5-2 veranschaulicht die Idee hinter diesem Konzept, das im Standard IEEE 802.1ad unter dem Titel 'Provider Bridges' spezifiziert wird. Dazu beschreibt der Standard eine Stapelung (Stacking) von Tags mit VLAN-IDs in einem MAC-Header, die dazu dient, eine Hierarchie von VLANs zu bilden. Da der Standard IEEE 802.1Q dieses Tag mit VLAN-ID spezifiziert, wird VLAN Stacking auch als *Q-in-Q-Encapsulation* (Q-in-Q) bezeichnet.

Customer/ Tenant-VLAN

Wird in einem VPLS ein Customer/Tenant-VLAN auf der Basis eines Provider-VLAN aufgebaut, so wie dies in Abb. 2.5-2 der Fall ist, wird die Identifikation des Provider-VLAN der Identifikation des Customer/Tenant-VLAN in der Eingangs-VSI vorangestellt. Dadurch enthält ein zwischen VSIs eines VPLS übertragener Ethernet Frame zwei VLAN-IDs. Die vordere VLAN-ID, d.h. die Identifikation des Provider-VLAN, ermöglicht der Ausgangs-VSI, den Ethernet Frame an den richtigen Port zu übergeben und somit zum richtigen Customer-VLAN weiterzuleiten.

H-VPLS und VLAN Stacking sind die grundlegenden Ansätze, nach denen die Übermittlungsdienste von Metro Ethernets in Großstädten, in denen die Bitrate in der

[11] auch Multi-User Capability genannt

Regel n*10 GBit/s beträgt, durch eine Vielzahl von Kunden auf elegante Art in Anspruch genommen werden können.

2.5.2 H-VPLS als Multi-Tenant-VPLS

Die mittels H-VPLS verwirklichte moderne Netzwerkarchitektur ist auch für zukünftiges Virtual Networking von großer Bedeutung, denn das hier vorgestellte Konzept ermöglicht es, mehrmandantenfähige Netzwerkstrukturen in Datacentern zu bilden und schafft somit die Grundlagen für virtualisierte Datacenter (Virtual Data Center, VDC) und Cloud Computing.

Wird in einem Datacenter beispielsweise ein H-VPLS eingerichtet und hierbei ein H-VPLS als sog. Big Cloud verwendet, können nach dem Konzept VLAN Stacking mehrere Little Clouds in der Big Cloud gebildet und diese mehreren Mandanten zugänglich gemacht werden.

2.6 Schlussbemerkungen

VPLS ist ein Konzept, nach dem ein Ethernet-LAN in einem MPLS-Netz nachgebildet werden kann, das sogar den Aufbau eines geografisch uneingeschränkten virtuellen Ethernets zulässt. VPLS stellt eine Art von Ethernet-Emulation in MPLS-Netzen dar.

Abschließend ist Folgendes hervorzuheben:

- *Bedeutung von VPLS und H-VPLS*
  Zukünftige Netze werden sowohl im Metro- als auch im WAN-Bereich mit Sicherheit MPLS-Netze sein, die auf der physischen Ebene auf n × 10 GBit/s Ethernet (GE) und optischen WDM[12]-Netzen basieren. Es besteht ein enormer Bedarf an Konzepten, nach denen zukünftige MPLS-Netze einer Vielzahl von Kunden zur Verfügung gestellt werden können. VPLS und H-VPLS beschreiben eben diese Konzepte.
- *VPLS und Multicast*
  Zur Unterstützung der Gruppenkommunikation im VPLS müssen alle Provider Edges (PEs), in denen die *Virtual Switching Instances* (VSIs) aus einem VPLS enthalten sind, miteinander vernetzt werden. Zu den hier zu bewältigenden Verkehrsarten gehören der Multicast- und der Broadcast-Verkehr, also Verkehrsarten, die z.B. oft bei Anwendungen der Online Video Distribution vorkommen. Wie Abb. 2.4-1b zeigt, muss hierbei die Möglichkeit gegeben sein, eine Multicast-Nachricht an alle Multicast-Ziele zu übermitteln. Ein Lösungsansatz dafür ist der Einsatz eines Route Reflectors (vgl. RFC 7117).
- *Ethernet standortübergreifend je nach Bedarf*
  Pseudo Wires (PWs) für VPLSs können je nach Bedarf automatisch (zumindest ist dies theoretisch der Fall!) eingerichtet werden. Folglich kann bei Bedarf ein

[12] Wavelength-Division Multiplexing

virtuelles standortübergreifendes Ethernet eingerichtet werden. Hierfür können die Protokolle CR-LDP (*Constrained-Routing – Label Distribution Protocol*) und RSVP-TE (*Resource Reservation Protocol – Traffic Engineering*) verwendet werden.

VPLS betreffende IETF-Dokumente und weitere Quellen

- RFC 4447: Pseudo Wire Setup and Maintenance Using the Label Distribution Protocol (LDP)
- RFC 4448: Encapsulation Methods for Transport of Ethernet over MPLS Networks
- RFC 4456: BGP Route Reflection: An Alternative to Full Mesh Internal BGP (IBGP)
- RFC 4664: Framework for Layer 2 Virtual Private Networks (L2VPNs)
- RFC 4761: VPLS – Using BGP for Auto-Discovery and Signaling
- RFC 4762: VPLS – Using Label Distribution Protocol (LDP) Signaling
- RFC 5501: Requirements for Multicast Support in VPLS
- RFC 6246: VPLS Interoperability with Customer Edge (CE) Bridges
- RFC 7041: Extensions to the VPLS Provider Edge (PE) Model for Provider Backbone Bridging
- RFC 7080: VPLS Interoperability with Provider Backbone Bridges
- RFC 7117: Multicast in VPLS
- RFC 7257: VPLS Management Information Base
- RFC 7309: Redundancy Mechanism for Inter-domain VPLS
- RFC 7361: LDP Extensions for Optimized MAC Address Withdrawal in a Hierarchical Virtual Private LAN Service (H-VPLS)
- RFC 7796: Ethernet-Tree (E-Tree) Support in Virtual Private LAN Service (VPLS)
- RFC 8614: Updated Processing of Control Flags for BGP Virtual Private LAN Service (VPLS)
- https://datatracker.ietf.org/doc/draft-ietf-bess-vpls-multihoming/
- https://sites.google.com/site/amitsciscozone/vpls
- https://en.wikipedia.org/wiki/ATM_Adaptation_Layer_5

Stand: August 2025

3 Network Functions Virtualisation

Mit der Virtualisierung von Rechnern und deren Verfügbarkeit in Form von *Virtual Machines* (VMs) auf speziellen leistungsfähigen, oft als *Host-Server* bezeichneten Rechnerplattformen eröffnen sich vollkommen neue Möglichkeiten, unterschiedliche, an Geschäftsprozesse angepasste Netzwerkdienste im Zusammenhang mit sog. *Clouds* spontan bereitzustellen. Denn auf der Basis von VMs können zur Einrichtung verschiedener komplexer Netzwerkdienste diverse Funktionskomponenten, die nicht unbedingt hardwaremäßig realisiert werden müssen, wie z.B. *Deep Packet Inspection* (DPI), *Customer Premises Equipment* (CPE), *Intrusion Prevention System* (IPS), *Load Balancer* und *Firewalls*, bereitgestellt werden. Diese Funktionskomponenten können somit als virtuelle, standardisierte Netzwerkfunktionsmodule im Voraus für einen Einsatz vorbereitet und dann bei Bedarf als Softwarekomponenten ad hoc verfügbar gemacht werden. Diese Idee hat bereits zur *Network Functions Virtualisation/Virtualization* (NFV) geführt. Man spricht hierbei auch von virtualisierten Netzwerkfunktionen. Sie werden kurz als *Virtualised Network Functions* (VNFs) bzw. auch als *Service Functions* (SFs) bezeichnet.

Netzwerkfunktionen auf Basis von Virtual Machines

Bei NFV werden verschiedene Netzwerkfunktionen softwaremäßig realisiert und dadurch von der Hardware weitgehend losgelöst, auf leistungsfähigen Wirt-Servern bzw. auf speziellen Rechnerplattformen als NFV-Clouds – also in rein virtueller Form – verfügbar gemacht und als NFV-basierte Services angeboten. Damit lassen sich Netzwerkfunktionen virtualisieren.

NFV Services

NFV hat für Netzbetreiber den Vorteil, dass diverse Cloud-Konzepte, die sich im IT-Bereich bereits weitgehend durchgesetzt haben, auch für TK-Infrastrukturen übernommen werden können. Da NFV-basierte Services oft nur durch mehrere, auf verschiedene Standorte verteilte virtualisierte Netzwerkfunktionen (*Virtualised Network Functions*, VNFs) erbracht werden können, spielen Konzepte zur Vernetzung von virtualisierten Netzwerkfunktionen, also Konzepte für Virtual Networking, eine wichtige Rolle. Hervorgehoben seien in diesem Zusammenhang VXLAN (*Virtual Extensible Local Area Network*) und NVGRE (*Network Virtualisation using Generic Routing Encapsulation*).

VXLANs

In diesem Kapitel wollen wir klären:

Ziele des Kapitels

- Wie können Hardwarekomponenten wie Switches und Router mittels NFV virtualisiert werden?
- Wie lässt sich dies in eine *Network Function Virtual Infrastructure* (NFVI) umsetzen?
- Wie können mehrere virtuelle LANs mittels *Network Virtualisation using Generic Routing Encapsulation* (NVRE) gekoppelt werden?
- Wie kann eine Orchestrierung der virtuellen Netzwerkkomponenten vorgenommen werden?

3.1 Die grundlegende Idee von NFV

Zu NFV führende Gedanken

Bevor hier auf die technischen Details des Konzepts von NFV eingegangen wird, soll zunächst die grundlegende Idee von NFV anschaulich zum Ausdruck gebracht werden. Hierfür zeigt Abb. 3.1-1 anhand eines einfachen Beispiels den Weg von einer 'kleinen' Vernetzung physischer Rechner mithilfe nur eines physischen Layer-2-Switch (L2-Switch) bis hin zur Bereitstellung von einigen – auf der Basis virtueller Rechner in einem Host-Server eingerichteten – virtualisierten Netzwerkfunktionen. Dazu sei angemerkt, dass ein L2-Switch seiner Funktion nach als *Ethernet Switch* betrachtet werden kann.

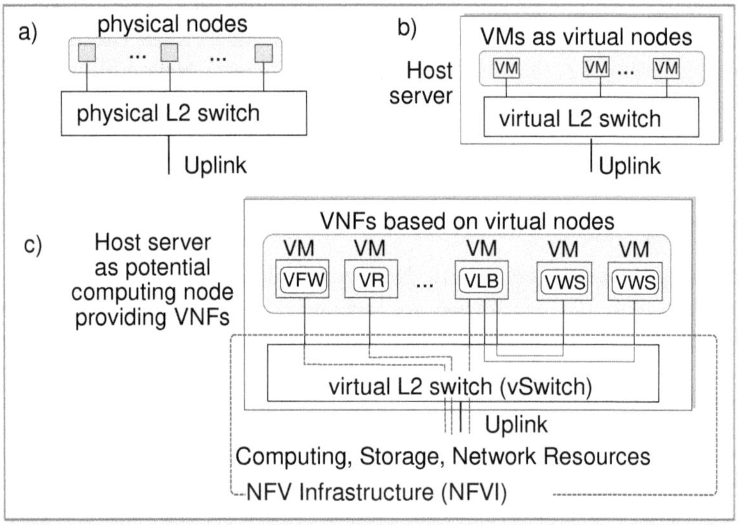

Abb. 3.1-1: Der Weg zu NFV: a) physische Rechner am physischen L2-Switch, b) virtuelle Rechner am virtuellen L2-Switch, c) in einem Host-Server virtualisierte Netzwerkfunktionen (VNFs)

L2: Layer 2, VFW: Virtual Firewall, VLB: Virtual Load Balancer, VM: Virtual Machine, VNF: Virtualised Network Function, VR: Virtual Router, VWS: Virtual Webserver

Hypervisor als virtueller L2-Switch

Eine wichtige Funktion bei der Virtualisierung von Rechnern in einem Host-Server übernimmt der sog. *Hypervisor*. Er repräsentiert eine Softwareinstanz, die es den auf einem Host-Server implementierten *Virtual Machines* (VMs) erlaubt, dessen Hardware und Speicher gemeinsam zu nutzen. Aus der Sicht von Networking realisiert der Hypervisor im Wesentlichen die Funktionen eines L2-Switch. Aus diesem Grund kann der Hypervisor – allerdings lediglich aus Sicht von Networking – auch als virtueller L2-Switch (kurz *vSwitch*), wie in Abb. 3.1-1b und Abb. 3.1-1c gezeigt, angesehen werden.

vSwitch Aufgabe

Wie aus Abb. 3.1-1c hervorgeht, spielt der vSwitch bei NFV eine wichtige Rolle, denn er stellt eine Systemkomponente dar, an die diverse virtualisierte *Netzwerkfunktionen* (VNFs) angebunden sind und über die diese sowohl von 'außen' erreicht als auch untereinander intern innerhalb eines Host-Servers vernetzt werden können.

NFV Infrastructure als Begriff

Im Hinblick auf NFV ist anzumerken, dass alle Ressourcen, also Computing-, Storage- und Network-Ressourcen, die die Grundlage zur Bereitstellung von VNFs bilden, im NFV-Framework vom ETSI zu einer funktionellen Komponente zusammengefasst und kurz als *NFV Infrastructure* (NFVI) bezeichnet werden. Die Referenzarchitektur von NFV sieht außerdem vor, dass NFVI nicht nur, so wie in Abb. 3.1-1c gezeigt, von einem physischen Host-Server als Virtualisierungsplattform gebildet wird, sondern auch beliebig auf mehrere Standorte verteilt werden kann (vgl. Abb. 3.2-1 und Abb. 3.2-2).

Bedeutung vom VLB

Es sei hervorgehoben, dass die in Abb. 3.1-1c gezeigte, aus einem *Virtual Load Balancer* (VLB) und zwei *virtuellen Webservern* (VWS) bestehende Netzwerkfunktion als typische virtualisierte Lösung für die Bereitstellung von Webdiensten angesehen werden kann. Der VLB vertritt hier nach außen hin beide virtuelle Webserver und dient daher als sog. Web-Proxy, über den der Webdienst von außen zugänglich ist.

Notwendigkeit einer verteilten NFVI

Von Webdiensten erwartet man allgemein eine hohe Verfügbarkeit. Fällt der Host-Server mit einem virtualisierten Webdienst jedoch 'total' aus, so ist der Webdienst auch nicht mehr verfügbar. Daher sollte jeder Webdienst möglichst redundant ausgelegt werden. Um dies verwirklichen zu können, sollte der virtualisierte Webdienst auf mehreren entsprechend verbundenen, als Host-Server dienenden Rechnerplattformen eingerichtet werden. Dies setzt allerdings voraus, dass die zur Bereitstellung von VNFs notwendigen Ressourcen – die Ressourcen der NFVI – ebenso auf mehrere Rechnerplattformen verteilt werden müssen. Wie eine auf zwei Rechnerplattformen verteilte NFVI eingerichtet werden kann, wird jetzt vorgestellt.

3.1.1 Verteilte NFVI

vLAN als Basis für verteilte NFVI

Eine auf mehrere Standorte verteilte NFVI kann durch die Bildung von aus VMs bestehenden *Virtual Local Area Networks* (VLANs) eingerichtet werden. Es sei angemerkt, dass ein VLAN in diesem Falle – also bei der Nutzung von virtuellen Rechnern – eine isolierte Gruppe von auf verschiedenen Rechnerplattformen eingerichteten VMs bildet. Ein VLAN kann somit eine isolierte Gruppe von VMs – de facto einen NFV-basierten Service – als eine *private Cloud* eines Kunden im Datacenter eines *Cloud Service Provider* (CSP) darstellen. Um das fundamentale Konzept von NFV zu verdeutlichen, soll vor diesem Hintergrund nun kurz auf L2-Switch-übergreifende VLANs eingegangen werden. Hierfür illustriert Abb. 3.1-2, wie ein VLAN auf der Basis von mehreren, auf besondere Weise über ein IP-Netzwerk verbundenen, virtuellen L2-Switches mit den an sie angebundenen VMs eingerichtet werden kann.

Idee von DVS

Sollen mehrere an ein IP-Netzwerk angeschlossene Host-Server als eine verteilte NFVI dienen, müssen die auf verschiedenen Host-Servern eingerichteten VMs entsprechend untereinander vernetzt werden. Wie Abb. 3.1-2b zum Ausdruck bringt, lässt sich dies dadurch erreichen, dass die vSwitches auf verschiedenen Host-Servern untereinander paarweise mit entsprechenden virtuellen Uplinks verbunden werden. Die mit einem virtuellen Uplink verbundenen virtuellen Ethernet Switches (vSwitches) verhalten sich dann als *Distributed Virtual Ethernet Switch* (DVS).

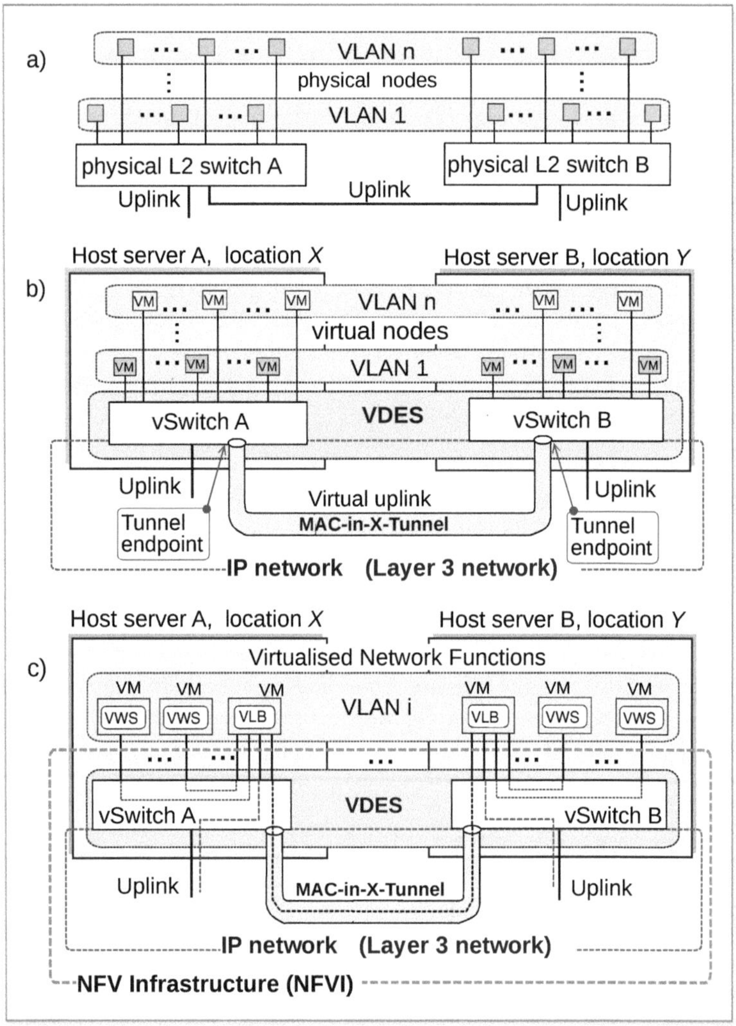

Abb. 3.1-2: Der Weg zu einer verteilten NFVI – durch die Bildung standortübergreifender VLANs: a) mit physischen Rechnern an physischen L2-Switches, b) mit virtuellen Rechnern an vSwitches, c) mit verteilten virtualisierten Netzwerkfunktionen

C/PE: Customer/Provider Edge (Device), Eth: Ethernet-LAN, Ethernet-based LAN, VDES: Virtual Distributed Ethernet Switch (VDE Switch)

Bedeutung von MAC-in-X-Tunnel

Da den zwischen vSwitches übermittelten MAC-Frames, Ethernet Frames also, ein zusätzlicher Header – hier als *X-Header* bezeichnet – vorangestellt werden muss, kann ein virtueller Uplink zwischen vSwitches als *MAC-in-X-Tunnel* angesehen werden. Die in Abb. 3.1-2b dargestellte Idee ermöglicht die Bildung von auf mehrere Host-Server verteilten VLANs. Hierfür eignen sich insbesondere folgende zwei Lösungen:

- **Lösung 1**: Standortübergreifendes VLAN als VXLAN (*Virtual Extensible Local Area Network*)
  Bei der Bildung von VXLANs werden die zwischen vSwitches übermittelten MAC-Frames als Nutzlast in UDP-Paketen transportiert. Folglich stellen die Endpunkte vom Tunnel die UDP-Sockets dar, und der X-Header setzt sich aus UDP-, IP-, Ethertype- und MAC-Header zusammen.

VLAN als VXLAN

- **Lösung 2**: VLANs als Virtual Subnets nach NVGRE (*Network Virtualisation using Generic Routing Encapsulation*)
  Bei der Bildung von *Virtual Subnets* (VSs) wird zuerst den zwischen vSwitches übermittelten MAC-Frames ein GRE-Header vorangestellt. Jeder aus einem MAC-Frame mit dem vorangestellten GRE-Header bestehende Datenblock wird dann als Nutzlast in einem IP-Paket transportiert. Folglich stellen die Endpunkte des Tunnels IP-Adressen dar, und der dem MAC-Header vorangestellte Tunnel-Header repräsentiert die GRE-, IP-, Ethertype- und MAC-Header [Abb. 3.1-3].

NVGRE

Abb. 3.1-2c illustriert, wie die Bereitstellung eines virtualisierten, redundant ausgelegten Webdienstes erfolgen kann (vgl. Abb. 3.1-1c). Im hier gezeigten Beispiel werden die beiden *Virtual Load Balancers* (VLBs) zwecks gemeinsamer Kooperation über einen virtuellen Uplink untereinander verbunden. Ihre Kooperation kann dazu führen, dass man zwischen den folgenden zwei Betriebsarten unterscheiden muss[1]:

Bedeutung von VLBs

- *Nur ein VLB ist aktiv, der andere ist passiv und dient als 'kalte' Reserve.*
  Der Webdienst ist nur an einem Standort zugänglich, und der dort aktive VLB verteilt die Webzugriffe an diesem Standort auf beide *Virtual Webserver*. Der Webdienst am anderen Standort kann nur im Notfall, nach einem Ausfall des Webdienstes am ersten Standort, aktiviert und direkt verfügbar gemacht werden.

Cold standby

- *Beide VLBs sind aktiv.*
  Der Webdienst ist an beiden Standorten zugänglich. Die Verteilung der Webzugriffe auf beide Standorte erfolgt im DNS-Server, und der VLB an jedem Standort verteilt die Anfrage auf die dort installierten *Virtual Webserver* (VWSs).

Hot standby

3.1.2 Tunneling zwischen vSwitches nach NVGRE

Soll eine Netzwerkfunktion auf der Basis von mehreren auf verschiedenen Host-Servern eingerichteten VMs erbracht werden, so müssen die entsprechenden VMs auch miteinander kommunizieren können. Abb. 3.1-3 veranschaulicht, wie die Kommunikation zwischen diesen VMs stattfinden kann. Voraussetzung in dem gezeigten Beispiel ist, dass sie zu einem nach dem Konzept NVGRE eingerichteten Virtual Network gehören, also eine Art VLAN darstellen.

Notwendigkeit eines MAC-in-GRE-Tunnel

> Es sei an dieser Stelle darauf hingewiesen, dass sowohl virtuelle als auch physische Rechner über eine MAC- und eine IP-Adresse verfügen müssen. Dies ist im Weiteren zum allgemeinen Verständnis der Prinzipien der Kommunikation zwischen virtuellen Rechnern, also VMs, von großer Bedeutung.

[1] Die Betriebsarten von beiden direkt verbundenen VLBs können nach den im *Virtual Router Redundancy Protocol* (VRRP) spezifizierten Prinzipien realisiert werden, vgl. VRRP in [17].

Da es sich bei der Bereitstellung von virtualisierten Netzwerkfunktionen (VNFs) gemäß Abb. 3.1-3 oft um eine Kommunikation zwischen zwei virtuellen Rechnern handelt, die in verschiedenen physischen Rechnern softwaremäßig 'gebildet' werden, ist eine zweistufige Adressierung notwendig. Es müssen sowohl virtuelle als auch physische Rechner adressiert werden. Dies führt dazu, dass dem zu übermittelnden, von einem virtuellen Rechner stammenden MAC-Frame ein zusätzlicher Outer-Header, bestehend aus MAC-, Ethertype-, IP- und GRE-Header, vorangestellt werden muss. Diese Art der Übermittlung von MAC-Frames könnte man sich so vorstellen, als ob die ursprünglichen MAC-Frames in einem Tunnel übermittelt würden. Bei NVGRE handelte es sich um einen *MAC-in-GRE-Tunnel.*

Verlauf der Kommunikation über einen MAC-in-GRE-Tunnel

Abb. 3.1-3 zeigt, über welche Funktionskomponenten in beiden Host-Servern der GRE-Tunnel verläuft, und illustriert dabei, dass die Kommunikationsbeziehungen zwischen Applikationen in den zu einem Virtual Subnet, also zu einem VLAN, gehörenden VMs durch eine zweistufige Adressierung bestimmt werden. Diese ist wie folgt zu charakterisieren:

- Die bei NVGRE als *Provider Address* (PA) bezeichneten Adressen MAC-PA und IP-PA von Host-Servern bestimmen, zwischen welchen virtuellen Switches der GRE-Tunnel verläuft. Wie aus Abb. 3.1-3 ersichtlich, sind die beiden IP-PAs als Endpunkte des GRE-Tunnels (VTEPs) anzusehen.
- Die bei NVGRE als *Customer Address* (CA) bezeichneten Adressen MAC-CA und IP-CA von VMs in Host-Servern bestimmen die Endpunkte der Kommunikation. Sie geben also an, zwischen welchen VMs die Kommunikation verläuft.

Die hier verwendeten Bezeichnungen *Provider* und *Customer* weisen auf Folgendes hin:

- Die Adressen MAC-PA und IP-PA bestimmen einen Host-Server bei einem Cloud Service Provider; man spricht daher von PAs.
- Die Adressen MAC-CA und IP-CA identifizieren eine VM, mit welcher bei einem Cloud Service Provider (in einem Host-Server) ein Cloud Service für einen Kunden (Customer) erbracht wird; man spricht daher von CAs.

Virtual Sockets

Im Hinblick auf Abb. 3.1-3 sei angemerkt, dass die MAC-Adresse und die IP-Adresse als 'virtuelle Steckdosen' anzusehen sind, und zwar im folgenden Sinne:

- Ein Pin in der 'virtuellen Steckdose', die eine MAC-Adresse symbolisiert, entspricht der im Ethertype-Header angegebenen Nummer des Protokolls aus der Netzwerkschicht (Layer 3). Das heißt, ein Pin in dieser 'virtuellen Steckdose' führt zu einem Protokoll der Netzwerkschicht – also zum Internet Protocol der Version 4 (IPv4) oder zur Version 6 (IPv6).
- Ein Pin in der 'virtuellen Steckdose', die eine IP-Adresse bildlich darstellt, entspricht der im IP-Header angegebenen Nummer des Protokolls aus der Transportschicht (Layer 4); d.h. ein Pin in dieser Steckdose führt zu einem Protokoll der Transportschicht, z.B. zum *Transmission Control Protocol* (TCP) oder zum *User Datagram Protocol* (UDP).

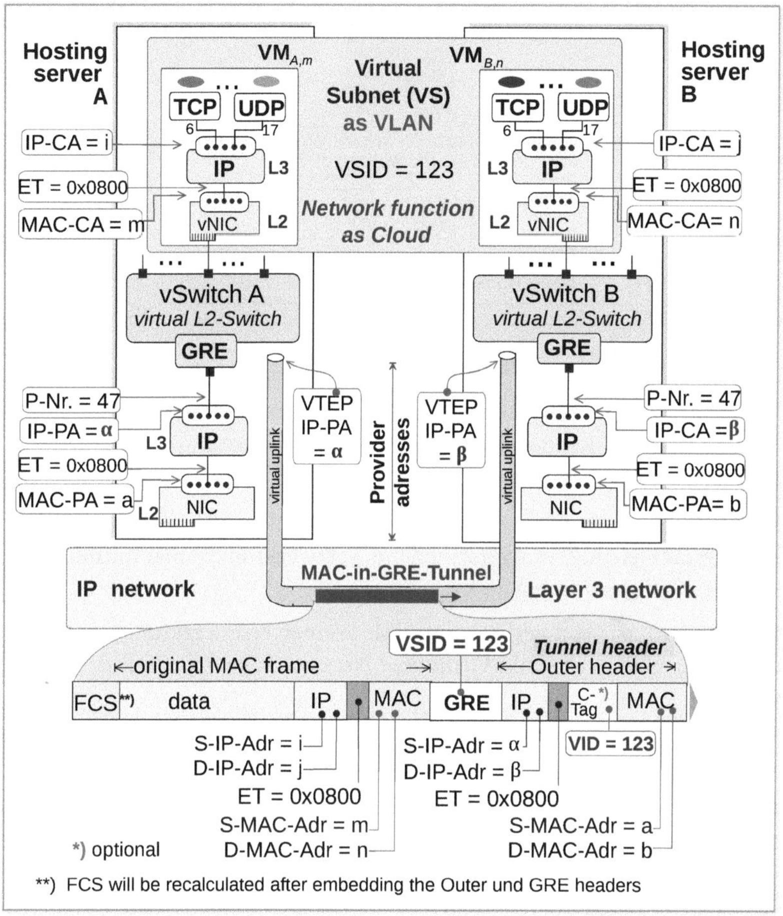

Abb. 3.1-3: Logische Struktur von Host-Servern und die Kommunikation über einen Tunnel zwischen vSwitches bei NVGRE

C/PA: Customer/Provider Address, ET: Ethertype (Angabe des Layer-3-Protokolls), FCS: Frame Checking Sequence, GRE: Generic Routing Encapsulation, IP: Internet Protocol, Ln: Layer n (n = 2, 3), NIC: Network Interface Card/Controller (Ethernet-Adapterkarte), NVGRE: Network Virtual GRE, TCP: Transmission Control Protocol, UDP: User Datagram Protocol, VID: VLAN Identifier, vNIC: virtual NIC, VSID: Virtual Subnet Identifier, VTEP: Virtual Tunnel End Point (Anfang oder Ende des Tunnels)

3.1.3 Weg zur Verwirklichung von NFV

Nachdem bereits die grundlegende Idee von NFV dargestellt wurde, soll Abb. 3.1-4 verdeutlichen, dass zur Verwirklichung dieser Idee ein mehrstufiger Weg führt, und dabei aufzeigen, welche Probleme unterwegs gelöst werden müssen.

Die einzelnen Stufen, die auf dem Weg zur Virtualisierung komplexer Netzwerkfunktionen und damit zur Realisierung von NFV zwingend zu bewältigen sind, lassen sich kurz wie folgt beschreiben: Stufen auf dem Weg zum NVF

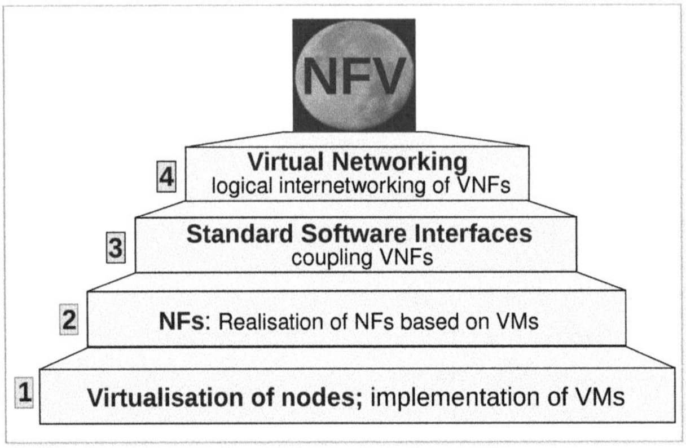

Abb. 3.1-4: Mehrstufiger Weg zur Verwirklichung von NFV
NF: Network Function, VNF: Virtualised Network Function

[1] Die Virtualisierung von Rechnern, also die Implementierung von VMs, ist die erste Voraussetzung, um verschiedene Netzwerkfunktionen mithilfe von VMs softwaremäßig erbringen zu können.

[2] Erst auf der Basis von verfügbaren VMs können Netzwerkfunktionen erbracht, also in virtueller Form als *Virtualised Network Functions* (VNFs) bereitgestellt werden.

Orchestrierung von VNFs

[3] Oft sind mehrere VNFs notwendig, um einen Network Service erbringen zu können. Dabei müssen sie so zusammenwirken, dass sie sich – wie Musiker in einem Orchester – als funktionelle Einheit präsentieren. Hierfür sind nicht nur das Konzept zum Zusammenwirken (Kooperation) von VNFs, als *Orchestrierung von virtualisierten Netzwerkfunktionen* bezeichnet, nötig, sondern auch bestimmte Software-Interfaces erforderlich, die zwischen VNFs festgelegt werden müssen, damit diese untereinander kooperieren können. Handelt es sich um standardisierte Netzwerkfunktionen, so müssen auch die Software-Interfaces standardisiert werden.

Notwendigkeit der Vernetzung von VNFs

[4] Die Bereitstellung komplexer, virtualisierter Network Services – beispielsweise bei der Realisierung eines IMS (*IP Multimedia Subsystem*) für *Voice over 5G Mobile Networks* (kurz Vo5G) – basiert auf der Vernetzung von VNFs, die auf unterschiedlichen Rechnerplattformen implementiert sein können. Dies bedeutet, dass standardisierte Lösungen zur Vernetzung von VNFs notwendig sind. Es handelt sich hier um Lösungen, die für das Virtual Networking geeignet sind. Die bereits erwähnten Konzepte NVGRE und VXLAN können entsprechend adaptiert werden.

3.2 Systemkomponenten der NFV-Referenzarchitektur

Das generelle Konzept von NFV kann in Form eines geschichteten logischen Modells dargestellt werden. Dieser Darstellungsmöglichkeit folgt auch die NFV-Referenzarchitektur des europäischen Standardisierungsinstituts ETSI (*European Telecommunications Standards Institute*). Abb. 3.2-1 zeigt deren allgemeine Struktur mit den drei funktionellen Teilen:

- *NFV Infrastructure* (NFVI),
- *Virtualised Network Functions* (VNFs) und
- *NFV Management and Orchestration* (NFV-MANO).

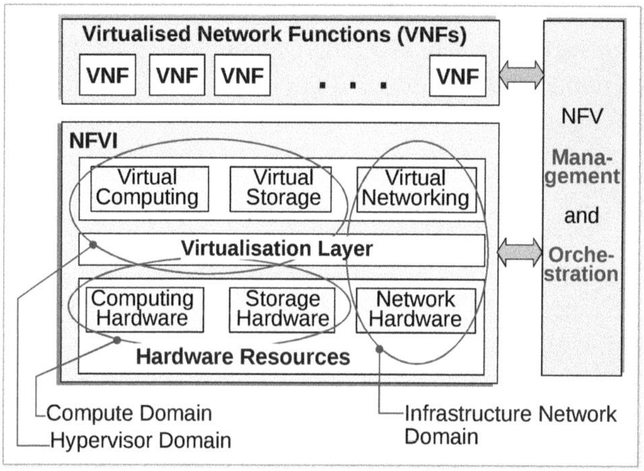

Abb. 3.2-1: Referenzarchitektur von NFV (vereinfachte Sichtweise)

NFVI – NFV Infrastructure

Sie repräsentiert sämtliche Hardware- und Softwareressourcen sowie Rechnerkapazitäten, die man benötigt, um Netzwerkfunktionen softwaremäßig umzusetzen, also in virtueller Form als sog. VNFs bereitzustellen. Die NFVI dient als Basis, um VNFs wie in Abb.3.2-1 dargstellt, zu errichten. Daher können VNFs auch als eine Art 'Anwendungen oberhalb der NFVI' angesehen werden. Eine NFVI kann erbracht werden:

- von einem in der Regel mehrere VMs enthaltenden Host-Server; sie wäre in diesem Fall also auf einen Standort begrenzt.
- von mehreren, an verschiedenen Standorten installierten Host-Servern; sie wäre in diesem Fall standortübergreifend.

Wie Abb. 3.2-1 illustriert, können die Funktionskomponenten jeder NFVI auf drei funktionelle Domänen (Domains) aufgeteilt werden, und zwar auf *Compute Domain, Hypervisor Domain* sowie *Infrastructure Network Domain* (vgl. Abb. 3.3-2).

NFV-MANO – NFV Management and Orchestration
Sowohl die Systemkomponenten innerhalb der NFVI als auch die einzelnen VNFs müssen entsprechend konfiguriert und überwacht werden. Dies setzt ein Management voraus. Darüber hinaus müssen

- mehrere verteilte, unter Umständen in verschiedenen VMs verlaufende Prozesse so miteinander kooperieren, dass eine VNF erbracht werden kann.
- mehrere, unter Umständen von verschiedenen VMs erbrachte VNFs so zusammenwirken, so dass ein Network Service bereitgestellt werden kann.

Um VNFs erbringen und sie zu bestimmten Network Services 'kombinieren' zu können, ist eine gut durchdachte Orchestrierung unabdingbar – und zwar sowohl eine von verteilten, VNFs erbringenden Prozessen als auch die von innerhalb des Network Service kooperierenden VNFs. Die Notwendigkeit von NFV-MANO wurde durch die diesen Funktionen entsprechende Säule in der NFV-Referenzarchitektur in Abb. 3.2-1 zum Ausdruck gebracht. Die Orchestrierung ist bei NFV von fundamentaler Bedeutung und soll deshalb hier noch näher erläutert werden (vgl. Abb. 3.2-4 und Abb. 3.4-1).

3.2.1 Bedeutung der Orchestrierung

Eine komplexe virtualisierte Netzwerkfunktion (VNF), die durch eine Kooperation mehrerer verteilter und unter Umständen sogar in verschiedenen VMs verlaufender Prozesse erbracht wird, kann lediglich dann schnell bzw. dem Bedarf entsprechend bereitgestellt werden, wenn der Verlauf der Kooperation den VNF erbringenden Prozessen bekannt ist, also bereits vorher spezifiziert wurde und folglich auch realisierbar ist. Zur Realisierung jeder VNF ist daher ein Konzept für das Zusammenwirken der VNF erbringenden Prozesse nötig – ein Konzept zur Kooperation von Prozessen bei der Erbringung einer VNF also.

Network Service → Kooperation von VNFs

Um einen durch das Zusammenwirken mehrerer VNFs zu erbringenden *Network Service* bereitstellen zu können, müssen die daran beteiligten VNFs entsprechend untereinander kooperieren. Zur Gewährleistung dessen muss folglich ein Konzept für das Zusammenwirken der diesen Network Service erbringenden VNFs erarbeitet werden. Es muss also ein Konzept zur Kooperation von VNFs für einen Network Service erstellt werden.

Von großer Bedeutung bei NFV ist somit die Möglichkeit, mehrere in virtueller Form verfügbare Netzwerkfunktionen, also mehrere VNFs, so miteinander zu verknüpfen, dass ein Network Service entsteht. Bei dem dazu nötigen Vorgang wird ein Network Service aus mehreren Netzwerkfunktionen kreiert. Dies kann als ein *Komponieren des Network Service* angesehen werden. Am Ende dieses Prozesses läge folglich der Network Service quasi als Komposition vor.

Den Entwickler von solchen, aus mehreren virtuellen Netzwerkfunktionen zusammengesetzten (komponierten) Network Services könnte man mit einem Komponisten von Orchestermusik vergleichen. Er wäre somit ein 'Komponist von Network Services', also der 'Musik', die gleichzeitig von mehreren VNFs als Musikern gespielt wird. Dieser Vergleich weist darauf hin, dass bei NFV ein mit einer 'musikalischen Leitung' vergleichbares Dirigieren unabdingbar ist. Aus diesem Grund spricht man bei NFV von *Orchestrierung* (*Orchestration*). Darunter versteht man sowohl das flexible Kombinieren mehrerer VNFs zu einem Network Service, also sowohl die 'Komposition des Network Service' als auch die 'Steuerung der Kooperation von Netzwerkfunktionen', damit letztendlich ein Network Service erbracht und ausgeführt werden kann.

3.2.2 Network Services und Unternehmensprozesse

Um die in Abb. 3.2-1 gezeigte vereinfachte Struktur der NFV-Referenzarchitektur des ETSI detaillierter erläutern zu können, soll an dieser Stelle zuerst kurz auf die Zusammenhänge zwischen virtualisierten Netzwerkfunktionen (VNFs), Netzwerkdiensten (*Network Services*) und Unternehmensprozessen (*Business Processes*) eingegangen werden. Abb. 3.2-2 illustriert diese Zusammenhänge.

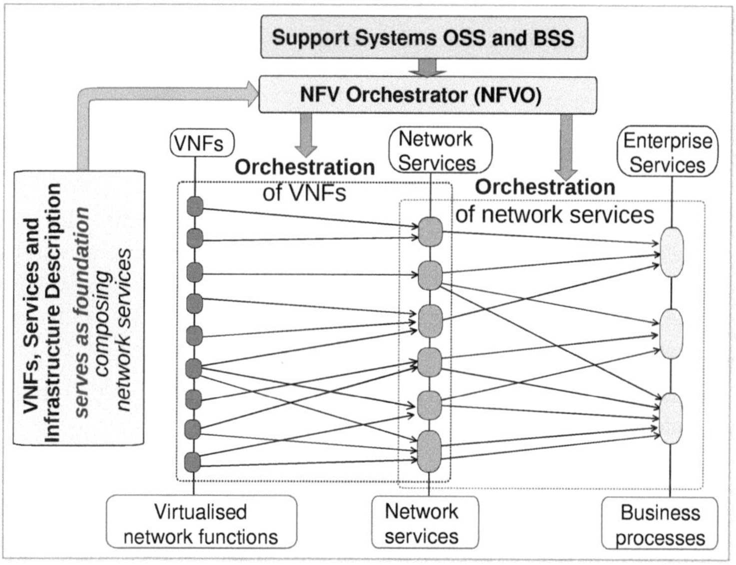

Abb. 3.2-2: Zusammenhänge zwischen virtualisierten Netzwerkfunktionen, Netzwerkdiensten und Geschäftsprozessen

BSS: Business Support System, OSS: Operations Support System

Orchestrierung von NFSs für Network Services

Um einen Network Service mit dem Ziel zu erbringen, einen oder mehrere Unternehmensprozesse zu unterstützen, insbesondere diese zu automatisieren, werden in der Regel nicht nur mehrere VNFs, sondern oft auch mehrere Network Services benötigt. Es werden also, um eine möglichst hohe Effizienz von Geschäftsprozessen erreichen zu können, zuerst VNFs und dann aus diesen entsprechend Network Services gebildet und gestaltet. Daraus geht hervor, dass zuerst die Orchestrierung der VNFs beim Gestalten (Kreieren) von Network Services und danach auch die Orchestrierung der Network Services zur Unterstützung (Automatisierung) von Geschäftsprozessen realisiert werden müssen.

NFV Support Systeme

Um das soeben genannte Ziel 'Effizienz von Unternehmensprozessen' bei NFV erreichen zu können, müssen dem sog. NFV Orchestrator (NFVO) entsprechende Angaben geliefert werden. Hierfür sind, wie Abb. 3.2-2 zum Ausdruck bringt, die folgenden zwei Supportsysteme notwendig:

- **OSS – Operations Support System**
  Das Betriebsunterstützungssystem legt sowohl fest, wie VNFs untereinander kooperieren sollen, um Network Services zu erbringen, als auch, wie Network Services untereinander kooperieren sollen, um Geschäftsprozesse wirkungsvoll zu unterstützen. OSS spezifiziert den Verlauf des Managements und bildet folglich die Grundlage für die Orchestrierung sowohl von VNFs als auch von Network Services.
- **BSS – Business Support System**
  Dieses Supportsystem unterstützt die mit NFV verbundenen Geschäftsprozesse, indem es u.a. die Art und Weise der Bereitstellung von Services (Service Catalogue), die Erfassung und Abrechnung der erbrachten Services (Service Billing) und das Management der Servicenutzer (Customer Relationship Management, CRM) beschreibt.

3.2.3 Bedeutung von NFV-MANO

Quelle der Idee von VPLS und EVPN

Die vorher in Abb. 3.2-1 gezeigte, vereinfachte Struktur der NFV-Referenzarchitektur von ETSI soll nun in Abb. 3.2-3 aus der Perspektive von NFV Management and Orchestration (NFV-MANO) betrachtet werden. Hierbei wird auch angesprochen, auf welche Teile dieser Architektur sich die Aktivitäten der bereits oben erwähnten *Open Platform for NFV* (OPNFV) der Linux Foundation konzentrieren[2].

Wie aus Abb.3.2-3 ersichtlich ist, sieht die NVF-Referenzarchitektur außer der NFVI folgende Funktionsmodule vor:

- **EMS – Element Management System**
  Funktionsmodule für das Management einzelner VNFs.
- **VIM – Virtualised Infrastructure Manager**
  Funktionsmodule für das Management von Komponenten innerhalb der NFVI; hierfür können mehrere VIMs eingesetzt werden.
- **VNFM – VNF Manager**
  Funktionsmodule für das übergeordnete Management des VIM und für das Lifecycle Management von VNFs; es können hierfür mehrere VNFMs zum Einsatz kommen.
- **NFVO – NFV Orchestrator**
  Funktionsmodule zur Konfiguration von VIM und von VNFM im Hinblick auf die Orchestrierung und das Lifecycle Management von VNFs (siehe Abb. 3.2-1).

[2]Siehe: www.openfv.org

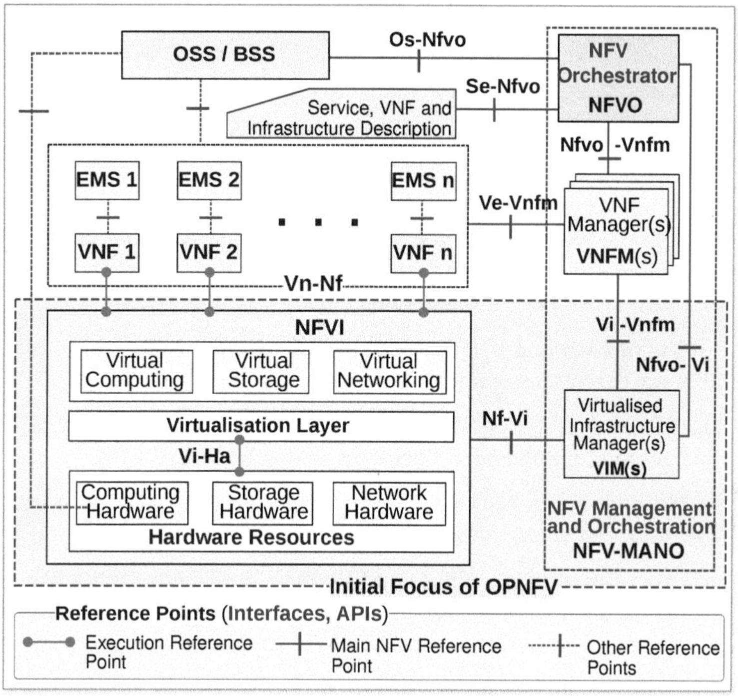

Abb. 3.2-3: NFV-Referenzarchitektur ETSI GS NFV 002

API: Application Programming Interface, BSS: Business Support System, EMS: Element Management System, NF: Network Function, NFVI: NFV Infrastructure, OPNFV: Open Platform for NFV, OSS: Operations Support System, VNF:Virtualised Network Function

- **OSS/BSS – Operations/Business Support System**
  Die beiden Supportsysteme [Abb. 3.2-2] sollen dem NFVO Angaben liefern, mit denen man sowohl eine hohe Betriebszuverlässigkeit und -sicherheit des ganzen technischen Systems garantieren als auch eine hohe Effizienz von Unternehmensprozessen erreichen kann.

Service, VNF and Infrastructure Description

Dieser Block in Abb. 3.2-3 mit Spezifikationen, also der technischen Infrastruktur, mit den virtualisierten Netzwerkfunktionen (VNFs) und den von durch VNFs erbrachten Network Services, soll für den NFVO als Informationsbasis dienen.

Die einzelnen Referenzpunkt-Schnittstellen (*Reference Point Interfaces*) – als logische/virtuelle Schnittstellen – in der NFV-Referenzarchitektur sind entsprechend Abb. 3.2-3:

- **Vi-Ha** zwischen Virtualisation Layer und Hardware Resources: Als Vi-Ha kommen mehrere Interfaces infrage. Beispielsweise kann die Spezifikation SR-IOV der *PCI Special Interest Group* (PCI-SIG) als Interface Vi-Ha betrachtet werden. Mithilfe von SR-IOV kann ein physischer Network Interface Controller (NIC) – z.B. Netzwerkadapterkarte für 10 Gigabit Ethernet – mehrere *Virtual Functions*

(VFs) zur Anbindung von VMs an das physische Netzwerk zur Verfügung stellen – siehe EVB in [17].

- **Vn-Nf** zwischen einzelnen VNFs und NFVI: Das beim Edge Virtual Bridging (EVB) spezifizierte *Virtual Station Interface* (VSI) stellt eine Art von Interface Vn-Nf dar.
- **Nf-Vi** zwischen NFVI und VIM um Management von Systemkomponenten innerhalb der NFVI. Da es sich an dieser Stelle de facto um ein klassisches Netzwerkmanagement handelt, kann hier das bekannte *Simple Network Management Protocol* (SNMP) eingesetzt werden.
- **Ve-Vnfm** zwischen VNF/EMS und VNFM: Zum Management sowohl von VNFs als auch deren Managementinstanzen, d.h. von EMSs.
- **Os-Nfvo** zwischen OSS/BSS und NFVO: Zur Übermittlung von Betriebs- und Business-unterstützenden Vorgaben an den NFVO.
- **Se-Nfvo** zwischen 'Service, VNF and Infrastructure Description' und NFVO: Zur Übermittlung von Service-, VNF- und NFVI-relevanten Vorgaben an den NFVO.
- **Nfvo-Vnfm** zwischen NFVO und VNFMs: Zur Übermittlung von Vorgaben des NFVO an die VNFMs – also zum 'Dirigieren' von VNFMs beim VNF Lifecycle Management (vgl. Abb. 3.4-1). Ein NFVO kann auch als Orchestrator gemäß dem Konzept des *Software Defined Networking* (SDN) eingerichtet werden. Ist dies der Fall, so kann der NFVO in einem ausgelagerten Rechner realisiert werden, und auf der Schnittstelle Nfvo-Vnfm lässt sich das Protokoll OpenFlow der *Open Networking Foundation* (ONF) einsetzen – siehe SDN in [75].
- **Vi-Vnfm** zwischen VNFM und VIM: zum Management des VIM durch den VNFM.
- **Nfvo-Vi** zwischen NFVO und VIM: zur Übermittlung von Vorgaben von NFVO an den VIM.

Für die Bedeutung der hier aufgelisteten Referenzpunkt-Schnittstellen sei auch auf Abb. 3.2-4 verwiesen.

Referenzarchitektur von NFV-MANO

Die Referenzarchitektur von *NFV Management and Orchestration* (NFV-MANO) zeigt Abb. 3.2-4. Hierbei kann der *NFV Orchestrator* (NFVO) auf die als *Catalogues* und *Repositories* bezeichneten Datenquellen zugreifen:

- **VNF-Catalogue**
  Ein Katalog mit der formalen, vom Einsatz unabhängigen Spezifikation aller zur Bereitstellung aufgenommenen VNFs, also aller on-boarded VNFs, die zum Erzeugen von Network Services eingesetzt werden können.
- **NFV Instances Repository**
  Ein Verzeichnis von funktionellen, als Instanzen bezeichneten Komponenten aller on-boarded VNFs, also zum Kreieren von Network Services verfügbaren VNFs.

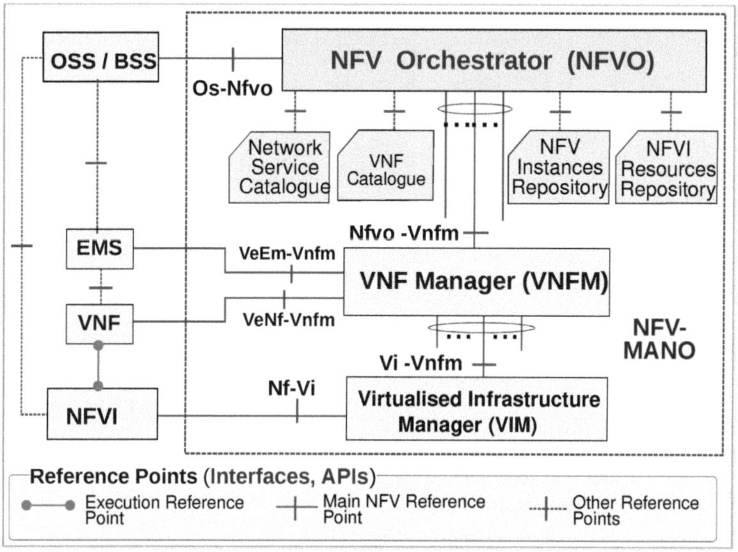

Abb. 3.2-4: NNFV-MANO-Referenzarchitektur nach `ETSI GS MAN 001`

- **NFVI Resources Repository**
  Enthält in Form von speziellen *Resource Records* Informationen über alle verfügbaren, reservierten wie auch aktuell belegten Ressourcen innerhalb der NFVI (vgl. Abb. 3.2-1).

Die eben erwähnten Datenquellen in Form von Katalogen und *Repositories* bilden die Arbeitsgrundlage für den *VNF Manager* (VNFM). Auf die mit der NFV-Orchestrierung verbundenen Aspekte wird im Weiteren näher eingegangen.

3.3 Beispiele für Vernetzungen von VSIs

Spezifikation eines virtualisierten Network Service

Alle zur Bereitstellung aufgenommenen on-boarded Network Services werden in Form von *Network Service Descriptors* (NSDs) formal und allgemein, also unabhängig von einer konkreten Anwendung, spezifiziert. Um die virtualisierten Network Services (*Virtualised Network Services*, VNSs) einheitlich formal spezifizieren zu können, müssen ihre Konfigurationsparameter als formale Parameter festgelegt werden. Abb. 3.3-1 zeigt, um welche grundlegenden Parameter es sich bei einem durch eine Vernetzung von VNFs erbrachten virtualisierten Network Service handelt.

Bedeutung von Inner-Label

Normalerweise kann ein *virtualisierter Network Service* (VNS) durch den Einsatz mehrerer VNFs erbracht werden. Diese müssen über *Virtual Links* (VLs), eine Art virtueller Kanäle, untereinander vernetzt werden. Damit man die Topologie, d.h. die Struktur der Vernetzung von VNFs, formal beschreiben kann, müssen alle Virtual Links einheitlich spezifiziert werden. Wie Abb. 3.3-1a illustriert, verbindet jeder Virtual Link jeweils zwei *Connection Points* (CPs), und es wird ihm ein *Identifikator* (ID)

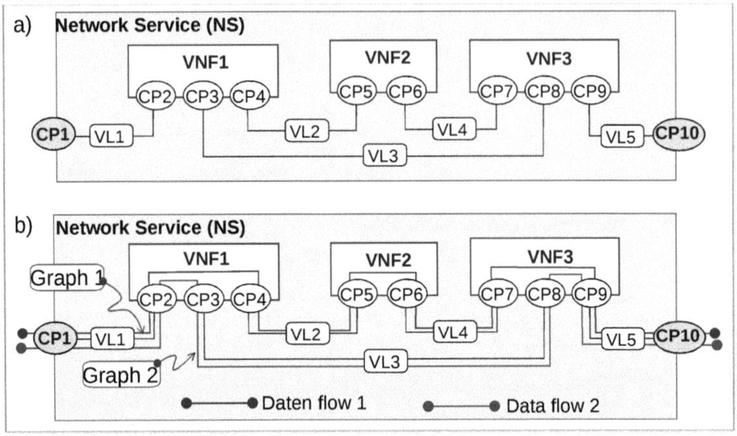

Abb. 3.3-1: Beispiele für fundamentale formale Parameter virtualisierter Network Services (VNS): a) vom Datenfluss unabhängige Parameter, b) Graph als Datenfluss abhängiger Parameter

CP: Connection Point, VL: Virtual Link

zugeordnet. Dabei kann ein Connection Point entweder einen Port der eine VNF erbringenden Instanz oder einen Ein-/Ausgang-Port vom Network Service darstellen. Die einen Virtual Link beschreibenden Parameter sind von Datenflüssen innerhalb der einem Network Service zugrunde liegenden Vernetzungsart unabhängig.

Die Beschreibung der Route eines Datenflusses innerhalb der Topologie des Network Service erfolgt mittels eines *Parameters Graph*. Dies wird aus Abb. 3.3-1b ersichtlich.

3.3.1 Arten der Vernetzung von VNFs

Heutzutage werden alle Netzwerke auf Basis der Ethernet-Technik aufgebaut. Aus diesem Grund wird diese Technik auch zur Vernetzung von VNFs eingesetzt. In der ETSI-Spezifikation [`NFV-INF 05`] werden hierfür drei Ethernet Services vorgeschlagen. Abb. 3.3-2 illustriert ihren Einsatz[3].

Tab. 3.3-1 zeigt eine Auflistung von Ethernet Services für die Vernetzung von VNFs und bringt zum Ausdruck, dass diese Services sowohl in einer rein physikalischen (Port-based) als auch in virtueller (VLAN-based) Form realisiert werden können.

Die einzelnen, hier für die Vernetzung von VNFs vorgestellten Ethernet Services wurden insbesondere für den Einsatz im Weitverkehrsbereich vorgesehen. Sie wer-

[3]Für eine Beschreibung der in Abb. 3.3-2 gezeigten Ethernet Services zur Vernetzung von VNFs siehe: `http://metroethernetforum.org/PDF_Documents/technical-specifications/MEF6-1.pdf`.

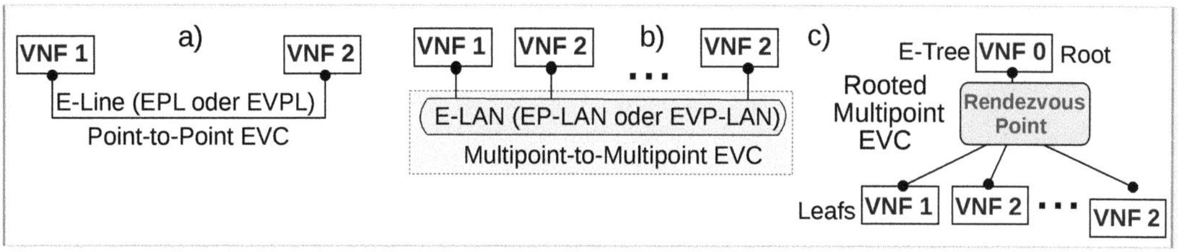

Abb. 3.3-2: Vernetzung von VNFs mit: a) einer Ethernet Line (E-Line), b) einem Ethernet LAN (E-LAN), c) einem Ethernet Tree (E-Tree)
EPL: Ethernet Private Line, EP-LAN: Ethernet Private LAN, EP-Tree: Ethernet Private Tree, VP-LAN: Ethernet Virtual Private LAN, EVC: Ethernet Virtual Connection

Service Type	Port-based	VLAN-based
E-Line Point-to-Point EVC	Ethernet Private Line EPL	Ethernet Virtual Private Line EVPL
E-LAN Multipoint-to-Multipoint EVC	Ethernet Private LAN EP-LAN	Ethernet Virtual Private LAN EVP-LAN
E-Tree Rooted Multipoint EVC	Ethernet Private Tree EP-Tree	Ethernet Virtual Private Tree EVP-Tree

Tab. 3.3-1: Ethernet Services für die Vernetzung von VNFs (Abkürzungen wie in Abb. 3.3-2)

den auf der Basis von MPLS-Netzen als eine Art *Ethernet over MPLS* (EoMPLS)[4] eingerichtet und lassen sich als ein E-Line, ein E-LAN oder ein E-Tree einrichten, die wir kurz charakterisieren möchten:

- **E-Line** — Ethernet Line
  Dieser Ethernet Service ermöglicht die Übermittlung von Ethernet Frames über eine Pseudo-Draht-Verbindung innerhalb eines MPLS-Netzes, das auf der Basis der Multiplextechniken SDH (*Synchronous Digital Hierarchy*) oder WDM (*Wavelength Division Multiplexing*) aufgebaut wird.
- **E-LAN** — Ethernet LAN
  Um diesen Ethernet Service zu erbringen, wird innerhalb eines MPLS-Netzes ein Ethernet Switch, d.h. ein Layer-2-Switch, nachgebildet – also de facto ein virtueller Ethernet Switch. Ein derartiger Switch stellt ein VLAN dar und kann auf der Basis eines MPLS-Netzes nach dem Konzept *Virtual Private LAN Service* (VPLS) eingerichtet werden. Für Näheres über VPLS siehe [17].
- **E-Tree** — Ethernet Tree
  Dieser Ethernet Service wurde zur Realisierung der Kommunikation in der Konfiguration Punkt-zu-Mehrpunkt (*Point-to-Multipoint*) vorgesehen, d.h. für die Verteilung von Daten von einem zentralen Quell-Punkt (Root, Wurzel) aus an meh-

[4]EoMPLS bedeutet, dass über ein MPLS-Netz (*Multiprotocol Label Switching*) eine virtuelle Verbindung quasi als Pseudo-Draht (PW, Pseudo Wire) aufgebaut wird. Diesen verwendet man dann zur Übermittlung von Ethernet Frames. Daher wird EoMPLS auch als EoPW (*Ethernet over PW*) bezeichnet. Für Näheres darüber sei auf [17] verwiesen.

rere Endpunkte (Leafs, Blätter). Diese Art der Kommunikation findet man in diversen sog. *Content Delivery Networks* (CDNs). Da Dienste wie Internet-TV und Internet-Radio eine Art von CDNs darstellen, ermöglicht die in Abb. 3.3-2c gezeigte Vernetzung die Bereitstellung von Cloud-basierten Streaming Services, also u.a. von Cloud-TV und Cloud-Radio.

Abb. 3.3-2c illustriert, wie ein Ethernet Service – de facto die Vernetzungsstruktur von VNFs – formal spezifiziert wird, damit man dessen Spezifikation in einer einheitlichen Form in einem *Network Service Descriptor* (NSD) abspeichern kann.

Realisierung eines virtualisierten Network Service

Quelle der Idee von VPLS und EVPN

Nachdem bereits die grundlegenden Ideen von NFV weitgehend erläutert wurden, soll nun das in Abb.3.3-3 dargestellte Beispiel verdeutlichen, wie man einen virtualisierten Network Service (VNS) mit der in Abb. 3.3-1 gezeigten Vernetzungsstruktur realisieren könnte. Insbesondere soll hier die NFV Infrastructure (NFVI) ausführlicher dargestellt und außerdem zum Ausdruck gebracht werden, dass ein virtuelles Netzwerk nach den bereits angesprochenen Konzepten VXLAN und NVGRE als *Virtualisation Layer* innerhalb der NFVI dienen kann.

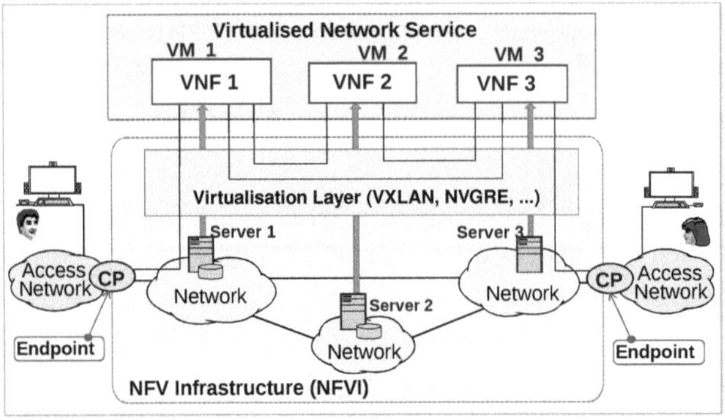

Abb. 3.3-3: Realisierung eines virtualisierten Network Service (VNS)
CP: Connection Point, VM: Virtual Machine, VNF: Virtualised Network Function

In Abb. 3.3-3 wurde angenommen, dass jede VNF, d.h. jede virtualisierte Netzwerkfunktion, auf der Basis einer separaten VM eingerichtet wurde. Die einzelnen, VNFs erbringenden VMs werden untereinander über ein virtuelles Netzwerk verbunden. Dieses Netzwerk kann als VLAN, d.h. als eine MAC Broadcast Domain realisiert werden – also beispielsweise nach den Konzepten VXLAN, NVGRE oder E-LAN (siehe Abschnitt 3.2).

Virtuelle Ethernet-basierte LAN-Dienste im Internet aus Clouds

Wird der Virtualisation Layer nach den eben genannten Konzepten realisiert, so verhält er sich wie ein verteilter Ethernet Switch (Layer-2-Switch) und bildet demzufolge eine MAC Broadcast Domain nach. Ein solches Verhalten des Virtualisation Layer hat den folgenden Vorteil: Man könnt per VNFs alle Services, die in jedem physikalischen, Ethernet-basierten LAN denkbar sind, auch über das Internet als Clouds zur Verfügung stellen.

3.4 Orchestration und Management von VNFs

Um die Aufgaben eines *NFV Orchestrator* (NFVO) näher zu erläutern und zu zeigen, welche Datenquellen der NFVO zur Orchestrierung von *VNF Managers* (VNFMs) benötigt, wird nun in Abb. 3.4-1 die bereits in Abb. 3.2-3 vereinfacht dargestellte Referenzarchitektur von *NFV Management and Orchestration* (NFV-MANO) detaillierter präsentiert.

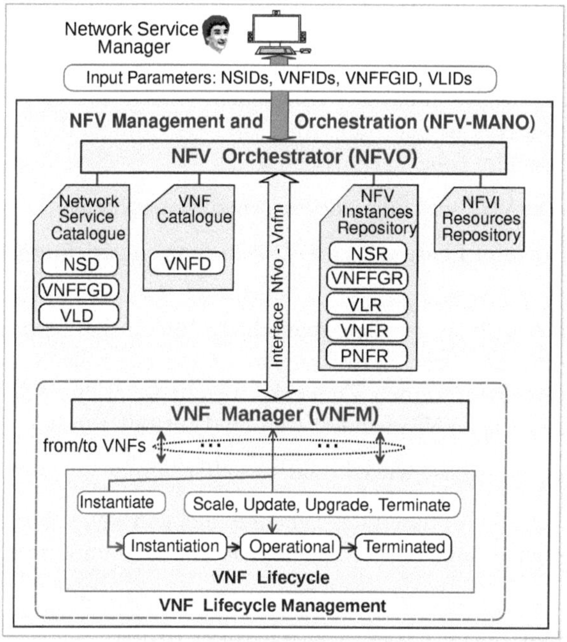

Abb. 3.4-1: Veranschaulichung der Orchestrierung und des Lifecycle Management virtualisierter Netzwerkfunktionen (VNFs)

NFVI: NFV Infrastructure, NSD/R: Network Service Descriptor/Record, NSID: Network Service Identifier, PNFR: Physical Network Function Record, VLD/R: Virtual Link Descriptor/Record, VLID: Virtual Link Identifier, VNF: Virtualised Network Function, VNFD/R: VNF Descriptor/Record, VNFFG: VNF Forwarding Graph, VNFFGD/R: VNFFG Descriptor/Record, VNFFGID: VNFFG Identifier, VNFID: VNF Identifier

Schon in Abb. 3.2-4 wurde gezeigt, dass der NFVO, um VNFMs 'dirigieren und führen' zu können, auf seine Datenquellen in Form von Catalogues und Repositories zugreift. Auf diese Aspekte soll nun näher eingegangen werden.

Netzwerk Service im Service Katalog

Möchte ein *Network Service Manager* (NS-Manager) beispielsweise einen bereits onboarded, also in den Network Service Catalogue aufgenommenen virtualisierten Network Service (VNS) einrichten (kreieren), dann muss der NS-Manager zuerst dem NFVO angeben, um welchen Network Service es sich handelt. Hierfür verwendet der NS-Manager einen *Network Service Identifier* (NSID) – als eine Art Eingangsparameter. Möchte der NS-Manager aber nur eine VNF neu konfigurieren, so teilt er dies dem NFVO mittels *VNF Identifier* (VNFID) mit.

Falls ein Network Service durch mehrere VNFs erbracht wird, so verweist der Deskriptor dieses Network Service, d.h. dessen *Network Service Descriptor* (NSD), auf die Deskriptoren der einzelnen VNFs, also auf mehrere *VNF Descriptors* (VNFDs). Es sei angemerkt, dass ein Network Service Catalogue oft auch die Deskriptoren von Virtual Links (VLs) und von Graphs enthält. Abb. 3.4-1 bringt dies zum Ausdruck.

Bedeutung eines Lifecycle Management

Der NFVO dirigiert die VNFMs mit dem Ziel, das Lifecycle Management von Network Services zu koordinieren. Dies bedeutet, dass man jeden Network Service in allen Phasen seines Lebenszyklus (Lifecycle) managen muss. In diesem Zusammenhang spricht man von *Network Service Lifecycle Management*, kurz NS Lifecycle Management. Wird ein Network Service durch mehrere VNFs erbracht, so muss man folglich – im Rahmen des NS Lifecycle Management – auch jede VNF während aller Phasen ihres Lebenszyklus managen. Abb. 3.4-1 verdeutlicht dies und zeigt die Reihenfolge der Phasen im Lebenszyklus von VNFs.

Im Lebenszyklus jeder VNF sind folgende Phasen zu unterscheiden:

Instanziierung

- **Instantiation**: In dieser Phase wird die VNF-Instanz eingerichtet und konfiguriert.

Betrieb

- **Operation**: In dieser Phase ist die eingerichtete VNF-Instanz aktiv; sie ist also in Betrieb. Während dieser Phase kann sie mittels einer Skalierung an neue Anforderungen angepasst werden. Zudem können in dieser Phase auch die Konfigurationsparameter der VNF geändert werden (Update/Upgrade).

Löschen

- **Terminated**: In dieser Phase wird die aktive VNF gelöscht.

Die eben kurz vorgestellten Phasen des Lebenszyklus von VNFs findet man auch im Lebenszyklus eines jeden *Network Services*. Darauf soll nun kurz eingegangen werden.

3.4.1 Network Service Lifecycle Management

Abb. 3.4-2 zeigt, welche Phasen im Lebenszyklus eines Network Service unterscheidbar sind und welche Aufgaben das NS Lifecycle Management besitzt.

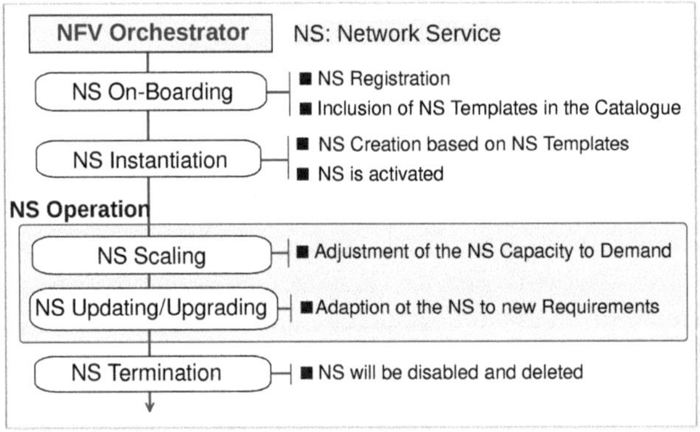

Abb. 3.4-2: Veranschaulichung der Orchestrierung und des Lifecycle Management virtualisierter Netzwerkfunktionen (VNFs)
NS: Network Service

Im Lebenszyklus eines *Network Services* sind folgende Phasen erkennbar:

- **Aufnahme in NS-Katalog**
  In dieser Phase wird der Network Service als Cloud registriert. Hierbei wird dessen formale Spezifikation, u.a. die sog. Bereitstellungsvorlage (*Deployment Template*), in den Katalog verfügbarer Network Services aufgenommen. Dieser Vorgang wird auch als *NS On-Boarding* bezeichnet. Comissioning
- **NS-Instanziierung**
  In dieser Phase werden die Instanzen aller VNFs gemäß der Bereitstellungsvorlagen (Templates) eingerichtet und vorkonfiguriert. Abschließend wird der Network Service kreiert, konfiguriert und in Betrieb genommen. Instantiation
- **NS-Betrieb**
  Während des Betriebs kann der Network Service sowohl mittels seiner Skalierung (Änderung einiger Parameter) als auch mittels seiner Umstrukturierung (Update/Upgrade) an neue Anforderungen angepasst werden. Operation
- **NS-Betrieb**
  In dieser Phase werden die aktiven, den Network Service erbringenden VNFs gelöscht und die vorher für den Service innerhalb der NFVI (NFV Infrastructure) belegten Ressourcen freigegeben. De-Comissioning

3.5 Schlussbemerkungen

Um die Entwicklung neuer Systemlösungen und Network Services auf der Basis von NFV zu unterstützen, wurde von der Linux Foundation das Open-Source-Projekt OPNFV (*Open Platform for NFV*) gestartet. Auch bei der IETF beschäftigt sich die dazu eigens etablierte Working Group SFC (*Service Function Chaining*) mit der Entwicklung und Standardisierung NFV-verwandter Systemlösungen.

- Die beim ETSI bereits spezifizierte allgemeine Idee von NFV liegt in Form einer NFV-Referenzarchitektur vor. Da diese Architektur eine Reihe von den verschiedenen NFV-Aspekten gewidmeten Spezifikationen integriert, kann sie auch als NFV-Framework angesehen werden. Die NFV-Referenzarchitektur kann, entsprechend ihrer zukünftigen Bedeutung, sogar auf die gleiche Stufe mit dem in den 70er-Jahren entwickelten Schichtenmodell zur offenen Vernetzung von Rechnern – d.h. mit dem berühmten geschichteten OSI-Referenzmodell (*Open Systems Interconnection*) – gestellt werden.
- Als bedeutsamer Technologietrend gilt heute auch *Software Defined Networking* (SDN). Von großer Bedeutung ist dabei die Tatsache, dass NFV in 'enger Verbindung' zu SDN steht. Die Konzepte SDN und NFV ergänzen sich ideal. Vor allem entspricht, wie in diesem Beitrag noch gezeigt werden wird, der Orchestrator bei SDN der Funktion nach vollkommen dem Orchestrator bei NFV. Folglich können einige Ideen und somit auch einige Funktionskomponenten von SDN für NFV übernommen werden.
- Wie weiter unten dargestellt, ist die Umsetzung NFV mit einer Reihe von Patenten 'beschwert', die deren kostenfreien Einsatz einschränkt. Daher haben sich

im Bereich der *Open Source Software* etwa zur gleichen Zeit Ansätze wie **Kubernetes** (ursprünglich von Google bereit gestellt, siehe https://kubernetes.io/) entwickelt, die dessen Gedanken aufgreifen und ebenfalls eine Orchestrierung von Containern ermöglichen.

ETSI Dokumente (2014), Patente und Internet-Ressourcen

NFV 001 ETSI GS NFV 001 – V1.1.1; 2013-10: Network Functions Virtualisation (NFV); Use Cases

NFV 002 ETSI GS NFV 002 – V1.1.1; 2013-10: Network Functions Virtualisation (NFV); Architectural Framework

NFV 003 ETSI GS NFV 003 – V1.1.1; 2013-10: Network Functions Virtualisation (NFV); Terminology for Main Concepts in NFV

NFV 004a ETSI GS NFV 004 – V1.1.1; 2013-10: Network Functions Virtualisation (NFV); Virtualisation Requirements

NFV 004b ETSI GS NFV 004 – V0.0.9; 2014-06: Network Functions Virtualisation ISG; Security and Trust Guidance

NFV-INF 01 ETSI GS NFV-INF 001 – V0.3.6; 2014-01: Network Functions Virtualisation; Infrastructure; Overview

NFV-INF 03 ETSI GS NFV-INF 003 – V0.3.1; 2014-05: Network Functions Virtualisation; Part 1: Infrastructure Architecture; Sub-part 3: Architecture of Computer Domain

NFV-INF 04 ETSI GS NFV-INF 004 – V0.3.1; 2014-05: Network Functions Virtualisation; Infrastructure Architecture; Architecture of the Hypervisor Domain

NFV-INF 05 ETSI GS NFV-INF 005 – V0.3.1; 2014-05: Network Network Functions Virtualisation; Infrastructure Architecture; Architecture of Infrastructure Network Domain

NFV-INF 07 ETSI GS NFV-INF 007 – V1.1.1; 2014-10: Network Functions Virtualisation (NFV); Infrastructure; Methodology to describe Interfaces and Abstractions

NFV-INF 10 ETSI GS NFV-INF 010 – V0.3.0; 2014-07: Network Functions Virtualisation; Infrastructure Architecture; Architecture of Infrastructure Network Domain

NFV-MAN 01 ETSI GS NFV-MAN 001 – V0.6.1; 2014-07: Network Functions Virtualisation (NFV); Management and Orchestration

NFV-PER 01 ETSI GS NFV-PER 001 – V1.1.1; 2014-10: Network Functions Virtualisation (NFV); NFV Performance & Portability Best Practises

NFV-PER 02 ETSI GS NFV-PER 002 – V1.1.1; 2013-10: Network Functions Virtualisation (NFV); Proofs of Concepts; Framework

NFV-REL 01 ETSI GS NFV-REL 001 – V1.1.3; 2014-06: Network Functions Virtualisation (NFV); Resiliency Requirements

NFV-SEC 01 ETSI GS NFV-SEC 001 – V1.1.1; 2014-10: Network Functions Virtualisation (NFV); NFV Security; Problem Statement

NFV-SWA 01 ETSI GS NFV-SWA 001 – V0.2.0; 2014-10: Network Functions Virtualisation (NFV); NFV Security; Problem Statement

P1 James Kempf, et al: Implementing a 3g packet core in a cloud computer with openflow data and control planes. US 20140241247 A1, Aug. 2014

P2 Sharon Barkai, et al: Network control using software defined flow mapping and virtualized network functions. US 20140229945 A1, Aug. 2014

P3 Peter Ashwood-Smith, et al: Network Function Virtualization for a Network Device. US 20140201374 A1, Juli 2014

- https://www.etsi.org/technologies-clusters/technologies/nfv
- https://docbox.etsi.org/ISG/NFV/Open/
- https://portal.etsi.org/TBSiteMap/NFV/NFVMembership.aspx
- https://portal.etsi.org/NFV/NFV_White_Paper.pdf
- https://www.opnfv.org
- https://wiki.openstack.org/wiki/Teams/NFV
- https://www.t-nova.eu/wp-content/uploads/2014/12/TNOVA_D2.31_Spec_of_IVM_and_Orchestrator_I.pdf
- https://en.wikipedia.org/wiki/Kubernetes
- https://en.wikipedia.org/wiki/Infrastructure_as_a_service

4 SFC – Service Function Chaining

Soll das Zusammenwirken der von Service Functions (SFs) erbrachten Netzwerkdienste erzielt werden, müssen diese untereinander kooperieren. Dies erfordert, dass für jeden Netzwerkdienst ein Konzept zur Vernetzung und Kooperation von an diesem Service beteiligten SFs entwickelt und in einer übersichtlichen, präzisen Form spezifiziert werden muss. Daher werden Ideen bzw. Lösungen benötigt, die ermöglichen, dass die durch Kooperation mehrerer SFs erbrachten Netzwerkdienste sowohl konzipiert als auch einheitlich und präzise spezifiziert werden können.

Service Function Chaining

Da die Realisierung jedes Netzwerkdienstes auf der Basis von durch virtualisierte Rechner (VMs) erbrachten SFs in der Regel zu einer Verkettung von SFs führt, spricht man in diesem Zusammenhang von *Service Function Chaining* (SFC).

Im Allgemeinen werden darunter zahlreiche Konzepte und Lösungen zur Kooperation von hauptsächlich softwaremäßig realisierten SFs zur Erbringung diverser Netzwerkdienste verstanden.

Entwicklung von SFC

Die beiden Konzepte NFV (*Network Function Virtualisation*) und SFC sind keine 'Big Hypes', sondern gelten als neue, sich gegenseitig ergänzende Entwicklungstrends auf dem Gebiet Networking. Die Idee von NFV wurde im Oktober 2012 auf dem 'SDN & OpenFlow World Congress' in Darmstadt zum ersten Mal offiziell vorgestellt.

Damit einhergehende Entwicklungen rund um NFV werden von der ISG NFV (Industry Specification Group for NFV) am *European Telecommunications Standards Institute* (ETSI) koordiniert und als Standards spezifiziert[1]. Die Entwicklungen zum Thema SFC koordiniert die gleichnamige, im September 2013 gegründete, Working Group bei der Internet Engineering Task Force (IETF)[2].

Das *Software Defined Networking* (SDN) ist als dritter wichtiger Entwicklungstrend eng mit NFV und SFC verbunden, denn NFV, SFC und SDN ergänzen sich ideal, und das wird im übernächsten Kapitel vorgestellt.

Es sei betont, dass der Controller bei SDN der Funktion nach vollkommen sowohl dem Controller bei SFC als auch dem *Orchestrator* bei NFV entspricht. Dieser Aspekt wird in diesem Kapitel vertieft.

Konvergenz von NFV, SFC und SDN

- NFV, SFC und SDN bilden zusammen quasi ein 'antreibendes Dreiergespann', das in den kommenden Jahren mit Sicherheit die 'Fahrtrichtung' der Entwicklung auf dem Gebiet Networking bestimmen wird. Vor allem die Konvergenz von NFV, SFC und SDN wird es uns bald ermöglichen, diverse, durch Vernetzungen von standardisierten Softwareinstanzen erbrachte Netzwerkdienste nach Bedarf zu kreieren. Mit dieser Verschmelzung kann man tatsächlich von *Software Defined Network Services* (SDNSs) sprechen, also von software-definierten Netzwerkdiensten bzw. auch von flexiblen und programmierbaren Netzwerkdiensten.

---

[1] siehe: www.etsi.org/technologies-clusters/technologies/nfv
[2] die SFC Working Group: https://datatracker.ietf.org/wg/sfc

Virtualisierung von Hardware-Ressourcen

- Der Vorteil des Einsatzes von auf NFV und SFC beruhenden Lösungen besteht hauptsächlich darin, dass teure Hardwarekomponenten, die in herkömmlichen Netzwerken zur Realisierung verschiedener Services benötigt werden, weitgehend durch die auf der Basis von VMs erbrachten Netzwerkservices ersetzt werden können. Diese werden standardisiert und sind folglich weltweit einheitlich aufgebaut.

Schnelle Verfügbarkeit von Netzwerkdiensten

- Ein weiteres Ziel ist, diverse Netzwerkdienste schnell einzurichten. Ihre Wartung und Pflege vereinfacht sich, und im Endeffekt reduzieren sich nicht nur die Investitionskosten (*Capital Expenditure*, CAPEX) und Betriebskosten (*Operations Expenditure*, OPEX), sondern es kommt auch zur Verbesserung der Flexibilität und Agilität von Netzwerken.

Das primäre Ziel dieses Kapitels ist es, das Konzept von SFC und dessen Einsatz in fundierter Form zu präsentieren. Die SFC betreffenden Konzepte sind im Moment (August 2025) allerdings noch als zahlreiche Drafts bei der IETF in der Entwurfsphase. Die hier dargestellten Konzepte und Beispiele können daher als denkbare realisierbare Visionen für Systemlösungen angesehen werden.

4.1 Die Idee von SFC

Unter SFC werden im allgemeinen Prinzipien verstanden, nach denen die Vernetzung von in der Regel durch virtuelle Rechner erbrachten SFs in Form von seriellen (linearen) SF-Ketten (*Service Function Chains*) realisiert werden kann, um verschiedene Services – insbesondere diverse Network und Security Services – zu erbringen. Die grundlegende Idee von SFC illustriert Abb. 4.1-1 anhand eines stark vereinfachten Beispiels.

Wie hier ersichtlich ist, kann ein verteiltes System für schrittweise durchführbare Untersuchungen (Analysen) mehrerer gleichzeitig verlaufender Ströme von IP-Paketen auf der Basis kettenartiger (serieller) Vernetzungen von *Service Functions* (SFs), in Form von *SF Paths* (SFPs) also, eingerichtet werden.

Rendered Service Path

Die in diesem System schrittweise realisierten Untersuchungen der IP-Pakete werden mit dem Ziel durchgeführt, verschiedene Network und Security Services zu erbringen. Der Pfad, den ein IP-Paket hierbei im System durchläuft, wird als *Rendered Service Path* (RSP) bezeichnet.

Die Funktionalität solch eines verteilten Systems wird durch die drei Funktionskomponenten *Classifier* (Klassifizierer), *SF Paths* (SF-Pfade) und *SFC Controller* erbracht.

Die soeben angeführten drei Funktionskomponenten der auf dem SFC-Konzept basierenden verteilten Systeme lassen sich wie folgt kurz charakterisieren:

Klassifizierer

- **Classifier**
  Diese Funktionskomponente klassifiziert nach vorgegebenen Kriterien (Policies) alle ankommenden IP-Pakete so, dass Ströme von diesen, als quasi deren Klassen, gebildet werden. Diese Ströme werden dann auf die vom Classifier ausgehenden SF Paths (SFPs) 'verteilt'. Infolgedessen können im weiteren Verlauf die einzelnen

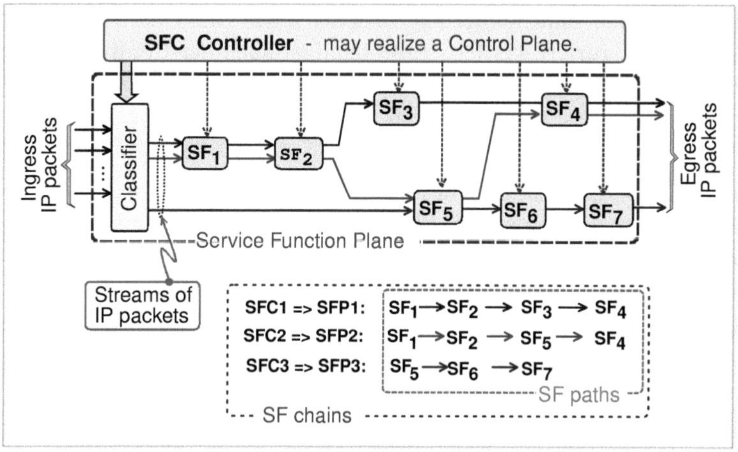

Abb. 4.1-1: Grundlegende Idee von SFC anhand eines vereinfachten Beispiels
IP: Internet Protocol, SF: Service Function (z.B. Firewall, Load Balancer, ...), SFP: Service Function Path (SF Path)

Ströme von IP-Paketen über einzelne SFPs nach vorher festgelegten Vorgaben analysiert und dann dem Untersuchungsergebnis entsprechend behandelt und bearbeitet bzw. modifiziert werden.

- **SF Paths**

  SFPs

  Die vom Klassifizierer kommenden Ströme von IP-Paketen können auf verschiedenen SFPs durch mehrere SFs, de facto in aufeinanderfolgenden Schritten, weiter analysiert, überprüft und anschließend weitergeleitet werden. Die SFPs werden hauptsächlich mit dem Ziel eingerichtet, verschiedene Ströme von IP-Paketen bezüglich bestimmter Merkmale schrittweise so zu analysieren bzw. im Hinblick auf ihre Sicherheit zu überprüfen, dass die auf den von einzelnen SFPs zu erwartenden Services erbracht werden können. Es sei dabei hervorgehoben, dass SFPs normalerweise kettenartige, mehrere SFs enthaltende Vernetzungen darstellen; im Sonderfall kann ein SFP aber auch nur eine SF enthalten.

- **SFC Controller**

  SFC Controller als Control Plane

  Der Classifier und alle SFs müssen zuerst konfiguriert und später eventuell auch noch gesteuert werden. Diese Aufgaben werden vom sog. *SFC Controller* übernommen. Dieser kann auch als verteiltes System implementiert werden. Ist dies der Fall, so bildet der Controller de facto eine *Control Plane*. Dementsprechend könnte man dann die restlichen Systemkomponenten – also den Classifier und die SFPs – als *Function Plane* betrachten.

Solch ein verteiltes System zur Erbringung diverser Network und Security Services, wie es gerade beschrieben wurde, kann in Sonderfällen nur aus einer einzigen Kette von SFs, also nur aus einem SFP, bestehen. Ist dies der Fall, erübrigt sich die Funktion eines Classifier, der normalerweise aus den ankommenden IP-Paketen mehrere Ströme von IP-Paketen bildet und diese auf mehrere SFPs verteilt.

Dedizierung von Paths für spezielle Aufgaben

Auch vorstellbar sind Sonderfälle, in denen die SFs auf einem ganzen Path auf Dauer 'fest' konfiguriert werden – und dann ist auch der Controller überflüssig. Ein System zur Untersuchung eines Stroms von IP-Paketen kann also nur aus einem SFP bestehen – folglich nur eine SF-Kette bilden. Das weiter in Abb. 4.2-5 gezeigte Beispiel eines *Security Gateway* stellt solch einen Fall dar.

Es sei hervorgehoben, dass SFs in der Regel durch als VMs bezeichnete virtuelle Rechner erbracht werden. SFs können aber auch diverse herkömmliche Hardware-Funktionskomponenten repräsentieren. Alle diese, die Bereitstellung von SFs betreffenden Aspekte wurden in Abb. 4.1-1 außer Acht gelassen.

Bildung eines Virtual Overlay Networks

Weil das Konzept von SFC hauptsächlich auf den Vernetzungen von durch virtuelle Rechner erbrachten SFs basiert, stellen die Virtualisierung von Rechnern und die Bildung von *Virtual Overlay Networks* für die Vernetzung von SFs die zwei wichtigsten Säulen von SFC dar. Auf diese wird im Weiteren kurz eingegangen.

4.1.1 Funktionelle Komponenten und Architektur von SFC

Nachdem in Abb.4.1-1 die grundlegende Idee von SFC nur anhand der Service Plane dargestellt wurde, zeigt Abb. 4.1-2 die ganze Architektur von SFC in einer stark vereinfachten Form.

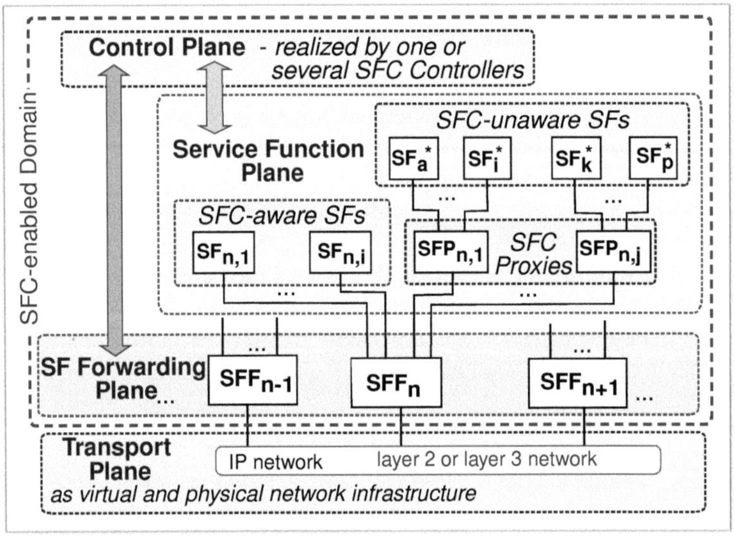

Abb. 4.1-2: Vereinfachte Architektur von SFC [RFC 7665]

SF: Service Function, SFF: Service Function Forwarder (zur Anbindung von SFs an die Transport Plane), SFP: Service Function Path (SF Path)

Funktionelle Planes

Die Architektur von SFC enthält vier funktionelle, als *Planes* bezeichnete Schichten, und diese sind:

- **Service Function Plane**
  Diese besteht aus SFC-fähigen, als *SFC-aware* bezeichneten und in der Regel durch virtuelle Rechner (Virtual Machines, VMs) erbrachten SFs. Die klassischen

Funktionskomponenten, SFC-unaware SFs also, können mithilfe von sog. SFC-Proxies in das SFC-System integriert werden. Wie aus Abb.4.1-1 hervorgeht, müssen einige Daten und Steuerungsangaben zwischen benachbarten SFs auf einem SFP übermittelt werden – die benachbarten, auf demselben SFP 'liegenden' SFs müssen also untereinander kommunizieren können. Konkret soll jede SF in der Lage sein, Angaben zu jeder von ihr durchgeführten Analyse eines IP-Paketes – in Form von Metadaten (Metadata) – der ihr auf dem SFP folgenden SF zu übergeben. Um dies zu ermöglichen, wurde in die Architektur von SFC eine SF Forwarding Plane eingeführt.

- **SF Forwarding Plane**
  Diese Plane bilden die *Service Function Forwarders* (SFFs). Sie stellen Funktionskomponenten dar, die benötigt werden, um Metadaten und Steuerungsangaben von einer SF zur auf einem SFP nächstfolgenden SF übermitteln zu können, sodass man eine Kette von SFs zwecks der Erbringung eines Service ausführen kann. Hierfür wurde der *Network Service Header* (NSH) vorgesehen. In ihm werden die Metadaten und Steuerungsangaben eingetragen und zwischen jeweils benachbarten SFFs übermittelt. So können die Metadaten von einer SF an die nächstfolgende SF übergeben werden [Abb. 4.1-3].
- **Transport Plane**
  Diese Plane stellt eine bestehende virtuelle und/oder physische Netzwerkinfrastruktur dar, über die SFFs miteinander vernetzt werden können.
- **Control Plane**
  Sie repräsentiert einen bzw. mehrere Controller, deren Aufgabe darin besteht, die beiden Planes (*Service Function Plane* und *SF Forwarding Plane*) nicht nur zu überwachen und zu steuern, sondern auch neue SFC-basierte Services zu kreieren und einzurichten. Für den Aufbau der *Control Plane* beim SFC lassen sich Bestandteile des oben erwähnten SDN-Konzeptes übernehmen [Abb. 4.3-3].

> An dieser Stelle sei festzuhalten, dass ein SFF sowohl auf einer VM mit SFs als auch außerhalb von VMs, de facto auf einer Virtualisierungsplattform (z.B. auf einem Host-Server) mit mehreren VMs, realisiert werden kann.
>
> - Wird der SFF auf einer VM mit SFs implementiert, können mehrere, aber nur von der VM erbrachte SFs über den SFF innerhalb der Transport Plane an das IP-Netzwerk angebunden werden.
> - Wird aber ein SFF außerhalb von VMs auf einer Virtualisierungsplattform implementiert, dann können mehrere, sogar von verschiedenen VMs der betreffenden Virtualisierungsplattform erbrachte SFs mittels von SFFs an das IP-Netzwerk angebunden werden [Abb. 4.2-2].

4.1.2 Grundlegende Aufgabe von SF Forwarding

Wie bereits erwähnt wurde, enthält die SF Forwarding Plane Funktionskomponenten, die benötigt werden, um sowohl SFs, de facto virtuelle Komponenten, an das Netzwerk anzubinden, als auch Metadaten und Steuerungsangaben von einer *Ser-*

vice Function zu der auf einem SFP befindlichen und nachfolgenden SF übermitteln zu können. Abb.4.1-3 zeigt, um welche Steuerungsangaben es sich handelt, und veranschaulicht dabei auch ihre Bedeutung. Es sei angemerkt, dass diese Steuerungsangaben innerhalb der Transport Plane im zwischen SFFs transportierten *Network Service Header* (NSH) übermittelt werden.

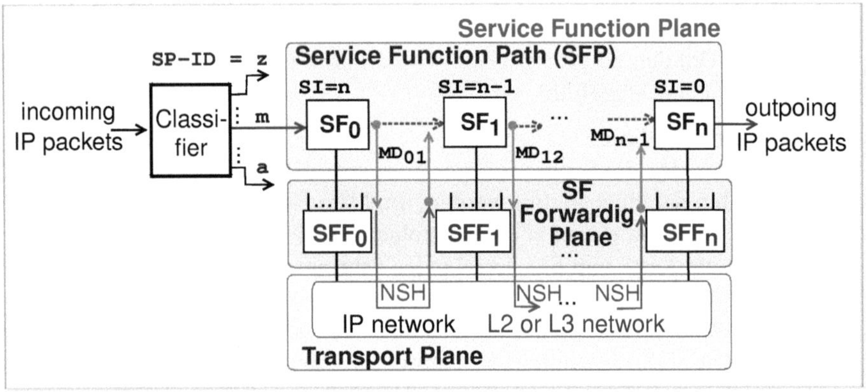

Abb. 4.1-3: Aufgabe der SF Forwarding Plane – virtuelle Vernetzung von SFs

MD: Metadata, NSH: Network Service Header, SF: Service Function, SFF: Service Function Forwarder, SFP-ID: Service Function Path Identification, SI: Service Index

Damit man eine Kette von durch virtuelle Rechner erbrachten und beliebig verteilten SFs ausführen kann, müssen im NSH zwischen SFFs folgende Angaben übermittelt werden:

SFP-ID

- **Service Function Path Identification**
  Jeder SFP muss eindeutig identifiziert werden; hierfür dient `SFP-ID`. Diese Angabe muss den zwischen SFFs zu übermittelnden Daten vorangestellt werden (vgl. Abb. 4.2-2 und Abb. 4.2-4).

SI

- **Service Index**
  Innerhalb eines SFP muss jede SF eindeutig gekennzeichnet, quasi nummeriert werden. Hierfür dient die Angabe SI. Sie muss nur innerhalb eines SFP, für jeden `SFP-ID` also, eindeutig sein. Abb. 4.1-3 illustriert ihre Bedeutung. Enthält beispielsweise ein SFP insgesamt n SFs, werden die Werte von SI den einzelnen SFs auf demselben SFP wie folgt zugeordnet: `SI=n` der 1-ten, `SI=n-1` der 2-ten, ... und `SI=0` der letzten SF.
  Anmerkung: Eine solche abnehmende 'Nummerierung' von SFs mit SI auf dem SFP soll dazu dienen, dass die SF mit der Nummer 0 immer als die letzte SF auf dem SFP angesehen werden kann.

MD

- **Metadaten**
  Von einer SF zur auf dem SFP nächstliegenden SF müssen oft bestimmte, von der Art und Weise der SF-Ausführung abhängige Daten – quasi als Ergebnis der SF-Ausführung – übergeben werden. Diese Metadaten werden im NSH zwischen SFFs transportiert.

4.2 Virtualisierung von Rechnern – die erste Säule von SFC

Bevor auf weitere technische Details von SFC eingegangen wird, soll auf die Virtualisierung von Rechnern eingegangen werden, welche die erste fundamentale Säule von SFC bildet. Hierfür zeigt Abb. 4.2-1 anhand eines einfachen Beispiels den Weg von einer 'kleinen' Vernetzung physischer Rechner mithilfe nur eines physischen Layer-2-Switch (L2-Switch) bis hin zur Bereitstellung von auf der Basis virtueller Rechner in einem Host-Server eingerichteten SFs.

Hypervisor

Eine wichtige Funktion bei der Virtualisierung von Rechnern in einem Host-Server übernimmt der sog. *Hypervisor*. Er repräsentiert eine Softwareinstanz, die es den auf einem Host-Server implementierten VMs erlaubt, dessen Hardware und Speicher gemeinsam zu nutzen. Aus der Sicht von Networking realisiert der Hypervisor im Wesentlichen die Funktionen eines L2-Switch. Aus diesem Grund kann der Hypervisor – allerdings lediglich aus Sicht von Networking – auch als virtueller L2-Switch (kurz *vSwitch*), wie in Abb. 4.2-1b gezeigt, angesehen werden.

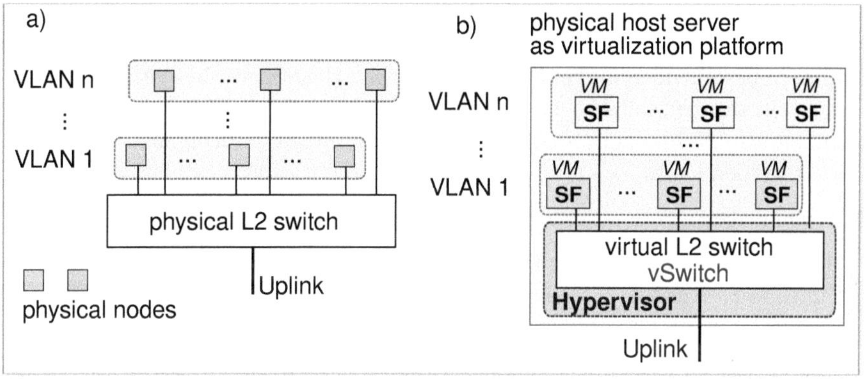

Abb. 4.2-1: Auf einen L2-Switch beschränkte Vernetzung: a) physischer Rechner, b) in einem Host-Server mittels VMs erbrachter SFs

L2: Layer 2, SF: Service Function, VLAN: Virtual Local Area Network (Virtual LAN), VM: Virtual Machine

Im Allgemeinen kann ein L2-Switch in einem Host-Server mit mehreren VMs realisiert werden:

- als virtueller L2-Switch (vSwitch) in Form einer Softwarekomponente Abb. 4.2-1b oder aber auch
- als embedded vSwitch auf einem physischen *Network Interface Controller* (NIC), z.B. auf einer 10GE-Adapterkarte[3].

Dazu sei angemerkt, dass ein L2-Switch seiner Funktion nach als ein Ethernet Switch angesehen werden kann.

[3] Für fundierte Informationen über die Betriebsarten virtueller L2-Switches in Host-Servern sei auf *Edge Virtual Bridging* (EVB) in [17] verwiesen.

Ebenso wie die physischen Rechner am physischen L2-Switch können auch die in einem Host-Server eingerichteten virtuellen Rechner (VMs) so gruppiert werden, dass sie eine isolierte Gruppe bilden. Solch eine Gruppe wird als *Virtual Local Area Network* (VLAN) bezeichnet. Ein VLAN auf der Basis eines physischen bzw. virtuellen L2-Switch entsteht in der Regel durch die Gruppierung von dessen Ports. Die zu einem VLAN gehörenden Rechner werden normalerweise als IP-Subnetz eingerichtet und bilden dann eine MAC Broadcast Domain[4] (auch L2 Broadcast Domain),d.h. eine Domain, wie man sie in herkömmlichen Ethernet-basierten Netzwerken vorfindet.

Die zu einem VLAN gehörenden SFs können auch so vernetzt werden, dass sie einen vollständigen SF Path (SFP) bilden oder wie in Abb. 4.2-3 einen Teil eines 'langen' SFP darstellen, der sich über mehrere virtuelle L2-Switches (vSwitches) innerhalb verschiedener, als Virtualisierungsplattformen dienender Host-Server erstreckt.

4.2.1 SF Forwarding innerhalb einer Virtualisierungsplattform

Nachdem bereits das Grundkonzept von SFC sowie die Bildung eines aus virtuellen Rechnern bestehenden und auf einen physischen Host-Server beschränkten VLAN dargestellt wurden, soll Abb. 4.2-2 veranschaulichen, wie ein IP-Paket zwischen den zu einem VLAN (hier zum VLAN ***A***) gehörenden und SFs erbringenden VMs übermittelt werden kann.

Hier soll insbesondere angemerkt werden,

- dass alle die SF Forwarding Plane bildenden Funktionsmodule – hier als *Service Function Forwarder* (SFFs) bezeichnet – an die Ports des vSwitch, welcher der Transport Plane zuzuordnen ist, angebunden werden,
- dass der im SFF erzeugte *Network Service Header* (NSH) innerhalb der SF Forwarding Plane dem zu übermittelnden IP-Paket vorangestellt wird und
- dass ein SFF mehrere und sogar verschiedenen Service Function Paths angehörende SFs an die Transport Plane anbinden sowie diese SFs auch gemäß den im NSH übermittelten Angaben 'SFC-mäßig unterstützen' kann.

Das obige Beispiel illustriert die Übermittlung eines IP-Pakets von der VM mit $\texttt{SF}_{n,1}$ an die VM mit $\texttt{SF}_{n+1,1}$ innerhalb des VLAN ***A***, in dem der SFP mit `SFP-ID=1` realisiert wird. Hierbei verweist der im $\texttt{SFF}_n$ dem zu übermittelnden IP-Paket vorangestellten NSH auf Folgendes:

- Falls `Next Protocol=0x1` gesetzt, folgt, dass nach ihm ein IP-Paket kommt;
- ist `SFP-ID=1` gilt, dass dieses IP-Paket innerhalb des SFP mit `ID=1` transportiert wird, und

[4]Eine MAC Broadcast Domain repräsentiert eine isolierte Gruppe von Rechnern, in der jeder Rechner die Möglichkeit hat, an alle anderen zur Gruppe gehörenden Rechner einen MAC-Frame (d.h. einen Ethernet Frame) mit der Broadcast-MAC-Adresse zu schicken.

- im Falle von `Service Index=i-1` wird darauf verwiesen, dass dieses IP-Paket an die $\mathtt{SF}_{n+1,1}$ mit `SI=i-1` übergeben werden muss.

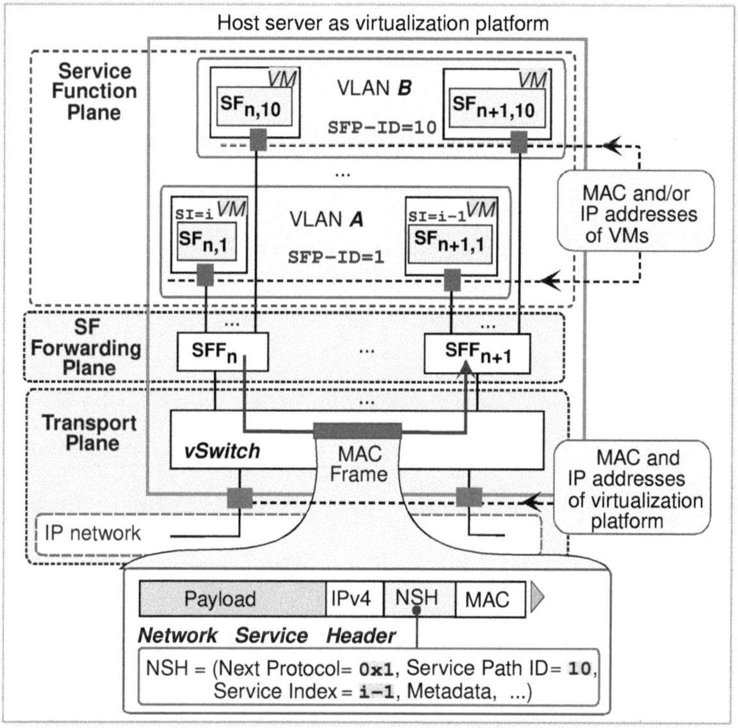

Abb. 4.2-2: Aufgabe der SF Forwarding Plane beim Transport von Daten zwischen SFs in einem Host-Server

MAC: Media Access Control, SF: Service Function, SFF: Service Function Forwarder, SFP-ID: Service Function Path Identification, SI: Service Index, VLAN: Virtual LAN, VM: Virtual Machine

> Es sei an dieser Stelle darauf verwiesen, dass sowohl virtuelle als auch physische Rechner über eine MAC- und eine IP-Adresse verfügen müssen. Dies ist im Weiteren zum allgemeinen Verständnis der Prinzipien der Kommunikation zwischen virtuellen Rechnern, also zwischen VMs, von großer Bedeutung.

Da im hier betrachteten Beispiel das von einer VM zu einer anderen VM mit SFs übermittelte IP-Paket nur intern in einem Host-Server vom vSwitch geleitet wird, enthalten die beiden MAC- und IP-Header als Quell- und Zieladressen entsprechend die MAC- und IP-Adressen dieser beiden VMs.

4.2.2 Virtual Overlay Networks – die zweite Säule von SFC

Wie schon in Abb. 4.2-1 dargestellt wurde, bildet ein aus virtuellen, SFs erbringenden Rechnern bestehendes VLAN ein virtuelles Overlay-Netzwerk (*Virtual Overlay Network*, VON) oberhalb einer Transport Plane, welche aus virtuellen

Switches in Virtualisierungsplattformen (Host-Servern) und einer physischen IP-Netzwerkinfrastruktur besteht.

Virtual Overlay Network (VON)

Ein VON – das als zweite SFC-Säule die Voraussetzung für die Vernetzung von SFs schafft – kann sich über mehrere vSwitches erstrecken – und diese müssen häufig über ein IP-Netzwerk miteinander verbunden werden. Daher sind spezielle, auf dem sog. *Tunneling-Prinzip* basierende Systemlösungen notwendig, um die auf verschiedenen Host-Servern installierten, zu einem VON gehörenden SFs in Form von SF-Ketten (SF Chains) zu vernetzen.

Wie eine solche Vernetzung von SFs realisiert werden kann, wird nun gezeigt:

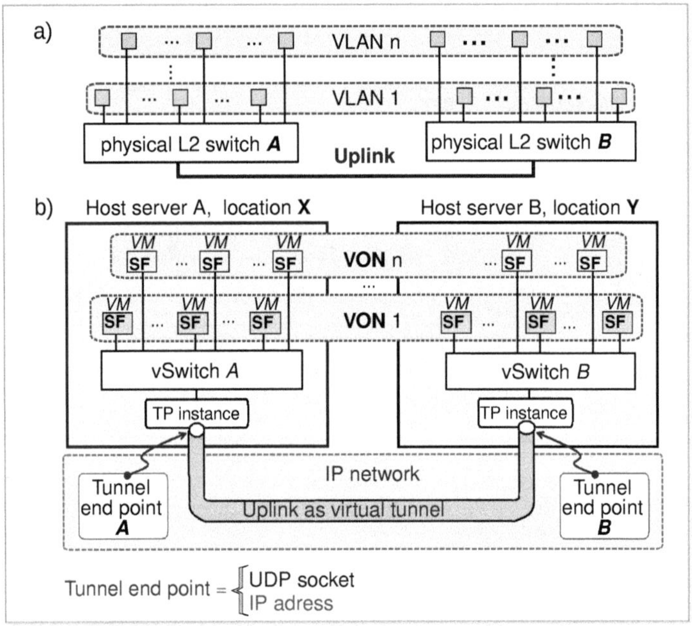

Abb. 4.2-3: L2-Switch-übergreifende Vernetzung a) von physischen Rechnern, b) von in mehreren Host-Servern mittels VMs erbrachten SFs

GENEVE: Generic Network Virtualisation Encapsulation, IP: Internet Protocol, NVGRE: Network Virtualisation using Generic Routing Encapsulation, TP: Tunneling Protocol, UDP: User Datagram Protocol, VM: Virtual Machine, VON: Virtual Overlay Network

Realisierung eines VON

Die bisher betrachteten, in Abb. 4.2-1a dargestellten VLANs waren auf einen physischen L2-Switch beschränkt. VLANs mit physischen Rechnern können sich aber, wie Abb. 4.2-3a zeigt, gleichwohl über mehrere physische L2-Switches erstrecken, d.h. sie können auch L2-Switch-übergreifend angelegt sein. Es sei an dieser Stelle angemerkt, dass es sich in Abb. 4.2-3a um eine Lösung auf der Basis von nur zwei physischen L2-Switches eingerichteten VLANs handelt. Oberhalb einer Gruppe physischer L2-Switches können dann quasi parallel mehrere VLANs eingerichtet werden, wobei jedes dieser VLANs eine eindeutige Identifikation besitzen muss.

Abb. 4.2-3b soll zum Ausdruck bringen, dass ein virtuelles, mit einem VLAN vergleichbares Netzwerk auch von einer Gruppe von virtuellen Rechnern (VMs) erbracht werden kann. Ein derartiges, oberhalb mehrerer beliebig verteilter vSwitches eingerichtetes und von einer Gruppe von VMs gebildetes virtuelles Netzwerk wird hier, wie bereits erwähnt, VON genannt.

Um ein solches VON aufbauen zu können [Abb. 4.2-3b], müssen vSwitches oft paarweise mit virtuellen Uplinks in Form von speziellen virtuellen Tunneln verbunden werden. Die Adressierung der Endpunkte eines solchen Tunnels ist allerdings vom Tunneling-Konzept abhängig, d.h. davon, wie der Tunnel konkret realisiert wurde. Auf wichtige Tunneling-Konzepte, die den Aufbau von VONs ermöglichen, wird im Folgenden kurz eingegangen.

Ein VON mit einer Gruppe von VMs kann auch als IP-Subnetz eingerichtet werden. Ist dies der Fall, dann bildet das VON eine *MAC Broadcast Domain*, und folglich können die zum VON gehörenden VMs mit SFs direkt untereinander kommunizieren. Das passiert eventuell über einen Tunnel, ohne einen Router nutzen zu müssen. Demzufolge können dann auch die von VMs erbrachten SFs auf die gleiche Art und Weise untereinander direkt kommunizieren. VONs mit VMs bilden somit eine wesentliche Säule für die Realisierung von SFC.

4.2.3 SF Forwarding zwischen Virtualisierungsplattformen

Die Aufgabe von SF Forwarding beim Transport von Daten zwischen SFs in einem Host-Server, der als Virtualisierungsplattform dient, wurde bereits in Abb.4.2-2 dargestellt. Auf eine ähnliche Art und Weise soll nun die Aufgabe von SF Forwarding im Falle, dass beide 'benachbarten' SFs sich auf verschiedenen Virtualisierungsplattformen befinden, präsentiert werden; Abb. 4.2-4 zeigt eine solche Situation.

Hier wird gezeigt, wie ein MAC-Frame zwischen den zu einem als VXLAN eingerichteten VON (hier mit `VNI=100`) gehörenden, auf verschiedenen Virtualisierungsplattformen ***X*** und ***Y*** realisierten virtuellen Rechnern (VMs) mit SFs übermittelt wird. Dabei soll insbesondere zum Ausdruck gebracht werden,

- dass die Funktionsmodule SFFs ebenso wie in Abb. 4.2-2 an die Ports von zur Transport Plane gehörenden vSwitches angebunden werden,
- dass eine zusätzliche Encapsulation-/Decapsulation-Instanz am Uplinkport vom vSwitch nötig ist, damit man, wie in Abb. 4.2-3b gezeigt, den Uplink zwischen vSwitches in Form eines virtuellen Tunnels einrichten kann,
- dass die zwischen den auf verschiedenen Virtualisierungsplattformen eingerichteten VMs zu übermittelnden MAC-Frames als Inner MAC-Frames in die nur zwischen Virtualisierungsplattformen übermittelten Outer MAC-Frames eingekapselt werden; es wird hier also die sog. *MAC-in-MAC-Encapsulation* realisiert,
- dass ein Network Service Header (NSH) innerhalb der SF Forwarding Plane vom SFF jedem zu übermittelnden Inner MAC-Frame vorangestellt wird; darauf, dass dem NSH ein MAC-Frame 'folgt', wird im NSH mit `Next Protocol=0x3` verwiesen,
- dass dem NSH ein Header nach dem *Tunneling Protocol* (TP) – hier `TP=VXLAN GPE` – vorangestellt wird. Darauf wird im TP-Header mit `Next Protocol=0x4` verwiesen.

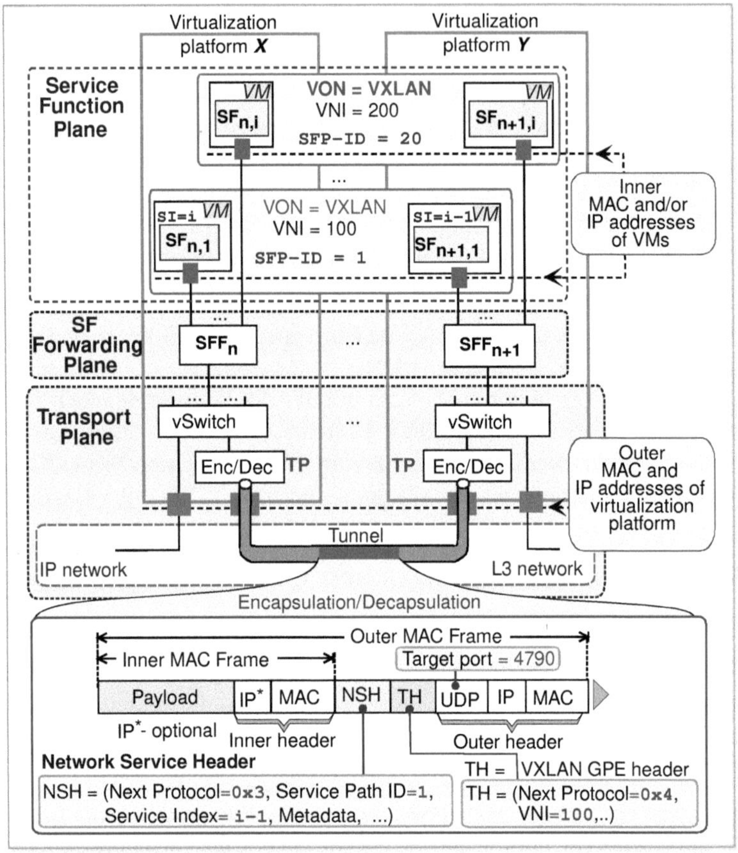

Abb. 4.2-4: Aufgabe der SF Forwarding Plane beim Transport von Daten zwischen den in verschiedenen Virtualisierungsplattformen erbrachten SFs

Enc/Dec: Encapsulation/Decapsulation, ID: Identifier/Identification, MAC: Media Access Control, SFF: Service Function Forwarder, SFP-ID: Service Function Path Identification, SI: Service Index, TH: Tunneling Header (z.B. nach dem Konzept VXLAN GPE), TP: Tunneling Protocol, VNI: VXLAN Network Identifier, VON: Virtual Overlay Network

Die Outer MAC-Frames werden nur zwischen Virtualisierungsplattformen mit vSwitches übermittelt. Demzufolge enthalten ihre MAC-Header die MAC-Adressen von Virtualisierungsplattformen, und ihre IP-Adressen werden dann in den in Outer-Headern übermittelten IP-Headern angegeben. Die Inner MAC-Frames, das heißt die, die in den Outer MAC-Frames übermittelt werden, werden an die in Wirt-Servern eingerichteten vSwitches übergeben. De facto werden die Inner MAC-Frames zwischen vSwitches in Outer MAC-Frames eingebettet übermittelt. Somit sind die MAC-Adressen virtueller Rechner (VMs) in MAC-Headern und deren IP-Adressen in IP-Headern innerhalb von Inner MAC-Frames enthalten.

Das in Abb. 4.2-4 gezeigte Beispiel illustriert die Übermittlung eines MAC-Frame von der VM mit $\mathtt{SF}_{n,1}$ an die VM mit $\mathtt{SF}_{n+1,1}$ innerhalb des VXLAN mit `VNI=100`, in dem der SFP mit `SFP-ID=1` realisiert wird. Hierbei verweist der im SFF_n dem zu übermittelnden IP-Paket vorangestellte NSH

- mit `Next Protocol=0x3` darauf, dass ihm ein MAC-Frame folgt,
- mit `SFP-ID=1` darauf, dass dieser MAC-Frame innerhalb des SFP mit `ID=1` transportiert wird, und
- mit `Service Index=i-1` darauf, dass dieser MAC-Frame an die VM mit $S_{n+1,1}$, d.h. mit `SI=i-1`, übergeben werden muss.

4.2.4 Tunneling-Konzepte für die Bildung von VONs mit SFs

Wie aus Abb. 4.2-3b hervorgeht, spielen vSwitches, de facto virtuelle L2-Switches, eine wichtige Rolle bei der Bildung von *Virtual Overlay Networks* (VONs) mit Service Functions (SFs), denn an einen vSwitch können diverse VMs mit SFs angebunden werden, und die am vSwitch angebundenen VMs können sowohl von 'außen' erreicht werden als auch untereinander über Tunnel kommunizieren.

Soll ein VON auf der Basis mehrerer, an ein IP-Netzwerk angebundener vSwitches eingerichtet werden, so muss man die vSwitches entsprechend vernetzen. Um Service Function Chaining zu realisieren, können die vSwitches untereinander – wie in Abb. 4.2-3b dargestellt – jeweils paarweise mit einem speziellen Tunnel verbunden werden. Mit einem solchen Tunnel geht einher, dass die Übermittlung von MAC-Frames (oft auch Ethernet Frames genannt) zwischen zwei, sich in verschiedenen Host-Servern befindenden vSwitches nach einem vom Tunneling-Konzept abhängigen Encapsulation/Decapsulation-Prinzip erfolgt. Ein derartiges Prinzip wurde bereits in Abb. 4.2-4 dargestellt.

Tunnel für VONs

Zur Bildung von VONs können diverse Prinzipien zum Einrichten von Tunneln eingesetzt werden. Diese bestehen im Allgemeinen darin, dass zuerst jedem zwischen jeweils zwei vSwitches zu übermittelnden Original-MAC-Frame ein spezieller Header, oft als *Tunneling-Header* bezeichnet, vorangestellt wird und dann die beiden 'Teile' – d.h. der Original-MAC-Frame mit dem vorangestellten Tunneling-Header als eine Art vSwitch-to-vSwitch-Daten – in einen externen, nur zwischen den Host-Servern mit betreffenden vSwitches übermittelten MAC-Frame eingebettet werden. Die vSwitch-to-vSwitch-Daten werden somit als Payload (Nutzlast) im externen MAC-Frame übermittelt. Dabei bezeichnet man den inneren Original-MAC-Frame als *Inner MAC-Frame* und den externen MAC-Frame als *Outer MAC-Frame*.

Tunneling-Konzepte für VONs

Da die vSwitch-to-vSwitch-Daten im Outer MAC-Frame in einem IP- oder UDP-Paket, d.h. als IP- oder UDP-Payload, übermittelt werden können, kommen folgende Tunneling-Konzepte, de facto Konzepte zum Aufbau von VONs, infrage:

- **VXLAN** – *Virtual Extensible Local Area Network*
  Bei der Bildung von VONs in Form von VXLANs repräsentieren, so wie in Abb. 4.2-4 gezeigt, die Inner MAC-Frames die vSwitch-to-vSwitch-Daten, und diese werden als Nutzlast in UDP-Paketen übermittelt. Folglich stellen die Endpunkte vom Tunnel die UDP-Sockets dar. VXLAN gilt als Internetstandard und wurde in RFC 7348 spezifiziert – siehe auch VXLAN in [17]. Es sei angemerkt, und

Abb. 4.2-4 illustriert dies auch, dass der Tunneling-Header (TH) gemäß dem Konzept VXLAN, der VXLAN-Header also, dem UDP-Header im Outer MAC-Frame folgt. Damit SFC besser unterstützt werden kann, wurde der VXLAN-Header um die Angabe Next Protocol erweitert, um auf einen darauffolgenden speziellen Header zu verweisen – wie z.B. mit `Next Protocol=0x4` auf den NSH. Eine solche Erweiterung des VXLAN-Header ist im (kürzlich abgelaufenen) Internet-Draft draft-quinn-vxlan-gpe[5] spezifiziert und wird dort als *Generic Protocol Extension for VXLAN* (VXLAN GPE) bezeichnet.

- **NVGRE** – *Network Virtualisation using Generic Routing Encapsulation*
  Bei der Bildung von VONs mithilfe von NVGRE wird zuerst den zwischen VMs zu übermittelnden MAC-Frames ein GRE-Header vorangestellt. Die aus einem MAC-Frame mit dem vorangestellten GRE-Header bestehenden vSwitch-to-vSwitch-Daten werden dann als Nutzlast in einem im Outer MAC-Frame eingebetteten IP-Paket übermittelt. Folglich stellen die Endpunkte vom Tunnel die IP-Adressen von Host-Servern dar. NVGRE ist in RFC 7637 spezifiziert (für Näheres siehe NVGRE in [75]).
- **GENEVE** – *Generic Network Virtualisation Encapsulation*
  Bei der Bildung von VONs mithilfe von GENEVE wird zuerst den zwischen VMs zu übermittelnden Original-MAC-Frames ein GENEVE-Header vorangestellt. Die aus einem MAC-Frame mit dem vorangestellten GENEVE-Header bestehenden Daten stellen die vSwitch-to-vSwitch-Daten dar und werden dann als Nutzlast in UDP-Paketen übermittelt. Infolgedessen repräsentieren die UDP-Sockets die Endpunkte vom Tunnel. Da der GENEVE-Header eine dynamische Struktur hat und diese verschiedene optionale Angaben ermöglicht, ist GENEVE ein flexibles und zukunftsorientiertes Konzept [RFC 8926].

4.2.5 Beispiel für den Einsatz von SFC

Die bereits aus technischer Sicht dargestellte grundlegende Idee von Service Function Chaining soll nun anhand des in Abb. 4.2-5 dargestellten Beispiels auch im Hinblick auf eine praktische Realisierung näher erläutert werden. Es wird hier ein Beispiel präsentiert, wie ein verteiltes System zur Erhöhung der Sicherheit beim Zugriff auf die Webdienste eines Unternehmens realisiert werden kann.

Der Router [Abb. 4.2-5a] am Internetzugang enthält eine zusätzliche Softwarekomponente, die als (Datenfluss-)Klassifizierer (*Data Flow Classifier*) gemäß dem SFC-Konzept fungiert. Die Aufgabe des Classifiers besteht darin, den von ihm zum Host-Server mit den dort durch VMs erbrachten Webdiensten 'fließenden' Datenfluss zu filtern und diesen an das SecGW umzuleiten. Im SecGW werden drei Service Functions realisiert, die einen SF Path (SFP) bilden.

Das SecGW kann hier [Abb. 4.2-5b] einen physischen Rechner mit mehreren VMs darstellen, und die SFs können von mehreren, mithilfe eines vSwitch untereinander vernetzten VMs erbracht werden.

[5] siehe: https://datatracker.ietf.org/doc/draft-ietf-nvo3-vxlan-gpe/

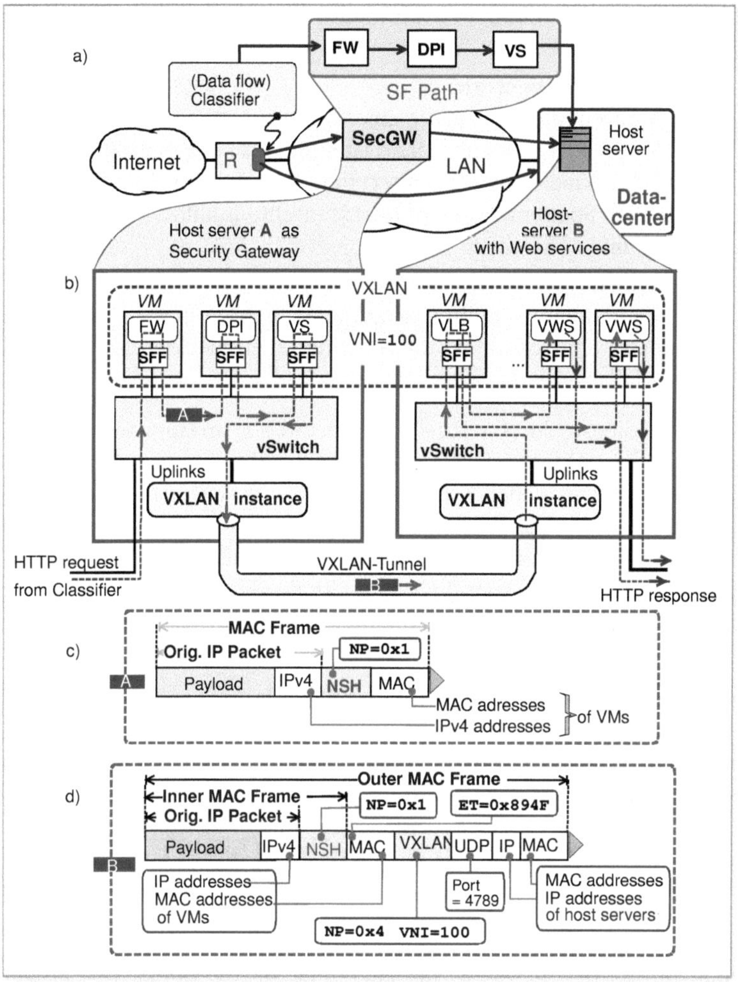

Abb. 4.2-5: Beispiel für den Einsatz von SFC – Security Gateway (SecGW) als Service Function Path (SFP): FW→DPI→VS
a) Security Gateway mit seinen Komponenten, b) Aufbau der vSwitche mit ihren Software Function Forwarder in den VXLAN-Instanzen, c) Struktur der MAC Frames mit Network Service Header, d) Enkapsulierung von Outer MAC Frames mit NSH und VXLAN Identifier

DPI: Deep Packet Inspection; ET: EtherType (nächster Header nach dem MAC-Header). FW: Firewall, NP: Next Protocol (Protokoll nach dem NSH), NSH: Network Service Header, R: Router, SFF: Service Function Forwarder, VLB: Virtual Load Balancer, VS: Virus Scanner (Virenscanner), VWS: Virtual Webserver

Die entlang des SFP im SecGW realisierten SFs sind:

- **Firewall** FW
  Sie dient dazu, mittels der Angaben in den Headern der Protokolle (z.B. IP, UDP, TCP) – insbesondere der die Quell- und/oder Zieladresse betreffenden Angaben

(u.a. IP-Adresse und/oder Portnummer) – unerlaubte Zugriffe auf den Webdienst zu unterbinden.

DPI

- **Deep Packet Inspection**
  Diese Funktion dient dazu, die aus dem Internet ankommenden IP-Pakete – sowohl den Header- als auch den Datenteil, also die ganzen IP-Pakete – auf bestimmte Merkmale wie Computerviren, 'verdächtige Angaben' in Headern von Protokollen, Spam und andere unerwünschte Inhalte hin zu untersuchen, diese zu filtern und zu melden.

VS

- **Virus Scanner**
  Er hat die Aufgabe, die ihm bekannten Computerviren, Computerwürmer und Trojaner zu entdecken und diese daraufhin zu blockieren, zu melden sowie gegebenenfalls zu beseitigen.

Da die Webdienste durch virtuelle Rechner (VMs) im Host-Server erbracht werden, muss so wie in Abb. 4.2-5b dargestellt das in Abb. 4.2-3b präsentierte Konzept zur Vernetzung von virtuellen Rechnern zum Einsatz kommen. Dank der Kopplung von vSwitches – im SecGW und im Host-Server mit Webdiensten – mit einem virtuellen Tunnel kann der zu den Webdiensten 'fließende' und im SecGW bezüglich der Sicherheit überprüfte Datenfluss direkt an den Host-Server mit Web-Services weitergeleitet werden, wo er dann entsprechend auf die einzelnen *Virtual Webservers* (VWSs) verteilt wird.

Es sei angemerkt, dass die entlang des SF Path im SecGW realisierten Funktionen FW, DPI und VS zusammen mit den Komponenten VLB und VWS zur Erbringung von Webdiensten auch als ein 'längerer SFP' betrachtet werden können – de facto also als ein SFC-basierter, verteilter Service.

4.3 Network Service Header (NSH) – Struktur und Bedeutung

Damit eine Kette von SFs (Service Functions, siehe [Abb. 4.2-5b]), also ein SFP, nach bestimmten Vorgaben ausgeführt werden kann, müssen nicht nur Informationen und Steuerungsangaben zwischen Service Function Forwarders (SFFs) übermittelt werden, sondern jede SF muss auch in der Lage sein, bestimmte Informationen als Metadaten an die ihr auf dem SFP folgende SF zu übergeben. Um dies zu ermöglichen, wurden *Network Service Header* (NSH) eingeführt, die zwischen SFFs übermittelt werden. Die allgemeine Struktur von NSH stellt Abb. 4.3-1 dar.

Der NSH enthält zwei fest strukturierte Teil-Header, den Base-Header und den SF-Header, und einen Teil variabler Länge, in dem optionale Header enthalten sein können. Im SF-Header sind die Identifikation des SF Path als Service `Function Path ID` und die Identifikation, also die Nummer, einer SF als Service Index enthalten (vgl. Abb. 4.2-2 und Abb. 4.2-4).

Die einzelnen Angaben im *Base-Header* sind:

- `Ver` (Version): Hier wird die Version von NSH eingetragen.

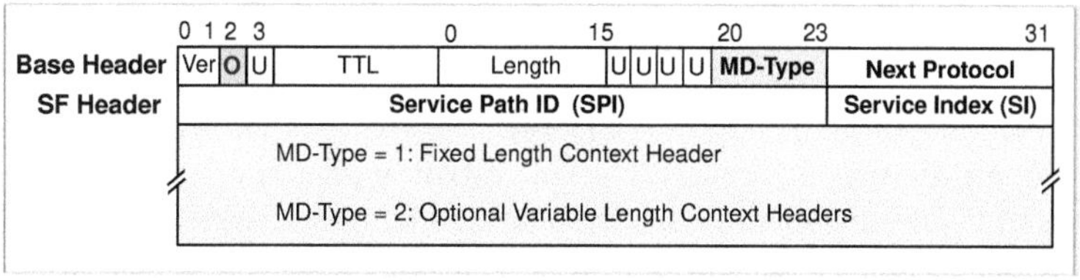

Abb. 4.3-1: Allgemeine Struktur des NSH
MD: Metadata, SF: Service Function

- `O Bit`: Dieses Bit, falls `O=1`, verweist darauf, dass das betreffende IP-Paket als OAM-Paket[6] anzusehen ist.
- `U Bit`: Unassigned Bits, die in der Regel mit '0' belegt werden und für zukünftige Zwecke vorgesehen sind.
- `TTL`: Da sich NSH als Netzwerkprotokoll versteht, wird mittels der Angabe `TTL` – wie auch bei IPv4 – die maximale Anzahl der Hops spezifiziert, über die das Paket übermittelt werden darf und pro SF um den Wert eins heruntergezählt wird. Time-to-live
- `Length`: Angabe der Gesamtlänge des NSH.
- `MD-Type`: Hier wird der Typ des folgenden *Context Headers* angegeben. Die MD Types sind bei der Internetorganisation IANA[7] registriert. Aktuell werden nur die beiden MD-Typen `MD-Type=0x1` und `MD-Type=0x2` genutzt. Ist der Wert `MD-Type=0x0` gesetzt, ist das Paket zu verwerfen. Der Wert `MD-Type=0xf` ist für Experimentalzwecke vorgesehen.
- `Next Protocol`: Die Art des zu übertragenden Payloads, der nicht verändert werden darf. Folgende Payload-Typen werden unterstützt:

Next Protocol	Header Typ	Next Protocol	Header Typ
`0x1`	IPv4	`0x4`	NSH
`0x2`	IPv6	`0x5`	MPLA
`0x3`	MAC	`0xfe`, `0xff`	Experimental

Tab. 4.3-1: Unterstützte NSH-Payload-Typen

Für den *Service Function Header* (SF Header) sind folgende Angaben vorgesehen [Abb. 4.3-1]:

- `Service Path Identifier`: Vom *Classifier* eindeutig zugewiesener Wert für einen *Service Function Path* (SFP) zur Identifizierung eines Services. Die SF-Knoten nutzen diesen Wert zur Bestimmung des SFP. SPI
- `Service Index`: Dieser beschreibt den Abstand eines Knotens innerhalb des SFP. Beim Durchlauf durch den SFP wird von jeder Service Function (SF) oder eines Service Function Forwarders (SFF) dieser Wert vor der Weiterleitung um '1' vermindert (dekrementiert) [Abb. 4.2-5a und b]. SI

[6] Operation, Administration and Maintenance
[7] Internet Assigned Numbers Authority: `https://www.iana.org/`

4.3.1 Network Service Header (NSH) mit `MD-Type=0x1`

Der NSH in Abb. 4.3-1 mit `MD-Type=0x1` wurde eingeführt, um bestimmte Informationen, die sich auf die Netzwerkinfrastruktur, die Transport Plane also, bzw. auf die Virtualisierungsplattform beziehen, als Metadaten übermitteln zu können. RFC 8300 macht aber keine Angaben, welche Informationen in diesem *Mandatory Context Header* untergebracht und wie sie genutzt werden sollen, sondern lässt dies für die Implementierung offen. Inhalte und Felder, die nicht ausgewertet werden können, sind zu ignorieren. Abb. 4.3-2 illustriert den Context-Header mit 16 Byte fester Länge, der im Anschluss an den SF-Header mit den Angaben *Service Function Path ID* und *Service Index* angehangen wird.

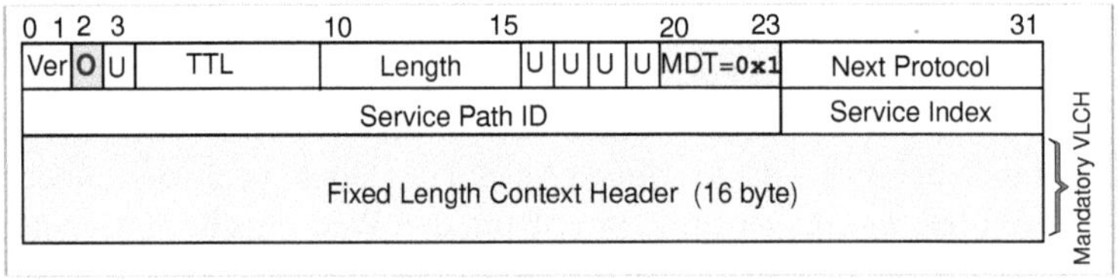

Abb. 4.3-2: Aufbau Network Service Header mit `MD-Type=0x1` zur Aufnahme implementierungsabhängiger Metadaten laut Tab. 4.3-1

4.3.2 Network Service Header (NSH) mit `MD-Type=0x2`

Der NSH mit `MD-Type=0x2` kann als eine erweiterte Fassung von NSH mit `MD-Type=0x1` angesehen werden. Beim Vergleich der Abb. 4.3-2 und Abb. 4.3-3a ist festzustellen, dass der NSH mit `MD-Type=0x2` ergänzend zur Übermittlung von Metadaten mit variabler Länge entsprechend Abb. 4.3-3b genutzt werden kann.

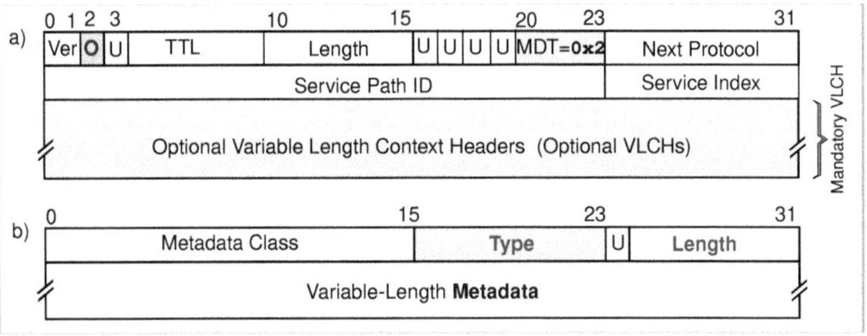

Abb. 4.3-3: Network Service Header mit `MD-Type=0x2` a) Struktur, b) optionaler VLCH zur Übermittlung von Metadaten laut Tab. 4.3-1

4.3.3 Network Service Header (NSH) – Wer macht was?

Nachdem bereits die Bedeutung des NSH [Abb. 4.3-1] erläutert wurde, soll Tab. 4.3-2 zum Ausdruck bringen, welche Funktionskomponenten bei *Service Function Chaining* (SFC) den NSH einfügen bzw. entfernen müssen und welche von ihnen diesen Header eventuell manipulieren können.

Es sei angemerkt, dass die Auswahl eines SFP und somit auch die Zuordnung der SFP-ID im Service Classifier erfolgt. Dort wird auch der NSH eingefügt [Abb. 4.4-1]. Der NSH kann im SFC Proxy [Abb. 4.1-2] sowohl eingefügt als auch entfernt werden.

Die Auswahl der nächsten Service Function auf dem SFP erfolgt im SFF (dem Service Function Forwarder) entsprechend Abb. 4.1-3, Abb. 4.1-3 sowie Abb. 4.2-2), und dies bedeutet, dass jeder SFF in Wirklichkeit quasi als Vermittlungsknoten (und somit eine Art 'Router') zwischen den SFs fungiert.

Wer darf was?	**Auswahl Service Policy**	**NSH: Einfügen, Entfernen oder Ersetzen**			**Auswahl nächster SF**	**NSH: Ändern**	
		Einfügen	*Entfernen*	*Ersetzen*		*Mod. SI*	*Update CH*
Service Classifier		√		√			√
Service Function Forwarder			√		√		
Service Function (SF)	√					√	√
SFC Proxy		√	√			√	√

Tab. 4.3-2: Einfügen, Entfernen und Manipulieren des NSH: Wer macht was?
CH: Context Header (vgl. Abb. 4.3-2), SI: Service Index (vgl. Abb. 4.1-3), Mod.: Modifikation

Hervorzuheben ist dabei, dass der Service Index (SI) von SFs modifiziert werden darf. Dies führt dazu, dass die Auswahl der nächsten SF auf dem SFP auch von der Art und Weise der Ausführung der vorherigen SF abhängig gemacht werden kann.

4.4 SFC-Topologie als SF-Graph

Um das Konzept von SFC zu erläutern, ist bisher von einfachen Strukturen der Vernetzung von SFs ausgegangen worden, d.h. von SFC-Topologien. Bei einer Vielzahl von SFs kann die SFC-Topologie jedoch sehr komplex sein. Zu einer sowohl visuellen als auch formalen Darstellung jeder beliebigen, einfachen wie auch komplexen SFC-Topologie auf eine einheitliche Art und Weise eignen sich Graphen. Man spricht in diesem Zusammenhang von *SF-Graphen.*

Abb. 4.4-1 ist ein Beispiel dafür, wie eine SFC-Topologie in Form eines SF-Graphen dargestellt werden kann.

In diesem Kontext sind noch zwei wichtige Besonderheiten der SFC-Topologie hervorzuheben – nämlich,

- dass zwischen zwei benachbarten SFs auf einem Service Function Path (SFP) – hier zwischen SF_2 und SF_3 – mehrere Transportwege möglich sind, und
- dass nach einer ausgeführten SF eine Auswahl aus mehreren SFs auf einem SFP – hier eine Auswahl aus $SF_{5,1}$ und $S_{5,2}$ nach SF_4 – infrage kommt.

Abb. 4.4-1 soll auch verdeutlichen, dass ein Service Function Forwarder quasi als Vermittlungsknoten zwischen SFs dient. Damit SFFs ihre Aufgaben erfüllen können, müssen sie, um die Lokation von SFs und die in Betracht kommende Transportart ermitteln zu können, über bestimmte Weiterleitungstabellen verfügen.

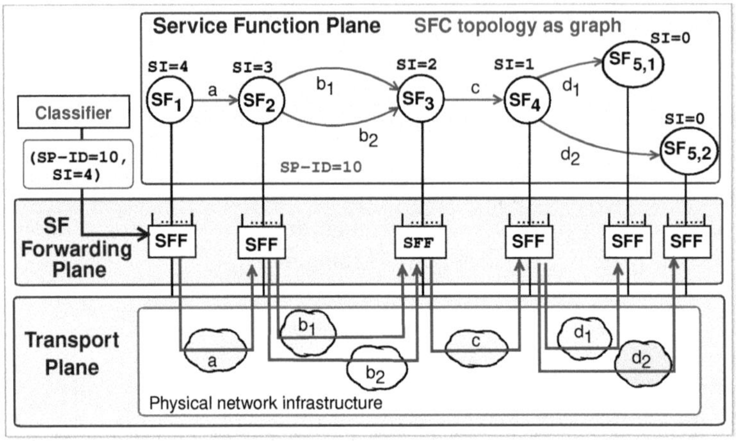

Abb. 4.4-1: Beispiel für die Darstellung einer SFC-Topologie in Form eines SF-Graphen

SF: Service Function, SFF: Service Function Forwarder, SP-ID: Service Function Path Identification, SI: Service Index

4.4.1 Raum mit den Koordinaten 'Network Service' und 'Service Function'

Folgende zukünftige Situation ist vorstellbar:

> Es existiert eine Vielzahl von Service Functions wie z.B. SF_1, ..., SF_Y, die beliebig und dabei sogar weltweit verteilt sein können. Auf Basis dieser SFs sollen unterschiedliche Network Services NS_1, ..., NS_X erbracht werden. Dabei ist Y aber viel größer als X. Es könnte sogar vorkommen, dass an der Erbringung mehrerer Network Services nur eine SF beteiligt ist.

Um in einem solchen Fall die Aufgaben aller SFs, die Ermittlung ihrer Lokation und die möglichen Transportarten zwischen SFs spezifizieren zu können, könnte man sich einen zweidimensionalen Raum mit den Koordinaten NS und SF vorstellen.

Da jeder Network Service durch einen SF Path (SFP) mit einer eindeutigen *SF Path Identification* (SFP-ID) erbracht wird und die Lokation jeder SF auf dem Pfad mit dem *Service Index* (SI) angegeben wird, könnten die Paare (SFP-ID, SI) als Punkte im zweidimensionalen Raum mit den Koordinaten NS und SF angesehen werden. Eine solche Betrachtung ermöglichte es, sowohl die Aufgabe als auch die Lokation jeder SF einheitlich und eindeutig zu spezifizieren. Wie dies tabellarisch erfolgen kann, wird nun gezeigt.

4.4.2 Ermittlung der Lokation von SFs und der Transportart

Die eben präsentierte Betrachtung von verschiedenen, durch SFPs erbrachten Network Services (NSs) und zahlreichen Service Functions als Punkte (SFP-ID, SI) in einem zweidimensionalen Raum mit den Koordinaten NS und SF ermöglicht es, sowohl die Lokation jeder SF als auch alle denkbaren, zu ihr führenden Transportwege zu ermitteln. Tab. 4.4-1 illustriert dies.

a)

SFP-ID	SI	NH-IP address/locator	Transport type
10	2	192.165.32.3	VXLAN GPE
20	3	192.134.28.2	NVGRE
		192.134.28.1	NVGRE
...	...	...	...

Determination of NH and transport type for (`SFP-ID,SI`)

b)

SFP-ID	SI	NH-SF	TW-ID	Costs/Metric
10	1	SF 4	*	100
20	3	SF 3	1	10
			2	40
...	...	...	...	...

Determination of NH for (`SFP-ID,SI`)

c)

NF-SF	TW-ID	IP address/locator	Transport type
SF 4	*	192.165.32.3	VXLAN GPE
SF 3	1	192.134.28.1	NVGRE
SF 3	2	192.134.28.2	VXLAN GPE
...	...	...	...

Determination of transport type for (`NF-SF,TW-ID`)

Tab. 4.4-1: Beispiele für Tabellen in einem SFF zur Ermittlung der Lokation von SFs und der Transportart: a) für (`SFP-ID,SI`), b) für (`SFP-ID,SI`), c) für (`NF-SF,TW-ID`)

GPE: General Purpose Extension (bei VXLANs), NH: Next Hop (als nächste SF auf dem SFP), NH-SF: Next Hop SF, TW-ID: Transportweg-Identifikation)

Die Angaben zum Paar (SFP-ID, SI) über die Lokation der nächsten SF, d.h. vom Next Hop (NH), und über die Transportart zu dieser Next Hop SF (NH-SF) können in Form von Tab. 4.4-1a spezifiziert werden. Diese Tabelle kann aber auch auf zwei 'kleinere' Tabellen 'aufgeteilt' werden, von denen die erste, in Tab.4.4-1b dargestellte, nur die Ermittlung des Paares (`NH-SF`, `TW-ID`) mit dem 'günstigsten' Transportweg zur `NH-SF` ermöglicht und die zweite, in Tab.4.4-1c gezeigte Tabelle dient dann nur der Ermittlung der IP-Adresse zu der `NH-SF` sowie der Transportart dahin.

4.5 NFV, SFC und SDN – ihre Gemeinsamkeiten

Das SFC als Konzept zur Gestaltung komplexer Netzwerkdienste in Form einer Verkettung von durch virtuelle Rechner (VMs) erbrachten Servicefunktionen (SFs) ist sehr eng mit den bereits erwähnten Konzepten der *Network Functions Virtualisation* (NFV) und des *Software Defined Networking* (SDN) verwandt. Die drei Konzepte weisen einige Gemeinsamkeiten auf. Um diese zum Ausdruck zu bringen, zeigt Abb. 4.5-1 eine Gegenüberstellung der stark vereinfachten Referenzarchitekturen von SFC, NFV und SDN.

Bei NFV werden verschiedene Netzwerkfunktionen softwaremäßig auf leistungsfähigen Host-Servern bzw. auf speziellen Rechnerplattformen in rein virtueller Form realisiert, kurz als *Virtualised Network Functions* (VNFs) bezeichnet. Ihre Vernetzungen werden als sog. *NFV-basierte Services* verfügbar gemacht. Die allgemeine Idee von NFV liegt in Form einer beim ETSI spezifizierten NFV-Referenzarchitektur[8] vor; für vertiefte Informationen darüber sei auf NFV in [75] verwiesen.

[8] sieh: http://www.etsi.org/technologies-clusters/technologies/nfv

Das Konzept von SDN beruht darauf, die Software in Netzwerkkomponenten zur Übermittlung von Daten möglichst von ihrer Hardware zu trennen und sie dann auf eine bzw. auf mehrere zentrale, als Controller bezeichnete Steuerungskomponenten auszulagern. Demzufolge werden die Netzwerkkomponenten vereinfacht und zentral gesteuert. Diese Überlegung führt zu neuen Möglichkeiten, diverse Netzwerkdienste zu entwickeln, diese zu programmieren und sie in Netzwerken mit vereinfachten Hardwareeinheiten zu verwirklichen. Da zwischen Controller und Netzwerkkomponenten, welche als Netzknoten zur Datenweiterleitung fungieren, das Protokoll *OpenFlow* (OF) verwendet wird, bezeichnet man sie als OF-Switches.[9] Eine kompakte und fundierte Darstellung von SDN findet sich im Kapitel SDN von [75].

Anhand der in Abb. 4.5-1 gezeigten Gegenüberstellung der Referenzarchitekturen von SFC, NFV und SDN lassen sich ihre konzeptionellen und funktionellen Gemeinsamkeiten kurz wie folgt charakterisieren:

Gemeinsamkeiten von NFV und SDN

Vergleicht man die Referenzarchitekturen von NFV und SDN, stellt man folgende Gemeinsamkeiten fest:

- Die beiden Komponenten NFV Orchestrator[10] (NFVO) und VNF Manager (VNFM) realisieren bei NFV ähnliche Aufgaben wie der Controller bei SDN.
- Die als EMS und VNF bezeichneten Komponenten bei NFV entsprechen der Funktion nach dem OpenFlow Switch (OF-Switch) bei SDN.
- Die NFV Infrastructure (NFVI) entspricht den Hardwareinstanzen bei SDN.

Gemeinsamkeiten von SDN und SFC

Bei einem Vergleich der Referenzarchitekturen von SDN und SFC erkennt man leicht folgende Ähnlichkeiten:

- Der Controller bei SDN entspricht weitgehend dem Controller bei SFC.
- Der Open Flow-Switch bei SDN entspricht dem SF Path (SFP) bei SFC, also Ketten von *Flow Tables* (FT).
- Die Hardwareinstanzen bei SDN entsprechen der Data Forwarding Infrastructure bei SFC.

Dank dieser hier zum Ausdruck gebrachten Gemeinsamkeiten von SDN und SFC kann man von *Software Defined Network Service Chaining* sprechen.

Gemeinsamkeiten von NFV und SFC

Stellt man die Referenzarchitekturen von NFV und SDF gegenüber, erkennt man folgende funktionelle Gemeinsamkeiten:

- Die beiden Komponenten *NFV Orchestrato*r und *VNF Manager* realisieren bei NFV gemeinsam ähnliche Aufgaben wie der Controller bei SFC.
- Die Komponenten EMS und VNF bei NFV entsprechen ihrer Funktion nach weitgehend dem SFP bei SFC.

[9] Die SDN betreffenden Aktivitäten werden von der Open Networking Foundation (ONF) koordiniert; siehe `https://www.opennetworking.org`.

[10] Unter Orchestrierung (Orchestration) versteht man das Zusammensetzen und Koordinieren mehrerer Prozesse zur Erbringung eines Netzwerkdienstes.

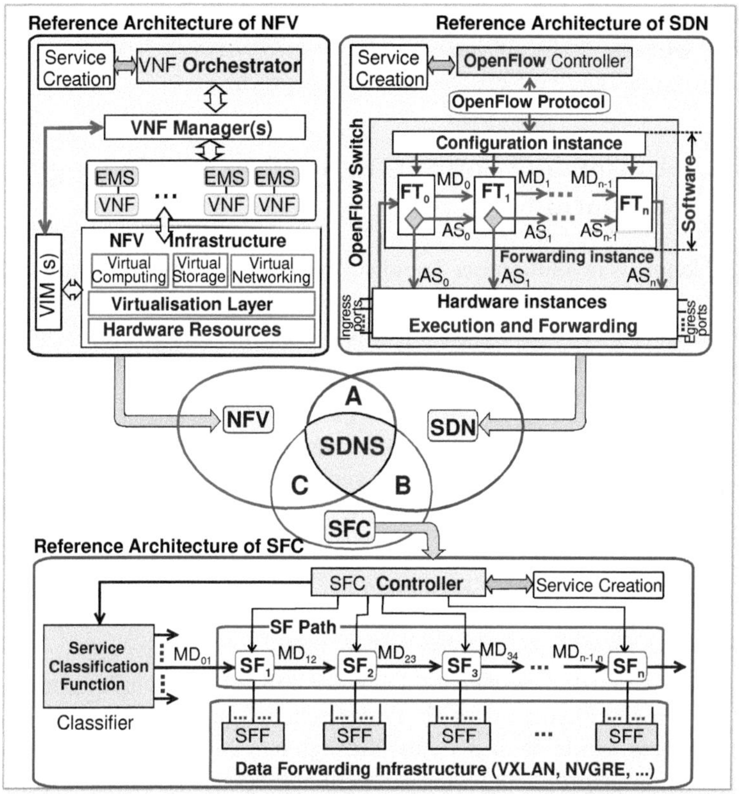

Abb. 4.5-1: Gegenüberstellung der Referenzarchitekturen von SFC, NFV und SDN – und deren Gemeinsamkeiten

AS: Action Set (vergleichbar mit SF bei SFC), EMS: Element Management System, FT: Flow Table (bestimmt den ihr entsprechenden Action Set). In-/Eg-Port: Ingress/Egress Port (Eingangs-/Ausgangsport), MD: Metadata, NVS: Network Function Virtualisation, SDNS: Software Defined Network Services, SF: Service Function (entspricht einer VNF bzw. einem Action Set), SFC: Service Function Controller, SFF: Service Function Forwarder, VIM: Virtualised Infrastructure Manager, VNF: Virtualised Network Function (entspricht einer SF)

- Die *NFV Infrastructure* entspricht der *Data Forwarding Infrastructure* bei SFC.

Dank dieser festgestellten Gemeinsamkeiten ergänzen sich die Konzepte SFC, NFV und SDN auf eine fast ideale Weise. Folglich können einige Ideen und somit auch Funktionskomponenten dieser Konzepte wechselseitig übernommen werden.

Der hier erbrachte Vergleich von SFC, NFV und SDN (siehe Kapitel 6) soll auch verdeutlichen, dass diese drei Konzepte keine 'Big Hypes' sind, sondern zusammen als ein 'antreibendes Dreigespann' zukünftiger Entwicklungen auf dem Gebiet Networking angesehen werden können, das zweifellos deren 'Fahrtrichtung' bestimmen wird. Abgesehen davon ist zu erwarten, dass die Konvergenz von SFC, NFV und SDN dazu führen wird, dass man in absehbarer Zukunft in der Lage sein wird, diverse, durch die Vernetzung von standardisierten Softwareinstanzen erbrachte

Netzwerkdienste dem Bedarf entsprechend und ad hoc zu kreieren. Sobald dies eintritt, wird die Fachwelt von *Software Defined Network Services* (SDNSs), also von software-definierten Netz(werk)diensten, sprechen.

4.5.1 Umsetzung von SFC in der Praxis – ein mögliches Szenario

SFC kann als revolutionärer Trend auf dem Gebiet Networking angesehen werden, doch eine breite Umsetzung der Idee von SFC ist nur durch eine Bereitstellung virtueller Rechner möglich. Eine weitgefasste Umsetzung von SFC in der Praxis ist heute noch nicht mehr als nur eine Vision – ihre Realisierung wird vermutlich bald in den folgenden zwei 'Schritten' erfolgen:

1. Zuerst werden alle wichtigen SFs weitgehend standardisiert, programmiert, als konfigurierbare Softwaremodule verfügbar gemacht und für einen breiten Einsatz angeboten. Man könnte solche SFs auch mit 'Musikkompositionen' in der realen Welt vergleichen.
2. Aus den verfügbaren SFs werden dann typische Network Services kreiert. Das heißt, in der Praxis werden diese dem Bedarf entsprechend spontan eingerichtet. Solche Network Services könnte man mit spontan organisierten klassischen Musikkonzerten vergleichen. Für jedes Konzert muss ein Programm erstellt werden, und außerdem wird ein Dirigent benötigt. Die Erbringung eines Network Services würde dann der Ausführung eines Musikkonzertes entsprechen, und das Konzertprogramm wäre mit dem SFP vergleichbar. Der Dirigent – auf dem Gebiet *Networking Orchestrator* genannt – wird in der *Control Plane* angesiedelt [Abb. 4.1-2].

4.6 Schlussbemerkungen

Um die Idee von SFC verwirklichen zu können, müssen verschiedene technische Aspekte berücksichtigt und zahlreiche neue Systemlösungen entwickelt werden. In diesem Zusammenhang sei abschließend Folgendes hervorgehoben:

Container

- *SFC-ähnliche Ideen in NFV-Standards und bei Container*
  Wie hier dargestellt wurde, haben SFC und NFV mehrere Gemeinsamkeiten. Die Verkapselung von Aufgaben in Containern ist eine gängige Praxis, die bei Unix-artigen Betriebssystemen unter dem Namen *Zones* (Solaris), *Jails* (FreeBSD) und *Docker* (Linux) als Containerlösung kursieren und gemeinsame Konzepte verfolgen. Im Gegensatz dazu beschreibt SFC eine Infrastruktur und ein Kommunikationsprotokoll. Bei den Containern steht hingegen das Containerformat im Vordergrund, während die Internet-Kommunikation über das Standard-TCP/IP-Protokoll erfolgt.

Patente

- *SFC-Ideen in zahlreichen Patenten*
  Zur Konzeption und Realisierung verschiedener SFC-basierter Systemlösungen

werden diverse Ideen benötigt; diese werden bereits in zahlreichen Patenten offenbart. Eine Liste interessanter, SFC betreffender Patente findet sich am Schluss des Kapitels. Da die Nutzung von Patenten aber lizenzpflichtig ist, verhindert dies eher deren Nutzung, als es dem Einsatz förderlich wäre.

- *Neue Risiken durch SFC* Trust
  SFC ist noch in der Anfangsphase, weshalb die SFC-Sicherheit derzeit noch vollkommenes Neuland ist. Insbesondere als aktive Softwarekomponenten können SFs unterschiedliche und somit künftig natürlich auch heute noch unvorstellbare bösartige Funktionen erbringen, die folglich unvorhersehbare Sicherheitsrisiken mit sich bringen können. Speziell müssen sich die SFs untereinander vertrauen. In der heutigen IT-Welt verlangt dies aber erhebliche Aufwände in Bezug auf die Sicherheitsarchitektur.

Die Virtualisierungsfunktionen von SFC sowie auch von NFV und von SDN können als Meilenstein für das verteilte *Cloud Computing* betrachtet werden.

IETF-Dokumente, ETSI-Quellen sowie Patente

- RFC 7498: SFC Problem Statement (Apr. 2015)
- RFC 7665: SFC Architecture (Oct. 2015)
- RFC 8926: Geneve: Generic Network Virtualisation Encapsulation (Nov. 2020)
- RFC 8300: Network Service Header (NSH) (Jan. 2018)
- RFC 8924: Service Function Chaining (SFC) Operations, Administration, and Maintenance (OAM) Framework (Oct 2020)
- RFC 9145: Integrity Protection for the Network Service Header (NSH) and Encryption of Sensitive Context Headers (Dec 2021)
- https://datatracker.ietf.org/doc/html/draft-ietf-sfc-nsh-broadband-allocation-01
- https://datatracker.ietf.org/doc/html/draft-ietf-sfc-nsh-dc-allocation-02
- https://datatracker.ietf.org/doc/html/draft-ietf-sfc-control-plane-08
- www.etsi.org/technologies-clusters/technologies/nfv

P1 Surendra M. Kumar, et al: Workload based service chain insertion in a network environment. US 2014/0280836 A1, Sep. 2014

P2 Shiva Bhanujan, Senhua Huang: Instantiating an application flow into a chain of services in a virtual data center. US 2014/0280950 A1, Sep. 2014

P3 Rex Fernando, et al: Virtual service topologies in virtual private networks. US 2014/0313928 A1, Okt. 2014

P4 James Guichard, et al: Symmetric service chain binding. US 2014/0334295 A1, Nov. 2014

P5 James Guichard, et al: Data plane learning of bi-directional service chains. US 2014/0334488 A1, Nov. 2014

P6 James Guichard, et al: Determining the operations performed along a service path / service chain. US 2014/0334488 A1, Dec. 2014

P7 James Guichard, et al: Stacking metadata contents for service chains. US 2014/0362857 A1, Dec. 2014

P8 James Guichard, et al: Dynamic service path creation. US 2015/0026362 A1, Jan. 2015

5 SRv6 – IPv6 Segment Routing

Das heutige Internet stellt einen weltweiten Verbund verschiedener Netze auf der Basis des *Internet Protocol* (IP) dar. Diese sog. IP-Netze funktionieren verbindungslos, das heißt, zur Übermittlung von Daten in Form von IP-Paketen zwischen zwei kommunizierenden Endsystemen wird zwischen diesen keine virtuelle Verbindung in klassischen IP-Netzen eingerichtet. Stattdessen werden einzelne IP-Pakete unabhängig voneinander über verschiedene Routen übermittelt.

Diese verbindungslose Art der Kommunikation (*Connectionless Mode*) kann aber nicht alle Anforderungen erfüllen, insbesondere nicht die, die durch die Virtualisierung von Rechnern entstanden sind. Unter anderem aus diesem Grund wurde eine spezielle, als *IPv6 Segment Routing*, kurz *SRv6*, bezeichnete Art von Routing entwickelt. Sie ermöglicht eine effektive Nutzung von IP-Netzen mit dem *Internet Protocol* der Version 6 (IPv6) und der darauf basierenden IPv6-Netze sowie eine flexible Einrichtung neuer intelligenter Netzdienste.

SRv6 als neue Art von Source Routing

Dem Konzept von SRv6 liegt die Idee des klassischen Source Routing zugrunde, bei dem der Verlauf von Routen für den Transport von Daten in IP-Paketen durch Quellrechner (Data Source) bestimmt wird. Bei der Realisierung von Source Routing wird in Quellrechnern eine geordnete Liste von Anweisungen in die von ihnen gesendeten IP-Pakete eingefügt, wodurch ihre Weiterleitung über Netze und die Initiierung diverser Services in Netzknoten entlang von Routen bestimmt wird. Da solche Anweisungen in IPv6-Paketen in Form einer Adressliste von Netzsegmenten spezifiziert werden, spricht man von *Segment Routing* (SR) in IPv6-Netzen und bezeichnet diese besondere Art von Routing kurz als *SRv6*.

Intelligente Netzwerkfunktionen

SRv6 stellt eine Systemlösung dar, mit der nicht nur Daten in IPv6-Netzen über stets unidirektionale Pfade (IPv6-Paths) transportiert werden können. Darüber hinaus können mithilfe von SRv6 auch – durch die entlang eines IPv6-Path übermittelten IPv6-Pakete – verschiedene Funktionen in SRv6-fähigen Systemkomponenten, insbesondere in Routern, aufgerufen werden. Dadurch entstehen neue Möglichkeiten der Bereitstellung intelligenter Netzwerkfunktionen entlang von IPv6-Paths. Hierbei spricht man dann von *SRv6 Network Programming*, was Gegenstand dieses Kapitels ist.

Standardisierung

Die Entwicklung SRv6 betreffender Internetstandards wird von der Working Group SPRING (*Source Packet Routing in Networking*) der Internet Engineering Task Force (IETF) koordiniert. Entstanden ist das SRv6 offiziell eigentlich erst im Mai 2016 mit der Veröffentlichung des RFC 7855 (*Source Packet Routing in Networking; Problem Statement and Requirements*). Die technischen Grundlagen zur Realisierung von SRv6 werden in mehreren RFCs und Internet Drafts bei der IETF spezifiziert. Hervorgehoben seien hier insbesondere

- RFC 8402: Segment Routing Architecture,
- RFC 8754: IPv6 Segment Routing Header (SRH) und
- RFC 8986: SRv6 Network Programming.

Inhalt dieses Kapitels

Dieses Kapitel erläutert die grundlegenden Ideen und Konzepte, die zur Entstehung von SRv6 geführt haben. Dabei wird zuerst kurz die Multiplane-Struktur von Netzen mit SRv6 vorgestellt und auf die Analogie zwischen SRv6 und *Multiprotocol Label Switching* (MPLS) eingegangen.

Nach anschließender Erläuterung fundamentaler Begriffe bei SRv6 werden folgende Themen präsentiert:

- Arten von *SRv6-Domains*, Operationen entlang eines IPv6-Path, SRH und dessen Bedeutung,
- Übermittlung von IPv6-Paketen über einen *SRv6-Path* und das Konzept von *SRv6 Network Programming* (SRv6-NP),
- Interpretation von *SRv6-Policies* (SRv6-Richtlinien) bei Network Programming,
- Prinzip von *Remote Service Function Call* bei SRv6-NP, Kategorien von *SRv6 Network Functions* und ihre Nutzung.

5.1 Multiplane-Struktur von Netzen mit SRv6

SRv6-fähige Systemkomponenten in IPv6-Netzen müssen mehrere Funktionen enthalten, welche in einer Hierarchie zueinander stehen. Da gleichartige Funktionen einer Hierarchieebene, kurz *Layer* genannt, zugeordnet werden können, entsteht eine Multilayer-Hierarchie in IPv6-Netzen mit SRv6. Ein funktionaler Layer in einer solchen Hierarchie wird als *Plane* bezeichnet. Aus diesem Grunde spricht man auch von einer *Multiplane-Struktur (-Architektur) des IPv6-Netzes mit SRv6*, die in Abb. 5.1-1 grafisch dargestellt ist.

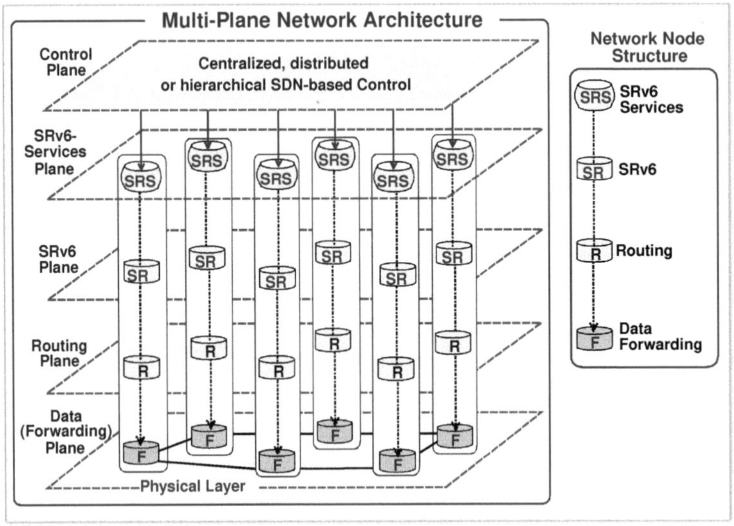

Abb. 5.1-1: Allgemeine Multiplane-Struktur von IPv6-Netzen mit SRv6

F: Forwarding, R: Routing, SDN: Software Defined Networking, SRv6: IPv6 Segment Routing, SRS: SRv6 Services

Mittels der in Abb. 5.1-1 gezeigten Multiplane-Struktur wird zum Ausdruck gebracht, dass ein SRv6-fähiger Router als Netzknoten in IPv6-Netzen mehrere in einer Hierarchie zueinander stehende Funktionen aufweisen muss.

5.1.1 Hierarchie der Funktionen in IPv6-Netzem mit SRv6

Die einzelnen Funktionen in der Multiplane-Struktur von IPv6-Netzen mit SRv6 sind:

- **Data Forwarding**
  Als *Data Forwarding* bezeichnet man die Weiterleitung von Datenpaketen in Netzknoten. Diese Funktionalität bildet eine *Data Forwarding Plane*, auch kurz *Data Plane* genannt. Diese Plane ist die unterste Plane in der Multiplane-Struktur von IPv6-Netzen.
- **Classical Routing**
  Unter dem klassischen Routing in IP-Netzen wird im Allgemeinen die Bestimmung von Routen zur Übermittlung von IP-Paketen zwischen Endsystemen entlang von Routen verstanden. Im vorliegenden Fall kann es zwischen zwei Endsystemen gleichzeitig mehrere Routen unterschiedlicher Qualität geben, sodass die zwischen den Endsystemen übermittelten Pakete über verschiedene Routen quasi parallel übermittelt werden. Das klassische Routing in IP-Netzen – sowohl in IPv4-Netzen als auch in IPv6-Netzen – bildet eine *Routing Plane*, die in der Multiplane-Struktur von IPv6-Netzen oberhalb der *Data Forwarding Plane* angesiedelt wird. Aus der obigen Abbildung kann entnommen werden, dass der paketorientierten Übermittlung von Daten entlang von Routen die Funktion *End-to-End Data Forwarding* zugrunde liegt.
- **IPv6 Segment Routing** SRv6
  Unter Segment Routing in IPv6-Netzen ist ein Konzept zu verstehen, nach dem zwischen beliebigen Systemkomponenten in IPv6-Netzen verlaufende Datenpfade (*IPv6-Paths*) eingerichtet werden können. Diese IPv6-Paths stellen 'unidirektionale virtuelle Verbindungen' dar, d.h. virtuelle Verbindungen, die Daten nur in einer Transferrichtung übermitteln. Die Gesamtheit der in einem IPv6-Netz eingerichteten IPv6-Paths kann nach dieser Interpretation auch als *virtual SRv6-Network* angesehen werden. Somit bildet das klassische Routing die Grundlage für SRv6, und aus diesem Grund wird die *SRv6-Plane* oberhalb der Routing Plane angesiedelt.
- **IPv6 Segment Routing Services** SRv6-Services
  Die nach dem SRv6-Prinzip eingerichteten IPv6-Paths können zu dynamisch konfigurierbaren Hardware- bzw. Softwarekomponenten führen. Damit bietet sich die Möglichkeit, diese so zu steuern, dass von ihnen bestimmte netzwerkspezifische Services erbracht werden können [Abb. 5.3-1]. Es wird in diesem Zusammenhang auch von *SRv6-Services* gesprochen. SRv6 bietet somit eine technische Plattform zur Bereitstellung verschiedener netzwerkspezifischer Services. Da man diese auch auf der Basis von virtualisierten Rechnern bereitstellen kann, hat man es mit dem bereits angesprochenen *SRv6 Network Programming* zu tun.

SRv6-Services werden auf der Grundlage von SRv6 eingerichtet. Deshalb ist die den SRv6-Services entsprechende Plane oberhalb der SRv6 Plane anzusiedeln.

5.1.2 Bedeutung von SDN bei SRv6

Die verschiedenen SRv6-Services müssen über IPv6-Netze gesteuert und konfiguriert werden. Zur Realisierung der hierfür nötigen Funktionalität werden spezielle Steuerungskomponenten benötigt. Wie schon aus dem ersten Bild hervorgeht, können alle diese Komponenten der Control Plane zugeordnet werden. Es sei allerdings angemerkt, dass diese Plane in einigen Fällen ihrerseits eine eigene hierarchische Struktur aufweisen kann. Insbesondere ist dies der Fall, wenn zur dynamischen, also der dem aktuellen Bedarf entsprechenden Konfiguration von SRv6-Services, das *Software Defined Networking* (SDN) genutzt wird.

SRv6 versus SR-MPLS

Das *Segment Routing* (SR) kann auch in Netzen mit dem klassischen Protokoll IPv4 beim Einsatz von MPLS realisiert werden. Ist dies der Fall, spricht man von *SR over MPLS* (SR-MPLS). Auch hier besteht die Möglichkeit, die Funktionalität der betreffenden Systemkomponenten von SR-MPLS mittels einer Multiplane-Struktur zu beschreiben. Der wesentliche Unterschied zwischen der Multiplane-Struktur von Netzen mit SRv6 und der mit SR-MPLS besteht darin, dass die Umsetzung von Data Forwarding in der Multiplane-Struktur von Netzen mit SR-MPLS nach den Spezifikationen von MPLS erfolgt.

5.1.3 Analogie zwischen SRv6 und MPLS

Das Konzept von SRv6 ist mit dem Konzept MPLS in hierarchischen Netzstrukturen, also mit *Hierarchical MPLS* (H-MPLS), verwandt. Abb. 5.1-2 illustriert diese Analogie.

MPLS primär für IPv4

MPLS eignet sich sowohl für IPv4- als auch für IPv6-Netze, wird in der Praxis jedoch nur in IPv4-Netzen eingesetzt. Beim MPLS werden unidirektionale IP-Pfade nur zwischen Endsystemen innerhalb einer MPLS-Domain, d.h. als unidirektionale virtuelle Ende-zu-Ende-Verbindungen, aufgebaut. Für weiterführende Informationen sei auf das MPLS-Kapitel in [17] verwiesen.

Label-Interpretation bei MPLS

Ein Label stellt bei MPLS die Identifikation eines über einen physischen Link verlaufenden logischen Kanals dar. Ein über eine hierarchische Struktur von MPLS-Netzen verlaufender unidirektionaler IP-Path zwischen zwei Endsystemen bei H-MPLS wird durch eine Sequenz von Labels spezifiziert. Eine solche Labelsequenz wird als *Label Stack* (Label-Stapel) bezeichnet und, wie in Abb. 5.1-2a gezeigt, dem IP-Header vorangestellt. Die Angabe `0x9947` im Header-Teil `ET` (*EtherType*) verweist darauf, dass ein Label Stack (LS) nach dem MAC-Header kommt. Am Ende des Label Stack verweist das Bit `S` (*Bottom of Stack*) im letzten Label auf den darauffolgenden IP-Header.

Stack

Als *Stack* bezeichnet man in der Informatik allgemein eine Reihe übereinander gestapelter Elemente. Dabei kann jedes neu dazu kommende Element nur auf das bereits gestapelte Element gelegt werden, und nur das zuletzt hinzugefügte Elemente kann zuerst vom Stack genommen werden.

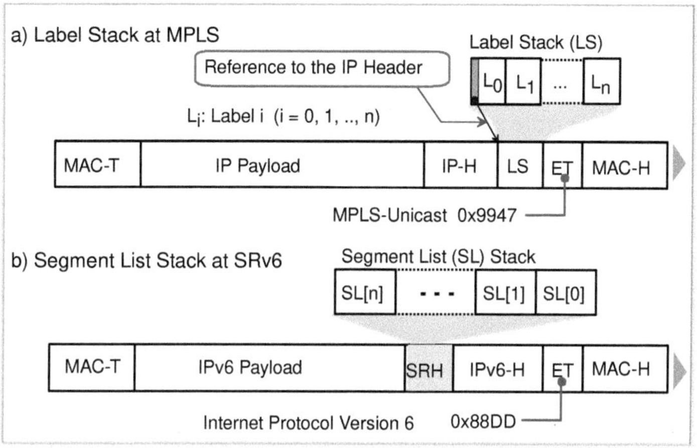

Abb. 5.1-2: Analogie zwischen SRv6 und MPLS anhand ihrer grundlegenden Konzepte: a) H-MPLS, b) SRv6

ET: EtherType, IP-H: IP-Header, MAC-H: MAC-Header, MAC-T: MAC-Trailer, MPLS: Multiprotocol Label Switching, SRH: Segment Routing Header, SRv6: Segment Routing IPv6

Organisationsprinzip LIFO

Ein Stack kann als eine nach dem Prinzip LIFO (*Last-in/First out*) organisierte Liste interpretiert werden. Für die Organisation eines Stack benötigt man die zwei folgenden Operationen:

- **Push** (darauflegen), um ein Element auf den Stapel zu legen,
- **Pop** (herunternehmen), um ein Element vom Stapel zu nehmen.

SL-Stack bei SRv6

Die gleiche, dem Label Stack bei H-MPLS entsprechende Idee liegt dem SRv6-Konzept zugrunde. Bei ihm bildet ein Stack aber eine Liste sog. *Segmente*. Diese Liste entspricht der Funktion nach also weitgehend dem Label Stack bei H-MPLS und wird auch als *Segment List Stack* (SL-Stack) bezeichnet.

Segment als IPv6-Adresse

Von Belang ist in diesem Kontext, dass jedes Segment wie eine IPv6-Adresse codiert wird. Daher stellt jedes Segment de facto eine IPv6-Adresse dar. Das SL-Stack bildet somit eine geordnete Liste von IPv6-Adressen. Zu ihrer Übermittlung in IPv6-Paketen wird sie in einen speziellen, dem IPv6-Header folgenden IPv6 Extension Header, einen sog. *Segment Routing Header* (SRH), eingetragen (siehe Abb. 5.2-4 und Abb. 5.2-5). Die geordnete Liste wird als Stack von IPv6-Adressen organisiert, wobei ein LIFO-ähnliches Prinzip angewandt wird.

Bei SRv6 können stets unidirektionale, als *SRv6-Paths* bezeichnete IPv6-Paths nicht nur zwischen Endsystemen an einer SRv6-Domain, sondern auch intern zwischen zwei beliebigen SRv6-fähigen Systemkomponenten, also zwischen zwei Routern bzw. einem Host und einem Router, eingerichtet werden. Über welche Systemkomponenten ein SRv6-Path verläuft, wird im SL-Stack angegeben [Abb. 5.2-2]. Vielfach wird ein solcher SL-Stack auch als *SRv6-Policy* bezeichnet.

5.2 Grundlegende Eigenschaften des SRv6

Zur Erläuterung von SRv6 kann eine grafische Interpretation der hier vorkommenden relevanten Begriffe wie in Abb. 5.2-1 gezeigt hilfreich sein.

SRv6-Domain

Ein IPv6-Netz, in dem mehrere SRv6-fähige Systemkomponenten enthalten sind, bildet eine *SRv6-Domain*. Darunter wird im Allgemeinen eine Vernetzung SRv6-fähiger Netzsystemkomponenten (Router, Hosts) verstanden. In diese Vernetzung können aber auch nicht SRv6-fähige Router integriert werden. Folglich kann eine SRv6-Domain sowohl SRv6-fähige als auch nicht SRv6-fähige Hosts vernetzen.

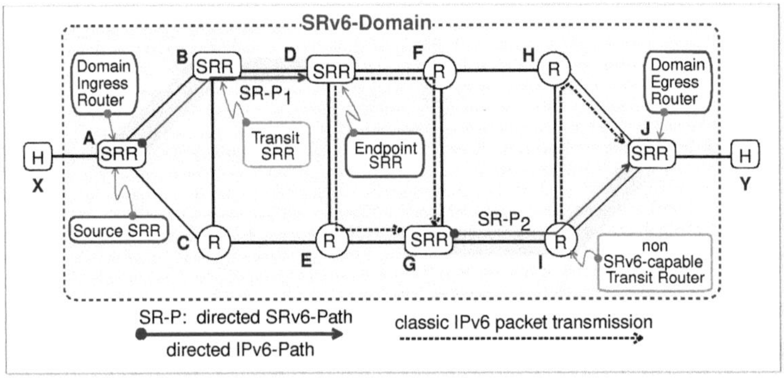

Abb. 5.2-1: Grundlegende Begriffe bei SRv6

Ⓡ: non-SRv6-capable (classical) Router, H: non-SRv6-capable (classical) Host, SRR: SRv6-capable Router, SR-P: SR-Path

Interior Gateway Protocols

Es wird vorausgesetzt, dass jede SRv6-Domain einer administrativen Einheit (z.B. einem *Network Service Provider*, einer Firma) angehört und ein autonomes System (*Autonomous System*, AS) bildet. Typischerweise werden Routingprotokolle, die innerhalb eines AS eingesetzt werden, als *Interior Gateway Protocol* (IGP) bezeichnet. Zu den wichtigsten, heute vorzugweise eingesetzten Vertretern dieser Protokollart zählen

- OSPF (*Open Shortest Path First*) und
- IS-IS (*Intermediate System-to-Intermediate System*).

Für den Einsatz in SRv6-Domains müssen IGPs um eine SRv6-spezifische Funktionalität erweitert werden.

Beispiel für SRv6-Paths

Abb. 5.2-1 veranschaulicht die Bedeutung von SRv6 am Beispiel der Übermittlung von IPv6-Paketen vom nicht SRv6-fähigen Host **X** zum ebenso nicht SRv6-fähigen Host **Y**.

Hieraus geht zudem hervor, wie auf Grundlage von SRv6 zwischen jeweils zwei SRv6-fähigen Systemkomponenten mehrere SRv6-Paths eingerichtet werden können. Das Prinzip der Übermittlung von Daten in IPv6-Paketen entlang eines SRv6-Path wird später in Abb. 5.2-5 noch detaillierter erläutert.

Für die Datenübermittlung vom Host **X** zum Host **Y** wurden in Abb. 5.2-1 als Beispiel zwei unidirektionale SRv6-Paths zwischen jeweils zwei SRv6-fähigen Routern (SRRs) eingerichtet. Diese sind:

- SRv6-Path vom SRR **A** zum SRR **D** und
- SRv6-Path vom SRR **G** zum SRR **J**.

Egress und Ingress Router

Die beiden SRv6-fähigen Router SRR **A** und SRR **J** haben eine herausgehobene Aufgabe. Sie dienen als *Domain Ingress Router* (Eingangsrouter) und als *Domain Egress Router* (Ausgangsrouter): SRR A dient hier als Ingress Router und SRR J als Egress Router.

Spezielle Übermittlung in einer SRv6-Domain

Abb. 5.2-1 zeigt zudem einige spezielle Merkmale der Übermittlung von IPv6-Paketen innerhalb einer SRv6-Domain:

- Über einen SRv6-Path werden IPv6-Pakete immer von einem Source-SRR an einen Endpoint-SRR übermittelt.
- Ein SRv6-Path kann über mehrere Transit-Router verlaufen. Von diesen müssen zumindest zwei Router SRv6-fähig sein, denn sie werden auf einem SRv6-Path als Source-SRR und als Endpoint-SRR benötigt.
- Von großer praktischer Relevanz ist die Möglichkeit eines besonderen Verlaufs eines SRv6-Path über nicht SRv6-fähige Transit-Router. Auf einem SRv6-Path können also nicht SRv6-fähige Router auch als Transit-Router fungieren.
- Mehrere SRv6-Paths können über nicht SRv6-fähige Router seriell, d.h. kettenförmig, miteinander verbunden werden. Die Übermittlung von IPv6-Paketen vom Endpoint-SRR eines SRv6-Path an den Source-SRR eines anderen SRv6-Path kann über mehrere nicht SRv6-fähige Router nach einem klassischen Routingprotokoll (z.B. OSPFv6) verlaufen. In Abb.5.2-1 wird dies als *Classic IPv6 packet transmission* bezeichnet.

Nach welchem Prinzip die Übermittlung von IPv6-Paketen entlang eines SRv6-Path verläuft, wird im Weiteren detailliert erläutert [Abb. 5.2-5].

5.2.1 Arten von SRv6-Domains

Der Begriff 'SRv6-Domain' wurde bereits kurz erläutert und in Abb. 5.2-1 veranschaulicht. Es gibt jedoch unterschiedliche Arten von SRv6-Domains. Ihre Besonderheiten illustriert das folgende Bild und zeigt dabei auch grundlegende Operationen, die in SRv6-fähigen Systemkomponenten (Hosts, Router) entlang jedes SRv6-Path realisiert werden.

Abb. 5.2-2a zeigt eine SRv6-Domain, die als Transit Domain oder auch als eine Art Backbone Domain zwischen klassischen IPv6-Netzen angesehen werden kann. Abb. 5.2-2b hingegen zeigt einen anderen Typ SRv6-Domain, nämlich eine, zu der ein einziger SRv6-fähiger Host gehört.

Begriffliches

Es sei angemerkt, dass auf beiden Abbildungen zwischen Source und Endpoint ein SRv6-Path dargestellt wurde, um zu zeigen, dass, unabhängig von der Art

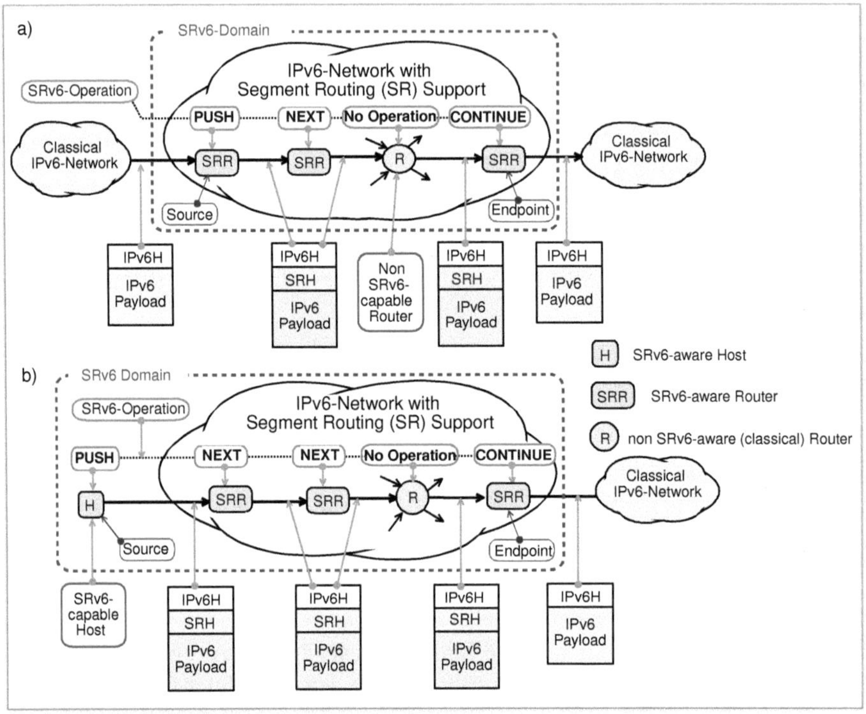

Abb. 5.2-2: Beispiele für SRv6-Domains: a) Transit SRv6-Domain mit SRv6-fähigen Routern, b) SRv6-Domain mit SRv6-fähigen Routern und einem SRv6-fähigen Host
IPv6H: IPv6 Header, SRH: IPv6 Segment Router Header

SRv6-Domain, entlang jedes SRv6-Path die gleichen Operationen `PUSH`, `NEXT` und `CONTINUE` ausgeführt werden müssen. Um diese Operationen beschreiben zu können, müssen die Begriffe 'Segment' und 'SRv6-Policy' näher erklärt werden.

Segment und SRv6-Path

Durch eine SRv6-Policy wird der Verlauf eines SRv6-Path spezifiziert. Hierbei ist der Begriff 'Segment' von Relevanz, der im RFC 8402 wie folgt definiert wird:

> Segment: an instruction a node executes on the incoming packet (e.g., forward packet according to shortest path to destination, or, forward packet through a specific interface, or, deliver the packet to a given application/service instance).

Segment-ID

Das Segment ist somit eine Anweisung an einen Netzknoten (SRv6-fähiger Router), die festlegt, wie und wohin ein ankommendes IPv6-Paket im Netzknoten weitergeleitet werden soll. Ein Segment wird durch seine *Segment-ID* (`SID`) gekennzeichnet, welche eine eindeutige IPv6-Addresse innerhalb einer SRv6-Domain darstellt.

Da Routingprotokolle (z.B. OSPF, IS-IS) in autonomen Systemen und somit auch in SRv6-Domains als *Interior Gateway Protokolle* (IGP) eingesetzt werden, bezeichnet man die den Segmenten zugewiesenen IPv6-Präfixe als *IGP-Prefix Segments*.

5.2.2 Operationen entlang eines SRv6-Path

Wie Abb. 5.2-2 zeigt, werden die Operationen `PUSH`, `NEXT` und `CONTINUE` entlang jedes SRv6-Path unabhängig von der Art der SRv6-Domain ausgeführt. Um diese Operationen ausführen zu können, muss eine SRv6-Policy als *Segment List Stack* in einem `SRH` (IPv6 Segment Routing Header) übermittelt werden.

In IPv6-Paketen kommt dieser Header direkt nach dem IPv6-Header (siehe Abb. 5.2-4 und Abb. 5.2-5). Die in Abb. 5.2-5 gezeigten drei Operationen (`PUSH`, `NEXT` und `CONTINUE`) lassen sich wie folgt charakterisieren:

- `PUSH`
  Wie in Abb. 5.1-2 gezeigt wurde, repräsentiert das SL-Stack ein nach dem LIFO-Prinzip geordnetes Verzeichnis von *Segment Lists*. Eine Segment List stellt de facto eine `SID` dar, also eine Segment-ID. Somit ist das SL-Stack als ein geordnetes Verzeichnis von `SID`s anzusehen. Mit `PUSH` wird eine Operation bezeichnet, durch die ein Element auf das Stack gelegt wird. Diese Operation wird am Anfang jedes SRv6-Path in einem SRv6-fähigen Source Router bzw. Source Host realisiert, um dem Verzeichnis von *Segment Lists* im `SRH` ein neues Element hinzuzufügen. Um eine aus mehreren Segment Lists bestehende SRv6-Policy zu erstellen, muss die Operation `PUSH` am Anfang jedes SRv6-Path mehrmals aufgeführt werden.
- `NEXT`
  Zur Bestimmung, über welche SRv6-fähigen Router der betreffende SRv6-Path verlaufen muss, enthält das SL-Stack mit Segment Lists ein geordnetes Verzeichnis von IPv6-Adressen. Die Segment List mit der IPv6-Adresse des SRv6-fähigen Routers, in dem das IPv6-Paket aktuell empfangen wurde und von dem es noch weitergeleitet werden muss, wird als *Active Segment* bezeichnet. Die Operation `NEXT` wird in jedem SRv6-fähigen Transit Router ausgeführt, dessen IPv6-Adresse das Active Segment im `SRH` darstellt. Durch sie wird die nächste IPv6-Adresse aus dem SL-Stack als *Destination Address* (DA) im IPv6-Header gesetzt [Abb. 5.2-4]. Somit wird das betreffende IPv6-Paket als Folge der Operation NEXT an den nächsten SRv6-fähigen Router auf dem SRv6-Path adressiert.
- `CONTINUE`
  Diese Operation wird in SRv6-fähigen Routern am Ende von SRv6-Paths, also in SRv6-fähigen Endpoint-Routern, ausgeführt. `CONTINUE` ermöglicht es, zwei aufeinanderfolgende SRv6-Paths seriell über ein klassisches IPv6-Netz virtuell so zu koppeln, dass die Kommunikation zwischen ihnen parallel über qualitativ vergleichbare Übermittlungspfade stattfinden kann, was weitgehend dem Prinzip des *Equal Cost Multi Path* (ECMP) entspricht.

5.2.3 SRH im IPv6-Paket

Zur Übermittlung SRv6 betreffender Angaben in IPv6-Paketen mit dem *Segment Routing Header* (`SRH`) wird ein spezieller IPv6-Header eingesetzt. Abb. 5.2-3 zeigt seine Struktur und seine Position im IPv6-Paket.

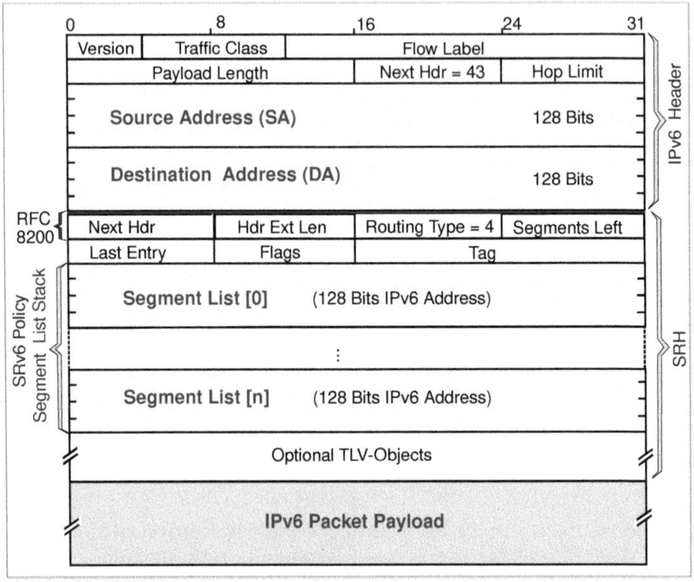

Abb. 5.2-3: Struktur des SRH und seine Einbettung in das IPv6-Paket
Hdr: Header, Hdr Ext Len: Header Extension Length, TLV: Type Length Value

In dem Bild verweist die Angabe '`Next Hdr = 43`' im IPv6-Header darauf, dass dem IPv6-Header der `SRH` als Extension Header folgt. In diesem Kontext sei darauf hingewiesen, dass in der neuen Spezifikation des Internetprotokolls IPv6 im RFC 8200 ein allgemeiner Routing Header als *IPv6 Extension Header* festgelegt wurde.

Der `SRH` ist ein besonderer Typ dieses allgemeinen Routing Header. Die Bedeutung der in der ersten Zeile vom `SRH` enthaltenen Angaben `Next Hdr`, `Hdr Ext Len`, `Routing Type` und `Segments Left` wird in RFC 8200 beschrieben.

Angaben im SRH

Der `SRH` enthält folgende Angaben:

- `Next Hdr` (8 Bit)
  Falls nach dem `SRH` (*Segment Routing Header*) und vor der IPv6-Payload noch ein zusätzlicher Extension Header – als *Next Header* (Hdr) – kommt, wird hier die diesem Extension Header offiziell zugewiesene Identifikation eingetragen.
- `Hdr Ext Len` (*Header Extension Length*, 8 Bit)
  Hier ist die Länge des Extension Header enthalten.
- `Routing Type` (8 Bit)
  Hier wird die Art des IPv6 Routing Header eingetragen. Die Angabe `Routing Type = 4` verweist auf SRv6, d.h. auf den `SRH`.
- `Segments Left` (SL, 8 Bit)
  Diese Angabe dient als eine Art Pointer auf das *Active Segment* in der SRv6-Policy [Abb. 5.2-4] und verweist auf die IPv6-Adresse im SL-Stack (*Segment List Stack*), die als *Destination Address* im IPv6-Header entweder bereits eingetragen ist oder noch eingetragen werden muss. Dies bedeutet, dass diese IPv6-Adresse entweder

in einem schon empfangenen IPv6-Paket bereits von einem auf dem SRv6-Path benachbarten und SRv6-fähigen Router vor dem Absenden im SL-Stack eingetragen wurde oder noch in das zu sendende IPv6-Paket von einem SRv6-fähigen Router neu eingetragen werden muss.

- `Last Entry` (8 Bit)
  Diese Angabe zeigt das letzte/oberste Element im SL-Stack an. So wird auf die erste IPv6-Adresse (`First-SID`) verwiesen, d.h. auf die IPv6-Adresse, an die der SRv6-fähige Source Node (Router, Host) das IPv6-Paket senden soll [Abb. 5.2-5].
- `Flags` (8 Bit)
  Hier können zukünftig verschiedene Einzel-Bit-Angaben (sog. Flags) eingetragen werden. Bei der Abfassung des Manuskripts (Juni 2025) waren noch keine Flags definiert.
- `Tag` (16 Bit)
  Bei SRv6 wird die Möglichkeit gegeben, IPv6-Pakete mit gleichen Eigenschaften zuerst zu klassifizieren, später zu gruppieren und schließlich die Gruppen der Pakete zu identifizieren. Für den Eintrag der Identifikation solcher Gruppen im `SRH` ist das Feld `Tag` vorgesehen. Enthält dieses Feld keine Identifikation, werden alle seine Bits auf `0` gesetzt.
- *SRv6-Policy*
  Hier wird eine SRv6-Policy als ein geordnetes Verzeichnis (`Segment List [0]`, ..., `Segment List [n]`) eingetragen. Dabei enthält jede Segment List jeweils eine IPv6-Adresse, die auch als `SID` angenommen wird.
- *Optional TLV-Objects*
  Im `SRH` (Segment Routing Header) können bei Bedarf Angaben mit dynamischer Länge, sog. *Type-Length-Value Objects*, übermittelt werden. Zu diesen gehören u.a. die folgenden zwei Objects:
  - ▷ `Padding-TLVs` verschiedener Art, um die gesamte `SRH`-Länge auf ein Vielfaches von 8 Byte ergänzen zu können.
  - ▷ `HMAC-TLV` (*Hashed Message Authentication Code*), welcher insbesondere der Prüfung dient, ob die SRv6-Policy während der Übermittlung mit böser Absicht verändert wurde.

Funktionen der SRH-Angaben

Nachdem soeben das allgemeine Prinzip von SRv6 beschrieben wurde, geht Abb.5.2-4 auf die konkreten Funktionen ein.

Segment List

Zur fundamentalen Bedeutung des `SRH` beim Source-Routing-Konzept nach SRv6 sei hier angemerkt, dass die Angaben `Segment List [0]`, ..., `Segment List [n]` im `SRH` den *Segment List Stack* (SL-Stack) bilden und eine Folge von IPv6-Adressen darstellen. Auf diese Weise wird eine SRv6-Policy spezifiziert, welche die Übermittlung von IPv6-Paketen entlang eines SRv6-Path bestimmt. Zum SL-Stack ist Folgendes hervorzuheben:

- `Segment List [0]` ist das unterste Element im SL-Stack; es enthält die IPv6-Adresse des letzten Ziels auf einem SRv6-Path, nämlich die des Endpoint [Abb. 5.2-2].

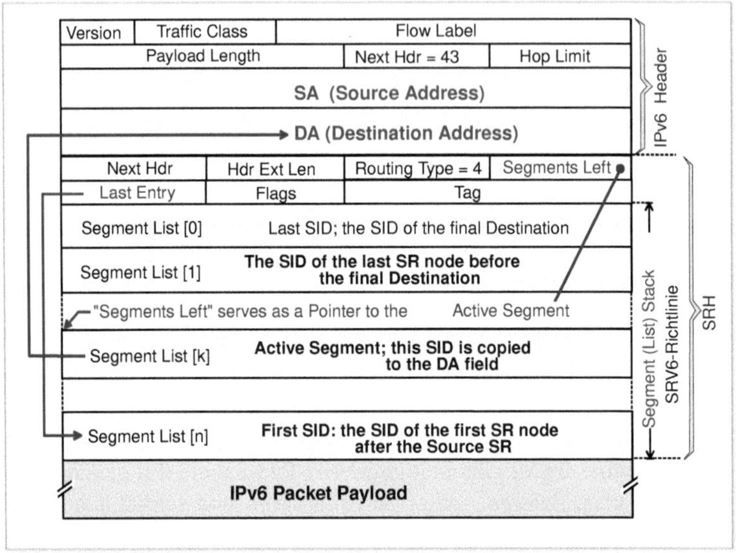

Abb. 5.2-4: Angaben im Segment Routing Header (SRH) und ihre Funktionen

Hdr: Header, Hdr Ext Len: Header Extension Length, SID: Segment-ID (Identification), TLV: Type Length Value

- `Segment List [n]` ist das oberste Element im Stack; es enthält die IPv6-Adresse des ersten Ziels, also des nächsten Segments, auf einem SRv6-Path.

Last Entry und Segments Left

Eine wichtige Funktion erfüllen die folgenden zwei Angaben im SRH:

- `Last Entry`
  Mit dieser Angabe wird auf `Segment List [n]` verwiesen. Da die Angabe auf das letzte Segment List verweist, ermöglicht sie es, die bereits in Abb. 5.2-2 gezeigte Operation PUSH zu realisieren.
- `Segments Left`
  Diese Angabe dient als Pointer auf das sog. *Active Segment List*, in dem die IPv6-Adresse des nächsten SRv6-fähigen Node auf dem SRv6-Path enthalten ist. Diese IPv6-Adresse wird als *Destination Address* in den IPv6-Header kopiert.

Die Angaben `Last Entry` und `Segments Left` im SRH sind von zentraler Bedeutung für die Übermittlung von IPv6-Paketen entlang eines SRv6-Path.

5.2.4 Übermittlung über einen SRv6-Path

Abb. 5.2-5 illustriert das wesentliche Prinzip von SRv6. Anzumerken ist hierzu, dass alle SRv6-fähigen Router auf einem SR6-Path auch als Segmente (Segments) bezeichnet werden. Im selben Bild werden die IPv6-Adressen einzelner SRRs entlang des dort gezeigten SRv6-Path kurz als S1, S2 und S3 symbolisiert.

Es ist darauf hinzuweisen, dass die Reihenfolge von Segmenten auf dem SRv6-Path umgekehrt zur Reihenfolge von diesen Segmenten entsprechenden IPv6-Adressen im Segment List Stack (SL-Stack) ist. Dies ist die Folge davon, dass ein SL-Stack ein geordnetes, nach dem LIFO-Prinzip organisiertes Verzeichnis der IPv6-Adressen von Segmenten entlang des SRv6-Path darstellt.

LIFO-Prinzip im SL-Stack

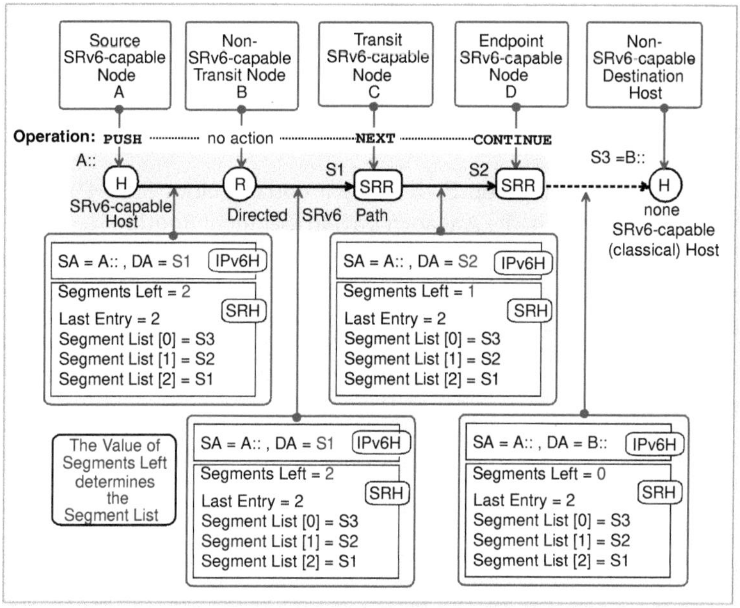

Abb. 5.2-5: Übermittlung eines IPv6-Pakets über einen SRv6-Path

SA: Source Address, DA: Destination Address, IPv6H: IPv6 Header, SRH: Segment Routing Header, Ⓡ: non-SRv6-capable Router, H: Host, SRR: SRv6-capable Router

Der in Abb. 5.2-5 gezeigte Übermittlungsweg des IPv6-Pakets entlang des durch die Reihenfolge von IPv6-Adressen `S1`, `S2` und `S3` festgelegten SRv6-Path besteht aus den folgenden drei Schritten:

- Der SRv6-fähige Host mit der IPv6-Adresse `A::` übermittelt ein IPv6-Paket an den SRv6-fähigen Router (SRR) mit der IPv6-Adresse `S1`. Der IPv6-Header enthält somit `SA` = `A::` und `DA` = `S1`. In diesem ersten Schritt verweist die Angabe `Segments Left` = 2 auf das oberste/letzte Element im SL-Stack, also auf die IPv4-Adresse `S1`, die als *Destination Address* (`DA`) im IPv6-Header eingetragen wird.
  Hierzu ist hervorzuheben, dass die Übermittlung dieses IPv6-Pakets im Abb. 5.2-5 über einen nicht SRv6-fähigen Router verläuft, wobei beide IPv6-Adressen SA und DA im IPv4-Header nach dem Absenden des IPv6-Pakets im nicht SRv6-fähigen Router unverändert bleiben und keine Angaben im `SRH` verändert werden.
- Der SRR übermittelt das betreffende IPv6-Paket an den benachbarten SRR, also an das Segment mit der IPv6-Adresse `S2`. Der IPv6-Header enthält somit `SA` = `A::` und `DA` = `S2`. In diesem Schritt verweist die Angabe `Segments Left` = 1

auf das nächste Element im SL-Stack, also auf die IPv6-Adresse S2. Als DA im IPv6-Header wird jetzt S2 eingetragen.

- In diesem letzten Schritt übermittelt der letzte SRR auf dem SRv6-Path das IPv6-Paket an den nicht SRv6-fähigen Host mit der IPv6-Adresse S3 = B::. Der IPv6-Header enthält somit SA = A:: und DA = B::. In diesem letzten Schritt verweist die Angabe Segments Left = 0 auf das unterste Element im SL-Stack, also auf die IPv6-Adresse S3 = B::. Als DA im IPv6-Header wird jetzt S3 eingetragen.

5.2.5 Verlauf der SRH-Analyse

Bei der Übermittlung von IPv6-Paketen entlang eines SRv6-Path werden, wie in Abb. 5.2-5 dargestellt, die Angaben im SRH (Segment Routing Header) in allen SRv6-fähigen Routern unterwegs analysiert. Wie Abb. 5.2-6 zeigt, verläuft diese Analyse in mehreren Schritten.

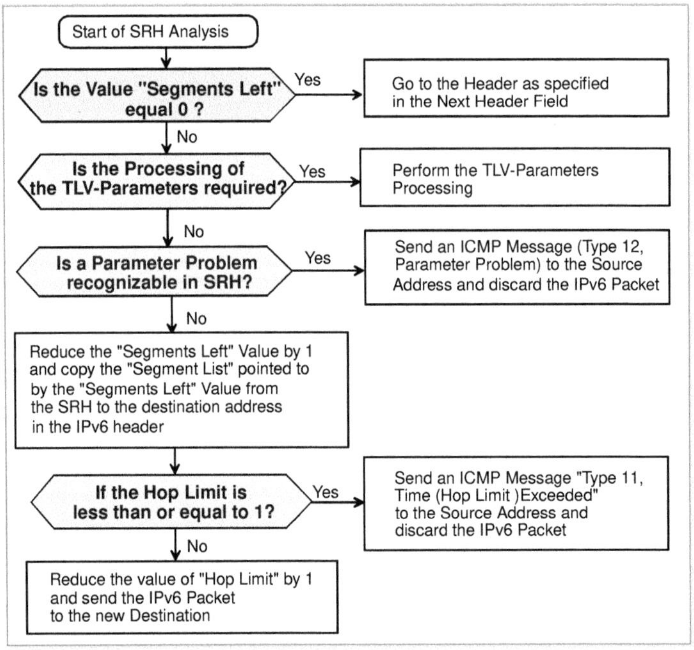

Abb. 5.2-6: Verlauf der SRH-Analyse in SRv6-fähigen Routern
ICMP: Internet Control Message Protocol, TLV: Type, Length, Value

Die einzelnen Schritte während der SRH-Analyse in SRv6-fähigen Routern lassen sich wie folgt charakterisieren:

1. Zuerst wird überprüft, ob im SRH eine SRv6-Policy enthalten ist. Ist Segments Left = 0, bedeutet dies, dass der SRH keine Policy enthält. Ist dies der Fall, wird zur Analyse des nächsten Header gemäß der Angabe im Feld 'Next Header' im SRH übergegangen.

2. Enthält der `SRH` eine SRv6-Policy, wird zuerst überprüft, ob im `SRH` der Teil '*Optional TLV Objects*' enthalten ist. Falls optionale Objekte da sind, werden sie analysiert und gegebenenfalls aktualisiert bzw. modifiziert.

3. Ist im `SRH` eine SRv6-Policy enthalten und der Teil '*Optional TLV Objects*' wurde abgearbeitet, werden die Angaben im `SRH` analysiert. So wird festgestellt, ob ein Parameterproblem vorliegt. Ist dies der Fall, so wird das Parameterproblem der SRv6-fähigen Systemkomponente (Host oder Router), wo der betreffende SRv6-Path beginnt, mit einer ICMP-Nachricht[1] vom `Typ 12` (*Parameter Problem*) signalisiert.

4. Liegt kein Parameterproblem im `SRH` vor, so wird der `SRH` wie folgt bearbeitet: Zuerst wird der Wert von `Segments Left` um 1 reduziert. Mit dem neuen Wert wird auf `Segment List` verwiesen, in dem die IPv6-Adresse des nächsten SRv6-fähigen Routers bzw. Hosts auf dem SRv6-Path enthalten ist. Diese IPv6-Adresse wird in das Feld '*Destination Address*' im IPv6-Header kopiert, um die nächste SRv6-fähige Systemkomponente auf dem SRv6-Path zu adressieren und das IPv6-Paket an diese zu übermitteln.

5. Vor dem Absenden des IPv6-Pakets an die nächste SRv6-fähige Systemkomponente auf dem SRv6-Path wird noch überprüft, ob im IPv6-Header das `Hop Limit` nicht überschritten wurde. Ist dies der Fall, so wird die Angabe `Hop Limit` im IPv6-Header um 1 reduziert und das betreffende IPv6-Paket an die bereits im Schritt 3 im IPv6-Header neu gesetzte IPv6-Adresse weitergeleitet. Ist `Hop Limit` = 0, d.h. die maximale Anzahl von Hops bei der Übermittlung des betreffenden IPv6-Pakets wurde bereits überschritten, so wird das betreffende IPv6-Paket nicht weitergeleitet und verworfen. Dieses Verwerfen des IPv6-Pakets wird dessen Quelle mit der ICMP-Nachricht vom `Typ 1` (*Hop Limit Exceeded*) signalisiert.

5.3 SRv6 Network Programming

Bei der Realisierung von SRv6 kann in Quellrechnern in die von ihnen gesendeten IP-Pakete eine geordnete Liste von Anweisungen in Form spezieller `SIDs` (Segment-IDs) eingebettet werden. So können bei ihrer Übermittlung entlang eines SRv6-Path diverse Servicefunktionen in Netzknoten aufgerufen werden.

Deshalb kann ein SRv6-Netz quasi als verteiltes Rechnersystem angesehen werden. Solch eine Nutzung der SRv6-Netze nennt man *SRv6 Network Programming* (SRv6-NP). Das allgemeine Konzept von SRv6-NP ist in RFC 8986 'SRv6 Network Programming' spezifiziert. Abb. 5.3-1 beschreibt die dem SRv6-NP zugrunde liegende Idee.

Die allgemeine Idee von SRv6-NP besteht in der Bereitstellung SRv6-befähigter, fernaufrufbarer netzspezifischer Funktionen (*SRv6-aware Network Functions*) in Idee von SRv6-NP

[1] Das *Internet Control Message Protocol* (ICMP) wurde mit dem Ziel entwickelt, verschiedene Informations- und Fehlermeldungen in IP-Netzen zu übermitteln. Die an IPv6-Netze adaptierte Version von ICMP wird ICMPv6 genannt.

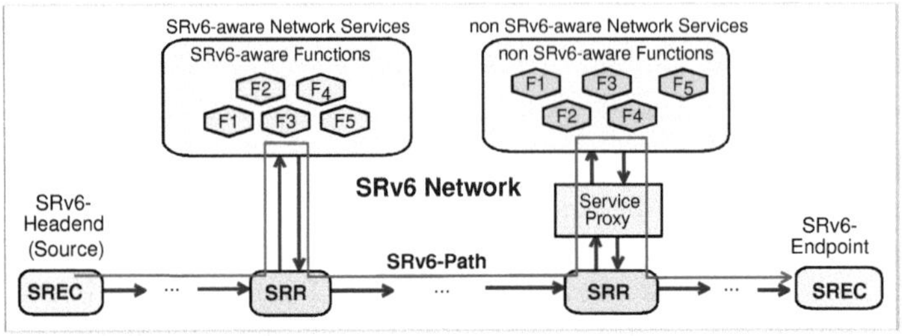

Abb. 5.3-1: SRv6 Network Programming
SRv6: IPv6 Segment Routing, SREC: SRv6-aware End Component, SRR: SRv6-aware Router

SRRs entlang eines SRv6-Path. Durch die Ausführung dieser Funktionen können bestimmte Netzwerkdienste (*Network Services*) als eine Art von *Network Function Chaining* erbracht werden. Da entlang eines SRv6-Path in einem oder in mehreren SRR/s mehrere SRv6-bewusste Funktionen aufgerufen werden können, spricht man von *SRv6 Network Programming*.

Wie das obige Abbildung zeigt, können mittels einer speziellen, als *Service Proxy* bezeichneten Systemkomponente auch klassische und nicht SRv6-'bewusste' Funktionen zum Fernaufruf verfügbar gemacht und auf diese Weise quasi zur Programmierung von SRv6-Netzen genutzt werden.

SRv6 Network Programming (SRv6-NP) lässt sich kurz wie folgt definieren:

Definition *SRv6 Network Programming*

> Unter SRv6-NP ist die Fähigkeit eines SRv6-Netzes zu verstehen, spezielle Softwaremodule in Form von Programmen zur Realisierung diverser netzspezifischer Funktionen so bereitzustellen, dass sie als Segmente im Sinne von SRv6 angesehen werden können. Segment-IDs (`SID`s) werden genutzt, um netzspezifische Programmaufrufe zu codieren und daraufhin mehrere `SID`s zu einer SRv6-Servicerichtlinie (SRv6 Service Policy) so zusammenzufassen, dass man sie in `SRH`s innerhalb der IPv6-Pakete transportieren kann. Dies ermöglicht, diverse Netzwerkfunktionen in SRv6-fähigen Netzsystemkomponenten fernaufzurufen.

Hieraus geht hervor, dass die zentrale Idee von SRv6-NP darin besteht, jede SRv6-bewusste Funktion als SRv6-Segment anzusehen und einem SRv6-Segment eine besondere Art von *Segment Identifier* (`SID`) zuweisen zu können.

> SRv6-NP stellt eine intelligente funktionelle Erweiterung des heutzutage bereits klassischen Konzepts für *Remote Procedure Call* (RPC) dar.

5.3.1 Struktur von SID bei SRv6-NP

Das Konzept von SRv6-NP ist maßgeblich durch die Art und Weise der Bildung von `SID`s (Segment Identifiers) geprägt, die als Anweisungen für *Remote Procedure Calls* (RPC) bei SRv6-NP dienen. Mit diesen kann man Servicefunktionen in SRv6-Systemkomponenten nicht nur adressieren, sondern auch die notwendigen Argumente dieser Servicefunktionen übermitteln. Abb. 5.3-2 illustriert dies.

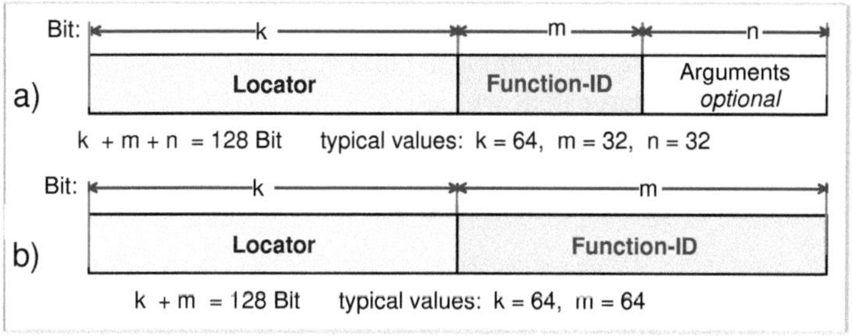

Abb. 5.3-2: SID-Struktur bei SRv6-NP: a) Servicefunktion mit Argumenten, b) Servicefunktion ohne Argumente
ID: Identification, SID: Segment-ID

Angaben in SIDs bei SRv6-NP

Wie aus der Abbildung ersichtlich ist, entspricht die Struktur von SIDs bei SRv6-NP weitgehend der Struktur von IPv6-Adressen. Vor allem sind sowohl IPv6-Adressen als auch SIDs bei SRv6-NP 128 Bit lang. Dennoch gibt es einige abweichende Angaben in SIDs bei SRv6-NP, die wie folgt zu interpretieren sind (siehe Abb. 5.3-1 und Abb. 5.3-3):

- **Locator**
  Mit der Angabe *Locator* wird die physische, SRv6-fähige Systemkomponente mit den bei ihr verfügbaren Servicefunktionen im SRv6-Network adressiert. Daher würde der *Locator* der Bedeutung nach weitgehend dem *Prefix*[2] einer Netzwerkadresse entsprechen und wird beim Routing in SRv6-Netzwerken als Ziel verwendet. Die Locators aller SRv6-fähigen Systemkomponenten mit Servicefunktionen in jedem Netz, welches ein *Autonomes System* (AS) bildet, werden mittels eines IGP (Interior Gateway Protocol) verteilt und so allen SRv6-fähigen Routern im AS bekannt gemacht. Somit müssen Locators in jedem AS einmalig sein. Es gibt keine Vorgaben, wie viele Bits das Feld Locator bei SRv6-NP haben soll, aber es werden für die Locator-Angabe oft die ersten 64 Bit im SID verwendet.

- **Function**
  Mit dieser Angabe wird eine Servicefunktion in der Systemkomponente innerhalb eines SRv6-Networks identifiziert, auf die der Locator im SID verweist [Abb. 5.3-3]. In RFC 8986 sind bereits mehrere solche Servicefunktionen als Beispiele definiert.

- **Arguments**
  Mit dieser Angabe können bei Bedarf die Argumente der Servicefunktion übermittelt werden, deren Identifikation im Feld Function enthalten ist.

Es gibt keine Festlegung bezüglich der Länge der Felder *Locator*, *Function* und *Arguments* in SIDs (*Segment Identifier*) bei SRv6 Network Programming. Sind dem Locator 64 Bit zugeteilt, können für Function und Arguments z.B. je 32 Bit zugewiesen werden.

---

[2] Als *Prefix* werden in einer IP-Adresse ihre ersten Bit bezeichnet. Mit diesen wird auf die Lokation des Routingziels verwiesen.

Wie aus der in Abb. 5.3-2 gezeigten Struktur hervorgeht, kann ein `SID` bei SRv6-NP als Tripel (*Locator, Function, Arguments*) und somit als eine besondere IP6-Adresse `LOC:FUNCT:ARGS::` dargestellt werden.

5.3.2 Remote Network Function Call bei SRv6-NP

In jedem SRv6-fähigen Router, in dem zusätzliche SRv6-aware Network Services realisiert werden können, wird ein Verfahren benötigt, nach dem die im empfangenen SRHs (*Segment Routing Header*) eingebetteten Servicefunktionen aufgrund ihres definierten `SIDs` (*Segment Identifiers*) aufgerufen werden können.

Somit ist in jedem Segment-Routing fähigen Router (*SRv6-capable Router*, SRR) mit der Unterstützung von SRv6-NP eine Systemlösung für Fernaufrufe von in SRHs geforderten Servicefunktionen vonnöten. Eine derartige Systemlösung kann bei SRv6-NP als *Remote Network Function Call* (RNFC) bezeichnet werden. Abb. 5.3-3 erläutert die Lösung für Fernaufrufe von Servicefunktionen mittels eines Modells von RNFC.

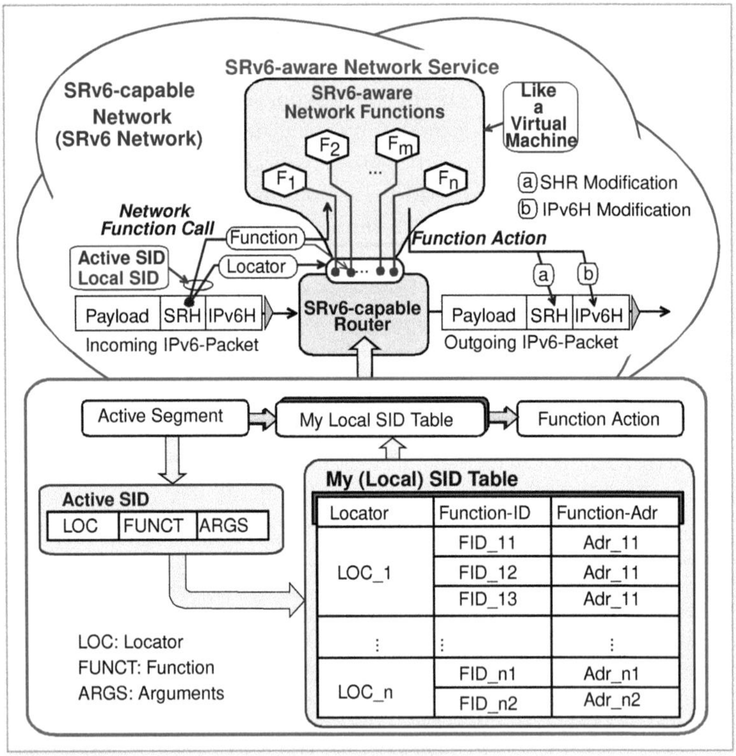

Abb. 5.3-3: Modell von RNFC bei SRv6 Network Programming

Adr: Address, ID: Identification, IPv6H: IPv6-Header, SID: Segment Identifier, SRH: Segment Routing Header

Besonderheiten von RNFC bei SRv6 Network Programming

Das hier gezeigte Modell von RNFC bei SRv6-NP illustriert insbesondere,

- dass die im SRv6-fähigen Router (SRR) verfügbaren 'SRv6-aware Network Functions' durch spezielle Softwareinstanzen `F1`, `F2`, ..., `Fn` erbracht werden,
- dass diese SRv6-aware Network Functions quasi in einem virtuellen Rechner realisiert werden,
- dass dieser virtuelle Rechner über ein virtuelles Interface mit mehreren Pins an den SRR logisch angebunden ist und dabei die Angabe Locator im Active `SID` (im `SRH`) auf das virtuelle Interface verweist, woraus hervorgeht, dass jeder SRR über mehrere solche virtuelle Interfaces verfügen kann, und
- dass jede *Network Function* (als eine Art Softwareinstanz) über einen der Angabe Function im Active `SID` entsprechenden Pin an den SRv6-fähigen Router logisch angebunden ist.

Bedeutung von `SID`s bei SRv6-NP

Aus dem in Abb. 5.3-3 gezeigten und soeben geschilderten RNFC-Modell geht hervor, dass ein virtueller Rechner mit mehreren fernaufrufbaren Network Functions als Routingziel im Sinne des klassischen IGP (*Interior Gateway Protocol*) angesehen werden kann und eine wichtige Rolle bei SRv6-NP spielt:

> `SID`s bei SRv6-NP können als 'normale' mit IPv6-Adressen spezifizierte Routingziele in einem autonomen System angesehen werden.

Dies deutet darauf hin, dass die im obigen Bild enthaltenen virtuellen Rechner mit mehreren aufrufbaren *Network Functions* quasi als 'normale' Routingziele betrachtet werden können. Solche Ziele können mittels klassischer IGPs in autonomen Systemen verteilt und auf diese Weise allen Routern in einem *AS* (Autonomes System) bekannt gemacht werden. Hierfür müssen die IGPs lediglich minimal erweitert werden. Die beiden in der Praxis häufig eingesetzten Routing Protokolle IGP – OSPF und IS-IS – wurden dementsprechend erweitert und sind bereits SRv6-NP-fähig[3].

'My Local `SID` *Table'* als eine Art Routingtabelle

Wie in Abb. 5.3-3 dargestellt, können alle über lokale, mithilfe der Angabe Locator im Local `SID` definierte Interfaces zu erreichende, fernaufrufbare Network Functions als Routingziele mittels einer besonderen Routingtabelle in jedem SRv6-fähigen Router erreicht werden. Solch eine Routingtabelle mit der Angabe von Remote Network Functions als Routingziele wird als *'My Local* `SID` *Table'* bzw. auch kürzer als *'My* `SID` *Table'* bezeichnet. Die vorige Abbildung hat gezeigt, wie man sich solch eine Routingtabelle vorstellen kann. Da genau wie jeder klassische Router jeder SRv6-fähige Router eine Routingtabelle enthält, ist es möglich, eine *'My Local* `SID` *Table'* in eine herkömmliche Routingtabelle zu integrieren.

[3] Beim Abfassen des Manuskripts im Juni 2025 wurden diese Erweiterungen von OSPF (*Open Shortest Path First*) im nicht mehr weiter verfolgten Internet-Draft 'OSPFv3 Extensions for SRv6' (draft-li-ospf-ospfv3-srv6-extensions-07) sowie als 'IS-IS Extension to Support Segment Routing over IPv6 Dataplane' im RFC 9352 spezifiziert.

5.4 Kategorien von SRv6 Network Functions

Um die in SRv6-Netzen zu übermittelnden IPv6-Pakete in SRv6-fähigen Routern entlang von SRv6-Paths 'bearbeiten' zu können, wurden zur Realisierung von SRv6-NP zwei Kategorien von Netzwerkfunktionen vorgesehen:

- **Transitfunktionen**: `T.Functions`
  Funktionen dieser Kategorie werden nicht fernaufgerufen, es wird also kein Remote Function Call realisiert, sondern sie gehören quasi zu den 'festen' Bestandteilen der Funktionalität von Knoten in SRv6-Networks.
- **Endfunktionen**: `End.Functions`
  Funktionen dieser Kategorie werden im Gegensatz zu den Transitfunktionen fernaufgerufen: Es findet also ein *Remote Function Call* statt. Folglich gehören die Endfunktionen nicht zu den 'festen' Bestandteilen der Funktionalität von Knoten in SRv6-Networks, sondern erweitern deren Funktionalität nach dem in Abb. 5.3-3 gezeigten Prinzip. Die Bezeichnung 'End' verweist hierbei darauf, dass diese Functions in der Regel am Ende von SRv6-Paths aufgerufen werden.

Anpassung der Funktionen

Es sei hervorgehoben, dass die zu den beiden genannten Kategorien gehörenden Netzwerkfunktionen aneinander angepasst werden müssen. Da bei der Übermittlung eines IPv6-Paketes immer zuerst eine Transitfunktion ausgeführt wird und erst am Ende des SRv6-Path eine Endfunktion realisiert wird, kann Letztere als eine Art Ergänzung einer Transitfunktion betrachtet werden.

`T.Functions`

Als Beispiele für Netzwerkfunktionen der Kategorie `T.Functions` sollen folgende zwei Transitfunktionen dienen:

- `T.Insert`
  Mittels der Funktion `T.Insert` (*Transit behavior with insertion of a SRv6 policy*) kann ein `SRH` (*Segment Routing Header*) mit einer SRv6-Policy in IPv6-Pakete eingebettet werden [Abb. 5.4-1a]. Diese Policy besteht aus einer Folge von in Abb. 5.3-2 gezeigten, zur Realisierung von SRv6-NP eingeführten `SIDs`. Eine solche Policy in einem IPv6-Paket bestimmt, welche Funktionen in welchen SRv6-fähigen Routern das übermittelte IPv6-Paket nach dem in Abb. 5.3-3 gezeigten Prinzip aufrufen kann.
- `T.Encaps`
  Mittels der Funktion `T.Encaps` (*Transit behavior with encapsulation in a SRv6 policy*) kann ein eine SRv6-Policy enthaltender `SRH` zusammen mit einem IPv4-Paket oder einem IPv6-Paket in ein anderes IPv6-Paket eingebettet werden [Abb. 5.4-1b]. Es handelt sich hier um eine *Encapsulation* der Art IPv4-in-IPv6 bzw. IPv6-in-IPv6. Ebenso wie bei der Funktion `T.Insert` wird ein `SRH` mit einer Policy in IPv6-Pakete nach dem äußeren IPv6-Header eingebettet [Abb. 5.4-1a].

Diese beiden kurz erläuterten `T.Functions` haben eine fundamentale Bedeutung für die zukünftige Gestaltung gemischter, sowohl IPv4 als auch IPv6 enthaltender Netzwerkinfrastrukturen [Abb. 5.4-4].

Zu den `End.Functions`, die als *Remote Call Functions* angesehen werden können, gehören u.a. folgende Netzwerkfunktionen: `End.Functions`

- `End`
  Um einen IPv6-Path gemäß der im SRH enthaltenen SRv6-Policy zu realisieren (siehe Abb. 5.4-2a und Abb. 5.4-3a), wird die Funktion End (Endpoint) aufgerufen. Sie gehört zu den wichtigsten Funktionen in SRv6-Networks und kann als Ergänzung der Transitfunktion `T.Insert` betrachtet werden. Die Funktion End ermöglicht es, das Prinzip des klassischen Source Routing in SRv6-Networks zu realisieren. Sie kann insbesondere zur Einrichtung von SRv6-Paths über ausgewählte SRv6-fähige Router nach dem Source-Routing-Prinzip dienen. Durch diese SRv6-Paths kann der Datenverkehr in SRv6-Netzen dem Bedarf entsprechend so gelenkt werden, dass *Traffic Engineering* (TE) möglich ist[4].

- `End.X`
  Mit der Funktion `End.X` (*Endpoint with Layer-3 cross-connect*) kann eine Route zur Übermittlung von IPv6-Paketen in SRv6-fähigen Routern bestimmt werden, die es ermöglicht, zu einem Datenstrom gehörende IPv6-Pakete immer über die gleichen, von vornherein festgelegten Ausgangsports in Routern weiterzuleiten [Abb. 5.4-2b]. Dies wiederum macht eine Gestaltung des Datenverkehrs gemäß den gestellten QoS-Anforderungen und somit die Realisierung von TE möglich.

- `End.DX4`
  Wie Abb. 5.4-4 veranschaulicht, kann mithilfe der Funktion `End.DX4` (*Endpoint with decaps and IPv4 cross-connect*) ein einem IPv4-Paket vorangestellter IPv6-Header zusammen mit einem SRH am Ende eines SRv6-Path aus dem IP4-Paket herausgenommen werden. Folglich kann die Endfunktion `End.DX4` als eine die Transitfunktion `T.Insert` ergänzende Funktion angesehen werden.

- `End.DX6`
  Die Endfunktion `End.DX6` (*Endpoint with decaps and IPv6 cross-connect*) ähnelt der Endfunktion `End.DX4`. Mit `End.DX6` kann ein einem IPv6-Paket vorangestellter äußerer IPv6-Header (*Outer IPv6-Header*) zusammen mit einem SRH am Ende eines SRv6-Path aus dem inneren IPv6-Paket herausgenommen werden. Es handelt sich hierbei also um eine *IPv6-from-IPv6-Decapsulation.*

5.4.1 Nutzung von `T.Insert` und `T.Encaps`

Soll ein SRv6-Network als eine Art IPv6-Backbone-Netz für eine standortübergreifende Vernetzung sowohl von IPv6-Netzen als auch von IPv4-Netzen dienen, so ist an dessen Eingang eine besondere Behandlung der über dieses SRv6-Network zu übermittelnden IPv4- und IPv6-Pakete nötig. Hierfür wurden die Transitfunktionen `T.Insert` und `T.Encaps` eingeführt. Ihre Aufgaben illustriert Abb. 5.4-1.

Wie Abb. 5.4-1a zeigt, dient die Transitfunktion `T.Insert` dazu, in ein über ein SRv6-Network zu übermittelndes IPv6-Paket einen SRH (*Segment Routing Header*) Transitfunktion `T.Insert`

[4] In Datennetzen bezeichnet TE allgemein Maßnahmen zur Gestaltung des Datenverkehrs, die auf eine Verbesserung QoS-relevanter (*Quality of Service*) Parameter zielen.

mit einer SRv6-Policy einzubetten. Sie hat als eine Folge von Segment Lists mit SIDs folgende Bedeutung:

- Die SRv6-Policy spezifiziert den Verlauf des für die Übermittlung dieses IPv6-Pakets vorgesehenen SRv6-Path, definiert also seine Route über das SRv6-Network, und
- bestimmt eventuell auch, welche Funktionen bei der Bearbeitung des betreffenden IPv6-Pakets unterwegs in den einzelnen SRv6-fähigen Routern nach dem in Abb. 5.3-3 gezeigten Prinzip aufgerufen werden.

Für die Interpretation der in Abb. 5.4-1a gezeigten, die SRv6-Policy betreffenden Angaben im SRH sei auf Abb. 5.2-4 und deren Beschreibung verwiesen.

Transitfunktion `T.Encaps`

Die Bedeutung der Transitfunktion `T.Encaps` vermittelt Abb. 5.4-1b. Wie hier ersichtlich ist, wird diese Funktion dazu verwendet, einem über ein SRv6-Network zu übermittelnden IPv6-Paket einen äußeren IPv6-Header und einen SRH mit einer SRv6-Policy voranzustellen. Auf diese Weise wird das IPv6-Paket quasi in ein anderes IPv6-Paket eingebettet, sodass von einer Encapsulation gesprochen werden kann. Es wird hier also eine *IPv6-in-IPv6-Encapsulation* realisiert.

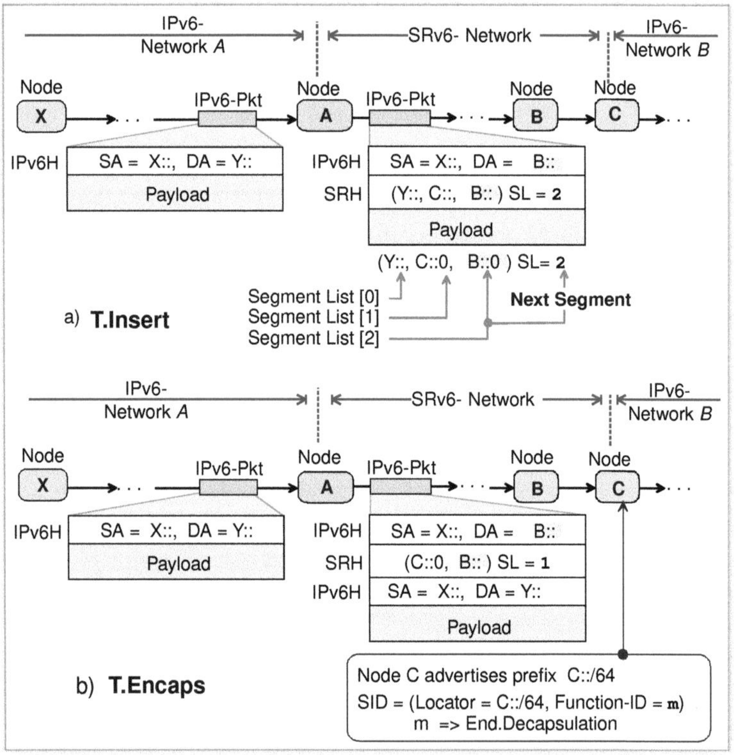

Abb. 5.4-1: Transitfunktionen: a) `T.Insert`, b) `T.Encaps`

IPv6H: IPv6- Header, SRH: Segment Routing Header, SR6: IPv6 Segment Routing, DA: Destination Address, SA: Source Address, SL: Segments Left, ID: Identification, Pkt: Packet

Das im IPv6-Paket eingebettete innere IPv6-Paket muss am Ende seiner Route aus dem äußeren IPv6-Paket herausgenommen werden. Die dazu nötige Funktion am Ende vom SRv6-Path im Node **C** [Abb. 5.4-1] wird nach dem im Abb. 5.3-3 gezeigten Prinzip aufgerufen. Um einen Funktionsfernaufruf nach diesem in Abb. 5.3-3 gezeigten Prinzip zu ermöglichen, muss Node **C** mit einem besonderen – im Abb. 5.3-2 dargestellten – `SID` (*Segment Identifier*) adressiert werden. Und zwar wird der `SID`-Locator als IPv6-Adresse des Node **C** verwendet und im `SRH` eingetragen. Hierzu sei angemerkt, dass der `SID`-Locator des Node **C** als Routingziel mittels eines IGP im SRv6-Network bekannt gemacht werden muss.

IPv6-from-IPv6-Decapsulation

5.4.2 Nutzung von End und End.X

Die Nutzung der bereits kurz geschilderten Endfunktionen `End` und `End.X` soll Abb. 5.4-2 darstellen.

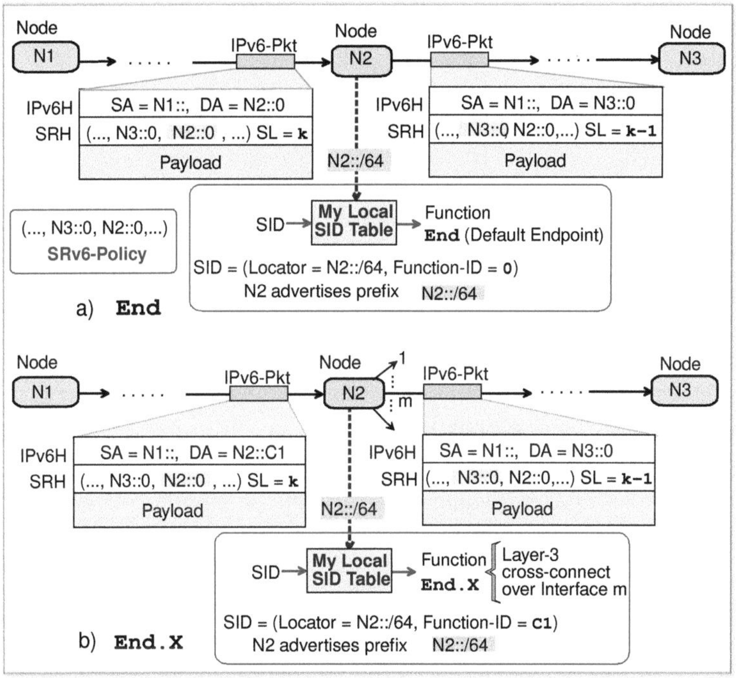

Abb. 5.4-2: Endfunktionen: a) `End`, b) `End.X`

IPv6H: IPv6-Header, Pkt: Packet, SR6: IPv6 Segment Routing, SRH: Segment Routing Header, DA: Destination Address, SA: Source Address, ID: Identification, SID: Segment ID, SL: Segments Left

Wie aus Abb. 5.4-2a hervorgeht, wird ein IPv6-Paket mit einem `SRH`, in dem die den Verlauf eines SRv6-Path bestimmende SRv6-Policy `(..., N3::0, N2::0, ...)` als Folge von `SID`s enthalten ist, mittels der Funktion `End` weitergeleitet. Auf diese Weise kann das klassische Source-Routing-Prinzip in SRv6-Netzen verwirklicht werden.

Funktionen End und Source Routing gemäß der SRv6-Policy

Dabei bestimmt die Policy im SRH den Verlauf des SRv6-Path. Dank dieser Besonderheit gehört die Funktion End zu den wichtigsten der in SRv6-Networks realisierten Funktionen.

Die Umsetzung der Funktion End [Abb. 5.4-3a] verläuft wie folgt:

> Um auf den nächsten SID in der SRv6-Policy zu verweisen, wird der Wert SL (*Segments Left*) im SRH um 1 dekrementiert. Der Locator-Wert im nächsten SID wird als DA (*Destination Address*) im IPv6-Header eingetragen und daraufhin das IPv6-Paket an die nächste, durch die Policy festgelegte IPv6-Adresse übermittelt.

Funktion `End.X`

Damit eine Route für die Übermittlung von zu einem Datenstrom gehörenden IPv6-Paketen in SRv6-fähigen Routern so geführt werden kann, dass die IPv6-Pakete immer über die gleichen, von vornherein festgelegten Ausgangsports in Routern weitergeleitet werden, wurde die Funktion `End.X` eingeführt.

Abb.5.4-2b veranschaulicht dies und stellt die Rolle von 'My Local SID Table' heraus. Es sei angemerkt, dass die `Function-ID` = `C1` in dieser Tabelle auf `End.X` verweist [Abb. 5.3-3].

5.4.3 Spezifikation einiger Endfunktionen

Alle in Internetstandards dargestellten und zum Konzept von SRv6-NP gehörenden Transit- und Endfunktionen werden kurz formal spezifiziert. In diesem Zusammenhang sei insbesondere auf RFC 8986 hingewiesen.

Als Beispiel zeigt Abb. 5.4-3 die aus diesem RFC entnommene Spezifikation der Funktionen End, DX4 und DX6. Bei der Realisierung von Transit- und Endfunktionen können diverse fehlerbehaftete Situationen auftreten. Zur Meldung dieser Situationen und ihrer näheren Beschreibung kommt das klassische Protokoll ICMP zum Einsatz (siehe Abschnitt 3.7 in [17]).

Endfunktionen `End.DX4` und `End.DX6`

Die in Abb. 5.4-3a gezeigte Spezifikation der Funktion End soll als Ergänzung zu der in Abb. 5.4-2a dargestellten Bedeutung dieser Funktion dienen. Die beiden Endfunktionen `End.DX4` [Abb. 5.4-3b] und `End.DX6` [Abb. 5.4-3c] werden eingesetzt, um sowohl IPv4- als auch IPv6-Netze über SRv6-Netze paarweise so zu vernetzen, dass sog. *Virtual Private Networks* (VPNs) eingerichtet werden können [Abb. 5.4-5].

Einsatz von `T.Encaps`, `End` und `End.DX4`

Nachdem einige wichtige Transit- und Endfunktionen erläutert wurden, illustriert Abb. 5.4-4 am Beispiel einer Vernetzung zweier herkömmlicher IPv4-Netze eine Kooperation der Funktionen `T.Encaps`, End und `End.DX4` in einer SRv6-Domain.

Die folgenden in Abb. 5.4-4 gezeigten Besonderheiten von SRv6-Domains sind:

- *IPv4-in-IPv6-Encapsulation und IPv4-from-IPv6-Decapsulation*: Die Transitfunktion `T.Encaps` und die Endfunktion `End.DX4` ergänzen sich funktionell. Dabei wird eine IPv4-in-IPv6-Encapsulation mittels `T.Encaps` im SRR A am Eingang in die SRv6-Domain realisiert und die dieser Encapsulation entsprechende Decapsulation findet mithilfe der Funktion `End.X` im SRR E am Ausgang der SRv6-Domain statt.

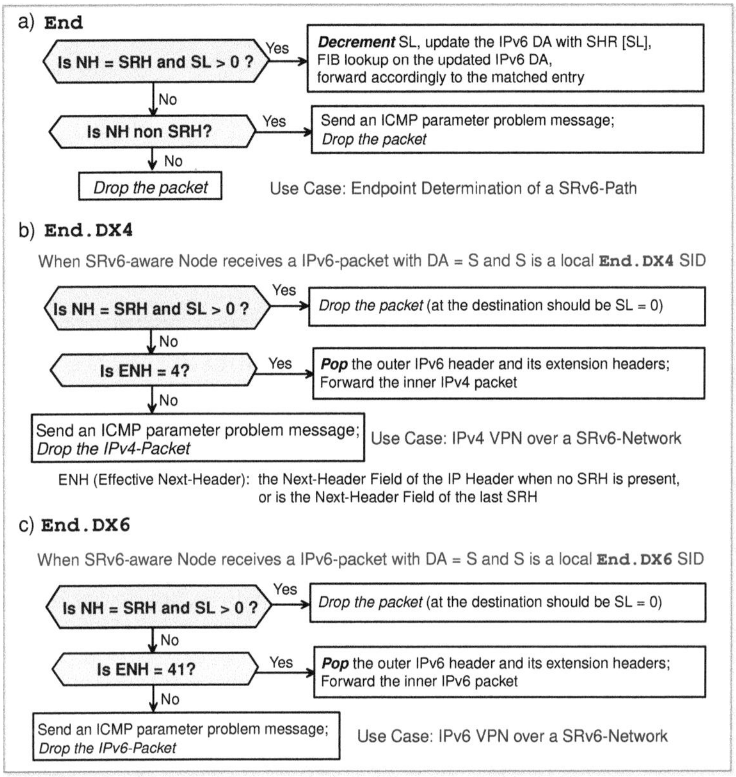

Abb. 5.4-3: Spezifikation ausgewählter Endfunktionen: a) End, b) `End.DX4`, c) `End.DX6`

- *Traffic Engineering mittels der Funktion* End: Wie bereits erwähnt wurde, wird das klassische Source-Routing-Prinzip in SRv6-Netzen mittels der Funktion End erbracht. Somit können in einer SRv6-Domain einige SRv6-fähige Router (SRR) ausgewählt werden, über die ein SRv6-Path als unidirektionale Route verlaufen soll. Diese Möglichkeit eignet sich ideal zur Unterstützung von *Traffic Engineering* (TE). Um dies zu verdeutlichen, zeigt Abb. 5.4-4 die Übermittlung von IPv6-Paketen vom SRR `A` an SRR `E`. Diese soll immer über die möglichst kürzesten, über den SRR `D` mit der Funktion End verlaufenden Routen erfolgen.
- *Herkömmliches IPv6-Routing*: In einer SRV6-Domain können auch herkömmliche Router eingesetzt werden.

5.4.4 Einsatz von `End.DX4` und `End.DX6`

Von erheblicher Relevanz ist die Integration von IPv4-Netzen mit IPv6-Netzen. Dabei werden SRv6-Domains häufig als Transitnetze, d.h. als ein *Backbone*, eingesetzt. Abb. 5.4-5 zeigt, wie eine Systemlösung dafür mithilfe von SRv6 Network Programming erfolgen kann.

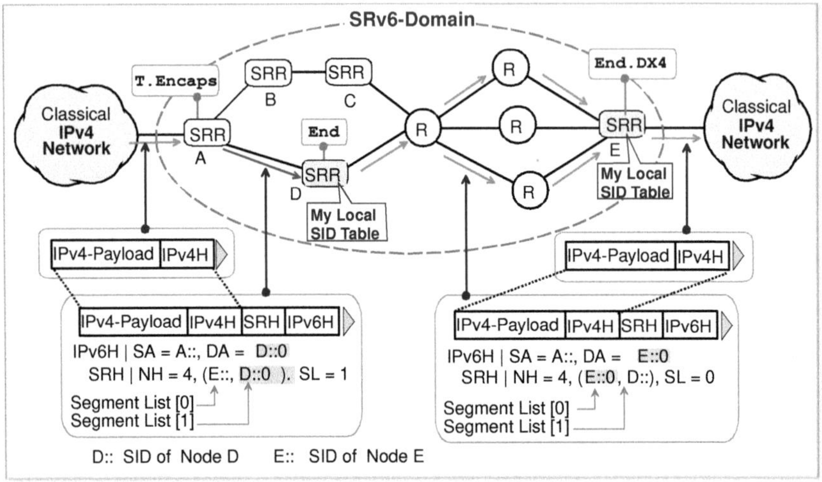

Abb. 5.4-4: `T.Encaps`, End und `End.DX4` in einer SRv6-Domain

IPv4H: IPv4-Header, IPv6H: IPv6-Header, SID: Segment-ID (Identification), DA: Destination Address, SA: Source Address, SRv6: IPv6 Segment Routing, Ⓡ: Klassischer non-SRv6-capable Router, SRR: SRv6-capable Router, SRH: Segment Routing Header, SL: Segments Left

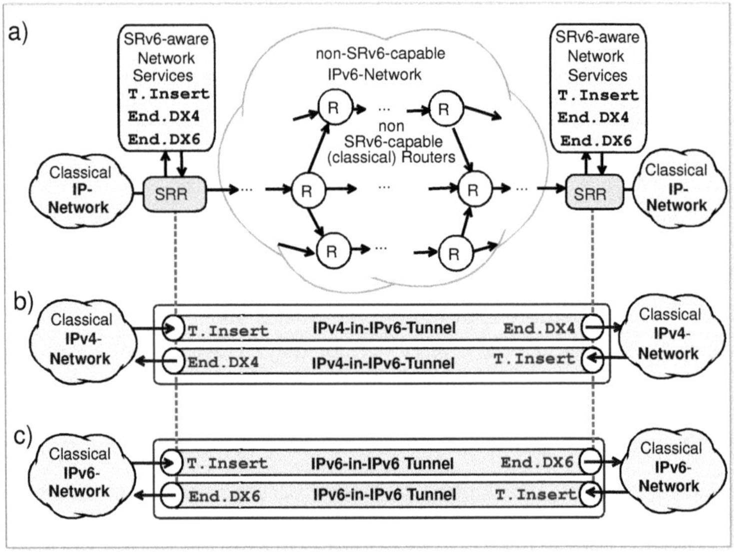

Abb. 5.4-5: Endfunktionen `End.DX4` und `End.DX6` bei der Integration von IPv4- und IPv6-Netzen a) SRv6-Domain als Transitnetz, b) IPv4-in-IPv6-Tunneling, c) IPv6-in-IPv6-Tunneling

Ⓡ: Klassischer non-SRv6-capable Router, SRv6: IPv6 Segment Routing

Das Konzept von SRv6-NP kann dank der Nutzung SRv6-fähiger Router mit den Endfunktionen `End.DX4` und `End.DX4` sowie der Transitfunktion `T.Insert` auch dazu dienen, ein klassisches, nicht SRv6-fähiges IPv6-Netz zu einer SRv6-Domain zu erweitern, sodass über solch eine erweiterte SRv6-Domain herkömmliche IPv4-Netze und IPv6-Netze untereinander integriert werden können.

Arten von Tunneling über SRv6-Domains

Mit der in der letzten Abbildung gezeigten Systemlösung können über eine SRv6-Domain zwei Arten von Tunneln eingerichtet werden:

- *IPv4-in-IPv6-Tunnel*: Dieser Tunnel ermöglicht die Kopplung von IPv4-Netzen über eine SRv6-Domain. Über solche Tunnel können VPNv4 (*Virtual Private Network with IPv4*) eingerichtet werden.
- *IPv6-in-IPv6-Tunnel*: Dieser Tunnel ermöglicht die Kopplung von IPv6-Netzen über eine SRv6-Domain. Tunnel dieser Art können u.a. dazu dienen, virtuelle Netzwerke des Typs VPNv6 (*VPN with IPv6*) aufzubauen.

Einsatz von BGP

Zukünftig wird das *Border Gateway Protocol* (BGP) eine wichtige Rolle in SRv6-Networks spielen: Es ist hier zur Signalisierung von Routingzielen zwischen SRv6-fähigen Routern am Rande von SRv6-Domains bei der Vernetzung von IPv4- und IPv6-Netzen über SRv6-Domains vorgesehen. Eine dies ermöglichende Erweiterung von BGP wurde bereits in RFC 9252 'BGP Overlay Services Based on Segment Routing over IPv6 (SRv6)' vorgeschlagen.

5.5 Schlussbemerkungen

IPv6 Segment Routing ist eine richtungweisende Idee und ein neues Paradigma auf dem Gebiet der IPv6-Netze (siehe [55] und [87]).

Das Ziel dieses Kapitels war es, sowohl das allgemeine Konzept als auch die Perspektive von SRv6 zu beschreiben sowie auf die Einsatzmöglichkeiten in Netzen mit den Internetprotokollen IPv4 und IPv6 hinzuweisen. SRv6 betreffende Themen sind allerdings so komplex, dass die grundlegenden Ideen hier nur umrissen werden konnten. Abschließend ist Folgendes hervorzuheben:

SDN für SRv6

- Wie in Abb. 5.1-1 gezeigt, besitzen IPv6-Netze mit SRv6 eine Multiplane-Struktur, in der die oberste Plane eine Control Plane bildet, über die verschiedene SRv6-Services angesteuert und konfiguriert werden können.
  Es ist zu erwarten, dass das Konzept des *Software Defined Networking* (SDN) in IPv6-Netzen mit SRv6 zum Einsatz kommt und die Control Plane in diesen Netzen eine hierarchisch strukturierte Plane bilden wird.

EVPN mit SRv6

- SRv6 eignet sich ideal zur Unterstützung von Distributed Layer-2/3-Switching und dabei insbesondere zur Bildung von *Ethernet Virtual Private Networks* (EVPNs). Für Näheres über EVPN siehe [75]. Einige Ansätze hierfür wurden bereits in RFC 9252 vorgeschlagen. Man spricht in diesem Zusammenhang auch von 'BGP based Ethernet VPN over SRv6'.

Network Slicing mit SRv6

- *SRv6 Network Programming* (SRv6-NP) wird zukünftig dazu verwendet werden, SRv6-aware Network Functions in SRv6-fähigen Routern (SRRs) in Form von *Virtual Network Functions* (VNFs) bereitzustellen. Somit kann zur Unterstützung von SRv6-NP die sog. *Network Function Virtualisation* (NFV) eingesetzt werden (siehe [75]). Dabei werden mehrere, in SRRs an verschiedenen Standorten untergebrachte VNFs so vernetzt werden können, dass ein privates virtuelles Netz mit einer besonderen Funktionalität eingerichtet werden kann. Infolgedessen wird sich auf eine elegante Art und Weise *Network Slicing* mit SRv6 verwirklichen lassen.

IETF RFCs und Drafts zum Thema Segment Routing und weitere Internet-Quellen

- RFC 7855: Source Packet Routing in Networking (SPRING) Prob lem Statement and Requirements, May 2016
- RFC 8402: Segment Routing Architecture, Jul. 2018.
- RFC 8354: Use Cases for IPv6 Source Packet Routing in Networking (SPRING), Mar. 2018
- RFC 8754 IPv6 Segment Routing Header (SRH), Mar. 2020
- RFC 9262 BGP Signaling for SRv6 based Services, Jul. 2022
- RFC 9259 Operations, Administration, and Maintenance (OAM) in Segment Routing Networks with IPv6 Data plane (SRv6), Jun 2022
- https://datatracker.ietf.org/doc/html/draft-filsfils-spring-srv6-network-programming SRv6 Network Programming
- https://datatracker.ietf.org/doc/draft-ietf-spring-srv6-yang YANG Data Model for SRv6 Base and Static
- https://datatracker.ietf.org/draft-pzm-spring-interdomain-vpn SRv6 and MPLS interworking for VPN service
- https://www.segment-routing.net/
- https://pc.nanog.org/static/published/meetings/NANOG71/1445/20171005_Dawra_Segment_Routing_Ipv6_v1.pdf
- https://wiki.fd.io/view/VPP/Segment_Routing_for_IPv6
- https://docs.fd.io/vpp/17.07/srv6_doc.html
- https://netgroup.github.io/SRv6-net-prog

Teil II

Software Defined Networking

Software Defined Networking?

AI Overview (Google Suche, Aug. 2025):

> Software-defined networking (SDN) is a network architecture that separates the control plane from the data plane, allowing for centralized and programmable network control. This approach enables network administrators to manage and control network resources through software, rather than relying on traditional, hardware-based configurations.

6 SDN – Software Defined Networking

Die Virtualisierung von Rechnern sowie ein zunehmender Bedarf an flexiblen, spontanen und an Geschäftsprozesse angepassten IT-Diensten hat die Entwicklung einer neuen Idee zur flexiblen und raschen Bereitstellung von Netzdiensten notwendig gemacht.

Umgesetzt wurde sie durch das *Software Defined Networking*, kurz SDN. Es ermöglicht eine Bereitstellung universeller und programmierbarer Netzknoten, welche der Weiterleitung von Daten dienen. Solche universellen Netzknoten können fast alle denkbaren Netzfunktionen erbringen, z. B. verschiedene Arten von Switching und Routing – und das sogar parallel für die beiden Internetprotokolle IPv4 und IPv6. Das SDN kann also als Framework zur Einrichtung flexibler, bedarfsgerechter, quasi programmierbarer Netzdienste angesehen werden.

Programmierbare Netzknoten

Das SDN stellt eine revolutionäre Idee dar, der eine neue Netzarchitektur zugrunde liegt. Diese Idee basiert darauf, dass die Steuerung für den Datentransport verantwortlicher Funktionsmodule in Netzknoten wie z. B. Switches und Routern von diesen entkoppelt ist. Das heißt, die Steuerung ist an einer anderen Stelle im Netz platziert und wird mittels eines bzw. mehrerer spezieller Controller sowie eines eigenen Protokolls zwischen Controllern und Netzknoten realisiert. So besitzen SDN-fähige Switches und Router fast keine 'eigene' Steuerung mehr, sondern werden seitens einer ausgelagerten Stelle einprogrammiert – quasi ferngesteuert.

SDN = Remote Steuerung von Netzkomponenten

Eine fundamentale Bedeutung bei SDN hat die Virtualisierung von Netzfunktionen, die *Network Function Virtualisation* (NFV), sowie die Nutzung sog. *Virtual Network Functions* (VNFs), die am häufigsten auf der Basis virtueller Rechner realisiert werden. VNFs dienen als 'Bausteine' zum Aufbau virtueller Netze. Auf der Grundlage eines physischen Netzes können mehrere virtuelle Netze so eingerichtet werden, dass sie bei Bedarf zu mehreren sog. *virtual Software Defined Networks* (vSDNs) erweitert werden können. Dies wird als *virtual Software Defined Networking*, ebenfalls abgekürzt mit vSDN, bezeichnet. Werden die einzelnen vSDNs verschiedenen *Tenants* (Nutzer/Kunden) zur Verfügung gestellt, spricht man vom *Multi-Tenancy SDN*.

vSDN als SDN mit NFV

Beim SDN können innerhalb einer physischen Netzwerkstruktur mehrere, den Unternehmensprozessen angepasste, virtuelle Netzwerke bei Bedarf spontan für eine bestimmte, sogar nur kurze Zeitspanne eingerichtet werden. Es kann also ad hoc ein Software-definiertes Netzwerk (*Software Defined Network*) aufgebaut werden. So ermöglicht das SDN es beispielsweise einem Service Provider, in seinem Datacenter für Kunden mehrere virtuelle Datacenter (*Virtual Data Center*, VDC) so einzurichten, dass man von *Multi-Tenancy* – also von Mandantenfähigkeit – sprechen kann.

Abbildung von Unternehmensprozessen durch SDN

Der Betreiber eines Datacenters, in dem eine 'öffentliche Rechnerwolke' – eine sog. *Public Cloud* – eingerichtet wurde, kann SDN dazu verwenden, diese seinen Kunden

Public Cloud= Mandantenfähige Rechnerinfrastruktur

als *Multi-Tenant Network* mit zahlreichen Private Clouds anzubieten und ihnen so verschiedene Arten von Cloud Computing Services, wie z. B. *Infrastructure as a Service* (IaaS) oder *Platform as a Service* (PaaS), entgeltlich zur Verfügung zu stellen. Mittels SDN hat somit eine neue Ära von Networking begonnen, und der Weg zu software-definierten Netzwerken ist beschritten worden.

SDN-Programmability

Zukünftig wird bei vSDN das Konzept SRv6-NP (*IPv6 Segment Routing – Network Programming*) eine sehr wichtige Rolle spielen. Denn ein Netz mit SRv6-NP bietet die Möglichkeit, zahlreiche VNFs beliebig zu verteilen und sie dann von Endsystemen am Netz aus der Ferne aufzurufen. Auf diese Weise kann jede fernaufrufbare VNF nach dem klassischen Prinzip von *Remote Procedure Call* (RPC) erreichbar sein und somit ausgeführt werden. SRv6-NP schafft die Voraussetzung für SDN-Programmability, was wiederum die Einrichtung sog. *Programmable-SDNs* ermöglicht.

Aufbau des Kapitels

In diesem Kapitel stellen wir folgende Themen vor:

- Zunächst erläutern wird die allgemeine Idee und logische Architektur von SDN.
- Anschließend beschreiben wir den typischen Einsatz von SDN und hierbei speziell in Datenzentren.
- Es folgt die Erläuterung der SDN-Nutzung in optischen Netzen – also die Realisierung von SDON unter Einschluss der Vorstellung von *OpenFlow Switches*.
- Der Nutzung von SDN in klassischen Netzen wie MPLS ist der nächste Abschnitt gewidmet.
- Ein weiterer Schwerpunkt ist das Aufzeigen der Synergie von SDN mit NFV und SRv6-NR sowie von Systemlösungen, die nun als virtuelles SDN anzusehen sind. Diese Symbiose liefert nun die Möglichkeit, eine sog. *Multi-Tenancy SDN Architecture* zu gestalten.

Mehrere Beispiele für *Software Defined Anything Networking* runden dieses Kapitel ab.

6.1 Quelle und Architektur von SDN

SDN-Frameworks

Die zum SDN führenden Entwicklungen und die zahlreichen SDN betreffenden Aktivitäten werden von zwei Organisationen koordiniert. Somit gibt es zwei konkurrierende, sehr ähnliche, dem SDN zugrunde liegende Konzepte, welche auch als SDN-Frameworks betrachtet werden können. Es handelt sich hierbei um folgende Standards:

- **OpenFlow**[1], herausgegeben von der im Jahr 2011 von der Deutschen Telekom, Facebook, Google, Microsoft, Verizon und Yahoo! gegründeten *Open Networking Foundation* (ONF)[2], der alle auf dem Gebiet Networking tätigen namhaften Fir-

[1] Es sei erwähnt, dass OpenFlow unter Führung der Stanford University und der University of California entwickelt wurde.

[2] `https://www.opennetworking.org`

men angehören.
Die *Open Network Foundation* und die *Linux Foundation* sind mittlerweile in einer Symbiose zusammen geschlossen, so dass das Linux-Betriebssystem die Konzepte und Implementierungen von SDN enthält und diese genutzt werden können. Mittels https://www.openvswitch.org/ liegt für Linux und Unix-artige Betriebssysteme eine nahezu komplette Implementierung dieses Protokolls vor.

- **ForCES**, kurz für *Forwarding and Control Element Separation*, herausgegeben von der *Internet Engineering Task Force* (IETF)[3].

OpenFlow

Die hier dargestellten Ideen, die Konzepte für SDN und deren Anwendungsmöglichkeiten basieren ausschließlich auf dem Framework *OpenFlow*. Dieses Framework umfasst mehrere ONF-Dokumente[4]; zu nennen sind insbesondere die Dokumente *'OpenFlow Switch Specification'* und *'OpenFlow Configuration and Management Protocol'*.

Idee von SDN

Software Defined Anything Networking

Die Idee von SDN beruht auf einem Steuerungsmodell, das so allgemein ist, dass es gut zum Aufbau diverser verteilter, hierarchisch organisierter/strukturierter Systeme geeignet ist. Aufgrund dessen ist das Spektrum wichtiger Kategorien verschiedener SDN-basierter Systeme so breit, dass inzwischen von *Software Defined Anything Networking* (*SDx-Networking*) die Rede ist. Als Beispiele hierfür dienen:

- **SDON** – *SD Optical Networking*
- **SD-WAN** – *SD Wide Area Network(ing)*
- **SD-IoT** – *SD Internet of Things*
- **SD-IoV** – *SD Internet of Vehicles*
- **SDDC** – *SD Data Center*
- **SDCN** – *SD Cloud Networking*

Server ⇄ SDN

Die grundlegende logische Architektur von SDN ähnelt der allgemeinen logischen Architektur eines physischen Servers. Letztere kann als Quelle der Idee von SDN angesehen werden [Abb. 6.1-1]. Vergleicht man, wie Abb. 6.3-2 gezeigt, die logische Architektur eines Servers mit der Idee von SDN, so stellt man folgende Entsprechungen fest:

NIC ⇄ SDN-Devices

- Die Netzadapterkarten (*Network Interface Controller*, NIC) im Server entsprechen dem SDN Device Layer, der eine Vernetzung verschiedener SDN-Devices repräsentiert. Da die wesentliche Aufgabe der SDN-Devices in der Übermittlung von Daten (*Data Forwarding*) besteht, wird der SDN Device Layer auch als *Data Forwarding Plane* bzw. kurz als *Data Plane* bezeichnet.

OS ⇄ SDN Control Layer

- Das *Operating System* (Betriebssystem) im Server entspricht dem *SDN Control Layer*, d.h. dem Layer mit Systemkomponenten, in denen die SDN-Controller untergebracht sind. Mit deren Hilfe können die SDN-Devices konfiguriert, koordiniert und gesteuert werden. Der *Control Layer* wird auch *Control Plane* genannt.

[3] http://datatracker.ietf.org/wg/forces
[4] Auf der Website von *Open Networking Foundation* (ONF) können alle ONF-Dokumente kostenlos heruntergeladen werden.

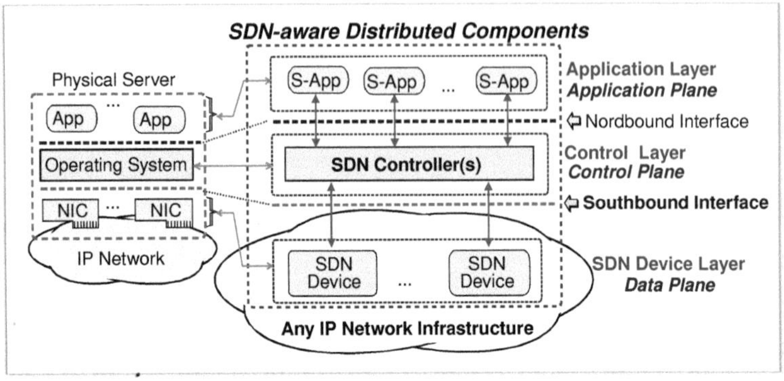

Abb. 6.1-1: Logische Server-Architektur als Quelle der Idee von SDN

Applikationen ⇄ S-Apps

- Die Applikationen im Server entsprechen weitgehend den Applikationen innerhalb einer *SDN-based Network Infrastructure*. Es handelt sich dabei um *SDN-Applikationen* (S-Apps), von denen entsprechende Steuerungsvorgaben, eine Art Direktiven, an SDN-Controller übermittelt werden. Die SDN-Applikationen bilden einen *Application Layer* – auch *Application Plane* genannt.

Controller Interfaces

Der *Control Layer* liegt zwischen *Application Layer* und *Data Layer*. Zwischen diesen drei Layers werden die zwei in Abb. 6.1-3 und Abb. 6.1-6 dargestellten Interfaces definiert:

NBI

- **Northbound Interface**
  Dieses bildet ein spezielles *Application Programming Interface* (API), das die Prinzipien für die Kommunikation zwischen funktionellen Komponenten aus dem Application Layer und SDN-Controller(n) beschreibt.

SBI

- **Southbound Interface**
  Dieses enthält die Protokolle für die Kommunikation zwischen SDN-Controller(n) und SDN-Devices. Hervorgehoben sei hier das *OpenFlow Protocol* [Abb. 6.6-1].

In Anlehnung an Abb. 6.1-1 kann der Begriff SDN kompakt und sehr allgemein definiert werden:

Definition von SDN

> SDN ist ein Networking-Modell, in dem die Steuerung von für die Datenübermittlung verantwortlichen, weitgehend hardware-basierten und die Data Plane bildenden Systemkomponenten auf eine höhere Ebene, d.h. auf die Control Plane, ausgelagert und von speziellen, durch Applikationen aus der Application Plane gesteuerten Controllern erbracht wird.

Dieses Steuerungsmodell kann also fast überall zum Aufbau diverser verteilter und hierarchischer Systeme eingesetzt werden. Folglich ist SDN als universelle, für eine Vielzahl von Ansätzen und Technologien zu verwendende und ihrer umfassenden funktionellen Modernisierung dienende Idee anzusehen [Abb. 6.2-6, Abb. 6.2-7, Abb. 6.3-1].

6.1.1 Voraussetzung für Realisierung

Wie aus Abb. 6.1-2a hervorgeht, besteht die allgemeine logische Architektur von Knoten (z. B. Routern, Switches) in traditionellen Netzen in der Regel aus einer Hierarchie von zwei funktionellen Ebenen, sog. *Planes*:

- **Data Plane** DP
  Zu dieser gehören Hardwarekomponenten zur Übermittlung (Weiterleitung) von Daten.
- **Control Plane** CP
  Diese setzt sich aus diversen Steuerungskomponenten und einem speziellen verteilten Betriebssystem zusammen.

Diese logische/funktionelle Trennung der Systemkomponenten zur Übermittlung von Daten von den Systemkomponenten zur Steuerung der Datenübermittlung stellt eine wichtige Voraussetzung für die Realisierung von SDN im Netzbereich dar [Abb. 6.2-1].

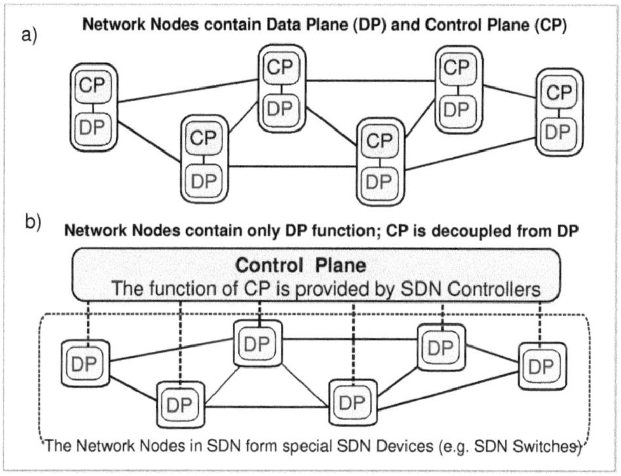

Abb. 6.1-2: Logische Netzstrukturen im Vergleich: a) traditionelles Netz, b) SDN-basiertes Netz

Verwirklichung von SDN

Wie in Abb. 6.1-2 gezeigt, basiert die Verwirklichung der Idee von SDN darauf, die Steuerung von für die Datenübermittlung verantwortlichen und zu einer *Control Plane* (CP) gehörenden Softwaremodulen möglichst von deren Hardware, welche eine *Data Plane* (DP) bildet, zu trennen, und diese Steuerung dann zu einer bzw. mehreren zentralen, als *SDN-Controller* bezeichneten und eine *Control Plane* bildenden, Steuerungskomponente/n auszulagern.

Infolge dieser funktionalen Trennung der *Data Plane* von der *Control Plane* werden die Netzkomponenten zur Übermittlung von Daten vereinfacht und zentral gesteuert. Dies wiederum ermöglicht die Entwicklung diverser Netzdienste, de facto auch ihre Programmierung und demzufolge Realisierung in Netzen mit vereinfachten Hardwarekomponenten.

6.1.2 Allgemeine logische Architektur des SDN

Die allgemeine Idee von SDN, welche sich aus Abb. 6.1-1 und Abb. 6.2-3 ableiten lässt, kann in Form einer logischen Architektur dargestellt werden. Abb. 6.1-3 zeigt diese.

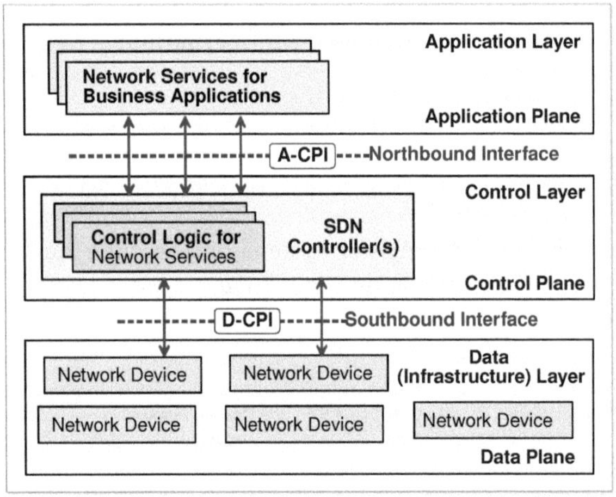

Abb. 6.1-3: Allgemeine logische Architektur von SDN
A-CPI: Application-Controller Plane Interface, D-CPI: Data-Controller Plane Interface

Die drei funktionellen als Planes bezeichneten Layers innerhalb der logischen Architektur von SDN sind [69]:

- **Data (Infrastructure) Plane**
  Network Device Plane
  Diese auch als *Network Device Plane* bezeichnete Ebene repräsentiert eine Vernetzung von SDN-Devices untereinander und besteht aus verschiedenen Netzkomponenten, die ein zur Datenübermittlung benötigtes physisches Netz bilden. Im Allgemeinen bezeichnet SDN-Device alle möglichen Netzkomponenten in SDN-Umgebungen. Als ein fast universelles SDN-Device kann der von der *Open Networking Foundation* spezifizierte SDN-Controller angesehen werden [Abb. 6.1-6].
- **Control Plane**
  Northbound und Southbound Interface
  Zu dieser Plane gehören die *SDN-Controller*. Sie setzen die von Network Services in Form von Applikationen generierten Anforderungen/Anweisungen (Richtlinien, Policies) in die an SDN-Devices übermittelten Nachrichten um. Durch Network Services können SDN-Controller einerseits dem aktuellen Bedarf entsprechend über ein genormtes *Application-Controller Plane Interface* (A-CPI) – allgemein *Northbound Interface* genannt – einheitlich angesteuert werden. Die von Network Services empfangenen Anweisungen werden im SDN-Controller in die entsprechenden Befehle umgesetzt und über ein genormtes *Data-Controller Plane Interface* (D-CPI), auch *Southbound Interface* (SBI) genannt – zur Ausführung an die SDN-Devices übergeben.

- **Application Plane**
  Innerhalb dieser Plane werden verschiedene, als SDN-Applikationen bezeichnete Softwaretools zum Einrichten von Netzdiensten angesiedelt. Genau genommen dienen diese Applikationen der Erstellung von Anweisungen zur Ansteuerung von SDN-Controllern. Das Northbound Interface, als offene Softwareschnittstelle, soll jede den aktuellen Anforderungen entsprechende Konfiguration von Netzdiensten auf eine einheitliche Art und Weise ermöglichen.

SDN-Applikationen

6.1.3 SDN-Architektur ohne Virtualisierung von Netzwerkressourcen

Das SDN lässt sich als Framework zur Programmierung von Netzwerkdiensten ansehen, dessen logische Architektur Abb. 6.1-4a zeigt. Diese geht u.a. auch aus Abb. 6.1-1 und Abb. 6.1-3 hervor.

Abb. 6.1-4b soll zum Ausdruck bringen, dass die logische Architektur von SDN sehr der logischen Architektur eines Servers ähnelt. Hierbei entsprechen Ethernet-Adapterkarten (Network Interface Controller, NIC) der Forwarding Plane, das *Operating System* (Betriebssystem) der *Control Plane* und die Applikationen im Server der *Application Plane*.

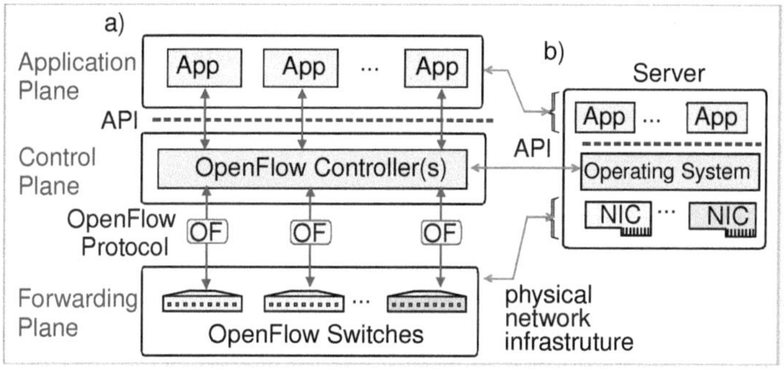

Abb. 6.1-4: SDN ohne Virtualisierung von Netzwerkressourcen: a) SDN-Architektur, b) Architektur eines Servers ohne Virtualisierung dessen Ressourcen

API: Application Programming Interface, App: Application, NIC: Network Interface Controller (Card) OF: OpenFlow

Den drei funktionellen Schichten der logischen SDN-Architektur werden hierbei folgende Aufgaben zugewiesen:

- **Forwarding Plane**
  Diese verteilte Plane repräsentiert eine Vernetzung von OF-Switches, d.h. von Switches, die hauptsächlich nur eine Hardware zur Übermittlung (Weiterleitung) von Daten – also eine (Data) *Forwarding Plane* – enthalten und das OF-Protokoll unterstützen. Dadurch können die Switches von der ausgelagerten, in einem Controller realisierten Control Plane angesteuert werden. Die Infrastructure Plane könnte man als *Ethernet Fabric* betrachten. Unter OF-Switches unterscheidet man zwischen physikalischen und virtuellen, in Wirt-Servern realisierten Switches. Ein physikalischer Wirt-Server mit einer Vielzahl von virtuellen Servern

Forwarding Plane mit Switches

(von Virtual Machines) kann sogar mehrere virtuelle OF-Switches als Access Switches zur Anbindung von virtuellen Servern zur Verfügung stellen.

- **Control Plane**
  Control Plane mit Flow Tables
  Zu dieser Plane gehören Controller. Sie setzen von Applikationen generierte Anweisungen (Richtlinien, Policies) in entsprechende, an OF-Switches übermittelte Nachrichten des OF-Protokolls um. Dadurch können OF-Switches innerhalb der entfernten Forwarding Plane angesteuert werden. Diese Ansteuerung führt dazu, dass die sog. *Flow Tables* in OF-Switches entsprechend den seitens der Applikation generierten Anweisungen einprogrammiert (konfiguriert) werden (vgl. Abb. 6.2-3). In einigen Flow Tables können beispielsweise neue Einträge – sog. *Flow Table Entries* (vgl. Abb. 6.3-3) – hinzugefügt bzw. alte geändert oder gelöscht werden. Auf diese Art und Weise kann innerhalb einer aus OF-Switches bestehenden Netzwerkinfrastruktur ein Netzwerkdienst (z. B. *Virtual Local Area Network*, VLAN) eingerichtet werden.

- **Application Plane**
  Application Plane zur Erstellung der Entries in Flow Tables
  Innerhalb dieser Plane werden verschiedene, als SDN-Applikationen bezeichnete Tools zur Programmierung der Netzwerkdienste angesiedelt. Genau genommen dienen die Applikationen der Erstellung von entsprechenden Anweisungen, die daraufhin als Entries in Flow Tables abgespeichert werden [Abb. 6.3-4], um die OF-Switches anzusteuern. Das API als offene Softwareschnittstelle soll eine einheitliche Programmierung der Netzwerkdienste ermöglichen.

Auf die SDN-Architektur mit Virtualisierung von Netzwerkressourcen wird im Weiteren eingegangen (vgl. Abb. 6.5-2).

6.1.4 SDN-Architektur mit Virtualisierung von Netzwerkressourcen

Das SDN soll auch die Virtualisierung von Netzwerkressourcen ermöglichen. Somit sollte es beim SDN möglich sein, auf der Grundlage einer physikalischen, aus mehreren OF-Switches bestehenden Netzwerkstruktur verschiedene virtuelle Netzwerke einzurichten und diese Netzwerke individuell – also voneinander getrennt und mit verschiedenen Controllern – zu überwachen und zu verwalten.

SDN ist 'Wirts-Netzwerk'

Die Erfüllung dieser Anforderungen führt zu einer erweiterten, in Abb. 6.1-5a gezeigten logischen SDN-Architektur, die sehr stark der logischen Architektur eines Wirt-Servers mit mehreren virtuellen Servern als Virtual Machines (VMs) ähnelt[5]. Abb. 6.1-5b soll dies verdeutlichen.

Network Hypervisor

Aus Abb. 6.1-5 geht u.a. hervor, dass ein Controller mit seinen Applikationen, mit dem ein virtuelles Netzwerk bzw. eine Gruppe solcher Netzwerke eingerichtet, überwacht und verwaltet werden kann, einem virtuellen Server (also einer VM) in einem physikalischen Wirt-Server entsprechen würde. Die Verwaltung von VMs und die Steuerung der Kommunikation zwischen VMs werden im Wirt-Server von

[5] Vergleiche hierzu die in Abb. 6.1-4 gezeigte SDN-Architektur ohne Virtualisierung von Netzwerkressourcen.

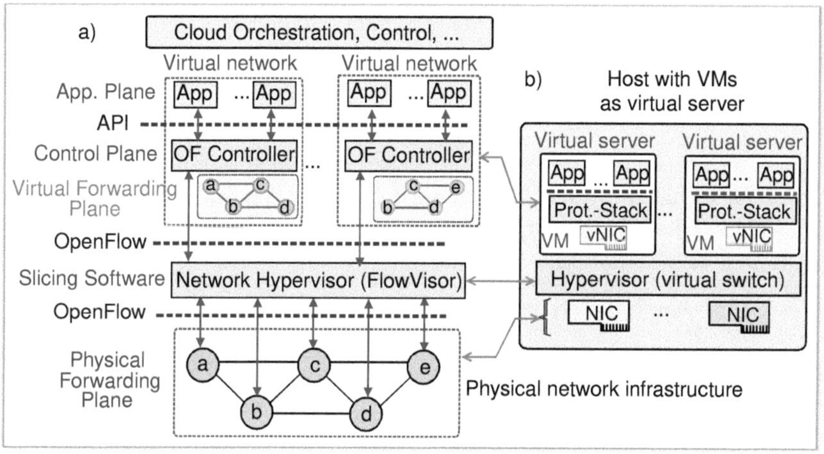

Abb. 6.1-5: SDN mit Virtualisierung von Netzwerkressourcen: a) SDN-Architektur, b) Architektur eines Servers mit Virtualisierung dessen Ressourcen

API: Application Programming Interface, App: Application, NIC: Network Interface Controller (Card), VM: Virtual Machine, vNIC: virtual Network Interface Controller (Card)

einem *Hypervisor* übernommen. Auch in der logischen SDN-Architektur ist ein Hypervisor nötig, und zwar ein *Network Hypervisor*, der oft als *FlowVisor* bezeichnet wird [10].

Mit einem *Network Hypervisor* wird mehreren OF-Controllern gestattet, gemeinsame, als Forwarding Plane bezeichnete Netzwerkressourcen so zu nutzen, dass auf deren Basis seitens verschiedener Controller mehrere virtuelle Netzwerke bzw. auch spezielle Netzwerkdienste eingerichtet und überwacht werden können.

Aus Sicht der Forwarding Plane fungiert der Network Hypervisor als die Vertretung aller *OF-Controller*; d.h. er dient als OF-Controller-Proxy. Ein Network Hypervisor wird oft auch *Slicing Software* genannt, und demzufolge spricht man beim SDN mit Virtualisierung von Netzwerkressourcen von *Sliced Programmable Networks*[6].

OF-Controller

Slices Programmable Networks – Basis für Cloud Computing

Die Forwarding Plane als gemeinsame Netzwerkressourcen könnte man mit einem ganzen Brot vergleichen. Um ein Laib Brot als gemeinsames Nahrungsmittel an mehrere Menschen zu verteilen, wird es in mehrere Scheiben geschnitten – es werden zu diesem Zweck Brotscheiben (Slices) erstellt. Auf eine ähnliche Art und Weise können beim SDN die Netzwerkressourcen (genauer gesagt die Forwarding Plane) logisch zu mehreren Network Slices (Netzwerkscheiben) 'geschnitten' werden. Solche Network Slices als Clouds können per Internet öffentlich zugänglich gemacht werden. Demzufolge können Network Slices als Grundlage für Cloud Computing dienen.

Auf der Basis einer Network Slice können mithilfe eines OF-Controllers verschiedene Netzwerkdienste eingerichtet werden. Vergleicht man eine *öffentliche Cloud* (Public Cloud) eines Anbieters von Netzwerkdiensten mit einem Laib Brot, würde

OF-Controller für Netzdienste

[6]http://www.gta.ufrj.br/horizon/articles/sigcomm-pd-2009-final65.pdf

eine *private Cloud* (Private Cloud) eines seiner Kunden innerhalb seiner öffentlichen Cloud einem Network Slice entsprechen. So gesehen kann die in Abb. 6.4-1a gezeigte Architektur als Modell zur Bereitstellung von Cloud Services vom Typ `IaaS` (*Infrastructre as a Service*) auf Basis einer Public Cloud angesehen werden.

Cloud Orchestration

Mehrere private Cloud Services auf der Basis einer gemeinsamer Cloud, in der Regel einer Public Cloud, müssen entsprechend koordiniert werden – ähnlich wie mehrere Musiker in einem Orchester dirigiert werden müssen. In diesem Zusammenhang spricht man von *Cloud Orchestration.*

6.1.5 SDN-Architektur der ONF

Mit Ausnahme der Spezifikationen der *Open Networking Foundation* (ONF) existieren bisher keine nennenswerten offenen und implementierten SDN-Standards. Abb. 6.1-4 illustriert daher die allgemeine logische SDN-Architektur der ONF in Anlehnung an das Dokument ONF TR-521 (TR: Technical Reference) aus dem Jahr 2016 (siehe [TS.2] in den Endnoten dieses Kapitels).

Ressource nach TR-521

Vergleicht man die in Abb. 6.1-3 und Abb. 6.1-6 gezeigten SDN-Architekturen, so stellt man fest, dass der wesentliche Unterschied darin besteht, dass die Systemkomponenten innerhalb der Data Plane der von der ONF erarbeiteten Architektur nicht SDN-Devices genannt, sondern allgemeiner als [R] (*Resource*) bezeichnet werden. In ONF TR-521 wird der Begriff Ressource wie folgt definiert:

> Anything that can be used to deliver a service.

Somit ist hier als Ressource eigentlich eine 'funktionelle Ressource' gemeint. Darunter ist sowohl eine physische Systemkomponente als auch eine Gruppe physischer Systemkomponenten, die eine funktionelle Einheit bilden, zu verstehen.

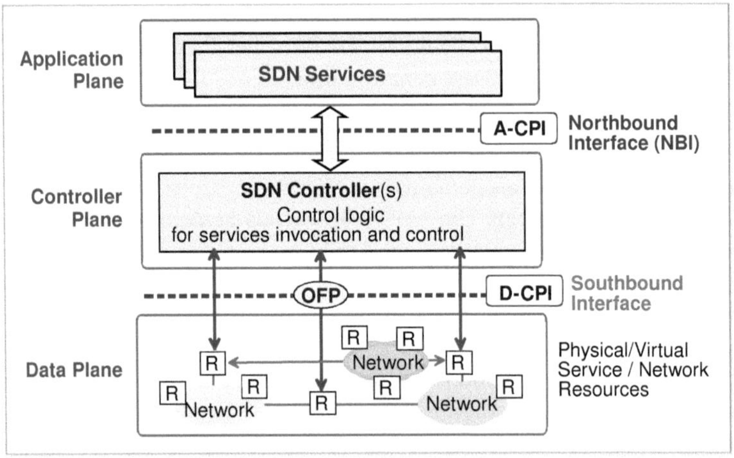

Abb. 6.1-6: Allgemeine logische Architektur von SDN nach ONF TR-521

[R]: Ressource, die SND Service liefern kann, z. B. ein OpenFlow Switch (OFS), A-CPI: Application-Controller Plane Interface, D-CPI: Data-Controller Plane Interface, OFP: OpenFlow Protocol

Besonderheit der Data Plane

In der allgemeinen SDN-Architektur der ONF wird insbesondere darauf hingewiesen, dass die Data Plane alle möglichen, als Ressourcen bezeichneten Komponenten enthält, die zur Erbringung von diversen gewünschten Services verwendet werden können. Dabei können Ressourcen sowohl physischer als auch virtueller Natur sein. Somit können die gewünschten Services nicht nur von physischen SDN-Devices wie z. B. OpenFlow Switches [Abb. 6.1-6], sondern auch durch virtuelle Rechner bzw. virtuelle Netze erbracht werden.

Virtuelle Ressourcen als Grundlage für vSDN

Es sei darauf hingewiesen, dass die Nutzung virtueller Systemkomponenten innerhalb der Data Plane der SDN-Architektur von ONF die Bildung virtueller softwaredefinierter Netze ermöglicht. In diesem Kontext wird vom bereits eingangs erwähnten *virtual Software Defined Networking* (vSDN) gesprochen. Virtuelle Ressourcen in der Data Plane können somit als Grundlage für *virtual Software Defined Networks* (vSDNs) angesehen werden. Im Weiteren wird die Idee von vSDN näher dargestellt [Abb. 6.5-2].

Besondere Funktionen von SDN-Controllern

Der SDN-Controller ist das Herzstück der in Abb. 6.1-4 gezeigten Architektur. Seine Aufgabe besteht im Wesentlichen darin, die funktionellen Ressourcen innerhalb der Data Plane zur Bereitstellung gewünschter Services zu bestimmen bzw. zu sammeln und diese entsprechend zu koordinieren und zu steuern. Da die Data Plane in der SDN-Architektur beliebige funktionelle Ressourcen enthalten kann, die zur Erbringung verschiedener gewünschter Services genutzt werden können, müssen SDN-Controller zwei sich gegenseitig ergänzende Funktionen realisieren. Diese sind:

- **Orchestrierung**
  Als Orchestrierung wird die Zuordnung funktioneller Ressourcen zu verschiedenen Services sowie deren Koordination und Steuerung zwecks des optimalen Erbringens der gewünschten Services bezeichnet.
- **Virtualisierung**
  Diese Funktion kann als komplementäre Funktion zur Orchestrierung angesehen werden. Die Virtualisierung besteht hauptsächlich in einer Gruppierung physischer funktioneller Ressourcen, die eine Bildung logischer Einheiten – einer Art 'virtueller Ressourcen' – zur Realisierung gewünschter Services möglich macht.

Es sei darauf hingewiesen, dass der seitens der ONF spezifizierte *OpenFlow Switch* (OF-Switch[7]) eine wichtige funktionelle Ressource in der Data Plane darstellt. Struktur, Funktionsweise und Einsatzmöglichkeiten werden im Folgenden noch beschrieben [Abb. 6.3-2].

6.2 Einsatz von SDN

Beim SDN wird vorausgesetzt, dass jede Netzwerkkomponente zur Übermittlung von Daten wie Switch oder Router die folgenden zwei funktionellen Teile enthält:

- **Hardware** zur Übermittlung (Weiterleitung) von Daten – in Netzwerken mit vereinfachten Hardwareeinheiten zu verwirklichen.

[7] Siehe Referenzen in den Endnoten.

- **Software**, die sich aus mehreren Applikationen und einem Betriebssystem zusammensetzt.

SDN im Datacenter

Das grundlegende Konzept von SDN basiert darauf, die Software in Netzwerkkomponenten zur Übermittlung von Daten möglichst von deren Hardware zu trennen und sie dann zu einer bzw. zu mehreren zentralen, als *SDN-Controller* bezeichneten Steuerungskomponente/n auszulagern. Demzufolge werden die Netzwerkkomponenten zur Übermittlung von Daten vereinfacht und zentral gesteuert. Diese Idee liefert neue Möglichkeiten, diverse Netzwerkdienste zu entwickeln, diese de facto zu programmieren und sie in Netzwerken mit vereinfachten Hardwareeinheiten zu verwirklichen.

6.2.1 SDN in Datacentern

Das SDN ist vor allem in großen Datacentern von besonderer Bedeutung. Aus diesem Grund wird hier die Idee des SDN am Beispiel des Einsatzes in Datacentern erläutert. Hierfür soll die in Abb. 6.2-1 gezeigte, sehr stark vereinfachte Struktur der Vernetzung von Switches in Datacentern – insbesondere die Vernetzung von Access Switches zur Anbindung von Servern an Aggregation Switches – betrachtet werden.

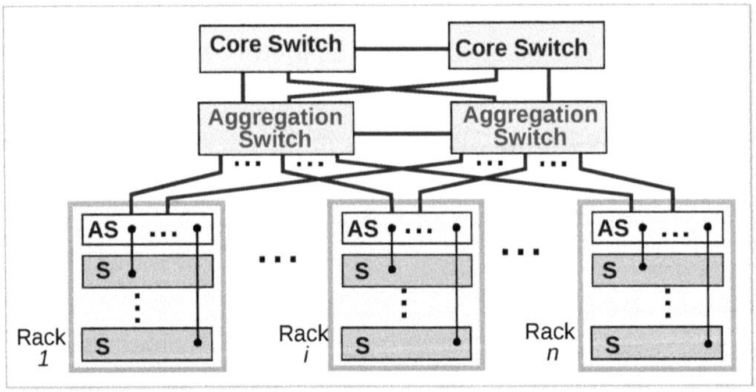

Abb. 6.2-1: Struktur der Vernetzung von Switches in Datacentern
AS: Access Switch, S: Server

Um die bereits geschilderte logische Betrachtung von Netzwerkkomponenten beim SDN näher zum Ausdruck zu bringen, zeigt Abb. 6.2-1 die logische Struktur von Access und Aggregation Switches in der in Abb. 6.2-2 dargestellten Vernetzung.

Forwarding Plane

Im Allgemeinen wird beim SDN angenommen, dass die Hardware in den zur Übermittlung von Daten dienenden Netzwerkkomponenten (z.B. in Switches) eine *(Data) Forwarding Plane* bildet. Es sei aber angemerkt, dass jede Forwarding Plane die Daten in Form von in Ethernet Frames eingekapselten Paketen übermittelt (weiterleitet).

Control und Application Plane

Ähnlich wie bei der Hardware kann auch die Software jeder der Übermittlung von Daten dienenden Netzwerkkomponente in Form von zwei funktionellen Planes dargestellt werden: das Betriebssystem als *Control Plane* und alle Applikationen als *Application Plane.*

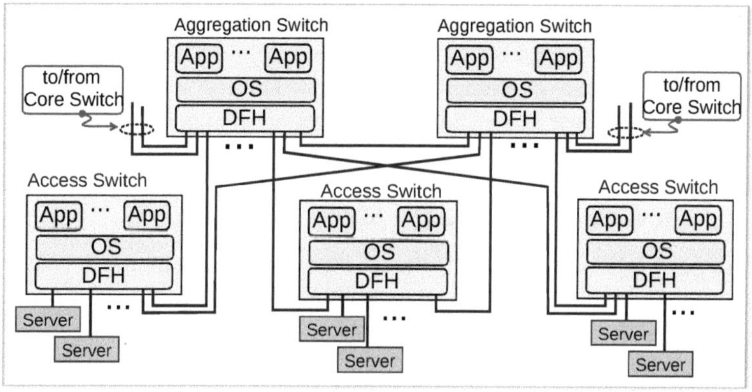

Abb. 6.2-2: Vernetzung von Switches in Datacentern und deren vereinfachte logische Struktur

App: Application: Software zur Realisierung einer Switch-Funktion, DFH: Data Forwarding Hardware: bildet eine (Data) Forwarding Plane, OS: Operating System: Betriebssystem; bildet eine Control Plane

Die grundlegende Idee des SDN[8] besteht darin, die kontroll- und anwendungsspezifische Software von der Hardware in Netzwerkkomponenten zur Übermittlung von Daten möglichst so zu entkoppeln, dass diese von der Hardware entfernt in einem zentralen Controller bzw. in mehreren Controllern untergebracht werden kann. Abb. 6.2-3 illustriert diese Idee.

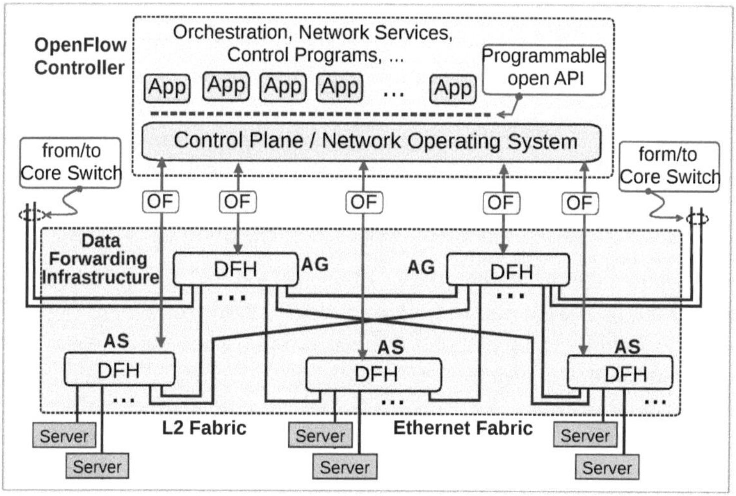

Abb. 6.2-3: Bedeutung des SDN bei der Vernetzung von Switches in Datacentern

AG: Aggregation Switch, API: Application Programming Interface, App: Application, AS: Access Switch, DFH: Data Forwarding Hardware, L2: Layer 2, OF: OpenFlow

[8]Es sei nochmals hervorgehoben, hier nur das SDN auf Basis des Framework OpenFlow erläutert wird. Beim SDN nach dem Framework *ForSEC* würde das ForSEC-Protokoll dem OpenFlow-Protokoll entsprechen (siehe hierzu RFC 5810).

Wie hier ersichtlich ist, führt das SDN dazu, dass die zur Übermittlung von Daten dienenden Netzwerkkomponenten hauptsächlich die Hardware als Forwarding Plane benötigen: Sie müssen also weder eine Control Plane noch eine Application Plane besitzen. Diese beiden Software Planes werden in einem zentralen Controller untergebracht, und von dort aus werden alle – sowohl um die Control Plane als auch um die Application Plane 'reduzierten' – Switches mithilfe eines speziellen, als *OpenFlow* (*OF*) bezeichneten Protokolls angesteuert.

An dieser Stelle sei darauf verwiesen, dass die SDN-konformen Netzwerkkomponenten zur Übermittlung von Daten nur eine *Data Forwarding Hardware* (*DFH*) – also de facto nur die Forwarding Plane – besitzen und, damit sie von einem Controller mithilfe von OpenFlow angesteuert werden können, OpenFlow-fähig sein müssen. Ein OpenFlow-fähiger Switch wird auch *OpenFlow Switch* – kurz *OF-Switch* oder *OFS* – genannt.

Was ist ein Flow?

Unter Flow, genauer: *Data Flow*, Datenfluss, versteht man eine Folge von Ethernet Frames mit den gleichen Angaben in einigen Feldern im Protokoll-Overhead; zu diesem gehören die folgenden Header: Ethernet-, IPv4-/IPv6- und TCP-/UDP-Header.

Angaben im Flow

Den Datenfluss einer TCP-Verbindung markieren beispielsweise die Angaben*IP Source Address, TCP Source Port, IP Destination Address, TCP Destination Port.* Die Bezeichnung 'Open' in OpenFlow verweist darauf, dass der Datenfluss beliebig sein kann.

Data Forwarding Infrastructure

Betrachtet man die in Abb. 6.2-3 gezeigte Vernetzungsstruktur, so erkennt man, dass die Vernetzung von SDN-konformen Access und Aggregation Switches zu einer besonderen *Data Forwarding Infrastructure* (*DFI*) führt; diese könnte man als *Distributed-Layer-2-Fabric* bzw. quasi als *Ethernet Fabric* mit programmierbaren OF-Switches betrachten. Abb. 6.2-4 bringt dies zum Ausdruck und zeigt dabei, dass die in Abb.6.2-1 dargestellte Struktur der Vernetzung von Switches in Datacentern auch beim SDN weiter erhalten bleibt, wobei jetzt alle Switches OF-Switches sind.

DFI: IP-Pakete in Ethernet verkapselt

Innerhalb der DFI in werden die in Ethernet Frames (also in Layer-2-Frames) eingekapselten IP-Pakete übermittelt, und die DFI kann von einem Controller mithilfe des OF-Protokolls so angesteuert werden, dass sie gewünschte Netzwerkdienste zur Verfügung stellt. Um welche Netzwerkdienste es sich handelt, bestimmen die Applikationen im Controller (vgl. Abb.6.2-3). Diese greifen über eine standardisierte Softwareschnittstelle (*Application Programming Interface*, API) auf die Control Plane zu und sind mittels des OF-Protokolls in der Lage, die OF-Switche in der DFI bei Bedarf so einzuprogrammieren (zu konfigurieren), dass erwünschte Netzwerkdienste von der DFI erbracht werden können.

Vergleicht man Abb. 6.1-1 und Abb. 6.2-4, so erkennt man sofort den Vorteil des SDN:

> Beim SDN können die Netzwerkadministratoren ihre *Data Forwarding Infrastructure* (DFI) von einer zentralen Stelle aus flexibel gestalten und hierbei verschiedene Netz-

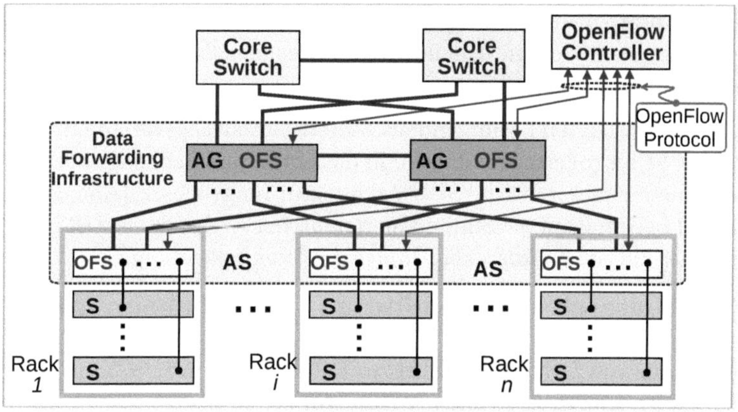

Abb. 6.2-4: OF-Switches bilden eine Data Forwarding Infrastructure (DFI)

AG: Aggregation Switch, AS: Access Switch, OFS: OpenFlow Switch (OF-Switch), S: Server

werkdienste – z.B. dem aktuellen Bedarf angepasste virtuelle Netzwerke – auch für nur kurze Zeitspannen einrichten.

6.2.2 Hierarchische SDN-Architektur

Bei SDN können in bestimmten Situationen mehrere Controller eingesetzt werden. Deren Vernetzung kann hierarchisch erfolgen. Abb.6.2-5 zeigt dies am Beispiel einer zweistufigen SDN-Architektur.

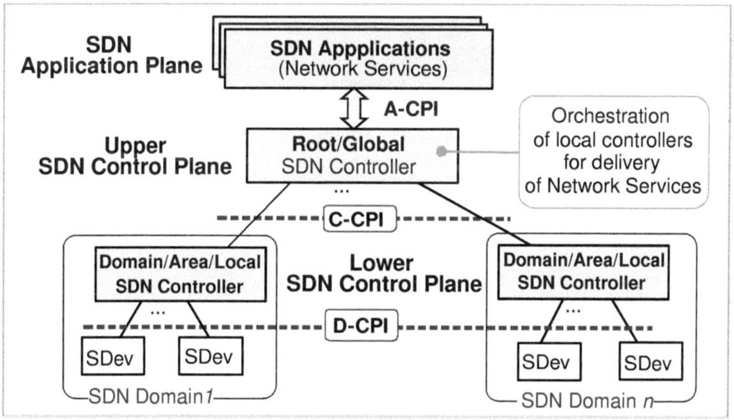

Abb. 6.2-5: Zweistufige hierarchische SDN-Architektur

A-CPI: Application-Controller Plane Interface, C-CPI: Controller-Controller Plane Interface, D-CPI: Data-Controller Plane Interface, SDev: SDN-Device

Die dargestellte zweistufige hierarchische SDN-Architektur besteht aus einem übergeordneten globalen SDN-Controller, oft *SDN Root-Controller* genannt, und mehreren untergeordneten SDN-Domains mit lokalen Controllern. SDN-Domains

Dieser Ansatz bietet die Möglichkeit, große Netze in mehrere funktionelle SDN-Domains aufzuteilen, in denen SDN-Devices jeweils von lokalen Controllern gesteuert werden [Abb. 6.2-5].

Neben der gezeigten Lösung gibt es weitere Gestaltungsvarianten, um Hierarchien von SDN-Controllern aufzubauen. In diesem Zusammenhang sei insbesondere auf die rekursive hierarchische SDN-Architektur hingewiesen [Abb. 6.2-7]. Diese Flexibilität in Bezug auf die Bildung hierarchischer Architekturen ist insbesondere für den SDN-Einsatz im *Internet of Things* (IoT) von Bedeutung.

6.2.3 Hierarchische Strukturen von SDN beim IoT

Der Einsatz von SDN im IoT führt zur Entstehung von *SDN-based IoT*. Ein entsprechendes Beispiel einer solchen Architektur zeigt Abb. 6.2-6.

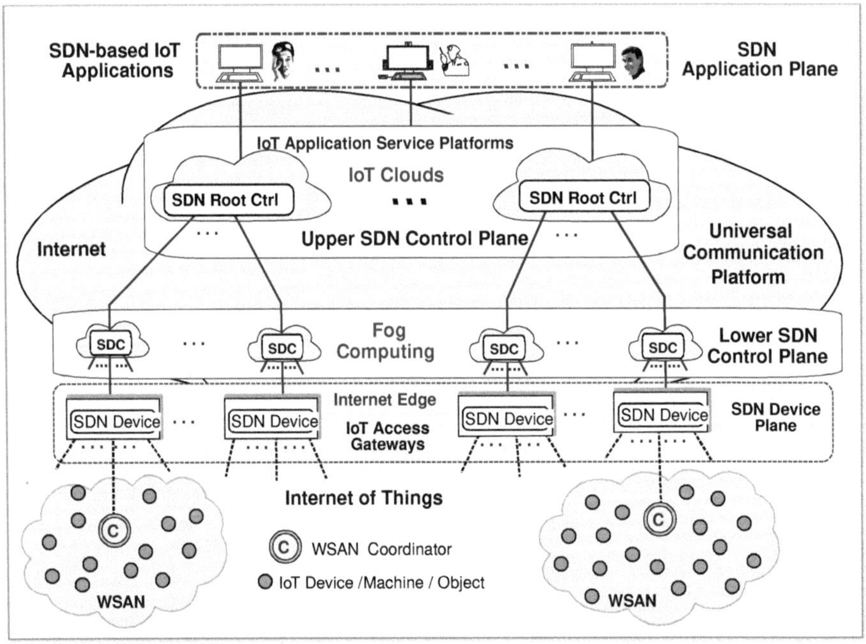

Abb. 6.2-6: Beispiel für den Einsatz einer zweistufigen hierarchischen SDN-Architektur im IoT in Form funktionaler SDN-Planes

SDC: SDN Domain Controller (Ctrl), WSAN: Wireless Sensor and Actuator Network

Im IoT kann die in Abb. 6.2-6 gezeigte hierarchische Architektur von SDN wie folgt realisiert werden:

SDN-based IoT

- *SDN Device Plane im IoT*
  Spezielle (funktionsspezifische) SDN-Devices lassen sich vor allem in *IoT Access Gateways* am Rande des Internets mit dem Ziel unterbringen, um die Systemkomponenten im *Wireless Sensor and Actuator Network* (WSAN) dem aktuellen Bedarf entsprechend zu überwachen und zu steuern. Die Access Gateways mit SDN-Devices bilden eine *SDN Device Plane im IoT*.

- *Lower SDN Control Plane im IoT*
  Lokale SDN-Controller können in sog. *Fog Nodes*, die eine Art Mini Clouds darstellen, untergebracht werden, um IoT Access Gateways am Internet Edge entsprechend den aktuell vorliegenden Anforderungen (z.B. den momentan gültigen Sicherheitsanforderungen) über das Internet schnell konfigurieren zu können. In diesem Zusammenhang spricht man auch von *Fog Computing*. Fog Computing
- *Upper SDN Control Plane im IoT*
  Die zu dieser Plane gehörenden SDN Root Controller können in IoT-Clouds installiert werden. Damit können mehrere in verschiedenen Fog Nodes untergebrachte lokale Controller von einem Root Controller angesteuert werden. Cloud Computing
- *SDN Application Plane im IoT*
  Auf dieser Plane werden verschiedene, als SDN-Applikationen bezeichnete Softwaretools zur Einrichtung von IoT-Services angesiedelt. Genau genommen dienen diese Applikationen der Erstellung von Anweisungen zur Ansteuerung globaler SDN-Controller in Clouds, von denen diese Anweisungen an lokale SDN-Controller in Fog Nodes übergeben werden.

6.2.4 Rekursiv-hierarchische SDN im IoT

Die Unterstützung der Mobilität verschiedener Einrichtungen ist im IoT von großer Bedeutung. Dies gilt insbesondere für die Steuerung und Kontrolle mobiler Fahrzeuge unterschiedlicher Art im *Internet of Vehicles* (IoV).

Um Mobilität mittels SDN zu unterstützen, muss das Konzept eine besondere, rekursiv organisierte hierarchische Art der Steuerung mobiler Einrichtungen im IoT ermöglichen. Hierfür muss es nach einer rekursiv-hierarchischen SDN-Architektur organisiert werden [TS.2]. Abb. 6.2-7 illustriert die Idee dieser SDN-Architektur.

Beim Vergleich der hier gezeigten rekursiv-hierarchischen SDN-Architektur mit der zweistufigen hierarchischen SDN-Architektur in Abb. 6.2-5 stellt man fest, dass der rekursiv-hierarchische Ansatz bei SDN eine wichtige Besonderheit aufweist: Software Defined IoV

> Er ermöglicht die gegenseitige Kooperation benachbarter SDN-Controller.

Diese Befähigung ist fundamental für die Realisierung diverser Systemlösungen im IoV. Der Einsatz SDN-basierter Systemlösungen im IoV führt zur Entstehung von *Software Defined IoV* (SD-IoV).

Wie Abb. 6.2-7 zeigt, basiert die Kooperation zwischen jeweils zwei benachbarten lokalen SDN-Controllern auf einer Erweiterung der beiden Controller Plane Interfaces (CPIs) – nämlich C-CPI und A-CPI. Dank dieser enthalten die Controller einige gemeinsame Kommandos (*Directives*), welche so konzipiert sind, dass sich jeder lokale SDN-Controller auch als SDN-Device verhalten kann. Möglich macht das die im selben Bild gezeigte Äquivalenz 'D-CPI gleich C-CPI'. Sie schafft die Voraussetzung für die gegenseitige (kooperative) Ansteuerung benachbarter lokaler SDN-Controller mittels eines *Handover*. Äquivalenz 'D-CPI gleich C-CPI'

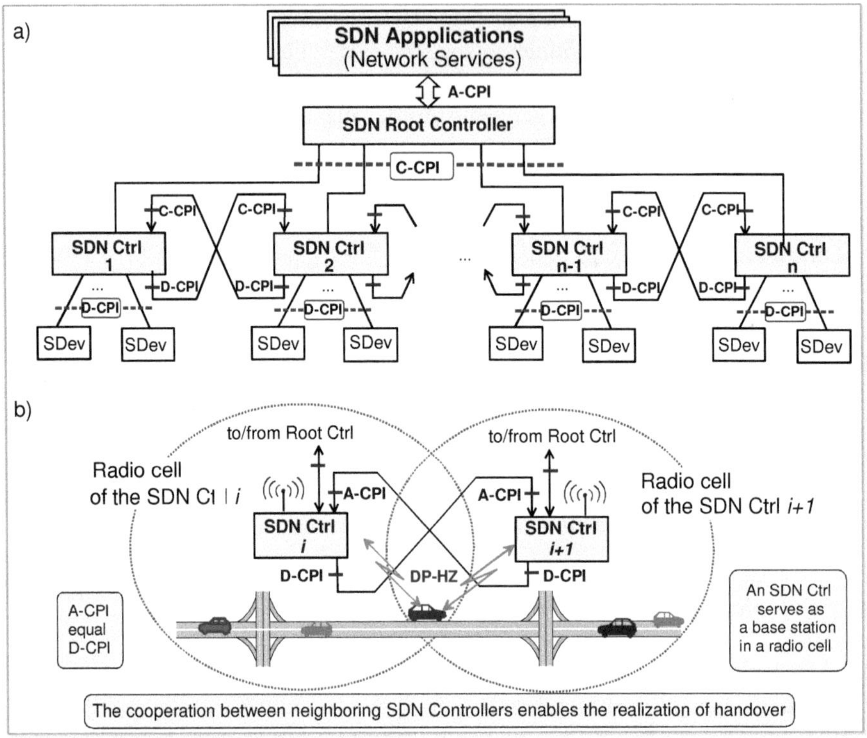

Abb. 6.2-7: Rekursiv-hierarchische SDN-Architektur: a) allgemeine Idee, b) Realisierung von Handover im SD-IoV

A-CPI: Application-Controller Plane Interface, C-CPI: Controller-Controller Plane Interface, Ctrl: Controller. D-CPI: Data-Controller Plane Interface, SDev: SDN-Device, DP-HZ: Data Plane-Handover Zone, SD-IoV: Software Defined Internet of Vehicles

Was ist ein Handover?

Als *Handover* (auch *Handoff* genannt) bezeichnet man ein Verfahren, das garantiert, dass jede mobile Station (z.B. ein Smartphone) während einer bestehenden Verbindung (d.h. während eines Gesprächs oder einer Datenverbindung) ohne Unterbrechung der bestehenden Verbindung von einer Funkzelle in eine andere wechseln kann.

Dank diesem ist in Mobilfunknetzen zu jedem Zeitpunkt bekannt, in welcher Funkzelle sich jede mobile Station befindet. Nach dem HO-Verfahren versetzen sich die Basisstationen in allen benachbarten Funkzellen gegenseitig in die Lage, dass jede von ihnen zu jedem Zeitpunkt weiß, welche mobile Stationen sich in ihrer Funkzelle befinden.

Handover mittels lokaler SDN-Controller

Ein entsprechendes HO-Verfahren muss im IoV und dementsprechend auch im SD-VoI realisiert werden. Abb. 6.2-7b verdeutlicht dies und zeigt, dass lokale SDN-Controller im SD-IoV weitgehend den Basisstationen in Mobilfunknetzen entsprechen und eine spezielle Variante des HO-Verfahrens realisieren müssen.

Abb. 6.2-7b verdeutlicht dies und zeigt, dass lokale SDN-Controller im SD-IoV weitgehend den Basisstationen in Mobilfunknetzen 4G/5G/6G entsprechen und eine spezielle Variante des HO-Verfahrens realisieren müssen. Das hier gezeigte Beispiel zeigt, wie autonom fahrende Fahrzeuge kontinuierlich überwacht und gesteuert werden können.

SDN und NFV

Durch die Virtualisierung von Rechnern entsteht die Möglichkeit, virtuelle, oft auch als *Virtual Machines* (VMs) bezeichnete Rechner in verschiedenen physischen rechnerbasierten Systemen zur Bereitstellung intelligenter Netzfunktionen zu nutzen. Hier hat man es mit *Network Function Virtualisation* (NFV) zu tun. Dies ermöglicht die Virtualisierung von Netzfunktionen und man spricht dabei auch von *Virtualised Network Function* (VNF) bzw. von der virtualisierten Netzfunktion [TS.3].

VNFs als 'Bausteine' virtueller Netze

Ist die NFV in physischen Knoten eines Netzes realisierbar, so können in diesen Knoten mehrere VNFs als eine Art *virtuelle Netzknoten* verfügbar gemacht werden. So lassen sich auf der Grundlage eines physischen Netzes mit VNFs mehrere virtuelle Netze einrichten. Die NFV bildet somit die Basis zur Einrichtung virtueller Netze (*Virtual Networks*, VNs). Dies wird in Abb. 6.5-5 zum Ausdruck gebracht. Allgemein betrachtet stellt ein virtuelles Netz eine Vernetzung von VNFs dar. Das Konzept von SDN wird deshalb bei der Netzvirtualisierung eine wichtige Rolle spielen.

SDN und Network Slicing

Man kann sich ein virtuelles Netz sehr allgemein als eine funktionelle Scheibe oder auch Schicht oberhalb eines physischen Netzes mit VNFs in seinen Knoten vorstellen. In der Fachliteratur wird solch eine funktionelle Scheibe als *Network Slice* bzw. kurz auch als *Slice* bezeichnet. Demnach wird bei der Vernetzung von VNFs oberhalb einer physischen Netzinfrastruktur von *Network Slicing* [Abb. 6.5-5] gesprochen. Der Begriff verweist auf eine Virtualisierungslösung, bei der einzelne virtuelle Netze als parallele funktionelle Scheiben, also *Network Slices*, oberhalb einer physischen Netzinfrastruktur aufgestapelt werden. Die schnelle Einrichtung, einfache Konfigurierung und rasche Anpassung der Slices an mit der Zeit veränderbare Anforderungen gehört zu den Stärken von SDN in diesem Szenario [TS.4].

6.3 Software Defined Optical Networking

Ein wichtiges Merkmal von SDN ist die logische Trennung der Data Plane mit diversen Systemkomponenten zur Datenübermittlung von der Control Plane mit Systemkomponenten zur Ansteuerung von Systemkomponenten innerhalb der Data Plane.

Diese Besonderheit von SDN ist auch in optischen Netzen anzutreffen, in denen optische Switches und optische Multiplexer eine Data Plane bilden, zu deren Ansteuerung ein separates 'nicht-optisches' IP-Netz mit einem speziellen *Signalisierungsprotokoll* zwecks Auf- und Abbau optischer Verbindungen erforderlich ist.

Dieses Merkmal prädestiniert optische Netze in besonderer Weise für die Anwendung der SDN-Technologie. Kommt SDN beim Aufbau optischer Netze zum Einsatz, wird von *Software Defined Optical Networking* (SDON) gesprochen [85]. Abb. 6.3-1 illustriert die grundlegende Idee von SDON.

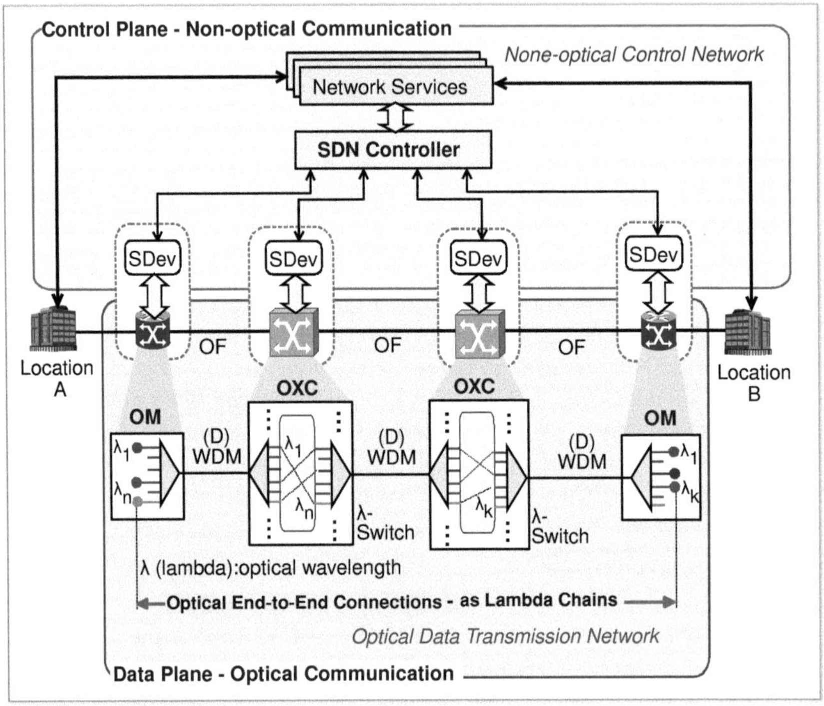

Abb. 6.3-1: Allgemeines Prinzip der Realisierung von SDON

OF: Optical Fiber, OM:Optical Multiplexer, OXC: Optical Cross-Connect, SDev: SDN-Device, (D)WDM: (Dense) Wavelength Division Multiplexing

Ein gewichtiges Charakteristikum von SDON ist, dass die *Optical Data Plane*, in der eine optische Datenübermittlung stattfindet, durch eine aus den Systemkomponenten

OM

OXC

- **Optical Multiplexer** und
- **Optical Cross-Connect**

bestehende funktionelle Kette gebildet wird. Zur Konfiguration und Steuerung beider Systemkomponenten werden spezielle SDN-Devices in der Control Plane eingesetzt, die hierauf mehrere SDN-Controller bereit stellen.

Optical Data Plane

Eine weitere Besonderheit von SDON ist zudem, dass die vernetzten optischen Systemkomponenten OMs und OXCs eine rein *Optical Data Plane* bilden. Im Gegensatz hierzu lässt sich die ganze Control Plane auf der Grundlage eines nicht-optischen Netzes einrichten.

Einsatz von GMPLS bei SDON

Wie die vorherige Abbildung zeigt, besteht eine optische Ende-zu-Ende-Verbindung aus einer Kette optischer Übertragungsabschnitten, auf denen Licht mit verschiedenen, als λ (Lambda) bezeichneten, optischen Wellenlängen als Datenträger dient. Folglich kann eine optische Ende-zu-Ende-Verbindung auch als Kette von Lambdas angesehen werden. Das Prinzip, nach dem solche Ketten von *Lambdas* eingerichtet werden, heißt *Generalized Multi-Protocol Label Switching* (GMPLS).

Hierbei dient der Begriff 'Label' als λ-Identifikation. Abb. 6.3-1 illustriert, wie das SDN-Konzept zum Aufbau optischer, kettenbildender GMPLS-Pfade eingesetzt werden kann.

Definition von GMPLS

> *GMPLS* ist eine allgemeinere (generalized) Form von *Multi-Protocol Label Switching* (MPLS). Die Umsetzung [Abb. 6.3-1] von GMPLS lässt sich als Realisierung von MPLS in optischen Netzen interpretieren, die sich der optischen Multiplexverfahren
> - *Wavelength Division Multiplexing* (WDM) und
> - *Dense WDM* (DWDM)
>
> bedient.

Daraus geht hervor, dass die SDN-Idee auch sehr gut zum Aufbau von MPLS-Pfaden in nicht-optischen IP-Netzen geeignet ist [75].

6.3.1 OpenFlow-Switche und das OpenFlow Protocol

Nachdem sowohl die allgemeine Idee von SDN als auch die von vSDN dargestellt wurde, soll nun auf eine universelle Systemkomponente zum Aufbau der Data Plane eingegangen werden. Es handelt sich um den von der *Open Networking Foundation* (ONF)[9] spezifizierten OpenFlow Switch (OF-Switch). Seine allgemeine logische Architektur zeigt Abb. 6.3-2 [TS.1].

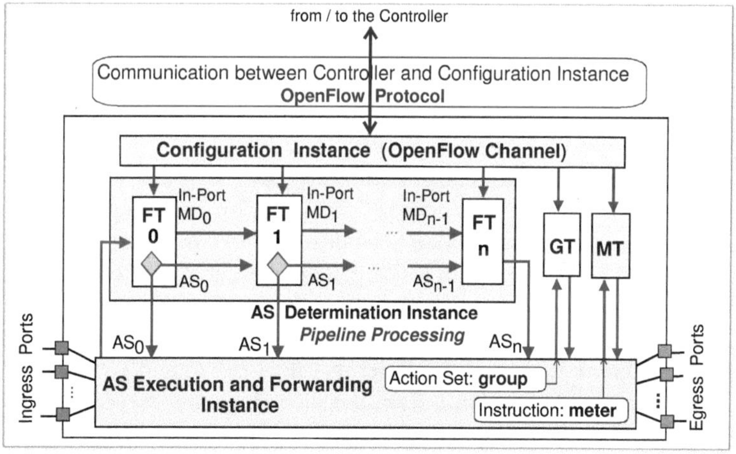

Abb. 6.3-2: Allgemeine logische Architektur eines OpenFlow Switch

AS: Action Set (Liste von auszuführenden Actions), GT: Group Table, MD: Meta Data, MT: Meter Table, FT: Flow Table (universell konfigurierbare Instanz für Paket-Lookups und -Forwarding)

'OpenFlow Switch Specification'; Version 1.5.1'

> An OpenFlow Logical Switch consists of one or more Flow Tables and a Group Table, which perform packet lookups and forwarding, and one or more OpenFlow channels to an external controller. The switch communicates with the controller and the controller manages the switch via the OpenFlow switch protocol.

[9]siehe: https://www.opennetworking.org

Begriff Flow beim OpenFlow Protocol

Für die folgenden Betrachtungen ist eine eindeutige Definition des Begriffs 'Flow' sinnvoll. Unter Flow, genauer *Data Flow* (Datenfluss), versteht man beim *OpenFlow Protocol* (OFP) eine Folge von Ethernet Frames mit gleichen Angaben in einigen Header-Feldern folgender Protokolle:

- Layer-1/2-Protokoll Ethernet
- Layer-3-Protokolle (Network Layer) IPv4 oder IPv6
- Layer-4-Protokolle (Transport Layer) TCP oder UDP

Den Datenfluss einer TCP-Verbindung markieren z.B. die Angaben IP Source Address, TCP Source Port, IP Destination Address, TCP Destination Port.

Die Bezeichnung 'Open' in OpenFlow (OF) verweist darauf, dass der Datenfluss breit definierbar sein kann.

Funktionsinstanzen

Die Funktionsinstanzen vom in Abb. 6.3-2 gezeigten OF-Switch inklusive ihrer Aufgaben lassen sich kurz wie folgt charakterisieren:

- *Configuration Instance*
  Diese auch OpenFlow Channel genannte Instanz ermöglicht, dass der Controller den OF-Switch dem aktuellen Bedarf entsprechend konfiguriert, überwacht und an die mit der Zeit veränderbaren Anforderungen anpasst.
  Die Anweisungen (Befehle) übermittelt der Controller an den OF-Switch nach dem OpenFlow Protocol. Die Kommunikation zwischen Controller und OF-Switch wird mit dem Sicherheitsprotokoll *Transport Layer Security* (TLS) abgesichert.
- *Action Set (AS) Determination Instance*
  Diese Instanz enthält eine Reihe von *Flow Tables* (FTs), in denen vom Controller empfangene Anweisungen in Form von *Flow Table Entries* abgespeichert werden. Flow Tables werden genutzt, um in jedem empfangenen Ethernet Frame zu bestimmen, welcher Action Set (Aktionssatz) vor dessen Weiterleitung zuerst ausgeführt und wie er dann weitergeleitet werden muss, z.B. über welchen Ausgangsport.
  Zur Bestimmung des Action Set wird der Abgleich (Matching) von Angaben im Ethernet Frame innerhalb des Ethernet-, IPv4-/IPv6- und TCP-/UDP-Headers mit den sog. *Match Fields* aller Entries der Flow Table durchgeführt [Abb. 6.3-2].
  Besteht beim Abgleich in einer Entry eine Übereinstimmung, bestimmt das Feld `Instructions` den *Entry* die auszuführende Aktion. Besteht keine Übereinstimmung, bestimmt die Aktion die sog. *Table-miss Flow Entry.*
  In einem solchen Fall kann der betreffende Ethernet Frame z.B. verworfen werden, worüber der Controller informiert wird. Alternativ kann der Frame an den Controller übergeben werden, damit dort geprüft wird, ob eine Route für einen neuen Datenfluss eingerichtet werden soll.
- *Unterstützung 'multifunktioneller' Netzdienste*
  Damit auch 'multifunktionelle/serielle' Netzdienste wie z.B. 'Firewall mit Layer-

4-Switching' oder 'Layer-3-Switching mit NAPT'[10] realisiert werden können, muss eine Reihe von Aktionen, d.h. ein *Action Set*, ausgeführt werden. Um diese Reihe von Aktionen seriell zu bestimmen bzw. zu realisieren, wird eine Kette von Flow Tables – eine sog. *Pipeline* – verwendet. Wie aus Abb.6.3-2 hervorgeht, müssen auch zwischen den Flow Tables bestimmte, als *Metadata* bezeichnete Daten übergeben werden.

- *AS Execution and Forwarding Instance*
  In dieser Instanz wird bei jedem empfangenen Ethernet Frame vor dessen Übergabe an einen Ausgangsport der in der 'AS Determination Instance' ermittelte Action Set (AS) ausgeführt.
- *GT und MT*
  Jeder OF-Switch besitzt zwei spezielle Tabellen: eine *Group Table* (GT), u.a. um *Multicast, Link Aggregation* und *Multipathing* unterstützen zu können, und eine *Meter Table* (MT), die er bei der QoS[11]-Unterstützung benötigt.

6.3.2 Aufbau und Funktionsweise eines OF-Switch

Die physikalische Infrastruktur von SDNs wird durch die Vernetzung von OF-Switches gebildet und in der logischen SDN-Architektur Forwarding Plane genannt. Beim SDN kann daher ein OF-Switch als physikalischer, programmierbarer Netzknoten angesehen werden. Um die Funktionsweise eines OF-Switch anschaulich erläutern zu können, illustriert Abb. 6.3-2 dessen logische Struktur – vgl. hierzu die ONF-Specification [OF-Switch].

Allgemein betrachtet, besitzt jeder OF-Switch folgende drei Komponenten:

1. **Kommunikationsinstanz vom/zum Controller**
   Über diese Instanz – in der 'OF-Switch Specification' *OpenFlow Channel* genannt – erfolgt die Kommunikation zwischen dem OF-Switch und einem Controller nach dem OF-Protokoll; sie wird nach *Transport Layer Security* (TLS) gesichert, einem in RFC 5246 spezifizierten Sicherheitsprotokoll. Über diese Kommunikationsinstanz kann der OF-Switch dem aktuellen Bedarf entsprechend einprogrammiert und auch überwacht werden. Die Anweisungen (Befehle) übermittelt der Controller an den OF-Switch in den Nachrichten des OF-Protokolls.

   Open Flow Channel

2. **Action-Set-Bestimmungsinstanz**
   Die AS-Bestimmungsinstanz (*AS Determination Instance*) enthält eine Reihe von *Flow Tables*, in denen vom Controller empfangene Anweisungen in Form von sog. *Flow Table Entries* (Abb. 6.3-2) abgespeichert werden. Eine Flow Table wird verwendet, um zu bestimmen, welche Aktion (Operation) in einem empfangenen Ethernet Frame vor dessen Weiterleitung ausgeführt wird und wie er weitergeleitet werden muss – z.B. über welchen Ausgangsport. Zur Bestimmung der Aktion wird der Abgleich (*Matching*) von Angaben im Protokoll-Overhead – d.h. von Angaben in den folgenden Headern im Ethernet Frame (Ethernet-, IPv4-, IPv6-

   Action Set mit Flow Tables und Match Fields

[10] Network Address Protocol Translation
[11] Quality of Service

, TCP-/UDP-Header) – mit den sog. *Match Fields* aller Entries der Flow Table durchgeführt (vgl. Abb. 6.3-3, Abb. 6.3-4 und Abb. 6.3-5).

Instruction Field → Actions

Besteht beim Abgleich in einer Entry eine Übereinstimmung, bestimmt das Feld *Instructions* der Entry die auszuführende Aktion. Besteht aber keine Übereinstimmung, bestimmt die sog. *Table-miss Flow Entry* die Aktion. In einer solchen Situation kann beispielsweise der betreffende Ethernet Frame verworfen – darüber wird der Controller informiert – oder an den Controller übergeben werden, um dort zu prüfen, ob eventuell eine Route für einen neuen Datenfluss eingerichtet werden soll (vgl. Abb. 6.3-5).

Action Set

Damit man auch 'multifunktionelle' Netzwerkdienste (z.B. 'Firewall mit Layer-4-Switching' oder 'Layer-3-Switching mit NAPT)[12] realisieren kann, muss eine Reihe von Aktionen, die einen *Action Set* (AS) bilden, ausgeführt werden. Um einen Action Set bei Netzwerkdiensten dieser Art zu bestimmen, wird eine Kette von Flow Tables verwendet, die sog. *Pipeline*. Es sei angemerkt, dass auch zwischen den Flow Tables bestimmte Daten – *Metadata* genannt – übergeben werden müssen.

Auf die Bestimmung des Action Set soll im Weiteren noch detaillierter eingegangen werden (vgl. Abb. 6.3-6).

3. **Action-Set-Ausführungsinstanz**
   In der AS-Ausführungsinstanz wird der Action Set ausgeführt. Dabei werden einige Felder im Protokoll-Overhead des Ethernet Frame vor dessen Übergabe an einen Ausgangsport modifiziert.

OF-Switch mit Group und Meter Table

Jeder OF-Switch besitzt zwei besondere Tabellen: eine *Group Table* (GT), damit er u.a. Multicast, Link Aggregation und Multipathing unterstützen kann und eine *Meter Table* (MT), die er bei der QoS[13]-Unterstützung benötigt [Abb. 6.3-2, Abb. 6.3-5].

6.3.3 OF-Switch mit beispielhaftem Flow-Table Einsatz

Nehmen wird an, dass ein OF-Switch (vgl. Abb. 6.3-2) in der AS-Bestimmungsinstanz nur eine Flow Table hat und diese von einem Remote Controller einprogrammiert werden kann; er ist also ein Software Defined Switch. Einen solchen Switch könnte man z.B. so programmieren (vgl. Abb. 6.3-4), dass er auf einer der folgenden Layer seine Funktionen bereitstellt:

L2-Switch, Ethernet Switch

- **Layer-2-Switch**
  Die Flow Table stellt eine L2-Forwarding-Table (L2-Switching-Tabelle) dar, und die AS-Ausführungsinstanz realisiert die Weiterleitung von Ethernet Frames gemäß der sog. Weiterleitungstabelle (Forwarding Table).

L3-Switch/Router

- **Layer-3-Switch**
  Ein L3-Switch kann de facto als Router zur Kommunikation zwischen lokalen, als IP-Subnetze eingerichteten VLANs angesehen werden. Realisiert ein OF-Switch das L3-Switching, dann stellt die Flow Table eine L3-Forwarding-Table (in der

[12] Network Address Port Translation RFC 3022
[13] Quality of Service

Tat eine Art Routingtabelle) dar und die AS-Ausführungsinstanz realisiert die Weiterleitung von IP-Paketen gemäß der L3-Forwarding-Table.

- **Layer-4-Firewall**
  In diesem Fall enthält die Flow Table z.B. die Anweisung: Die IP-Pakete mit dem Zielport 80 im TCP-Header dürfen nicht weitergeleitet – müssen also verworfen (dropped) - werden.

Enthält ein OF-Switch mehrere Flow Tables als Pipeline, so kann er bei der Weiterleitung von Datenflüssen eine aufeinanderfolgende Reihe von Funktionen – quasi eine Funktionskette – realisieren, was Abb. 6.3-5 illustriert.

Flow Table Entry – Struktur, Inhalt und Bedeutung

Jede Flow Table enthält eine Reihe von strukturierten, als *Flow Table Entries* bezeichneten Zeilen, wobei eine Flow Table Entry (FT-Entry) sich nur auf einen Datenfluss (Data Flow) bezieht und beschreibt, wie alle zu diesem Datenfluss gehörenden Ethernet Frames mit IP-Paketen während deren Weiterleitung im OF-Switch 'bearbeitet' werden müssen. Abb. 6.3-3 zeigt die Struktur einer FT-Entry.

Weil jede FT-Entry, d.h. jede Zeile in der Flow Table, sich nur auf einen einzigen Datenfluss bezieht, wird bei der Weiterleitung jedes Ethernet Frame aus einem Datenfluss (aus einem Flow) zuerst 'herausgefiltert', welche FT-Entry diesem Datenfluss entspricht, und dann wird aus dieser FT-Entry abgelesen, wie der Ethernet Frame im OF-Switch 'bearbeitet' werden muss.[14]

FT-Entry → data flow

In der FT-Entry ist das Feld *Instructions* von entscheidender Bedeutung. Es beschreibt, welche Aktion während der Weiterleitung des betreffenden Ethernet Frame ausgeführt werden muss – und demzufolge auch, welche Funktion vom OF-Switch erbracht wird (vgl.Abb. 6.3-4).

FT-Entry Feld 'Instructions'

Jede FT-Entry beginnt mit einer Auflistung von als *Match Fields* (Abgleichfeldern) bezeichneten Feldern aus dem Protokoll-Overhead[15], die auf eine Übereinstimmung (*Matching*) mit den gleichnamigen, d.h. ihnen entsprechenden Feldern in jedem weiterzuleitenden Ethernet Frame überprüft werden müssen. Um eine Übereinstimmung zu finden und somit die dem Datenfluss entsprechende FT-Entry herauszufiltern, wird der Abgleich (Matching) zwischen dem Protokoll-Overhead im weiterzuleitenden Ethernet Frame und den Match Fields allen Entries der Flow Table durchgeführt. Bei voller Übereinstimmung in einer FT-Entry wird diese – auch Flow Entry genannt – interpretiert, um die Art und Weise der 'Bearbeitung' (*Processing*) des betreffenden Ethernet Frame bei dessen Weiterleitung zu bestimmen.

Match Fields

Um die Struktur einer FT-Entry zu erläutern, sollen zuerst nur `Match Fields` und `Instructions` etwas näher betrachtet werden.

---

[14] Es sei noch angemerkt, dass beim Routing ein ähnlicher Vorgang vorliegt. Jede Zeile in der Routingtabelle bezieht sich nur auf eine Route (also auf einen Datenfluss). Somit muss im Router bei der Weiterleitung jedes IP-Pakets zuerst ermittelt werden, welche Zeile in der Routingtabelle der betreffenden Route entspricht, und dann wird in dieser Zeile abgelesen, wie das IP-Paket 'bearbeitet' und weitergeleitet werden muss.

[15] Als Protokoll-Overhead versteht man folgende, den zu transportierenden Daten vorangestellte Header: Ethernet-, IPv4-/IPv6- und TCP-/UDP-Header.

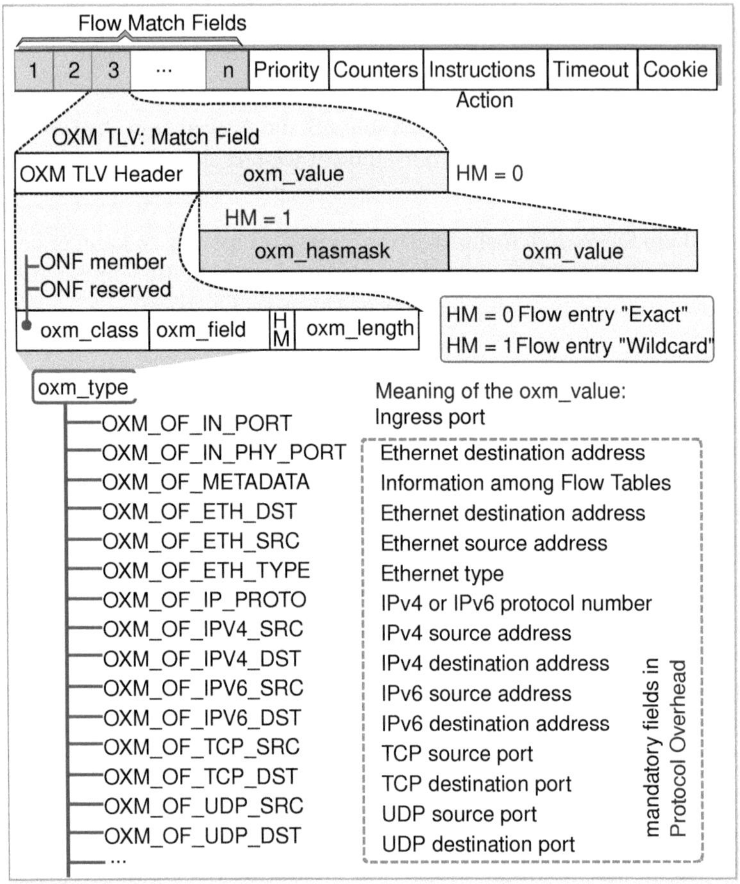

Abb. 6.3-3: Struktur und Inhalt eines Flow Table Entry eines OF-Switch

DST: Destination-Ethernet-Adresse oder Destination-IP-Adresse, ETH: Ethernet, HM: HasMask, IN: Ingress Port (Eingangsport), IPVx: Internet Protocol Version x, OF: OpenFlow, ONF: Open Networking Foundation, OXM: OpenFlow Extensible Match, PHY: Physical, SRC: Source-Ethernet-Adresse oder Source-IP-Adresse, TCP: Transmission Control Protocol, TLV: Type-Length-Value, UDP: User Datagram Protocol

Match Fields und Instructions in FT-Entries

Ein Feld `Match` (vgl. Abb. 6.3-3) wird im sog. `OXM`-Format (OpenFlow Extensible Match) spezifiziert und hat die Struktur `TLV` (*Type-Length-Value*). Hierbei nutzt man die als `oxm_type` bezeichnete Kombination (`oxm_class, oxm_field`) zum Verweisen auf den Inhalt `oxm_value` des Abgleichfelds – also auf dessen Wert. Beispielsweise wird mit `OXM_OF_IPV4_DST` auf die IPv4-Zieladresse verwiesen. Die Länge des Abgleichfelds (von 5 bis 259 Byte) wird in das Feld `oxm_length` eingetragen.

Bitmasken-Bit HM

Eine besondere Funktion erfüllt das Bit `HM` (HasMask). Dieses fungiert als Indikator und verweist im Falle `HM = 0` in einer FT-Entry darauf, dass dem Feld `oxm_value` kein Feld `oxm_hasmask` mit einer Bitmaske (*Bitmask*) vorangestellt wurde – darauf also, dass es keine Bitmaske gibt.

Exact Flow Entry

In einem solchen Fall wird nach einer exakten Übereinstimmung zwischen einem Feld im Protokoll-Overhead des weiterzuleitenden Ethernet Frame und dem Feld oxm_value gesucht. Sind die beiden Felder vollkommen identisch, dann tritt die exakte Übereinstimmung auf, und man spricht von Exact Matching. Eine `FT-Entry` mit `HM = 0` – also ohne Bitmaske – wird *Exact Flow Entry* genannt.

Es gibt aber auch Felder im Protokoll-Overhead, in denen beim Abgleich nur nach einer partiellen Übereinstimmung gesucht wird. In einem solchen Fall muss angegeben werden, welche Bits beim Abgleich relevant sind. Dies wird mit einer Bitmaske im Feld `oxm_hasmask` vorgenommen[16]. Die beiden Felder `oxm_hasmask` und `oxm_value` haben somit die gleiche Länge. Mit den auf 1 gesetzten Bits in der Bitmaske wird angegeben, welche Bits beim Abgleich relevant sind.

Das Feld `oxm_value`, dem eine Bitmaske vorangestellt wurde – d.h. in dem nicht alle Bits beim Abgleich relevant sind – bezeichnet man als *Wildcard-Feld* bzw. auch kurz *Wildcard*. Eine FT-Entry mit `HM = 1` – also mit einer Bitmaske – nennt man *Wildcard Flow Entry*.

Die restlichen Felder Priority, Counters, Instructions, Timeouts und Cookie in FT-Entries haben folgende Bedeutung:

- **Priority**
  Dieses Feld nutzt man bei Wildcard-Feldern. Falls es mehrere FT-Entries mit Wildcard-Feldern gibt, können mehrere partielle Übereinstimmungen auftreten – stehen also mehrere FT-Entries zur Auswahl. In diesem Fall wird die FT-Entry mit der höchsten Priorität ausgewählt und der betreffende Ethernet Frame gemäß der in deren Feld Instructions festgelegten Aktion 'bearbeitet' und weitergeleitet.

  Priorität einer Wildcard Flow Entry

- **Counters**
  Jede FT-Entry kann bestimmte Zähler enthalten, um pro Flow Entry z.B. die Anzahl der empfangenen Ethernet Frames oder die Anzahl der empfangenen Bytes zu ermitteln. Diese Werte können danach zur Verbesserung der Performance verwendet werden.

  Zähler

- **Instructions**
  Hier wird die Aktion spezifiziert, die bei einer Übereinstimmung ausgeführt werden soll.

  Aktionen

- **Timeouts**
  Eine FT-Entry kann nur eine bestimmte Zeitspanne nach ihrer Eintragung bzw. Modifikation gelten, danach muss sie gelöscht werden. Jede FT-Entry hat die folgenden zwei Vorgaben für die Zeitspanne (in Sek.):

  ▷ `idlet_imeout` – dient zur Entfernung einer nutzlosen FT-Entry: Falls innerhalb dieser Zeitspanne keine Übereinstimmung in einer FT-Entry festgestellt wurde, sie also nutzlos war, wird sie gelöscht (entfernt).

[16] Die hier erwähnte Bitmaske hat die gleiche Bedeutung wie z.B. die gut bekannte Subnetzmaske, mit der man markiert, welche Bits in einer IP-Adresse als Subnetz-Identifikation zu betrachten sind [2].

▷ `hard_timeout` – bestimmt die Lebensdauer einer FT-Entry: Ist diese Zeitspanne seit der Entry-Eintragung in der Flow Table abgelaufen, wird die Eintragung gelöscht.

- **Cookie**
  Vom Controller vorgegebene zufällige Zeichenkette
  Dieses Feld verwendet man zur Erhöhung der Sicherheit bei der Kommunikation zwischen Controller und OF-Switch. Ein Cookie wird vom Controller für eine kurze Zeitspanne vorgegeben und muss – ohne jegliche Änderung! – in jeder vom OF-Switch an den Controller übermittelten Nachricht enthalten sein.

Bedeutung von Table-miss Flow Entry
Jede Flow Table muss eine besondere Flow Entry beinhalten, die sog. *Table-miss Flow Entry*. Diese wird lediglich dann abgelesen, wenn für einen weiterzuleitenden Ethernet Frame in der Flow Table keine ihm entsprechende Entry gefunden wurde, d.h. wenn weder eine Exact Flow Entry noch eine Wildcard Flow Entry vorhanden ist. Die Table-miss Flow Entry spezifiziert, wie ein Ethernet Frame aus einem Datenfluss in einem solchen Fall 'behandelt' werden muss. Hierbei kommen beispielsweise folgende Möglichkeiten infrage:

- Der Ethernet Frame wird einfach verworfen.
- Der Ethernet Frame wird verworfen und seine Kopie an den Controller gesendet. Daraufhin kann der Controller eventuell einen neuen Datenfluss im Netzwerk einrichten.
- Der Ethernet Frame wird an eine der nächsten `Flow Tables` übergeben.

6.3.4 OF-Switch-Funktionen bei einer einzigen Flow Table

Nachdem bereits die Struktur einer FT-Entry vorgestellt wurde (vgl. Abb. 6.3-3), sollen jetzt einige in Abb. 6.3-4 gezeigte Funktionen betrachtet werden, welche man in einem OF-Switch mit nur einer einzigen Flow Table einprogrammieren kann.

Nutzung der Match-Felder

In Abb. 6.3-4 wurden alle Match-Felder aufgelistet, die in FT-Entries von OF-Switches enthalten sein müssen und welche bei den aufgelisteten Funktionen relevant sind. Daraus ist ersichtlich, dass eine Flow Table zur Bereitstellung verschiedener Netzwerkdienste durch die Konfiguration einzelner Abgleichfelder sehr flexibel einprogrammiert werden kann.

Es sei hervorgehoben, dass einige Match-Felder nur als Voraussetzung für andere Match-Felder dienen – diese sind sog. Match Field Prerequisites. Eine solche Aufgabe haben beispielsweise die Match-Felder `OXM_OF_ETH_TYPE` (Feld EtherType im Ethernet Header) und `OXM_OF_IP_PROTO` (Feld Protocol im IPv4-Header).

> Bei der Funktion 'Layer-3-Switching mit IPv4' gilt das Match-Feld `OXM_OF_ETH_TYPE` mit `oxm_value = 0x0800` als Vorbedingung für das Match-Feld `OXM_OF_IPV4_DST` mit der Ziel-IPv4-Adresse. Die Funktion 'NAPT bei TCP' setzt beispielsweise für die Match-Felder `OXM_OF_IPV4_DST` mit der Ziel-IPv4-Adresse und `OXM_OF_TCP_SRC` mit dem TCP-Quellport die Match-Felder `OXM_OF_ETH_TYPE` mit `oxm_value = 0x0800` und `OXM_OF_IP_PROTO` mit `oxm_value = 6` voraus.

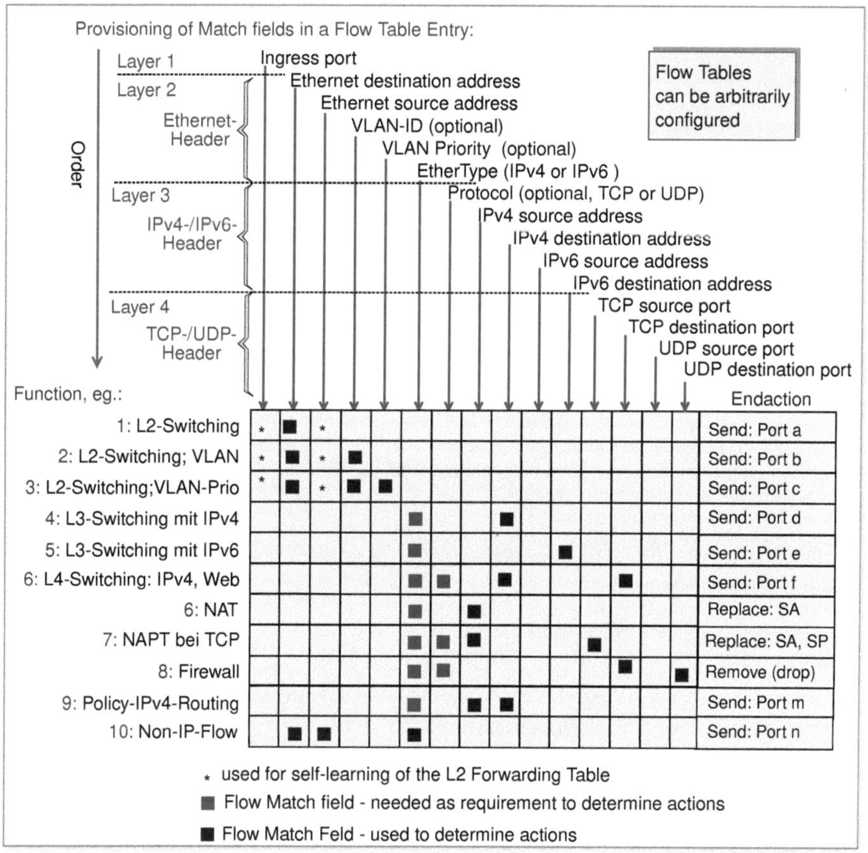

Abb. 6.3-4: Funktionen eines OF-Switch mit einer Flow Table

ID: Identifier, NAPT: Network Address Port Translation, NAT: Network Address Translation, SA: Source Address, SP: Source Port VLAN: Virtual Local Area Network (hier de facto ein IP-Subnetz)

Beispiele für die Nutzung mehrerer Flow Tables

Bei der Bereitstellung von Netzwerkdiensten müssen in der Regel in OF-Switches mehrere aufeinanderfolgende Funktionen, eine Art Funktionskette, ausgeführt werden. Beispielsweise müssen bei der Weiterleitung von Frames oft bestimmte, auch als *Policies* bezeichnete Richtlinien eingehalten werden, und zwar sowohl Eingangs- als auch Ausgangsrichtlinien eingehalten werden. Dabei beziehen sich insbesondere

- die Eingangsrichtlinien (*Security Policies*) auf die Kontrolle der Berechtigung von Datenquellen, ihre Daten in einem Datenfluss übermitteln zu dürfen, und
- die Ausgangsrichtlinien (QoS-Policies) auf die Garantie von QoS-Anforderungen.

Damit Richtlinien dieser Art eingehalten werden können, sind in OF-Switches entsprechende Flow Tables erforderlich. Abb. 6.3-5 bringt dies zum Ausdruck.

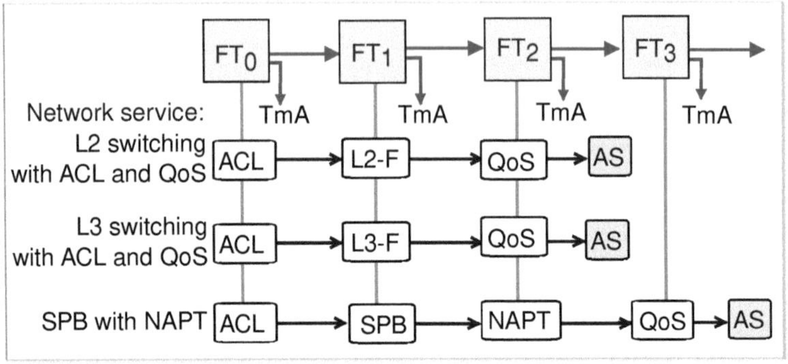

Abb. 6.3-5: Beispiele für die Nutzung mehrerer Flow Tables in einem OF-Switch

ACL: Access Control List (Zugangskontrollliste), AS: Action Set (Liste von Aktionen zum Ausführen), FT: Flow Table, L2-/L3-F: Layer-2-/Layer-3-Forwarding, NAPT: Network Address Port Translation, QoS: Quality of Service, SPB: Shortest Path Bridging, TmA: Table-miss Action: keine Übereinstimmung in Table gefunden

Die einzelnen in Abb. 6.3-5 gezeigten Flow Tables haben beim Netzwerkdienst die folgende Funktion:

- **L2-Switching mit ACL und QoS**
  Die Flow Table FT_0 enthält sicherheitsrelevante Eingangsrichtlinien in Form von sog. *Access Control Lists* (ACLs). Diese können als *Security-ACLs* angesehen werden und bestimmen anhand von Quell-Ethernet-Adressen, welchen Rechnern es erlaubt ist, den Dienst 'L2-Switching' zu nutzen, d.h. von welchen Rechnern die Ethernet Frames weitergeleitet werden. Die FT_1 dient als L2-Weiterleitungstabelle (Layer-2-Forwarding-Table) und bestimmt anhand der Ziel-Ethernet-Adresse, über welchen Ausgangsport der betreffende Ethernet Frame abgeschickt werden muss. Die FT_2 enthält QoS-relevante Ausgangsrichtlinien (QoS-Policies), mit denen die Ethernet Frames vor dem Absenden klassifiziert werden können, um ihnen beispielsweise verschiedene Prioritäten (z.B. einem Frame mit Sprache eine höhere Priorität) zuordnen und die geforderte Bandbreite garantieren zu können.

- **L3-Switching mit ACL und QoS**
  Die Flow Tables FT_0 und FT_2 realisieren ähnliche Funktionen wie die ihnen entsprechenden Flow Tables beim L2-Switching. Die FT_1 als L3-Weiterleitungstabelle stellt de facto eine Routingtabelle dar und bestimmt anhand der Ziel-IP-Adresse, über welchen Ausgangsport das betreffende, in einem Ethernet Frame eingekapselte IP-Paket abgeschickt werden muss.

- **SPB mit NAPT**
  Ebenso wie bei der Realisierung anderer Netzwerkdienste enthält die Flow Table FT_0 sicherheitsrelevante Eingangsrichtlinien (*Security Policies*) in Form von ACLs. Die Flow Table FT_1 stellt eine Forwarding Table nach dem in IEEE 802.1aq spezifizierten *Shortest Path Bridging* (SPB) dar [35]. Mit der Flow Table FT_1 wird eine NAPT-Tabelle nach dem Adressübersetzungsverfahren Network Address Port Translation (NAPT) realisiert, mit deren Hilfe jedem privaten ein offiziel-

ler Socket zugeordnet werden kann[17]. Die $\texttt{FT}_3$ enthält die Ausgangsrichtlinien für die QoS-Garantie.

Enthält ein OF-Switch mehrere Flow Tables als *Pipeline*, so kann er bei der Weiterleitung von Datenflüssen eine aufeinanderfolgende Reihe von Funktionen – quasi eine Funktionskette (*Function Chain*) – realisieren.

> Die mit einem Open Flow Switch realisierbaren Netzwerkfunktionen auf den Ebenen 2 bis 4 entsprechen weitgehend der unter Unix verfügbaren *Packet Filter* (PF) Implementierung bzw. unter Linux dem IP-Filter-Algorithmus, der durch die programmierbaren *Berkeley Packet Filter* ersetzt wurde.

Action-Set-Bestimmung – allgemeines Prinzip

Action Set

Wie bereits in Abb. 6.3-2 dargestellt wurde, besteht die wesentliche Aufgabe jedes OF-Switch darin zu bestimmen, welche Eintragungen (Änderungen) im Protokoll-Overhead[18] jedes weiterzuleitenden Ethernet Frame vor dessen Absenden vorgenommen werden müssen und wie – d.h. über welchen Ausgangsport und mit welcher QoS-Garantie – er abgeschickt werden muss. Für jeden empfangenen Ethernet Frame wird daher bestimmt, wie er 'behandelt' werden muss, d.h. welche Aktionen, die einen *Action Set* (AS) bilden, ausgeführt werden müssen. Abb. 6.3-6 illustriert das Prinzip der AS-Bestimmung im OF-Switch (vgl. Abb. 6.3-2 und Abb. 6.3-3).

Abgleich mit Flow Table 0

Bei der AS-Bestimmung erfolgt zuerst in der `Flow Table 0` ein Abgleich, und daraufhin kann dieser auch in weiteren Flow Tables durchgeführt werden. Beim Abgleich in einer Flow Table wird der Protokoll-Overhead im weiterzuleitenden Ethernet Frame mit allen Entries der Flow Table verglichen. Hierbei kann einer der beiden Fälle vorkommen:

Übereinstimmung: Hit

- Es wurde eine Übereinstimmung mit einer Entry gefunden: Dann bestimmt das Feld `Instructions` der Entry (vgl. Abb.6.3-3) sowohl die auszuführende Aktion, die zum Action Set übernommen wird, als auch die sog. *Metadata*, d.h. die Informationen, die beim Übergang zur nächsten Flow Table mitgenommen werden müssen. Nach der Übereinstimmung in einer Flow Table müssen somit vor dem Übergang zur nächsten Flow Table Action Set und Metadata entsprechend aktualisiert werden. Wurde der Abgleich bereits in allen Flow Tables durchgeführt, so wird der Action Set ausgeführt.

Keine Übereinstimmung: Miss

- Es wurde keine Übereinstimmung mit einer Flow Table gefunden: Dann wird die Table-miss Flow Entry interpretiert und – dieser Entry entsprechend – werden Action Set und Metadata vor dem eventuellen Übergang zur nächsten Flow Table aktualisiert. Falls es keine Table-miss Flow Entry gibt, wird der weiterzuleitende Ethernet Frame – bzw. beim Routing das weiterzuleitende Paket – verworfen.

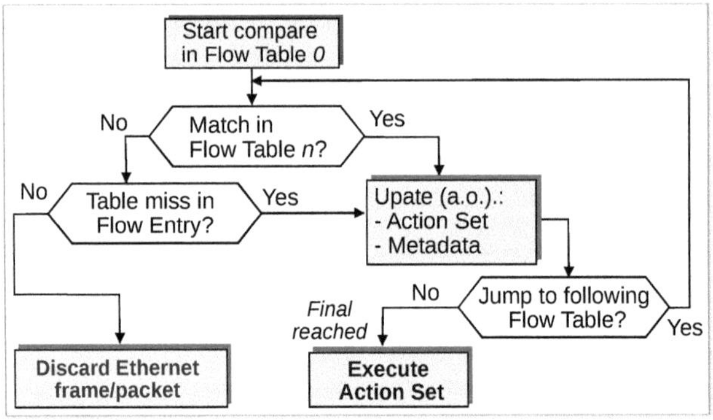

Abb. 6.3-6: Prinzip des Action Set 'Bestimmung nach' bei einem OF-Switch

Table-miss Flow Entry – initiiert das Einrichten einer Route
Eine wichtige Rolle hat die sog. Table-miss Flow Entry, d.h. die Entry einer Flow Table, die nur dann interpretiert wird, wenn keine Übereinstimmung in der Flow Table gefunden wurde. Ein solcher Fall kommt immer dann vor, wenn der erste Ethernet Frame aus einem Datenfluss im OF-Switch empfangen wurde, aber die Route im Netz für diesen Datenfluss noch nicht eingerichtet worden ist. Die Table-miss Flow Entry kann in einem solchen Fall dazu verwendet werden, das Einrichten einer Route zu initiieren. Abb. 6.3-7 illustriert, wie dies erfolgen kann.

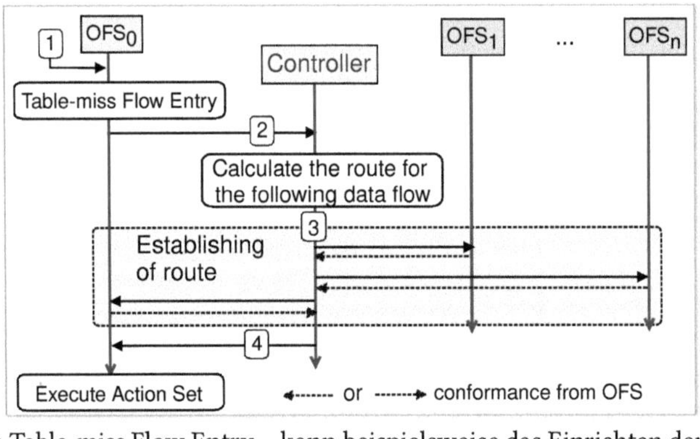

Abb. 6.3-7: Table-miss Flow Entry – kann beispielsweise das Einrichten der Route für einen neuen Datenfluss initiieren
OFS: OpenFlow Switch (OF-Switch)

Die hier gezeigten Schritte sind wie folgt zu interpretieren:

1. Ein Ethernet Frame wurde im OF-Switch $\texttt{OFS}_0$ empfangen, und beim Abgleich wurde keine Übereinstimmung gefunden; die Table-miss Flow Entry wird inter-

[17] Für fundierte Informationen über SPB und über die Struktur von Forwarding Tables siehe SPB in [35], über NAPT siehe NAT in [35] bzw. in [2].
[17] siehe: `https://docs.kernel.org/bpf/`
[18] Das heißt, in den folgenden Headern in Ethernet Frames: Ethernet-, IPv4-, IPv6-, TCP-/UDP-Header (vgl. Abb. 6.3-6).

pretiert, und diese schreibt die folgende Aktion vor: Übergib den Ethernet Frame an den Controller.

2. Der in einer Nachricht des OF-Protokolls eingekapselte Ethernet Frame wird an den Controller übergeben. Dieser überprüft, ob eine neue Route eingerichtet werden soll und, wenn das der Fall ist, richtet er die Route ein.
3. Alle OF-Switches auf der neuen Route werden durch den Controller entsprechend konfiguriert; d.h. in jedem von ihnen wird eine neue Flow Table Entry eingetragen.
4. Nachdem alle OF-Switches konfiguriert wurden, übermittelt der Controller den Ethernet Frame zum OF-Switch $\texttt{OFS}_0$, damit dieser den Ethernet Frame – jetzt entsprechend der neuen Flow Table Entry – weiterleitet.

Die Table-miss Flow Entry eignet sich ideal zur Übermittlung von Daten in Ethernet Frames im 'Gänsemarsch'. Der Idee, die Daten so zu übermitteln, dass der erste Ethernet Frame (die erste Gans) eine Route bestimmt für alle darauffolgenden Ethernet Frames (also wie weitere Gänse), liegen die Konzepte *Multi-Protocol Label Switching* (MPLS) und *Generalized MPLS* (GMPLS) für den Datentransport zugrunde [2]. Diese Idee eignet sich auch sehr gut zur Unterstützung von *Shortest Path Bridging* (SPB).

6.4 SDN bei MPLS, GMPLS und SPB

Netze mit MPLS bzw. mit GMPLS besitzen eine Multiplane-Architektur, bestehend aus einer Transport Plane und einer Control Plane. Die Transport Plane in einem (G)MPLS-Netz kann sowohl ein Ethernet, ein SDH (*Synchronous Digital Hierarchy*) oder ein WDM-Netz (*Wavelength Division Multiplex*) bzw. einen beliebigen Verbund dieser Netze darstellen [2].

Shortest Path Bridging auf der Transport-Ebene

Die Transport Plane in (G)MPLS-Netzen überträgt verbindungsorientiert (*Connection-oriented Mode*) und entspricht vollkommen der Forwarding Plane beim SDN. Die Control Plane in (G)MPLS-Netzen und die Control Plane beim SDN haben die gleiche Aufgabe. Die Control Plane in herkömmlichen (G)MPLS-Netzen wird zwar als verteiltes System realisiert, kann aber wie beim SDN zentralisiert und folglich in einem Controller realisiert werden.

Abb. 6.4-1 soll zum Ausdruck bringen, wie die Idee von SDN in (G)MPLS-Netzen und beim *Shortest Path Bridging* (SPB) verwirklicht werden kann.

An dieser Stelle sei hervorgehoben, dass man beim (G)MPLS und beim SPB von Path spricht. Darunter versteht man eine virtuelle Ende-zu-Ende-Verbindung zur Übermittlung von Daten in Frames. Auch ein Flow beim SDN kann eine virtuelle Ende-zu-Ende-Verbindung – also einen Path – darstellen.

Die grundlegenden Ideen des Einsatzes von SDN beim MPLS, GMPLS und SPB lassen sich kurz wie folgt charakterisieren:

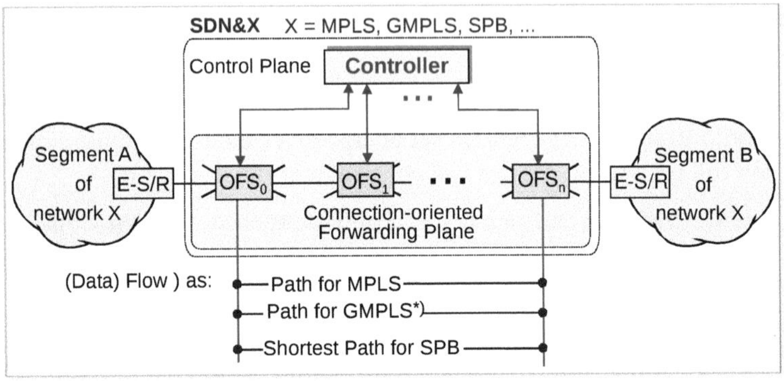

Abb. 6.4-1: Idee von SDN in (G)MPLS-Netzen und beim SPB; *) hier ist jeder OFS ein OEO-Switch (Optical-Electrical-Optical)

E-S/E-R: Edge Switch bzw. Edge Router, OFS: OpenFlow Switch (OF-Switch))

- **SDN & MPLS**

Einsatz von SDN beim MPLS

Die Funktion der Control Plane wird beim SDN&MPLS[19]mittels eines bzw. mehrerer Controller erbracht. MPLS-Switches werden durch OF-Switches ersetzt. Das erste IP-Paket bestimmt den Path, den sog. Label Switched Path (LSP). Er stellt eine unidirektionale (gerichtete) virtuelle Verbindung zwischen den OF-Switches $\mathtt{OFS}_0$ und $\mathtt{OFS}_n$ dar. Das Einrichten eines LBS beim SDN&MPLS kann nach dem in Abb. 6.3-7 gezeigten Beispiel für die Nutzung der *Table-miss* Flow Entry erfolgen.

- **SDN & GMPLS**

Einsatz von SDN beim GMPLS

Das SDN kann beim GMPLS auf der Basis von WDM-Netzen (*Wavelength Division Multiplexing*) zukünftig von enorm großer Bedeutung sein. Dabei können die OF-Switches beide Arten optischer Switches darstellen, d.h. sowohl OEO-Switches[20]als auch OOO-Switches[21]. Fungieren OF-Switches als OEO-Switches, kann ein LSP beim SDN&GMPLS auch nach der in Abb. 6.4-1 gezeigten Idee eingerichtet werden. Bei OOO-Switches in der Forwarding Plane müssen beim Einrichten von LSPs die beiden Edge-Switches beteiligt sein. Es sei an dieser Stelle noch angemerkt, dass beim SDN&GMPLS, im Gegensatz zu GMPLS, kein sog. *Link Management Protocol* (LMP) [RFC 6898] erforderlich ist (vgl. GMPLS in [2]).

- **SDN & SPB**

Einsatz von SDN beim SPB

SDN in Kombination mit SPB eignet sich ideal, um sog. SPB-Netzwerke flexibel einzurichten. In diesen Netzwerken können OF-Switches als Knoten fungieren. Die Ermittlung des Shortest Paths kann von einer SDN-Applikation übernommen werden. Für fundierte Informationen über SPB sei auf [11] verwiesen.

6.4.1 Link Aggregation, Multiplexing und Multipathing beim SDN

Um beim SDN auch alle Sonderfunktionen von Layer-2/3-Switches und Routern erbringen zu können, müssen die OF-Switches auch diese Funktionen unterstützen. Abb. 6.4-2 illustriert, um welche es sich handelt.

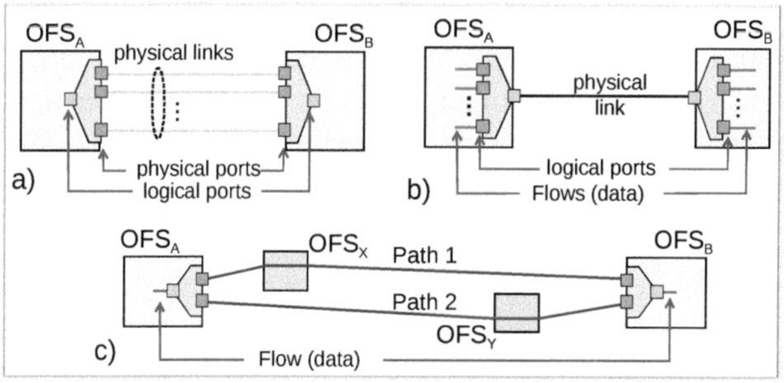

Abb. 6.4-2: Sonderfunktionen: a) Link Aggregation, b) Multiplexing, c) Multipathing als ECMP-Routing oder als Fast Reroute

OFS: OpenFlow Switch

Es handelt sich hierbei insbesondere um die folgenden Sonderfunktionen von OF-Switches:

- **Link Aggregation** (LAG)
  Mehrere physikalische Links zwischen zwei OF-Switches werden zu einem Link aggregiert (gebündelt). Abb.6.4-2a illustriert dies. Einem logischen Port – de facto einem Speicherplatz – werden somit mehrere physikalische Ports zugeordnet.
- **Multiplexing**
  Ein physikalischer Link wird auf mehrere logische, als virtuelle Kanäle bezeichnete Links aufgeteilt. Wie Abb. 6.4-2c zeigt, können dadurch mehrere Flows (Datenflüsse) über einen physikalischen Link übermittelt werden. Einem physikalischen Port werden somit mehrere logische Ports zugeordnet.
- **Multipathing**
  Zwischen zwei nicht direkt verbundenen OF-Switches können mehrere, über verschiedene Transit-OF-Switches verlaufende Datenpfade (Routen) eingerichtet werden (Abb. 6.4-2b). Weil die Datenpfade als Paths bezeichnet werden, spricht man oft von Multipathing. Die typischen Anwendungen von Multipathing sind:
  ▷ *ECMP-Routing* (Equal Cost Multipath): Die zu übermittelnden IP-Pakete werden auf mehrere Routen – mit den gleichen Kosten – verteilt. Man kann aber

[19] Siehe z.B. das Dokument der IETF: draft-medved-pwe3-of-config-01: MPLS-TP Pseudowire Configuration using OpenFlow 1.3

[20] In einem OEO-Switch (*Optical-Electrical-Optical*) werden die empfangenen optischen Signale (*O*) zuerst in elektrische Signale (*E*) umgewandelt, in dieser Form weitergeleitet (vermittelt) und danach zur Übermittlung wieder in optische Signale (O) umgewandelt.

[21] In einem OOO-Switch (*Optical-Optical-Optical*) werden die empfangenen optischen Signale nicht in elektrische umgewandelt, d.h. auf der optischen Ebene weitergeleitet (vermittelt); vgl. Abschnitt 11, Konzept von GMPLS in [2].

auch Multipathing über mehrere Routen mit verschiedenen Kosten realisieren – also *Non-Equal-Cost Multipath Routing*[22].

- *Fast Reroute*: Um eine hohe Verfügbarkeit einer Route zu gewährleisten, können hierfür zwei verschiedene Routen verwendet werden, wobei normalerweise nur eine von ihnen benutzt wird, d.h. eine ist aktiv und die andere dient nur als Ersatzroute. Fällt die aktive aus, dann kann schnell auf die Ersatzroute umgeschaltet werden. Man bezeichnet dies als *Fast Reroute*.

Damit man beim SDN die eben kurz dargestellten Sonderfunktionen realisieren kann, müssen in OF-Switches Gruppen von Ports gebildet werden. Um dies zu erreichen, wurde die sog. *Group Table* eingeführt.

Bedeutung der Group Table

Um verschiedene Möglichkeiten der Gruppierung von Ports im OF-Switch zu ermöglichen, wird in OF-Switches die `Group Table` verwendet. Sie enthält eine Reihe von Zeilen in Form von sog. *Group Entries*. Abb. 6.4-3a zeigt die Struktur einer *Group Entry*.

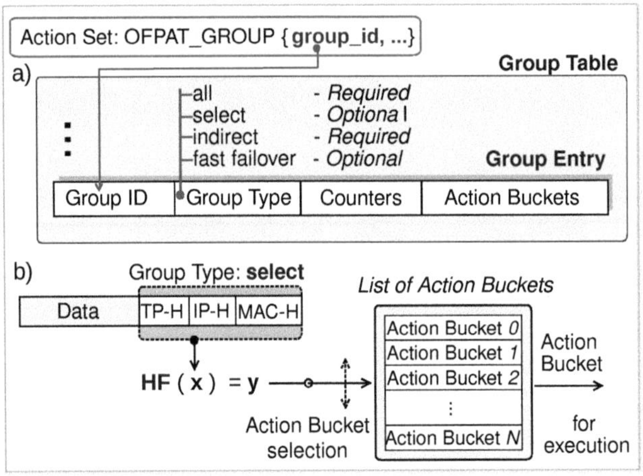

Abb. 6.4-3: Bedeutung der Group Table: a) deren Entry, die sog. Group Entry, b) Group Type **select**

HF: Hash Function (Hashfunktion), ID: Identifier, IP-H: Internet Protocol Header, MAC: Media Access Control, MAC-H: MAC-Header (Ethernet Header), OFPAT: OpenFlow Protocol Action Set Type, TP-H: Transport Protocol Header

Hier wurde u.a. zum Ausdruck gebracht, dass auf eine `Group Entry` zugegriffen wird, um eine gruppenspezifische Aktion auszuführen, wenn ein Action Set vom Typ `group` ausgeführt werden muss. Die Identifikation der Gruppe, d.h. `group_id`, in der Spezifikation von Action Set bestimmt die `Group Entry` in der `Group Table` – also quasi die Zeile in dieser Tabelle.

Die einzelnen Felder einer `Group Entry` sind:

[22]Beim Routing spricht man von den Kosten einer Route; darunter versteht man im Allgemeinen aber die Qualität der Route, z.B. deren Länge in Hops oder deren Verfügbarkeit.

- `Group ID`: Jede Gruppe von Ports im OF-Switch (vgl. Abb. 6.3-2) wird mit `Group ID` identifiziert.
- `Group Type`: Um verschiedene Sonderfunktionen beim SDN realisieren zu können, wird jeder Gruppe von Ports ein im Feld `Group Type` eingetragener Gruppentyp zugeordnet. Auf die Bedeutung der einzelnen Gruppentypen wird im Weiteren noch eingegangen.
- `Counters`: Eine `Group Entry` kann mehrere Zähler enthalten, um die Anzahl der verschiedenen Arten der innerhalb der Gruppe übermittelten Ethernet Frames bzw. IP-Pakete zu erfassen.
- `Action Buckets`: Im Allgemeinen kann ein Action Set vom Typ `group` die Ausführung mehrerer einzelner Aktionen verlangen. Diese werden auf mehrere Aktionspakete (Aktionsbündel) – auf die sog. *Action Buckets* – aufgeteilt. Diese werden entsprechend nummeriert und sind in diesem Feld aufgelistet.

Es sei angemerkt, dass die Spezifikation von OpenFlow Switch (Version 1.3.0) in jedem OF-Switch die Unterstützung zweier Group Types verlangt – und zwar von `all` und `indirekt` Abb. 6.4-3a). Die Group Types `select` und `fast failover` sind optional.

Um ein Action Set vom Typ `group` ausführen zu können, muss in einigen Fällen zuerst auf Basis einiger Angaben im den zu übermittelnden Daten vorangestellten Overhead bestimmt werden, welcher Action Bucket ausgeführt werden muss. Wie Abb. 6.4-3b zeigt, wird hierfür eine Hashfunktion angewandt, und ihr aus dem Overhead berechneter Wert wird als Nummer von Action Bucket betrachtet[23]

6.4.2 Beispiele für Group-Table-basierte Funktionen

Auf dem Action Set group basieren beispielsweise die folgenden Funktionen beim SDN:

- **(IP-)Multicasting**: Die Ethernet Frames mit dem gleichen IP-Paket werden über alle Ports aus einer Liste gesendet, d.h. Action Bucket entspricht einem Port. In diesem Fall werden alle Action Buckets ausgeführt. Group Type `all`
- **Link Aggregation**: Die Übermittlung von Ethernet Frames [Abb.6.4-2a] wird auf alle Ports aus einer Liste gleich verteilt. Hierbei wird jeweils ausgewählt, welcher `Action Bucket` ausgeführt werden soll – und folglich, über welchen Port ein Ethernet Frame geschickt werden soll. Group Type `select`
- **Multiplexing wie z.B. MPLS oder VLAN-Tagging**: Action Set `group` [Abb.6.4-2b] mit diesem Gruppentyp ist ein '*Single Bucket*' Action Set. Dies bedeutet, dass einem `group_id` nur ein einziger Action Bucket zugeordnet wird. Dadurch entsteht die Möglichkeit, Ethernet Frames mit verschiedenen Tags – z.B. mit ver- Group Type `indirect`

[23] Hier wird die Eigenschaft der Hashfunktion `y = H(x)` ausgenutzt. Diese besteht darin, dass der resultierende Wert der Hashfunktion (y) immer eine konstante Länge hat; d.h. diese ist von der Länge des Arguments in binärer Form – also von `x` – unabhängig. Dadurch kann der Wert einer Hashfunktion zur Auswahl der Zeile in einer Tabelle, z.B. in der Tabelle mit Action Buckets (vgl. Abb. 6.4-3b), verwendet werden.

schiedenen VLAN-IDs, MPLS-Label usw. – über denselben physikalischen Port im OF-Switch weiterzusenden. Den Ethernet Frames mit verschiedenen Tags wird in einem solchen Fall nur eine einzige `group_id` zugeordnet (vgl. Abb. 6.4-3a).

Group Type `select`

- **Multipathing als ECMP-Routing**: Die Übermittlung von Ethernet Frames [Abb. 6.4-2b] wird – ähnlich wie bei Link Aggregation – auf alle Ports aus einer Liste gleich verteilt.

Group Type `fast failover`

- **Multipathing als Fast Reroute**: Hierfür wird die Verfügbarkeit von physikalischen Ports überwacht [Abb. 6.4-2b]. Ein Ethernet Frame wird über den ersten 'verfügbaren' Port aus einer Liste weitergesendet.

Bedeutung der Meter Table

Damit der OF-Switch die von einzelnen als Flows bezeichneten Datenflüssen geforderten QoS-Parameter – u.a. eine bestimmte Bitrate oder eine Absende-Priorität – garantieren kann, wurde in jedem OF-Switch eine *Meter Table* vorgesehen. Diese enthält Meter Entries; Abb. 6.4-4 zeigt deren Struktur. Jede Meter Entry definiert sog. *Per-Flow Meters*. Ein Per-Flow Meter bezieht sich auf nur einen Datenfluss und spezifiziert die Art und Weise, wie die vom betreffenden Datenfluss geforderten QoS-Parameter garantiert werden können.

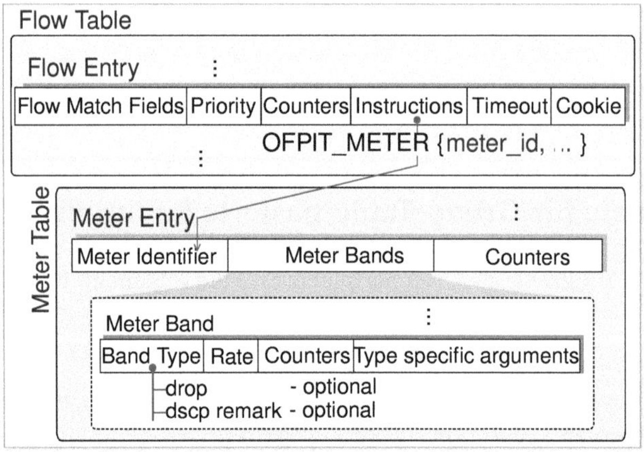

Abb. 6.4-4: Struktur eines Meter Entry nach [OF-Switch]

DSCP: Differentiated Services Code Point (Angabe im IPv4-/IPv6-Header), OFPIT: OpenFlow Protocol Instruction Type

Die einzelnen Felder in der Meter Entry sind:

- `Meter Identifier`: Identifikation des Per-Flow Meters.
- `Meter Bands`: Spezifikation mehrerer Meter Bands. Der Meter von einem Band Type spezifiziert eine `QoS`-spezifische Aktion. Mit Meter Band von Band `Type = dscp` wird beispielsweise einem IP-Paket eine Priorität zugewiesen als Angabe `dscp` im `DS`-Feld (*Differentiated Services*) seines Header.
- `Counters`: Jede Meter Entry kann mehrere Zähler enthalten, um die Anzahl von Ethernet Frames bzw. von IP-Paketen zu ermitteln, bei deren Übermittlung auf betreffende `Meter` Entries zugegriffen wurde.

6.5 SDN, NFV und SR6 Network Programming

Durch die Virtualisierung von Rechnern entsteht die Möglichkeit, virtuelle, oft auch als *Virtual Machines* (VMs) bezeichnete Rechner in verschiedenen physischen rechnerbasierten Systemen zur Bereitstellung intelligenter Netzfunktionen zu nutzen. Hier hat man es mit *Network Function Virtualisation* (NFV) zu tun. Dies ermöglicht die Virtualisierung von Netzfunktionen, und man spricht dabei auch von *Virtualised Network Function* (VNF) bzw. von der virtualisierten Netzfunktion [TS.3].

VNFs als 'Bausteine' für virtuelle Netze

Ist die NFV in physischen Knoten eines Netzes realisierbar, so können in diesen Knoten mehrere VNFs als eine Art 'virtuelle Netzknoten' verfügbar gemacht werden. So lassen sich auf der Grundlage eines physischen Netzes mit VNFs mehrere virtuelle Netze einrichten. Die NFV bildet somit die Basis zur Einrichtung virtueller Netze (*Virtual Networks*, VNs). Dies wird in Abb. 6.5-2 zum Ausdruck gebracht. Allgemein betrachtet stellt ein virtuelles Netz eine Vernetzung von VNFs dar. Das Konzept von SDN wird deshalb bei der Netzvirtualisierung eine wichtige Rolle spielen.

SDN und Network Slicing

Man kann sich ein virtuelles Netz sehr allgemein als eine funktionelle Scheibe oder auch Schicht oberhalb eines physischen Netzes mit VNFs in seinen Knoten vorstellen. In der Fachliteratur wird solch eine funktionelle Scheibe als *Network Slice* bzw. kurz auch als *Slice* bezeichnet.

Demnach wird bei der Vernetzung von VNFs oberhalb einer physischen Netzinfrastruktur von *Network Slicing* [Abb. 6.4-1 und Abb. 6.5-5] gesprochen. Der Begriff verweist auf eine Virtualisierungslösung, bei der einzelne virtuelle Netze als parallele funktionelle Scheiben, also *Network Slices*, oberhalb einer physischen Netzinfrastruktur aufgestapelt werden.

Die schnelle Einrichtung, einfache Konfigurierung und rasche Anpassung der Slices an mit der Zeit veränderbare Anforderungen gehört zu den Stärken von SDN in diesem Szenario [TS.4].

6.5.1 SDN und SRv6 Network Programming

Wie bereits erwähnt, können in einem physischen Netzknoten mehrere virtuelle Rechner verfügbar sein, auf deren Basis sich verschiedene VNFs einrichten lassen. Diese in einem physischen Netzknoten verfügbaren virtuellen Rechner – und dementsprechend die auf deren Basis eingerichteten VNFs – können als IP-Subnetz definiert werden. Dadurch ist die Adressierung einer Gruppe von VNFs aus einem Endsystem am Netz möglich. Dies wiederum ermöglicht beim Einsatz des Protokolls IPv6 die Verwendung des bereits oben genannten *IPv6 Segment Routing* (SRv6) zur spontanen Einrichtung einer festen/dauerhaften Route von einem Endsystem zu einer Gruppe von VNFs [Abb. 6.5-2].

Fernaufrufe von VNFs

Die Möglichkeit der spontanen Einrichtung einer Route von einem Endsystem zu einer VNF bedeutet, dass jede beliebige VNF in jedem beliebigen Knoten eines SRv6-fähigen Netzes aus der Ferne aufgerufen werden kann. Man spricht dann oft vom

Remote Network Function Call (RNFC). Den Verlauf der Fernaufrufe beschreibt das in Abb. 6.5-4 gezeigte RNFC-Modell.

SRv6-NP

Da die in SRv6-fähigen Netzen fernaufrufbaren VNFs quasi als 'im SRv6-fähigen Netz verteilte Programme' anzusehen sind, wird diese Art der Nutzung SRv6-fähiger Netze als *Network Programming* (kurz: *SRv6-NP*) bezeichnet. Das Konzept von SDN ist hierbei eine Voraussetzung für eine gelungene Realisierung der Idee von SRv6-NP. Dies wird im Weiteren näher dargestellt.

6.5.2 Symbiose von SDN mit NFV und SRv6-NP

Wie bereits erwähnt, hat SDN nicht nur bei NFV, sondern auch bei SRv6-NP eine zentrale Bedeutung. Die funktionelle Ergänzung dieser beiden technischen Ansätze führt zu einer funktionellen Symbiose von SDN mit NFV und mit SRv6-NP. Abb. 6.5-1 veranschaulicht die Bedeutung dieser Symbiose.

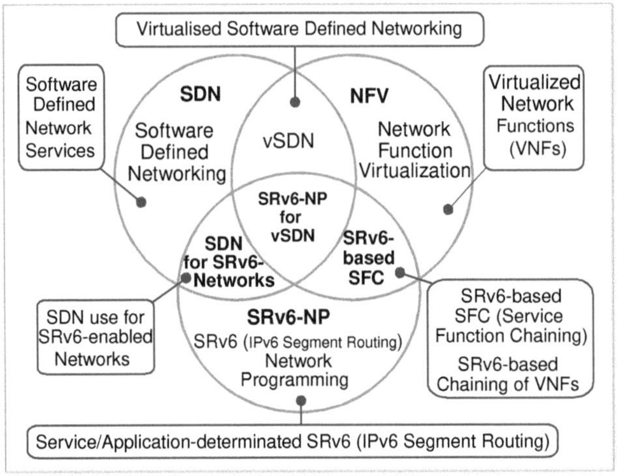

Abb. 6.5-1: Bedeutung der Symbiose von SDN mit NFV und SRv6-NP
SRv6-NP: SRv6 Network Programming, vSDN: virtual Software Defined Network(ing)

Funktionelle Möglichkeiten

Durch eine funktionelle Integration von SDN, NFV und SRv6-NP ergeben sich folgende Möglichkeiten:

vSDN

- *Virtual Software Defined Networking*
  Auf der Basis von VMs werden verschiedene Netzfunktionen (Routing, Load Balancing, Firewalls usw.) als Softwarekomponenten in virtueller Form verfügbar gemacht. Dies führt zu einer Virtualisierung von Netzfunktionen (NFV). Mithilfe von NFV können virtuelle Netze in Form von *Network Slices* aufgebaut werden. Die Bildung von Data Planes bei SDN auf Basis von Network Slices, genau genommen auf der Basis von 'Virtual Networks', wird als *virtual SDN* (vSDN) bezeichnet. Abb. 6.5-2 illustriert eine solche Interpretation von vSDN.

SDv6-based SFC

- *SDv6-based Service Function Chaining*
  Das Konzept von SRv6-NP gestattet das Aufrufen von VNFs in Network Slices aus der Ferne. Dadurch entsteht die Möglichkeit der Bildung verschiedener SRv6-

basierter Ketten (Chains) von VNFs innerhalb eines Network Slice, was *SRv6-based Service Function Chaining* (SFC) genannt wird [Abb. 6.5-3]).

- *SDN for SRv6-enabled Networks*
  Die Idee von SDN kann auch in SRv6-fähigen Netzen ohne NFV, d.h. ohne VNFs nutzen zu müssen, eingesetzt werden [3]. In diesem Fall können die auf dem SDN-Konzept basierenden Systemlösungen in SRv6-fähigen Netzen zur Konfiguration von Routern zwecks einer dem aktuellen Bedarf entsprechenden möglichst optimalen Gestaltung SRv6-fähiger Netze sowohl mit IPv4- als auch mit IPv6-Netzen verwendet werden.

- *SRv6-NP for vSDN*
  Die Integration von SRv6-NP in das Konzept von vSDN führt zur Möglichkeit der Bildung mehrerer vSDNs auf der Basis einer physischen Netzinfrastruktur. Dabei können mehrere sog. Multi-Tenant-Architekturen (*Multi-Tenancy Architectures*, MTAs) auf einer gemeinsamen physischen Netzinfrastruktur realisiert werden (vgl. Abb. 6.5-5).

6.5.3 Die Idee von vSDN

SDN sollte auch die Virtualisierung von Netzressourcen ermöglichen. Schon bei der Darstellung der SDN-Architektur von der ONF in Abb. 6.1-4 wurde hervorgehoben, dass in der Data Plane virtuelle, allgemein als 'funktionelle Ressourcen' dienende Systemkomponenten enthalten sein können.

Virtual SDN

Enthält die Data Plane bei SDN verschiedene virtuelle Ressourcen, so lassen sich diese so gruppieren, dass auf ihrer Grundlage mehrere *virtuelle Software Defined Networks* eingerichtet werden können und folglich von *Virtual SDN* (vSDN) gesprochen werden kann.

Logische vSDN-Architektur

Wie in Abb. 6.1-1 gezeigt, entspricht die grundlegende Idee von SDN weitgehend der allgemeinen logischen Server-Architektur ohne einen virtualisierten Rechner (Virtual Machine). Enthält ein physischer Server aber virtualisierte Rechner, also virtuelle funktionelle Ressourcen, so kann aus seiner logischen Architektur (wie hier dargestellt) die allgemeine logische Architektur von vSDN abgeleitet werden [Abb. 6.5-2].

Die obige Abbildung zeigt, dass die Virtualisierung von Netzressourcen bei SDN möglich ist. Bildet die Data Plane bei SDN ein physisches, aus mehreren Knoten mit diversen virtualisierten Netzkomponenten bestehendes Multi-Tenant-Netz, können auf ihrer Basis mehrere virtuelle Netze eingerichtet und mithilfe verschiedener Controller individuell, will heißen voneinander getrennt, überwacht und verwaltet werden. Dieser Gedanke liegt der allgemeinen Idee von vSDN zugrunde.

Server mit VMs versus vSDN

Vergleicht man die beiden, in Abb. 6.5-2 gezeigten logischen Architekturen – die eines physischen Servers mit virtualisierten Rechnern (VMs) und die von vSDN – springen folgende Entsprechungen ins Auge:

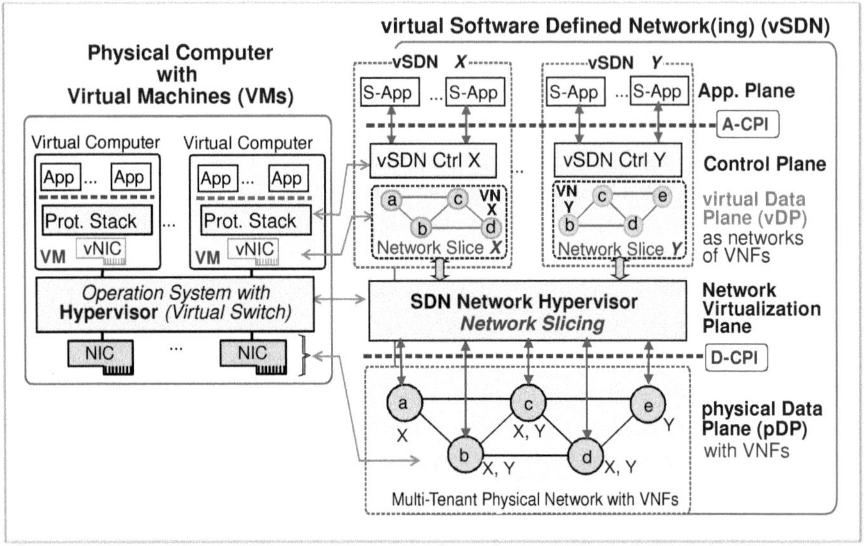

Abb. 6.5-2: Logische Architektur eines Servers mit virtualisierten Rechnern als Ursprungsidee von vSDN

A-CPI: Application-Controller Plane Interface, D-CPI: Data-Controller Plane Interface, DP: Data Plane, Prot.-Stack: Protocol Stack, vNIC: virtual Network Interface Controller, VN k (k = X, Y): Virtual Network of Tenant k, VNF: Virtualised Network Function

- Die Netzadapterkarten (NICs) im physischen Server entsprechen der physischen Data Plane. Diese stellt eine Vernetzung physischer Knoten mit virtualisierten Funktionen dar, auf deren Grundlage mehrere Gruppen von Netzressourcen als Virtual Networks gebildet werden können.
- Das *Operating System* (Betriebssystem) des Servers mit *Hypervisor*, in dem ein Virtual Switch realisiert wird, entspricht dem *SDN Network Hypervisor*. Dieser bildet bei vSDN eine *Network Virtualisation Plane*.
- Die *virtuellen Netzadapterkarten* (vNICs[24]) von VMs im physischen Server entsprechen den virtuellen Data Planes einzelner virtual Software Defined Networks (vSDNs), die auf der Grundlage der physischen Data Planes eingerichtet wurden.
- Die *Protocol Stacks* einzelner virtueller Rechner im physischen Server entsprechen den Controllern einzelner vSDNs, die zur Control Plane gehören.
- Die *Applikationen* einzelner VMs im physischen Server entsprechen den Applikationen einzelner vSDNs, von denen entsprechende Steuerungsvorgaben an vSDN-Controller übermittelt werden. Die Applikationen von allen vSDNs bilden eine Application Plane.

SDN Network Hypervisor

Wie in Abb. 6.5-2 gezeigt, haben durch einen SDN Network Hypervisor mehrere vSDN-Controller die Möglichkeit, gemeinsame, in physischen Data Planes vorhandene Netzressourcen so zu steuern, dass mehrere Virtual Networks eingerichtet und

[24]Diese werden dort als TUN- (MAC Layer) bzw.TAP-Devices (Network Layer) bereit gestellt und emulieren dort die Funktionen eines physikalischen *Network Interface Controller* (NIC).

überwacht werden können. Aus Sicht der physischen Data Planes fungiert der Network Hypervisor als eine Vertretung aller vSDN-Controller, d.h. er dient als vSDN Controller Proxy.

Network Slicing

Ein SDN Network Hypervisor bildet oberhalb der vorliegenden physischen Data Planes mehrere virtuelle Data Planes. Hier handelt es sich um das bereits angesprochene *Network Slicing*.

Network Slicing als Basis für vSDN

Die physische *Data Plane* als gemeinsame Netzressource könnte mit einem Laib Brot verglichen werden. Um mit diesem mehrere Menschen zu ernähren, wird es in Scheiben geschnitten – es werden also *Slices* erstellt. Auf eine ähnliche Art und Weise können bei vSDN Netzressourcen (genauer gesagt physische Data Planes) logisch in *Network Slices* aufgeteilt werden. Diese stellen virtuelle Data Planes einzelner vSDNs dar. Diese Vorgehensweise liegt dem Konzept von vSDN zugrunde.

6.5.4 Bedeutung von SRv6-NP für vSDN

Eine wesentliche Voraussetzung für die Umsetzung von vSDN ist die Virtualisierung diverser Netzfunktionen – also die Verwirklichung von NFV – und die Bereitstellung von VNFs zur Realisierung beliebig weit verteilter virtueller Netze als Network Slices. Um VNFs nutzen zu können, müssen sie entsprechend adressiert werden. Zudem wird eine Lösung zum gezielten Fernaufrufen von VNFs benötigt. Hierzu bietet sich das in Abschnitt 5.3 präsentierte Konzept von *SRv6 Network Programming* (SRv6-NP) an, dessen allgemeines Prinzip und Bedeutung Abb. 6.5-3 darstellt.

Prinzip und Einsatz von SRv6-NP

Zur Realisierung von SRv6-NP wird zunächst ein IPv6-Netz benötigt. In ihm wird mit SRv6 eine spezielle Art von Source Routing abgewickelt. Bei SRv6 lässt sich in Quellrechnern eine geordnete Liste mit sog. *Segment Identifications* (SIDs) ablegen, die von diesen Rechnern in die zu sendenden IPv6-Pakete eingebettet werden. Eine solche SID stellt eine spezielle IPv6-Adresse dar, mit der ein Port (Interface) im Netzknoten (in der Regel in einem SRv6-fähigen Router), über den mehrere VNFs aufgerufen werden können, adressiert wird.

Wie aus obiger Abbildung ersichtlich, ermöglichen es die über ein Netz übertragenen IPv6-Pakete bei ihrer Übermittlung entlang eines SRv6-Path, diverse Servicefunktionen, also SRv6-fähige VNFs, in Netzknoten aufzurufen und folglich ihre Netzdienste zu nutzen. Daher kann ein SRv6-Netz mit SRv6-fähigen VNFs quasi als verteiltes Rechnersystem angesehen werden. Bei der Nutzung SRv6-fähiger Netze auf diese Art hat man es mit SRv6-NP zu tun. Das allgemeine Konzept von SRv6-NP ist in RFC 8986 spezifiziert und in Abschnitt 5.3 allgemein dargestellt.

vSDN Data Plane als Network Slice

Ein SRv6-fähiges Netz mit VNFs enthält logisch betrachtet zwei funktionelle Planes, nämlich eine Data Plane, in der das Protokoll IPv6 eingesetzt wird, und eine Service Plane mit VNFs. Mittels SRv6-NP kann eine geschlossene Gruppe von VNFs innerhalb der Service Plane so organisiert werden, dass ein als *Network Slice* bezeichnetes virtuelles Netz mit den gewünschten VNFs zur Verfügung gestellt werden kann.

Wie in Abb. 6.5-3 gezeigt, ermöglicht SRv6-NP die Bereitstellung fernaufrufbarer VNFs entlang eines SRv6 Service Path. Durch die Ausführung dieser VNFs können

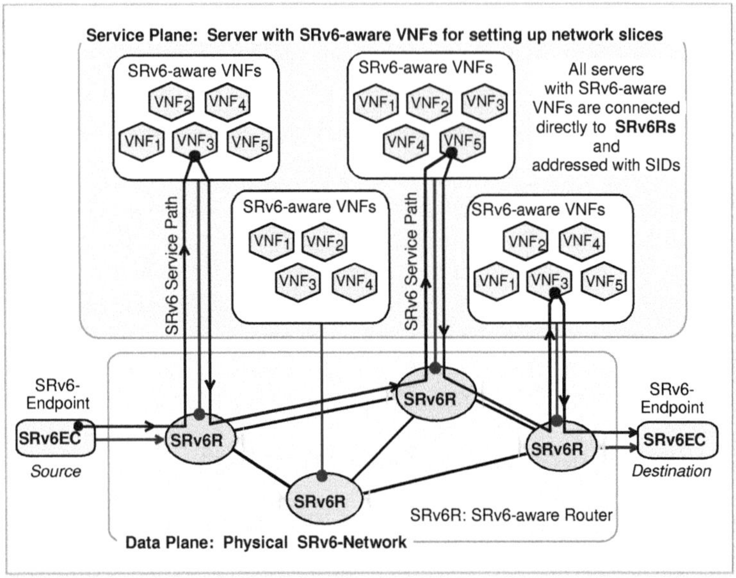

Abb. 6.5-3: Illustration der Bedeutung von SRv6-NP zum Einrichten von Network Slices bei vSDN

SRv6: IPv6 Segment Routing, SRv6EC: SRv6-aware End Component, VNF: Virtualised Network Function

bestimmte Netzdienste (Network Sevices) als eine Art *Network Function Chaining* erbracht werden.

Vergleicht man die in Abb. 6.5-2 gezeigte logische Architektur von vSDN mit der in Abb. 6.4-2 dargestellten allgemeinen Idee von SRv6-NP, wird ersichtlich, dass die Network Slices bei vSDNs durch virtuelle Vernetzungen von VNFs gebildet werden können.

6.5.5 Fernaufrufe von VNFs bei SRv6-NP

In jedem SRv6-fähigen Router, in dem Network Services mittels VNFs realisiert werden können, ist ein Verfahren erforderlich, nach dem alle in empfangenen IPv6-Paketen mit SIDs (*Service Identification*) adressierten Servicefunktionen (VNFs) aufgerufen werden können. Somit braucht jeder SRv6-fähige Router mit Unterstützung von SRv6-NP eine Systemlösung für Fernaufrufe von in IPv6-Paketen geforderten VNFs. Eine solche in Abb. 6.5-4a gezeigte Systemlösung kann bei SRv6-NP als *Remote Network Function Call* (RNFC) bezeichnet werden.

Es sei hervorgehoben, dass RNFC bei vSDN als Basisfunktion angesehen werden kann.

Aus obigem Bild geht hervor, dass SRv6-NP eine intelligente funktionelle Erweiterung des heutzutage bereits klassischen Konzepts für *Remote Procedure Call* (RPC) darstellt.

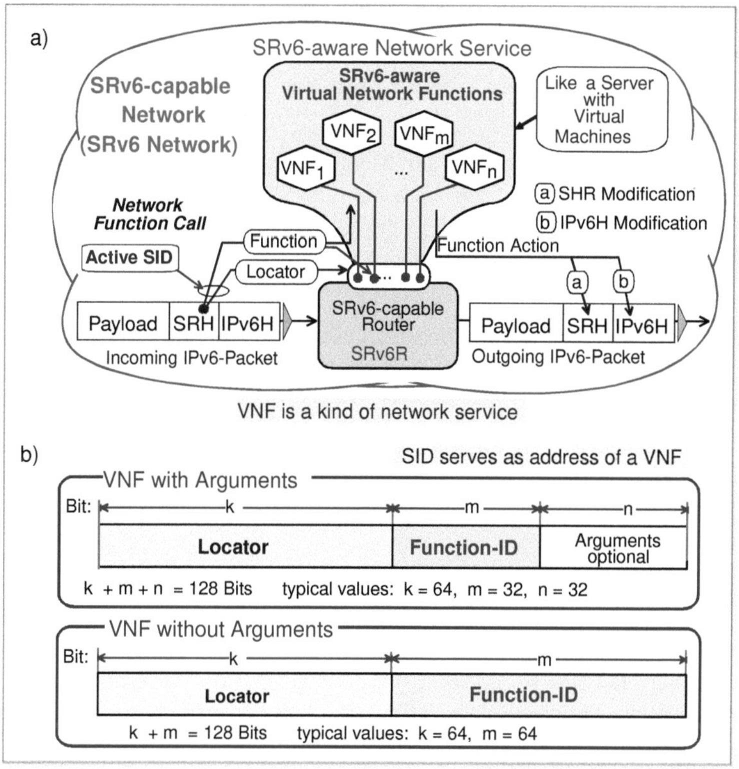

Abb. 6.5-4: Modell von RNFC bei SRv6-NP: a) Idee der Fernaufrufe von VNFs, b) Prinzip der Adressierung von VNFs mit SIDs bei SRv6-capable Routern
SID: Service Identifier, IPv6H: IPv6-Header, SRH: Segment Routing Header

Besonderheiten von RNFC bei SRv6-NP

Das hier gezeigte RNFC-Modell bei SRv6-NP illustriert insbesondere,

- dass die über einen *SRv6-capable Router* (SRv6R) erreichbaren VNFs in einem physischen Rechner (Server) durch virtuelle Ressourcen (VMs) realisiert werden können,
- dass dieser physische Rechner über ein Interface mit mehreren Pins an den SRv6R angebunden ist und dabei die Angabe 'Locator' im `Active-SID` im IPv6 Extension Header `SRH` (*Segment Routing Header*) auf das physische Interface verweist, und
- dass jede VNF über einen der Angabe 'Function' im `Active-SID` entsprechenden Pin an den SRv6-fähigen Router logisch angebunden ist.

Aus dem in Abb. 6.5-4 gezeigten RNFC-Modell geht weiterhin hervor, dass ein virtueller Rechner mit mehreren fernaufrufbaren VNFs als Routingziel im Sinne des klassischen Routingprotokolls angesehen werden kann und eine wichtige Rolle bei SRv6-NP spielt, denn SIDs können bei SRv6-NP als 'normale' mit IPv6-Adressen spezifizierte Routingziele betrachtet werden.

'My Local SID Table' als eine Art Routingtabelle

Abb. 6.5-4a zeigt außerdem, dass alle lokalen VNFs an jedem SRv6-fähigen Router mittels der Angaben '`Locator`' und '`Function`' im `Active-SID` als Routingziele erreichbar sein können. Hierfür muss der SRv6-fähige Router eine zusätzliche Routingtabelle enthalten.

Solch eine Routingtabelle mit der Angabe von VNFs als Routingziele wird als '*My Local SID Table*' bzw. kürzer auch als '*My SID Table*' bezeichnet. Da jeder SRv6-fähige Router eine Routingtabelle enthält, lässt sich eine *My SID Table* in eine herkömmliche Routingtabelle integrieren.

Adressierung von VNFs

Das Konzept von SRv6-NP ist maßgeblich durch die Art und Weise der Adressierung von VNFs mit SIDs geprägt. Mit SIDs kann man VNFs nicht nur adressieren, sondern in ihnen auch die notwendigen Argumente von VNFs übermitteln. Abb. 6.5-4b stellt dies dar.

Wie hier ersichtlich ist, entspricht die Struktur von SIDs weitgehend der Struktur von IPv6-Adressen. Beispielsweise sind sowohl IPv6-Adressen als auch SIDs 128 Bits lang. Dennoch gibt es bei SIDs einige abweichende Angaben. Diese sind wie folgt zu interpretieren:

- **Locator**
  Mit 'Locator' wird die SRv6-fähige Systemkomponente mit verfügbaren VNFs adressiert. Dies könnte z.B. ein physischer Rechner mit den auf der Basis von VMs realisierten VNFs sein. Daher würde der 'Locator' der Bedeutung nach weitgehend dem Netzwerk-Präfix einer IPv6-Adresse entsprechen [17] und wird beim Routing in SRv6-fähigen Netzen das Routingziel bestimmen.
- **Function**
  Diese Angabe verweist auf eine VNF innerhalb der SRv6-fähigen Systemkomponente, über die mittels des '`Locator`' im `Active SID` zugriffen werden kann [Abb. 6.5-4a].
- **Arguments**
  Mit dieser Angabe können die Argumente einer VNF, deren Identifikation im Feld '`Function`' enthalten ist, bei Bedarf übermittelt werden [Abb. 6.5-4b].

Es gibt keine Festlegung bezüglich der Länge der Felder für '`Locator`', '`Function`' und '`Arguments`' in SIDs. Sind dem Locator 64 Bit zugeteilt, können für '`Function`' und '`Arguments`' z.B. je 32 Bit zugewiesen werden. Wie aus der in Abb. 6.5-4b gezeigten Struktur hervorgeht, kann ein SID als Tripel (`Locator, Function, Arguments`) und somit als eine besondere IP6-Adresse – nämlich `LOC:FUNCT:ARGS::` – symbolisiert werden.

6.5.6 Multi-Tenancy-Architektur von SDN

Als Spezialfall und in Anlehnung an die in Abb. 6.5-3 dargestellte logische Architektur von vSDN und unter Berücksichtigung der Idee von SRv6-NP lässt sich ein Modell erstellen, aus dem die allgemeine *Multi-Tenancy-Architektur* von SDN hervorgeht.

Abb. 6.5-5 zeigt ein solches Modell, in dem zwei Network Slices als virtuelle und aus VNFs bestehende Tenant-Netze **X** und **Y** eingerichtet wurden.

Es sei hervorgehoben, dass im Deutschen für 'Multi Tenancy' auch der Begriff 'Mandantenfähigkeit' verwendet wird. Daher ist das in dem Bild gezeigte Modell für *Multi-Tenancy SDN* auch ein 'mandantenfähiges SDN'. Mandantenfähigkeit

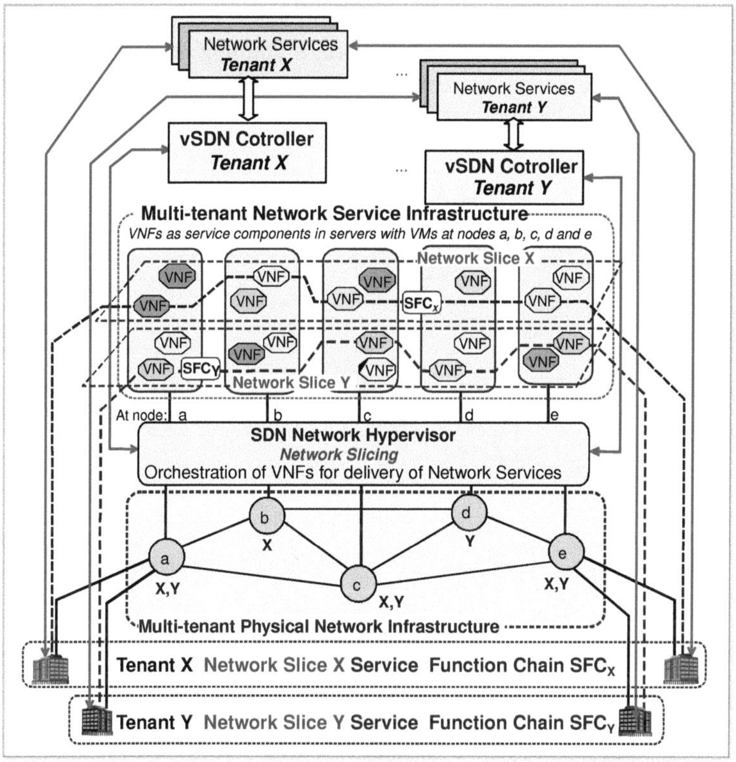

Abb. 6.5-5: Beispiel für die Realisierung von Multi-Tenancy SDN – basierend auf der Idee vSDN

Wie die Abbildung zeigt, ermöglicht die Idee von vSDN die Bildung von Multi-Tenancy-Netzarchitekturen. Dabei handelt es sich um Netzarchitekturen, in denen mehrere virtuelle Netze in Form von Network Slices gebildet werden, die als Data Planes in vSDNs einzelner Tenants – z.B. der Tenants **X** und **Y** – fungieren. Konzept von Multi-Tenancy SDN

Die VNFs als Systemkomponenten in Network Slices stellen eine Art funktionelle Ressourcen dar. Innerhalb eines Network Slice können diese von einem vSDN-Controller konfiguriert, überwacht und gesteuert werden. Diese Gestaltung von vSDN lässt sich auch als grundlegender Entwurf für die Bildung von Multi-Tenancy SDN verstehen.

Das Multi-Tenancy SDN ist eine besondere Art der Realisierung von vSDN. In Multi-Tenancy Networks wird keine dedizierte physische Netzinfrastruktur für jeden einzelnen Tenant (Kunden, Nutzer) bereitgestellt, wie dies bei der Single-Tenant-Architektur der Fall ist. Es werden vielmehr mehrere Network Slices als Besonderheit von Multi-Tenancy SDN virtuelle Netze einzelner Tenants auf der Grundlage einer physischen Netzinfrastruktur eingerichtet.

6.6 Software Defined Anything Networking

Dem Konzept von SDN liegt ein sehr allgemeines Steuerungsmodell zugrunde, das SDN zum Aufbau beliebig verteilter hierarchisch organisierter Systeme befähigt. Folglich spricht man von *Software Defined Anything/Everything* (SDx) bzw. von *SDx-Networking*. Um dies zu verdeutlichen, zeigt Abb. 6.6-1 eine Auflistung wichtiger Kategorien von SDN-Services.

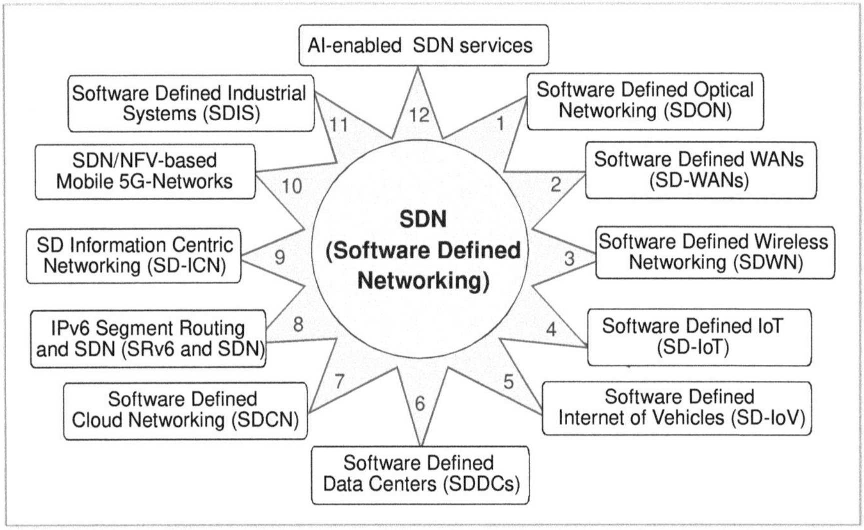

Abb. 6.6-1: Wichtige Kategorien von SDN-Services als Beispiele für SDx-Networking
AI: Artificial Intelligence, IoT: Internet of Things, IIoT: Intelligent Internet of Things, NFV: Network Function Virtualisation

Die einzelnen hier aufgelisteten Beispiele für den Einsatz von SDN lassen sich wie folgt beschreiben:

Software Defined Optical Networking (SDON)

Wie in Abb.6.3-1 an einem einfachen Beispiel zum Ausdruck gebracht wurde, eignet sich das Konzept von SDN ideal für eine moderne Gestaltung optischer Netze mit DWDM (*Dense Wavelength Division Multiplexing*), d.h. sogenannter DWDM-Netze [85]. Aus diesem Grund hat SDON bereits eine große Bedeutung gewonnen. In klassischen DWDM-Netzen ist für das Testen physikalischer Verbindungen zwischen OXCs (*Optical Cross-Connects*) sowie die Entdeckung und Lokalisierung möglicher Fehler und Defekte ein komplexes Protokoll nötig. Zu diesem Zweck wurde z.B. das *Link Management Protocol* (LMP) entwickelt.

Dieses Protokoll ist bei SDON nicht mehr notwendig. SDON ermöglicht außerdem die Einrichtung von sog. *Software Defined Elastic Optical Networks*. Die optischen Netze der Zukunft sind SDON-basierte Netze [85].

Unter SD-WAN (*Software Defined Wide Area Networking*) ist ein modernes Konzept zur Vernetzung mehrerer Unternehmensstandorte über alle in Frage kommenden Typen von *Wide Area Networks* (WANs) zu verstehen. Um ein SD-WAN einzurichten, müssen die Router in den involvierten Standorten um eine SD-spezifische Komponente (SDN-Device) erweitert werden.

Software Defined Wide Area Network(ing) (SD-WAN)

Der in dieser Netzlösung benötigte SDN-Controller wird in einer speziellen *Cloud* untergebracht. Mit dessen Hilfe lassen sich über verschiedene WANs verlaufende, zentral konfigurierbare virtuelle Vernetzungen der Unternehmensstandorte sehr flexibel gestalten. Dabei können vom zentralen, in einer Cloud untergebrachten SDN-Controller diverse netzspezifische Funktionen realisiert werden, z.B. die Bündelung virtueller Verbindungen oder eine Umleitung des Datenverkehrs beim Ausfall bzw. bei Überlastung einer Netzteilstrecke. Dies kann dazu beitragen, die Ausfallsicherheit (*Reliability*) des Unternehmensnetzes und damit die Verfügbarkeit (*Availability*) seiner Dienste zu steigern.

Cloud-based SDN-Service

Das Konzept von SDN wird immer häufiger im Bereich verschiedener Systemlösungen für das Wireless Networking eingesetzt. Davon sind in erster Linie folgende drahtlose Kommunikationstechnologien betroffen:

Software Defined Wireless Networking (SDWN)

- **VANET** – *Vehicular Ad-hoc Network*
- **WLAN** – *Wireless Local Area Network*
- **WSAN** – *Wireless Sensor and Actuator Network*

Man spricht in diesem Zusammenhang vom *Software Defined Wireless Networking*. Darauf basierende Systemlösungen ermöglichen die Bereitstellung einer Vielzahl neuer Services. Ein Beispiel wäre die Erhöhung der Verkehrssicherheit von Straßenfahrzeugen und die Verbesserung des Komforts für Fahrgäste und Fahrer im VANET.

Das mögliche Spektrum technischer SDWN-basierter Systemlösungen ist sehr breit. Insbesondere sei hier die in Abb. 6.2-7b gezeigte Möglichkeit von Handover mittels SDN hervorgehoben.

Bei SDWN werden spezielle, Data Planes bildende SDN-Devices meistens in den Access Points drahtloser Netzwerke installiert. Zur Steuerung der SDN-Devices notwendige Controller werden in entsprechend befähigten Servern (Clouds) untergebracht [44].

Das SDN-Konzept eignet sich besonders gut für den Einsatz in der IoT-Technologie mit ihrem außergewöhnlichen Nutzungspotenzial, das heute noch nicht umfassend abzuschätzen ist. Somit ist auch SD-IoT als eine sehr bedeutende, zukunftsweisende, intelligente Netzwerkinfrastruktur anzusehen, die rasch eine umfassende Verbreitung finden wird. An dieser Stelle sei beispielhaft auf die Technologietrends '*Software Defined Smart Home*' und '*Software Defined Smart City*' verwiesen, die sicher bald Teil des täglichen Lebens sein werden [6].

Software Defined IoT (SD-IoT)

Von erheblicher Relevanz für das IoT dürften die auf der Basis der Synergie von SDN mit NFV konzipierten Systemlösungen sein. SDN ist prädestiniert für Lösungen zur Erhöhung der IoT-Sicherheit mithilfe von Angriffserkennungssystemen (Intrusion

Detection Systems). Dies gilt vor allem für Systeme zur Früherkennung von DoS- (*Denial of Service*) und DDoS-Angriffen (*Distributed DoS*).

Software Defined Internet of Vehicles (SD-IoV)

Als *Internet of Vehicles* (IoV) bezeichnet man eine spezielle funktionelle Gestaltung des IoT mit dem Ziel, autonom fahrende Straßenfahrzeuge (*Autonomous Vehicles*) mit verschiedenen zeitkritischen Services zu versorgen. Da SDN zusammen mit Fog Computing und Cloud Computing als Basis des IoV angesehen werden kann, wird der Begriff SD-IoV verwendet. Abb. 6.2-7 illustriert, wie das Handover-Verfahren im SD-IoV umgesetzt werden kann, um eine Ortung der am Verkehr teilnehmenden Fahrzeuge zu ermöglichen [39].

Software Defined Data Center (SDDC)

Der Einsatz von SDN in Datacentern führt zu SDDC. Die etablierte physische dreistufige Hierarchie von Datacentern eignet sich ideal für den Einsatz von SDN [10]. Dabei können in den Access Switches SDN-Devices als Komponenten der SDN Data Plane installiert werden, wodurch die Datenserver mit allen möglichen DV-Ressourcen direkt von SDN-Devices 'gesteuert' werden können. SDN-Controller können dann entsprechend in Aggregation und in Core Switches platziert werden.

Dies deutet darauf hin, dass eine hierarchische SDN-Architektur in SDDCs eingerichtet werden kann. In diesen lassen sich verschiedene Services bereitstellen, z.B. solche zur Reduktion des Energieverbrauchs oder zur Etablierung eines intelligenten Konfigurationsmanagements sowie zur Erhöhung der Verfügbarkeit und Sicherheit von Daten. In diesen Datacentern sind die drei funktionalen SD-Bereiche erkennbar, und zwar SD-Computing, SD-Storage und SD-Networking.

Software Defined Cloud Networking (SDCN)

Im Rahmen des *Cloud Computing* (CC) entsteht eine IT-Infrastruktur als eine Art Wolke (Cloud), die u.a. über das Internet zugänglich gemacht wird. Diese IT-Infrastruktur kann um virtuelle netzspezifische Ressourcen, z.B. um virtuelle Switches, Router oder Firewalls in Form von VNFs, erweitert werden. In diesem Fall spricht man von *Cloud Networking*.

Darüber hinaus können in der Cloud verschiedene SDN-spezifische Komponenten wie Devices und Controller in virtueller Form verfügbar sein. Eine Unterstützung der Realisierung von SDN durch eine Cloud mit SDN-spezifischen Systemkomponenten wird als SDCN bezeichnet. Dabei können die virtuellen Ressourcen, insbesondere jene, mit deren Hilfe sich verschiedene SDN Control Planes einrichten lassen, vollständig aus einer Cloud bezogen werden [1].

IPv6 Segment Routing and SDN (SRv6 and SDN)

Wie bereits in den Abb. 6.5-2 und Abb. 6.5-3 gezeigt, ermöglicht es das Konzept von Segment Routing SRv6 in IP-Netzen mit dem Protokoll IPv6, virtualisierte Netzfunktionen (VNFs) von fern aufzurufen. Dabei können mehrere VNFs ihrer Funktion nach so gruppiert werden, dass das schon bekannte *virtual Software Defined Networking* (vSDN) vorliegt. Auf dieser Basis lassen sich virtuelle Tenant-spezifische Netze (Network Slices) einrichten. Sie schaffen die Voraussetzung zur Verwirklichung von *Multi-Tenancy SDN* [Abb. 6.5-5].

SD Information Centric Networking (SD-ICN)

Mittels des *Information Centric Networking* (ICN) lassen sich verschiedene Objekte im Internet durch Angabe ihrer Namen aufrufen. Zur Identifikation dieser Objekte kommen mehrere Arten von *Objekt-IDs* (ID: Identifier) in Betracht, z.B. *Uniform Resource Name* (URN) oder *Electronic Product Code* (EPC). Die Umsetzung von ICN verlangt ein spezielles Resolving-System. Mit ihm wird ein Objekt-ID auf eine ihm zugewiesene Speicheradresse aufgelöst, unter der die Angabe der aktuellen Adresse (bzw. mehrerer Adressen) des Objektes eingetragen ist. In diesem Zusammenhang kann von *Software Defined Information Centric Networking* gesprochen werden.

Jedes Resolving-System bei ICN lässt sich um eine spezielle Komponente erweitern, die funktionell einem SDN-Device entspricht. Mit der so möglichen Fusion von SDN und ICN zum SD-ICN verbindet sich primär der Wunsch, mehrere Resolving-Systeme zur kontinuierlichen Aktualisierung von Adressen (z.B. mobiler Objekte) zentral zu steuern [96].

SDN/NFV-based Mobile 5/6G-Network

Auf den Ideen von SDN und NFV beruhende Systemlösungen für das *Cloud Radio Access Network* (C-RAN) gelten als Schlüsselkonzepte für 5/6G-Mobilfunknetze.

Dank der Möglichkeit, mithilfe von NFV diverse Netzfunktionen in Form von VNFs verfügbar zu machen, lassen sich beim Einsatz von SRv6-NP private, ja sogar weltweit verteilte, virtuelle 5G/6G-Infrastrukturen als private Network Slices einrichten. Zukünftige private Sprach- und Datennetze von auf mehrere Standorte verteilten Unternehmen werden virtuelle 5G/6G-Infrastrukturen darstellen. Damit solche 5G-Infrastrukturen ständig an aktuelle Anforderungen anpassbar sind, müssen diese Infrastrukturen bereits heute als *Virtual Software Defined Networks* eingerichtet werden [63].

Software Defined Industrial System (SDIS)

Mit der Einführung des *Industrial IoT* (IIoT) und dem Einsatz von Systemen mit künstlicher Intelligenz (*Artificial Intelligence*, AI) im industriellen Bereich entsteht eine neue Art von Produktionsumgebung – nämlich eine datengesteuerte 'intelligente Fabrik' (*Smart Factory*). In ihr findet die Konvergenz von IT (*Information Technology*) und OT (*Operational Technology*) statt, wobei auf der Idee von SDN basierende Systemlösungen von fundamentaler Bedeutung sind. Auf dieser Grundlage und der von IIoT werden sog. *Software Defined Industrial Systems* (SDIS) entwickelt. In diesen ist die mithilfe von SDN realisierte Orchestrierung, als zeitliche Koordination von an der Produktion beteiligten IIoT-Systemkomponenten, enorm wichtig. Deshalb verlangt die Smart Factory den Einsatz von SDN im IIoT [72].

AI-enabled SDN-Services

Das Konzept von SDN repräsentiert eine Netzwerkarchitektur mit einem zentralisierten Management durch Controller. Sie kann zur Netzprogrammierbarkeit in das in Kapitel 5 präsentierte Konzept von RSv6-NP integriert werden. Da SDN-Controller programmierbar sind und als eine Art 'Gehirn' in SDN-basierten Netzen fungieren, ist eine Erweiterung der Idee von SDN denkbar, mittels derer einige sog. *Intelligent SDN-Controller* befähigt würden, selbst zu lernen und dadurch ihre selbst gewonnene künstliche Intelligenz (AI) kontinuierlich auszubauen und zu aktualisieren. Die Analyse von Big Data, der Gewinn essenzieller Daten (sog. Smart Data) und die Übergabe dieser an Intelligent SDN-Controller zwecks weiterer Verwendungen können dazu dienen, SDN insgesamt mit Intelligenz auszustatten. Die Verwirklichung dieser Vorstellung führt zur Entwicklung von *AI-enabled SDN-Services*, was als *Intelligent SDN* bezeichnet werden könnte.

Eine wichtige Anwendung von AI-enabled SDN-Services wäre die Früherkennung von Anomalien im Netz, insbesondere im IoT. Dank dieser könnten eventuelle bösartige Angriffe verzögerungsarm entdeckt werden, was zu einer Erhöhung der Sicherheit führen würde [35].

6.7 Schlussbemerkung

Das SDN kann als revolutionärer Schritt in der Entwicklung von Networking bewertet werden. Beim SDN können Komponenten der Forwarding Plane wie z.B. OpenFlow Switches von den in der Control Plane untergebrachten und entfernt platzierten Controllern fast beliebig einprogrammiert (konfiguriert) werden. Abb. 6.2-4 bringt dies zum Ausdruck.

Das SDN ist in großen Datencentern, in denen die Netzwerkressourcen virtualisiert werden, von großer Bedeutung (vgl. Abb. 6.4-1) und wird mit Sicherheit die Konzepte für Next Generation Datacenter Networks bestimmen.

Das Konzept von SDN eignet sich nicht nur nahezu ideal zum Einsatz in (G)MPLS-Netzen (vgl. Abb. 6.4-1), sondern kann auch sehr gut beim SPB eingesetzt werden.

Jedoch ist darauf zu achten, dass der grundlegenden Idee von SDN ein zentralisiertes Management bzw. eine zentralisierte Steuerung zugrunde liegt. Soll eine möglichst hohe Verfügbarkeit SDN-basierter Services garantiert werden, so müssen die zur Steuerung eingesetzten Hauptsystemkomponenten, insbesondere Controller, redundant und verteilt ausgelegt werden.

Hinsichtlich einer Vielzahl verschiedener Einsatzmöglichkeiten des SDN bleibt zu hoffen, dass man zukünftig von **Software Defined Everything** und nicht von *Software Defined Everythreat* sprechen wird.

Open Network Foundation Dokumente

TS.1 Open Networking Foundation: 'ONF TS-025: OpenFlow Switch Specification: Version 1.5.1, 2015

TS.2 Open Networking Foundation: 'ONF TR-521: SDN Architecture, Issue 1.1, April 2016

TS.3 ETSI GS NFV 003, V1.4.1: 'Network Functions Virtualisation (NFV); Terminology for Main Concepts in NFV'; 2018

TS.4 3GPP TR 28.801, V15.1.0: 'Study on management and orchestration of network slicing for next generation network (Release 15)', 2018

7 SD-IoT – Software Defined Internet of Things

Das Internet ist bereits ein fester Bestandteil unseres Alltags. Wir nutzen dieses universelle Kommunikationsmedium, um untereinander zu kommunizieren und diverse Informationsarten abzurufen. Außerdem führt unser Streben nach mehr Lebensqualität, mehr Energieeffizienz und besserem Umweltschutz dazu, dass noch eine andere Form der Internets an Bedeutung und Verbreitung gewinnt. Es handelt sich dabei um das *Internet of Things* (IoT) – auf Deutsch 'Internet der Dinge'. Das IoT ermöglicht die Integration verschiedener Systeme zur drahtlosen Vernetzung von der Überwachung und Meldung unterschiedlicher Ereignisse dienenden Sensoren und Aktuatoren zur Ansteuerung wichtiger technischer, im Alltag allgegenwärtiger 'Dinge' mit dem herkömmlichen Internet. Diese Integration führt zur Entstehung einer neuen Generation des Internets.

NFV-based IoT

Eine fundamentale Bedeutung für das IoT hat die in Kapitel 3 präsentierte Virtualisierung von Netzfunktionen, kurz NFV (*Network Function Virtualisation*). Dank der NFV ist die Nutzung von VNFs (*Virtual Network Functions*) im IoT möglich. VNFs werden meistens auf der Basis virtueller Rechner realisiert. Sie können als 'Bausteine' zum schnellen Aufbau virtueller und programmierbarer IoT-Services dienen. Dies ist im IoT von enorm großer Bedeutung, sodass man sogar von *NFV-based IoT* spricht.

SD-IoT als IoT mit NFV und SDN

Der steigende Bedarf an flexiblen, spontanen und an Geschäftsprozesse angepassten Netzdiensten hat zur Entwicklung einer neuen Idee zur flexiblen und raschen Bereitstellung von Netzdiensten geführt. Diese lässt sich im NFV-based IoT durch auf den grundlegenden Konzepten von *Software Defined Networking* (SDN) basierende Systemlösungen umsetzen. Ihre Verwirklichung führt zur Entstehung von *Software Defined IoT* (SD-IoT). Unter diesem Begriff ist eine Sammlung von Systemlösungen zur schnellen Einrichtung flexibler, bedarfsgerechter und quasi programmierbarer Services im IoT zu verstehen.

Inhalt des Kapitels

Dies Kapitel geht zunächst auf die zur Entwicklung von SD-IoT führende Symbiose von IoT mit NFV und SDN, und zwar:

- Dabei werden kurz die Ideen von IoT und SDN sowie von SD-IoT erläutert.
- Anschließend wird auf die Bedeutung der hierarchischen SDN-Architektur für die Realisierung von SD-IoT eingegangen.
- Zwei besondere Möglichkeiten der SD-IoT-Realisierung werden präsentiert – und zwar das SD-IoT mit Controller in Edge und Fog Sublayers und das SD-IoT mit Controller auf Fog und Clouds Sublayers.
- Ein weiterer Schwerpunkt ist die Darstellung von Nutzungsmöglichkeiten des SD-IoT, welche anhand der Beispiele *Software Defined Smart Home* und *Software Defined City Parking* veranschaulicht werden.

- Daraufhin wird die Idee Proxy-basierter SD-IoT-Services vorgestellt.
- Ihre Nutzungsmöglichkeiten werden am Beispiel von Proxy-basierten SDSH (*Software Defined Smart Home*) City Services gezeigt.
- Eine kurze Zusammenfassung der Entwicklungsstadien von IoT– also SD-IoT sowie virtual SD-IoT – und abschließende Bemerkungen runden das Kapitel ab.

7.1 Symbiose von IoT mit NFV und SDN

Die funktionalen Ergänzungen des IoT, bei denen der Einsatz von VNF (*Virtual Network Functions*) und die Prinzipien von SDN eine wichtige Rolle spielen, führt zu einer funktionalen Symbiose von IoT mit NFV (*Network Function Virtualisation*) und SDN. Abb.7.1-1 veranschaulicht die Bedeutung dieser Symbiose. Dabei wird ersichtlich, dass sich durch die Integration technischer Systemlösungen für IoT, NFV und für SDN folgende funktionale Möglichkeiten ergeben:

NFV-based IoT

Auf der Grundlage virtueller Rechner – oft als VMs (*Virtual Machines*) bezeichnet – werden verschiedene Netzfunktionen (Routing, Load Balancing, Firewalls usw.) als Softwaremodule in virtueller Form verfügbar gemacht. Dies führt zu einer Virtualisierung der Netzfunktionen, weshalb sie VNFs genannt werden. VNFs werden im IoT häufig eingesetzt. Aus diesem Grund verwendet man den Begriff *NFV-based IoT* (siehe [1], [5], [82]).

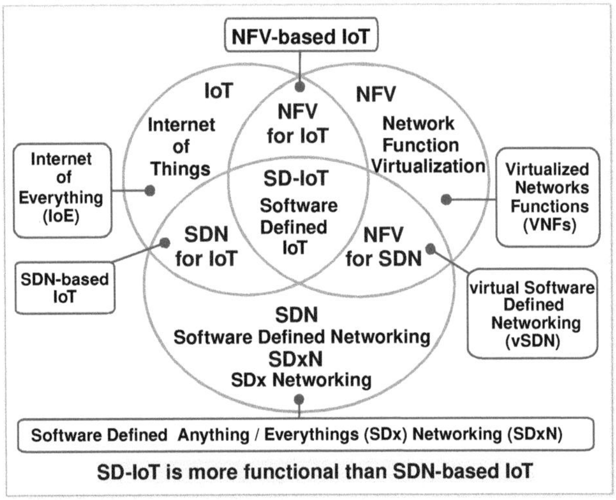

Abb. 7.1-1: Bedeutung der funktionalen Symbiose von IoT mit NFV sowie SDN

Allgemeine Idee von SDN

Die Idee von SDN basiert auf der Entkopplung der Steuerung für den Datentransport verantwortlicher Funktionsmodule in Netzknoten, z.B. Switches und Router. Dies wird umgesetzt, indem die Steuerung an einer anderen Stelle im Netz platziert ist und mittels eines bzw. mehrerer spezieller Controller/s sowie eines speziellen Protokolls zwischen Controllern und Netzknoten realisiert wird (siehe Abb. 6.1-1 und Abb. 6.1-4). Auf diese Weise können SDN-fähige Netzknoten seitens einer ausgelagerten Stelle einprogrammiert, also demzufolge auch ferngesteuert werden.

Network Slices

Der Einsatz von VNFs bei SDN ermöglicht eine derartige Vernetzung mehrerer VNFs untereinander, dass separate virtuelle Netze mit VNFs gebildet werden können. Da sich mehrere virtuelle Netze als virtuelle Scheiben (sog. Slices) oberhalb einer physischen Netzstruktur darstellen lassen, wird der Begriff *Network Slices* verwendet.

virtual SDN

Die Bildung von virtual Data Planes auf der Basis von Network Slices bei SDN, also im Grunde genommen auf der Basis von 'virtual Networks', wird '*virtual SDN* (vSDN)' genannt (siehe [21] und SDN in [75]).

SDN-based IoT

Kommt in Netzen, die als Datentransportnetze im IoT dienen, die Idee von SDN zum Einsatz, so kann von *SDN-based IoT* gesprochen werden. Folglich können nur solche IoT-Systemlösungen, in denen SDN-basierte Netze für die Kernkommunikation im IoT eingesetzt werden, als SDN-based IoT betrachtet werden (siehe [78]).

Software Defined IoT (SD-IoT) und virtual SD-IoT (vSD-IoT)

Im SD-IoT werden sowohl die Prinzipien von SDN als auch von NFV realisiert. Diese beiden Technologien können für eine flexible und aktuellen Anforderungen entsprechende Bereitstellung von IoT-Anwendungen auch in IoT-Devices, beispielsweise in Sensoren, eingesetzt werden ([38], [60], [61]). Dabei können auf der Basis von VNFs – zum Beispiel verschiedene *Software-definierte virtuelle Sensoren* – realisiert werden. Dank der Nutzung von SDN- und NFV-Prinzipien im SD-IoT ist die Programmierung verschiedener IoT-Devices (insbesondere Sensoren und Aktuatoren) gemäß dem aktuellen Bedarf möglich – was zur Realisierung von *Software Defined Virtual Sensors* (SDVSs) führt.

Virtual Software Defined IoT

Aus Abb.7.1-1 geht hervor, dass SD-IoT als funktionale Erweiterung von SDN-based IoT anzusehen ist. Die Idee von vSDN kann im SD-IoT zum Aufbau von *virtual Software Defined IoT* (vSD-IoT) Service Domains übernommen werden (siehe Abb. 7.4-6).

7.2 Funktionale Architektur von IoT

Das allgemeine Konzept von IoT lässt sich sehr allgemein in Form einer funktionalen Architektur erläutern. Abb. 7.2-1 zeigt eine solche Architektur von IoT. Es wird ersichtlich, dass das IoT als eine funktionale Erweiterung des herkömmlichen Internets verstanden werden kann. Diese Erweiterung besteht einerseits darin, dass verschiedene drahtlose Sensor-Aktuator-Netze über spezielle *IoT Access Gateways* (AGs) an das herkömmliche Internet angebunden werden. In Abb. 7.2-1 symbolisiert dies die 'Sensor/Actuator Side'. Andererseits können am herkömmlichen Internet zur Steuerung und Nutzung bestimmter Kategorien von Sensor-Aktuator-Netzen, d.h. von der 'Sensor/Actuator Side' erbrachter Dienste, spezielle Leitstellen für IoT-Services (z.B. Umweltschutz-, Notrufleitstelle) eingerichtet werden. Diese Leitstellen symbolisiert in Abb. 7.2-1 die 'User Operator/Control Side'. Einige einfache und individuelle IoT-Services (z.B. Temperatureinstellungen in Wohnungen) können von Nutzern unterwegs fast überall eigenständig mithilfe von Smartphones in Anspruch genommen werden SDN (siehe IoT in [75]).

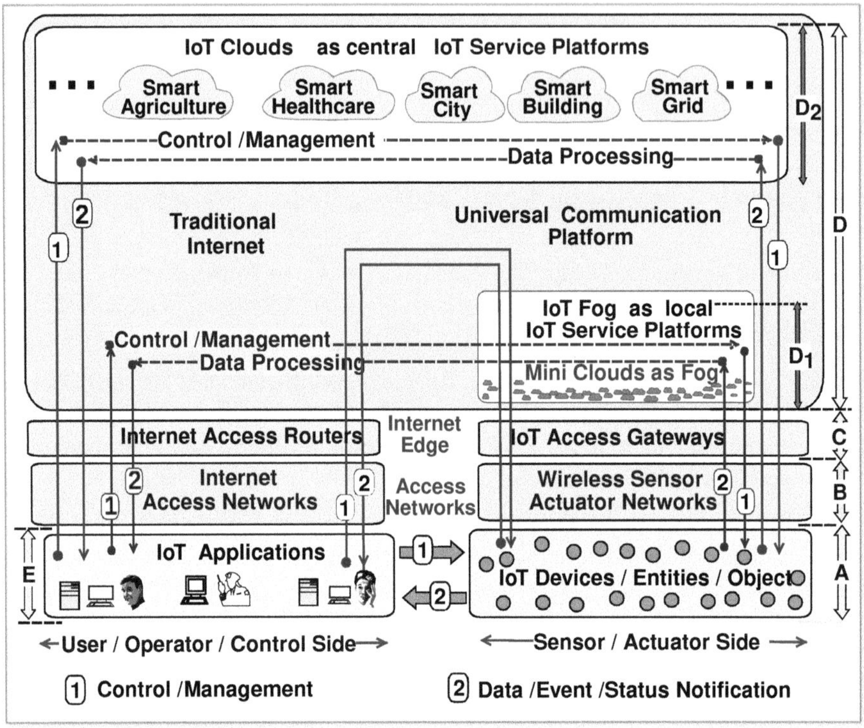

Abb. 7.2-1: Allgemeine funktionale Architektur von IoT

A: IoT-Endpunkt (Devices/Entities/Object) Schicht, B: IoT Wireless Sensor Actuator Networks (WSANs), C: Internet Edge Schicht, D: Internet als Cloud-to-Edge Kontinuum, D_1: IoT Fog Unterschicht, D_2: IoT Cloud Unterschicht, E: IoT Anwendungsschicht

Die beiden Seiten der in Abb. 7.2-1 gezeigten funktionalen Architektur des IoT sind wie folgt zu charakterisieren:

- **IoT Sensor/Actuator Side**
  Diese stellt eine funktionale Erweiterung des herkömmlichen Internets um IoT-spezifische Systemkomponenten dar – hierzu gehören verschiedene Sensoren und Aktuatoren als IoT Devices/Objects. Sie repräsentieren eine über spezielle Access Gateways an das Internet erbrachte Anbindung der verschiedenen, soeben genannten IoT-spezifischen Systemkomponenten, die typischerweise auch untereinander verbunden sind – und zwar über WSANs (*Wireless Sensor Actuator Networks*), WBANs (*Wireless Body Area Networks*) bzw. über Mobilfunknetze der Generationen 4G, 5G oder zukünftig 6G.

- **User/Operator/Control Side**
  Diese repräsentiert die Endkomponenten des Internets, welche von Usern benötigt werden, um verschiedene IoT-Devices/Objects zu steuern oder deren Status einzustellen bzw. abzufragen. Hierfür werden am Internet häufig spezielle applikationsspezifische Leitstellen (*IoT Services Control Center*) zur Nutzung der von IoT-Devices/Objects erbrachten Dienste eingerichtet.

7.2.1 IoT-Definition aus funktionaler Sicht

Betrachtet man das IoT aus rein funktionaler Sicht des traditionellen Internets, lässt es sich kurz und allgemein wie folgt charakterisieren:

Definition von IoT

> Das IoT ist eine funktionale Erweiterung des Internets mit dem Ziel, Alltagseinrichtungen (Geräte, Maschinen, Sensoren, Aktuatoren, ...) unterschiedlicher Art und mit unterschiedlichen Fähigkeiten – also verschiedene smarte Dinge, die im Allgemeinen als Devices bezeichnet werden – sowohl untereinander als auch mit Rechnern am Internet so zu vernetzen, dass sie alle möglichen Internetdienste nutzen können. Das Ziel ist es, die Erbringung einer breiten Palette neuer innovativer und intelligenter Applikationen und Services überall und jederzeit zu ermöglichen.

7.2.2 Allgemeines Multilayer-Modell des IoT

Zur präzisen Erläuterung der grundlegenden Ideen, die zur Entstehung von IoT führen, ist ein hierarchisch strukturiertes Multilayer-Modell des IoT von grundlegender Bedeutung. Abb. 7.2-2 zeigt ein solches Modell. Dem hier präsentierten Multilayer-Modell liegt das in der Recommendation ITU-T Y.2060 (06/2012) vorgeschlagene, sehr allgemeine Multilayer-Modell des IoT zugrunde. Dieses wurde hier der Veranschaulichung halber das IoT um einige funktionsspezifische Komponenten erweitert.

Es sei betont, dass der IoT Device Layer in drei Sublayers aufgeteilt wird. Diese sind:

- **Sensor und Actuator Sublayer** (Sublayer A)
  Zu diesem Sublayer gehören Sensoren und Aktuatoren – also de facto die Endeinrichtungen des IoT, welche auch als IoT-Devices/Endpoint bezeichnet werden.
- **Sensor and Actuator Networking Sublayer** (Sublayer B)
  Dieser Sublayer repräsentiert Netze, welche in der Regel drahtlos sind und dazu dienen, Sensoren und Aktuatoren untereinander zu vernetzen und über Access Gateways an das herkömmliche Internet anzubinden. Die zum Sublayer B gehörenden drahtlosen Netze werden als WSANs bezeichnet. Es sei angemerkt, dass die sog. WBANs auch in der Sublayer B enthalten sein können. WBANs können als eine besondere Art von WSANs[1] angesehen werden.
- **Edge Sublayer** (Sublayer C)
  Dieser Sublayer am Internet-Rand (*Internet Edge*) repräsentiert Access Gateways bzw. Border Router, über welche die Sensor-Aktuator-Netze mit dem herkömmlichen Internet verbunden sind.

Im Network Layer D, der das Internet darstellt und als Cloud to Edge Continuum angesehen werden kann, sind folgende zwei Sublayers enthalten:

- **Fog Computing Sublayer** (Sublayer D1)
  Insbesondere am Internet-Rand (Internet Edge), an dem diverse allgegenwärtige

[1] also Wireless Sensor Networks

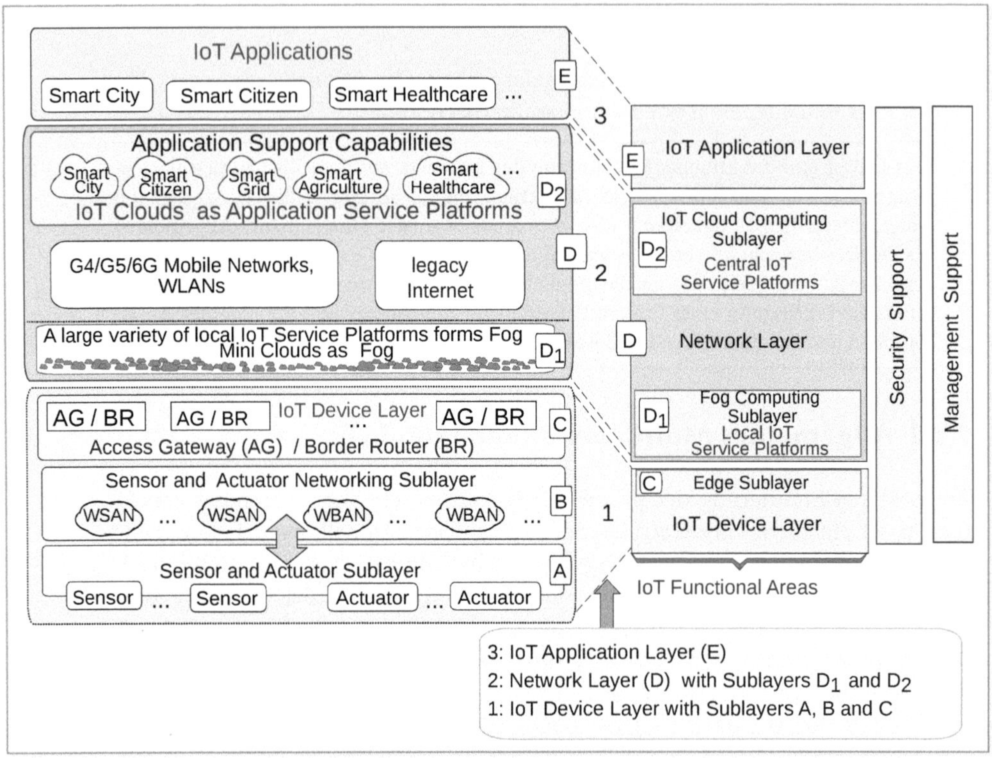

Abb. 7.2-2: Allgemeines Multilayer-Modell des IoT in Anlehnung an ITU-T Y.2060

AG: Access Gateway, BR: Border Router, WBAN: Wireless Body Area Network, WLAN: Wireless Local Area Network, WSAN: Wireless Sensor/Aktuator-Netzwerk

Dinge an das Netz angebunden werden, entstehen enorm große weltweit verstreute Datenmengen. Diese – eine Art Nebel bzw. auf Englisch *fog* – müssen häufig fast in Echtzeit, folglich zeitnah ihrer Entstehung, verarbeitet werden. Die daraus resultierende Notwendigkeit, sie direkt am Internet Edge zu verarbeiten, hat zur Entwicklung einer dezentralisierten Art der Datenverarbeitung geführt. Sie wird als *Fog Computing* bezeichnet. Durch die lokale Verarbeitung von Daten am Internet-Rand wird mittels Fog Computing die typischerweise auftretende Verzögerungszeit (Latenzzeit) stark reduziert.

Sublayer D2

- Die im IoT entstehenden umfangreichen Datenmengen – auch *Big Data* genannt – müssen auch oft zentral verarbeitet werden. Dies erfolgt mittels einer hierfür in Data Centern in Form von sog. *Clouds* zur Verfügung gestellter Rechenkapazität. Man spricht in diesem Zusammenhang von *Cloud Computing*. Im IoT ergänzen sich das Cloud Computing auf dem Cloud Sublayer und *Fog Computing* auf dem Fog Sublayer ideal.

Layer E

- Zur Schicht E gehören verschiedene, 'smarte' IoT-Applikationen. Hier ist insbesondere zu nennen: Smart Cities, Smart Healthcare und Smart Citizen.

7.2.3 Hierarchische SDN-Architektur beim IoT

Beim Einsatz von SDN im IoT müssen oft mehrere Controller zur Ansteuerung einer Vielzahl räumlich breit verteilter Devices eingesetzt werden. Die Vernetzung der Controller bildet dann eine Hierarchie. Demzufolge entstehen im IoT hierarchische SDN-Architekturen. Ihre Idee zeigt Abb. 7.2-3 am Beispiel einer 2-stufigen SDN-Architektur.

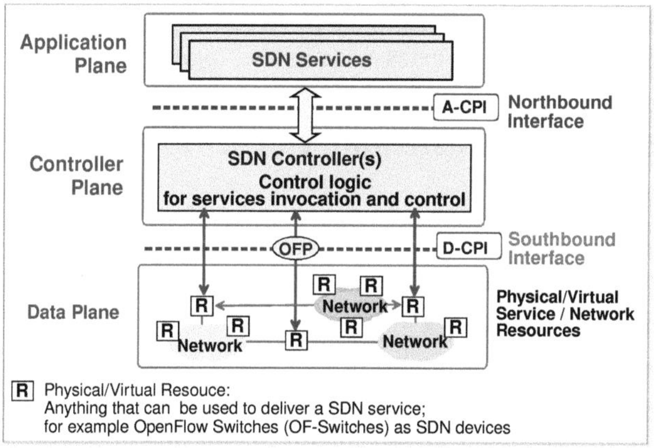

Abb. 7.2-3: Einfache hierarchische Architektur von SDN

A-CPI: Application-Controller Plane Interface, C-CPI: Controller-Controller Plane Interface, D-CPI: Data-Controller Plane Interface, SDev: SDN-Device

Root/Global SDN-Controller

Eine 2-stufige hierarchische SDN-Architektur besteht aus einem übergeordneten globalen SDN-Controller, oft *SDN Root-Controller* genannt, und mehreren untergeordneten SDN-Domains mit lokalen Controllern. Es kann im IoT oft vorkommen, wie in Abb. 7.2-3 gezeigt, dass mehrere funktionale SDN-Domains eingerichtet werden müssen, in denen SDN-Devices jeweils von lokalen Controllern gesteuert werden.

Die Hierarchien von SDN-Controllern können unterschiedlich gebildet werden. Man muss also zwischen verschiedenen hierarchischen SDN-Architekturen unterscheiden. In diesem Zusammenhang sei insbesondere auf die rekursive hierarchische SDN-Architektur hingewiesen (siehe Abb. 6.2-4 und Abb. 7.3-3), denn verschiedene hierarchisch organisierte SDN-Architekturen eignen sich besonders gut zum Einsatz im IoT.

7.3 Grundlegende Idee von SD-IoT

Funktionale Trennung von Data Plane und Control Plane

Wie aus Abb. 6.1-3 hervorgeht, basiert die Verwirklichung von SDN darauf, Systemkomponenten, die zur Steuerung von zur Data Plane gehörenden SDN-fähigen Einrichtungen (SDN-enable Devices) vorgesehen sind, als eine Art Controller innerhalb einer übergeordneten *Control Plane* (CP) zu installieren. Infolge dieser funktionalen Trennung der Data Plane von der Control Plane werden die Systemkomponenten aus der Data Plane vereinfacht und von der Control Plane aus gesteuert.

Diese funktionale Trennung kann als Schlüssel zur Einrichtung von SD-IoT angesehen werden (vgl. hierzu Abb. 7.3-2 und Abb. 7.3-3).

7.3.1 SD-IoT-Devices als virtuelle Rechner

SW-defined IoT-Devices

Dank der soeben geschilderten Besonderheiten der Control Plane ist es möglich, verschiedene IoT-Devices auf der Basis flexibler VNFs quasi als virtuelle Rechner einzurichten und sie von übergeordneten Controllern aus der Control Plane aktuellen Anforderungen entsprechend zu steuern. Die Formulierung 'IoT-Devices steuern' ist an dieser Stelle sehr weit gefasst. Sie ist als Programmierung, Konfiguration und Management der IoT-Devices zu verstehen.

7.3.2 Modelle zur Bereitstellung von SD-IoT-Services

Wie soeben hervorgehoben, kann man sich die programmierbaren IoT-Devices als *Software Defined IoT-Devices* vorstellen. Somit kann man sie dank ihrer Programmierbarkeit – also der Software Defined (SD) Fähigkeit – als *SD-IoT-Devices* bezeichnen.

Für die Steuerung dieser Devices müssen diverse Controller installiert werden. Zu ihrer Platzierung im IoT eignen sich insbesondere die folgenden Sublayers innerhalb des in Abb. 7.2-2 gezeigten Multilayer-Modells des IoT:

- *Edge Sublayer*,
- *Fog Sublayer* und
- *Cloud Sublayer*

(vgl. Abb. 7.3-2 und Abb. 7.3-3). Daraus geht hervor, dass man für die Bereitstellung von SD-IoT-Services zwischen verschiedenen hierarchischen und funktionellen Modellen unterscheiden muss. Darauf wird in Abb. 7.3-1 näher eingegangen.

7.3.3 Definition von SD-IoT

In Anlehnung an Abb. 7.2-1 und Abb. 7.2-2 und die bisherigen Ausführungen kann der Begriff SD-IoT kurz und sehr allgemein wie folgt definiert werden:

Definition von SD-IoT

> SD-IoT (*Software Defined Internet of Things*) ist eine Erweiterung des IoT um technische Lösungen für den Einsatz von sowohl auf der Grundlage von VNFs (*Virtual Network Functions*) eingerichteten programmierbaren IoT-Sensoren und -Aktuatoren als auch den speziellen SDN-Controllern mit dem Ziel, programmierbare IoT-Sensoren und -Aktuatoren den aktuell geltenden Anforderungen entsprechend steuern zu können.

Allgemein betrachtet kann SD-IoT demzufolge als eine Art funktionaler Integration von Systemlösungen für NFV und SDN mit dem IoT angesehen werden. Bei der Verwirklichung dieser Integration werden verschiedene, auf der Basis von VNFs aufgebaute, programmierbare SD-IoT-Devices (Sensoren, Aktuatoren) eingesetzt, welche dem aktuellen Bedarf entsprechend mithilfe diverser SDN-Controller gesteuert werden müssen.

7.3.4 Grundlegende Reichweiten von SD-IoT

Bei der Migration zum SD-IoT stellt sich die zentrale Frage, wo die speziellen SDN-Controller im IoT installiert werden können und welche anwendungsspezifischen Möglichkeiten sich dabei ergeben. Um dies zu beantworten, zeigt Abb. 7.3-1, auf welchen Sublayers im Multilayer-Modell des IoT (vgl. Abb. 7.2-2) die notwendigen SDN-Controller eingesetzt werden können und welche funktionalen Reichweiten (Ranges) von Systemlösungen für SD-IoT daraus resultieren.

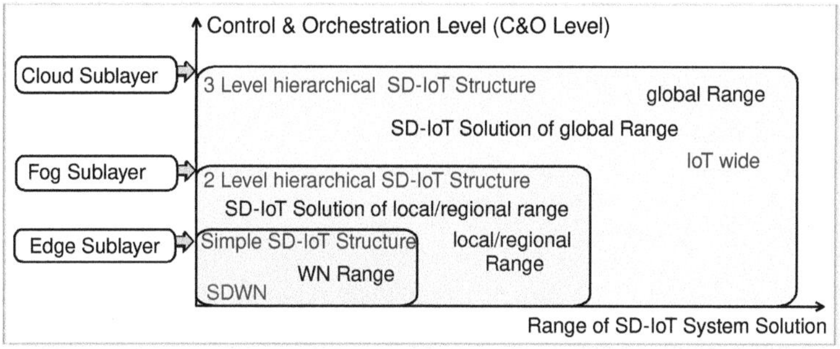

Abb. 7.3-1: Funktionale Reichweiten von Systemlösungen für SD-IoT in Abhängigkeit vom C&O-Level

SDWN: Software Defined Wireless Network, WN: Wireless Network

7.3.5 Control & Orchestration Level

Wie in Abb. 7.3-1 dargestellt, müssen im IoT, um eine große Reichweite verteilter SD-IoT-Applikationen erreichen zu können, oft mehrere SDN-Controller eingesetzt werden. Diese bilden dann eine hierarchische Struktur. Ist dies der Fall, müssen die übergeordneten Controller die ihnen untergeordneten zusätzlich entsprechend dirigieren/koordinieren, was als Orchestrierung (*Orchestration*) bezeichnet wird.

Somit bildet ein Sublayer im Multilayer-Modell des IoT [Abb. 7.2-2] mit dem SDN-Controller z.B. auf dem Network Layer ()wie in Abb. 7.3-2 gezeigt) eine übergeordnete *SDN Control & Orchestration Plane* zum Steuern/Programmieren sowie Dirigieren und Managen. Diese kann allgemein als *Control & Orchestration Level* (C&O Level) angesehen werden.

7.3.6 Reichweiten von Systemlösungen für SD-IoT

Für die Realisierung von Control & Orchestration im Multilayer-Modell des IoT eignen sich die drei Sublayers Edge Sublayer, Fog Sublayer und Cloud Sublayer. Wie aus Abb. 7.3-1 hervorgeht, ergeben sich in Abhängigkeit davon, wo SDN-Controller im IoT platziert werden, unterschiedliche Reichweiten (Ranges) von SD-IoT-Systemlösungen. Somit kann man von *Wireless Network* (WN) begrenzter, lokaler/regionaler und globaler Reichweite von Systemlösungen für das SD-IoT sprechen.

Dabei ist Folgendes hervorzuheben:

> Je höher die Controller im Multilayer-Modell des IoT platziert werden, desto breiter ist die funktionelle Reichweite von Systemlösungen für das SD-IoT. Abb. 7.3-2 und Abb. 7.3-3 veranschaulichen dies.

7.3.7 Anschauliche Interpretation der Reichweite von SD-IoT

Die Begriffe *Reichweite von SD-IoT* und *Reichweite der SD-IoT-Applikationen* könnte man sich als Reichweite eines Blickes von oben auf die unterste Stufe in der Hierarchie vorstellen -- vergleichbar mit der auf die Erdoberfläche von oben aus.

Je höher man sich befindet, desto mehr erfasst der Blick. So gesehen können, wie aus den Abb. 7.3-2 und Abb. 7.3-3 hervorgeht, folgende Entsprechungen zwischen der Reichweite von SD-IoT-Applikationen und der Reichweite des Blicks von oben auf die Erde abgeleitet werden:

WSAN Range als 'Birds View'

WSAN Range mit Controller auf dem Edge Sublayer würde dem Blickfeld eines Vogels entsprechen, *local/regional Range* mit Controller auf dem Fog Sublayer könnte man mit dem Blickfeld von einem höher fliegenden Flugzeug aus vergleichen, und global Range mit Controller innerhalb des Cloud Sublayer mit dem Blickfeld von einem Erdsatelliten aus.

7.3.8 Controller in Edge und Fog Sublayers

Abb. 7.3-2 illustriert typische Beispiele für SD-IoT-Applikationen beim Einsatz von SDN-Controller innerhalb von Edge und Fog Sublayers im Multilayer-Modell des IoT. Die hier gezeigten Beispiele für die Strukturierung von SD-IoT-Systemen mit unterschiedlichen Reichweiten lassen sich allgemein wie folgt charakterisieren (siehe [91]):

WSAN-begrenztes SD-IoT-System

> Eine sehr einfache, auf ein WSAN räumlich begrenzte Realisierung von SD-IoT kann in der Einrichtung mehrerer IoT-Endpunkte (Sensoren und Aktuatoren) in einem WSAN als VNFs bestehen. Diese IoT-Endpunkte lassen sich von einem zentralen Controller aus einprogrammieren, steuern und managen.

Ein solcher zentraler Controller kann in einem *Access Gateway* innerhalb des Edge Sublayer (siehe Abb. 7.2-2), da wo das betreffende WSAN an das Internet angebunden ist, untergebracht werden. Dabei repräsentiert ein WSAN im Sinne von SDN eine Control Domain. Dementsprechend wird der Controller im WSAN als *Domain Controller* (DC) bezeichnet. Ein DC kann von einer Cloud aus dem Bedarf entsprechend konfiguriert werden.

Da dieses System der Bereitstellung von SD-IoT-Applikationen in nur einem WSAN, genau genommen in nur einem Wireless Network dient, wird es auch *Software Defined Wireless Network* (SDWN) genannt. Ein SDWN könnte somit als eine Art '*Single Domain SD-IoT*' verstanden werden.

Lokales SD-IoT-System

Soll sich ein SD-IoT-System auf mehrere WSANs (z.B. in einem Gebäude) erstrecken, so können mithilfe eines übergeordneten, auch auf dem Edge Sublayer platzierten *Multi-Domain Controller & Orchestrator* (MD-C&O) mehrere eventuell bereits – als einzelne Control Domains – existierende WSAN-begrenzte SD-IoT-Systeme zu einem lokalen Verbund integriert werden, sodass ein *lokales SD-IoT-System* entsteht.

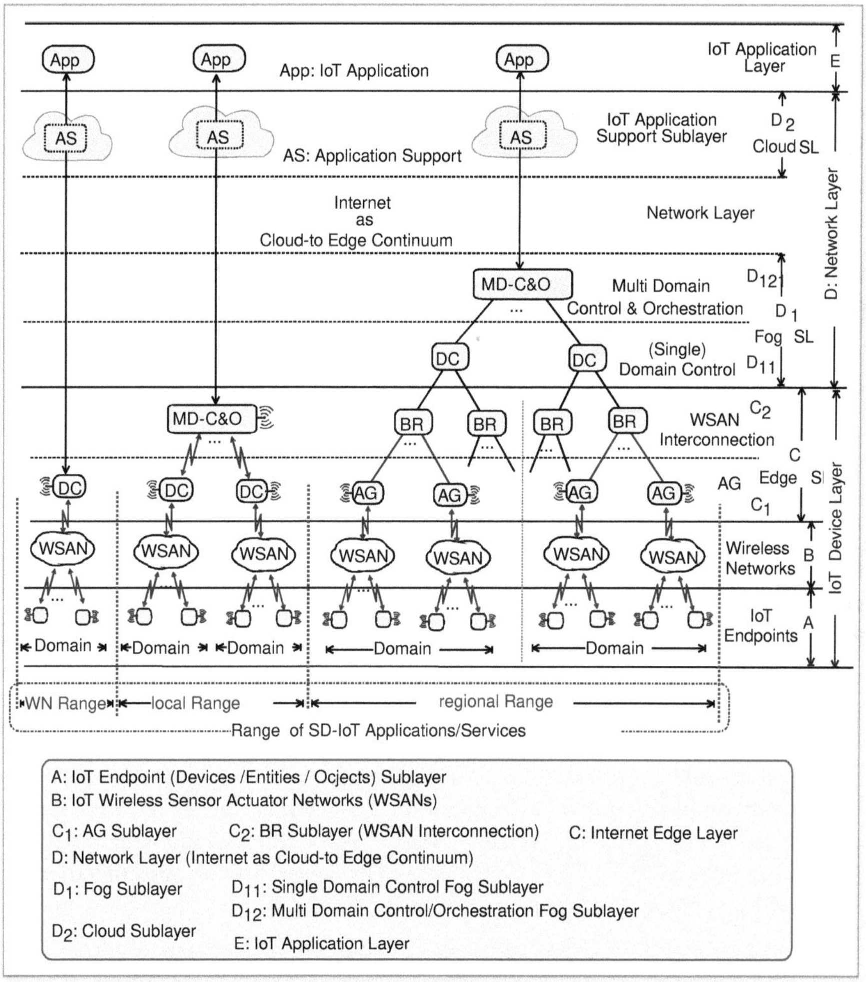

Abb. 7.3-2: SD-IoT-Systemlösungen mit Controller auf den Edge und Fog Sublayers
AG: Access Gateway, BR: Border Router, DC: Domain Controller, MD-C&O: Multi Domain Controller & Orchestrator, SL: Sublayer

Regionales SD-IoT-System

Die soeben geschilderte Systemlösung für ein lokales SD-IoT kann zu einem regionalen SD-IoT ausgebaut werden. Dies wird mithilfe eines übergeordneten, auch auf dem Fog Sublayer platzierten MD-C&O erreicht. Dabei werden mehrere lokale SD-IoT-Systemlösungen zu einem *regionalen SD-IoT* integriert, was Abb. 7.3-2 illustriert.

7.3.9 Controller auf Fog und Clouds Sublayers

Wie in Abb.7.3-2 dargestellt, können Systemlösungen für SD-IoT bei der Platzierung von Controllern auf dem Fog Sublayer nur für eine regionale Reichweite eingerichtet werden. Um überregionale und globale Systemlösungen für SD-IoT aufbauen zu können, müssen die dafür notwendigen Controller auf einem höheren Level als das Fog Sublayer im Multilayer-Modell des IoT [Abb. 7.2-2] positioniert werden – und zwar auf dem Cloud Sublayer. Abb. 7.3-3 bringt dies zum Ausdruck und zeigt zwei Beispiele für überregionale SD-IoT-Systemlösungen.

Die in Abb.7.3-3 gezeigten Beispiele für SD-IoT-Applikationen lassen sich allgemein wie folgt charakterisieren:

Überregionales SD-IoT-System

> Wie aus Abb. 7.3-2 hervorgeht, können für SD-IoT mittels eines Controllers auf dem Fog Sublayer mehrere lokale Systeme untereinander zu einer regionalen SD-IoT-Systemlösung hierarchisch vernetzt werden. Aus einem Vergleich von Abb. 7.3-2 und Abb. 7.3-3 wird ersichtlich, dass bei der Platzierung von Controllern auf dem Cloud Sublayer eine Vielzahl regionaler SD-IoT-Systeme sogar zu einem überregionalen SD-IoT-System ausgebaut werden kann.

SD-IoT-System für Internet of Vehicles (IoV)

Die Unterstützung der Mobilität verschiedener Einrichtungen ist im IoT von enorm großer Bedeutung. Dies gilt insbesondere für die Steuerung und Kontrolle von Fahrzeugen unterschiedlicher Art im IoV (*Internet of Vehicles*).

Um die Mobilität mittels auf der SDN-Idee basierenden Systemlösungen zu unterstützen, muss das Konzept von SD-IoT auf einer rekursiv-hierarchischen Struktur der Vernetzung von Domain Controller basieren. Abb. 7.3-3 illustriert solch eine Lösung für SD-IoT.

Software-Defined IoV (SD-IoV)

Vergleicht man die hier gezeigte rekursiv-hierarchische Architektur der Vernetzung von Controllern mit der 2-stufigen hierarchischen SDN-Architektur in Abb. 7.2-3, so stellt man fest, dass der rekursiv-hierarchische Ansatz bei SDN eine wichtige Besonderheit aufweist – und zwar ermöglicht er die gegenseitige Kooperation benachbarter Domain Controller. Diese Besonderheit ist fundamental für die Realisierung von IoV ([1], [39]). Der Einsatz SDN-basierter Systemlösungen im IoV führt zur Entstehung von *Software Defined IoV* (SD-IoV).

Handover im SD-IoV

Autonom fahrende Fahrzeuge müssen kontinuierlich überwacht und gesteuert werden. Daher muss im SD-IoV ein einer besonderen Ortung von Fahrzeugen dienendes Verfahren realisiert werden. Dieses ähnelt dem als *Handover* bezeichneten Verfahren (kurz *HO-Verfahren*), das in zellular aufgebauten Mobilfunknetzen (wie z.B. 4G und 5G) realisiert wird. Nach diesem versetzen sich alle *Domain Controller* (DCs) in benachbarten Funkzellen gegenseitig in die Lage, zu jedem Zeitpunkt zu wissen, welche mobile Stationen sich in ihren Funkzellen befinden.

Benachbarte DCs auf dem Fog Sublayer im SD-IoV entsprechen weitgehend den Basisstationen in Mobilfunknetzen 4G und müssen für eine kontinuierliche Über-

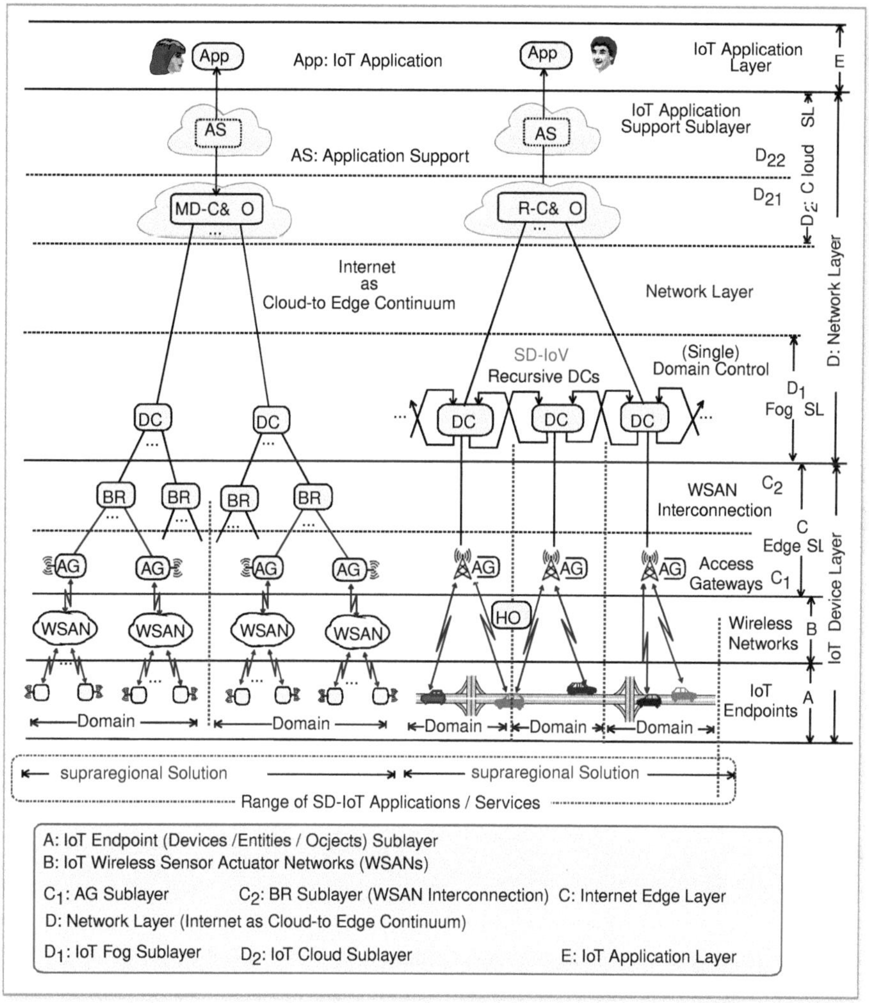

Abb. 7.3-3: Beispiele für überregionale SD-IoT-Systemlösungen mit Controller auf dem Cloud Sublayer

AG: Access Gateway, BR: Border Router, DC: Domain Controller, HO: Handover, MD-C&O: Multi Domain Controller & Orchestrator, R-C/O: Root Controller & Orchestrator, SL: Sublayer, SD-IoV: Software Defined Internet of Vehicles

wachung und Steuerung autonom fahrender Fahrzeuge eine spezielle Variante des HO-Verfahrens realisieren, was in Abb. 7.3-3 gezeigt ist.

7.4 Entwicklung von SD-IoT-Systemen

Die in Abb. 7.3-2 und Abb. 7.3-3 illustrierte Vorgehensweise zur Konzipierung von Systemlösungen für SD-IoT basiert auf einem rekursiven Prinzip der Systementwicklung. Dieses Prinzip kann kurz wie folgt zusammengefasst werden:

MD-C&O auf Edge Sublayer

Bei Bedarf müssen zuerst mehrere WSAN-begrenzte SD-IoT-Systeme eingerichtet werden, die daraufhin mittels eines MD-C&O auf dem Edge Sublayer zu einem lokalen SD-IoT-System integriert werden können. Sollte ein regionales SD-IoT-System benötigt werden, so können über ein MD-C&O (*Multi-Domain Controller and Orchestrator*) auf dem Fog Sublayer mehrere bereits existierende lokale SD-IoT-Systeme zu einem regionalen System zur Bereitstellung von SD-IoT-Services erweitert werden.

MD-C&O auf Cloud Sublayer

Im nächsten Schritt lassen sich über ein MD-C&O auf dem Cloud Sublayer mehrere so eingerichtete regionale SD-IoT-Systeme zu einem überregionalen System zur Bereitstellung von SD-IoT-Applikationen aufbauen.

7.4.1 Software Defined Smart Home

Als Beispiel für eine wichtige SD-IoT-Applikation kann die in Abb. 7.4-1 gezeigte Idee von *Software Defined Smart Home* (SDSH) dienen.

Die hier präsentierte Systemlösung für SDSH entspricht weitgehend dem in Abb. 7.3-2 gezeigten SD-IoT-System von regionalem Range und illustriert, nach welchen Protokollen im herkömmlichen Internet und im IoT die Kommunikation zwischen einer SDSH-Applikation und den als IoT-Devices bezeichneten verschiedenen programmierbaren Sensoren und Aktuatoren im Smart Home realisiert werden kann.

Multi-Domain Controller & Orchestrator

Der in Abb. 7.4-1 gezeigten Idee für SDSH liegt eine 2-stufige hierarchische SD-IoT-Systemlösung zugrunde. Die Aufgaben der untergeordneten lokalen DCs (*Domain Controller*) in einzelnen Smart Homes und der übergeordneten zentralen, entweder auf dem Fog oder Cloud Sublayer im Internet untergebrachten, MD-C&O (*Multi-Domain Controller & Orchestrator* [Abb. 7.4-1]) lassen sich bei der Realisierung von SDSH kurz wie folgt zusammenfassen:

Local DCs in Smart Homes

In Smart Homes – zu dem aktuellen Bedarf entsprechenden Programmierung, Überwachung und Steuerung programmierbarer, also SD-fähiger, Sensoren und Aktuatoren als Nodes im WSAN – können spezielle DCs vor allem in IoT Access Gateways bzw. Routern (IAG/R) am Rande des Internets untergebracht werden. Die Access Gateways bzw. Router bilden zusammen mit SD-fähigen Nodes als IoT-Endpoints im WSAN den IoT Device Layer im Multilayer-Modell des IoT (siehe Abb. 7.2-2).

Central MD-C&O im Internet

Ein Central MD-C&O (*Multi-Domain Controller & Orchestrator*) kann im Internet in einer Fog-Instanz bzw. in einer Cloud, d.h. sowohl auf dem Fog Sublayer als auch Cloud Sublayer im Multilayer Modell des IoT, installiert werden. Da für die Kommunikation zwischen der SDSH Application und einem Smart Home das HTTP, also ein Web-spezifisches Protokoll, zum Einsatz kommt, muss im Web-Proxy eine Art *Web-Switching* mit dem Central MD-C&O realisiert werden.

Web-Switching im MD-C&O

Das Web-Switching [16] ist notwendig, weil der Transport von IP-Paketen mit SDSH-spezifischen Daten innerhalb des Internets auf Grundlage des verbindungsorientierten Transportprotokolls TCP (*Transmission Control Protocol*) erfolgt.

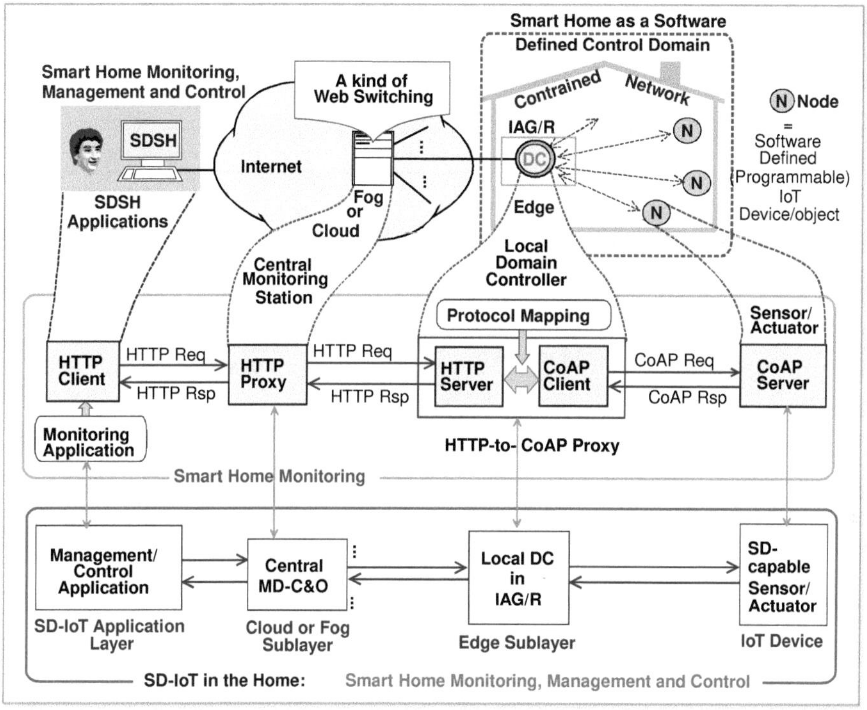

Abb. 7.4-1: Beispiel für eine Realisierung der Idee von *Software Defined Smart Home* (SDSH)

CoAP: Constrained Application Protocol, DC: Domain Controller, HTTP: Hypertext Transfer Protocol, IAG/R: Internet Access Gateway/Router, MD-C&O: Multi Domain Controller & Orchestrator, Rep: Response, Req: Request

Dabei müssen zwei virtuelle TCP-Verbindungen aufgebaut werden, und zwar eine vom HTTP-Client mit einer SDSH-Applikation zum Central MD-C&O und eine andere vom Central MD-C&O zum Local Domain Controller im Smart Home. Hierzu sei angemerkt, dass für den Transport IoT-spezifischer Daten im Smart Home das IoT-spezifische verbindungslose Transportprotokoll namens CoAP (*Constrained Application Protocol*) verwendet wird (siehe Kapitel CoAP in [68]).

Web-Switching

Um zwischen der SDSH-Applikation und dem Domain Controller im Smart Home SDSH-spezifische Daten in beide Richtungen übermitteln zu können, müssen die beiden TCP-Verbindungen – also die zwischen dem HTTP-Client und dem MD-C&O und die zwischen dem MD-C&O und dem Domain Controller im Smart Home – auf eine besondere Art logisch verbunden/zusammengeschaltet werden. Die Realisierung einer logischen Zusammenschaltung von zwei TCP-Verbindungen wird als *Web-Switching* bezeichnet [16].

7.4.2 Software Defined City Park System

In zukünftigen Smart Cities können auf dem SD-IoT basierende intelligente Systemlösungen für Parksysteme realisiert werden. Abb. 7.4-2 illustriert, wie sich ein *Smart*

City Parking System (SCPS) als ein regionales SD-IoT-System realisieren lässt. In der hier präsentierten Systemlösung werden die Domain Controller einzelner Stadtteile (City Districts) auf dem Fog Sublayer im Multilayer-Modell des IoT platziert und der MD-C&O auf dem Cloud Sublayer untergebracht.

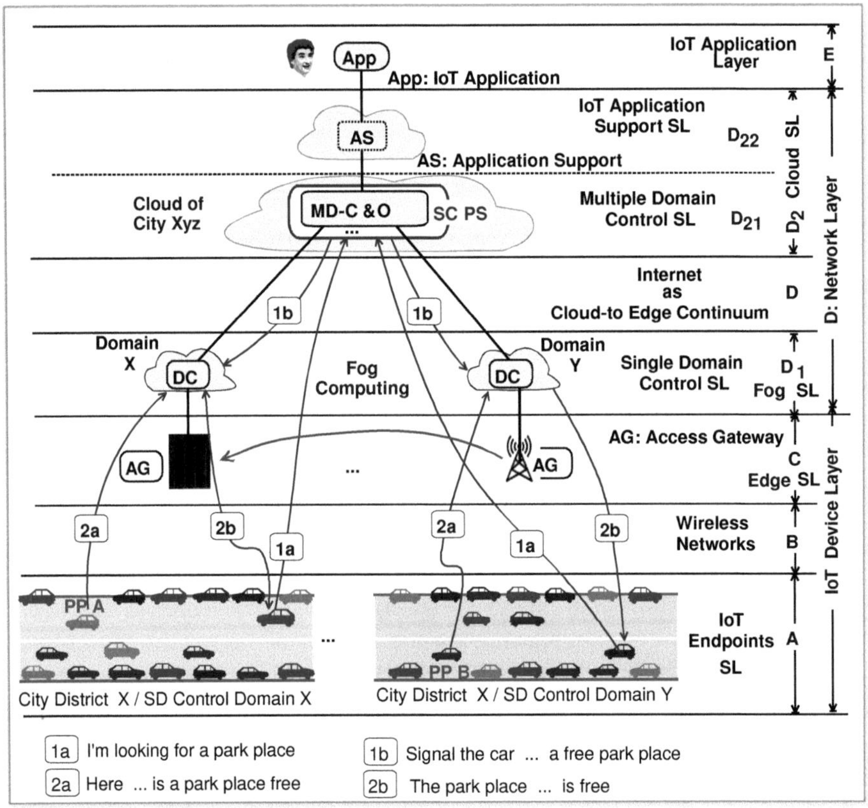

Abb. 7.4-2: Smart City Parking System als ein regionales SD-IoT-System

CD: Control Domain, DC: Domain Controller, MD-C/O: Multi Domain Controller/Orchestrator, SL: Sublayer

Das SCPS in Abb. 7.4-2 ist wie folgt zu realisieren: In der Stadt Xyz werden Parkbuchten, so wie in Städten üblich, entlang von Straßen eingerichtet. Alle in der Stadt fahrenden Autos bilden einen Schwarm, der von einer in der städtischen Cloud installierten SCPS-Koordinationssoftware – als Funktionskomponente im MD-C&O – kontrolliert wird.

Hinzu kommen mehrere mit der Cloud verbundene Fog Nodes mit DCs. Jeder von ihnen ist für die Erfassung und Vergabe freier Parkbuchten in nur einem Stadtteil verantwortlich. Alle DCs in städtischen Fog Nodes kooperieren mit dem MD-C&O in der SCPS-Cloud.

SCPS-Idee kurz zusammengefasst

Die Idee des in Abb. 7.4-2 präsentierten SCPS – als Beispiel für ein regionales SD-IoT-System – kann zu den folgenden zwei Schritten zusammengefasst werden:

1. Von einem im Umkreis der City `Xyz` fahrenden Auto wird zuerst auf der Karte das Symbol City `Xyz` aktiviert. Daraufhin erscheinen auf dem Bildschirm des Bordcomputers alle möglichen 'Smart City `Xyz` Services'. Die Betätigung des Symbols 'Smart Park' führt dazu, dass an die Cloud der City `Xyz` die Nachricht Request – z.B. HTTP Request – mit dem entsprechenden URN (*Universal Resource Name*) vom Typ `URN:city:park` und der Geoposition des Fahrzeuges gesendet wird. Hierbei muss die Adresse des MD-C&O in der Cloud auf eine spezielle Weise mit dem Symbol City `Xyz` auf der Karte verknüpft werden.

2. Im Response von der Cloud erhält der Bordcomputer im Auto die Geoposition des bestgeeigneten Parkplatzes sowie die Adresse des zuständigen Fog Node mit dem lokalen DC, welches der automatischen Konfigurierung des Navigationssystems im fahrenden und den Parkplatz suchenden Autos dient. Von dieser Cloud können im Auto außerdem weitere, für das Parken relevante visuelle und zeitkritische Informationen empfangen werden.

Schwarmintelligenz im SCPS

Im Hinblick auf die in Abb. 7.4-2 präsentierte SD-IoT-Systemlösung für SCPS sei hervorgehoben, dass hier alle Fahrzeuge mithilfe von Fog Computing und Cloud Computing nach dem Prinzip *Alle für jeden und jeder für alle* an der Suche nach dem Parkplatz mitwirken[2]. Daher wird in der hier vorgestellten Systemlösung eine Art Schwarmintelligenz (*Swarm Intelligence*) realisiert.

7.4.3 Proxy-basierte IoT-Services

Allgemein betrachtet könnte man sich das IoT als eine Vernetzung verschiedener Dinge unseres alltäglichen Lebens untereinander und ihre Integration in das herkömmliche Internet vorstellen. Daraus geht hervor, dass einige IoT-Services realisiert werden können, indem im herkömmlichen Internet eine spezielle Art der Vertretung von IoT-Devices als sog. *Proxies* installiert wird.

IoT-Device Proxy als virtual IoT-Device

Da Proxies im Grunde eine 'virtuelle Form' diverser IoT-Devices/Objekte darstellen, kann in diesem Fall auch von *IoT-Device Proxy* bzw. *IoT-Object Proxy* gesprochen werden. Ein IoT-Device Proxy könnte als virtuelles IoT-Device angesehen werden. Mithilfe dieser IoT-Device Proxies lassen sich verschiedene Proxy-basierte IoT-Services erbringen.

Abb. 7.4-3 illustriert das allgemeine Konzept der IoT-Services. Im Weiteren (siehe Abb. 7.4-4) wird außerdem gezeigt, dass die hier gezeigte Idee Proxy-basierter IoT-Services die Realisierung *virtualisierter SD-IoT Services* ermöglichen kann.

Service-spezifische IoT-Proxies

Wie aus Abb. 7.4-3 ersichtlich ist, können die Proxies mehrerer, zu verschiedenen WSANs gehörender Sensoren und Aktuatoren als eine Art '*virtual IoT-Devices*' verstanden und ihrer Funktionalität nach so gruppiert werden, dass jede Gruppe von 'virtual IoT-Devices' einen servicespezifischen IoT-Proxy für einen speziellen IoT-Service/Dienst darstellt.

IoT-Proxy für Feuerwehrdienste

So können beispielsweise die Proxies von Feuermeldesensoren aus allen WSANs z.B. in einer Stadt als '*virtuelle Feuermeldesensoren*' in einem IoT-Proxy-System im

[2] Dieses Prinzip liegt der Idee der *Schwarmintelligenz* zugrunde – und ist der Schweizerischen Verfassung verankert.

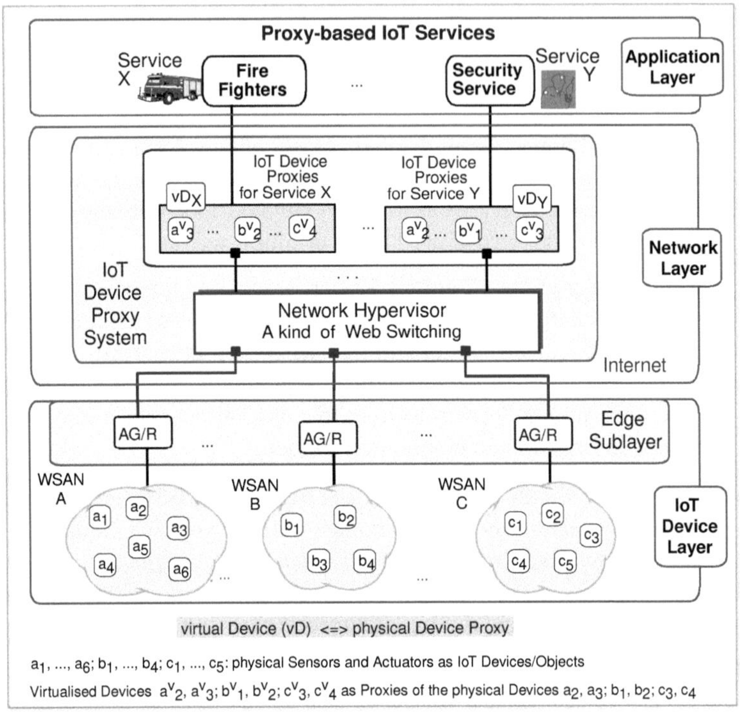

Abb. 7.4-3: Die grundlegende Idee der Realisierung Proxy-basierter, virtualisierter IoT-Services

AG/R : Access Gateway/Router, vDk: virtual Devices für die IoT-Service `k` (`k = X,Y`)

Internet installiert und entsprechend über das Internet an die örtlichen Feuermeldestellen der Feuerwehr angebunden werden.

Um einen schnellen Einsatz der Feuerwehr zu ermöglichen, können virtuelle Feuermeldesensoren sogar drahtlos so mit Feuerwehrwagen verbunden werden, dass die GPS-Koordinaten von Notfallstellen direkt den dahin fahrenden Fahrzeugen übermittelt werden.

Der Vorteil solcher Proxy-basierter IoT-Feuerwehrdienste ist natürlich eine frühe Signalisierung von Bränden und dadurch gesteigerte Rettungschancen.

IoT-Proxy für Sicherheitsdienste

Auf eine ähnliche Art und Weise wie bei den Feuerwehrdiensten können die Proxies aller in einem Ort installierten Sicherheitssensoren zu einem *IoT Security Proxy* gruppiert werden. Dieser kann daraufhin in einem städtischen IoT-Proxy-System im Internet installiert werden. Dies ermöglicht eine intelligente Konzeption verschiedener Sicherheitsdienste (z.B. Einbruchmeldung, Brandwarnung etc.).

7.4.4 Bedeutung des Network Hypervisor im IoT-Proxy-System

Wie aus Abb. 7.4-3 hervorgeht, wird im IoT-Proxy-System innerhalb des Internets eine spezielle, als Network Hypervisor bezeichnete funktionale Komponente benötigt. Die wesentliche Aufgabe des *Network Hypervisors* besteht in der logischen Verknüpfung physikalischer Devices in WSANs mit ihren Proxies, also ihren virtuellen Nachbildungen im IoT-Device-Proxy-System.

Da zur Übermittlung IoT-spezifischer Daten innerhalb des Internets das Web-Protokoll HTTP (*Hypertext Transfer Protocol*) eingesetzt wird und beim HTTP das verbindungsorientierte Transportprotokoll TCP zum Einsatz kommt, besteht die wesentliche Aufgabe des Network Hypervisors in der Realisierung von Web-Switching [16].

Unter Einsatz von Web-Switching lassen sich zwei seriell verlaufende TCP-Verbindungen, zum Beispiel eine erste TCP-Verbindung zwischen den IP-Adressen `A` und `B` und eine zweite zwischen den IP-Adressen `C` und `D`, seriell so miteinander verbinden, dass die Daten nach dem Protokoll HTTP zwischen den IP-Adressen `A` und `D` über diese zwei TCP-Verbindungen transportiert werden können.

7.4.5 Proxy-basierte SD-IoT-Architektur

Aus der in Abb. 7.4-3 gezeigten Idee der Realisierung von Proxy-basierten IoT-Services kann die in Abb. 7.4-4 dargestellte Proxy-basierte SD-IoT-Architektur abgeleitet werden. Vergleicht man nämlich die in Abb. 7.2-3 gezeigte einfache hierarchische Architektur von SDN mit dem auf Abb. 7.4-3 dargestellten IoT-Device-Proxy-System, erkennt man direkt, dass die hierarchische Architektur von SDN zur Steuerung von IoT-Device Proxies zwecks der Bereitstellung verschiedener Proxy-basierter und virtualisierter IoT-Services übernommen werden kann.

Virtualisierte SD-IoT-Services

Die in Abb. 7.4-4 illustrierten Proxy-basierten und virtualisierten IoT-Services können auch als *virtualisierte SD-IoT-Services* angesehen werden. Um sie dynamisch an den aktuellen Bedarf anzupassen, kann die in Abb. 7.2-3 gezeigte hierarchische Architektur von SDN zur Steuerung und für das Management von IoT-Proxy-Systemen im Internet zum Einsatz kommen. Solch eine Systemlösung wurde in Abb. 7.4-4 im Teil 'Control & Orchestration (C&O) of vSD-IoT Services' veranschaulicht. Sie erlaubt eine flexible, software-definierte Gestaltung verschiedener virtualisierter SD-IoT-Services.

Im Hinblick auf die in Abb. 7.4-3 gezeigte Proxy-basierte SD-IoT-Architektur sei bemerkt, dass zwischen zwei grundlegenden Ausführungsarten von SD-IoT-Services unterschieden werden muss – und zwar abhängig davon, wie die Zustände von IoT-Devices in WSANs kontrolliert bzw. eingestellt werden können. Wie aus Abb. 7.4-4 hervorgeht, handelt es sich dabei um:

- SD-IoT-Services mit einer direkten Kontrolle von IoT-Devices,

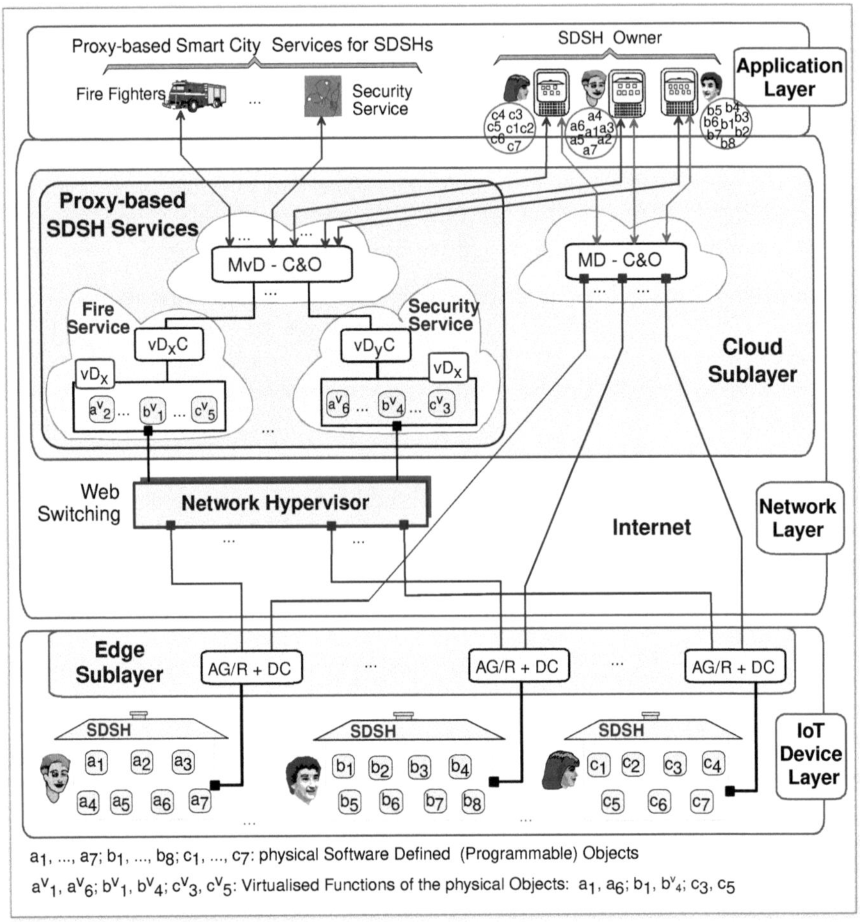

Abb. 7.4-4: Proxy-basierte SD-IoT-Architektur zur Realisierung von SD-IoT-Services
AG/R + DC: Access Gateway/Router mit DC, DC: Domain Controller, MD: Multi-Domains, C&O: Controller & Orchestrator, vD: virtual Domain, vDC: virtual Domain Controller, MvD: Multi virtual Domains

- SD-IoT-Services mit einer indirekten Kontrolle, d.h. mit einer IoT-Proxy-basierten Kontrolle als Proxy-based SDSH-Service (vgl. Abb. 7.4-4).

SD-IoT-Services mit einer direkten Kontrolle von IoT-Devices

Auf Grundlage von SD-IoT-Services und einer direkten Kontrolle von IoT-Devices kann zum Beispiel die in Abb. 7.4-1 gezeigte Idee von SDSH (*Software Defined Smart Home*) realisiert werden. Der Besitzer eines SDSH kann direkt über das Internet auf alle Sensoren und Aktuatoren in seinem Haus zugreifen, um beispielsweise die aktuelle Temperatur in Gebäudezimmern zu kontrollieren. Durch einen direkten Zugriff lassen sich die aktuellen Zustände von Sensoren abfragen bzw. die Aktuatoren zu Hause den aktuellen Anforderungen entsprechend ansteuern oder konfigurieren.

SD-IoT-Services mit einer indirekten Kontrolle von IoT-Devices

SD-IoT-Services mit einer indirekten Kontrolle von IoT-Devices charakterisieren sich dadurch, dass in einer Cloud im Internet eine besondere, hier als Proxy bezeichnete bzw. auch als *virtuelle IoT-Devices* interpretierte Vertretungsart von IoT-Devices installiert wird. Solche virtuellen IoT-Devices können je nach ihrer Funktion z.B. an diverse Überwachungsstellen innerhalb einer Stadt angebunden werden.

So können verschiedene intelligente SD-IoT-Services in Smart Cities realisiert werden. Dabei können die Zustände einiger Sensoren und Aktuatoren über ihre Proxies beispielsweise innerhalb eines im Internet installierten, SD-IoT-fähigen städtischen Überwachungssystems abgerufen werden.

Mithilfe von Systemlösungen, die auf der in Abb. 7.4-4 gezeigten Idee basieren, lassen sich verschiedene SD-IoT-Services in modernen *Software Defined Smart Homes* (SDSHs) realisieren. Die in Abb. 7.4-3 zum Ausdruck gebrachten Feuerwehrdienste und Sicherheitsdienste sind nur zwei Beispiele für intelligente Services in Smart Cities (siehe [29]).

7.4.6 Besonderheiten von SDSHs

SDSHs, also moderne intelligente Häuser, werden immer häufiger mit umfangreicher Sensorik und Steuerungsmöglichkeiten in Form von SD-fähigen, also intelligenten und programmierbaren IoT-Devices ausgestattet. Auf diese Weise werden die Grundlagen geschaffen, in Smart Cities auf der Basis von SD-IoT verschiedene intelligente Sicherheitssysteme einzurichten. Sicherheitssysteme für SDSHs können zur Überwachung des Geschehens in und um SDSHs herum verschiedene Sensoren zielgerichtet zu einem System integrieren – hierzu gehören insbesondere:

- Glasbruchsensoren, um zu erfassen ob sich jemand an Türen oder Fenstern zu schaffen macht (und dies gegebenenfalls zu melden), und
- Rauch- und Feuchtigkeitsmelder, um zu signalisieren, wenn sich ein Feuer oder Wasser in einem Gebäude ausbreitet.

Um SDSHs auch dann vor unerwünschten Ereignissen zu schützen, wenn ihre Besitzer sich – beispielsweise während des Urlaubs – außerhalb des Landes aufhalten, können die Alarmanlagen von SDSHs über das Internet an spezielle hierfür eingerichtete städtische Zentralen – die als eine Art *Security Offices* fungieren – angebunden werden. Es bietet sich an, solche Security Offices direkt an den Stellen einzurichten, die für die Gebäudeversicherung zuständig sind. Dort könnte man eine virtuelle Vertretung entsprechender Sensoren und Aktuatoren aus SDSHs in Form von ihren Proxies etablieren (vgl. Abb. 7.4-3 und Abb. 7.4-4).

7.4.7 Proxy-basierte SDSH City Service

Das allgemeine technische Konzept für die Verwirklichung einer über das Internet realisierten Fernüberwachung von SDSHs illustriert Abb. 7.4-5.

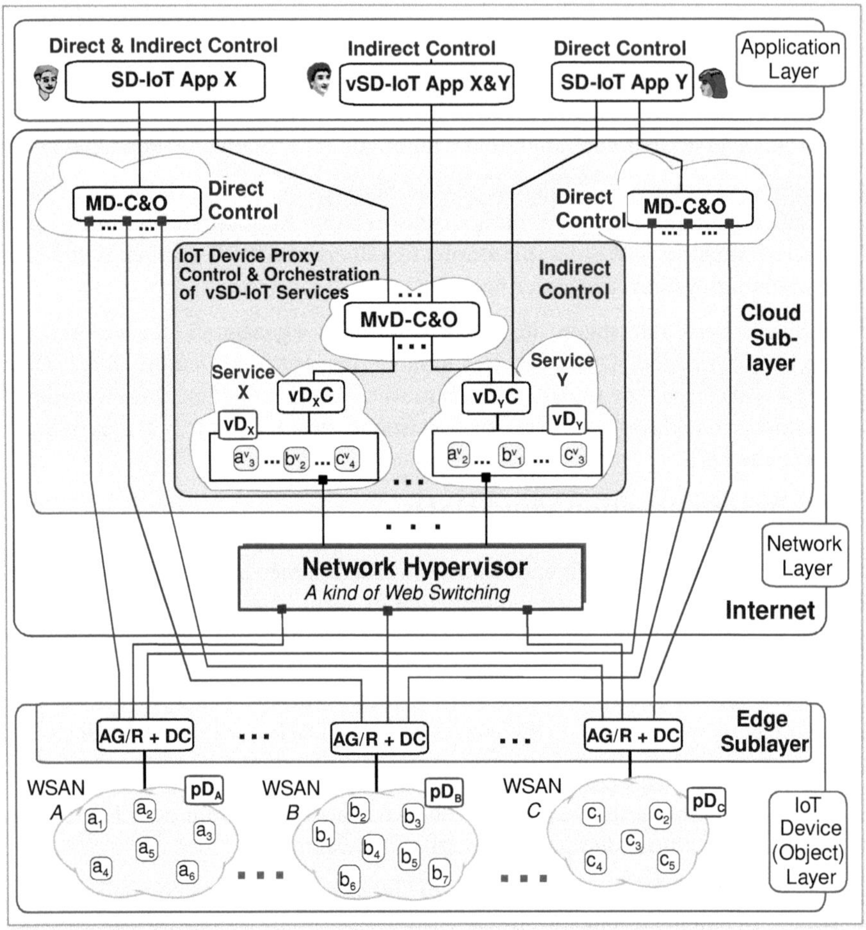

Abb. 7.4-5: Logische Architektur von SDSH City Services mit einer Proxy-basierten Kontrolle von IoT-Devices

$a_1, \cdots, a_6; b_1, \cdots, b_7; c_1, \cdots, c_5$: Software Defined (programmierbare) physische Devices, $a_1^\nu, a_6^\nu, b_1^\nu, b_4^\nu, c_3^\nu, c_5^\nu$: Virtualised Functions der physischen Objekte $a_1, a_6; b_1, b_4; c_3, c_5$, AG/R + DC: Access Gateway/Router mit Domain Controller, MD: Multi-Domain, C&O: Controller und Orchestrator

Das Konzept des in Abb. 7.4-5 gezeigten Systems für SDSH Services mit einer Proxy-basierten Kontrolle von IoT-Devices kann zu folgenden Punkten zusammengefasst werden:

- Das System für Proxy-basierte SDSH Services stellt ein hierarchisches vSD-System (vSD: *virtual Software Defined*) dar, in dem für die einzelnen Arten von Services (Fire Service, Security Service, ...) mehrere servicespezifische virtual Domains (vDs) enthalten sind.

- In jeder vD wird ein Service-spezifischer Controller (z.B. vD_xC für den Service X) installiert. Durch diesen können bestimmte Services (z.B. Feuerwehrdienste) zielgerichteter realisiert, gesteuert und konfiguriert werden.
- Proxies von IoT-Devices zur Realisierung einer Service-Art, die als virtuelle IoT-Devices angesehen werden können, bilden eine virtuelle Service-spezifische Domain gemäß dem Konzept von SDN (*Software Defined Networking*).
- Die Controller einzelner virtueller Service-spezifischer Domains werden durch einen übergeordneten 'Multi virtual Domain – Controller & Orchestrator' (MvD-C&O) kontrolliert und orchestriert/koordiniert.

Wie aus Abb. 7.4-5 hervorgeht, können SDSH Services mit direkter Kontrolle von IoT-Devices, d.h. SDHS Services, die keine Proxies von IoT-Devices nutzen müssen, quasi parallel zu SDHS Services mit Proxy-basierter Kontrolle von IoT-Devices realisiert werden. Für weitere Informationen über SDHS sei verwiesen auf [94].

7.4.8 vSD-IoT versus Server mit VMs

Wie bereits im Zusammenhang mit Abb. 7.1-1 erwähnt wurde, besteht eine wichtige Besonderheit von SD-IoT darin, dass seine technische Konzeption stark von den beiden technologischen Trends NFV (*Network Function Virtualisation*) und SDN (*Software Defined Networking*) beeinflusst ist. Der Einsatz von NFV im SD-IoT führt insbesondere dazu, dass sowohl IoT-Devices als auch andere Funktionsmodule im IoT als VNFs (*Virtual Network Functions*) realisiert werden.

SD-IoT virtual Domains als IoT Slices

Abb. 7.4-6 zeigt die Auswirkung der beiden Trends NFV und SDN auf die logische Struktur von SD-IoT. Dabei wird verdeutlicht, dass die verteilte logische Struktur von vSD-IoT (*virtual Software-Defined IoT*) weitgehend der logischen Strukturierung eines physischen Servers mit mehreren, als VMs (*Virtual Machines*) bezeichneten, virtuellen Rechnern entspricht.

Von großer Wichtigkeit ist dabei die Feststellung, dass vSD-IoT Service Domains weitgehend mit virtuellen Rechnern im physischen Server vergleichbar sind. Es sei daran erinnert, dass SD-IoT Service Domains als virtuelle IoT-Teile, bzw. als eine Art virtueller IoT-Scheiben (auch *IoT Slices* genannt) betrachtet werden können.

Vergleicht man die beiden in Abb. 7.4-6 gezeigten logischen Architekturen – die eines physischen Servers mit virtualisierten Rechnern (mit VMs also) und die des IoT mit vSD-IoT Service Domains –, springen folgende Entsprechungen ins Auge:

- Die Netzadapterkarten (NICs) im physischen Server entsprechen dem IoT Device Sublayer, also der *Physical Data Plane* bei SDN (vgl. Abb. 6.1-1).
- Das Operating System (Betriebssystem) des Servers mit *Hypervisor*, in dem ein Virtual Switch realisiert wird, entspricht dem *Network Hypervisor* bei vSD-IoT.
- Die virtuellen Netzadapterkarten (NICs) von VMs im physischen Server entsprechen den virtuellen IoT Device Slices mit Proxies von IoT-Devices, d.h. ihren virtuellen Nachbildungen, die auf der Grundlage physischer IoT-Devices eingerichtet wurden.

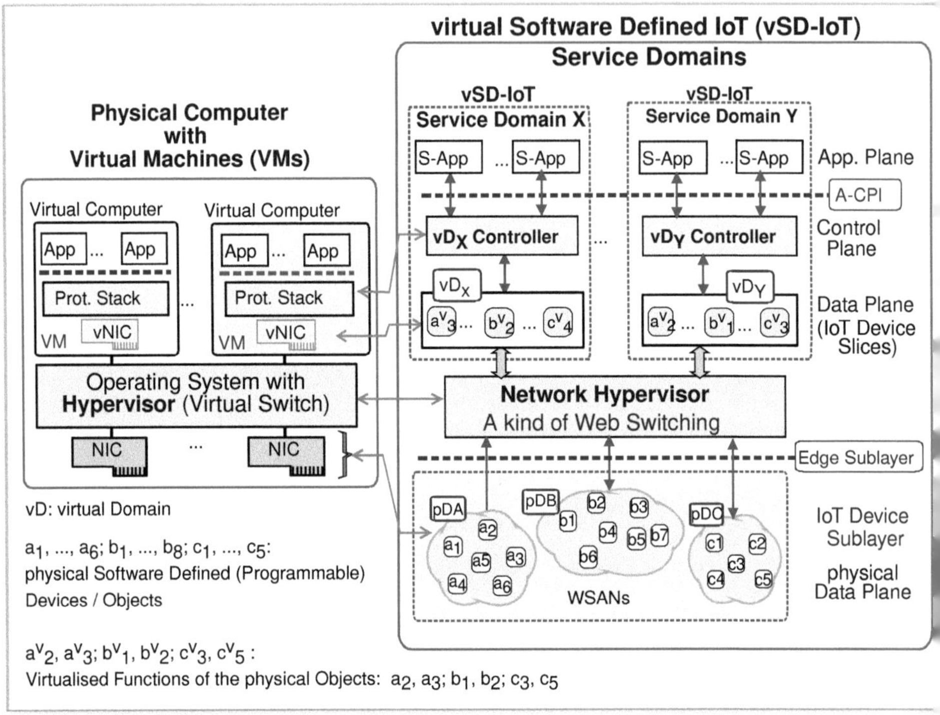

Abb. 7.4-6: Gegenüberstellung der logischen Strukturen eines Servers mit virtuellen Rechnern und des Virtual Software Defined IoT (vSD-IoT) Service Domains

A-CPI: Application-Controller Plane Interface, D-CPI: Data-Control Plane Interface, DP: Data Plane, Prot.-Stack: Protocol Stack, vNIC: virtual Network Interface Controller

- Die Protocol Stacks einzelner virtueller Rechner im physischen Server entsprechen den *virtual Domain* (vD) Controllern einzelner virtueller IoT-Slices, die zur Control Plane gehören.
- Die Applikationen einzelner VMs im physischen Server entsprechen den Applikationen einzelner virtueller IoT-Slices, von denen entsprechende Steuerungsvorgaben an vD Controller übermittelt werden. Die Applikationen aller vSD-IoT Service Domains bilden eine *Application Plane.*

7.5 Entwicklungsstadien des IoT

Zu Beginn der Präsentation des technischen Konzepts von SD-IoT wurde darauf hingewiesen, dass die allgemeine Idee von SD-IoT als eine besondere Integration der grundlegenden Ideen von IoT, NFV und SDN angesehen werden kann [Abb. 7.1-1].

Während dieser Integration haben sich zwei Entwicklungsstadien von IoT herauskristallisiert, nämlich SD-IoT und vSD-IoT. Abb. 7.5-1 illustriert dies näher.

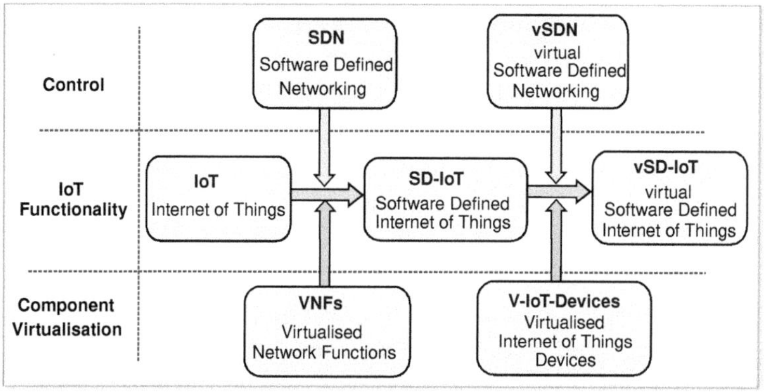

Abb. 7.5-1: Treibende Kräfte bei der Entwicklung von IoT sowie dessen Entwicklungsstadien SD-IoT und vSD-IoT

Abb. 7.5-1 verweist darauf, dass zwei treibende Kräfte der Weiterentwicklung des IoT hervorzuheben sind. Diese sind:

- **Component Virtualisation**, d.h. die Art und Weise der Virtualisierung von IoT-Systemkomponenten, und
- **Control** als Prinzip der Steuerung, Konfiguration und Orchestrierung der IoT-Systemkomponenten.

Die in Abb.7.5-1 zum Ausdruck gebrachten Entwicklungsstadien des IoT lassen sich kurz wie folgt charakterisieren:

Entwicklungsstadien des IoT

1. Die Nutzung der Konzepte von SDN und NFV führt zunächst zur Entstehung von SD-IoT.
2. Dank der Virtualisierung von IoT-Devices, ihrer Installation im Internet in Form von IoT-Device Proxies und der darauf basierenden Bildung von virtual Domains im Internet nach dem SDN-Prinzip kann nun vSD-IoT verwirklicht werden.

7.6 Schlussbemerkungen

Unsere Netzwerkwelt war bisher klar strukturiert. Hardware und Software sowie Netzwerkinfrastruktur und ihre Anwendungen waren logisch voneinander getrennt. Diese logische Trennung innerhalb der Netzwerkwelt wird bald überholt sein, denn das neue Paradigma ist *Software Defined Everything* (SDx), d.h. Software definiert alles.

Das SD-IoT ist nur ein Beispiel für SDx und kann als sehr bedeutende Weiterentwicklung des IoT angesehen werden. Die Idee von SD-IoT wird mit Sicherheit zukünftig umfassend eingesetzt werden. Abschließend sei Folgendes hervorgehoben:

Paradigma SDx in der IoT-Familie

Das Spektrum der Einsatzmöglichkeiten von IoT ist so groß, dass zwischen diversen Arten des IoT zu unterscheiden ist. Es kann in diesem Zusammenhang sogar von der IoT-Familie gesprochen werden. SDx führt dazu, dass die Mitglieder der IoT-Familie software-definiert werden, wie z.B.:

SD-IoV

- **Software Defined Internet of Vehicles**:
  Auf dem Weg zum angestrebten autonomen Fahren entsteht mit dem *Internet of Vehicles* (IoV) eine Variante des IoT. Infolge von SDx entsteht SD-IoV ([1], [39]).

SD-EI

- **Software Defined Energy Internet**:
  Von großer Bedeutung ist der Einsatz des IoT im Energiesektor, wo das *Energy Internet* (IE) zur Effizienzsteigerung von der Stromerzeugung dienenden Infrastrukturen beitragen soll. SDx führt zur Entstehung des SD-EI – auf Deutsch des Software-definierten Internets der Energie.

SD-IIoT

- **Software Defined Industrial Internet of Things**:
  Das SD-IoT wird von enormer Bedeutung für die Industrie sein, denn mittels seiner Funktionen – insbesondere der Nutzung von Sensordaten und der M2M-Kommunikation – kann die Effizienz von Maschinen und Automaten verbessert werden (siehe [1], [39]).

SD-IoT Programmability

Zukünftig wird bei SD-IoT das Konzept SRv6-NP *(IPv6 Segment Routing/Network Programming*) eine sehr wichtige Rolle spielen. In einem Netz mit SRv6-NP können zahlreiche VNFs als eine Art Softwaremodul in Netzknoten installiert und von Endsystemen am Netz aufgerufen werden.

Dadurch kann jede auf diese Weise fernaufrufbare VNF nach dem klassischen Prinzip von *Remote Procedure Call* erreichbar sein und somit ausgeführt werden. Der Einsatz von SRv6-NP im SD-IoT eignet sich ideal zur Unterstützung der Mobilität diverser Objekte im IoT und der '*SD-IoT Programmability*', was wiederum die Einrichtung von '*Programmable SD-IoT Services*' ermöglicht (siehe SRv6-NP in [75]). Als Folge einer immer größeren Vielzahl möglicher bösartiger Angriffe, die auf das IoT vorgenommen werden können, ist zu hoffen, dass wir zukünftig in Bezug auf die denkbaren SD-Anwendungen von 'SD-Everything' und nicht von 'SD-Everythreat' sprechen werden.

8 SD-WAN – Software Defined Wide Area Network

Die Virtualisierung von Rechnern und Nutzung virtueller Rechner zur Bereitstellung diverser netzspezifischer Funktionen, sog. *Virtual Network Functions* (VNFs), verändert die Netzwelt. So hat die weitere Entwicklung der Netztechnologien zu einem neuen Megatrend namens *Software Defined Networking* (SDN) geführt. Wie in Kapitel 6 dargestellt, liegt diesem ein sehr allgemeines Steuerungsmodell zugrunde, das den Aufbau beliebig verteilter, hierarchisch organisierter vernetzter Systeme ermöglicht. Beim Einsatz von SDN zur Bereitstellung flexibler und programmierbarer Netzdienste auf der Grundlage von *Wide Area Networks* (WANs) spricht man von SD-WAN.

Was ist ein SD-WAN?

Sehr allgemein betrachtet, kann SD-WAN als eine spezifische Nutzung der Prinzipien von SDN zur Konzeption und flexiblen Gestaltung von WAN-Diensten angesehen werden. Sie ermöglicht die Zusammenführung (Integration) der auf mehrere Unternehmensstandorte verteilten lokalen Netze. Dafür kommen verschiedene WAN-Typen in Betracht. Über sie werden virtuelle Verbindungen in Form spezieller Tunnel zwischen den beteiligten lokalen Netzen eingerichtet und gegen bösartige Angriffe abgesichert. Zum Aufbau einer solchen SD-WAN-basierten Vernetzungslösung müssen in den involvierten Standorten einige Netzkomponenten (u.a. Router, Gateways) um eine SD-spezifische Funktionalität erweitert werden.

Cloud als 'Standort' für Management und Kontrolle

Eine möglichst flexible Anpassung der so entstandenen SD-WANs an aktuelle und künftige Anforderungen verlangt den Einsatz spezieller SDN-Controller. Sie werden in einer Cloud untergebracht, wo die benötigten netzspezifischen Funktionen in kurzer Zeit zur Verfügung gestellt werden können. Zu diesen Funktionen gehört z.B. die Bündelung virtueller, durch einen Tunnel verlaufender Verbindungen oder eine Umleitung des Datenverkehrs bei Ausfall oder bei Überlastung eines Tunnels.

In dieser Netzkonfiguration fungiert die Cloud als eine Art Zentrale für das Management und die Kontrolle von im SD-WAN realisierten Netzfunktionen – ein bedeutsames Charakteristikum eines jeden SD-WAN. Diese zentrale Netzinstanz erlaubt im Bedarfsfall eine rasche Neukonfiguration der vom SD-WAN erbrachten Netzdienste. Dies trägt wiederum dazu bei, dass die Ausfallsicherheit (*Network Reliability*) jedes standortübergreifenden SD-WAN und folglich auch die Verfügbarkeit seiner Dienste (*Service Availability*) auf einem hohen Niveau garantiert werden können.

Inhalt dieses Kapitels

Der Aufbau dieses Kapitels ist wie folgt:

- Zunächst wird auf die funktionalen Anforderungen an WANs sowie auf klassische Systemlösungen zur Bereitstellung von WAN-Diensten eingegangen.
- Danach wird die zur Entstehung von SD-WANs führende Idee vorgestellt und darauf basierend die allgemeine logische Struktur von SD-WANs sowie ihre Adaptionsfähigkeit an neue Systemanforderungen erläutert.

- Den nächsten Schwerpunkt bildet die Integration des *Locator/ID Separation Protocol* (LISP) in eine SD-WAN-Umgebung. Dabei werden die zur Realisierung der LISP-spezifischen Control Plane in SD-WANs führenden Ideen vorgestellt.
- Weiterhin greift dieses Kapitel den Einsatz des Protokolls IPsec (*IP Security*) zur Sicherung der Datenkommunikation in SD-WANs auf.
- Eine kurze Zusammenfassung und abschließende Bemerkungen runden das Kapitel ab.

8.1 Funktionale Anforderungen an ein WAN

Hinter SD-WAN steht in erster Linie das Ziel, den stetig steigenden Anforderungen an das sich über mehrere Unternehmensstandorte erstreckende WAN gerecht zu werden. Das folgende Bild veranschaulicht, um welche Arten von Anforderungen es sich dabei handelt.

Anmerkung

> An dieser Stelle sei hervorgehoben, dass die hier gezeigten SD-WAN-Systemlösungen sehr universell angelegt sind. Sie erlauben die Bereitstellung von WAN-Diensten für Unternehmen und Organisationen jeder Art, die über mehrere Standorte verfügen. In der Fachliteratur zum Thema Networking hat sich der Begriff Unternehmensnetz (Enterprise Network) etabliert. Aus diesem Grund und der Einfachheit halber wird deshalb im Weiteren nur von Unternehmensnetzen gesprochen.

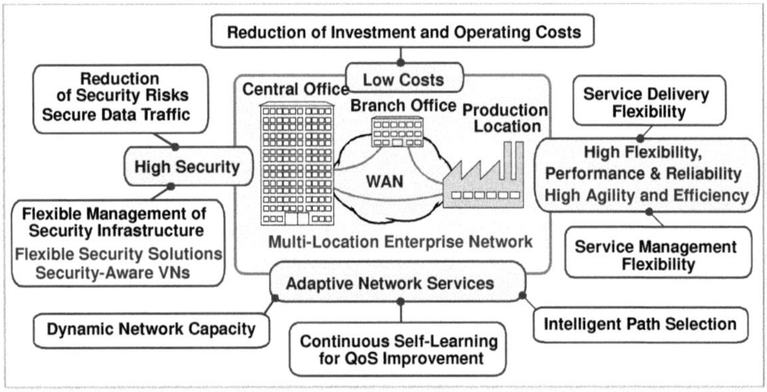

Abb. 8.1-1: Typische Anforderungen an ein WAN in Unternehmen mit mehreren Standorten

QoS: Quality of Service, VN: Virtual Network

Low Costs

Mit der Nutzung von WAN-Diensten in räumlich verteilten Unternehmen sind hauptsächlich zwei Kategorien von Kommunikationskosten verbunden: Investitionskosten (CapEx: *Capital Expenditure*) für die Beschaffung notwendiger Systemkomponenten und laufende Betriebskosten (OpEx: *Operating Expenditure*).

Low Costs

Hier bietet das SD-WAN einen erfolgversprechenden Ansatz zur Kostenreduzierung. Er beruht darauf, das die beim Anbieter von WAN-Diensten eingesetzten

Netzressourcen bei einer SD-WAN-Lösung weitaus effizienter und flexibler ausgelastet werden können.

High Flexibility, Performance & Reliability

Das Konzept des SD-WAN ermöglicht eine derartige Bündelung aller Typen von Weitverkehrsnetzen – einschließlich MPLS-Netzen (*Multiprotocol Label Switching Networks*) – sowie des Internets und der Mobilfunknetzen der Generationen 4G, 5G und 6G, dass sie zusammen eine gemeinsame 'heterogene Netzressource' bilden, eine Art 'Network-Pool' also [Abb. 8.1-4]. Dies erlaubt eine sehr flexible individuelle Gestaltung des SD-WAN, verbunden mit der Chance, die Leistungsfähigkeit des Netzes insgesamt (*Performance*) und die Zuverlässigkeit (*Reliability*) der Ende-zu-Ende-Verbindungen im SD-WAN zu verbessern. So gelten 'hohe Flexibilität, Performance & Zuverlässigkeit' gemeinhin als anerkannte Entscheidungskriterien für die Nutzung der SD-WAN-Technologie.

Adaptive Network Services

Seit Langem wird versucht, zentrale Systemkomponenten im Kernbereich des WAN zu einer automatischen und in Echtzeit realisierten fortlaufenden Anpassung an diverse Änderungen innerhalb der angeschlossenen Netze zu befähigen. Das heißt, dass diese Systemkomponenten servicerelevante, als *Quality of Service Parameters* (QoS-Parameters) bezeichnete Kenngrößen autark und kontinuierlich bewerten werden sollen, um in der Lage zu sein, sich im Sinne der gesetzten QoS-Parameter möglichst optimal an aktuelle 'Bedingungen im Netz' anpassen zu können.

Dies verlangt *adaptive Fähigkeiten* von den entscheidenden Systemkomponenten im SD-WAN. Sie sollen idealerweise fähig sein, selbst zu lernen, und als intelligente Systeme funktionieren, um QoS-Parameter bei veränderten Bedingungen verbessern zu können und dadurch zur Erbringung diverser sog. *Adaptive Network Services* beizutragen. Dank dieser Services kann u.a. die variable/dynamische Netzkapazität (*Variable/Dynamic Network Capacity*) besser ausgenutzt und eine intelligente Auswahl von Routen (*Intelligent Path Selection*) für die Datenübermittlung realisiert werden.

High Security

Eine der zentralen Anforderungen an die Datenkommunikation im Allgemeinen wie auch an das SD-WAN im Besonderen ist die Gewährleistung einer hohen Sicherheit während der Datenübermittlung.

Für die Übermittlung von Daten im SD-WAN werden virtuelle Verbindungen in Form spezieller Tunnel realisiert, z.B. in Form von IPsec-Tunneln [Abb. 8.4-1]. Der Verlauf dieser Verbindungen kann schnell geändert werden, wodurch sich die Sicherheitsrisiken während eines Übermittlungsvorgangs reduzieren lassen (*Reduction of Security Risks*).

Einsatz von NFV

Bei der Realisierung von SD-WANs kommt immer häufiger das Konzept der *Network Function Virtualisation* (NFV) zum Einsatz, so dass wichtige Netzfunktionen durch virtuelle Rechner erbracht werden können. Man spricht dabei von *Virtual Network Functions* (VNFs). Dank der Programmierbarkeit von VNFs lässt sich insbesondere die Sicherheit des SD-WAN verbessern. Denn die programmierbaren VNFs erlauben neben ihrer primären Bestimmung ein flexibles Management der umfassenden SD-WAN-Sicherheitsinfrastruktur. Im Ergebnis liegt eine 'Flexible Management of Security Infrastructure' vor.

In diesem Zusammenhang kann auch von sicherheitsbewussten virtuellen Netzen (*Security-Aware Virtual Networks*) gesprochen werden.

8.1.1 Klassische Systemlösung für WAN-Dienste

Eine wichtige Besonderheit klassischer Systemlösungen für die Nutzung von WAN-Diensten ist, dass lokale Netze an verschiedenen Standorten oft über getrennte Netzanschlüsse an verschiedene WAN-Typen wie z.B. wie klassische IP-Netze (insbesondere das Internet), MPLS- bzw. GMPLS-Netze oder 4G-/5G-Mobilfunknetze, separat, also unabhängig voneinander, angebunden werden. Abb. 8.1-2 illustriert eine solche vielseitige Nutzung von WANs.

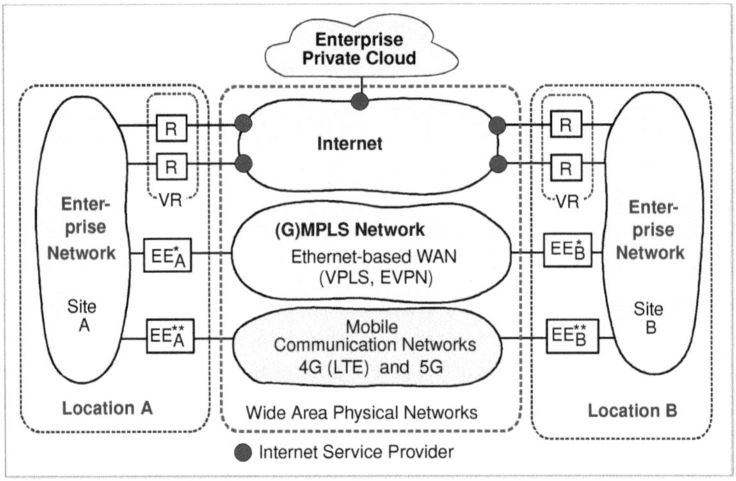

Abb. 8.1-2: Klassische Systemlösung für WAN-Dienste in Unternehmen mit mehreren Standorten; Nachteile der Inhomogenität

EE: Edge Equipment, EVPN: Ethernet Virtual Private Network, G: Generation, (G)MPLS: (Generalized) Multiprotocol Label Switching, R: Router, VPLS: Virtual Private LAN Service, VR: Virtual Router

Spezifika von WLAN-Systemlösungen

Eine Systemlösung für WAN-Dienste mit separaten Netzanschlüssen an verschiedene Arten von WANs hat infolge der funktionalen Isolation der einzelnen WANs gravierende Nachteile.

Diese lassen sich wie folgt charakterisieren:

- *Hohe Kosten und eingeschränkte Flexibilität*
  Durch separate Anbindungen lokaler Netze an verschiedene Arten von WANs sind diese – funktional betrachtet – voneinander isoliert. Die Folge dessen ist, dass sich keine Lastverteilung (*Load Balancing*) realisieren lässt. Das heißt, es ist bei der Datenübermittlung nicht möglich, die Last bei Bedarf spontan, also dynamisch, auf mehrere WANs zu verteilen. In solchen Systemlösungen – wie in Abb. 8.1-2 – können WAN-Dienste nicht flexibel und folglich auch nicht kostengünstig gestaltet werden.
- *Niedrige Zuverlässigkeit und Sicherheit*
  Die getrennte Nutzung verschiedener WAN-Typen kann keine hohe Betriebssi-

cherheit und Zuverlässigkeit der Vernetzung mehrerer Standorte garantieren. Bei einem Ausfall der Vernetzung über ein WAN ist es unmöglich, ein anderes WAN dynamisch (spontan) in Anspruch zu nehmen.

- *Keine adaptiven Netzdienste*
  Die private Cloud eines Unternehmens kann auf eine spezielle Art um spezielle Funktionsmodule zur Überwachung wichtiger Systemkomponenten im Netz erweitert werden.

Dies ermöglicht u.a. die qualitative Bewertung des Verlaufs der Datenübermittlung zwischen mehreren Standorten. Durch eine solche zusätzliche Nutzung von Clouds lässt sich der Datenverkehr über mehrere Typen von WANs z.B. an eine aktuelle Belastung einzelner WANs anpassen. Voraussetzung dafür ist aber die Realisierung adaptiver Netzdienste, und solche sind mithilfe klassischer Systemlösungen für WAN-Dienste nicht realisierbar.

8.1.2 Funktionale Bedeutung des SD-WAN

Das Wesentliche bei der Realisierung eines SD-WAN ist, dass die einzelnen WAN-Typen als die oben beschriebenen 'heterogenen Netzressourcen' angesehen und funktional integriert werden.

SD-WAN Edge Equipment

Diese Sichtweise verlangt, das die einzelnen lokalen Netze an den Unternehmensstandorten nicht mehr separat an die dort vorhandenen WANs angeschlossen, sondern an jedem Standort über eine spezielle, verschiedene WANs integrierende Anschlusskomponente den Zugang zur WAN-Welt erhalten [Abb. 8.1-3]. Eine solche SD-fähige, am Netzrand der in mehreren verschiedenen Arten von WANs eingesetzte Anschlusskomponente wird hier als *SD-WAN Edge Equipment* (SDWEE) bezeichnet. Ihre wichtigsten technischen Besonderheiten werden im Weiteren näher erläutert.

Aus Abb. 8.1-3 geht die fundamentale Bedeutung der Idee von SD-WAN hervor. Sie besteht im Wesentlichen darin, dass einzelne Arten von WANs funktional nicht mehr isoliert, sondern miteinander integriert und als gebündelte WAN-Ressourcen betrachtet werden. Dank der funktionalen Integration der verschiedenen Typen von WANs, können nicht nur Kosten für die Nutzung von WANs gespart werden, sondern es ergeben sich auch zusätzliche funktionale Nutzungspotenziale.

Insbesondere lassen sich gesicherte virtuelle Verbindungen, sog. *SD-WAN Virtual Connections* (SWVCs)[1], in Form von *SD-WAN-Tunneln* zwischen mehreren Standorten eines Unternehmens mithilfe gebündelter WAN-Ressourcen einrichten, die sich zudem gut dem aktuellen Bedarf anpassen lassen.

Cloud als Konfi-gurations-, Management- und Kontrollinstanz

Ein weiteres signifikantes Merkmal von SD-WAN ist, dass virtuelle Verbindungen als SD-WAN Tunnel nicht nur zwischen einzelnen Standorten eingerichtet, sondern auch die einzelnen Standorte über entsprechend gesicherte virtuelle Verbindungen

[1]Die Abkürzung SWVC wurde im Dokument 'MEF 70: SD-WAN Service Attributes and Services' des MEF (Metro Ethernet Forum) vorgeschlagen;
https://www.mef.net/wp-content/uploads/2019/07/MEF-70.pdf

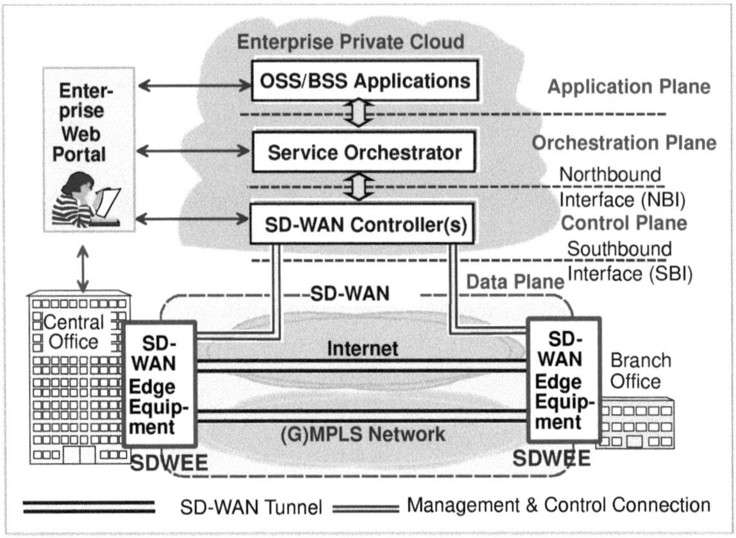

Abb. 8.1-3: Allgemeine Idee und Ziel von SD-WAN – Integration von unterschiedlichen WAN-Arten

A-CPI: Application-Controller Plane Interface, D-CPI: Data-Controller Plane Interface, O/BSS: Operations/Business Support System, (G)MPLS: (Generalized) Multiprotocol Label Switching, SDWEE: SD-WAN Edge Equipment

mittels der privaten Cloud des Unternehmens (*Enterprise Private Cloud*) auf eine spezielle Art integriert werden können. Diese Cloud ist von großer Relevanz, denn sie fungiert quasi als Zentrale für die Konfiguration, das Management und die Kontrolle des ganzen SD-WAN.

In der *Enterprise Private Cloud* befinden sich SDN-spezifische Systemkomponenten, welche eine dreistufige – der logischen Architektur von SDN vollkommen entsprechende – funktionale Hierarchie bilden. Dem entsprechend erstreckt sich diese Architektur über drei funktionale SDN-Planes:

- **SD-WAN Control Plane**
  Sie enthält in der Regel mehrere Controller. Mit diesen werden über das SD-WAN Edge Equipment (SDWEEs) konfiguriert und falls notwendig während des laufenden Netzbetriebs an modifizierte oder neue funktionale Anforderungen auch angepasst. Eine solche Anpassung trägt dazu bei, dass einige adaptive Netzdienste realisiert werden können.
- **Service Orchestration Plane**
  Mithilfe von Systemkomponenten in dieser Plane werden Controller konfiguriert und während des laufenden Netzbetriebs untereinander koordiniert.
- **Application Plane**
  Sie enthält Softwaremodule, welche als OSS/BSS-Applications anzusehen sind. In dieser Plane kann mithilfe der in RFC 6020 spezifizierten und als YANG (*Yet Another Next Generation*) bezeichneten Datenmodellierungssprache die formale Beschreibung von WAN-Diensten erfolgen. YANG wurde speziell zum Einsatz des

in RFC 6241 spezifizierten *Network Configuration Protocol* (NETCONF) zur Konfiguration von Systemkomponenten (wie z.B. Netzknoten und Netzanschlüsse) verschiedener Datennetze entwickelt.

Im Rahmen von SD-WAN stellt das *Business Support System* (BSS) ein informationstechnisches System zur Unterstützung von Geschäftsprozessen dar. Das *Operations Support System* (OSS) ist ein Betriebsunterstützungssystem, welches u.a. das Service-Management übernimmt.

8.1.3 SD-WAN als Data Plane in logischer SDN-Architektur

Beim Vergleich der logischen SDN-Architektur entsprechend Abb. 6.1-4 mit der in Abb. 8.1-3 gezeigten Struktur zur Bereitstellung von SD-WAN-Diensten zeigt sich eine auffällige Ähnlichkeit beider Strukturen. Dabei entspricht das SD-WAN der Data Plane innerhalb der SDN-Architektur.

SD-WAN aus funktionaler Sicht

Betrachtet man das SD-WAN aus rein funktionaler Sicht, lässt es sich kurz und allgemein wie folgt charakterisieren:

Das SD-WAN in einem Unternehmen mit mehreren Standorten stellt ein *Software Defined Virtual Private Network* (SD-VPN) dar. Dieses wird als eigenständige, private Cloud konfiguriert, in der über die Management- und Kontrollzentrale dieses dem aktuellen Bedarf entsprechend angepasst werden können. Mittels dieser speziellen VPN-Variante werden die an den Unternehmensstandorten installierten lokalen Netze über gesicherte virtuelle Verbindungen in Form von Tunneln vernetzt.

8.1.4 Logische Struktur von SD-WANs

Basierend auf dem in Abb. 8.1-3 dargestellten ideellen Ansatz zeigt Abb. 8.1-4 die logische Struktur von SD-WANs. Sehr allgemein betrachtet, kann ein SD-WAN als eine besonders flexible Art und Weise der Nutzung verschiedener physischer WANs in räumlich verteilten Unternehmen verstanden werden.

TLOCs als SD-Ports in SDWEEs

Die als SDWEEs bezeichneten Systemkomponenten für die Anbindung eines Unternehmensnetzes (Network Sites) an ein SD-WAN verfügen über spezielle Module mit universell und flexibel aus der Ferne konfigurierbaren Ports für den Anschluss der einzelnen physischen WAN-Typen. Diese SDWEE-Ports werden *Transport Locators* (TLOCs) genannt; sie können als *Software Defined Ports* (SD-Ports) in SDWEEs interpretiert werden.

Es sei an dieser Stelle erwähnt, dass der Begriff TLOC von der Firma Cisco geprägt wurde und häufig in Cisco-Systemlösungen für SD-WANs vorkommt [25]. Wie im Weiteren noch nachzuvollziehen ist, kann TLOC als eine funktionale Erweiterung des im LISP eingeführten RLOC (*Routing Locator*) betrachtet werden [12], [56].

Die im SDWEE eingesetzten TLOCs als Ports im SDWEE lassen sich durch in der Cloud positionierte SD-WAN Controller aus der Ferne den aktuellen Anforderungen entsprechend dynamisch konfigurieren. Die dazu eingesetzte, gegen bösartige

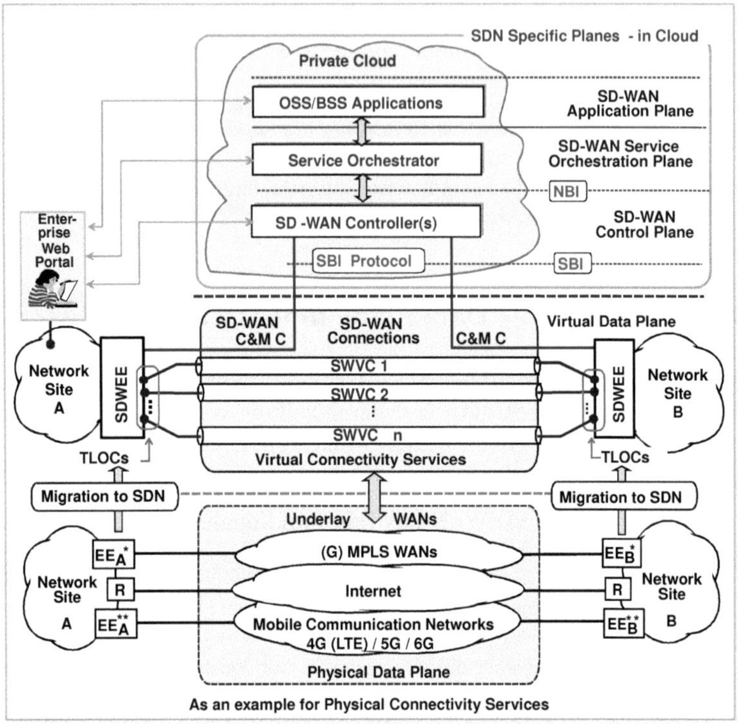

Abb. 8.1-4: Illustration der allgemeinen logischen Struktur von SD-WANs am Beispiel einer Systemlösung für Unternehmen mit zwei Standorten

BSS: Business Support System, C&M C: (Edge Router) Configuration and Management Connection, EE: Edge Equipment, EP: End Point of SWVC, NBI: Northbound Interface, SBI: Southbound Interface, OSS: Operations Support System, SD-WAN EE (SDWEE): SD-WAN Edge Equipment, SWVC: SD-WAN Virtual Connection, TLOC: Transport LOCator

Angriffe gesicherte virtuelle Verbindung zwischen Cloud und SDWEE wird als *Configuration and Management Connection* (C&M C) bezeichnet [Abb. 8.1-4].

TLOC beschreibende Parameter

Zur Fernkonfiguration des TLOC bieten sich drei veränderbare Parameter an:

- **IP Address**
  Dieser Parameter ist der Bedeutung nach mit der in den Routingprotokollen OSPF (*Open Shortest Path First*) oder BGP (*Border Gateway Protocol*) benutzten Router-ID vergleichbar und dient als IP-konforme Identifikation des Endpunkts einer über ein physisches WAN verlaufenden SWVC. Aus diesem Grund muss IP Address auch hier nicht routingfähig sein.

TNC als WAN-Type

- **ID of WAN Type**
  Die Angabe der Transportnetzfarbe dient als Identifikation des physischen WAN. Sie wird bei der Einrichtung eines SD-WAN für die eindeutige Identifizierung der einzelnen physischen WANs verwendet. Sollten physische WANs gleicher Art mehrfach vorhanden sein, aber dennoch unterschiedlich behandelt werden müssen (z.B. Internet zweier verschiedener Anbieter), können die *Transportnetz-*

farben (*Transport Network Colors*, TNCs) unterschiedlich (z.B. Gold und Silber) sein. Ein Teil von TCN kann auch zusätzliche Angaben mit sich führen, die bei der Einrichtung von Tunneln notwendig sein könnten.

- **Tunnel(ing) Type**
  Zwischen IP-Adressen zweier TLOCs können mehrere SWVCs in Form von Tunneln unterschiedlicher Typen eingerichtet werden. Zu ihrer Identifikation dient die Angabe *Tunnel(ing) Type*.

TLOC und Multipath-Steuerung

Wie oben ausgeführt, lassen sich SDWEEs aus der Ferne seitens der SD-WAN Controller konfigurieren. Zudem können mittels 'IP Address', 'ID of WAN Type' und 'Tunnel(ing) Type' bekanntlich mehrere *SD-WAN Virtual Connections* (SWVCs) so gruppiert (gebündelt) werden, dass bei einer parallel verlaufenden Datenkommunikation spezielle Arten einer sog. *Multipath-Steuerung* möglich sind. Auf diesem Wege lassen sich im SD-WAN u.a. folgende Zusatzdienste realisieren:

Load Balancing

- **Lastverteilung**
  Mehrere zwischen zwei TLOCs eingerichtete SWVCs können so eingesetzt werden, dass die Übermittlung der Nutzdaten auf diese beiden quasi parallel verlaufenden SWVCs verteilt werden kann. Dafür bietet sich das in RFC 6824 spezifizierte verbindungsorientierte Transportprotokoll *Multipath TCP* (MPTCP) an, das die Übermittlung zwischen mehreren Paaren von TLOCs steuern kann [14].

Master/Slave

- **Leader-Follower-Lösung**
  Zwei zusammengehörige SWVCs lassen sich so konfigurieren, dass eine von ihnen als Master-SWVC fungiert. Im regulären, d.h. störungsfreien Netzbetrieb erfolgt die Datenübermittlung nur über die Master-SWVC. Fällt diese aus, kann die Übermittlung automatisch auf die redundant vorgehaltene Slave-SWVC verlagert werden. In diesem Zusammenhang wird auch von einer *Leader-Follower-Lösung* gesprochen.

8.2 Vom Internet über LISP zum SD-WAN

Wie aus den vorangehenden Ausführungen hervorgeht, offeriert das Konzept von SD-WAN einen gangbaren Weg zum Aufbau einer virtuellen, an aktuelle Anforderungen anpassungsfähige WAN-Infrastruktur und basiert auf mehreren physischen WANs unterschiedlicher Technologien.

Als eine im Weiteren vertiefte Darstellung der dem SD-WAN zugrunde liegenden Gedanken möge Abb. 8.2-1 dienen. Es illustriert die funktionale, auf LISP (*Locator/ID Separation Protocol*) beruhende Migration vom herkömmlichen Internet zum allgemeinen Konzept von SD-WAN. Zugleich veranschaulicht dieses Bild die Rolle des im Internet eingesetzten *Domain Name System* (DNS) im vorliegenden Kontext.

8.2.1 DNS als Control Plane im herkömmlichen Internet

Die zentrale Aufgabe von DNS (*Domain Name System*) besteht in der Abbildung der als FQDN (*Fully Qualified Domain Name*) bezeichneten vollständigen Domainnamen von über das Internet abrufbaren Objekten (Dateien) auf ihre IP-Adressen, was dem Abrufen bzw. Herunterladen dieser Objekte dient (vgl. Kapitel 5 in [17]). Diese Funktion ist als Kontrollfunktionen im Internet zu interpretieren und kann daher als eine *Control Plane* angesehen werden.

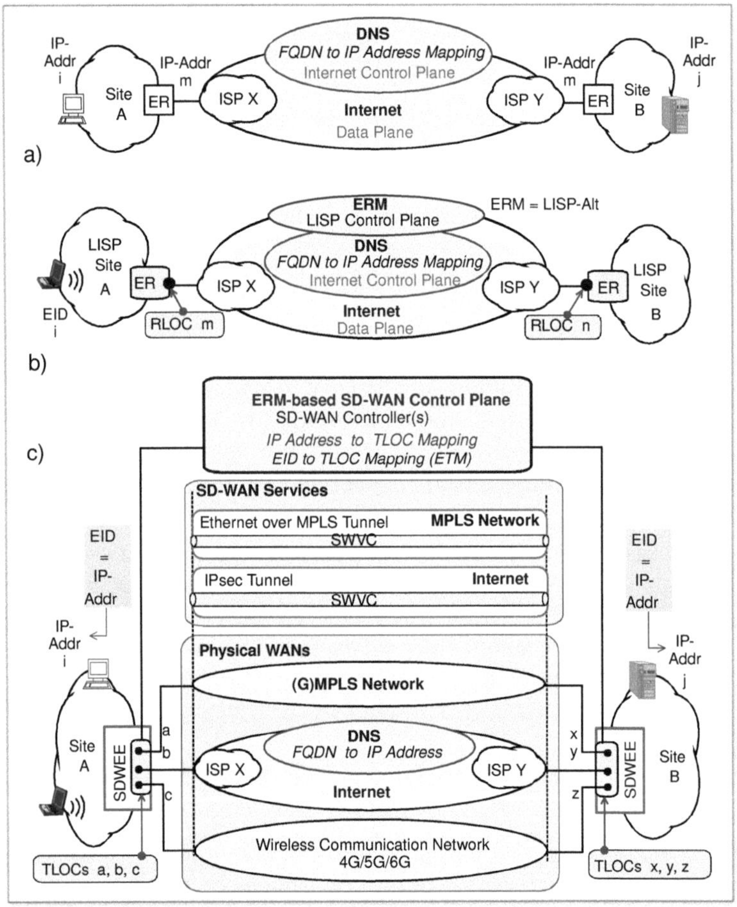

Abb. 8.2-1: Migration vom herkömmlichen Internet zum allgemeinen Konzept von SD-WANs – basierend auf dem Ansatz von LISP: a) Internet und Bedeutung von DNS, b) Internet mit LISP und Mapping: EID to IP Address; c) SD-WAN und Mapping: IP Address to TLOC

DNS: Domain Name System, EID: Endpoint Identifier, ERM: EID to RLOC Mapping, ER: Edge Router, FQDN: Full Qualified Domain Name, ISP: Internet Service Provider, LISP: Locator/ID Separation Protocol, RLOC: Routing Locator, SD: Software Defined, SDN: Software Defined Network, SWVC: SD-WAN Virtual Connection, TLOC: Transport Locator

FQDN to IP Address Mapping

Abb. 8.2-1a bringt eine solche Betrachtung von DNS im Internet zum Ausdruck. Die Abbildung von FQDN auf IP-Adressen symbolisiert hier die Bezeichnung '*FQDN to IP Address Mapping*'.

Zweistufige Adressierung bei LISP

Der in Abb. 8.2-1b gezeigte Einsatz von LISP zeichnet sich dadurch aus, dass ein Rechner am Internet nicht nur mit einer IP-Adresse adressiert wird, so wie es heute der Fall ist, sondern zu seiner Adressierung de facto zwei IP-Adressen – als Angaben RLOC (*Routing Locator*) und EID (*Endpoint Identifier*) – genutzt werden können. Somit ist die Adresse eines Rechners im Internet mit LISP als (RLOC, EID) zu verstehen.

Um RLOC in ein IP-Paket eintragen zu können, wird jedem über das Kernsegment des Internets (*Internet Core*) zu übermittelnden IP-Paket ein zusätzlicher *Overhead* vorangestellt, der sich aus einem LISP-Header und einem Outer-IP-Header zusammensetzt (siehe Abb. 8.3-2 und Abb. 8.3-3). Folglich enthält jedes über den Internet Core übermittelte IP-Paket zwei IP-Header – und zwar einen Inner-IP-Header mit EID und einen Outer-IP-Header mit RLOC.

ERM als Control Plane im Internet mit LISP

Da das Adresspaar (RLOC, EID) im Internet mit LISP als eine zweistufige Adresse fungiert, muss irgendwo und irgendwie abgespeichert werden, welcher RLOC welchem EID zugeordnet ist; d.h. es muss ein sog. *EID to RLOC Mapping* (ERM) vorgenommen werden. Dies ist notwendig, weil bei LISP die Quellrechner ihre IP-Pakete an die LISP-Router am Internet Core mit normalen IP-Adressen übermitteln, so wie es ohne LISP der Fall wäre. Die LISP-Router haben dann für jedes IP-Paket den dem Ziel-EID entsprechenden Ziel-RLOC zu bestimmen. Daher müssen sich die LISP-Router um ERM – d.h. um die Zuordnung 'EID to RLOC' – kümmern'.

ERM Plane im Internet

Diese eben geschilderte Aufgabe entspricht weitgehend der Aufgabe des DNS im Internet bei der Ermittlung eines Hostnamens auf die ihm entsprechende IP-Adresse. Folglich kann die ERM-Funktion – analog zur Control Plane im Internet mit DNS – als ERM Control Plane im Internet mit LISP realisiert werden. Die Art und Weise der Realisierung dieser Plane wird in RFC 6836 spezifiziert und als LISP+ALT (*Alternative Logical Topology*) bezeichnet [13].

LISP im SD-WAN

Abb. 8.2-1 veranschaulicht, dass dem allgemeinen Konzept von SD-WAN im Wesentlichen der Ansatz LISP zugrunde liegt. Die Nutzung von LISP entstand aus der Notwendigkeit, virtuelle, gesicherte und über alle möglichen Arten von physischen WANs verlaufende virtuelle Verbindungen in Form von Tunneln für die Übermittlung von IP-Paketen einrichten zu können. Die größte Rolle bei der Nutzung von LISP im SD-WAN spielt die Erweiterung von RLOC zu TLOC.

TLOC als Erweiterung von RLOC

Ein TLOC charakterisiert die Besonderheiten der IP-Adresse eines SD-Ports in einem SDWEE (vgl. Abb. 8.1-4 und Abb. 8.2-1) und wird als Tripel (IP Address, ID of WAN Type, Tunnel Type) spezifiziert. Als Erweiterung der einen RLOC darstellenden IP-Adresse dient TLOC dazu, diese IP-Adresse um die zusätzlichen Angaben 'ID of WAN Type' und 'Tunnel Type' zu ergänzen. Bei der Nutzung von LISP zur Realisierung von SD-WAN kann die IP-Adresse eines Rechners in einem lokalen Netz (*Network Sites*) auch als *Endpoint Identifier* (EID) interpretiert werden. Dies deutet darauf hin, dass die Idee von LISP bei der Einrichtung eines SD-WAN innerhalb dessen *Control Plane* eingesetzt werden kann.

ERM-based Control Plane im SD-WAN

Weil eine IP-Adresse als EID fungiert und das Paar (EID, TLOC) soll eine 'zweistufige Adressierung' eines Rechners in einer Site am SD-WAN ermöglichen, muss eine 'ERM-based Control Plane im SD-WAN' realisiert werden, um irgendwie abspeichern zu können, welche TLOCs welchen EIDs – also welchen IP-Adressen – zugeordnet sind.

EID to TLOC Mapping

Daraus ergibt sich, dass innerhalb der Control Plane im SD-WAN eine Art *EID to TLOC Mapping* (ETM) realisiert werden muss. Dies ist notwendig, weil jeder Quellrechner in einer Site am SD-WAN an einen TLOC seine IP-Pakete mit einer normalen IP-Adresse übermitteln muss. Zur Realisierung von ETM innerhalb der *SD-WAN Control Plane* können die Prinzipien der Realisierung von ERM beim Einsatz von LISP im Internet übernommen werden. Aus diesem Grund kann von der *ERM-based Control Plane* im SD-WAN gesprochen werden.

8.2.2 Definition von SD-WAN aus technischer Sicht

In Anlehnung an die Definition des SD-WAN aus rein funktionaler Sicht, lässt sich das SD-WAN aus technischer Sicht wie folgt beschreiben:

Beschreibung SD-WAN

> Das SD-WAN in einem Unternehmen mit mehreren Standorten ist eine adaptive Systemlösung für ein *Software Defined Virtual Private Network* (SD-VPN), welche auf der Basis von physischen WANs in allen denkbaren Technologien eingerichtet werden kann. Dank der Adaptionsfähigkeit kann ein SD-WAN aufgrund der in privaten Clouds installierten Softwaremodule für die Konfiguration, das Management und die Kontrolle schnell an aktuelle Anforderungen angepasst werden. Logisch betrachtet besitzt jedes SD-WAN – wie alle anderen *Software Defined Networks* (SDNs) – eine *Data Plane* und eine *Control Plane.* Die Data Plane im SD-WAN bilden alle eingesetzten physischen WANs. Alle zur Control Plane gehörenden Softwaremodule werden in einer Cloud untergebracht.

8.3 Grundgedanke von LISP

Um die Prinzipien der Realisierung der in Abb. 8.2-1c gezeigten ERM-based SD-WAN Control Plane im SD-WAN nachvollziehen zu können, soll nun kurz auf die Überlegungen eingegangen werden, die zum Einsatz des *Locator/IP Separation Protocols* (LISP) im Internet führten.

8.3.1 Logische Struktur des Internets mit LISP

Bei LISP wird angenommen, dass das Internet im Hinblick auf die Adressierung die in Abb. 8.3-1 gezeigte logische Struktur hat. Wie hier ersichtlich ist, besteht die logische Struktur des Internets mit LISP aus einem inneren öffentlichen Bereich (*Internet Core*) und einem Randbereich (*Internet Edge*), zu dem an den Internet Core angeschlossene private 'LISP-fähige' Netze gehören. Diese stellen autonome Systeme (*Autonomous System,* ASs) dar. Sie werden oft als LISP-Sites bezeichnet und entsprechen vollkommen den in Abb. 8.2-1 gezeigten Sites am SD-WAN (siehe [15], [56] und [74]).

Ein AS im vorliegenden Sinne ist ein IP-Netz(werk), welches von einer administrativen Einheit verwaltet wird, z.B. ein Unternehmensnetz oder das Netz einer beliebigen anderen Institution. Jedes AS bildet einen geschlossenen Routing-Bereich und kann sich auch aus mehreren Teilnetzen zusammensetzen. Jedem AS wird eine weltweit eindeutige *AS-Number* (ASN) zugewiesen.

AS: Autonomous System

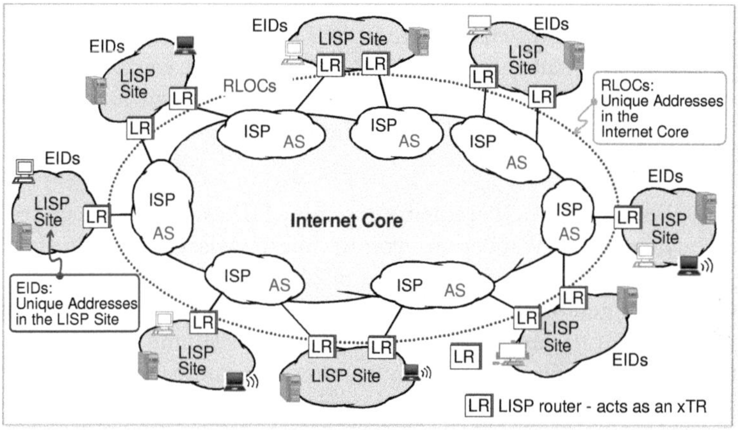

Abb. 8.3-1: Logische Struktur des Internets beim Einsatz von LISP

AS: Autonomous System (IP Network of an Administrative Unit, an ISP), EID: Endpoint Identifier (IPv4 or IPv6 Address in a LISP Site), ISP: Internet Service Provider (Network), RLOC: Routing Locator (Access point to a LISP Site), xTR: Tunnel Router; als ETR (Egress TR) oder als ITR (Ingress TR)

Die wohl wichtigste Eigenschaft von LISP ist die bereits mehrfach angesprochene zweistufige Adressierung von Rechnern mithilfe von RLOC und EID.

Bei der Übermittlung eines IP-Pakets an einen Rechner wird dessen Standort (Site) am Internet mit RLOC angegeben – hier wird also mitgeteilt, zu welcher LISP-Site das IP-Paket im Internet Core geroutet werden muss. Sobald die Ziel-LISP-Site erreicht wird, gibt EID an, an welchen Rechner in dieser LISP-Site das IP-Paket weitergeleitet – d.h. lokal geroutet – werden muss.

RLOCs repräsentieren weltweit eindeutige globale Adressen am Internet Core. EIDs dagegen stellen lediglich lokal eindeutige Adressen in LISP-Sites am Internet Core dar. Daher können sich EIDs in mehreren verschiedenen LISP-Sites sogar wiederholen.

8.3.2 Kommunikationsvarianten mit LISP

Betrachtet man das Adresspaar (RLOC, EID) als Adressangabe im Internet mit LISP, so kommen zwei Varianten der Kommunikation infrage:

1. *RLOC konstant, Endpoint Identifier (EID) variabel*
   Einem RLOC können mehrere EIDs zugeordnet werden. Dadurch kann eine aus dem Internet zu einem LISP-Router – also zu einer LISP-Site – führende Route auf mehrere, zu verschiedenen Rechnern in der LISP-Site führende Routen

aufgespaltet werden. Eine solche Aufspaltung in der LISP-Site einer aus dem Internet führenden Route ermöglicht eine abwechselnde Übermittlung von Daten an verschiedene Rechner in der LISP-Site. Auf diese Weise lassen sich verschiedene Arten der Datenverteilung und zugleich neue Formen des Load Balancing realisieren.

2. *RLOC variabel, EID konstant*
   Einem EID lassen sich mehrere RLOCs zuordnen. So kann z.B. jeder Rechner in einer LISP-Site über mehrere LISP-Router erreicht werden. Man spricht hierbei vom *Multihoming*. Als Folge dessen ist der Internetzugang über mehrere LISP-Router und hierbei auch über mehrere ISPs möglich. Abb. 8.3-1 bringt dies zum Ausdruck.

Die Option, dass RLOC bei einem konstanten EID variabel sein kann, erlaubt die Unterstützung einer 'Wanderung' von Rechnern zwischen verschiedenen LISP-Sites [Abb. 8.3-1]. Diese ist insbesondere möglich, weil die Position eines als Desktop oder Server genutzten virtuellen Rechners mit dem gleichen EID – als dessen IP-Adresse – nur (!) durch RLOC seiner LISP-Site bestimmt wird. Infolgedessen kann der Rechner mit der zugehörigen IP-Adresse zusammen mit seinem Benutzer von einer LISP-Site zu einer anderen 'wandern'.

8.3.3 LISP-spezifische Kommunikation über ein SD-WAN

An dieser Stelle sei hervorgehoben, dass die zwei hier dargestellten besonderen – und in der Praxis sehr wichtigen – Arten der Kommunikation im Internet mit LISP auch im SD-WAN realisiert werden können, wenn TLOC quasi als RLOC fungiert. Dies geht insbesondere aus Abb. 8.2-1c hervor.

Diese soeben geschilderten, auf der Idee von LISP basierenden Möglichkeiten in SD-WANs lassen sich wie folgt charakterisieren:

- *TLOC konstant, IP-Adresse variabel*
  Der Fall 'RLOC konstant, EID variabel' vom Internet mit LISP könnte beim Einsatz eines SD-WAN als Kombination 'TLOC konstant und IP-Adresse variabel' bezeichnet werden. In diesem Fall besteht die Möglichkeit, die parallel verlaufende Kommunikation zwischen verschiedenen Rechnern in einer Site über eine SDWC zu realisieren [Abb. 8.1-4].
- *TLOC variabel, IP-Adresse konstant*
  Der Fall 'RLOC konstant, EID variabel' vom Internet mit LISP könnte beim Einsatz eines SD-WAN als Kombination 'TLOC variabel und IP-Adresse konstant' angesehen werden. Dieser Fall ermöglicht eine parallele, über mehrere SDWCs verlaufende Kommunikation zwischen zwei Rechnern in verschiedenen Sites. Hierbei kann u.a. eine Lastverteilung (*Load Balancing*) auf mehrere SDWCs und Master-Slave-SDWC realisiert werden, wodurch auch bei Ausfall der Master- oder Slave-SDWC noch eine störungsfreie Kommunikation ermöglicht werden kann.

8.3.4 Übermittlung von IP-Paketen bei LISP

Im Folgenden wird das allgemeine Prinzip der Übermittlung von IP-Paketen bei LISP veranschaulicht, um darauf basierend die Idee von SD-WAN als eine besondere Art der Nutzung des LISP-Konzepts darstellen zu können. Abb. 8.3-2 illustriert diese Übermittlung am Beispiel von IPv4-Paketen zwischen zwei LISP-Sites. Das hier gezeigte Prinzip gilt für die beiden Internetprotokolle IPv4 und IPv6.

Die einzelnen in Abb. 8.3-2 dargestellten Schritte bei der Übermittlung von IPv4-Paketen (die Übermittlung von IPv6-Paketen verläuft im Wesentlichen ähnlich) sind wie folgt zu interpretieren:

DNS Query von Rechner **A** in LISP-Site

1 Rechner **A** – in der als Domain `abc.de` bezeichneten LISP-Site – mit der IPv4-Adresse `x.0.0.1` möchte ein IPv4-Paket an Rechner **B** namens `mond` in der als Domain `xyz.de` bezeichneten LISP-Site senden. Die IPv4-Adresse des Rechners **B** ist aber dem Rechner **A** noch unbekannt, sodass er sie beim DNS abfragen muss. Hierfür sendet er an das DNS die Nachricht `Query` mit dem vollständigen Namen des Rechners **B** `mond.xyz.de` und erhält seitens des DNS in der Nachricht `Response` die IPv4-Adresse `y.0.0.5` des Rechners **B**. Es sei hervorgehoben, dass auch jeder Quellrechner – ohne LISP-Einsatz – diesen Schritt durchführen muss, wenn er die IPv4-Adresse des Zielrechners nicht kennt.

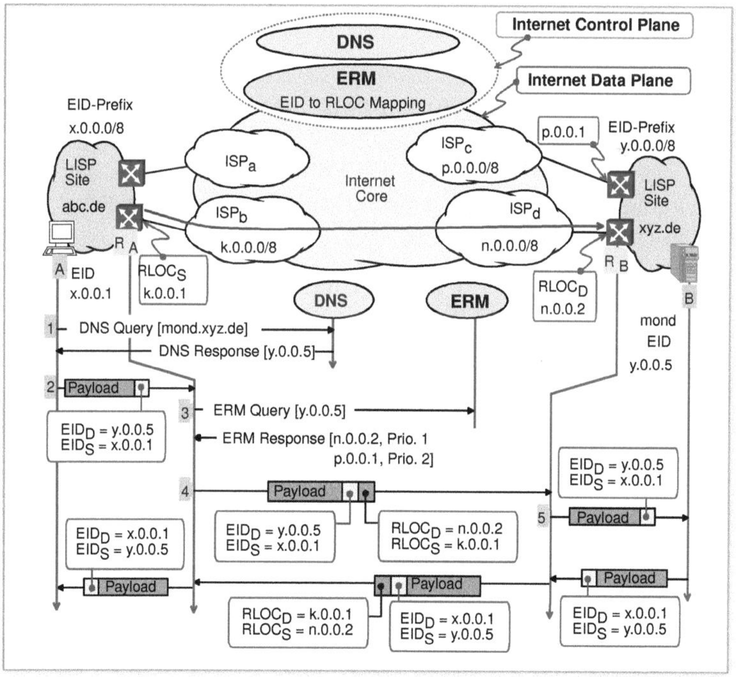

Abb. 8.3-2: Prinzip der Übermittlung von IP-Paketen bei LISP

DNS: Domain Name System, EID: Endpoint Identifier (IPv4 or IPv6 Address in a LISP Site), ISP: Internet Service Provider (Network), RLOC: Routing Locator (Access Point to a LISP Site)

Datenversand von **A** nach **B**

[2] Rechner **A** hat das erste IPv4-Paket an Rechner **B** geschickt. Dieses Paket mit den IPv4-Adressen `y.0.0.5` als *Destination-EID* ($\texttt{EID}_D$) und `x.0.0.1` als *Source-EID* ($\texttt{EID}_S$) wird an den LISP-Router $\mathbf{R}_A$ übermittelt. Dieser fungiert als sog. *Ingress Router* (Eingangsrouter) zum Internet Core.

ERM-Abfrage des Ingress Router

[3] Der Ingress Router muss den *Destination-RLOC* ($\texttt{RLOC}_D$) kennen, d.h. die IPv4-Adresse des Ziel-LISP-Routers $\mathbf{R}_B$, an den das IPv4-Paket mit $\texttt{EID}_D$ = `y.0.0.5` übermittelt werden muss. Kennt er den $\texttt{RLOC}_D$ noch nicht, ermittelt er ihn zuerst mittels einer ERM-Infrastruktur und führt hierfür eine ERM-Abfrage durch[2]. So erfährt er beispielsweise, dass der Zielrechner über zwei RLOCs erreicht werden kann, nämlich über: `n.0.0.2` (Priorität *1*) und `p.0.0.1` (Priorität *2*).

Daten Encapsulation des Ingress Router

[4] Nachdem der Ingress Router den $\texttt{RLOC}_D$ ermittelt hat, stellt er dem Original-IPv4-Paket einen zusätzlichen Header voran, der einen Outer-IPv4-Header mit der IPv4-Adresse `n.0.0.2` als $\texttt{RLOC}_D$ und der eigenen IPv4-Adresse `k.0.0.1` als Source-RLOC ($\texttt{RLOC}_S$) enthält, und schickt das so erweiterte IPv4-Paket an den Internet Core[3]. Der Ingress Router realisiert eine LISP-spezifische IP4-in-IPv4-Encapsulation, weshalb das so eingekapselte IPv4-Paket – *IP4-in-IPv4-Paket* genannt – zum Ziel-LISP-Router wie durch einen Tunnel übermittelt wird.
Man spricht in einem solchen Fall von *IP4-in-IPv4-Tunneling*. Aus diesem Grund wird der Ingress LISP-Router als *Ingress Tunnel Router* (ITR) bezeichnet.

Aufgabe des Egress Routers

[5] Auch der Egress Router (Ausgangsrouter) aus dem Internet Core muss das IP4-in-IPv4-Tunneling unterstützen – und wird *Egress Tunnel Router* (ETR) genannt. Hat der ETR das IP4-in-IPv4-Paket empfangen, führt er die IP4-in-IPv4-Decapsulation durch, d.h. er entfernt den zusätzlichen, den Outer-IP-Header enthaltenden Header – und schickt das Original-IPv4-Paket abschließend an den Zielrechner **B**.

Hat das erste IPv4-Paket den Zielrechner **B** erreicht, sind ihm die Quelladressen – $\texttt{EID}_S$ = `x.0.0.1`, $\texttt{RLOC}_S$ = `k.0.0.1` – dieses Pakets bereits bekannt, und somit kann er dem Quellrechner **A** antworten. Die Übermittlung der Pakete in Gegenrichtung verläuft auf die gleiche Art und Weise.

8.3.5 Bedeutung von RLOC und EID in Kurzfassung

Mit dem RLOC im Outer-IP-Header eines IP-Pakets wird angegeben, zu welchem autonomen, als LISP-Site bezeichneten System am Internet Core das IP-Paket geroutet werden muss. Somit muss jeder RLOC als IP-Adresse im Internet Core einmalig sein.

Hat das IP-Paket seine Ziel-LISP-Site erreicht, gibt EID an, an welchen Rechner in dieser LISP-Site das IP-Paket zu übermitteln ist. Daher muss nur in der LISP-Site

[2] Eine Ausnahme stellt hier die sog. *ALT-Infrastruktur für EID to RLOC Mapping* dar. Bei der Nutzung dieser ist keine vorherige Abfrage nötig – vgl. hierzu LISP+ALT in [13].

[3] Es ist ausdrücklich hervorzuheben, dass EID und RLOC als IPv4- bzw. IPv6-Adressen zu betrachten sind – und zwar: EID die eines Rechners und RLOC die eines LISP-Routers.

EID als IP-Adresse einmalig sein, wodurch neue Möglichkeiten zur Unterstützung der Mobilität entstehen.

> Bei LISP handelt es sich also um eine zweistufige Adressierung auf Grundlage von RLOC und EID, wobei sowohl RLOC als auch EID normale IPv4- bzw. IPv6-Adressen sein können.

8.3.6 LISP als Muster für das SD-WAN

Vergleicht man RLOC mit TLOC und bezeichnet die IP-Adresse eines Rechners sowohl beim LISP als auch im SD-WAN als EID (*Endpoint Identifier*), so können die in Abb. 8.3-2 geschilderten Merkmale der Kommunikation im Internet beim LISP-Einsatz mithilfe des Protokolls IPsec auch weitgehend im SD-WAN verwirklicht werden [Abb. 8.4-2].

Zum Verweis darauf, wie diese Ähnlichkeiten zwischen LISP und SD-WAN bei der Gestaltung der Control Plane im SD-WAN in der Praxis umsetzbar sind, zeigt Abb. 8.3-3 einen Vergleich der Konzepte von LISP und SD-WAN.

Gleiche Adressierungsprobleme bei LISP und im SD-WAN

Wie aus Abb. 8.3-3 ersichtlich ist, müssen beim Einsatz von LISP und im SD-WAN fast identische Probleme der Adressierung gelöst werden, nämlich:

- Um LISP im Internet einsetzen zu können, muss – wie schon eben erwähnt – ermittelt werden, welcher RLOC welchem EID entspricht. Hierfür wird das schon bekannte ERM-System benötigt.
- Um ein SD-WAN einrichten zu können, muss ermittelt werden, welcher TLOC welcher EID entspricht. Hierfür ist das ebenfalls bekannte ETM-System (*EID to TLOC Mapping*) notwendig [Abb. 8.2-1c]. Zu seiner Realisierung innerhalb der Control Plane des SD-WAN kann weitgehend das Konzept des ERM-Systems übernommen werden.

Der Einsatz von LISP+ALT kann also als Vorschlag zur Realisierung des ETM-Systems für SD-WAN dienen. Hierfür zeigt Abb.8.3-3 einen anschaulichen Vergleich der Adressierungslösungen von LISP und SD-WAN.

8.3.7 Adressierung der IP-Pakete bei LISP als Schritt zum SD-WAN

Abb. 8.3-3 zeigt, dass das Prinzip der Adressierung von IP-Paketen im Internet mit LISP dem Prinzip der Adressierung von IP-Paketen im SD-WAN entspricht. Wie in Abb. 8.3-3a dargestellt, übermittelt in der LISP-Site **A** der Quellrechner (Source) mit der IP-Adresse a ein IP-Paket an den Zielrechner (Destination) mit der IP-Adresse b in der LISP-Site **B**.

Dieses IP-Paket ist ein 'normales' IP-Paket, d.h. es gleicht jedem anderen IP-Paket in einem Netz ohne LISP. Die Quell- und Ziel-IP-Adressen in diesem IP-Paket werden bei LISP jedoch Source-EID ($\mathtt{EID}_S$) und Destination-EID (EID_D) genannt. Im gezeigten Beispiel sind diese $\mathtt{EID}_S$=a und $\mathtt{EID}_D$=b.

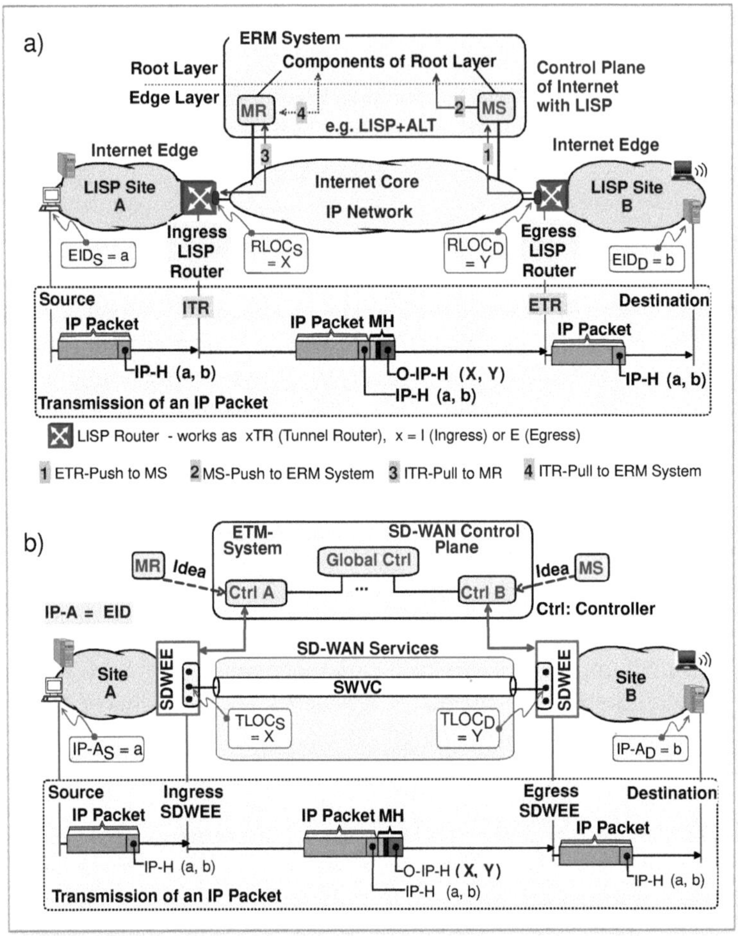

Abb. 8.3-3: Vergleich der Adressierungslösungen bei LISP und im SD-WAN:
a) Internet mit LISP und ERM-System als Control Plane,
b) SD-WAN mit auf LISP-ALT-basierter Control Plane als ETM System

ALT: Alternative Logical Topology, EID: Endpoint Identifier, ERM: EID to RLOC Mapping, ETM: EID to TLOC Mapping, ETR: Egress Tunnel Router, IP: Internet Protocol, IP-A: IP Address, IP-H: IP Header, ITR: Ingress Tunnel Router, LISP: Locator/ID Separation Protocol, MH: Multi-Header, MR: Map Resolver, MS: Map Server, O-IP-H: Outer IP Header, RLOC: Routing Locator, SWVC: SD-WAN Virtual Connection, TLOC: Transport Locator

Ermittlung der Zuordnung EID ⇔ RLOC

Der LIST-Router der Site A fungiert als Eingangsrouter zum Internet Core. Er wird als *Ingress-LISP-Router* bezeichnet und muss das IP-Paket an den LISP-Router der Site B senden. Der LISP-Router der Site B stellt folglich einen Ausgangsrouter aus dem Internet Core dar. Aus diesem Grund wird er *Egress-LISP-Router* genannt.

Da der Ingress-LISP-Router aus dem IP-Header des zu sendenden IP-Pakets lediglich die IP-Adresse `b` des Zielrechners in der Site B kennt – also $\texttt{EID}_D\texttt{=b}$ –, muss er anhand von EID_D die als RLOC_D bezeichnete IP-Adresse des Egress-LISP-Routers ermitteln[4]. Hierfür wird mittels des ERM-Systems die entsprechende Zuordnung EID ⇔ RLOC ermittelt.

IP-in-IP-Encapsulation als Tunneling im SD-WAN

Nachdem der Ingress-LISP-Router den $RLOC_D$ ermittelt hat, stellt er dem ursprünglichen IP-Paket einen zusätzlichen Multi-Header[5] voran. Dieser enthält einen Outer-IP-Header (`O-IP-H`) mit der IP-Adresse `Y` des Egress-LISP-Routers als Destination-RLOC ($\texttt{RLOC}_D$`=Y`) und der eigenen IP-Adresse `X` als Source-RLOC ($\texttt{RLOC}_S$`=X`). Das so erweiterte IP-Paket wird an den Internet Core geschickt.

Hat der – nun als Egress-LISP-Router fungierende – LISP-Router der Site B das Paket empfangen, entfernt er den zusätzlichen, den Outer-IP-Header enthaltenden Multi-Header und schickt anschließend das ursprüngliche IP-Paket an den Zielrechner.

Es sei betont, dass *Ingress Tunnel Router* (ITR) und *Egress Tunnel Router* (ETR) eine LISP-spezifische IP-in-IP-Encapsulation realisieren. Das so eingekapselte – als IP-in-IP-Paket bezeichnete – IP-Paket wird an den Ziel-LISP-Router quasi durch einen Tunnel übermittelt (will heißen von außen unzugänglich).

Wie in Abb. 8.3-3 erkennbar ist, findet das gleiche Prinzip von Tunneling – IP-in-IP-Encapsulation nämlich – auch bei der Kommunikation über das Internet beim Einsatz von LISP und im SD-WAN statt.

Umsetzung von ETM und ERM

Abb. 8.3-3 verweist darauf, dass die Control Plane im SD-WAN als Umsetzung des ETM-Systems angesehen und ein ETM-System nach den gleichen Prinzipien wie jedes ERM-System beim Einsatz von LISP im Internet umgesetzt werden kann.

Zur Einrichtung verteilter ETM-Systeme für SD-WANs – abhängig davon wie die Zuordnungen EID ⇔ RLOC realisiert sowie wie sie verwaltet und abgefragt werden – kommen mehrere Arten von ERM-Systemen als Lösungsansätze für ETM-Systeme infrage. Dabei handelt es sich um pull-basierte, push-basierte bzw. hybride ERM-Systeme.

In reinen pull-basierten ERM-Systemen wird der jeweils zu einem EID gehörende RLOC von einem ITR durch das Absenden der Nachricht `Map-Request` abgefragt. In reinen push-basierten ERM-Systemen hingegen werden die Zuordnungen EID ⇔ RLOC bis zu den LISP-Routern hin verteilt[6].

Hybride ERM-Systeme stellen eine Mischform dar, in denen die Zuordnungen EID ⇔ RLOC sowohl im ERM-System verteilt als auch durch ITRs auf eine besondere Weise abgefragt werden. Die als LISP+ALT bezeichnete Lösung kann als hybrides ERM-System interpretiert werden [13].

[4]Dies entspricht weitgehend der Ermittlung eines Hostnamens auf die ihm entsprechende IP-Adresse mithilfe des bekannten DNS.

[5]Dieser besteht aus einem Outer-IP-, einem UDP- und einem LISP-Header (siehe Bild 005118 in [12]).

[6]Pull-basierte ERM-Systeme sind z.B.: LISP-TREE [37] und LISP-DHT [49], [54]. LISP-NERD [58] ist ein push-basiertes ERM-System.

8.3.8 Hybrides ERM-System in Kurzfassung

Abb. 8.3-3a zeigt in groben Zügen den Ansatz eines hybriden, auf LISP+ALT basierenden ERM-Systems [13]. Eine besondere Stellung haben hier *Map Server* (MS) und *Map Resolver* (MR). Diese bilden im ERM-System eine *Edge Layer*. Wie in der Abbildung zu sehen ist, vollzieht sich die Etablierung eines hybriden ERM-Systems in vier Schritten:

1. **ETR-Push to MS**
   Ein ETR (*Egress Tunnel Router*) registriert bei einem MS eine Zuordnung EID ⇔ RLOC. Dadurch gibt der ETR bekannt, dass diese EID über ihn erreichbar ist, genauer gesagt über seinen RLOC.
2. **MS-Push to ERM-System**
   Der MS verteilt die bei ihm registrierte Zuordnung EID ⇔ RLOC im restlichen Teil des ERM-Systems. Danach ist diese Zuordnung im ganzen ERM-System bekannt.
3. **ITR-Pull to MR**
   Ein ITR (*Ingress Tunnel Router*) fragt bei einem MR die Zuordnung EID ⇔ RLOC ab. Auf diese Weise ermittelt er für einen EID, über welchen RLOC er erreichbar ist.
4. **MR-Pull to ERM-System**
   Falls der MR nicht über die vom ITR gesuchte Zuordnung EID ⇔ RLOC verfügt, initiiert er eine Suche nach dieser Zuordnung im restlichen Teil des ERM-Systems.

8.4 ERM-System als Vorbild für die Control Plane im SD-WAN

Bei einem Vergleich der beiden in Abb. 8.3-3a und Abb. 8.3-3b dargestellten Systeme ERM und ETM sind folgende Entsprechungen erkennbar:

- Die Controller innerhalb der Control Plane des SD-WAN, also im ETM-System, entsprechen der Funktion nach den als MR und MS bezeichneten Komponenten auf dem *Edge Layer* innerhalb der Control Plane des ERM-Systems.
- Die Funktionalität von zum *Root Layer* der Control Plane des ERM-Systems gehörenden Funktionsmodulen kann innerhalb der Control Plane des SD-WAN in Form eines globalen Controllers bzw. einer hierarchisch vernetzten Gruppe von Controllern erbracht werden.

Aus dem Vergleich von *Control Planes* im Internet beim Einsatz von LISP und in SD-WANs geht hervor, dass eine hybride Lösung für ein ERM-System als Vorbild zur Realisierung einer Control Plane in SD-WANs dienen kann (siehe [56], [71]).

8.4.1 Einsatz von IPsec im SD-WAN

In IP-Netzen nutzt man das Sicherheitsprotokoll IPsec, um die Übermittlung der Pakete gegen bösartige Angriffe – insbesondere gegen das Manipulieren und Mitlesen von Paketinhalten – zu wappnen [17]. Das Protokoll eignet sich aber auch zum Schutz der über das SD-WAN übermittelten IP-Paketen. Abb. 8.4-1 illustriert das allgemeine Funktionsprinzip von IPsec im SD-WAN.

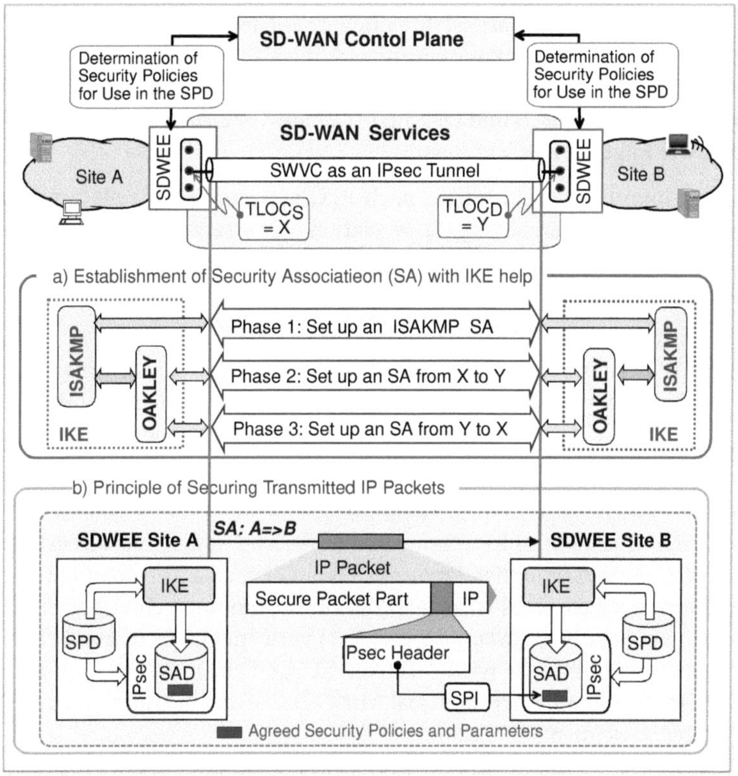

Abb. 8.4-1: Einsatz von IPsec im SD-WAN: a) Aufbau von Security Associations, b) Prinzip der gesicherten Übermittlung von IP-Paketen

IKE: Internet Key Exchange, ISAKMP: Internet Security Association and Key Management Protocol, OAKLEY: Oakley Key Determination Protocol, IP: Internet Protocol, SAD: Security Association Database, SDWEE: SD-WAN Edge Equipment, SPD: Security Policy Database, SPI: Security Parameter Index, SWVC: SD-WAN Virtual Connection, TLOC: Transport Locator

Wird IPsec im SD-WAN genutzt, müssen die beiden mit einem IPsec-Tunnel verbundenen SDWEEs vor dem Start der Übermittlung von Nutzdaten jeweils abstimmen, welches als *Security Policy* bezeichnetes Sicherheitsverfahren zum Einsatz kommen soll.

Security Association

Eine solche Sicherheitsvereinbarung wird als *Security Association* (SA) bezeichnet. Gegenstand einer Security Association sind z.B. die zu verwendende Verschlüsselungsmethode (*Encryption Method*) mit ihrer konkreten Konfiguration (*Encryption*

Parameters), die Gültigkeitsdauer der kryptographischen Schlüssel (*Key Validity Period*) und das Authentifizierungsverfahren (*Authentication Method*).

In diesem Umfeld spielt das Schlüsselmanagement (*Key Management*) als Teil des allgemeinen Sicherheitsmanagements eine zentrale Rolle. Zu seinen Aufgaben gehört gemeinhin die Verwaltung der kryptographischen Schlüssel, d.h. insbesondere die Generierung, die Aufbewahrung, der Austausch, die Verifikation und der Schutz sowie die Festlegung der Gültigkeitsdauer von Schlüsseln.

Hilfsprotokolle bei IPsec

Für die in Abb. 8.4-1a dargestellte Etablierung der Security Association im SD-WAN wurden drei Hilfsprotokolle spezifiziert, die als Bestandteil von IPsec zu betrachten sind: IKE (*Internet Key Exchange*), ISAKMP (*Internet Security Association and Key Management Protocol*) und OAKLEY (*Oakley Key Determination Protocol*). Sie lassen sich wie folgt kurz beschreiben:

IKE

- Das hybride Protokoll IKE nach RFC 4306 und 5282 regelt, wie ISAKMP und OAKLEY bei den Security Associations einzusetzen sind. Dazu spezifiziert IKE einzelne Betriebsarten (Modi), die vorab festgelegte Sicherheitsdienste zur Verfügung stellen.

ISAKMP

- Das zuerst in RFC 2048 standardisierte und später in RFC 4306 modifizierte Protokoll beschreibt das Verfahren der gegenseitigen Authentifizierung der beiden verbundenen Rechner, um zwischen ihnen eine gesicherte virtuelle Verbindung (sog. *ISAKMP Security Association*) aufbauen zu können. Über diese können anschließend Schlüsselinformationen nach dem Protokoll OAKLEY sicher ausgetauscht werden.

OAKLEY

- OAKLEY ist ein in RFC 2412 standardisiertes sog. Schlüsselbestimmungsprotokoll (*Key Determination Protocol*), das auf dem allseits bekannten Diffie-Hellman-Verfahren basiert. Es wird bei IPsec zur Bestimmung eines gemeinsamen und geheimen Schlüssels (*Shared Secret Key*) verwendet. Für diesen Schlüssel steht das Symbol SKEYID. Er wird nicht direkt zur Verschlüsselung eingesetzt, sondern dient nur als eine Art 'Material' zur Generierung von anderen bei IPsec verwendeten geheimen Schlüsseln.

Aufbau von Security Associations

Wie Abb. 8.4-1a zeigt, bezieht sich eine *Security Association* auf die Übermittlung von IP-Paketen in nur eine Transferrichtung. Da zwischen zwei kommunizierenden SDWEEs in der Regel aber in beiden Richtungen Daten ausgetauscht werden, muss für jede Richtung eine separate Security Association nach dem ISAKMP aufgebaut werden.

Sicherung der Datenübermittlung

Abb. 8.4-1b stellt dar, welche funktionalen Instanzen jede IPsec-fähige Systemkomponente (u.a. jede SDWEE) enthalten muss und worin das wesentliche Prinzip von IPsec während der Übermittlung eines IP-Pakets besteht. Wie hier zu sehen ist, verfügt jede SDWEE über eine *Security Policy Database* (SPD), in der abgelegt ist, welche Security Policies (z.B. welche Authentifizierungs-, Verschlüsselungsverfahren) von der SDWEE eingesetzt werden können. Jeder Eintrag in der SPD beschreibt zudem, welche Art des Datenverkehrs (z.B. nach der Quell- bzw. Ziel-IP-Adresse, nach der Anwendung usw.) geschützt werden soll, wie sie zu schützen ist und mit welchem Ziel dieser Schutz anzuwenden ist. Hierbei wird die SPD durch Controller in der SD-WAN Control Plane den aktuellen Anforderungen der Datenübermittlung entsprechend konfiguriert, und die in der SPD abgelegten Konfigurationsparameter werden beim Aufbau jeder Security Association mithilfe von OAKLEY abgefragt.

SPI im IPsec-Header

Abb. 8.4-1 vermittelt auch, dass in jedem gesicherten IP-Paket ein IPsec-Header enthalten sein muss.

Wie in Abb. 8.4-2 zu sehen ist, kann dieser aus einem *Authentication Header* (AH) oder einem *Encapsulating Security Payload* (ESP) bestehen oder sich sogar aus beiden zusammensetzen.

Security Association Database

Im IPsec-Header werden keine Angaben dazu gemacht, nach welchem Verschlüsselungsverfahren und mit welchem Schlüssel das betreffende IP-Paket verschlüsselt wurde. Angaben dieser Art werden nur in der Sicherheitsdatenbank, der *Security Association Database* (SAD) jedes kommunikationsbeteiligten Rechners gespeichert.

Security Parameter Index

Der IPsec-Header jedes geschützten IP-Pakets spielt eine enorm wichtige Rollle, enthält er doch den Parameter SPI (*Security Parameter Index*), der sich auf die betreffende Security Association bezieht und auf die Stelle in der SAD verweist, an der die Informationen über die Sicherheitsparameter (wie z.B. Verschlüsselungsverfahren und Schlüssel) gespeichert worden sind, die benötigt werden, um das empfangene und verschlüsselte IP-Paket zu entschlüsseln und es entsprechend weiterbearbeiten zu können.

SPI im IPsec-Header des empfangenen IP-Pakets kann quasi als 'Adresse' der Stelle in der SAD, an der die notwendigen Angaben zur Entschlüsselung des jeweiligen IP-Pakets gespeichert worden sind, betrachtet werden.

8.4.2 Datenübermittlung über das SD-WAN

Wie schon angedeutet, zielt IPsec im SD-WAN darauf, jedes einzelne IP-Paket vor Manipulation zu schützen – also Authentizität (*Authenticity*) und Integrität (*Integrity*) zu gewährleisten – und es verschlüsselt zu übertragen, um Vertraulichkeit (*Confidentiality*) zu garantieren.

Dies alles verlangt erweiterte Steuerungsangaben nach der IPsec-Spezifikation in jedem einzelnen Paket, die zu zwei Betriebsarten von IPsec führen:

- *Tunnel Mode* und
- *Transport Mode.*

Da beim Einsatz von IPsec im SD-WAN die erstgenannte Betriebsart von besonderer Bedeutung ist, soll kurz auf sie eingegangen werden.

IPsec-Header und Tunnel Modi

Bei der Realisierung der Betriebsart IPsec Tunnel Mode spricht man kurz von *IPsec-Tunneln*. Wie schon angedeutet, verlangt deren Einrichtung, dass jedes über den IPsec-Tunnel zu übermittelnde IP-Paket mit zusätzlichen Steuerungsangaben in Form eines speziellen IPsec-Headers versehen wird. Dieser kann wiederum aus den folgenden zwei Headern gebildet werden:

AH
- *Authentication Header,*

ESP
- *Encapsulating Security Payload.*

Über sie lassen sich in der Betriebsart *Tunnel Mode* von IPsec folgende Tunnel Modi realisieren:

- AH-Mode: Den IPsec-Header bildet nur AH.
- ESP-Mode: Den IPsec-Header bildet nur ESP.
- Mixed-Mode: Der IPsec-Header enthält AH und ESP.

Arten von IPsec-Tunneln

In Abhängigkeit von der Struktur des IPsec-Headers können (theoretisch) drei Arten von IPsec-Tunneln eingerichtet werden: *Tunnel im AH-Mode*, im *ESP-Mode* und im *Mixed-Mode*. In SD-WANs ist lediglich die Nutzung der nachfolgend beschriebenen IPsec-Tunnel im AH-Mode und im ESP-Mode von Relevanz [Abb. 8.4-2]. Wie aus diesem Bild hervorgeht, besteht die Besonderheit von IPsec-Tunnel(ing) darin, dass ein spezieller IPsec-Header dem IPv4-Header vorangestellt wird. Mit seiner Hilfe kann jedes einzelne IP-Paket auf dem gesamten Übermittlungspfad von Quell-SDWEE zu Ziel-SDWEE abgesichert werden. In allen Tunnel-Mode-Betriebsarten von IPsec wird noch ein zusätzlicher Tunnel IP Header (T-IP) dem IPsec-Header vorangestellt, der u.a. der Übermittlung der IPv4-Adressen beider TLOCs als Endpunkten einer *SD-WAN Virtual Connection* (SWVC) dient.

Es sei hervorgehoben, dass die Realisierung virtueller IPsec-Tunnel im SD-WAN den Vorteil hat, dass Quelle und Ziel der Kommunikation versteckt und während der Übermittlung von Daten in IPv4-Paketen über SD-WANs nur die TLOCs als Tunnel-Endpunkte sichtbar sind.

IPsec-Tunnel im AH-Mode

Abb. 8.4-2a illustriert die Übermittlung von IPv4-Paketen über IPsec-Tunnel im AH-Mode. Hier wird ersichtlich, dass sich diese Übermittlungsart dadurch auszeichnet, dass dem IPv4-Header der Header AH vorangestellt wird.

Wie aus Abb. 8.4-2 ersichtlich, werden sicherheitsrelevante Parameter im Tunnel-Mode als *Authentication Header* (AH) zwischen dem zusätzlichen *Tunnel IP Header* (T-IP) und dem Original-IP-Paket eingebettet. Dadurch kann für die Übermittlung über ein SD-WAN das ganze Original-IP-Paket in seiner ursprünglichen Form gesichert werden. Da der T-IP nur die Quell- und Ziel-IP-Adressen der beiden Tunnel-Endpunkte enthält, sind Quelle und Ziel der Kommunikation – wie schon gesagt – versteckt und nur die Tunnel-Endpunkte erkennbar.

Bei der Übermittlung im AH-Mode stehen folgende Sicherheitsdienste zur Verfügung:

- *Authentisierung der Datenquelle*: Um feststellen zu können, ob die Daten von dem 'wahren' Quellrechner stammen und somit Authentizität der Daten sichergestellt ist.
- *Überprüfung der Datenintegrität*: Um eine gezielte Verfälschung von Daten entlang des gesamten Übermittlungspfads zu erkennen.

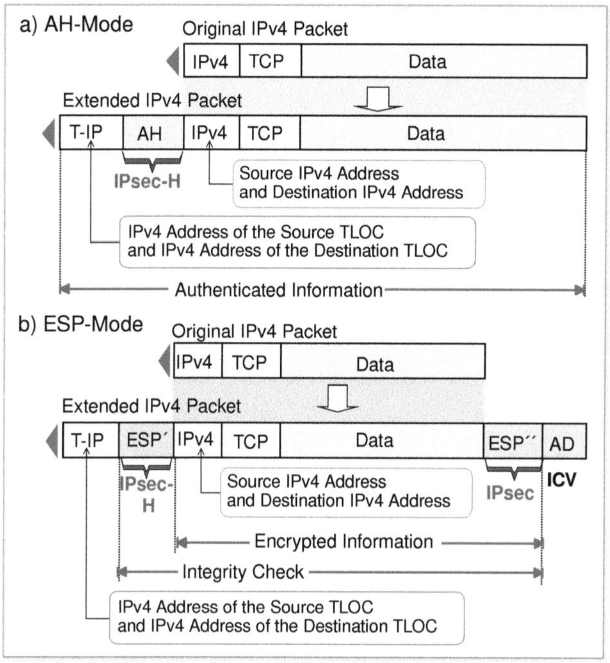

Abb. 8.4-2: Struktur über IPsec-Tunnel übermittelter IPv4-Pakete: a) im AH-Mode, b) im ESP-Mode

AD: Authentication Data as ICV, ESP: Encapsulating Security Payload, ESP´: ESP Header with the Fields SPI and Sequence Number, EPS´´: ESP-Trailer mit den Feldern Padding, Pad Length and Next Header, ICV: Integrity Check Value, IPsec: IP Security, IPsec-H: IPsec-Header,T-IP: Tunnel IP Header

- *Anti-Replay-Schutz*: Um zu verhindern, dass Angreifer mittels unterwegs mitgelesener und ausgewerteter Daten auf gespeicherte Daten im Zielrechner zugreifen können.

Die Angaben der im AH-Mode vorliegenden Sicherheitsdienste gewährleisten allerdings keine Vertraulichkeit. Denn die Daten werden in diesem Mode unverschlüsselt übermittelt und unterliegen damit dem Risiko, unterwegs gelesen, manipuliert und missbräuchlich verwendet zu werden.

IPsec-Tunnel im ESP-Mode

Die verschlüsselte Datenübermittlung kann über IPsec-Tunnel im ESP-Mode erfolgen. Die dazu nötige Erweiterung der IPv4-Pakete geht aus Abb. 8.4-2b hervor. In diesem Fall wird der ESP-Header (`ESP'`) zwischen dem zusätzlichen `T-IP` (Tunnel IP-Header) und dem Original-IPv4-Paket eingekapselt.

Nach dem Original-IP-Paket folgt der ESP-Trailer (`ESP''`). Das so erweiterte IPv4-Paket wird mit dem Feld `AD` (*Authentication Data Field*) abgeschlossen. Dieses Feld mit variabler Länge enthält eine als *Integrity Check Value* (`IVC`) bezeichnete Prüfsequenz, um die Datenintegrität am Ziel überprüfen zu können.

Während der Datenübermittlung im ESP-Mode stehen die folgenden Sicherheitsdienste zur Verfügung: Vertraulichkeit, Quellenauthentisierung, Datenintegrität und Anti-Replay-Schutz.

8.5 Schlussbemerkungen

Als SD-WAN wird eine Anwendung von *Software Defined Networking* (SDN) zur Bereitstellung virtueller Verbindungen über alle Arten von physischen WANs bezeichnet. Auf ihrer Grundlage können *Software Defined Virtual Private Networks* entsprechend dem aktuellen Bedarf schnell eingerichtet werden. Die Bereitstellung von Virtual Services im SD-WAN gilt als sehr aktueller und attraktiver Trend auf dem Gebiet Networking. In diesem Zusammenhang sind zusätzlich folgende Aspekte hervorzuheben:

- Auf der Basis von SD-WANs können private Netze von auf mehrere Standorte verteilten Unternehmen und Organisationen adaptiv – aktuellen Anforderungen entsprechend – gestaltet werden. Man spricht hierbei von *Adaptive Networking.*
- Die Control Planes in SD-WANs werden in Clouds eingerichtet. Im Hinblick auf SD-WAN wird auch von '*Cloud-native SD-WAN-as-a-Service*' und von '*Cloud-based SD-WAN-as-a-Service*' gesprochen.

IETF RFCs zum Thema SD-WAN

- RFC 2406: IP Encapsulating Security Payload (ESP), Nov. 1998; ersetzt durch RFC 4303 und RFC 4305,
- RFC 2408: Internet Security Association and Key Management Protocol (ISAKMP), Nov. 1998; ersetzt durch RFC 4306
- RFC 2412: The OAKLEY Key Determination Protocol, Nov. 1998
- RFC 4301: Security Architecture for the Internet Protocol, Dec. 2005
- RFC 4302: IP Authentication Header, Dec. 2005
- RFC 4303: IP Encapsulating Security Payload (ESP), Dec. 2005
- RFC 4305: Cryptographic Algorithm Implementation Requirements for Encapsulating Security Payload (ESP) and Authentication Header (AH), Dec. 2005
- RFC 5282: Using Authenticated Encryption Algorithms with the Encrypted Payload of the Internet Key Exchange version 2 (IKEv2) Protocol, Aug. 2008
- RFC 6241: Network Configuration Protocol (NETCONF), Jun. 2011
- RFC 6824: TCP Extensions for Multipath Operation with Multiple Addresses, Mar. 2020; ersetzt durch RFC 8684
- RFC 6830: The Locator/ID Separation Protocol (LISP), Jan.2013; ergänzt durch RFC 8113
- RFC 6836: Locator/ID Separation Protocol Alternative Logical Topology (LISP+ALT), Jan. 2013
- RFC 7296: Internet Key Exchange (IKEv2) Protocol, Oct. 2014; ergänzt durch RFC 7427, 7670 und 8247
- RFC 8113: Locator/ID Separation Protocol (LISP): Shared Extension Message & IANA Registry for Packet Type Allocations, Mar. 2017

Teil III

Das 'Internet der Dinge'

Internet of Things?

AI Overview (Google Suche, Aug. 2025):

> Das Internet der Dinge (IoT) bezeichnet das Netzwerk physischer Objekte, die mit Sensoren, Software und anderen Technologien ausgestattet sind, um Daten über das Internet zu sammeln und auszutauschen. Diese "Dinge" können von einfachen Alltagsgegenständen bis hin zu komplexen Industrieanlagen reichen und ermöglichen eine intelligente Vernetzung von Geräten und Systemen.

9 6TiSCH-Netzwerke für Industrial IoT

Das *Internet of Things* (IoT) hat eine enorme Bedeutung für die Industrie. Aus diesem Grund werden industrielle Sensor-Aktuator-Netzwerke (*Sensor Actuator Networks*, SAN), welche u.a. verschiedene Vernetzungen diverser industrieller Automaten und Roboter darstellen, auf eine spezielle Art und Weise in das Internet integriert.

Sie bilden einen wichtigen und besonderen Teil des IoT, der als *Industrial IoT* (IIoT) bezeichnet wird. Zum IIoT gehörende industrielle Netzwerke, die insbesondere zur Unterstützung der *Machine-to-Machine-Kommunikation* (M2M) eingesetzt werden, müssen besonders hohe QoS-Anforderungen (*Quality of Service*) erfüllen.

QoS für IIoT

Das mit *Time-Slotted Channel Hopping* (TSCH) bezeichnete Verfahren wurde konzipiert, um Netzwerke mit diesen QoS-relevanten Eigenschaften aufbauen zu können. Dieses Verfahren stellt eine spezielle, zeitsynchrone Realisierung des MAC-Protokolls (*Media Access Control*) zum Aufbau drahtloser, industrieller Netzwerke dar. Die auf TSCH basierenden Netzwerke werden *TSCH-Netzwerke* genannt.

Timeslot Hopping

Um die vor allem Übermittlungskapazität und -qualität betreffenden Eigenschaften drahtloser Data Links zwischen jeweils zwei benachbarten, als Knoten fungierenden Devices an geltende funktionelle und QoS-relevante Anforderungen anzupassen, ist in TSCH-Netzwerken ein spezielles Protokoll erforderlich. Hierfür wurde das *6top Protocol*, kurz 6P, entwickelt und besitzt eine große Relevanz für das IoT.

6P = 6top Protocol

Drahtlose Sensor-Aktuator-Netzwerke und somit auch industrielle Netzwerke werden als LR-WPAN (*Low-Rate Wireless Personal Area Networks*) oder kurz als WPAN bezeichnet. Sie sind im Standard IEEE 802.15.4 des *Institute of Electrical and Electronics Engineers* (IEEE) spezifiziert. Im Jahr 2012 wurde der MAC-Layer der in IEEE 802.15.4 spezifizierten WPANs u.a. um die Spezifikation TSCH erweitert. Diese erweiterte Fassung vom IEEE 802.15.4 wird als IEEE 802.15.4e bezeichnet.

Low Power/Low Rate Netzwerke

In TSCH-Netzwerken wird auf dem *Network Layer* das *Internet Protocol Version 6* (IPv6) in der an die Anforderungen dieser Netzwerke adaptierten und als 6LoWPAN (*IPv6 over Low-Power WPAN*) bezeichneten Fassung eingesetzt.

6LoWPAN

Das Protokoll IPv6, genauer seine an die WPANs adaptierte Fassung, muss aber noch für den Einsatz in drahtlosen industriellen TSCH-Netzwerken abgestimmt werden. Diese IPv6-Anpassung bezeichnet man als *IPv6 over TSCH*. Sie gilt als Schlüssel zum IPv6-Einsatz im industriellen Bereich und somit auch im IIoT.

IPv6 over TSCH

Die Konzepte und Protokolle für den Einsatz von IPv6 in TSCH-Netzwerken werden von der Working Group 6TiSCH (IPv6 over the TSCH mode of IEEE 802.15.4e) bei der Internet Engineering Task Force (IETF) koordiniert.

Dementsprechend spricht man im Zusammenhang mit IPv6 over TiSCH von 6TiSCH und bezeichnet Netzwerke mit *IPv6 over TiSCH* als 6TiSCH-Netzwerke.

6TiSCH = IPv6 /o TiSCH

Der Aufbau dieses Kapitels ist wie folgt:

- Zu Beginn erläutern wir kurz die Konzepte von TSCH und 6TiSCH und verweisen auf ihre Bedeutung im IoT, insbesondere im IIoT.
- Danach folgt die Darstellung der Protokollarchitektur von Devices mit TSCH, das Konzept von 6P und dessen Einsatz in 6TiSCH-Netzwerken wird entsprechend RFC 9030 detaillierter erläutert.
- Anschließend werden die wichtigsten 6P-Funktionen dargestellt sowie
- der Einsatz von 6P zum Connectivity Management anschaulich erklärt.
- Abschließend werden die beiden Arten von 6P-Transactions – nämlich 2-step und 3-step Transactions – erläutert und ihre Nutzungsmöglichkeiten diskutiert.

9.1 6TiSCH-Netzwerke

Ein *6TiSCH-Netzwerk* besteht normalerweise aus verschiedenen Devices wie Sensoren, Aktuatoren und Robotern, die das Protokoll TSCH (*Time-slotted Channel Hopping*) als MAC-Protokoll verwenden. Die Working Group 6TiSCH definiert eine Referenzarchitektur für 6TiSCH-Netzwerke, wie sie in Abb. 9.1-1a gezeigt wird. In diesen Netzwerken sind zwei Arten von Komponenten zu unterscheiden:

- *Border Router* und
- *6TiSCH Devices.*

Border Router

Zur Anbindung eines 6TiSCH-Netzwerkes an das herkömmliche Internet über ein Backbone fungiert ein Border Router als Gateway. In der Regel werden 6TiSCH-Netzwerke über mehrere dieser Router an Backbones angebunden.

Beim Konzept von 6P wird im Allgemeinen davon ausgegangen, dass 6TiSCH-Netzwerke sog. *Low-Power and Lossy Networks* (LLN) darstellen können.

6TiSCH-Devices als *LLN-Devices*

Folglich können 6TiSCH-Devices auch als sog. LLN-Devices angesprochen werden, die nur über beschränkte Ressourcen verfügen wie z.B. begrenzte Betriebsenergie und eine geringe Speicher- und Verarbeitungskapazität. Außer der eigenen Funktionalität unterstützen diese Devices in der Regel zusätzlich das *Forwarding* von 'fremden' MAC-Frames und realisieren somit quasi ein Routing nach dem IPv6 *Routing Protocol for LLNs*[1] (RPL). Für Näheres über RPL sei auf [17] Abschnitt 17.3 verwiesen.

Hops

Wie in Abb. 9.1-1a ersichtlich, kann die Kommunikation sowohl zwischen 6TiSCH-Devices untereinander als auch über mehrere Zwischen-Devices (eine Art Router/Forwarder) in mehreren 'Etappen', quasi Sprüngen (sog. *Hops*), zwischen LLN-Devices und Border Router verlaufen. In diesem Kontext unterscheidet man zwischen der *Single-Hop-* und der *Multi-Hop-Kommunikation.*

Kommunikation über Tracks

Bei ihnen sind wie in Abb. 9.1-1a gezeigt hinsichtlich der Verbindungscharakteristik zwei Kommunikationsarten realisierbar:

[1]LLN: Low Power and Lossy Networks

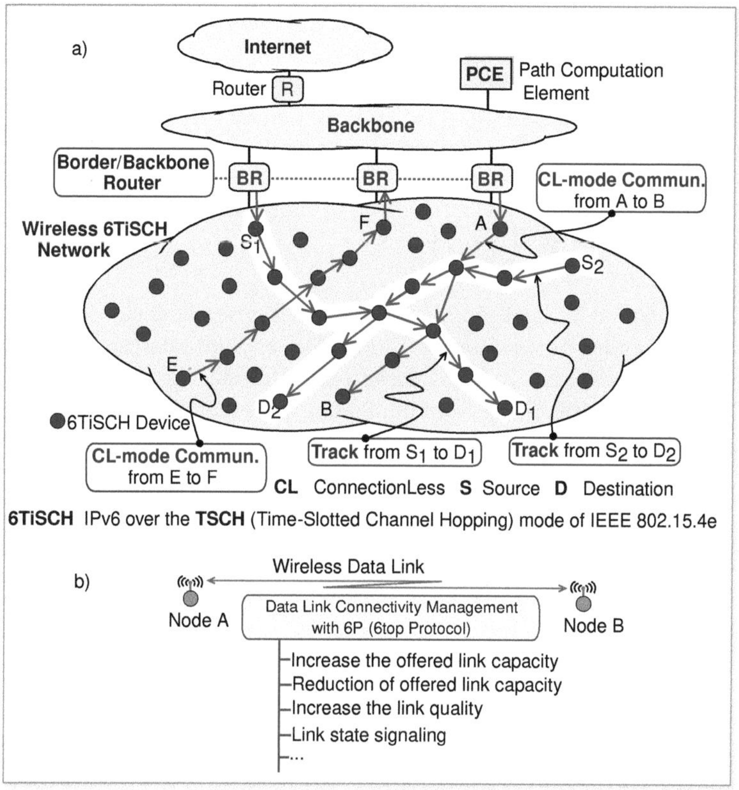

Abb. 9.1-1: 6TiSCH-Netzwerke und Einsatz von 6P: a) grundlegende Konfiguration von 6TiSCH-Netzwerken, b) Data Link Connectivity Management mit 6P (*6top Protocol* siehe Abschnitt 9.2)

- verbindungsorientierte (connection-oriented) Kommunikation über sog. *Tracks* und
- verbindungslose (connectionless) Kommunikation.

Tracks als unidirektionelle Datenpfade

Dazu sei angemerkt, dass ein Track einen unidirektionellen Datenpfad (Path) darstellt, der mittels einer gerichteten Kette von *Wireless Data Links* (WDL) gebildet wird und vor der Übermittlung von Nutzdaten explizit eingerichtet werden muss. Zu ihrer Einrichtung wurde eine zentrale, als *Path Computation Element* (PCE) bezeichnete Netzkomponente vorgesehen. Sie kann als eine Art 'Configuration Instance' von Tracks in 6TiSCH-Netzwerken angesehen werden.

6top Protocol

Abb. 9.1-1b zeigt die fundamentale Bedeutung von 6P in 6TiSCH-Netzwerken. Mittels 6P (siehe folgender Abschnitt) ist es möglich, zwei direkt kommunizierende, über einen WDL verbundene Devices in die Lage zu versetzen, den WDL an funktionelle und QoS-relevante Anforderungen zu adaptieren, z.B. seine Übermittlungskapazität durch die Einrichtung eines zusätzlichen Frequenzkanals zu vergrößern oder durch den Abbau eines bestehenden Frequenzkanals zu verringern.

Connectivity Management

Im Allgemeinen besteht die Aufgabe von 6P (siehe Abb. 9.2-5) darin, die funktionellen und qualitativen Fähigkeiten der Konnektivität zwischen zwei über einen WDL kommunizierenden Devices an die kontinuierlich neu entstehenden Anforderungen flexibel anzupassen. Daher kann von einem Management der Konnektivität (Connectivity Management) zwischen Devices in 6TiSCH-Netzwerken gesprochen werden.

9.2 Idee von TSCH

TSCH als FTDM-Verfahren

Dem Protokoll 6P liegt die Idee von TSCH zugrunde. Daher wird nun zwecks einer anschaulichen Erläuterung seines Konzepts und dessen Funktionen kurz die grundlegende Idee von TSCH dargestellt. Abb. 9.2-1 präsentiert sie am einfachen Beispiel einer drahtlosen Kommunikation zwischen den beiden Devices **A** und **B** und bringt zum Ausdruck, dass das Konzept TSCH eine besondere Variante des FTDM-Verfahrens (*Frequency-Time Division Multiplexing*) ist.

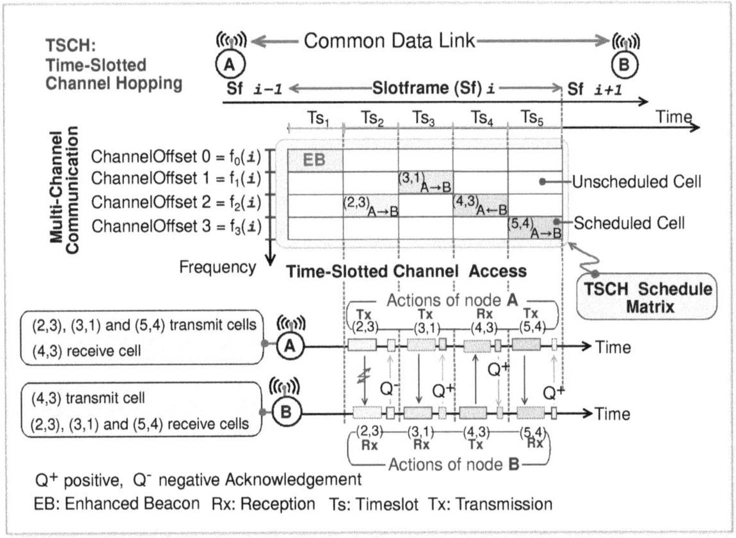

Abb. 9.2-1: Illustration der Idee von TSCH

Timeslots und Slotframes

Nach dem FTDM-Verfahren werden Slotframes einer konstanten Länge und mit einer festen Anzahl von Timeslots kontinuierlich und synchron übermittelt. Wegen der sehr kurzen Dauer der Timeslots macht solch eine synchrone Zeitaufteilung (Time Division) aber eine zeitlich sehr genaue Synchronisierung aller Nodes in einem TSCH-Netzwerk erforderlich. Die Dauer/Länge von Timeslots wird in IEEE 802.15.4e nicht festgelegt. Ihre Werte liegen im Bereich zwischen 10 ms und 15 ms; häufig wird 10 ms als typischer Wert angenommen. Die Timeslots können für die Übermittlung von MAC-Frames fast beliebig reserviert und belegt werden.

Channel Hopping

In den einzelnen Timeslots eines Slotframe werden verschiedene *Trägerfrequenzen* so verwendet, dass sich diese in jedem Timeslot im Zeitverlauf quasi zufällig sprunghaft ändern. Aus diesem Grund spricht man von *Frequency Hopping*. Da eine

Frequenz als Datenträger dient, wird sie hier als Trägerfrequenz bezeichnet. Und da sie sowohl eine Art Funkkanal (*Radio Channel*) als auch Frequenzkanal (*Frequency Channel*) darstellt, ist bei TSCH in diesem Zusammenhang von *Channel Hopping* die Rede.

Zuverlässigkeit mittels Quittungen

Es sei darauf hingewiesen, dass bei TSCH die hohe Zuverlässigkeit der Kommunikation gewährleistet wird. Diese vorteilhafte Eigenschaft von TSCH ist auch bei 6P von Bedeutung. Hier wird die angestrebte Zuverlässigkeit erreicht, indem jeder gesendete (Data-)Frame noch im gleichen Timeslot vom Empfänger in der inversen Richtung positiv oder negativ dem Sender quittiert wird. Es wird somit die Kontrolle jeder Frame-Übermittlung realisiert. Abb. 9.2-1 illustriert dies.

TSCH Schedule Matrix (TSM)

Wie Abb. 9.2-1 auch zeigt, lässt sich bei TSCH der Verlauf der Kommunikation innerhalb von Slotframes durch einen von vornherein festgelegten Zeitplan der Nutzung einzelner Timeslots in Form eines zweidimensionalen Musters, d.h. mittels einer *TSCH Schedule Matrix* (TSM), präzise und nachvollziehbar darstellen. Die Komponenten dieser Matrix werden Zellen (Cells) genannt. Sie entsprechen den Paaren (`ChannelOffset, Timeslot`). Daher definiert jedes Paar (`ChannelOffset-Number, Timeslot-Number`) die Koordinaten einer Zelle. Eine solche Matrix spezifiziert einen Vergabezeitplan von ChannelOffsets an einzelne Timeslots innerhalb eines Slotframe.

ChannelOffset

Abb. 9.2-1 verdeutlicht auch, dass mit *ChannelOffset als Quasi-Funkkanal* eine Art 'formaler Bezeichner' für einen Frequenzkanal gemeint ist, denn den einzelnen ChannelOffsets werden die realen Frequenzkanäle im Zeitverlauf dynamisch nach einem besonderen Algorithmus zugewiesen. Die Anzahl von ChannelOffsets bestimmt folglich die Anzahl von in jedem Timeslot zur Verfügung stehenden realen Frequenzkanälen. Da jeder Frequenzkanal als Funkkanal dient, bestimmt dementsprechend die Anzahl von ChannelOffsets auch die Anzahl der zu jedem Zeitpunkt möglichen Funkkanäle.

Die in Abb. 9.2-1 gezeigte Nummerierung von Timeslots $\texttt{Ts}_1$, $\texttt{Ts}_2$, ..., $\texttt{Ts}_5$ stellt eine lokale Nummerierung von Timeslots in einzelnen Slotframes dar. Eine wichtige Besonderheit von TSCH besteht darin, dass die synchron in der Zeit verlaufenden Slotframes fortlaufend nummeriert werden. Dementsprechend werden auch die einzelnen, in den fortlaufend nummerierten Slotframes gebildeten Timeslots fortlaufend, also de facto global nummeriert.

Enhanced Beacon (EB) als Control Frame

Eine wichtige Bedeutung in der TSM [Abb. 9.2-2] hat die Zelle mit den Koordinaten ($\texttt{TS}_0$, `ChannelOffset 0`), also die Zelle `(0,0)`. Sie wird in der Regel zum Versand eines speziellen *Control Frame* reserviert, und zwar des *Enhanced Beacon* (EB). Dieser Frame wird an alle Devices als Broadcast u.a. mit dem Ziel versendet, diese zeitlich zu synchronisieren und ein TSCH-Netzwerk zu konfigurieren. Die Struktur von EB und dessen Nutzung werden in IEEE 802.15.4e spezifiziert.

Da der EB im Timeslot $\texttt{TS}_0$ an alle Devices übermittelt wird, sind die restlichen ChannelOffsets – außer dem `ChannelOffset 0` – im Timeslot $\texttt{TS}_0$ nicht mehr zu benutzen.

9.2.1 TSCH Schedule Matrix (TSM)

Nachdem in Abb. 9.2-1 nur kurz auf die Bedeutung der TSM eingegangen wurde, veranschaulicht Abb. 9.2-2 ihre Nutzung am Beispiel einer einfachen Topologie der Vernetzung von TSCH-fähigen Nodes (Devices) in einem drahtlosen Netzwerk detaillierter. Abb. 9.2-2 erläutert außerdem die Interpretation geplanter (scheduled) Zellen der TSM in einzelnen Nodes.

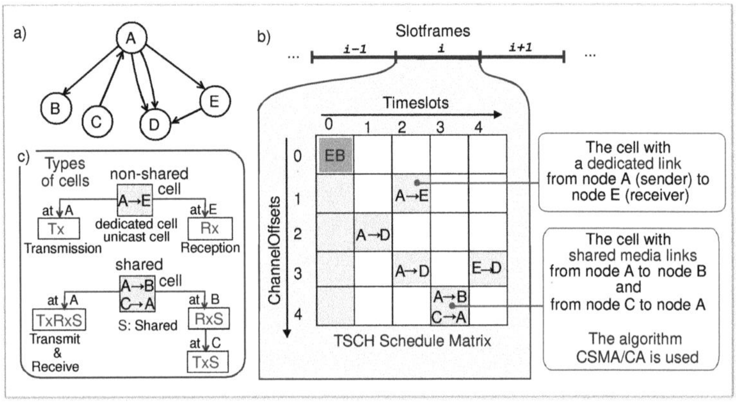

Abb. 9.2-2: Bedeutung der TSM: a) Topologie der Vernetzung in einem TSCH-Netzwerk, b) TSM zur Realisierung dieser Vernetzungstopologie,
c) Interpretation geplanter Zellen in einzelnen Nodes

Die in Abb. 9.2-2b dargestellte TSM mit 5 Spalten und 5 Zeilen liefert folgende Kommunikationsmöglichkeiten:

- Da der Timeslot 0 für den Versand von *Enhanced Beacon* (EB), also eines besonderen *Broadcast Frame*, reserviert wurde, finden sämtliche Übermittlungen von Frames kontinuierlich nur in *Slotframes* in den Timeslots 1, 2, 3 und 4 statt.
- In jedem dieser Timeslots stehen die ChannelOffsets 1, 2, 3 und 4 zur Übermittlung von Frames zur Verfügung. Diesen 4 ChannelOffsets werden die 4 Frequenzkanäle im Zeitverlauf dynamisch zugeordnet.

Zellen in der TSM

Die Nutzung geplanter Zellen in der TSM ist wie folgt zu interpretieren:

- Cell `(1,2)`
  Sie stellt einen dedizierten (separaten) und gerichteten drahtlosen Link von A nach E dar und ermöglicht in jedem Slotframe eine gerichtete Übermittlung eines Frames von A nach E.
- Cell `(2,1)`
  Sie stellt einen dedizierten und gerichteten drahtlosen Link von A nach D dar.
- Cell `(3,2)`
  Sie stellt, ebenso wie Cell `(2,1)`, einen dedizierten und gerichteten drahtlosen Link von A nach D dar.

- Cell (3,4)
  Sie stellt einen dedizierten und gerichteten drahtlosen Link von E nach D dar.
- Cell (4,3)
  Sie stellt einen gemeinsamen (shared media) drahtlosen Link für eine gerichtete Übermittlung sowohl von A nach B als auch von C nach A dar. Um eventuelle Kollisionen zu vermeiden, kann hier nach der TSCH-Spezifikation auch der bekannte Algorithmus CSMA/CA (*Carrier Sense Multiple Access/with Collision Avoidance*) verwendet werden.

Interpetation der TSM

Aus der Sicht von 6P ist die Interpretation der TSM (*TSCH Schedule Matrix*) in den einzelnen Nodes relevant. Mit der TSM wird jeder Node bzw. jedes Device im Netzwerk darauf hingewiesen, was in jedem Timeslot zu tun ist: senden, empfangen, senden und empfangen oder ruhen.

Typen von Zellen

Wie Abb. 9.2-2c zeigt, kann eine geplante und dedizierte Zelle (*Non-Shared Cell*) für einen *Node Transmit* (Tx) oder *Receive* (Rx) bedeuten. Dementsprechend kann eine geplante und nicht dedizierte Zelle (*Shared Cell*) für einen *Node Transmit* (TxS), *Receive* (TxS) oder *Transmit and Receive* (TxRxS) bedeuten.

Die soeben aufgelisteten Typen von Zellen in der Matrix TSM gelten als Grundbegriffe in der Spezifikation von 6P.

9.2.2 Multilayer-Protokollarchitektur

Wie bereits in Abb. 9.1-1b gezeigt wurde, wird 6P zur Realisierung von *Connectivity Management* (CM) zwischen jeweils zwei kommunizierenden Nodes in 6TiSCH-Netzwerken verwendet.

Von großer Bedeutung ist dabei die Tatsache, dass die CM-Funktion lediglich mittels von in MAC-Frames eingekapselten 6P-Nachrichten erbracht wird, ohne das Protokoll *6LoWPAN* (siehe Abschnitt 17.2 in [17]), d.h. das Layer-3-Protokoll, nutzen zu müssen. Dies bedeutet, dass 6P ein 'reines' Kontrollprotokoll darstellt und dieses dem Sublayer 2b[2] zuzuordnen ist.

Abb. 9.2-3 verdeutlicht dies und zeigt dabei die Protokollstruktur von Devices in 6TiSCH-Netzwerken.

TSCH als Data-Link-Protokoll

Das Verfahren TSCH nach IEEE 802.15.4e stellt eine Art *Data-Link-Protokoll* dar und wird in der Protokollarchitektur von Devices auf dem Sublayer 2a angesiedelt, genauer gesagt auf dem MAC-Sublayer. Dieser Sublayer wird oft als *TSCH Sublayer* bezeichnet.

Der *Physical Layer* in der Protokollarchitektur von Devices mit TSCH wird ebenso in IEEE 802.15.4e spezifiziert.

TSCH Sublayer 2b

Der Sublayer 2b von Devices in 6TiSCH Netzwerken stellt einen *Control Sublayer* nach 6P dar und wird als *6top-Sublayer* bezeichnet. Auf dem 6top-Sublayer wird 6P

[2] Im *Open System Interconnection* (OSI) Referenzmodell besitzt das *Logical Link Control* (LLC) Protokoll vergleichbare Aufgaben.

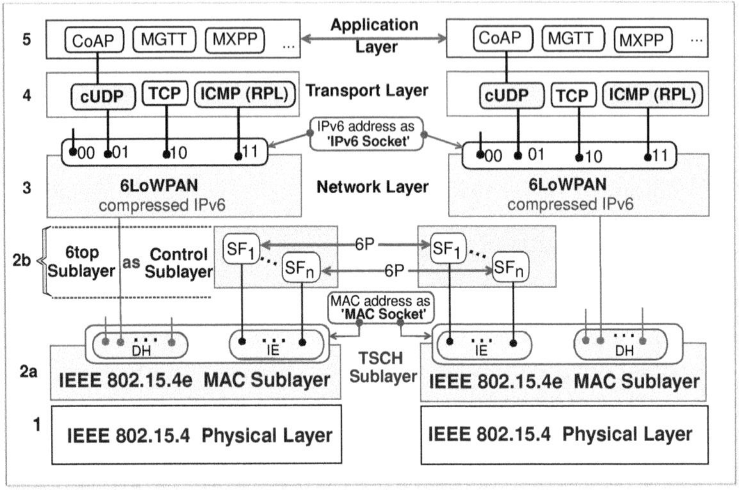

Abb. 9.2-3: Protokollarchitektur von Devices in 6TiSCH-Netzwerken mit 6LoWPAN

CoAP: Constrained Application Protocol, cUDP: compressed User Datagram Protocol, DH: Dispatch Header, ICMP: Internet Control Message Protocol, IE: Information Element, LLN: Low-Power and Lossy Networks, MGTT: Message Queueing Telemetry Transport, RPL: IPv6 Routing Protocol for LLNs, SF: Scheduling Function, TCP: Transmission Control Protocol, XMPP: Extensible Messaging and Presence Protocol

zur Ermöglichung von Connectivity Management zwischen zwei kommunizierenden Nodes angesiedelt.

Network Layer = IPv6 Adaption Layer

Der Network Layer innerhalb der Protokollstruktur von 6TiSCH-Devices wird in der Regel vom Protokoll 6LoWPAN erbracht und kann als *IPv6 Adaptation Layer* angesehen werden. Mit 6LoWPAN wird der Header des Protokolls IPv6 komprimiert und an die Besonderheiten von drahtlosen Netzwerken nach IEEE 802.15.4 angepasst. Für detaillierte Informationen darüber sei auf [17] verwiesen.

TiSCH MAC Frames

Jeder in 6TiSCH-Netzwerken übermittelte MAC-Frame kann sowohl ein komprimiertes IPv6-Paket als auch eine 6P-Nachricht enthalten. Enthält ein MAC-Frame ein komprimiertes IPv6-Paket, muss dieses Paket an den Network Layer mittels 6LoWPAN 'weitergeleitet' werden. Enthält ein MAC-Frame aber eine 6P-Nachricht, muss diese an den Control Sublayer (Sublayer 2b) 'übergeben' werden. Diese soeben geschilderte Übermittlung zweier Arten von Inhalten in MAC-Frames beeinflusst die Adressierung auf dem MAC-Layer.

Adressierung bei 6TiSCH-Devices

Die in Abb. 9.2-3 gezeigten Prinzipien der Adressierung in 6TiSCH-Devices lassen sich kurz wie folgt zusammenfassen:

- *MAC-Adressen als MAC-Sockets*
  Die MAC-Adressen von 6TiSCH-Devices kann man als virtuelle, mehrere Pins enthaltende Steckdosen oberhalb des MAC-Sublayer betrachten. Deshalb können solche MAC-Adressen quasi als MAC-Sockets angesehen werden.
- *Pins in MAC-Sockets*
  Pins ermöglichen die Adressierung sowohl von Instanzen im Control Sublayer

(Sublayer 2b) als auch von diesen im Network Layer (Layer 3) mit dem Protokoll 6LoWPAN. Hierbei sind zwei Arten von Pins zu unterscheiden:

- ▷ Pins, die zu den Instanzen im Network Layer 'führen', werden im *Dispatch Header* (DH) angegeben. Der DH wird in MAC-Frames mit 6LoWPAN-Paketen direkt nach dem MAC-Header, d.h. vor dem 6LoWPAN-Header, eingetragen.
- ▷ Pins, die zu den Instanzen im Control Sublayer 'führen', werden im sog. *Information Element* (IE) angegeben. Mit diesen Pins werden die *Scheduling Functions* (SF) innerhalb von Control Sublayers adressiert. Ähnlich wie der DH wird ein IE mit dem zu einer SF führenden Pin direkt nach dem MAC-Header und vor der eigentlichen 6P-Nachricht eingetragen.

- *IPv6-Adressen als IPv6-Sockets*
  IPv6-Adressen in 6TiSCH-Devices können – genau wie MAC-Adressen – als virtuelle, mehrere Pins enthaltende Steckdosen oberhalb des Network Layer dargestellt werden. Folglich kann man IPv6-Adressen auch als eine Art IPv6-Sockets ansehen.
- *Pins in IPv6-Sockets*
  Diese repräsentieren in 6TiSCH-Devices die Angabe *Next Header* (NH) in Paketen (siehe Abschnitt 17 in [17]) mit dem komprimierten IPv6-Header, also in 6LoWPAN-Paketen. Mit NH wird angegeben, welches Protokoll aus dem Transport Layer realisiert wird. Genau genommen ermöglichen Pins in IPv6-Sockets den Anschluss von Protokollinstanzen aus dem Transport Layer an 6LoWPAN-Instanzen innerhalb des Network Layer. In 6TiSCH-Devices ermöglichen Pins in IPv6-Sockets den Anschluss von Protokollinstanzen aus dem Transport Layer an die Instanz, die dem Protokoll 'compressed IPv6' entspricht.

Bei 6LoWPAN lässt sich die Angabe NH im IPv6-Header komprimieren. Der komprimierte Wert NH wird bei 6LoWPAN mit zwei Bit spezifiziert. Header-Komprimierung

> Die Angaben IPv6 und MAC im 'IPv6-Socket' bzw. 'MAC-Socket' verweisen darauf, dass es sich um Sockets als eine Art Steckdosen auf dem Network Layer (IPv6 Layer) bzw. auf dem MAC-Layer handelt und dass diese speziellen Sockets vom Begriff 'Socket' als Paar (IP Address, Port) zu unterscheiden sind.

Auf dem *Transport Layer* (Layer 4) im IoT kommt als Transportprotokoll hauptsächlich das verbindungslos arbeitende einfache *User Datagram Protocol* (UDP) zum Einsatz, wobei auch dessen Header komprimiert werden kann. Transport-Layer-Nutzung bei TiSCH

Folglich unterscheidet man zwischen *compressed UDP* (cUDP) und *non-compressed UDP* (ncUDP). 6LoWPAN unterstützt aber auch das verbindungsorientierte *Transmission Control Protocol* (TCP) und das *Internet Control Message Protocol* (ICMP). UDP wird für den Transport von Nachrichten des *Constrained Application Protocol* (CoAP) verwendet (siehe Abschnitt 17.4 in [17]).

Auf dem Transport Layer spielt ICMP eine wichtige Rolle. Mit seiner Hilfe können zwecks Management und Routing im IoT andere Protokolle als eine Art ICMP-Anwendung 'generiert' werden. RPL-Nachrichten (siehe Abschnitt 17.3 in [17]) stellen einen besonderen Typ von ICMP-Nachrichten dar.

Routing bei TiSCH

Somit kann das IPv6 *Routing Protocol for LLNs* (RPL) auf dem Transport Layer als eine modifizierte Variante von ICMP angesehen werden. Abb. 9.2-3 bringt auch dies zum Ausdruck.

9.2.3 Spezifikation von Tracks

Wie bereits in Abb. 9.1-1a gezeigt, können in 6TiSCH-Netzwerken sog. *Tracks* eingerichtet werden. Abb. 9.2-4a bringt zum Ausdruck, dass diese eine Art virtuelle, über mehrere Nodes verlaufende Verbindungen darstellen.

Interpretation von Tracks

Man kann sich einen Track als virtuelle Nachbildung einer Bahnlinie bzw. Zugverbindung vorstellen, die über mehrere Zwischenstationen verläuft. Dementsprechend kann man ein 6TiSCH-Netzwerk mit mehreren Tracks als virtuelles Abbild eines Schienennetzes ansehen. Dabei würden die Nodes im 6TiSCH-Netzwerk den Stationen im Schienennetz und die Data Links zwischen Nodes den Direktverbindungen zwischen Bahnstationen entsprechen.

Abb. 9.2-4a zeigt die zwei Tracks A→B und C→D, die über die zwei Nodes **X** und **Y** verlaufen. Sie würden einem Schienennetz mit vier Endstationen und zwei Zwischenstationen entsprechen.

Für jeden eingerichteten Track müssen die ihm entsprechenden Angaben in die *Network TSCH Schedule Matrix* (Network-TSM) eingetragen werden. Abb. 9.2-4b zeigt die diesem Beispiel entsprechende Network-TSM.

Die Network-TSM gibt an, welche Zellen zur Realisierung der beiden Tracks A→B und C→D geplant sind, und sie kann weitgehend mit dem Zugfahrplan für ein ganzes Schienennetz verglichen werden.

Die Koordinaten geplanter Zellen und die in ihnen gemachten Angaben bestimmen den Verlauf und die Realisierung von Tracks wie folgt:

- Die Koordinate `slotOffset` jeder geplanten Zelle besagt, wann, d.h. in welchem Timeslot, die Frame-Übermittlung stattfindet [Abb. 9.2-1].
- Die Koordinate `channelOffset` jeder geplanten Zelle bestimmt, auf welchem Funkkanal, d.h. über welcher Trägerfrequenz, die Frame-Übermittlung realisiert wird.
- Der Inhalt jeder geplanten Zelle bestimmt sowohl die beiden Endpunkte der Frame-Übermittlung als auch ihre Übermittlungsrichtung.

Es ist anzumerken, dass die zur Realisierung jedes Tracks geplanten Zellen gezielt reserviert werden müssen. Dies bedeutet, dass alle zur Track-Realisierung reservierten Zellen dediziert sind [Abb. 9.2-2].

Bedeutung der TSMs

Aus der Network-TSM, d.h. aus den für ein ganzes Netzwerk geltenden Vorgaben, müssen jene für einzelne Nodes abgeleitet und dort separat 'abgespeichert' werden. Wie Abb. 9.2-4c zeigt, erfolgt dies in Form von der Network-TSM ähnelnden Matrizen. Diese Matrizen enthalten aber im Gegensatz zu Network-TSMs nur Angaben, die für die einzelnen, an der Realisierung von Tracks beteiligten Nodes von Bedeutung sind.

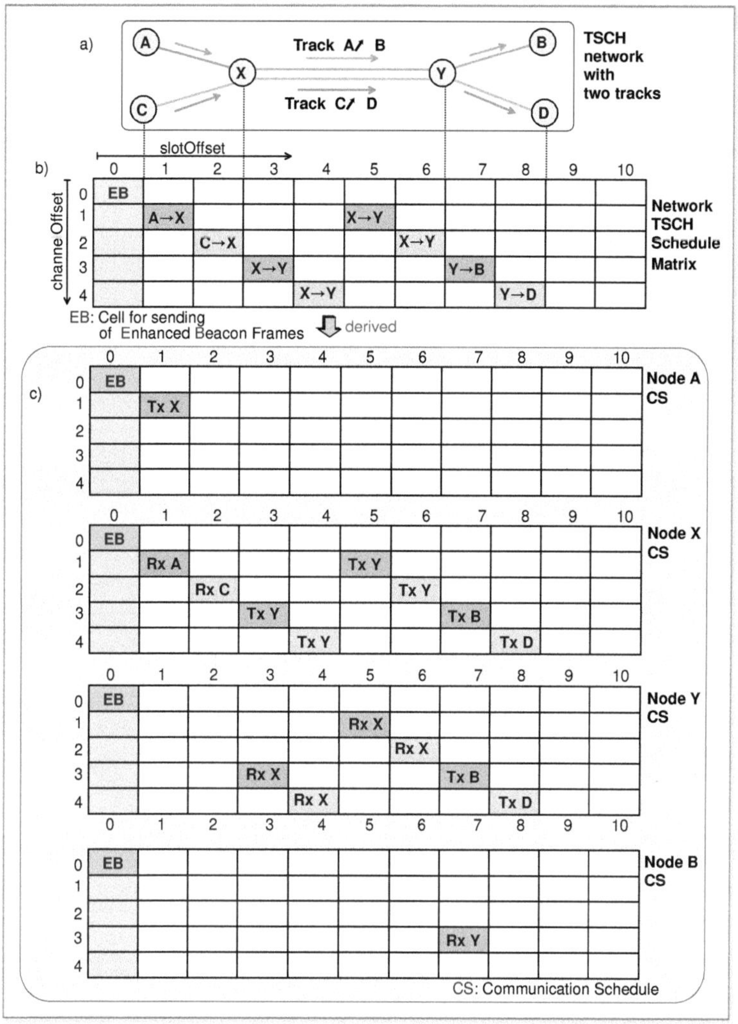

Abb. 9.2-4: Tracks in 6TiSCH-Netzwerken: a) Track-Interpretation, b) Track-Spezifikation in der Network-TSM, c) Track-Spezifikation in Communication Schedules einzelner Nodes

CS: Communication Schedule, EB: Enhanced Beacon Frame Cell

Die als *Communication Schedules* (Kommunikationszeitpläne) bezeichneten Angaben einzelner Nodes informieren einen Node bei der Realisierung eines Tracks darüber, von welchem Typ die für ihn geplanten Zellen sind: *Transmit* (Tx) oder *Receive* (Rx). Der einzelne Node erfährt so, wann er senden und wann er empfangen muss.

Communication Schedules

Es sei hervorgehoben, dass jede in der Communication Schedule eines Node geplante Zelle auf eine ihr entsprechende Speicheradresse im Node verweisen muss, wo weitere zur Übermittlung von MAC-Frames benötigte Angaben (MAC-, IPv6-Adresse, ...) abgespeichert sind.

Connectivity Management mit 6P

Im Folgenden geht Abb. 9.2-5 auf die wichtigsten Funktionen von 6P beim *Connectivity Management* (CM) zwischen zwei drahtlos verbundenen Nodes ein.

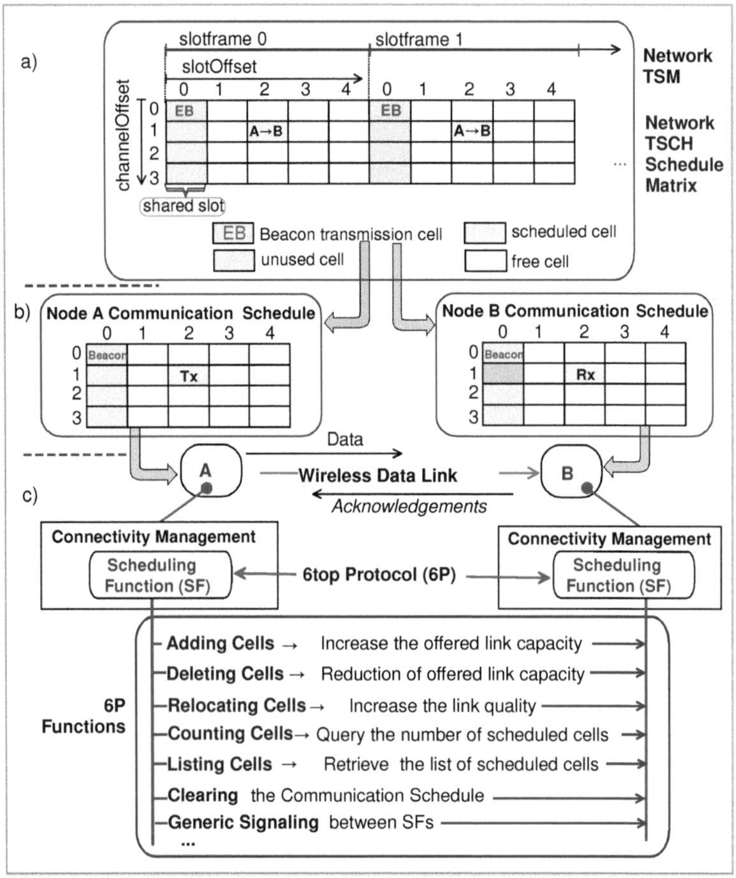

Abb. 9.2-5: Konzept des Connectivity Management mit 6P: a) Spezifikation von Data Link A → B in der Network-TSM, b) Schedules von Nodes A und B, c) wesentliche Funktionen von 6P

Information Elements

Abb. 9.2-5c verdeutlicht, dass Node **A** Daten und folglich auch 6P-Nachrichten als spezielle Payload-IEs (*Information Elements*) in MAC-Frames eingekapselt an Node **B** übermittelt (vgl. dazu Abb. 9.3-3 und Abb. 9.3-4).

Node **B** quittiert Node **A** diese Daten direkt im gleichen Timeslot entweder positiv oder negativ.

6P Scheduling Functions

6P wird innerhalb von *Control Sublayer* 2b angesiedelt (vgl. Abb. 9.2-3). Seine Instanz kann mehrere *Scheduling Functions* (SF) enthalten. Jede SF erledigt auf eine festgelegte Art und Weise eine Gruppe von Kontrollaufgaben. Diesbezüglich sei aber hervorgehoben, dass 6P nur zwischen zwei in verschiedenen Nodes untergebrachten und zueinander kompatiblen – also die gleiche Funktionalität besitzenden – SFs eingesetzt werden kann.

Die jeder SF zugeordnete Identifikation (SFID) identifiziert die von der SF erbrachten Funktionen. Dies hat zur Folge, dass 6P nur zwischen den die gleiche SFID besitzenden, in verschiedenen Nodes untergebrachten SFs verlaufen kann. Mithilfe von SFID kann somit die Kompatibilität zwischen SFs festgestellt werden.

Scheduling Function ID

9.2.4 Funktionen von 6P

Abb. 9.2-5 zeigt die wichtigsten Funktionen von 6P. Sie lassen sich kurz wie folgt zusammenfassen:

- Ein drahtloser TSCH-Link wird im Allgemeinen durch eine festgelegte Gruppe von Zellen in der Network-TSM spezifiziert.
  Alle zu dieser Gruppe gehörenden Zellen bestimmen die Übermittlungskapazität des Links. Diese kann durch das Hinzufügen einer oder mehrerer Zelle/n zu dieser Zellengruppe erhöht werden. Zu diesem Zweck wurden die 6P-Funktion *Adding Cells* mit den drei Typen der Nachricht `ADD` eingeführt, und zwar `Request`, `Response` and `Confirmation` [Abb. 9.4-2].

  Adding Cells: Erhöhung der Übermittlungskapazität von Links

- Durch das Löschen einer oder mehrerer Zelle/n aus der Zellengruppe eines Links kann dessen Übermittlungskapazität reduziert werden. Dies ermöglicht die 6P-Funktion *Deleteting Cells* mittels der Nachricht `DELETE`.

  Deleting Cells: Reduzierung der Übermittlungskapazität

- Durch eine *Relokation* (Austausch, Umlegung) einer oder mehreren Zelle/n in der Zellengruppe eines Links kann dessen Übermittlungsqualität erhöht werden, z.B. durch die Reduzierung infolge von Signalinterferenzen entstehender Störungen. Zur Durchführung einer Relokation wurde die 6P-Funktion *Relocating Cells* vorgesehen. Sie verwendet die Nachricht `RELOCATE` [Abb. 9.4-4].

  Relocating Cells

- Diese Funktion wurde eingeführt, um zwei über einen gerichteten Link verbundenen Nodes die Möglichkeit zu geben, jeweils bei seinem 'Partner'-Node die Anzahl von Zellen eines Typs abzufragen. Im Feld `CellOptions` dieser Nachricht kann angegeben werden, um welchen Typ Zellen es sich handelt (z.B. `Tx` oder `Rx`).

  Counting Cells: Abfrage von Zellen eines Typs

- Mit dieser Funktion kann ein Node bei seinem Partner-Node alle für den Link zwischen ihnen geplanten Zellen abfragen. Dies erfolgt mittels der Nachricht `LIST`.

  Listing Cells

- Mit dieser Funktion kann ein Node bei seinem Partner-Node alle Zellen eines Links löschen und diesen somit abbauen. Hierfür wird die Nachricht `CLEAR` verwendet.

  Clearing the Schedule

- Um zukünftig zwischen zwei Nodes diverse Nachrichten als eine Art *Generic Signaling* übermitteln zu können, wurde die Nachricht `SIGNAL` eingeführt. Sie dient quasi als Container zur Übermittlung von Nachrichten zwischen zwei SFs.

  Generic Signaling between SFs

9.3 Kommunikation über TSCH Data Link

Um die Bedeutung einiger 6P-Funktionen näher zu erläutern, zeigt Abb. 9.3-1 das Prinzip der Kommunikation über einen TSCH Data Link und illustriert dabei die Abbildung von Angaben in Communication Schedules der kommunizierenden Nodes auf die Realisierung von Frequenz- und Zeitmultiplexing auf dem gerichteten Data Link zwischen ihnen.

Das hier gezeigte Beispiel verdeutlicht außerdem die praktische Bedeutung von 6P, insbesondere seiner wichtigen Funktionen *Adding Cells*, *Deleting Cells* und *Relocating Cells*.

Communication Schedules

Wie aus Abb. 9.3-1 ersichtlich ist, können die *Communication Schedules* (CS) der beiden kommunizierenden Nodes **X** und **Y** auf das hier gezeigte Multiplexmodell des TSCH Data Link abgebildet werden, und zwar wie folgt:

- Zeilen in CSs der Nodes **X** und **Y**, d.h. die `ChannelOffsets`, können als Port in den *TSCH-Multiplexern* (TMUX) auf beiden Seiten des Data Link interpretiert werden. In diesen TMUXn sind nur die Ports aktiv, die den aktuell benutzten `ChannelOffsets` in den CSs entsprechen. Die belegten Ports in TMUXn repräsentieren somit de facto die aktiven, aktuell genutzten Frequenzkanäle auf dem Data Link.
- Spalten in CSs von Nodes **X** und **Y**, also die `SlotOffsets`, können auf die Timeslots auf dem Data Link abgebildet werden. Auf ihm sind nur die Timeslots aktiv, die den benutzten `SlotOffsets` in den CSs entsprechen. Die `SlotOffsets`, in denen die für den Link **X**→**Y** geplanten Zellen enthalten sind, repräsentieren somit die aktiven Timeslots auf diesem Data Link.

> Es sei hervorgehoben, dass die Übermittlung jedes Frames auf jedem Port vom Empfänger entweder positiv oder negativ – direkt im gleichen Timeslot – quittiert wird. Bei einer negativen Quittierung wird der Frame bei der nächsten Möglichkeit wiederholt auf demselben Port übermittelt. Abb. 9.3-1d bringt dies zum Ausdruck.

9.3.1 Struktur der 6P MAC-Frames

Wie in Abb. 9.2-3 gezeigt, stellt der TSCH-Sublayer in der Protokollarchitektur von IoT-Devices nur den MAC-Sublayer 2a nach IEEE 802.15.4e dar. Demzufolge entspricht die Struktur von MAC-Frames bei TSCH vollkommen der Struktur von MAC-Frames nach IEEE 802.15.4. Abb. 9.3-2 illustriert die Struktur dieser MAC-Frames und erläutert, wie 6P-Nachrichten hierin übermittelt werden.

Begrenzung der Payload- Länge

Insbesondere wird hier zum Ausdruck gebracht, dass die maximale Länge von PHY-Payload, d.h. die maximale Länge von MAC Data Frames mit den in ihnen eingekapselten IPv6-Paketen, auf 127 Byte begrenzt ist. Demzufolge ist die Komprimierung von Overhead in IPv6-Paketen, also des IPv6- und des UDP-Headers, in WPANs mit TSCH absolut unabdingbar. Deshalb wird hier als Protokoll auf dem Layer 3 im IoT das 'compressed IPv6', de facto 6LoWPAN[3], eingesetzt.

Der Header in MAC-Frames wird so strukturiert, dass unterschiedliche Typen von MAC-Frames generiert und in diesen verschiedene Arten von Steuerungsangaben als besondere Nutzlast übermittelt werden können.

[3]Näheres zu 6LoWPAN findet sich in Abschnitt 17.2 in [17].

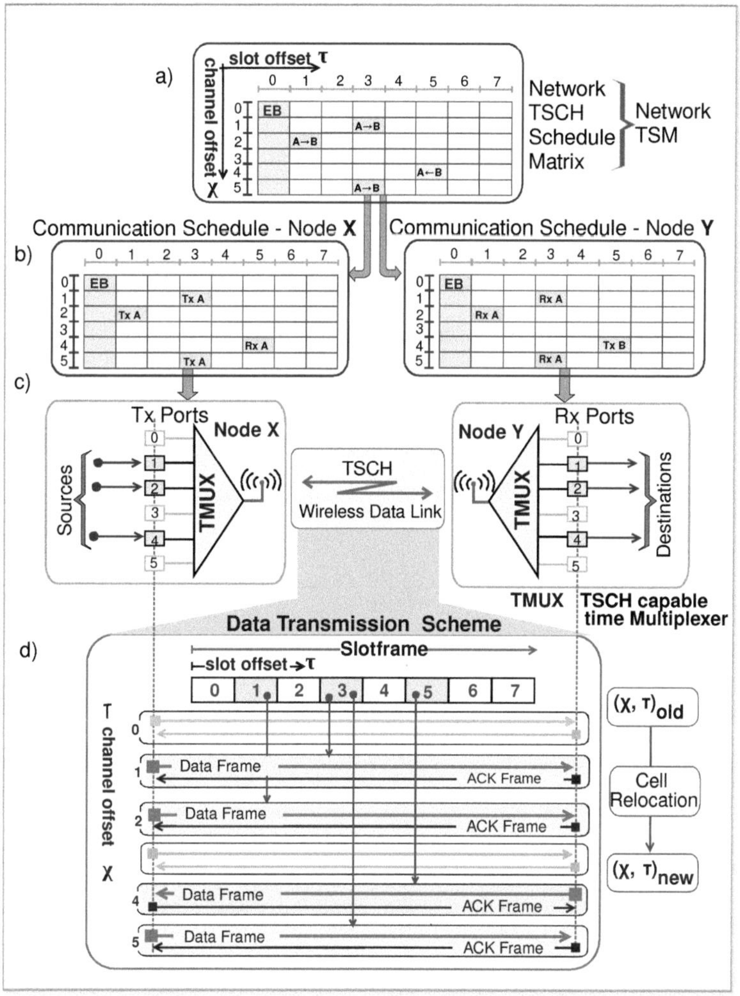

Abb. 9.3-1: Modell zur Spezifikation und Übermittlung von MAC-Frames über einen drahtlosen und gerichteten TSCH Data Link: a) Spezifikation des Link X→Y in der Network-TSM, b) Communication Schedules der Nodes A und B, c) Multiplexmodell des Wireless Data Link X→Y, d) Frequenz- und Zeitmultiplexing auf dem Link X→Y.

EB: Enhanced Beaconing Cell

Man spricht in diesem Zusammenhang von *MAC Control Frames*. Ein MAC-Frame kann somit einen *Control Frame* darstellen. Um welchen Type *Control Frame* es sich handelt, wird innerhalb des MAC-Headers im Feld `Frame Control` als Angabe `Frame Type` eingetragen. Abb. 9.2-3 illustriert dies. So steht z.B. 000 für *Beacon Frame*, 001 für *Data Frame*, 010 für *Acknowledgement* und 011 für *MAC Command Frame*.

Control Frames

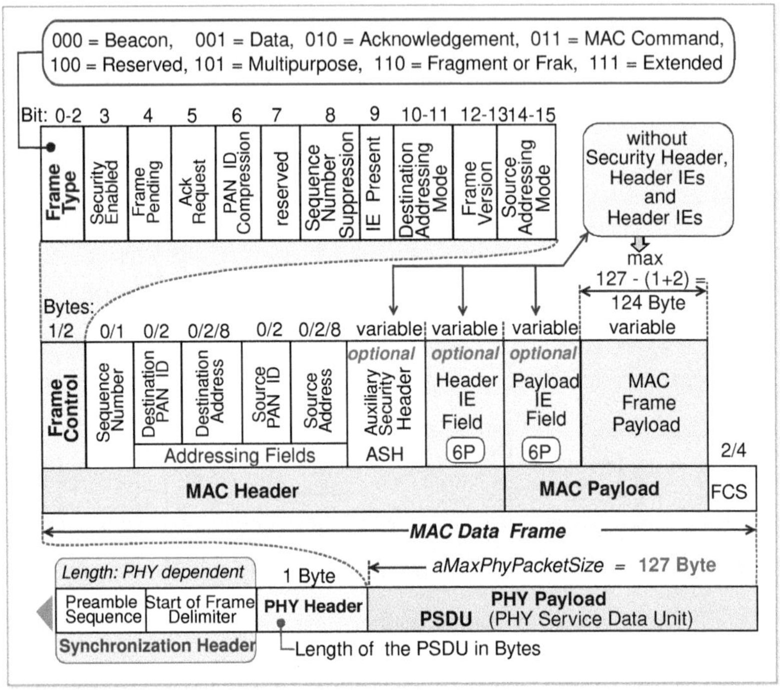

Abb. 9.3-2: MAC-Frames in 6TiSCH-Netzwerken nach dem Standard IEEE 802.15.4 LR-WPAN aus dem Jahr 2015

FCS: Frame Check Sequence, IE: Information Element, PAN ID: Personal Area Network Identifier, PHY: Physical Layer

Bei 6P spielen die in den IE-Fields (*Information Element*) von MAC-Frames übermittelten IEs eine besondere Rolle. Sie dienen quasi als Container zur Übermittlung diverser Steuerungsangaben und auch Nutzdaten (*Payload*) nach 6P.

Information Elements

In einem MAC-Frame können mehrere, diesem Zweck dienende IEs übermittelt werden. Wie Abb. 9.3-2 illustriert, können in einem MAC-Frame enthalten sein:

Type 1

- ein *Header-IE Field*, oft mit mehreren Header-IEs (Type 1), als Teil des MAC-Headers und

Type 2

- ein *Payload-IE Field*, oft mit mehreren Payload-IEs (Type 2), als *MAC-Payload.*

Auf diese Art und Weise werden verschiedene IEs zur Übermittlung von 6P-Nachrichten mit Daten und Steuerungsangaben zwischen *Scheduling Functions* eingesetzt. Im Weiteren wird näher erläutert, wie dies erfolgt.

Kategorien von MAC-Frames in 6TiSCH-Netzwerken

In 6TiSCH-Netzwerken werden zwischen zwei miteinander kommunizierenden Nodes zwei Kategorien von MAC-Frames übermittelt [Abb. 9.3-3]. Zur ersten Kategorie gehören Frames, die komprimierte IPv6-Pakete mit sich führen. MAC-Frames dieser Kategorie übermitteln Anwendungsdaten zwischen Applikationen in beiden kommunizierenden Nodes. Zur zweiten Kategorie gehören MAC-Frames, die

Payload-IEs mit sich enthalten. Diese Frames übermitteln in Payload-IEs nach 6P die Daten zwischen den innerhalb des Control Sublayer 2b angesiedelten *Scheduling Functions.*

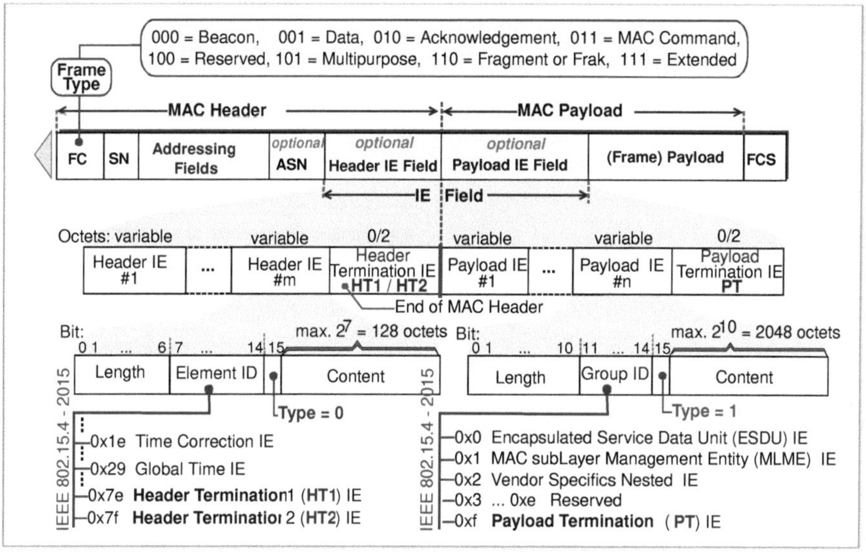

Abb. 9.3-3: Struktur und Nutzung von Information Elements (IE)
ASN: Absolut Slot Number, FC: Frame Control, FCS: Frame Check Sequence, SN: Sequence Number

Header- und Payload-IEs

Wie bereits oben erwähnt und in Abb. 9.3-3 zu sehen ist, werden zwei IE-Typen eingesetzt, *Header-IE* (`Type 1`, HT1) und *Payload IE* (`Type 2`, HT2), die beide die gleiche Struktur aufweisen.

Allgemein betrachtet übermittelt ein IE bestimmte Inhalte, die als Content bezeichnet werden. Um seine Bedeutung näher zu beschreiben, wird ihm ein IE-Header vorangestellt. Dieser Header enthält in den beiden IE-Typen die gleiche Art von Feldern bzw. Angaben. Die einzelnen Felder im IE-Header sind:

- `Length` mit der Angabe der Länge des ganzen IE,
- `Element-ID` im Header-IE bzw. Group-ID im Payload-IE mit der Angabe der Identifikation des betreffenden IE. Diese Angabe bestimmt die Bedeutung bzw. Funktion des `IE`. Abb. 9.3-4 zeigt auch, um welche Angaben es sich handelt.

Header Termination

Es sei hervorgehoben, dass die Header-IEs am Ende des MAC-Headers übermittelt werden. Daher muss markiert werden, wann der MAC-Header zu Ende ist und dementsprechend die MAC-Payload beginnt. Hierfür wurden zwei spezielle Header-IEs vorgesehen: *Header Termination 1* (`HT1`) und *Header Termination 2* (`HT2`).

Die Payload-IEs werden zu Beginn der MAC-Payload übermittelt, d.h. direkt nach einem *Header Termination-IE.* Da in der MAC-Payload mehrere Payload-IEs enthalten sein können, muss eine Folge von Payload-IEs stets mit einem speziellen *Payload Termination-IE* markiert werden.

9.3.2 6P-Nachrichten

Wie schon erwähnt, werden 6P-Nachrichten in MAC-Frames als Content in Payload-IEs übermittelt. Da Payload-IEs als universelle Container zur Realisierung auch anderer Protokolle (außer 6P) dienen sollen, wurde zur Übermittlung von 6P-Nachrichten ein Payload-IE vom `Type 1` mit `Group-ID=0x1` vorgesehen. Hierbei wird mit Subtype-ID auf '6top IE' hingewiesen, also darauf, dass in diesem Payload-IE eine 6P-Nachricht als Content übermittelt wird. Abb. 9.3-4a bringt dies zum Ausdruck.

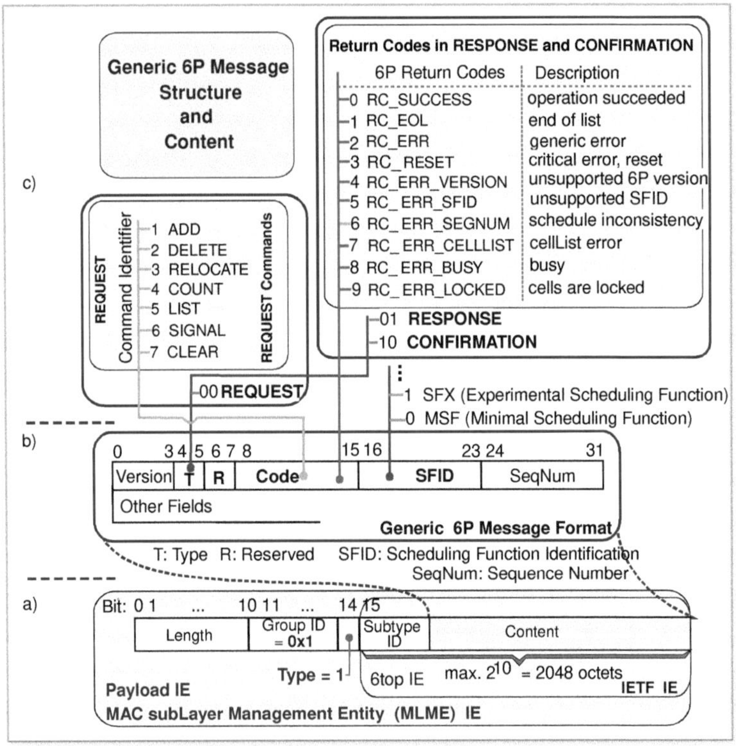

Abb. 9.3-4: 6P-Nachrichten: a) Payload IE als Container für 6P-Nachrichten, b) generisches Format von 6P-Nachrichten, c) Typen von 6P-Nachrichten

Abb. 9.3-4b zeigt das generische Format von 6P-Nachrichten. Es sei angemerkt, dass 6P nach dem Prinzip 'Request und Response' funktioniert. Dies bedeutet, dass eine Seite ein Request, quasi ein Kommando, sendet und die andere Seite mit einem Response antwortet.

Dabei werden aber einige Responses noch mit 6P-Nachrichten vom Typ *Confirmation* bestätigt. Daher unterscheidet man bei 6P zwischen drei Typen von 6P-Nachrichten: *Request*, *Response* und *Confirmation*.

Im Header von 6P-Nachrichten können folgende Angaben stehen:

- `Version`: Hier wird die Version von 6P eingetragen, d.h. zurzeit die Version 0 (Stand: Mai 2018).
- `T` (*Type*): In diesem Feld wird angegeben, von welchem Typ die betreffende 6P-Nachricht ist: `Request`, `Response` oder `Confirmation`.
- `R` (*Reserved*): Diese zwei Bits sind zurzeit für eventuelle zukünftige Erweiterungen von 6P reserviert.
- `Code`: Hier wird die Bedeutung einzelner Typen von 6P-Nachrichten angegeben, d.h. Request, Response oder Confirmation. Abb. 9.3-4c zeigt, um welche 6P-Nachrichten es sich dabei handelt. Es sei aber angemerkt, dass die Angabe Code in Requests als Command-ID (Identification), in Responses und in Confirmations als Return Code interpretiert wird.
- `SFID`: Hier wird die Identifikation der Scheduling Function (SF) angegeben. 6P-Nachrichten werden nur zwischen zwei SFs mit der gleichen SFID übermittelt.
- `SeqNum` (*Sequence Number*): Diese Angabe kann als Nummer einer 6P-Transaction [Abb. 9.3-4b] betrachtet werden. Mit SeqNum können einer Transaction die beiden Nachrichtentypen `Request` und `Response` bei einer 2-step Transaction oder die drei Nachrichtentypen `Request`, `Response` und `Confirmation` bei einer 3-step Transaction zugeordnet werden.

9.4 6P-Transactions

Die wichtigste Funktion von 6P bei Connectivity Management zwischen zwei Nodes besteht in der Gewährleistung der erforderlichen Übermittlungskapazität und -qualität.

Hierfür muss in der Network-TSM eine bestimmte Anzahl von Zellen – als eine Art Netzwerkressource – reserviert werden. Wurde ein Reservierungsvorgang bereits initiiert, so muss er entweder erfolgreich beendet oder, sollte ein Fehler auftreten, vollkommen rückgängig gemacht werden.

Dies bedeutet, dass ein Reservierungsvorgang die Eigenschaften einer Transaktion besitzt. Aus diesem Grund wird bei 6P eine vollständige Verhandlung zweier Nodes zwecks der Reservierung bzw. Freigabe von Netzwerkressourcen oder der Änderung einer bestehenden Reservierung als 6P-Transaction bezeichnet.

Reservierung von Sendezellen

Da Zellen in der Network-TSM als Netzwerkressource anzusehen sind, muss zur Reservierung, Freigabe bzw. Relokation reservierter Zellen (d.h. zur Änderung ihrer Koordinaten in der Network-TSM) immer eine Transaktion zwischen zwei Nodes durchgeführt werden.

Bei der Spezifikation von 6P wird angenommen, dass eine Transaktion zwischen den beiden Nodes **A** und **B** stattfindet und der Node **A** immer als Initiator von Transaktionen agiert. Dies bedeutet, dass Node **A** immer der Absender von 6P-Nachrichten vom Typ Request ist und Node **B** als Antwort darauf immer eine 6P-Nachricht vom Typ *Response* sendet.

Abhängig davon, welcher Node zuerst in der Network-TSM die Zellen zur Reservierung, Freigabe oder Relokation vorschlägt, unterscheidet man bei 6P zwischen den folgenden zwei Arten von Transaktionen:

- *2-step 6P-Transaction*
  Falls die Zellen zuerst vom Initiator der Transaktion, also Node **A**, ausgewählt und in einem Request vorgeschlagen werden.
- *3-step 6P-Transaction*
  Falls die Zellen zuerst vom Node **B** ausgewählt und in einem Response vorgeschlagen werden.

6P-Nachrichten werden in MAC Data Frames (Layer 2 Frames, kurz L2-Frames) übermittelt, und jeder in einem Timeslot gesendete L2-Frame wird im gleichen Timeslot mit einem ACK L2 Frame (Acknowledgement) entweder positiv oder negativ bestätigt [Abb. 9.3-1d]. Diese Besonderheit des TSCH-Sublayer ist von entscheidender Bedeutung bei 6P.

9.4.1 Hinzufügen von Zellen

Abb. 9.4-1 illustriert die beiden Arten von 6P-Transactions am Beispiel einer Erhöhung der Übermittlungskapazität durch das Hinzufügen von Zellen zu einer Network-TSM [Abb. 9.3-1]. Für die Strukturen hier verwendeter 6P-Nachrichten sei auf Abb. 9.4-2 verwiesen.

Sequence Number

Bei 6P-Transactions hat die Angabe `SeqNum` (*Sequence Number*) in 6P-Nachrichten eine wichtige Funktion. Sie ist in allen 6P-Nachrichten während jeder 6P-Transaction gleich und dient als Identifikation aller zu einer 6P-Transaction gehörenden 6P-Nachrichten. Folglich kann die Angabe `SeqNum` auch als Nummer einer 6P-Transaction angesehen werden.

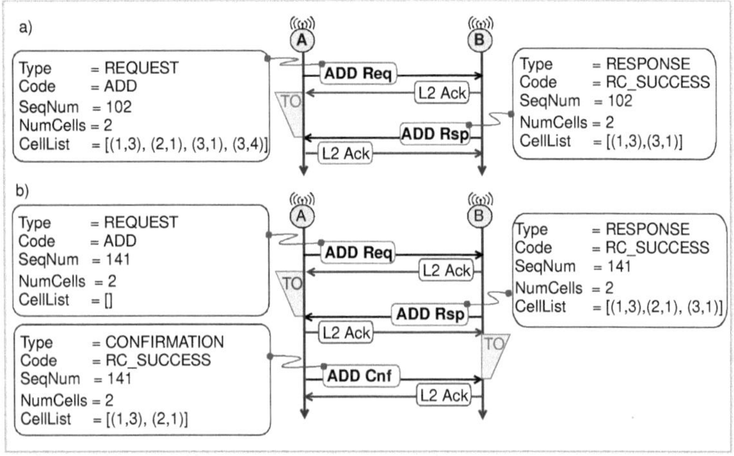

Abb. 9.4-1: Verlauf von 6P beim Hinzufügen von Zellen nach einer: a) 2-step 6P-Transaction, b) 3-step 6P-Transaction

L2 Ack: Layer 2 Acknowledgement, TO: TimeOut

Um das Hinzufügen von Zellen nach einer 2-step 6P-Transaction [Abb. 9.4-1a] zu veranlassen, sendet Node **A** an Node **B** eine 6P-Nachricht *ADD Req* vom Typ `REQUEST` mit der Angabe der Anzahl gewünschter zusätzlicher Zellen als `NumCells=2`. Die besondere Eigenschaft von 2-step 6P-Transactions besteht darin, dass Node **A** (als Initiator) an Node **B** eine Vorschlagsliste, `CellList=[(1,3),(2,1),(3,1),(3,4)]`, von ihm vorgeschlagener Zellen übermittelt. Zellen-Vorschlagsliste

Node **B** wählt dann aus der Vorschlagsliste von Node **A** die am besten geeigneten Zellen aus und übermittelt deren Auflistung an Node **A** auf seiner Antwortliste `CellList=[(1,3),(3,1)]`. Daraufhin werden die auf der Antwortliste von Node **B** eingetragenen Zellen in die Network-TSM zur Nutzung zwischen den Nodes **A** und **B** übernommen.

Hinzufügen nach 3-step 6P-Transaction

Auch bei dieser Art 6P-Transaction [Abb. 9.4-1b] sendet Node **A** eine 6P-Nachricht *ADD Req* mit der Angabe der Anzahl gewünschter zusätzlicher Zellen, d.h. `NumCells=2`, an Node **B**, um deren Hinzufügen zu veranlassen.

Die Besonderheit jeder 3-step 6P-Transaction besteht im Vergleich mit einer 2-step 6P-Transaction darin, dass Node **A** (als Initiator) an Node **B** eine leere Vorschlagsliste sendet, d.h. `CellList=[]`. Als Antwort darauf übermittelt Node **B** an Node **A** eine 6P-Nachricht `RC_SUCCESS` (RC: Return Code) vom Typ `RESPONSE` mit einer Vorschlagsliste von ihm ausgewählter Zellen, `CellList=[(1,3),(2,1),(3,1)]`. Leere Vorschlagsliste

Node **A** wählt die am besten geeigneten 2 Zellen aus der Vorschlagsliste von Node **B** aus und übermittelt an diesen eine 6P-Nachricht `RC_SUCCESS` vom Typ `CONFIRMATION` mit seiner Antwortliste, `CellList=[(1,3),(2,1)]`, mit der Angabe über die ausgewählten Zellen. Daraufhin werden die auf der Antwortliste von Node **A** eingetragenen Zellen in die Network-TSM zur Nutzung zwischen den Nodes **A** und **B** übernommen.

Nachrichten zum Hinzufügen von Zellen

Um verschiedene Listen von Zellen (CellLists) zu übermitteln, müssen die einzelnen, in Abb. 9.4-1 gezeigten 6P-Nachrichten vom Typ `ADD` eine besondere Struktur besitzen. Abb.9.4-2 zeigt diese und illustriert dabei, wie die verschiedenen Nachrichtentypen *Request*, *Response* und *Confirmation*, z.B. `ADD`, `DELETE`, `RELOCATE`, mittels der Parameter `T` (*Type*) und *Code* generiert werden.

Beim Hinzufügen von Zellen zu einer Network-TSM gilt als 'zentrale' Angabe die `CellList`, eine Auflistung der hinzuzufügenden Zellen. Wie aus Abb. 9.4-2b ersichtlich, kann eine `CellList` eine Reihe von Zellen enthalten. Dabei wird jede durch ihre Koordinaten (`slotOffset`,`channelOffset`) spezifiziert. Folglich besteht eine `CellList` aus einer Reihe von 32 Bit langen Codewörtern mit `slotOffset` und `channelOffset` einzelner Zellen. 32 Bit CellList

Von großer Bedeutung sind die Felder `Metadata` und `CellOptions` in 6P *ADD Requests*, denn

- im Feld `Metadata` können bestimmte Angaben zwischen SFs in beiden kommunizierenden Devices übermittelt werden;

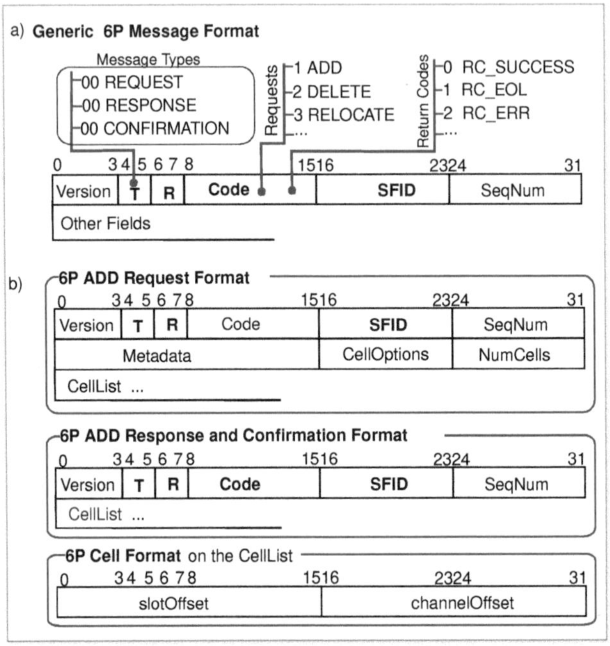

Abb. 9.4-2: Struktur von 6P-Nachrichten zum Hinzufügen von Zellen: a) Generic 6P Message Format, b) 6P-Nachrichten vom Typ ADD

R: Reserved, SFID: Scheduling Function Identification, SeqNum: Sequence Number

- in Form von `Cell Options` wird die Nutzungsart – `Tx` oder `Rx` [Abb. 9.2-5] – einzelner Zellen in beiden Devices nach einem speziellem Bitmap-Muster eingetragen [Abb. 9.2-2c].

Relokation von Zellen

Kommen bei der Übermittlung von MAC-Frames oft Kollisionen vor, so kann durch den Austausch von zur Kommunikation vorgesehener Timeslots, also eine neue Reservierung dieser, die Qualität der Datenübermittlung in drahtlosen Netzwerken mit TSCH innerhalb des MAC-Layer verbessert werden. Jede Änderung der Reservierung von Timeslots führt automatisch zur Änderung der Lokation von zur Kommunikation geplanten (scheduled) Zellen in der Network-TSM.

Die Änderung der Reservierung von Timeslots führt folglich zu einer Relokation, also zur Verlagerung geplanter Zellen in der Network-TSM.

Wie Abb. 9.4-3 zeigt, können Relokationen von Zellen in der Network-TSM mittels 6P sowohl durch das Ausführen einer 2-step als auch einer 3-step 6P-Transaction realisiert werden. Die Angabe `SeqNum` soll dabei als Nummer einer 6P-Transaction betrachtet werden.

Trigger einer Relokation

Um eine Relokation zu veranlassen [Abb. 9.4-3a], sendet Node **A** an Node **B** eine 6P-Nachricht `RELOCATE Req`. Diese enthält sowohl die Anzahl der gewünschten Zellen, d.h. `NumCells=2`, als auch ihre Auflistung als `R.CellList=[(1,3),(2,1)]`.

Bei jeder 2-step 6P-Transaction übermittelt Node **A** an Node **B** auch eine Vorschlagsliste `C.CellList=[(2,2),(2,3),(4,2)]` von ihm ausgewählter Zellen, mit denen jene aus der `R.CellList` ersetzt werden können.

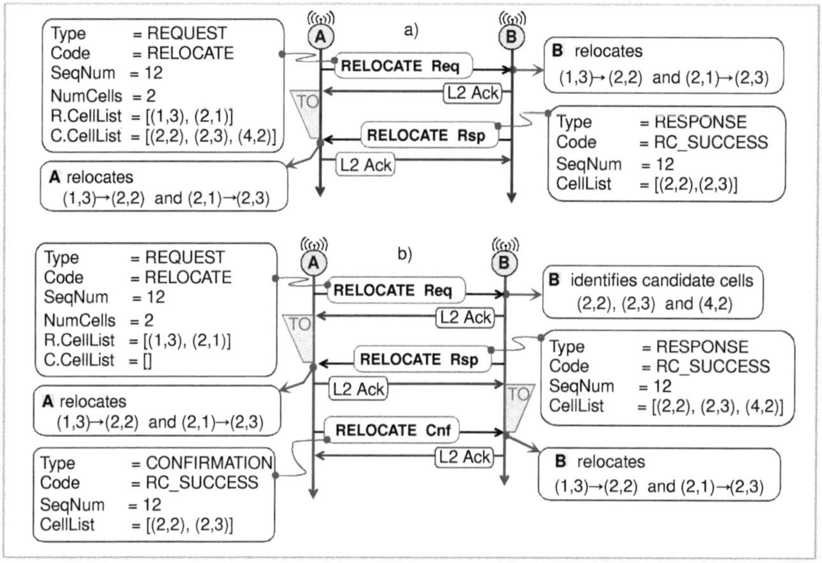

Abb. 9.4-3: Verlauf von 6P bei der Relokation von zur Nutzung geplanten Zellen nach einer: a) 2-step 6P-Transaction, b) 3-step 6P-Transaction
C.CellList: Candidate CellList, R.CellList: Relocation CellList, TO: TimeOut

Daraufhin wählt Node **B** aus der `C.CellList` die am besten geeigneten 2 Zellen `(2,2)` und `(2,3)` aus und ersetzt mit diesen jene aus der `R.CellList` wie folgt: `(1,3) (2,2),(2,1) (2,3)`.

Anschließend übermittelt er die neu von ihm belegten Zellen auf seiner Antwortliste `CellList=[(2,2),(2,3)]` an Node **A**. Im Folgenden werden die auf der Antwortliste von Node **B** eingetragenen Zellen in die Network-TSM zur Nutzung zwischen beiden Nodes **A** und **B** übernommen und am Ende als scheduled angesehen. Demzufolge werden die Zellen aus `R.CellList` für eine andere Nutzung freigegeben.

Synchronisation der Relokation zwischen 6P-Nodes

Auch bei einer 3-step 6P-Transaction [Abb. 9.4-3b] sendet Node **A** zur Veranlassung einer Relokation von Zellen an Node **B** eine 6P-Nachricht `RELOCATE Req` mit der Anzahl jener, d.h. `NumCells=2`, die man in der Network-TSM verlegen möchte, und mit ihrer Auflistung als `R.CellList=[(1,3),(2,1)]`. Im Gegensatz zu den 2-step 6P-Transactions sendet bei der 3-step 6P-Transaction Node **A** an Node **B** eine leere Vorschlagsliste, d.h. `C.CellList=[]`.

Node **B** bestimmt zuerst die Zellen, hier die Zellen `(2,2)`, `(2,3)` und `(4,2)`, mit denen man die Zellen aus `R.CellList` ersetzen könnte. Danach übermittelt Node **B** als Antwort an Node **A** eine 6P-Nachricht `RC_SUCCESS` vom Typ `RESPONSE` mit der Vorschlagsliste `CellList=[(2,2),(2,3),(4,2)]` der von ihm ausgewählten Zellen, um die auf `R.CellList` eingetragenen `(1,3)` und `(2,1)` zu ersetzen.

Node **A** führt nun die Relokation `(1,3)`⇒`(2,2)` und `(2,1)`⇒`(2,3)` durch und übermittelt an Node **B** eine 6P-Nachricht `RC_SUCCESS` vom Typ `CONFIRMATION`. Diese 6P-Nachricht enthält die Antwortliste `CellList=[(2,2),(2,3)]` mit den von diesem Node ausgewählten (und neu belegten) Zellen.

Daraufhin führt Node **A** die gleiche Relokation `(1,3)`⇒`(2,2)` und `(2,1)`⇒`(2,3)` durch. Infolgedessen werden die Zellen `(2,2)` und `(2,3)` bei den Nodes **A** und **B** neu belegt (also zur Nutzung geplant). Die Zellen `(1,3)` und `(2,1)` dagegen werden freigegeben und bleiben deshalb unbenutzt.

Abb. 9.4-4 zeigt die Struktur von 6P-Nachrichten zur Relokation von Zellen und die Übermittlung verschiedener CellLists.

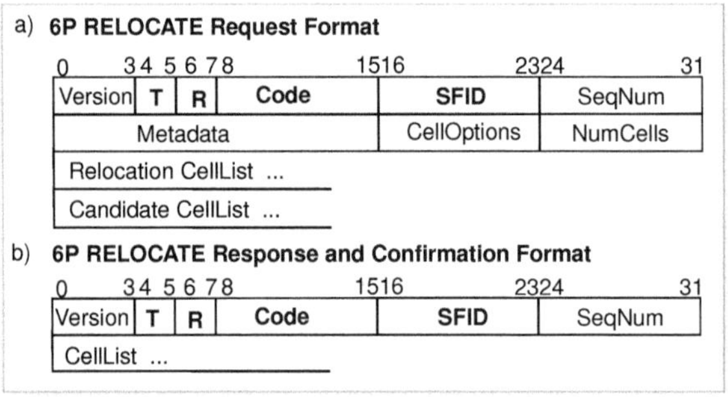

Abb. 9.4-4: Struktur von 6P-Nachrichten zur Relokation von Zellen: a) RELOCATE Request, b) RELOCATE Response und Confirmation

Die beiden CellLists sind die `Relocation CellList` mit der Auflistung von Zellen, deren Relokation durchgeführt werden soll, und die `Candidate CellList` mit der Angabe von Zellen, die durch die Zellen aus Relocation CellList neu belegt werden sollen [Abb. 9.4-4a].

Aus dem Vergleich von Abb. 9.4-2 und Abb. 9.4-4 geht hervor, dass weitgehend folgende Entsprechungen gelten:

- Die Struktur von `RELOCATE` Request entspricht der Struktur von *ADD Request.*
- Die Struktur von `RELOCATE` Response und Confirmation entspricht der Struktur von *ADD Response* und *Confirmation.*

9.4.2 Duplikate und abweichende Nachrichtenfolgen

Wie in Abb. 9.3-2 zum Ausdruck gebracht wurde, werden 6P-Nachrichten als Daten in Data Frames nach TSCH, also in L2-Frames eingebettet übermittelt, und jeder Data Frame wird im gleichen Timeslot mithilfe von `L2 ACK` (Layer 2 Acknowledgement) entweder positiv oder negativ quittiert.

L2 ACKs

Falls eine 6P-Nachricht erfolgreich übermittelt wurde, aber die Bestätigung ihres Empfangs – d.h. ein positives `L2 ACK` auf der Empfängerseite – verloren gegangen ist, wird die bereits erfolgreich übermittelte 6P-Nachricht nach dem Ablauf einer festgelegten Zeit, des sog. *TimeOut* (TO), erneut gesendet. Dies hat zur Folge, dass

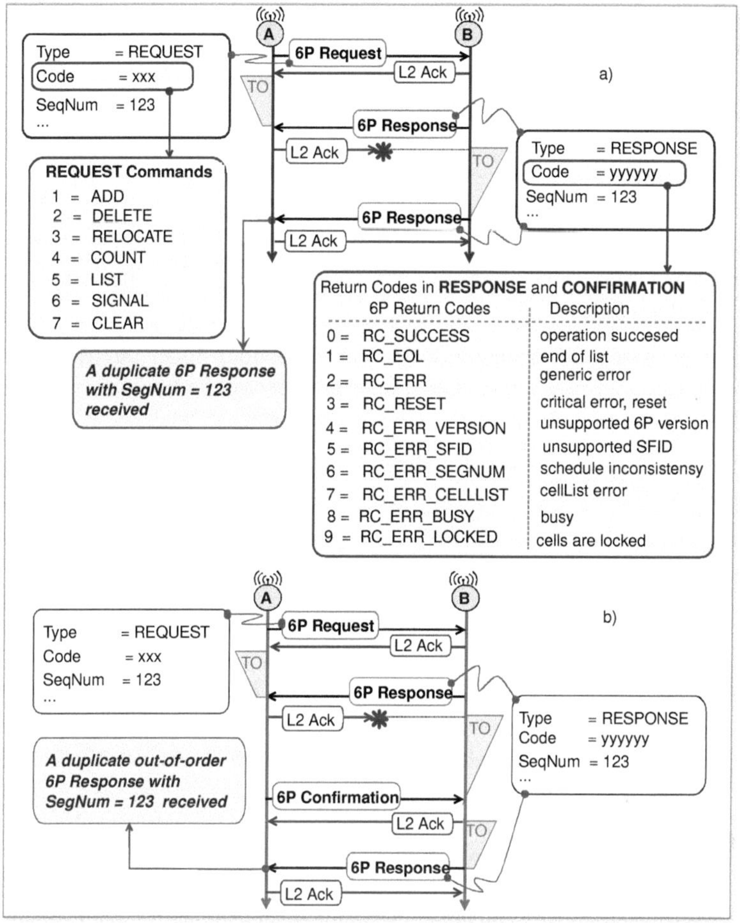

Abb. 9.4-5: Ursachen für das Empfangen von Duplikaten einiger 6P-Nachrichten: a) Duplikat einer 6P Response, b) andere Reihenfolge von 6P-Nachrichten

L2 Ack: Layer 2 Acknowledgement, TO: TimeOut

die Gegenseite in einem solchen Fall ein Duplikat einer vorher korrekt empfangenen 6P-Nachricht empfängt. Abb. 9.4-5a illustriert dies und zeigt die Bedeutung von Code in 6P Requests und in 6P Responses. Hier ist `L2 ACK` für 6P Response von Node **B** verloren gegangen, und infolgedessen hat Node **A** ein Duplikat des bereits fehlerfrei gesendeten 6P Response erhalten.

Abb. 9.4-5b bringt eine andere Auswirkung des Verlusts eines L2 ACK zum Ausdruck. Hierbei kann ein verloren gegangenes L2 ACK dazu führen, dass eine 6P-Nachricht – als Duplikat – in einer anderen Reihenfolge als erwartet ankommt. Es handelt sich in diesem Fall um eine sog. *Out-of-order* 6P-Nachricht. Im gezeigten Beispiel hat Node **A** eine Out-of-order 6P Response empfangen

Es sei angemerkt, dass die Angabe `SeqNum` in 6P-Nachrichten als Identifikation einer 6P-Transaction dient. So ist 6P in der Lage, die innerhalb einer Transaction empfangenen Duplikate seiner Nachrichten zu erkennen und diese folglich außer Acht zu lassen.

9.5 Schlussbemerkungen

Um beim Einsatz des TSCH-Verfahrens innerhalb des MAC-Sublayer, d.h. in sog. TSCH-Netzwerken, hohe funktionelle QoS-relevante Anforderungen in drahtlosen Netzwerken, insbesondere WPANs nach dem Standard IEEE 802.15.4e, erfüllen zu können, ist ein Kontrollprotokoll zwischen jeweils zwei direkt drahtlos kommunizierenden Nodes nötig.

Hierfür wurde 6P konzipiert. Mittels 6P können zwei direkt kommunizierende Nodes die Parameter ihrer Datenübermittlung an die konkret vorliegenden Anforderungen anpassen.

Ziel des Kapitels war es, das allgemeine Konzept und die Nutzungsmöglichkeiten des *6top Protocol* (6P) zu präsentieren.

Bedeutung von 6P in 6TiSCH-Netzwerken

Wegen der Komplexität des Themas konnte hier allerdings nur auf die besonders wichtig erscheinenden Aspekte von 6P eingegangen werden.

Abschließend sei Folgendes hervorgehoben:

- *Support von Scheduling in 6TiSCH-Netzwerken mit 6P*
  In TiSCH-Netzwerken wird das Protokoll 6LoWPAN, d.h. das an die Anforderungen von WPAN adaptierte Protokoll IPv6, eingesetzt, sodass man von 6TiSCH (*IPv6 over the TSCH mode of IEEE 802.15.4e*) spricht. Um den Verlauf der Kommunikation in Netzwerken mit 6TiSCH zu regeln, muss zuerst das ganze Netzwerk entsprechend konfiguriert und danach ein Kommunikationszeitplan in Form einer Network-TSM erstellt werden. In diesem Zusammenhang spricht man von *Scheduling in 6TiSCH-Netzwerken.* Zur Lösung dieser Aufgabe ist neben 6P ein weiteres spezielles Protokoll nötig. 6P wurde insbesondere mit dem Ziel entwickelt, das bereits bestehende Scheduling in 6TiSCH-Netzwerken so 'verbessern' zu können, dass eine bereits bestehende Network-TSM bei laufendem Netzwerkbetrieb an aktuelle funktionelle und QoS-relevante Anforderungen angepasst werden kann.

- *Adaptive Tracks in 6TiSCH-Netzwerken mit 6P*
  Um eine Ende-zu-Ende-Kommunikation, also eine Form von Multi-Hop Communication über mehrere Nodes, in 6TiSCH-Netzwerken zu ermöglichen, können spezielle virtuelle Ende-zu-Ende-Verbindungen in Form von Tracks eingerichtet werden. Sie entsprechen weitgehend den nach dem bekannten Konzept GMPLS (*Generalized Multiprotocol Label Switching*, vgl. Abschnitt 12.3 in [17]) realisierten virtuellen Verbindungen beim Einsatz des Internet Protocol (IP) in Netzen auf der Basis von *SDH over WDM* – kurz für *Synchronous Digital Hierarchy over Wavelength Division Multiplex.*

6P eignet sich besonders gut zur Anpassung einzelner Data Links von Tracks an aktuell gestellte funktionelle und QoS-relevante Anforderungen. Folglich ist mithilfe von 6P die Realisierung anpassungsfähiger, will heißen 'adaptiver' Tracks möglich.

IETF RFCs zu TiSCH und Links zu den Working Groups

- RFC 7554: Using IEEE 802.15.4e Time-Slotted Channel Hopping in the Internet of Things: Problem Statement
- RFC 8180: Minimal IPv6 over the TSCH Mode of IEEE 802.15.4e (6TiSCH) Configuration
- RFC 9030: An Architecture for IPv6 over the Time-Slotted Channel Hopping Mode of IEEE 802.15.4 (6TiSCH) (May 2021)

- 6TiSCH Working Group: https://datatracker.ietf.org/wg/6tisch
- IETF detnet Working Group: https://datatracker.ietf.org/wg/detnet
- IEEE802.15.4e: https://openwsn.atlassian.net/wiki/spaces/OW/pages/688145/IEEE802.15.4e

10 Digital Twins in IoT

Um bei der Entwicklung und Realisierung komplexer technischer Objekte, Einrichtungen und Prozesse, die erwartete Funktionalität und Nutzbarkeit im Vorfeld testen und beurteilen zu können, werden ihre Funktionsmodelle benötigt. Zu diesem Zweck wurden von Anfang an in der Computer-Ära diverse rechnergetriebene (computer-driven) Simulationsmodelle erstellt. Dank der immensen Innovationen der Rechner- und Netzwerktechnologien in den letzten drei Jahrzehnten und der daran anschließenden Entwicklung der *Künstlichen Intelligenz* (KI) ist es inzwischen möglich, sehr komplexe und intelligente Modelle zu bauen.

Besonderheit digitaler Zwillinge

Ein wesentliches Charakteristikum von Modellen dieser Art besteht in der Möglichkeit eines quasi simultanen Einsatzes im Betrieb ihrer Originale, wodurch sich die Funktionalität dieser Originale auf eine besondere Art und Weise unterstützen lässt. Aus diesem Grund werden solche Modelle als *digitale Zwillinge* der Originale angesehen – und umgekehrt die Originale als physische Zwillinge digitaler Zwillinge.

Digitale Zwillinge als Big Things im IoT

Digitale Zwillinge können sehr komplex und räumlich weitläufig verteilt sein. Oft werden in ihnen mehrere verteilte Teile, eine Art funktionaler 'Dinge' (Things), miteinander integriert. Zur Vernetzung dieser Dinge eignet sich ideal das *Internet of Things* (IoT). Ein aus mehreren über das IoT vernetzten funktionalen Komponenten bestehender digitaler Zwilling kann folglich als 'Big Thing' im IoT verstanden werden.

Schwerpunkte des Kapitels

In diesem Kapitel wird zunächst in das Ausgangskonzept 'digitaler Zwillinge' eingeführt. Hierfür wird die allgemeine, auf den Prinzipien der menschlichen Kognition basierende, logische Architektur digitaler Zwillinge vorgestellt. Anschließend wird darauf basierend gezeigt, wie digitale Zwillinge erfolgreich eingesetzt werden können. Als Beispiel dient hier vor allem das Gesundheitswesen. Darüber hinaus wird auf die vielfältigen Fragen eingegangen, die sich im Zusammenhang mit der Migration zum Einsatz digitaler Zwillinge im IoT stellen. Im Vordergrund stehen hierbei folgende Fragen:

- Welche funktionalen Komponenten werden zur Realisierung digitaler Zwillinge benötigt?
- Wie können digitale Zwillinge in das IoT integriert werden?
- Wie können digitale Patientenzwillinge in der Humanmedizin eingesetzt werden und welche neuen Perspektiven entstehen dadurch?
- Wie lassen sich durch eine Kooperation mehrerer digitaler Zwillinge komplexe Prozesse organisieren?
- Auf welchen Gebieten können digitale Zwillinge eingesetzt werden und welche Nutzungspotentiale ergeben sich dabei?

10.1 Bedeutung digitaler Zwillinge

Bei der Bildung virtueller Modelle physischer Objekte, Einrichtungen bzw. Prozesse, also von Elementen aus dem realen/physischen Raum (*Real Space*), wird vom virtuellen Raum (*Virtual Space*) gesprochen, dem die virtuellen Modelle angehören.

Arten digitaler Modelle

In diesem Kontext, d.h. beim digitalen Modell im virtuellen Raum, differenziert man generell zwischen drei Arten digitaler Modelle:

- digitales Simulationsmodell (*Digital Simulation Model*),
- digitaler Schatten (*Digital Shadow*) sowie
- digitaler Zwilling (*Digital Twin*)

Diese Modelle unterscheiden sich hauptsächlich darin, wie der Datenfluss zwischen einem Original aus dem physischen Raum und seinem Modell aus dem virtuellen Raum erfolgt. Wie aus Abb. 10.1-1 hervorgeht, erfolgt die Organisation des Datenflusses bei diesen Modellen entweder manuell (indirekt) und/oder automatisch (direkt).

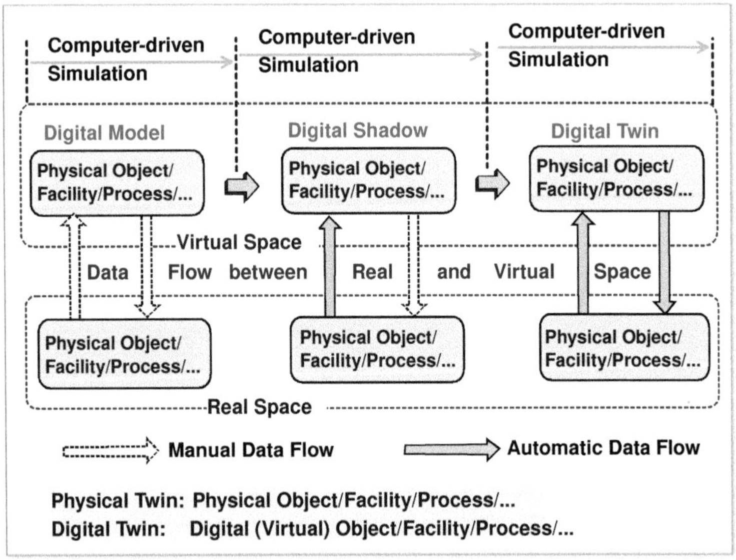

Abb. 10.1-1: Evolution digitaler Modelle – Migration vom Digital Simulation Model über das Digital Shadow zum Digital Twin

Im Folgenden werden diese drei Arten digitaler Modelle kurz vorgestellt:

Digitales Simulationsmodell

Allgemein betrachtet besteht das Ziel der Simulation in der Nachbildung eines Systems mit seinen dynamischen internen Prozessen zur Gewinnung von auf das physische Originalsystem übertragbarer Erkenntnisse.

Die Nachbildung wird überwiegend mit der Unterstützung von Rechnern anhand eines experimentierbaren digitalen Modells realisiert. Dieses wird typischerweise spontan und nur in bestimmten Zeiträumen ausgeführt. Dabei werden oft nur jene

Merkmale des Originalsystems modelliert, die für konkret zu lösende Fragestellungen von Bedeutung sind. Eine Besonderheit der Nutzung digitaler Simulationsmodelle besteht darin, dass die Daten zwischen dem physischen Originalsystem und dem Simulationsmodell in beide Richtungen nicht direkt (automatisch) – sondern indirekt – und oft auch manuell übertragen werden.

Digitaler Schatten

Als digitaler Schatten eines physischen Objekts, einer Einrichtung bzw. eines Prozesses werden Rohdaten bezeichnet, die während des Betriebes des physischen Originals erzeugt und zu bestimmten zukünftigen Zwecken archiviert werden. Es handelt es sich um Rohdaten, die manchmal auch als *digitaler Fußabdruck* (*Digital Footprint*) bezeichnet werden. Der digitale Schatten eines physischen (realen) Objektes stellt sein digitales/virtuelles Abbild dar. Deshalb wird häufig als Synonym für den digitalen Schatten auch die Bezeichnung '*Virtual/Digital Image*' verwendet.

Wie aus Abb. 10.1-1 ersichtlich wird, zeichnet sich das Konzept des digitalen Schattens eines physischen Objektes dadurch aus, dass die Daten des Letzteren direkt, also automatisch, an den digitalen Schatten übertragen werden, um sie für eine spätere Nutzung zu speichern. Die Übermittlung der Daten in Gegenrichtung erfolgt hingegen nicht direkt und automatisch, sondern es wird manuell veranlasst, um die Daten vom *Digital Shadow* als '*Digital Object Image*' auf das physische Objekt zu kopieren. Für weitere Informationen über Digital Shadow sei verwiesen auf [45].

Das Modell 'Digitaler Schatten' wird häufig bei der Etablierung komplexer softwaregesteuerter Systeme eingesetzt, damit die neu entstandenen Systeme mit einer als Digital System Image abgespeicherten Software quasi auf einen Schlag konfiguriert werden können. Diese Möglichkeit ist als ein wichtiger positiver Aspekt der Nutzung eines digitalen Schattens anzusehen.

Digitaler Zwilling

Unter einem *digitalen Zwilling* (*Digital Twin*, DT) ist eine digitale Repräsentation eines physischen Zwillings zu verstehen, welcher ein Objekt, einen physischen Prozess bzw. eine andere Einrichtung im virtuellen Raum darstellt. Bei einem solchen Prozess kann es sich z.B. um den Verlauf des Gesundheitszustands einzelner Individuen handeln. So kann ein digitaler Zwilling z.B. den Prozess der gesundheitlichen Entwicklung eines Menschen im virtuellen Raum repräsentieren, sodass von einem *digitalen Patientenzwilling* gesprochen werden kann. Experten gehen davon aus, dass die in das IoT eingebundene Patientenzwillinge eine herausragende Rolle im Gesundheitswesen der Zukunft spielen werden.

Wie sich aus Abb. 10.1-1 entnehmen lässt, werden die Daten bei diesem Modell sowohl vom physischen Zwilling zum digitalen Zwilling als auch in Gegenrichtung jeweils direkt und automatisch übertragen. Charakteristisch für digitale Zwillinge ist, dass sie sich gegenseitig spontan und direkt Informationen aller Art zusenden können. Dies hat eine fundamentale Bedeutung für die Entwicklung von auf der Idee digitaler Zwillinge basierenden intelligenten IoT-Services.

Betrachtet man einen digitalen Zwilling aus rein funktionaler Sicht, lässt er sich kurz und allgemein wie folgt beschreiben:

Definition 'Digitaler Zwilling'

> Ein *digitaler Zwilling* ist ein virtueller fortdauernd aktualisierter Doppelgänger seines physischen Zwillings. Der virtuelle Doppelgänger wird über den ganzen Lebenszyklus des physischen Zwillings möglichst originalgetreu aufrechterhalten. Die Zwillinge informieren sich gegenseitig kontinuierlich über ihre aktuellen Zustände. Dieser Informationsaustausch zwischen ihnen ist für die Nutzung der Idee digitaler Zwillinge in der Praxis von großer Bedeutung.

10.1.1 Services mit digitalen Zwillingen

Basierend auf der im Abb. 10.1-1 vereinfacht dargestellten Idee digitaler Zwillinge erläutert Abb. 10.1-2 ihre Nutzung bei der Realisierung intelligenter Services im IoT. Sie beruht auf der Kooperation der folgenden drei Systemkomponenten:

Physical Twin

- **Physischer Zwilling**
  Ein physischer Zwilling kann z.B. ein physisches Objekt, eine physische Einrichtung, ein physischer beliebig verteilter Prozess oder sogar eine ganze Stadt sein. Auch eine besondere Repräsentation des Menschen mit zusätzlichen IoT-spezifischen und gesundheitsrelevanten Funktionskomponenten kann man sich als einen physischen Zwilling vorstellen. In diesem Fall könnte eine derartige Funktionskomponente z.B. aus einem mit speziellen Sensoren erweiterten Smartphone bestehen, das als digitaler Gesundheitsassistent (*Digital Health Assistant*, DHA) fungiert[1].

Digital Twin

- **Digitaler Zwilling**
  Dieser repräsentiert die für die Realisierung von Services im virtuellen Raum benötigten Eigenschaften seines physischen Zwillings. Stellt der physische Zwilling eine Person dar, handelt es sich um einen digitalen Gesundheitszwilling des Menschen – also um einen *Human Health Digital Twin* (HHDT). Ein HHDT wird im Gesundheitswesen oft digitaler Patientenzwilling (*Patient Digital Twin*) genannt.

  > Als HHDT kann die um einige lernfähige dynamische Elemente erweiterte personengebundene *Electronic Health Card* (EHC) dienen.
  > So eignet sich z.B. die in Deutschland für gesetzlich Krankenversicherte eingeführte elektronische Gesundheitskarte (eGK) als Startbaustein zum schrittweisen Ausbau für einen voll funktionsfähigen digitalen Patientenzwilling.

Knowledge Database

- **Wissensdatenbank**
  Die Wissensdatenbank liefert dem digitalen Zwilling die zur Bereitstellung von Services benötigte Wissensbasis. Um das spezifische Wissen aus den im Internet gesammelten riesigen Datenmengen – will heißen *Big Data* (BD) – herauszufiltern, müssen diese Datenmengen entsprechend analysiert werden.

  Diese gezielte Datensichtung wird *Big Data Analytics* (BDA) und die Gewinnung des benötigten Wissens aus Big Data als *Knowledge Discovery* bezeichnet. Dank der Wissensgewinnung werden digitale Zwillinge dazu befähigt, zu lernen und

[1] siehe: `https://ec.europa.eu/info/strategy/recovery-plan-europe/recovery-coronavirus-success-stories/health/digital-health-assistant-quell-your-coronavirus-concerns_en`

sich selbst in die Lage zu versetzen, mit der Zeit eine erforderliche künstliche Intelligenz (*Artificial Intelligence*, AI) selbst zu gewinnen (siehe Abschnitt 10.2).

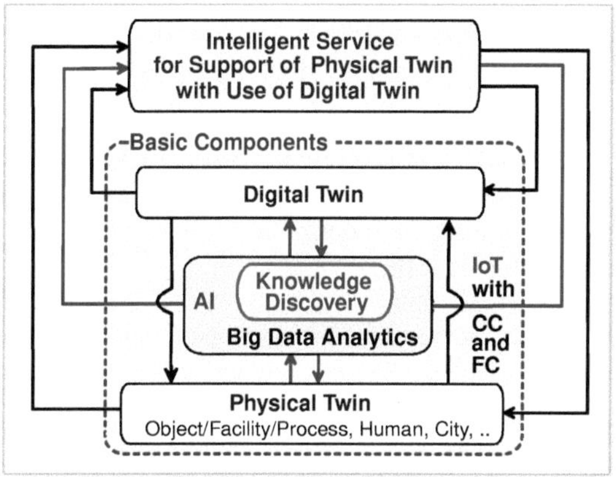

Abb. 10.1-2: Modell der Realisierung intelligenter Services mittels digitaler Zwillinge
AI: Artificial Intelligence, CC: Cloud Computing, FC: Fog Computing, IoT: Internet of Things

Lernfähigkeit beider Zwillinge

Abb. 10.1-2 zeigt ein sehr allgemeines Modell der Nutzung digitaler Zwillinge im IoT zur Erbringung intelligenter Services. Dabei spielen zwei Arten von Computing eine signifikante Rolle, die der Sammlung großer Datenmengen (Big Data) im IoT dienen – nämlich *Cloud Computing* (CC) und *Fog Computing* (FC siehe Abschnitt 11.1).

Von großer Bedeutung ist die Tatsache, dass beide Zwillinge – also sowohl der physische als auch der digitale – Zugang zur Wissensdatenbank (*Knowledge Database*) mit ihrem ständig aktualisierten Wissen im IoT haben.

Werden digitale Zwillinge im IoT mittels von CC oder FC realisiert, können sie dank BDA über selbst gewonnene künstliche Intelligenz verfügen und damit lernfähig und adaptiv sein. Als Folge dessen werden sie in die Lage versetzt, sich kontinuierlich an die aktuell vorliegenden Bedingungen in ihrem Umfeld dynamisch anpassen zu können.

Die Lernfähigkeit beider Zwillinge auf der Grundlage von IoT schafft in Verbindung mit CC und FC eine Plattform zur Entwicklung eines breiten Spektrums moderner intelligenter Services im IIoT (*Intelligent IoT*, siehe Kapitel 11).

Lernfähige digitale Zwillinge von Menschen

Einen digitalen Zwilling, der die physische Präsenz eines Menschen in verschiedenen digitalen Situationen – als quasi digitaler Doppelgänger – widerspiegelt, bezeichnet man gemeinhin als *Digital Twin of People* (DToP).

Im Hinblick darauf spricht das US-amerikanische IT-Beratungsunternehmen *Gartner* in seinem 'Hype Cycle for Emerging Technologies 2020' vom Digital Twin of the Person.

Digitaler Patientenzwilling

Eine spezielle Variante dieser allgemein gehalten Begriffe ist der bereits angesprochene *digitale Patientenzwilling* in der Humanmedizin (*Human Health Digital Twin*, HHDT), kurz digitaler Patientenzwilling, mit seinem prognostizierten riesigen Anwendungspotenzial im Gesundheitswesen. So können z.B. intelligente und zugleich lernfähige digitale Patientenzwillinge befähigt sein, bevorstehende Erkrankungen ihrer physischen Zwillinge früh zu erkennen, um sie selbst oder auch medizinische Einrichtungen zeitnah zu informieren (zu warnen). Auf die sich damit bietenden Möglichkeiten in der Humanmedizin wird im Folgenden noch detaillierter eingegangen (siehe Abb. 10.1-4 und Abb. 10.3-2).

Struktur lernfähiger digitaler Zwillinge

Ein digitaler und selbst lernfähiger Zwilling eines physischen Originals, wie z.B. eines physischen Objekts, einer physischen Einrichtung, eines physischen Prozesses oder eines Menschen, hat – sehr allgemein betrachtet – seiner Funktion nach die in Abb. 10.1-3 dargestellte logische Struktur.

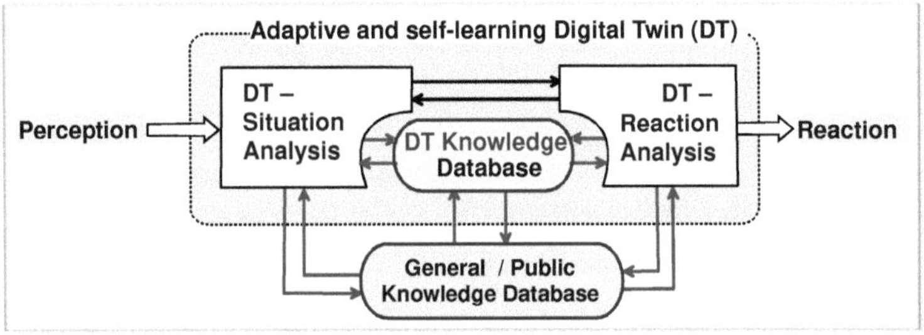

Abb. 10.1-3: Basiskomponenten der funktionalen Struktur lernfähiger digitaler Zwillinge

Physischer Zwilling als Umwelt für den digitalen Zwilling

Im logischen Basismodell der mittels digitaler Zwillinge bereitgestellten Services [Abb. 10.2-1] wird zum Ausdruck gebracht, dass der digitale Zwilling seinen physischen Zwilling als eine Art 'digitale/virtuelle Umwelt' versteht. Man spricht in diesem Zusammenhang von Wahrnehmung (*Perception*) und Reaktion (*Reaction*).

Ein digitaler Zwilling kann als ein System angesehen werden, das auf die von seinem physischen Zwilling empfangenen und seine momentane Situation betreffenden Daten immer eine entsprechende Reaktion generiert. Die Reaktion auf jede aktuelle Wahrnehmung des Zustands vom physischen Zwilling wird an diesen übermittelt. Dementsprechend enthält der digitale Zwilling eine Systemkomponente (*DT Situation Analysis*) zur Situationsanalyse nach jeder Wahrnehmung und eine Systemkomponente (*DT Reaction Analysis*) zur Analyse/Bestimmung der Reaktion auf diese Wahrnehmung sowie ihre Übergabe an seinen physischen Zwilling.

10.1.2 Wissensbasis für digitale Zwillinge

Von großer Bedeutung in jedem digitalen Zwilling ist seine individuelle Wissensdatenbank (*DT Knowledge Database*). Diese wird auf der Grundlage der für alle digitalen Zwillinge zugänglichen allgemeinen und öffentlichen Wissensdatenbank (General/Public Knowledge Database) im IoT aufgebaut.

Sie ist den beiden Systemkomponenten – zur Analyse der Situation und zur Analyse der Reaktion – zugänglich. Daher können die beiden funktionalen Module, das zur Situationsanalyse und das zur Reaktionsanalyse, untereinander kooperieren und dabei auf beide Wissensdatenbanken zugreifen.

Eine funktionale Struktur digitaler Zwillinge, wie die in Abb.10.1-3 gezeigt, kann als allgemeines Modell betrachtet werden, das einem breiten Spektrum verschiedener, auf digitalen Zwillingen basierender Services im IoT zugrunde liegen kann.

10.1.3 Einsatz im Gesundheitswesen

Wie bereits erwähnt, ist der digitale Zwilling u.a. prädestiniert für den in Abb. 10.1-4 dargestellten Einsatz im Gesundheitswesen. Hier ist zu sehen, wie der speziell zur Nutzung im Gesundheitswesen konzipierte digitale Patientenzwilling (*Human Health Digital Twin*, HHDT) von Ärzten und medizinisch ausgebildeten Pflegekräften in Anspruch genommen werden kann.

Er soll qualifizierte, an die individuelle Gesundheitshistorie und an den verfügbaren Gesundheitsdaten sowie aktuellen Anforderungen angepasste ärztliche Behandlungen (*Medical Treatments*) ermöglichen.

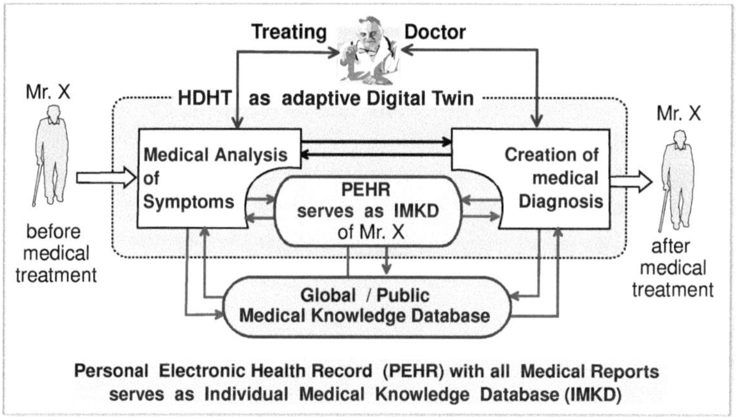

Abb. 10.1-4: Medizinische Behandlung beim Einsatz des digitalen Patientenzwillings

Funktionale HHDT-Module

Der Vergleich der Abb. 10.1-3 und Abb. 10.1-4 ergibt, dass die funktionale Komponente 'Situation Analysis' des allgemeinen Modells des digitalen Zwillings im Modell des HHDT als '*Medical Analysis of Symptoms*' bezeichnet wird.

Der Funktion des HHDT entsprechend wurde die Instanz '*Reaction Analysis*' in '*Creation of Medical Diagnosis*' umbenannt. Die individuelle Informationsquelle als Wissensdatenbank, die in Abb. 10.1-3 'DT Specific Knowledge Data Base' heißt, wird in Abb. 10.1-4 durch die individuelle medizinische Wissensdatenbank (*Individual Medical Knowledge Database*, IMKD) des Patienten repräsentiert. Sie enthält die Gesamtheit aller jemals erhobenen gesundheitsrelevanten Daten des Patienten.

Medizinische Behandlung

Die Unterstützung medizinischer Untersuchungen, Befunde, Diagnosen und Behandlungen aller Art durch digitale Patientenzwillinge könnte man sich z.B. wie folgt vorstellen:

> Ein Patient besucht einen Arzt und gibt ihm seine elektronische Gesundheitskarte (eGK). Diese ermöglicht dem Arzt den Zugang zu dem z.B. in einer Cloud gespei-

cherten Patientenzwilling über das Internet. Wie in Abb. 10.1-4 dargestellt, kann der Arzt, bevor er mit der Untersuchung oder Behandlung beginnt, auf alle medizinischen Gesundheitsdaten (u.a. alle bisherigen Befunde, Vitaldaten, Verordnungen) des Patienten in der IMKD zugreifen.

Es sei hervorgehoben, dass sich der digitale Patientenzwilling bei jeder neuen Untersuchung und Behandlung selbst aktualisiert. Dadurch bleibt sein Wissen über den Gesundheitszustand des physischen Zwillings, also des Patienten, immer aktuell. Darüber hinaus können in der IMKD auch für anschließende vertiefte Untersuchungen nützliche Gesundheitsdaten abgespeichert werden.

Voraussetzungen

Die vollumfängliche praktische Umsetzung der Idee des digitalen Patientenzwillings, erfordert eine leistungsfähige Vernetzung aller involvierten IT-Komponenten und -Anwendungen sowie eine enge Zusammenarbeit aller Einrichtungen des öffentlichen Gesundheitswesen (z.B. Krankenhäuser, Pflegeheime, Vorsorge- oder Rehabilitationseinrichtungen), der medizinischen Leistungserbringer (z.B. Ärzte, Apotheker, Therapeuten, Pflegepersonal), der IT-Entwickler sowie Systembetreiber und nicht zuletzt auch des Gesetzgebers und der *Standardsetter* des medizinischen Bereichs.

Außerdem müssen zahlreiche datenschutzrelevante und ethische Probleme geklärt und durch entsprechende Rechtsnormen auf nationaler und z.B. europäischer Ebene geregelt werden, bevor digitale Patientenzwillinge in der Humanmedizin vorteilhaft eingesetzt werden können.

10.2 Logisches Modell von Services mit DTs

Nachdem die allgemeine logische Struktur digitaler Zwillinge und ihre Nutzung am Beispiel des Einsatzes im Gesundheitswesen umrissen wurden, wird nun auf die Möglichkeiten ihrer Integration in das IoT eingegangen. Dazu erscheint es hilfreich, sich zunächst etwas eingehender mit der Zusammenarbeit funktionaler Komponenten zur Erbringung von Services mittels digitaler Zwillinge zu befassen.

Menschliche Kognition als Ausgangspunkt

Eingangs sei hervorgehoben, dass die Logik der Realisierung von Services mittels digitaler Zwillinge weitgehend dem Modell des menschlichen Denkens, also der menschlichen Kognition (*Human Cognition*) entspricht.

Abb. 10.2-1 bringt dies zum Ausdruck und zeigt sehr verallgemeinert, wie die logische Architektur von Services mit dem Einsatz digitaler Zwillinge gemäß dem Prinzip der menschlichen Kognition realisiert werden kann. Da die menschliche Kognition allgemein als die anpassungsfähigste Form von Intelligenz gilt, ist zu erwarten, dass die Idee der auf dem hier gezeigten Einsatz digitaler kognitiver Zwillinge (*Cognitive Digital Twins*) basierenden Gestaltung von Services weitläufig eingesetzt werden kann.

Die einzelnen, als funktionale Layer (**L1** bis **L5**) bezeichneten Schichten des in Abb. 10.2-1 gezeigten Modells lassen sich wie folgt kurz beschreiben:

PT-Layer

L1 **Physical Twin Layer**
In diesem Layer wird ein physischer Zwilling angesiedelt. Er kann verschiede-

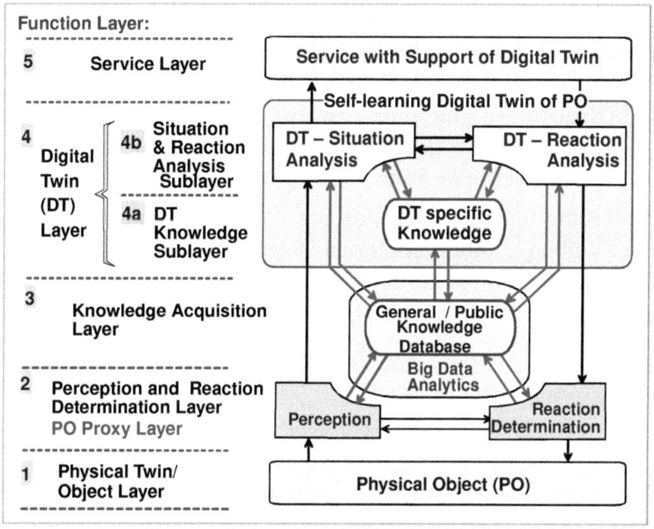

Abb. 10.2-1: Logisches Basismodell der mittels digitaler Zwillinge bereitgestellten Services

ne physische Objekte und Einrichtungen sowie diverse verteilte Prozesse im industriellen Bereich repräsentieren. Ein physischer Zwilling kann sogar eine Smart City nachbilden. Demzufolge würde der ihm entsprechende digitale Zwilling (z.B. von München, von Zürich, ...) eine virtuelle *Smart City* darstellen[2].

L2 **Perception and Reaction Determination Layer**

Sehr oft ist es aus diversen Gründen, z.B. im Hinblick auf die Sicherheit, nicht sinnvoll, die mit einem physischen Zwilling verbundenen, als Endkomponenten im IoT anzusehenden Sensoren und Aktuatoren direkt mit einem in einer Cloud im IoT untergebrachten digitalen Zwilling zu verbinden, sondern indirekt über im IoT installierte virtuelle Sensoren und Aktuatoren [Abb. 10.3-1].

Diese sind als *Proxies* von Sensoren und Aktuatoren des physischen Zwillings zu betrachten. Solche Proxies können gemäß ihrer Funktionen als eine Art Wahrnehmungs- und Reaktionsorgane digitaler Zwillinge verstanden werden – und bilden in dem betrachteten logischen Modell den *Perception and Reaction Layer.*

Von Proxies – als virtuelle Sensoren und Aktuatoren – müssen oft zusätzliche bedeutsame Funktionen erbracht werden, wie z.B.:

▷ Vorbereitung und Weiterleitung der von physischen Sensoren/Aktuatoren stammenden und an einen digitalen Zwilling über das IoT zu übermittelnden Signale bzw. Daten, damit diese sicher bei ihm ankommen und von ihm fehlerfrei interpretiert werden. Diese Funktionen in Proxies physischer Sensoren sind als Wahrnehmung der physischen Umwelt (*Physical Environment Perception*) seitens eines digitalen Zwillings anzusehen.

[2] siehe: https://www.muenchen-sehen.de/tipps/projekt-digitaler-zwilling

- ▷ Erkennung außergewöhnlicher Situationen: Die im IoT installierten Proxies physischer Sensoren müssen befähigt werden zu erkennen, ob die von physischen Sensoren stammenden Signale/Daten auf eine außergewöhnliche Situation (Notruf, Alarmierung, ...) hinweisen. In so einem Fall müssen die von den Sensoren stammenden Signale/Daten an eine entsprechende Notrufstelle (Feuerwehr, ärztliche Hilfe, ...) umgeleitet werden (siehe Abb. 10.3-1).
- ▷ Vorbereitung und Weiterleitung der vom digitalen Zwilling an den physischen Zwilling zu übermittelnden Daten, damit er diese eindeutig interpretieren kann. Diese Funktion in Proxies physischer Aktuatoren kann als Reaktion auf die vorher an den digitalen Zwilling übermittelte Wahrnehmung der physischen Umwelt angesehen werden.

L3 **Knowledge Acquisition Layer**
Diese sog. *Wissenserwerbsschicht* repräsentiert *Big Data Analytics* (BDA) im IoT. Dank BDA kann eine allgemeine Wissensdatenbank (*General Knowledge Database*, GKD) für alle digitalen Zwillinge im IoT eingerichtet werden. BDA und GKD gehören zum Knowledge Acquisition Layer.

DT-Layer

L4 **Digital Twin Layer**
In diesem Layer wird ein digitaler Zwilling angesiedelt, dessen logische Architektur eine zweistufige Struktur mit eigenen *Sublayers* aufweist:

4a **DT Knowledge Sublayer**
Dieses Sublayer repräsentiert die den Anforderungen des digitalen Zwillings entsprechend organisierte Wissensdatenbank (*DT Specific Knowledge Database*).

4b **Situation & Reaction Analysis Sublayer**
In diesem Sublayer befindet sich der eigentliche digitale Zwilling mit den beiden kooperierenden Funktionsmodulen 'DT Situation Analysis' und 'DT Reaction Analysis'.

L5 **Service Layer**
Auf diesem Layer sind alle funktionalen Module anzutreffen, die zur Gestaltung und Nutzung der mittels digitaler Zwillinge erbrachten Services nötig sind. Wie in Abb. 10.1-4 gezeigt wurde, kann hier auch ein Mensch als eine Art 'Service User' verortet sein.

10.2.1 Allgemeines Multilayer-Modell des IoT

Das in Abb. 10.2-1 dargestellte gezeigte Modell des über den digitalen Zwilling bereitgestellten Services erläutert, wie die beiden Zwillinge DT und PT miteinander kooperieren können und auf welchen Layers sich dieses abspielt.

Wie im Weiteren (vgl. Abb. 10.2-2 und Abb. 10.2-3) zu sehen ist, können die in Abb. 10.2-1 gezeigten Layers mittels der von digitalen Zwillingen erbrachten Services den einzelnen funktionalen Schichten der logischen IoT-Architektur zugeordnet werden. Eine solche Zuordnung ermöglicht die Integration digitaler Zwillinge in das IoT.

Hier kommt das in Abb. 10.2-2 gezeigte logische *Multilayer-Modell des IoT* zum Tragen [75]. Es stellt eine Erweiterung des in der Recommendation ITU-T Y.2060 (06/2012) vorgestellten IoT-Modells dar.

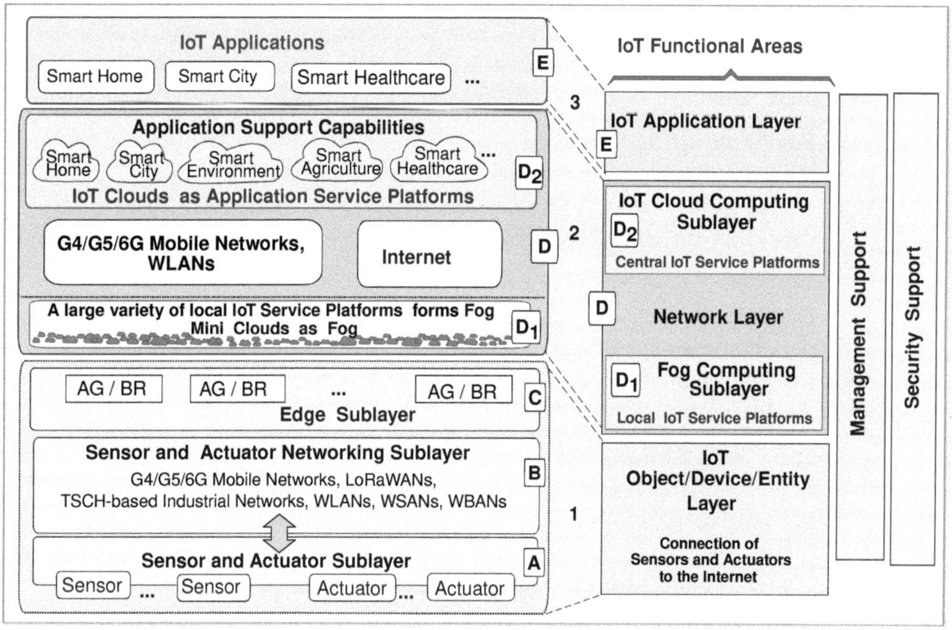

Abb. 10.2-2: Allgemeines Multilayer-Modell des IoT in Anlehnung an ITU-T Y.2060

G/G5/6G: 3rd/4th Mobile Network Generation, AG: Access Gateway, BR: Border Router, LoRAWAN: Long Range Wide Area Network, TSCH: Time Slotted Channel Hopping, WBAN: Wireless Body Area Network, WLAN: Wireless Local Area Network, WSAN: Wireless Sensor/Actuator Network

In diesem Modell von IoT sind die nachfolgend beschriebenen, als funktionale IoT-Layers anzusehenden drei Modellbereiche zu unterscheiden:

IoT Device Layer

Bereich 1: Hierzu gehören WSANs mit diversen IoT-Devices und Access Gateways zur Anbindung von WSANs an das herkömmliche Internet. Dazu wird der *IoT Device Layer* in drei Sublayer (A, B, C) aufgeteilt:

A **Sensor und Actuator Sublayer**
Zu diesem Sublayer gehören Sensoren und Aktuatoren – also de facto die Endeinrichtungen des IoT.

B **Sensor und Actuator Networking Sublayer**
Dieser Sublayer repräsentiert Netze, welche in der Regel WSANs sind und dazu dienen, Sensoren und Aktuatoren untereinander zu vernetzen und diese über Access Gateways an das herkömmliche Internet anzubinden.

C **Edge Sublayer**
Auf diesem Sublayer befinden sich Access Gateways, über welche WSANs mit dem Internet verbunden sind.

IoT Network Layer

Bereich 2: Dient zur Kommunikation zwischen IoT-spezifischen (oft als *Border Router* bezeichneten) *Access Gateways* und der IoT-Applikation. Diese bilden Teile des herkömmlichen Internets zusammen mit WLANs und Mobilfunknetzen der vierten (4G) und fünften (5G) Generation. Das Internet zusammen mit WLANs und den zellularen Mobilfunknetzen G4 und G5 liefert somit die Grundlage für das Erbringen verschiedener IoT-Services. Im Network Layer sind zwei Sublayer enthalten. Diese sind:

D1 **Fog Computing Sublayer**
Dieses Sublayer zeichnet sich dadurch aus, dass seine Funktionalität durch eine enorm große Vielzahl verschiedener Fog Nodes, einer Art 'Mini Clouds' in der Nähe von IoT-Devices erbracht wird. Die Nodes sind entlang des Internet-Randes angesiedelt.

Da virtuelle Rechner, sog. Virtual Machines, oft als *Fog Nodes* eingesetzt werden, können am Internet-Rand diverse virtualisierte Netzwerkfunktionen zu IoT-Zwecken erbracht werden. Dieser Sublayer hat eine große Bedeutung bei der Integration digitaler Zwillinge in das IoT [Abb. 10.2-3].

D2 **IoT Cloud Computing Layer**
In diesem Bereich werden IoT-Services in Clouds quasi zentral aufbereitet. Daher fungieren Clouds als 'Serviceplattform' für wichtige IoT-Services, z.B. für Smart City, Smart Environment und E-Health. Der Cloud Computing Layer eignet sich ideal zur Realisierung digitaler Zwillinge.

IoT Application Layer

Bereich 3: Hier werden IoT-Services den Benutzern mittels IoT-Applikationen zugänglich gemacht. Da es sich dabei in der Regel um komplexe, verteilte und oft eine audiovisuelle Kommunikation über das Internet voraussetzende Anwendungen handelt, wird versucht, sie quasi als Standards zu verfassen. Als Beispiel sei die – vor allem der Patientenüberwachung dienende – IoT-Applikation E-Health genannt.

10.2.2 Modell für den Einsatz von DTs im IoT

Das in Abb. 10.2-1 gezeigte logische Basismodell der mittels digitaler Zwillinge bereitgestellter Services enthält fünf funktionale Layer (**L1** bis **L5**). Um zu zeigen, von welchen IoT-Komponenten die Funktionalität einzelner Layer erbracht wird, vergleicht Abb. 10.2-3 die beiden in Abb. 10.2-1 und Abb. 10.2-2 dargestellten logischen Multilayer-Architekturen.

Function Layer Mapping

Aus dem grafischen Vergleich der beiden logischen Multilayer-Architekturen ergibt sich, welche funktionalen Layers von Services mittels digitaler Zwillinge von welchen funktionalen Komponenten des IoT erbracht werden. Der in Abb. 10.2-3 gezeigte Vergleich kann als *Function Layer Mapping* angesehen werden und lässt sich kurz wie folgt charakterisieren:

- **Physical Object Layer**
Dieses Layer im Modell von Services mittels digitaler Zwillinge wird durch zum Layer 1 (L1) (IoT-Devices/-Entities/-Objects) im IoT gehörende Systemkomponenten erbracht.

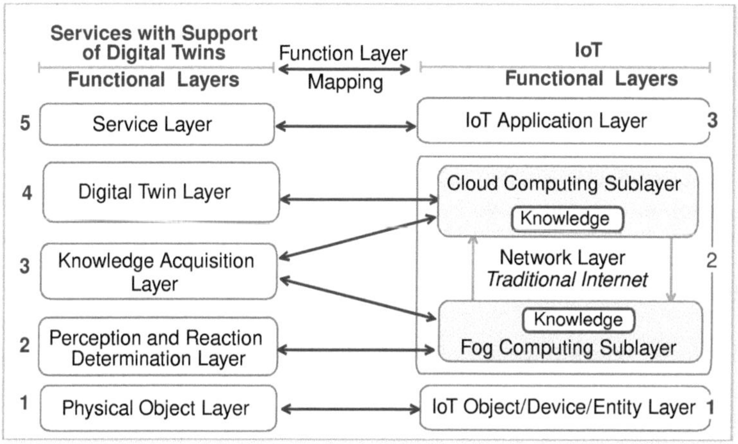

Abb. 10.2-3: Gegenüberstellung der logischen Multilayer-Architekturen von Services auf der Basis digitaler Zwillinge und des IoT

- **Perception and Reaction Layer**
  Die Funktionalität dieses Layer kann in Fog Nodes im IoT realisiert, also durch Fog Computing (Sublayer D1) erbracht werden.
- **Knowledge Acquisition Layer**
  Für die Realisierung im IoT von zu 'Knowledge Acquisition' führenden Funktionen eignen sich sowohl das Fog Computing (Sublayer D1) als auch das Cloud Computing (Sublayer D2).
- **Digital Twin Layer**
  Zur Realisierung der Funktionalität dieses Layer im IoT eignet sich das IoT Cloud Computing (Sublayer D2) besonders gut.
- **Service Layer**
  Die Funktionen dieses Layer entsprechen weitgehend IoT-Applikationen. Somit entspricht der Service Layer bei der Nutzung digitaler Zwillinge dem IoT Application Layer.

Die obige Gegenüberstellung der logischen Multilayer-Architekturen unterstreicht, dass Cloud Computing und Fog Computing eine dominierende Rolle beim Einsatz digitaler Zwillinge spielen werden.

10.3 Virtuelle Sensoren und Aktuatoren

Wie bereits ausgeführt, zeichnen sich der digitale und der physische Zwilling dadurch aus, dass sie sich kontinuierlich über den aktuellen Zustand des anderen informieren und so ständig bereit sind, sich zu helfen.

Funktionen von DTs: Wahrnehmung und Reaktion

Diese kontinuierliche und gegenseitige Zustandsüberwachung des jeweils anderen Zwillings und die ständige Bereitschaft zu helfen, setzen voraus, dass die beiden spezielle Organe zur Wahrnehmung (*Perception*) und Reaktion (*Reaction*), also Sensoren und Aktuatoren, haben. Auf diese Funktionen digitaler Zwillinge verweist der Perception and Reaction Layer im logischen Modell von auf ihrer Basis eingerichteten Services [Abb. 10.2-1]. Zur Erbringung der Funktionen Perception und Reaction muss demzufolge jeder digitale Zwilling über spezielle virtuelle Sensoren und virtuelle Aktuatoren verfügen. Darauf wird im Folgenden näher eingegangen.

10.3.1 Überwachung der Gebäudesicherheit

Abb. 10.3-1 zeigt ein weiteres Beispiel der Nutzung digitaler Zwillinge, und zwar ihren Einsatz in der Smart City zur Realisierung städtischer DT-basierter Dienste zur Überwachung der Gebäudesicherheit (Urban DT-based Building Safety Monitoring Services).

Es sei angemerkt, dass die hier gezeigten digitalen Zwillinge speziell für die Überwachung (Monitoring) von als Smart Home A, B und C bezeichneten Gebäuden eingerichtet wurden. Demzufolge werden sie als $\texttt{DT-BSM}_A$, $\texttt{DT-BSM}_B$ und $\texttt{DT-BSM}_C$ (BSM: *Building Safety Monitoring*) bezeichnet [Abb. 10.3-1].

Wie bereits erwähnt, müssen digitale Zwillinge über spezielle virtuelle Sensoren und virtuelle Aktuatoren verfügen, um die Funktionen Perception und Reaction realisieren zu können. In diesem Fall können als virtuelle Sensoren und virtuelle Aktuatoren digitaler Zwillinge die auf dem Fog Computing Sublayer installierten Proxies physischer Sensoren und Aktuatoren aus Smart Homes fungieren [75].

Fire Monitoring und Security Monitoring

Die zur Überwachung der Smart Homes eingerichteten digitalen Zwillinge bilden zugleich das technische Fundament zum sukzessiven Aufbau einer Reihe von elektronischen Bürgerservices (*Citizen Service*) in Smart Cities.

Als Beispiel dafür präsentiert Abb. 10.3-1 die Bereitstellung von Services für das *Fire Monitoring* und *Security Monitoring*. Hierzu sei hervorgehoben, dass man in diesem Fall die Smart Homes als physische Zwillinge der digitalen Zwillinge $\texttt{DT-BSM}_A$, $\texttt{DT-BSM}_B$ und $\texttt{DT-BSM}_C$ ansehen kann. Die einzelnen auf dem Cloud Computing Sublayer installierten Softwaremodule zur Sicherheitsüberwachung der Smart Homes, will heißen physischer Zwillinge, können somit als deren digitale Zwillinge angesehen werden.

Proxies von Sensoren und Aktuatoren physischer Zwillinge

Eine wichtige Besonderheit der in Abb. 10.3-1 gezeigten Systemlösung besteht darin, dass Sensoren und Aktuatoren digitaler Zwillinge als eine virtuelle Vertretung von Sensoren und Aktuatoren physischer Zwillinge, in diesem Fall einzelner Smart Homes, verstanden werden können. Dies bedeutet, dass Sensoren und Aktuatoren digitaler Zwillinge eine Art Proxies von Sensoren und Aktuatoren physischer Zwillinge darstellen.

Um eine solche Proxy-basierte Systemlösung zu ermöglichen, muss die hier als Network Hypervisor bezeichnete Systemkomponente eine spezielle Art von *Web-Switching* realisieren. Somit entspricht die Nutzung eines Proxies für physischen Sensoren und Aktuatoren der Idee eines Web (Server) Proxy im herkömmlichen In-

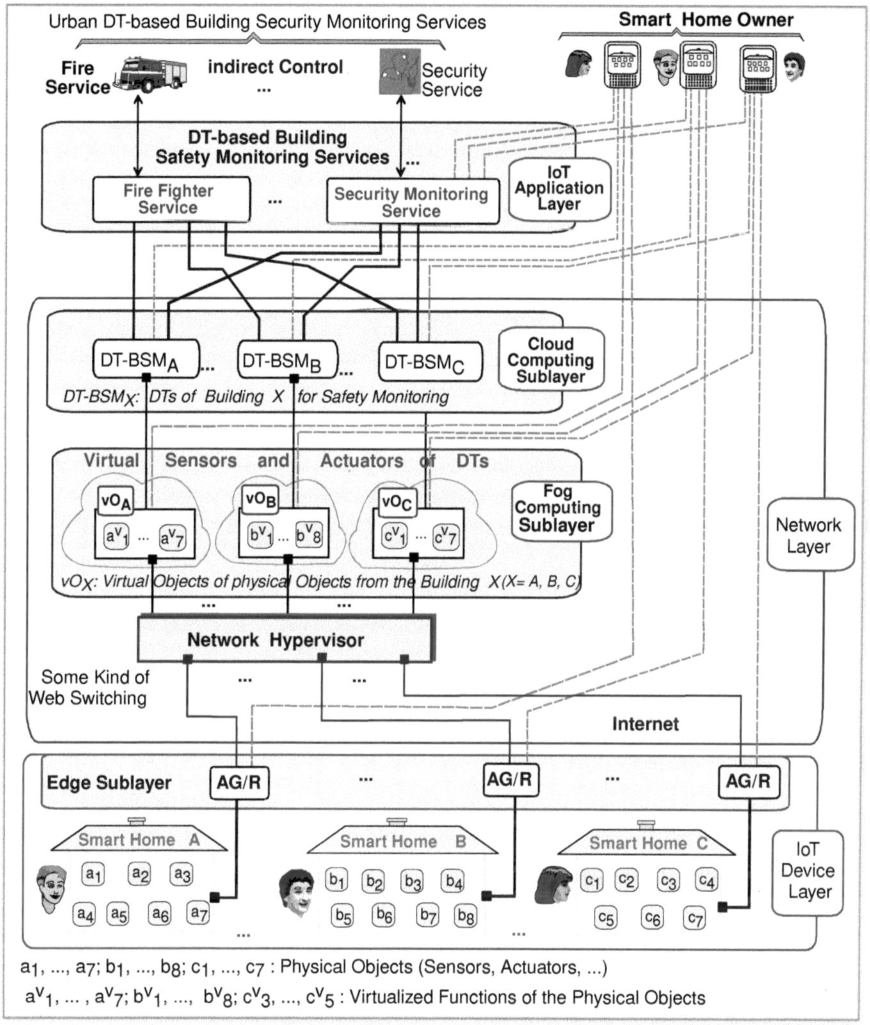

Abb. 10.3-1: Digitale Zwillinge in der Smart City zur Überwachung der Gebäudesicherheit mittels virtueller Sensoren und Aktuatoren

AG/R: Access Gateway/Router

ternet. In diesem Zusammenhang sei erwähnt, dass als *Web-Switching* eine logische Zusammenschaltung von zwei TCP-Verbindungen (*Transmission Control Protocol*) bezeichnet wird. Für eine ausführliche Darstellung von Web-Switching sei auf [16] verwiesen.

10.3.2 Services in Smart Cities

Die in der letzten Abbildung vorgestellte Systemlösung zur Überwachung der Sicherheit von Gebäuden in sog. intelligenten Städten, den Smart Cities, ermöglicht zwei grundsätzliche Arten von Services:

- Services mit direkter Kontrolle/Überwachung von Smart Homes, ohne digitale Zwillinge von Gebäuden nutzen zu müssen, sowie
- Services mittels digitaler Gebäudezwillinge.

Überwachung von Gebäuden ohne digitale Zwillinge

Der Besitzer eines Smart Homes soll direkt über das Internet auf alle Sensoren und Aktuatoren in seinem Haus zugreifen können, um z.B. die momentane Temperatur in den Zimmern zu kontrollieren. Durch einen direkten Zugriff können aktuelle Zustände von Sensoren abgefragt und auch die Aktuatoren zu Hause den augenblicklichen Anforderungen entsprechend angesteuert bzw. konfiguriert werden.

Überwachung mittels digitaler Zwillinge

Services mit dem Einsatz digitaler Zwillinge von Gebäuden zeichnen sich dadurch aus, dass die digitalen Zwillinge einzelner Gebäude in Clouds im Internet eingerichtet werden.

Um städtische Services zur Überwachung der Gebäudesicherheit in Anspruch nehmen zu können, werden die digitalen Zwillinge einzelner Gebäude an verschiedene städtische Instanzen wie z.B. Feuerwehr, Polizei oder spezielle Services zur Sicherheitsüberwachung angebunden. So können dem Smart Home bedarfsorientierte intelligente Sicherheitsservices vonseiten der Stadt, grundsätzlich aber auch von privatwirtschaftlich organisierten Unternehmen (z.B. Anbieter von Objektschutzdiensten), bereitgestellt werden. Dabei können die Zustände einiger Sensoren und Aktuatoren über digitale Zwillinge von Gebäuden z.B. innerhalb eines im Internet installierten städtischen Überwachungssystems abgerufen werden.

Anhand von Systemlösungen, die auf der in Abb. 10.3-1 gezeigten Idee basieren, können in modernen Smart Homes verschiedene Services realisiert werden. Die hier dargestellten Feuerwehrdienste und Sicherheitsdienste sind nur zwei Beispiele für intelligente Services in Smart Cities.

10.3.3 Smartphone als Gesundheitsassistent

Die heute angebotenen leistungsfähigen Smartphones mit ihren diversen Rechnerfunktionen und Internetzugang – sowohl über breitbandige öffentliche Mobilfunkdienste als auch über WLANs – unterstützen ein relativ breites, teilweise noch nicht genutztes mobiles Anwendungsspektrum. Dazu gehören standortunabhängige intelligente medizinische Pflegedienste.

Smartphone als mobiler Gesundheitsassistent

Hier kann ein solches Smartphone von seinen Nutzern als mobiler Gesundheitsassistent (*Mobile Health Assistant*, MHA) – ohne Einschränkung seiner klassischen Funktionen – im Gesundheitswesen Verwendung finden. Abb.10.3-2 illustriert diese Möglichkeit in einem medizinischen Pflegedienst, in dem die oben erwähnten digitalen Patientenzwillinge (HHDTs) eingesetzt werden. Es sei angemerkt, dass die hier gezeigte allgemeine logische Struktur des HHDT vollkommen dem beschriebenen Basismodell digitaler Patientenzwillinge entspricht (siehe Abb. 10.1-4).

Helpdesk im Gesundheitswesen

Wie Abb. 10.3-2 weiter zu entnehmen ist, können in medizinischen Einrichtungen spezielle Cloud-Computing-basierte Services für gesundheitliche Pflegedienste eingerichtet werden.

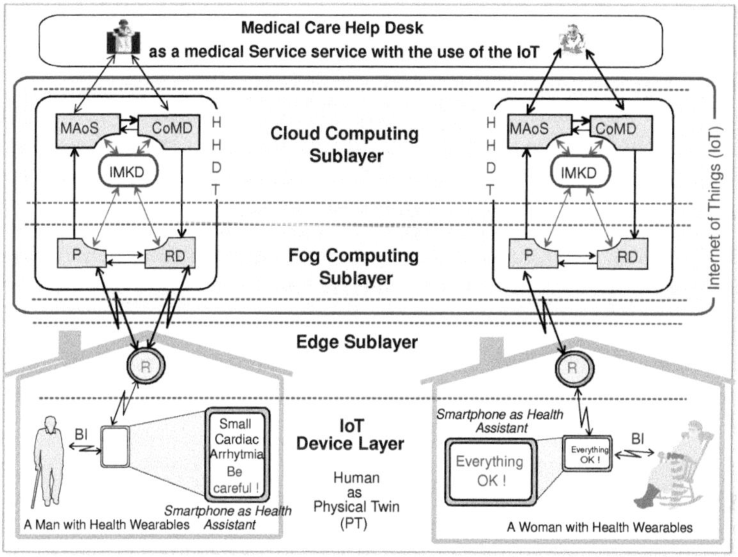

Abb. 10.3-2: Gesundheitsszenario mit digitalem Patientenzwilling und Smartphone als Gesundheitsassistent

BI: Bluetooth Interface, CoMD: Creation of Medical Diagnosis, HHDT: Human Health Digital Twin, IMKD: Individual Medical Knowledge Database, MAoS: Medical Analysis of Symptoms, P: Perception, R: Router, RD: Reaction Determination

Diese Services lassen sich z.B. als eine Art *Helpdesk* im Gesundheitswesen organisieren. Die digitalen Patientenzwillinge können solche *Helpdesk-Systeme* nutzen und mit deren Hilfe ihren physischen Patienten über mobile Gesundheitsassistenten moderne Formen medizinischer Diagnostik, Therapie und Pflege anbieten.

Wearables als IoT End Devices

Bei der Nutzung von Smartphones als Gesundheitsassistenten erfassen direkt am Körper oder in der Kleidung getragene miniaturisierte Computer die gesundheitsrelevanten Messwerte ihres Trägers.

Diese sog. *Wearables* können als eine Art *IoT End Device*s angesehen werden. Dazu besitzen die Wearables integrierte oder abgesetzte spezielle Sensoren zur messtechnischen Erfassung z.B. von Blutdruck, Blutzucker, Körpertemperatur und von Aktivitätsparametern wie Laufstrecke (z.B. GPS-Sensor) oder anderweitiger Bewegungen (z.B. Beschleunigungssensor) sowie zur Aufzeichnung von Verhaltensweisen[3] (z.B. Schlafrhythmus).

Vom Wearable gewonnene Messdaten werden zur Speicherung und Auswertung zuerst über spezielle Funk-Interfaces wie z.B. Bluetooth- oder NFC-Interface (*Near Field Communication*) an das Smartphone übermittelt. Hier wird eine grobe Auswertung der von Wearables gesendeten Daten vorgenommen. Daraufhin werden die entsprechend vorbereiteten Messdaten über den Router und das Internet an die vorgesehenen zentralen Stellen weitergeleitet, z.B. in Gesundheitszentren installierte digitale Patientenzwillinge.

[3] siehe: https://www.data4life.care/de/bibliothek/journal/health-wearable-apps

Analyse durch Wearables erfasster Daten

Wie in Abb. 10.3-2 dargestellt, werden die vom digitalen Patientenzwilling (als HHDTs) stammenden medizinischen Daten von den Wearables zuerst im Modul `P` (*Perception*) analysiert. Im nächsten Schritt werden sie an das Modul `MAoS` (*Medical Analysis of Symptoms*) übergeben. Es sei angemerkt, dass durch Wearables erfasste medizinische Daten jedes Patienten auf eine ähnliche Art und Weise analysiert werden können – wie bei der in Abb. 10.1-4 präsentierten Untersuchung von Patienten durch Ärzte unter Verwendung digitaler Patientenzwillinge.

Das Ergebnis solch einer rechnerunterstützten medizinischen Analyse kann direkt in inverser Richtung über das Internet an den mobilen Gesundheitsassistenten übermittelt werden.

Ständige Aktualisierung

Als besonders vorteilhaft erweist sich in dieser Systemumgebung, dass die individuelle Datenbank im digitalen Patientenzwilling, die in Abb. 10.1-4 gezeigte IMDK, ständig, quasi in Echtzeit, aktualisiert wird.

10.4 Digital Twin Federation

Soll die Idee digitaler Zwillinge im Management vielschichtiger und breit verteilter Prozesse Einzug halten, sind oft mehrere digitale, miteinander kooperierende Zwillinge mit verschiedenen funktionalen Fähigkeiten notwendig.

Eine solche Kooperation mehrerer digitaler Zwillinge zur Überwachung bzw. zum Management verteilter komplexer Prozesse wird als Föderation digitaler Zwillinge (*Digital Twin Federation*, DTF) bezeichnet.

Die sich entwickelnden Smart Cities bilden schon heute multidimensionale ökologische Systeme. Deren zeitnahe Anpassung an häufig auftretende neue – meist unerwünschte – Situationen (z.B. Staus im Straßenverkehr, spontan auftretende Luft-/Wasserverschmutzung) kann wirksam mittels entsprechend befähigter digitaler Zwillinge (DTs) wichtiger Komponenten ökologischer Systeme erreicht werden. In einer *Smart City als Ökosystem* müssen mehrere digitale Zwillinge – insbesondere City/Urban DT, Energy DT und Manufacturing DT – auf eine spezielle Art und Weise miteinander integrativ verbunden werden. Diese Integration führt zur Bildung der DTF einer Smart City [40].

Beispiel für eine DTF in der Smart City

Das Hauptziel der Integration digitaler Zwillinge mehrerer Komponenten des Ökosystems einer Smart City ist die Sicherstellung von Klimaneutralität im urbanen Raum. Eine denkbare, auf der Basis einer DTF eingerichtete Systemlösung hierfür illustriert Abb. 10.4-1. Wie hier ersichtlich werden durch die einzelnen digitalen Zwillinge folgende Managementfunktionen erbracht:

City DT

- *Digitaler Zwilling Smart City*
  Dieser digitale Zwilling soll u.a. virtuelle Modelle für folgende Funktionen enthalten: Verkehrsmanagement (Traffic Management), Management von Kläranlagen (Sewage Plant Management), Management des Wasserverbrauchs (Water Usage Management) und Management der Stadtsicherheit (City Security Management).

- *Digitaler Zwilling der Energiewirtschaft*
  In diesem digitalen Zwilling sollen u.a. folgende Funktionen abgebildet werden: Energiebedarfsmanagement (Demand-Side Response Management), Management aller erneuerbaren Energiearten (Renewable Energy Management), CO_2-Emissionsmanagement (CO_2 Emission Management), Management des Energiehandels (Energy Trading Management). Energy DT

- *Digitaler Zwilling der Produktion*
  Dieser digitale Zwilling unterstützt u.a. das Produktionsmanagement (Production Management), Inventar- und Lagermanagement (Inventory and Warehouse Management), Management von Lieferketten (Supply Chain Management), Management des Energieverbrauchs (Energy Consumption Management) und das Management der Feinstaubemission (Fine Dust Emission Management). Manufacturing DT

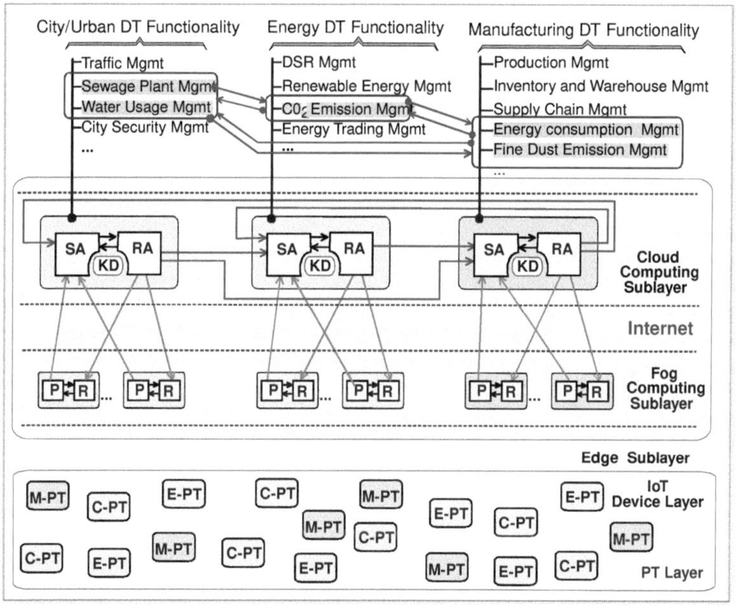

Abb. 10.4-1: Beispiel für die Realisierung der DTF einer Smart City zur Sicherstellung eines klimaneutralen urbanen Ökosystems

DSR: Demand-Side-Response, PT: Physical Twin (Physical Object, Process, System, ...), C/E/M-PT: City/Energy/Manufacturing Physical Twin, P: Perception, R: Reaction

Es sei hervorgehoben, dass die physischen Zwillinge (PT) der drei oben aufgelisteten digitalen Zwillinge innerhalb einer Smart City räumlich beliebig verteilt werden können. Wie das obige Bild zeigt, gehören sie zum IoT Device Layer und werden über spezielle innerhalb der Edge Sublayer am Internet-Rande platzierte Router an die Komponenten für Fog Computing im IoT angebunden.

10.4.1 Verbund Ökosystem-relevanter Funktionen

Zum Aufbau eines klimaneutralen urbanen Ökosystems müssen alle das Ökosystem in irgendeiner Form beeinflussende Managementfunktionen in eine DTF 'aufgenommen' werden. Wie aus Abb. 10.4-1 hervorgeht, handelt es sich um die folgenden Funktionen:

- Sewage Plant und Water Usage in City DT
- $C0_2$ Emission und Energy Trading in Energy DT
- Energy Consumption und Fine Dust Emission in Manufacturing DT

Eine kontinuierliche zeitnahe Anpassung der Smart City an geänderte Lagen (z.B. Verkehrs- oder Emissionssituation) lässt sich vor allem mit spezialisierten digitalen Zwillingen wie City/Urban DT, Energy DT oder Manufacturing DT erreichen.

Die im letzten Bild dargestellte Vernetzung der Managementfunktionen digitaler Zwillinge lässt sich als Realisierungsform von DT-driven Systemen zur Erhaltung klimaneutraler Ökosysteme interpretieren.

10.4.2 Einsatzmöglichkeiten digitaler Zwillinge

Das Spektrum der Einsatzmöglichkeiten digitaler Zwillinge ist sehr breit. Abb. 10.4-2 präsentiert eine Liste mit zehn Anwendungsgebieten, in denen digitaler Zwillinge wohl zuallererst Einsatz finden. Die Beschreibung ihrer elementaren Merkmale und Nutzungsaspekte bedient sich der englischen Sprache, um die Suche nach weiterführenden Informationen im Internet zu erleichtern, wo entsprechende Veröffentlichungen fast ausschließlich in Englisch vorliegen.

Anwendungsgebiete digitaler Zwillinge lassen sich kurz wie folgt skizzieren.

1. *AI-supported Production, Industrie 5.0, DTs in the IIoT*
   Digitale Zwillinge werden in der Industrie insbesondere zur Unterstützung diverser Produktionsabläufe eingesetzt, in denen künstliche Intelligenz (Artificial Intelligence, AI) bedeutsam ist. Dabei können mittels digitaler Zwillinge wichtige Produktionsprozesse abgebildet werden, um diese somit in AI-basierte Verfahren integrieren zu können.

   Der Einsatz digitaler Zwillinge in der heutigen Industrie 4.0 führt zur Entstehung einer neuen Generation von Industrie, die gemeinhin als Industrie 5.0 bezeichnet wird.

   Industrial Internet

   Digitale Zwillinge im industriellen Umfeld ermöglichen das Management und die Wartung (Maintenance) komplexer industrieller Prozesse auf eine intelligente Art und Weise sowie eine optimale Gestaltung dieser Prozesse. Es wird in diesem Zusammenhang von *Intelligent Management and Maintenance* und von *Process Optimization* gesprochen. Von herausragender Bedeutung ist die Nutzung digitaler Zwillinge im *Industrial Internet of Things* (IIoT).

Für ausführliche Informationen zu 'Digital Twin framework for manufacturing' sei verwiesen auf die ISO-Standards (August 2020): 23247-1; 23247-2, 23247-3 und 23247-4 sowie auf [46] und [67].

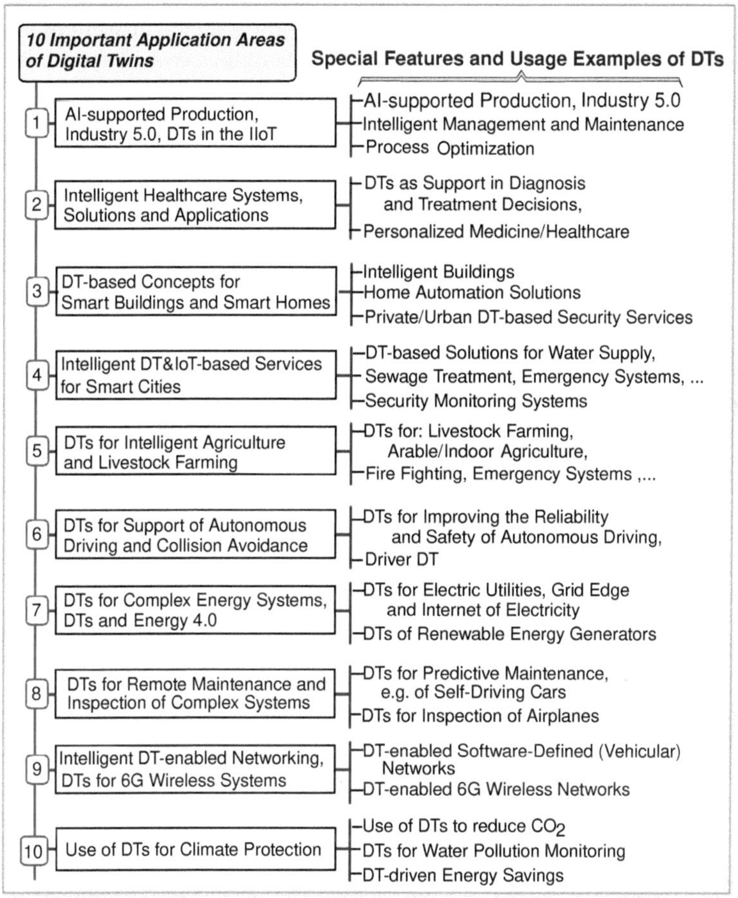

Abb. 10.4-2: Wichtige Anwendungsgebiete digitaler Zwillinge und Beispiele ihrer Nutzung

DT: Digital Twin, 6G: Sixth Generation

2. *Intelligent Healthcare Systems, Solutions and Applications*
Einige Ideen zum Einsatz digitaler Zwillinge im Gesundheitswesen (Healthcare) wurden bereits erläutert und in Abb. 10.1-4 und Abb. 10.3-2 veranschaulicht.

Personalised Medicine

Aus ihnen geht hervor, dass sich digitale Patientenzwillinge in der Humanmedizin zur Unterstützung von Diagnose- und Behandlungsentscheidungen anbieten (*DTs as Support in Diagnosis and Treatment Decisions*). Da Patientenzwillinge Einfluss z.B. auf ärztliche Behandlungen und medizinische Pflegemaßnahmen einzelner Menschen nehmen können, spricht man in diesem Zusammenhang sowohl von personalisierter Medizin als auch vom personalisierten Gesundheitswesen (*Personalised Medicine/Healthcare*).

Digitaler Patientenzwilling

So können mittels digitaler Patientenzwillinge z.B. menschliche Organe dynamisch modelliert und in visueller Form auf dem Bildschirm präsentiert werden. Diese visuellen Präsentationen des aktuellen Zustands und Verhaltens wichtiger Organe bieten bei der ärztlichen Untersuchung große Vorteile, z.B. die Chance, Krankheiten noch im Frühstadium zu entdecken. Für weitere Informationen über den Einsatz digitaler Zwillinge im Gesundheitswesen sei verwiesen auf [31] und [46].

3. *DT-based Concepts for Smart Building and Smart Home*
   Sowohl in öffentlichen Gebäuden als auch in privaten Wohnhäusern werden zunehmend kommunikationsfähige intelligente Systeme und Geräte installiert. Man spricht in diesem Zusammenhang von intelligenten Gebäuden (*Smart Buildings*) und intelligenten Häusern (*Smart Homes*). Die Nutzungsmöglichkeiten dieser gebäudebezogenen Intelligenz lässt sich mit digitalen Zwillingen derart erweitern, dass intelligente Services nach dem in Abb. 10.3-1 gezeigten Prinzip entstehen, die teilweise auch in die *Smart City* integrierbar sind [32]. Es wird damit gerechnet, dass für die heute in Gebäuden eingesetzten und in naher Zukunft zu erwartenden Techniken einheitliche Softwareschnittstellen spezifiziert werden, die die Inanspruchnahme und Akzeptanz dieser Services erleichtern. Auf der Grundlage dieser Services und der nötigen Standardisierungsaktivitäten, so erwarten Experten, würden völlig neue – in die Smart City eingebundene – Konzepte zur Automatisierung und Administration entstehen.

4. *Intelligent DT & IoT-based Services for Smart Cities*

Klimaneutrale Ökosysteme

   Digitale Zwillinge lassen sich zudem gut zum intelligenten Management verteilter, stark dynamisch verlaufender Prozesse jeder Smart City einsetzen. Wie schon in Abb. 10.4-1 gezeigt wurde, steht im Fokus der einzelnen Managementprozesse primär das *klimaneutrale Ökosystem*. Hierzu gehören Lösungen wie z.B. das Management des Wasserverbrauchs und die Überwachung der Luftverschmutzung.

   Die technische Umsetzung dieses Ziels verlangt die Entwicklung diverser digitaler Zwillinge. Ihre Kombination mit dem IoT bahnt den Weg zu zukunftsfähigen Managementlösungen für die Smart City, insbesondere zum Management des Verkehrs, der Wasserversorgung (*Water Supply*), der Abwasserbehandlung (*Sewage Treatment*) sowie von Notrufsystemen (*Emergency Systems*) und Systemen zur Sicherheitsüberwachung (*Security Monitoring Systems*). Für weitere Informationen darüber siehe z.B. [47] und [28].

5. *DTs for Intelligent Agriculture and Farm Management*
   Auch in der großflächigen Landwirtschaft (*Agriculture, Farming*) lassen sich digitale Zwillinge vielversprechend nutzen. Ihr Einsatz bietet Möglichkeiten, landwirtschaftliche Betriebe intelligent zu organisieren und ihre Produktivität zu steigern. In diesem Kontext wird oft von *Intelligent Agriculture* bzw. *Intelligent Farm Management* gesprochen.

   In diesen Szenarien muss der digitale Zwilling geobasiert angelegt sein. Er ist ein virtuelles 3D-Abbild der auf einer Fläche vorhandenen physischen Objekte und Einrichtungen mit deren Raumbezug.

Da man es beim Management einer großen bewirtschafteten Landwirtschaftsfläche mit vielschichtigen, voneinander abhängigen Prozessen zu tun hat, kommt nur eine Realisierung in Form einer DTF in Betracht. Zu ihr gehören z.B. die digitalen Zwillinge für das Management der Viehzucht (*Livestock Farming*), des Ackerbaus (*Arable Agriculture*), der Brandbekämpfung *(Fire Fighting*) und der Notfallsysteme (*Emergency Systems*) [66], [26], [88].

Digital Twin of Farm (DTF)

6. *DTs for Autonomous Driving and Collision Avoidance*
   Autonomes Fahren (*Autonomous Driving*) ist im Kommen. Zur Gewährleistung seiner Sicherheit, insbesondere der Kollisionsvermeidung (*Collision Avoidance*), werden verschiedene Verkehrsmodelle aller denkbaren unerwünschten Situationen im Verkehr gebraucht. Diese Verkehrsmodelle lassen sich mit verkehrsspezifischen digitalen Zwillingen verwirklichen [24]. Von erheblicher Bedeutung sind dabei z.B. Zwillinge zur Verbesserung der Zuverlässigkeit und Sicherheit des autonomen Fahrens (*DTs for Improving the Reliability and Safety of Autonomous Driving*).

   Der digitale Zwilling jedes autonom fahrenden Fahrzeugs soll ermöglichen, dass zu jeder Zeit Fahrzeugdaten (z.B. geografische Position, Temperatur, Ölstand, Ladezustand der Batterie) gewonnen werden können, um auf ihrer Grundlage möglichst früh die Notwendigkeit einer vorsorglichen Wartung (*Predictive Maintenance*) bzw. einer Fahrtüchtigkeitsprüfung zu erkennen.

   Eine große Rolle spielt beim autonomen Fahren auch der digitale Zwilling des Fahrers (*Driver Digital Twin*). Um so einen digitalen Zwilling einrichten zu können, müssen weitgehend unterschiedliche Verhaltensmodelle von Fahrern berücksichtigt werden -- insbesondere sind die zum Erfassen aller denkbaren Steueraktionen notwendig.

   Driver Digital Twin

   Die autonom fahrenden Fahrzeuge müssen alle denkbaren Fahrhindernisse berücksichtigen wie z.B. andere Fahrzeuge, Fußgänger, Ampeln, Baustellen usw. Der digitale Zwilling des Fahrers soll quasi als eine zusätzliche Fernsteuerung 'Remote Controller' dienen.

7. *DTs for Complex Energy Systems*
   Im Energiesektor werden immer häufiger innovative Technologien wie das IoT, künstliche Intelligenz und Cloud Computing eingesetzt. Diese 'digitale Revolution' wird als Energy 4.0 bezeichnet. Sie führt zur Einrichtung intelligenter Netze für den Energietransport. Diese oft als *Internet of Energy* (IoE) bezeichneten Netze sollen weitgehend eine dezentrale Erzeugung erneuerbarer Energien mit dem dazu nötigen Energiemanagement unterstützen. Auch für diese Aufgaben sind digitale Zwillinge prädestiniert.

   Internet of Energy

   An dieser Stelle seien in Elektrizitätswerken (*DTs for Electric Utilities*) und bei der dezentralen Erzeugung erneuerbarer Energien (*DTs for Renewable Energy Generators*) genutzte digitale Zwillinge hervorgehoben [83], [62].

   Auch digitale Zwillinge von Windkraftanlagen werden an Bedeutung gewinnen. Sie ermöglichen die dem aktuellen Strombedarf entsprechende Steuerung der Leistung von oft in großen Gruppen installierten Windkraftanlagen. Für diese räumlich verteilte Anwendung digitaler Zwillinge eignet sich in besonderer Weise das IoT. Die technische Lösung zur Steuerung von Windkraftanlagen lässt sich nach dem in Abb. 10.2-1 gezeigten logischen Modell verwirklichen.

Predictive Inspection

8. *DTs for remote Maintenance and Inspection of Systems*
Komplexe und zudem oft verteilt angelegte technische Systeme haben ein hohes Anwendungspotenzial für digitale Zwillinge. Sie gestatten in diesem Bereich u.a. die frühe Erkennung der Notwendigkeit einer vorbeugenden Inspektion (*Predictive Inspection*) wichtiger Systemkomponenten und unterstützen die Steuerung der Fernwartung (*Remote Maintenance*) [4].

Erhöhung der Sicherheit in der Luftfahrt

Die Nutzung digitaler Zwillinge in der Luftfahrt zur Früherkennung vorbeugender Inspektionen von Flugzeugen (*Inspection of Airplanes*) ist ein Anwendungsfall von erheblicher Bedeutung. Beispielsweise kann ein auf dem Boden installierter digitaler Zwilling eines Passagierflugzeugs dem Piloten während des Flugs frühzeitig signalisieren, dass die Notwendigkeit einer vorbeugenden Inspektion erkannt wurde. Dank dieser Warnung kann der Pilot sein Flugzeugs auf eine frühzeitige Landung auf einem nahegelegenen Flughafen vorbereiten. So können digitale Zwillinge in der Luftfahrt zur Reduzierung von Flugzeugunfällen und unsicheren Notlandungen führen.

9. *Importance of DT Technology for Networking*
Auf dem Gebiet Networking lassen sich verschiedene, auf der Idee digitaler Zwillinge basierende Systemlösungen weitläufig einsetzen. Sie können zur Realisierung eines intelligenten Managements beitragen und unterstützen darüber hinaus das Design neuer innovativer Services auf der Grundlage bereits bestehender Netze.

Digital Twin Network

Um diese Services erbringen zu können, müssen häufig verschiedene digitale Zwillinge untereinander logisch/virtuell vernetzt werden. Dies führt zum sog. *Digital Twin Network* (DTN), das als eine Art virtuelles Netz auf das physische Netz aufgesetzt wird. Diese DTNs werden z.B. oberhalb der zukünftigen Mobilfunknetze 5G und 6G eingerichtet werden.

In den Mobilfunknetzen 5G und 6G kommt das sog. *Network Slicing* zur Anwendung, wodurch *Network Slices*, also virtuelle 'Netzwerkscheiben' gebildet werden können. Vor allem private virtuelle Mobilfunknetze lassen sich erfolgversprechend als *Network Slices* konfigurieren. Ein Konzept für das Management von privaten Mobilfunknetzen, das ihre flexible Nutzung ermöglicht, lässt sich z.B. mittels von DTNs realisieren. Es entstehen also durch digitale Zwillinge unterstützte Mobilfunknetze 5G und 6G (*DT-supported Wireless Networks 5G and 6G*) [43].

Des Weiteren ist darauf zu verweisen, dass sich digitale Zwillinge gut zur funktionellen Erweiterung verschiedener Software Defined Networks (SDNs) eignen. Digitale Zwillinge versetzen diese Netze in die Lage, intelligente *Software Defined Services* (SD-Services) bereitzustellen. Es ist voraussehbar, dass in der Zukunft solche SD-Services in Mobilfunknetzen 5G und 6G eine große Bedeutung haben werden.

10. *Use of DTs for Climate Protection*
Der Klimawandel und die Umweltzerstörung sind heutzutage existenzielle Bedrohungen für die ganze Welt. Eine vielversprechende Lösung zur Milderung dieser Bedrohungen ist die Entwicklung spezieller digitaler Zwillinge für den Klimaschutz (*DTs for Climate Protection*). Diese Idee hat die Europäische Union (EU) ins Leben gerufen und die Initiative '*Destination Earth* (DestinE)' gestartet. Hauptziel der Initiative ist die Unterstützung der Entwicklung digitaler Zwillinge der Erde (*Earth DTs*).

DTs for Climate Protection

Der Aufbau des angestrebten klimaneutralen globalen Ökosystems verlangt enorm viele verschiedene, auf der ganzen Welt verteilte und speziell zum Klimaschutz eingerichtete digitale Zwillinge. Zur Erreichung dieses Ziels sind vielfältige, von digitalen Zwillingen gesteuerte Lösungen (*DT-driven Solutions*) vonnöten. Dazu gehören u.a. die in Abb. 10.4-2 illustrierten Lösungen zur Reduzierung von CO_2-Emissionen (*for Reduce Carbon Emissions*), zur Überwachung der Wasserverschmutzung (*for Monitoring Water Pollution*) und für Energieeinsparungen (*Energy Savings*).

All das kann nur zum Ziel führen, wenn die weltweit verteilten digitalen Zwillinge zudem in der Lage sind, grenzüberschreitend miteinander zu kommunizieren und kooperieren, also de facto eine weltweite Federation digitaler Zwillinge bilden [Abb. 10.4-1].

10.5 Schlussbemerkungen

Mit der Virtualisierung von Rechnern hat eine neue technische Ära begonnen. Früher war die Netzwerkwelt klar strukturiert. Das heißt, Hardware sowie Netzwerkinfrastrukturen – als physische Welt – und Softwareanwendungen – als digitale/virtuelle Welt – waren logisch weitgehend voneinander getrennt.

Mit der Bildung virtueller Rechner (*Computer Virtualisation*) und ihrer Nutzung zur Bereitstellung verschiedener Netzwerkfunktionen (*Network Function Virtualisation*) hat die funktionelle Integration der physischen und der digitalen Welt begonnen[4]. Die weitläufige Nutzung diverser digitaler Zwillinge wird in der Zukunft mit Sicherheit zur Aufhebung der logischen Trennung zwischen der physischen und der digitalen Welt führen. Abschließend sei im Hinblick auf zukünftige Anwendungen digitaler Zwillinge Folgendes hervorgehoben:

Zusammenwachsen von physischer und virtueller Welt

Digitale Zwillinge weit verteilter Systeme wie z.B. die im Rahmen der eben erwähnten EU-Initiative '*Destination Earth* (DestinE)' zu entwickelnden Systeme werden verschiedene Föderationen diverser digitaler Zwillinge (*Digital Twin Federations*, DTFs) bilden. Zur Steuerung und Überwachung sehr komplexer und breit verteilter DTFs eignet sich besonders gut das SDN-Konzept. Beim Einsatz von SDN zur Überwachung, Steuerung und Koordination von Föderationen digitaler Zwillinge können die einzelnen Zwillinge einer Föderation als SDN-Devices angesehen und mittels SDN-Controllers konfiguriert und gesteuert werden [75].

[4]siehe: https://ec.europa.eu/digital-single-market/en/destination-earth-destine

Digital Twin for Support of Cyber Security

Genau wie jede andere verteilte Systemlösung ist auch die Nutzung digitaler Zwillinge mit Risiken verbunden. Dennoch ist jeder digitale Zwilling befähigt, einen Beitrag zur Erhöhung der Sicherheit seines physischen Zwillings leisten, indem er sich z.B. zur kontinuierlichen Überwachung der Abwehrfähigkeiten seines physischen Zwillings einsetzen lässt.

Dies kann geschehen, indem der digitale Zwilling gezielt mit Schadsoftware unterschiedlicher Art infiziert wird, um die Auswirkungen dieser auf den physischen Zwilling zu testen. So lassen sich die Abwehrfähigkeiten physischer Zwillinge z.B. bei Cyberangriffen testen und falls nötig verbessern. Das Ergebnis ist ein Sicherheitsgewinn des physischen Zwillings, der damit gegen Attacken aus dem Internet noch besser gewappnet werden kann.

11 IIoT – Intelligent IoT

Wissen wird von Menschen durch die Beobachtung von Umwelt und Natur sowie von Gedanken, Erinnerungen, Erfahrungen und Lernen erworben. Die zu diesen Fähigkeiten führenden informationsverarbeitenden Prozesse im Gehirn werden als *menschliche Kognition* (Cognition) bezeichnet. Um technische Systeme zu befähigen, möglichst ebenso intelligent wie Menschen zu sein und sich folglich an neue Situationen möglichst optimal anzupassen, muss in diesen Systemen die menschliche Kognition bis zu einem bestimmten Grade nachgebildet werden.

Bedeutung menschlicher Kognition

Demzufolge gilt die Erarbeitung von Ideen zur Einrichtung von auf den Prinzipien menschlicher Kognition basierenden intelligenten Systemen als enorm wichtiger Trend bei der Entwicklung technischer Systeme. Somit wird versucht, die menschliche Kognition, d.h. situationsbewusstes Denken, in technischen Systemen nachzubilden. Man spricht in diesem Zusammenhang von *intelligenten* bzw. *kognitiven Systemen*, die als situationsbewusste Systeme (engl. situation-aware systems) angesehen werden können.

Nachbildung menschlicher Kognition

Von enorm großer Bedeutung ist die Nachbildung der menschlichen Kognition im heutigen *Internet of Things* (IoT). Bestrebungen in diese Richtung führen zur Entstehung von *Intelligent IoT* (IIoT). Dies bedeutet, dass Komponenten und Systeme im zukünftigen IIoT über Künstliche Intelligenz (KI), engl. *artificial intelligence* (AI), verfügen werden. Infolgedessen werden sie in der Lage sein, situationsbewusst zu handeln und somit wichtige Prozesse im Laufe der Zeit eigenständig zu optimieren und sich an eine neue Situation flexibel anzupassen. Bevor diese Idee im heutigen IoT verwirklicht werden kann, müssen allerdings zuvor relevante Messwerte und Ereignisse kontinuierlich erfasst und dann auf eine spezielle Art für weitere Analysen bzw. zu Lernzwecken dokumentiert und archiviert werden.

Weg zur Entstehung von IIoT

Durch das kontinuierliche Erfassen verschiedener Arten von Daten im IoT sammeln sich jedoch immer mehr Daten an, die schließlich zu immensen Datenmengen anwachsen. Man spricht von *Big Data.* Bevor die erfassten Daten beim maschinellen Lernen (*Machine Learning*, ML) im Rahmen der künstlichen Intelligenz zum Einsatz kommen, müssen diese Daten entsprechend analysiert werden. Die Analyse von Big Data als eine Art 'Vorbereitung auf ihren Einsatz' u.a. zur Unterstützung von Lernprozessen im IoT wird als *Big Data Analytics* (BDA) bezeichnet. Dieser Vorgang hat nicht nur im IoT eine enorme Bedeutung, sondern auch in allen anderen technischen Systemen, die durch Lernprozesse künstliche Intelligenz erwerben sollen, um situationsbewusst zu werden.

Big Data Analytics

Die grundlegende Vorgehensweise bei der Weiterentwicklung vom IIoT beruht auf dem Einsatz künstlicher Intelligenz bei der Big Data Analytics zur Entdeckung von versteckten Mustern, unbekannten Korrelationen und anderen nützlichen Informationen in den gesammelten 'riesigen Datenmengen'.

Vom IoT zum IIoT

Die Ergebnisse dieser Analysen im IoT werden einerseits Menschen angezeigt, damit sie die gewonnenen Informationen nutzen können. Andererseits sollen verschiedene IoT-Komponenten auf der Basis dieser Informationen selbstständig ler-

Wann kann von IIoT gesprochen werden?

nen und sich dadurch in die Lage versetzen, auf verschiedene Situationen und plötzlich auftretende Ereignisse im IoT fast so intelligent wie Menschen zu reagieren. Sobald das IoT die eben geschilderten Fähigkeiten besitzt, immer situationsbewusst agieren zu können, wird man von *Intelligent IoT* sprechen.

Arten der Intelligenz im IIoT

In der nicht-virtuellen Welt besitzen Menschen ungleiche Lernfähigkeiten und Begabungen. In der virtuellen Welt des IIoT liegen ähnliche Bedingungen vor. Doch nicht alle technischen Komponenten im IIoT haben eine gleich hohe künstliche Intelligenz und gleich ausgeprägte intelligente Fähigkeiten. In diesem Zusammenhang unterscheidet man im IIoT insbesondere folgende Arten der künstlichen Intelligenz: kognitive Intelligenz (*Cognitive Intelligence*), Umweltintelligenz (*Ambient Intelligence*, AmI), Echtzeitintelligenz (*Real-Time Intelligence*) und Schwarmintelligenz (*Swarm Intelligence*).

Schwerpunkte dieses Kapitels

Dieses Kapitel erläutert die grundlegenden Ideen und Konzepte, die zur Entstehung von IIoT führen. Zuerst wird kurz der Verlauf von Denkprozessen im menschlichen Gehirn, d.h. die *menschliche Kognition*, erläutert. Danach wird gezeigt, dass die menschliche Kognition, insbesondere situationsbewusstes menschliches Denken, als Hauptauslöser der zum IIoT führenden Idee zu betrachten ist. Auf dieser Basis wird anschließend gezeigt, wie die menschliche Kognition auf eine verteilte Art und Weise im IoT nachgebildet werden kann, um dem IoT künstliche Intelligenz und situationsbewusstes Denken beizubringen. Dabei soll kurz auch auf die Möglichkeiten von Big Data Analytics eingegangen werden. Den Abschluss bilden Beispiele für die praktische Bedeutung von IIoT.

11.1 Allgemeine logische IoT-Architektur

Zwecks einer anschaulichen Erläuterung der zur Entstehung von IIoT führenden generellen Idee wird zuerst die allgemeine logische Architektur von IoT präsentiert. Abb. 11.1-1 zeigt diese und bringt dabei zum Ausdruck, dass das IoT wie folgt interpretiert werden kann:

Interpretation von IoT

Das IoT ist eine funktionelle Erweiterung des Internets mit dem Ziel, Alltagseinrichtungen wie Geräte, Sensoren oder Aktuatoren unterschiedlicher Art (allgemeinen als *IoT Devices* bzw. *IoT Objects* bezeichnet) mit unterschiedlichen Fähigkeiten sowohl untereinander als auch mit Rechnern am Internet so zu vernetzen, dass sie alle möglichen Internetdienste nutzen können, um Menschen überall und jederzeit die Erbringung einer breiten Palette intelligenter Applikationen und Services zu ermöglichen. Innerhalb der in Abb. 11.1-1 gezeigten logischen IoT-Architektur sind zwei besondere 'funktionelle Seiten' (*functional sides*) zu unterscheiden. Diese sind:

- *IoT-Service/Actuator Side*
  Diese stellt die funktionelle Erweiterung des herkömmlichen Internets um IoT-spezifische Systemkomponenten dar. Sie repräsentiert eine über spezielle Access Gateways an das herkömmliche Internet erbrachte Anbindung verschiedener IoT-Devices/Entities/Objects (im Folgenden kurz Erweiterungen von *IoT-Devices*), welche typischerweise auch untereinander über drahtlose Netze verbunden sind.

- *User/Operator/Control Side*
  Diese repräsentiert die Endkomponenten des herkömmlichen Internets, welche von Benutzern (Users) benötigt werden, um verschiedene IoT-Devices zu steuern, deren Status einstellen und abfragen zu können. Hierfür werden am herkömmlichen Internet oft spezielle, dienstspezifische Leitstellen (z.B. Umweltschutz-, Notrufleitstelle) zur Nutzung der von IoT-Devices erbrachten Dienste eingerichtet.

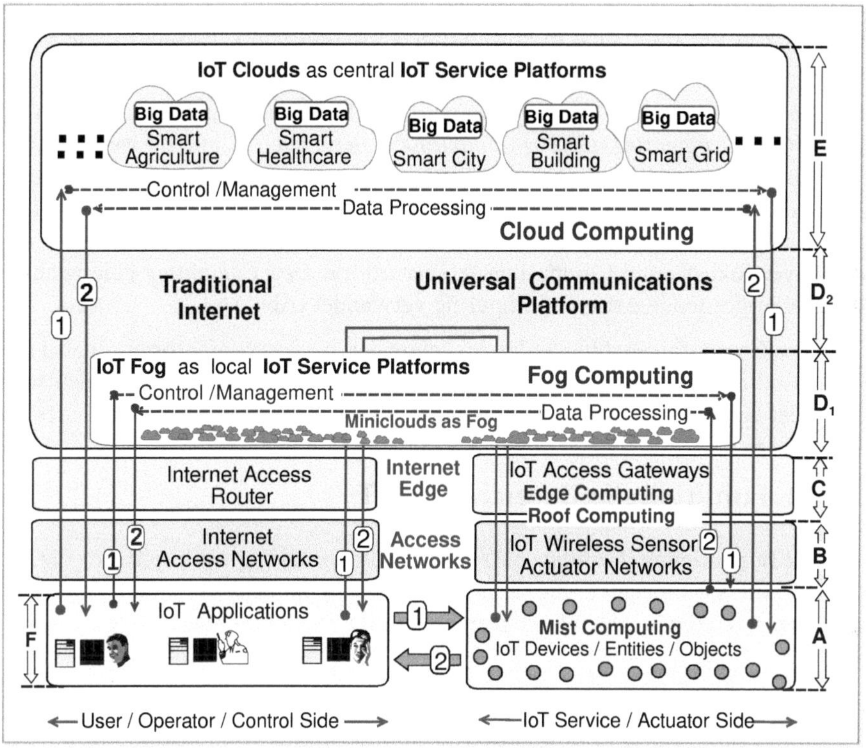

Abb. 11.1-1: Allgemeine logische Multilayer-Architektur von IoT-Service

[1]: Control Management, [2]: Data/Event/Status Notification, A: IoT Endpoint (Devices/Entities/Objects) Layer, B: Internet Access Network Layer. C: Internet Edge Layer, D_1: Fog Computing Layer, D_2: Internet as Cloud-to-Edge Continuum, E: IoT Service Cloud Layer, F: IoT Application Layer

Big IoT Data

Infolge der meist hohen Anzahl verschiedener, weltweit im IoT installierter Geräte und Objekte fallen oft riesige, global verstreute Datenmengen (Big Data) an, die in diesem Umfeld auch als *Big IoT Data* bezeichnet werden. Sie müssen zuerst gespeichert und anschließend schnell verarbeitet werden. Hierfür kommt, wie Abb. 11.1-1 illustriert, vor allem das Konzept von Cloud Computing zum Einsatz. Die IoT-spezifischen Clouds fungieren als eine Art IoT-Serviceplattform.

Cloud Computing

Da IoT-Services oft zeitkritisch sind und zahlreiche Dienste fast in Echtzeit realisiert werden müssen, sind sie – wegen der relativ großen Entfernungen zwischen zentralen Clouds und IoT-Devices – mittels Cloud Computing nicht realisierbar. Aus diesem Grund muss *Cloud Computing* zur Erzielung stark zeitkritischer IoT-

Services zusätzlich in einer dezentralisierten Form am sog. Internet-Rand (*Internet Edge*) und somit in der Nähe von IoT-Devices verfügbar sein.

Fog Computing

Die soeben erwähnte 'Schwäche' von Cloud Computing wird durch eine Vielzahl von Miniclouds ('Mini-Wolken'), quasi in Form eines Nebels (Fog), kompensiert. Mithilfe sog. *Fog Nodes*, einer Art Miniclouds, wird die Funktionalität einiger zentraler IoT-spezifischer Clouds in dezentraler Form am Internet Edge erbracht. Diese Vorstellung hat zur Entstehung von *Fog Computing* geführt. Es sei angemerkt, dass ein Teil von Big Data auch in einer großen Vielzahl von Fog Nodes gespeichert, quasi auf diese 'verstreut', werden kann [50], [57].

Weitere Computing-Arten im IoT

Wie bereits in Abb. 11.1-1 gezeigt, sei an dieser Stelle hervorgehoben, dass im IoT neben *Cloud Computing* und *Fog Computing* in den Layern E und D_1 weitere Arten von Computing realisiert werden. Sie können bestimmten Layer der Multilayer-Architektur von IoT zugeordnet werden. Es handelt sich um *Edge Computing* (Layer C), *Roof Computing* (Layer B und C) und *Mist Computing* (Layer A). Neben diesen Layer-fokussierten Computing-Arten wird mit *Dew Computing* eine wichtige Layer-übergreifende Art von Computing verwendet [Abb. 11.4-1].

All diese Computing-Arten werden im Folgenden noch vertieft erörtert, wobei sich herausstellen wird, dass Cloud Computing und Fog Computing eine bedeutsame Rolle bei der Bereitstellung wesentlicher Funktionen (u.a. Big Data Analytics) im IIoT spielen.

11.1.1 Funktionelle Bereiche im IoT

Wie die Bezeichnung 'Multilayer-Architektur' schon sagt, strukturiert sich die IoT-Architektur aus einzelnen, hierarchisch angeordneten Schichten, den Layern. Sie repräsentieren die in Abb. 11.1-1 gezeigten funktionellen Bereiche A, B, C, D_1, D_2, E und F.

- *Funktionsbereich A*
  Wie in Abb. 11.1-1 gezeigt, gehören zu diesem Bereich verschiedene IoT-Devices.
- *Funktionsbereich B*
  Dieser Bereich symbolisiert verschiedene *Wireless Sensor Actuator Networks* (WSAN). Über diese werden IoT-Devices/Objects sowohl untereinander als auch mit dem herkömmlichen Internet verbunden.
- *Funktionsbereich C*
  Dieser Bereich wird als *Internet Edge* bezeichnet. Zu ihm gehören sog. *Border Router*. Die dienen als Access Gateways und ermöglichen die Anbindung von IoT-Devices an das herkömmliche Internet.
- *Funktionsbereich D_1*
  Zu diesem Bereich gehören Fog Nodes, mit denen Fog Computing realisiert wird.
- *Funktionsbereich D_2*
  Hier finden sich einige Teile des herkömmlichen Internets zusammen mit WLANs und Mobilfunknetzen der 4. (4G) und 5. Generation (5G). Dieser funktionelle Bereich stellt somit die Grundlage für das Erbringen verschiedener IoT-

Services und die Realisierung eines ubiquitären, überall möglichen Computing (*Ubiquitous Computing*) dar.

- *Funktionsbereich E*
  In diesem Bereich werden IoT-Services in Clouds quasi zentral aufbereitet, evtl. neue generiert und zur Verwendung bereit gestellt. Eine IoT-Serviceplattform sorgt hierbei für die Speicherung der relevanten Datenmengen (Big Data). Clouds fungieren hier als IoT-Serviceplattform für wichtige IoT-Services, so z.B. für Smart City, Smart Energy, Smart Environment und E-Health. In den Clouds findet auch *Big Data Analytics* statt.
- *Funktionsbereich F*
  Dieser funktionelle Bereich kann als *IoT Application Layer* betrachtet werden.

Im Weiteren wird gezeigt, welche Funktionen vom IIoT in diesen Bereichen realisiert werden können [Abb. 11.3-1].

Echtzeit als Voraussetzung für IIoT

Die Erbringung von Echtzeitintelligenz (*Real-Time Intelligence*) im IIoT setzt voraus, dass die Reaktion auf zeitkritische Ereignisse quasi in Echtzeit erfolgt. Als Voraussetzung für die Migration zum IIoT gilt somit die Realisierung sowohl von *Near Real-Time Services* (NRT-Services) als auch von Real-Time Services (RT-Services) im IoT. Abb. 11.1-2 verdeutlicht die Bedeutung von *Cloud Computing, Fog Computing, Edge Computing, Roof Computing, Mist Computing* und *Dew Computing* bei der Bereitstellung der soeben erwähnten zeitkritischen Services.

Bedeutung von Dew Computing

In Abb. 11.1-2 wird außerdem zum Ausdruck gebracht, dass *Dew Computing* (DC) in autonom fahrenden Fahrzeugen (*Autonomous Vehicles*) eingesetzt werden kann, um folgende zwei Kommunikationsarten auf eine intelligente Art und Weise zu unterstützen (siehe [Abb. 11.4-1] [23], [27]).

- *Vehicle-to-Vehicle (V2V)*
  Dank der V2V-Kommunikation können autonom fahrende, benachbarte Fahrzeuge untereinander automatisch kommunizieren und sich gegenseitig z.B. über den Straßenzustand und die aktuelle Verkehrslage informieren.
- *Vehicle-to-Infrastructure (V2I)*
  Mittels der V2I-Kommunikation können autonom fahrende Fahrzeuge über eine straßenseitige IT-Infrastruktur (z.B. über entlang von Straßen installierte Verkehrsleitsysteme) informiert werden. Damit können sie z.B. zur Erhöhung der Verkehrssicherheit auf Ampeln und andere Verkehrszeichen aufmerksam gemacht werden.

NRT-Services

Near Real-Time (NRT) bezieht sich in diesem Umfeld auf die Verzögerungszeit oder auch Latenzzeit (*Latency*), d.h. auf den Zeitraum zwischen einem Ereignis und einer sichtbaren Reaktion darauf.

Den größten Anteil an den in IoT-Services auftretenden Latenzzeiten haben der Zeitaufwand zur Verarbeitung der Ereignisdaten sowie deren Laufzeiten in den benutzten Netzwerken.

RT-Services

Im IIoT werden mit den *Real-Time-Services* aber auch sehr stark zeitkritische Services benötigt und auch realisiert. Ein Anwendungsbeispiel dafür ist die sog. Un-

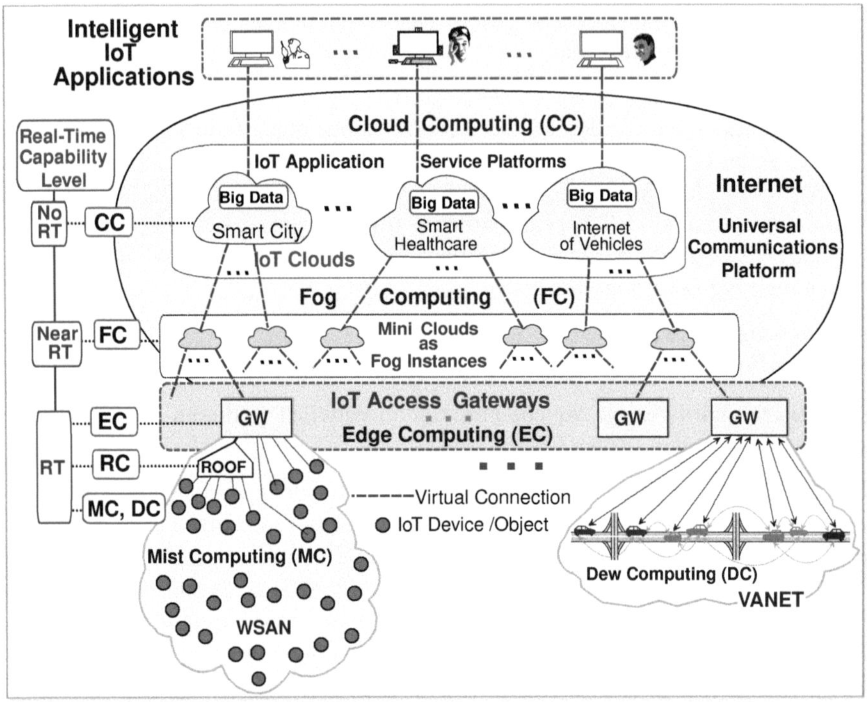

Abb. 11.1-2: Bedeutung von Cloud Computing, Fog Computing, Dew Computing und Edge Computing im IoT

GW: Gateway, RC: Roof Computing, ROOF: Real-Time Onsite Operations Facilitation, RT: Real-Time, VANET: Vehicular Ad-hoc Network, WSAN: Wireless Sensor Actuator Network

terstützung des schon erwähnten autonomen Fahrens (*Support of Autonomous Driving*).

Sollen autonom fahrende Fahrzeuge auf öffentliche Straßen geschickt werden, so müssen sie in Echtzeit auf sicherheitsrelevante Ereignisse reagieren, was verdeutlicht, dass die Möglichkeit der Realisierung von RT-Services im IoT als eine Grundvoraussetzung für das in Abschnitt 11.4 beschriebene *Internet of Vehicles* (IoV) angesehen werden muss. Hier kann insbesondere Dew Computing eine wichtige Rolle spielen.

11.2 Quellen der Intelligenz im IoT

Um IIoT verwirklichen zu können, müssen im IoT verschiedene Arten der Intelligenz erbracht werden. Das geschieht hauptsächlich mittels Cloud Computing, Fog Computing und Edge Computing. Daher gelten diese drei Arten von Computing als wichtige Intelligenzquellen im IoT. Tab. 11.2-1 bringt dies zum Ausdruck und zeigt, dass – neben dem Cloud Computing – weitere Arten von Computing, und zwar *Edge Computing* und *Fog Computing* sowie *Dew Computing*, *Mist Computing* und *Roof Computing* bei der Realisierung von NRT- und von RT-Services im IoT unabdingbar sind.

In Clouds werden riesige IoT-betreffende, zeitunkritische Datenmengen (*Big IoT Data*) verarbeitet, gespeichert und in einigen Fällen auch langzeitig archiviert. Zeitkritische IoT-Daten werden hingegen in Fog Nodes, manchmal auch in speziellen Gateways am Internet Edge, verarbeitet und dort gegebenenfalls gespeichert. Werden IoT-Daten am Internet Edge verarbeitet, spricht man von *Edge Computing*.

Weitere Arten von IoT-Computing

Cloud Computing, Fog Computing und Edge Computing sind zurzeit als die drei wichtigsten tragenden Säulen von IoT-Computing anzusehen. Wie schon oben erwähnt, können im IoT drei weitere Computing-Arten zum Einsatz kommen, die im Weiteren näher vorgestellt werden:

DC

- *Dew Computing*
  Dew Computing wurde erst 2015 als Begriff eingeführt [89], [90]. Es handelt sich bei DC also um eine neue Art von IoT-Computing. DC-fähige IoT-Devices besitzen eigene Computing-Fähigkeiten in Form einer Client-Server-Architektur und können gleichzeitig mit IoT-Clouds und mit Fog Nodes kooperieren (siehe Abb. 11.4-1 und Abb. 11.4-2).

MC

- *Mist Computing*
  Bei Mist Computing geht es darum, die Rechenleistung am äußersten Rand des IoT, nämlich im Layer A (siehe Abb. 11.1-1 und Abb. 11.1-2), d.h. innerhalb von IoT-Devices (Sensoren, Aktuatoren, ...) zu platzieren. Diese Rechenleistung wird typischerweise von Mikrochips oder Mikrocontrollern erbracht, die in die IoT-Devices eingebettet werden. Durch Mist Computing werden die Devices befähigt, bei der Erbringung intelligenter IoT-Services mitzuwirken.

RC

- *Roof Computing*
  Die Entwicklung von Roof Computing wird beim Institute of Electrical and Electronics Engineers (IEEE) koordiniert und als 'Standard for an Architectural Framework for *Real-time Onsite Operations Facilitation* (ROOF) for the Internet of Things' mit der Identifikation IEEE 1931.1 beschrieben. Er spezifiziert das Konzept von Roof Computing sowie die Interoperabilität von IoT-Systemen zwecks einer sicheren und in Echtzeit verlaufenden Kooperation in einem lokalen Bereich wie z.B. zuhause oder in einer Produktionshalle. Wie Tab. 11.2-1 zeigt, ergänzen sich Cloud Computing, Fog Computing und Roof Computing und stehen gleichzeitig in einer hierarchischen Beziehung zueinander.

IoT Computing Cooperation Matrix

Alle Arten von IoT-Computing könnte man sich als eine IoT-Computing-Familie vorstellen. Ihre Mitglieder wären folgende Computing-Arten: *Cloud Computing, Dew Computing, Edge Computing, Fog Computing, Mist Computing* und *Roof Computing*.

So wie in einer Familie kooperieren die einzelnen Arten von IoT-Computing untereinander. Ihre Kooperation – besser gesagt das 'Wer mit wem'– lässt sich in Form

	CC	FC	EC	RC	MC	DC
CC		CC→FC	CC→FC		CC→MC	CC→DC
FC	FC→CC			FC→RC	FC→MC	FC→DC
EC	EC→CC			EC→RC	EC→MC	EC→DC
RC		RC→FC	RC→EC			
MC	MC→CC	MC→FC	MC→EC			MC→DC
DC	DC→CC	DC→FC	DC→EC		DC→MC	

Tab. 11.2-1: IoT Computing Cooperation Matrix
CC: Cloud Computing, DC: Dew Computing, EC: Edge Computing, FC: Fog Computing, MC: Mist Computing, RC: Roof Computing

einer Matrix anschaulich darstellen. Sie wird hier als *IoT Computing Cooperation Matrix* bezeichnet.

Neben der Auflistung aller Arten von IoT-Computing vermittelt diese Matrix, welche Arten untereinander kooperieren können. Für Beispiele hierfür sei auf Abb. 11.1-2, Abb. 11.4-1, Abb. 11.4-2 und Abb. 11.6-1 verwiesen.

11.2.1 Menschliche Kognition als Ideenquelle

Die Natur gilt als Quelle unseres Wissens. Demzufolge dient die menschliche Intelligenz als Vorbild zur Erbringung künstlicher Intelligenz in technischen Systemen – insbesondere im IoT.

Der Mensch ist fähig, Informationen wahrzunehmen, sie zu interpretieren, zu verarbeiten und daraus Erkenntnisse zu gewinnen. Hinzu kommt das Erinnerungsvermögen. All dies macht die *kognitiven Fähigkeiten* aus, und man spricht in diesem Zusammenhang von *menschlicher Kognition* (*Human Cognition*).

> *Kognition* (engl. cognition), abgeleitet von lat. 'cognoscere', bedeutet *wahrnehmen*, *erkennen* oder *kennenlernen*. Wird die menschliche Kognition in einem technischen System nachgebildet, so bezeichnet man dieses als *kognitives System*.

Modell der menschlichen Kognition

Mit Kognition wird nicht nur die Art und Weise der Verarbeitung von Informationen im menschlichen Gehirn, sondern auch das Denken von Menschen bezeichnet.

Abb. 11.2-1 zeigt ein Modell der menschlichen Kognition. Dieses dient als Inspiration bei der Entwicklung von intelligenten, technischen Systemen, d.h. von Systemen, in denen versucht wird, menschliche Intelligenz durch maschinelles Lernen nachzubilden.

Auslöser der Idee von IIoT

Wie Abb. 11.2-1 zeigt, kann der Mensch durch seine Wahrnehmungsorgane, d.h. dank seiner sensorischen Fähigkeiten (*Human Sensor Skills*), verschiedene Ereignisse aus der Umwelt wahrnehmen, diese interpretieren, verarbeiten, dabei aus ihnen lernen und eine Reaktion auf wahrgenommene Ereignisse erzeugen.

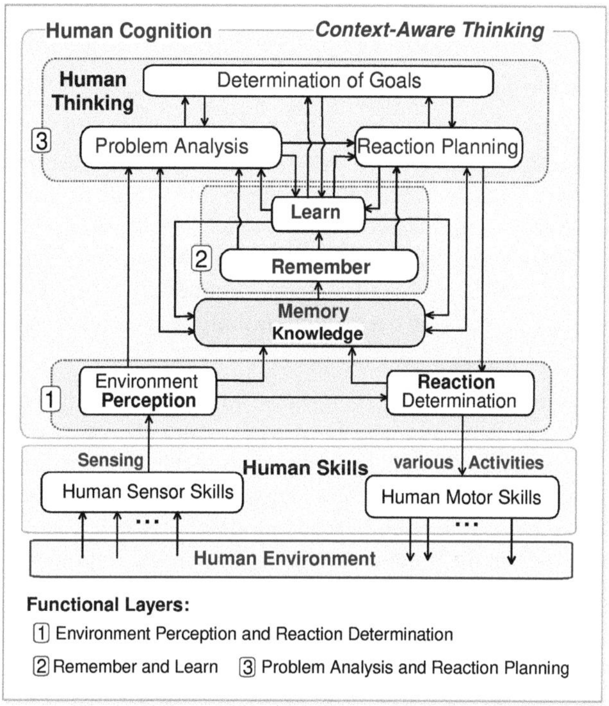

Abb. 11.2-1: Logisches Modell der menschlichen Kognition: Verlauf der Informationsverarbeitung im menschlichen Gehirn

Die Reaktion kann zu einer Aktion führen, welche durch die menschliche Motorik (*Human Motor Skills*) umgesetzt wird. Es sei hervorgehoben, dass die Reaktion auf wahrgenommene Signale/Informationen auf zwei verschiedenen Ebenen erfolgen kann: entweder direkt auf dem Layer 1, quasi ohne zu denken, oder nach einem Denkprozess entsprechend den Layern 2 und 3. Abb. 11.2-1 illustriert auch dies.

Da das in Abb. 11.2-1 gezeigte Modell der menschlichen Kognition als Auslöser der grundlegenden Idee für die Weiterentwicklung des IoT zum IIoT gilt, kann aus diesem ein entsprechendes Modell [Tab. 11.2-1] für die verteilte Informationsverarbeitung in intelligenten IoT-Komponenten (*Modell der IIoT-Kognition*) abgeleitet werden. Aus diesem Grund wird im Folgenden auf die Hauptfunktionen der menschlichen Kognition kurz eingegangen.

Hauptfunktionen menschlicher Kognition

Die zentrale Rolle im oben skizzierten Modell für den Verlauf der Informationsverarbeitung im Gehirn des Menschen spielen das Gedächtnis (Memory) mit dem vom Menschen bereits erworbenen Wissen (Knowledge) und dessen Erfahrung. Das Gedächtnis wird bei allen Gehirnaktivitäten in Anspruch genommen. Diese Aktivitäten können den folgenden drei funktionellen, in Abb. 11.2-1 gezeigten Layern zugeordnet werden:

[1] *Environment Perception and Reaction Determination*
Dieser Layer zeigt, dass der Mensch fähig ist, mithilfe seiner Sensorik (*Human*

Sensor Skills) verschiedene Informationen in Form von Signalen und Ereignissen aus seiner Umwelt wahrzunehmen und dabei eine entsprechende Reaktion zu bestimmen, die daraufhin mittels seiner Motorik umgesetzt wird.

[2] *Remember and Learn*
Der Mensch kann sich erinnern (*Remember*), d.h. auf sein Gedächtnis (Memory) zugreifen, um dort gespeicherte Informationen über seine Erfahrung bzw. das dort gespeicherte, von ihm gewonnene Wissen (*Knowledge*) abzurufen. Er ist fähig, beim Denken, also bei der Analyse von Problemen (*Problem Analysis*) und bei der Planung und Vorbereitung von Aktionen, zu lernen (*Learn*) und das von ihm dabei gewonnene Wissen wiederum im Gedächtnis zu speichern.

[3] *Human Thinking*
Beim menschlichen Denken werden die während der Wahrnehmung in verschiedenen Formen empfangenen Informationen analysiert (*Problemanalyse*). Daraufhin wird auf der Grundlage dieser Analyse die Planung der Reaktion auf diese vorgenommen (*Reaction Planning*). Währenddessen können neue Ziele bestimmt bzw. einige bereits bestehende modifiziert werden (*Determination of Goals*). Hervorgehoben sei aber, dass jede Aktion während des Denkens mit dem Lernprozess kooperiert, d.h. quasi parallel zu diesem verläuft.

Im Weiteren wird gezeigt, dass die soeben geschilderten menschlichen Gehirnaktivitäten durch ihnen entsprechende Aktivitäten im IIoT in einer verteilten Form nachgebildet werden können. Dies ist aus einem Vergleich von Abb. 11.2-1 und Abb. 11.2-2 direkt ersichtlich.

11.2.2 Context-Aware Thinking/Computing

Das in Abb. 11.2-1 gezeigte Modell der menschlichen Kognition gilt nicht nur als Modell für den Verlauf der Informationsverarbeitung im menschlichen Gehirn, sondern kann auch als Modell für intelligentes, kontextbewusstes Denken (*Context-Aware Thinking*) von Menschen angesehen werden.

Aus dem Modell für *Context-Aware Thinking* bei Menschen kann ein Modell abgeleitet werden, mit dem man die Kognition des IIoT anschaulich darstellen kann [Abb. 11.2-2]. Da das Modell der menschlichen Kognition auch als Modell für Context-Aware Thinking anzusehen ist, kann im Modell der IIoT-Kognition dementsprechend von *Context-Aware Computing* (CAC) gesprochen werden [77], [64]. Dies deutet bereits darauf hin, dass *Distributed Content-Aware Computing* (DCAC) eine fundamentale Bedeutung für die Weiterentwicklung des IoT zum IIoT hat. Verdeutlicht wird dies in Abb. 11.3-2.

Um den Begriff *Context Awareness* (Kontextbewusstsein) und folglich auch das sog. *Context-Aware Thinking* und *Context-Aware Computing* fundiert erläutern zu können, wird nun kurz auf den Begriff Kontext eingegangen.

Kognition als kontextbewusstes Verhalten

Der Mensch ist fähig, seine Situation wahrzunehmen und auf diese zu reagieren. Daraus geht hervor, dass er in der Lage ist, seine Situation im Gehirn irgendwie darzustellen und zu speichern, um sie später zu analysieren und daraus folgend eine situationsbewusste (Situation Aware) Entscheidung treffen zu können.

Was ist Kontext?

Sollen die Wahrnehmung sowie Art und Weise ihrer Verarbeitung im menschlichen Gehirn mittels eines Rechnersystems nachgebildet werden, ist eine weltweit einheitliche Spezifikation der wahrgenommenen (z.B. visuell erfassten) Situation notwendig. Zu diesem Zweck wurde der Begriff Kontext (*Context*) eingeführt.

Entität

Als Kontext im technischen Bereich werden alle eine Situation beschreibenden Elemente verstanden, die benötigt werden, um relevante Merkmale jeder wahrgenommenen Situation möglichst eindeutig zu spezifizieren. Somit versteht man im IoT als Kontext jene Information, die man zur Beschreibung (Specification) der Situation einer sog. Entität verwenden kann. Eine Entität (Entity) kann eine Person, ein Ort oder ein Objekt sein, z.B. auf einem von einer Überwachungskamera im IoT aufgenommenen Bild. Eine Entität kann somit als Hauptfigur oder Hauptthema einer Wahrnehmung angesehen werden und ist selbst Teil ihres Kontextes.

5W für die Kontextbeschreibung

Um Kontexte einheitlich beschreiben zu können, werden im IT-Umfeld – folglich auch im IIoT – typischerweise folgende fünf beschreibende Elemente verwendet, die sog. 5W (*fünf W*):

Who, What, Where, When und *Why.*

Diese fünf Elemente werden *Kontextfaktoren* (*Context Factors*) genannt. Sie können auch als eine Art Metadaten (Metadata) über eine Entität angesehen werden. Die Beschreibung der aktuellen Situation einer Entität durch die 5W-Elemente soll dazu dienen, dass der Kontext maschinell möglichst eindeutig verstanden werden kann. Ein Rechner im IIoT kann die 5W-Elemente verwenden, um nach den Zusammenhängen (Correlations) zwischen verschiedenen Entitäten zu suchen.

Nutzung von 5W im zukünftigen IIoT

Daraus geht hervor, dass alle *Context-Aware Computing* (CAC) realisierenden Rechner, ebenso wie Menschen, die Zusammenhänge zwischen verschiedenen Wahrnehmungen entdecken können.

Diese Fähigkeit von CAC für IIoT ist von grundlegender Bedeutung, um z.B. die Sicherheit im IIoT zu erhöhen. *Intrusion Detection*[1] ist ein Beispiel hierfür.

Insgesamt gesehen bildet CAC die Basis für die Umsetzung verschiedener Formen der Intelligenz im IIoT [Abb. 11.3-2].

Die Nutzung der Kontextbeschreibung mithilfe von 5W-Elementen trägt dazu bei, dass alle intelligenten Komponenten im IIoT dazu befähigt werden, sich kontext-

[1] Die *Intrusion Detection*, d.h. Erkennung von *Malware* mittels Musterkennung in den üblichen IP-basierten lokalen Netzwerken – z.B. auf Routern oder Switches –, kann als gescheitert betrachtet werden. Dies ist im Grunde ein NP-schweres (non-polynomial) Problem. Ob Context-Aware-Computing (CAC) diese Situation verbessern kann, ist unklar. Wir greifen dieses Problem im abschließenden Kapitel wieder auf.

bewusst und somit möglichst optimal der aktuellen Situation entsprechend zu verhalten.

11.2.3 Modell der künstlichen Kognition

Die Verwirklichung kognitiver Fähigkeiten des Menschen in intelligenten IoT-Komponenten wird auf dem Weg zum IIoT eine ausschlaggebende Rolle spielen. Das zukünftige IIoT kann als ein möglicherweise weltweit verteiltes, kontextbewusstes Computing System (*Distributed Context-Aware Computing System*) angesehen werden. Darunter fallen in diesem Zusammenhang alle Arten von Computing, deren algorithmische Prozesse auf die eine oder andere Weise durch Kontextfaktoren beeinflusst werden [Abb. 11.3-2]. Das wesentliche Merkmal von CAC ist somit seine *Kontextabhängigkeit*.

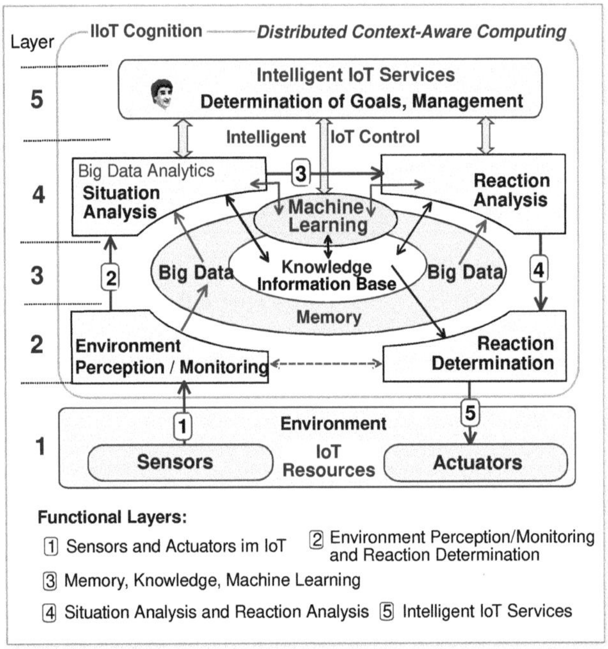

Abb. 11.2-2: Modell der IIoT-Kognition: Nachbildung menschlicher Kognition bei verteilter Informationsverarbeitung im IIoT

Modell der IIoT-Kognition

In Anlehnung an das in Abb. 11.2-1 vorgestellte Modell der menschlichen Kognition zeigt Abb. 11.2-2 die Nachbildung der menschlichen Kognition bei einer verteilten Informationsverarbeitung im IIoT.

Verlauf von Distributed CAC

Vergleicht man das in Abb. 11.2-1 gezeigte Modell für kontextbewusstes Denken (*Context-Aware Thinking*) des Menschen mit dem in Abb. 11.2-2 gezeigten Verlauf der kontextbewussten Informationsverarbeitung (*Context-Aware Computing*, CAC) im IIoT, d.h. mit dem Verlauf von Distributed CAC, können die einzelnen Layer im Modell der IIoT-Kognition wie folgt beschrieben werden:

- *Sensors and Actuators im IoT* Layer 1
  Die Funktionalität dieses Layers entspricht weitgehend der menschlichen Sensorik (*Human Sensor Skills*) und Motorik (*Human Motor Skills*).
- *Environment Perception/Monitoring and Reaction Determination* Layer 2
  Dieser Layer im IIoT ist der Funktion nach mit dem in Abb. 11.2-1 gezeigten Layer 'Environment Perception and Reaction Determination' im Modell für das kontextbewusste Denken von Menschen vergleichbar.
- *Memory, Knowledge, Machine Learning* Layer 3
  Dieser Layer entspricht dem in Abb. 11.2-1 dargestellten Layer 'Remember and Learn' mit dem menschlichen Gedächtnis (Memory), dem dort gespeicherten Wissen (*Knowledge*) und den menschlichen Fähigkeiten Erinnern (*Remember*) und Lernen (*Learn*).
- *Situation Analysis and Reaction Analysis* Layer 4
  Dieser Layer entspricht weitgehend dem in Abb. 11.2-1 dargestellten menschlichen Denken (*Human Thinking*) bei der Analyse wahrgenommener Informationen (*Problem Analysis*) und der Vorbereitung einer Reaktion darauf (*Reaction Analysis*).
- *Intelligent IoT-Services* Layer 5
  Die intelligenten IoT-Services und ihre Ziele (*Goals*) basieren auf dem beim maschinellen Lernen erworbenen Wissen. Folglich entsprechen die hier erwähnten Goals weitgehend der menschlichen Strategie (*Human Strategy*) in Abb. 11.2-1.

11.2.4 Kognitive Prozesse

Schritte bei der Realisierung der IIoT-Kognition

Kognitive Prozesse, die im menschlichen Gehirn ablaufen, können in gewissem Maß auch im IIoT realisiert werden. Wie in Abb. 11.2-2 dargestellt, läuft ein solcher Prozess im IIoT typischerweise in fünf Schritten zwischen Instanzen im Modell der IIoT-Kognition ab. Diese Schritte sind wie folgt zu interpretieren:

1. *Environment Perception*
   Hat eine Environment-Perception-Instanz (z.B. in einem Fog Node) eine Information (Textnachricht, Bild, ...) von einem Sensor empfangen, wird diese Information zuerst analysiert, eventuell angezeigt und einige Angaben werden gespeichert (zu Big Data hinzugefügt). Ein Teil der kontextbeschreibenden Information kann auch zwecks detaillierter Analyse an eine Situation-Analysis-Instanz (z.B. in einer Cloud) oder direkt zur Ausführung der Reaktion an eine Reaction-Determination-Instanz übergeben werden.

2. *Situation Analysis*
   Hat eine Situation-Analysis-Instanz eine kontextbeschreibende Information erhalten, wird diese hier analysiert. Dabei kann eventuell auf gespeichertes Wissen und auf Big Data zugegriffen werden. Auf der Grundlage der Kontextbeschreibung können währenddessen weitere 'Aufgaben' realisiert werden – nämlich die Durchführung von Big Data Analytics, die Realisierung maschinellen Lernens und anschließende Wissensaktualisierung. Einige Ergebnisse der Situationsanalyse bzw. des Lernens können dazu dienen, neue Ziele zu bestimmen oder auch Konfigurationsparameter zu ändern (Management). Zum Schluss werden Anga-

ben zur Vorbereitung einer Reaktion auf die wahrgenommene Situation gemacht und an die Reaction-Analysis-Instanz übergeben. Diese Instanz kann in einer anderen, räumlich entfernten Cloud installiert sein.

3. *Reaction Analysis*
   In der Reaction-Analysis-Instanz wird die durchzuführende Reaktion auf die wahrgenommene Situation vorbereitet. Dabei wird eventuell auf gespeichertes Wissen und auf Big Data zugegriffen. Hier können auch Big Data Analytics durchgeführt und Wissen aktualisiert werden. Einige Ergebnisse können dann dazu verwendet werden, neue Ziele zu bestimmen bzw. Konfigurationsparameter zu ändern. Die Vorgaben zur Bestimmung der auszuführenden Aktion werden an die Action-Determination-Instanz (z.B. in einem Fog Node) weitergegeben.

4. *Reaction Determination*
   Die sog. *Reaction-Determination-Instanz* legt die durchzuführende Aktion als Reaktion auf die wahrgenommene Situation fest. Dabei wird eventuell auf gespeichertes Wissen zugegriffen. Die Spezifikation der jeweiligen Aktion wird an einen oder mehrere Aktuator/en zur Ausführung übergeben.

5. *Reaction Execution*
   Im letzten Schritt wird eine Aktion als Reaktion auf die wahrgenommene Situation von einem bzw. von mehreren Aktuator/en ausgeführt. Mit der Durchführung der Reaktion auf die wahrgenommene Situation geht der kognitive Prozess im IIoT zu Ende.

IIoT als Cognitive Network

Ein Netzwerk wird als *kognitives Netzwerk* (*Cognitive Network*, CN) bezeichnet, wenn es kognitive Fähigkeiten besitzt. Dies bedeutet, dass ein kognitives Netzwerk in der Lage sein muss, Messdaten zuerst über einen Zeitraum zu erfassen, zu speichern, zu analysieren und sie danach beim maschinellen Lernen zu nutzen, um alle aus der Umwelt wahrgenommenen 'Signale' situationsbewusst, d.h. entsprechend der in Abb. 11.2-2 gezeigten Kognition, möglichst optimal weiterzuverarbeiten.

Besonderheiten von CNs

Das IIoT mit der in Abb. 11.2-2 illustrierten Kognition kann als kognitives Netzwerk betrachtet werden. Folglich ist das IIoT ein weltweit verteiltes Netzwerk mit kognitiven Fähigkeiten, welches durch maschinelles Lernen dazu befähigt wurde, seine aktuelle Situation und die Umweltsituation wahrzunehmen sowie diese beiden Situationen zu erfassen und zu analysieren.

Infolgedessen kann es sich durch die aktuelle Einstellung seiner Konfigurationsparameter an jede neue sowohl Netzwerksituation als auch Umweltsituation bestmöglich anpassen, um auf von seiner Umwelt wahrgenommene Signale intelligent reagieren zu können.

Aus den eben geschilderten Besonderheiten von *Cognitive Networks* geht hervor, dass das IIoT wie folgt definiert werden kann:

IIoT aus der Sicht von Cognitive Networks

> Das IIoT ist eine funktionelle Erweiterung des IoT mit dem Ziel, das herkömmliche IoT als eine verteilte Vernetzung verschiedener intelligenter Systemkomponenten (Sensoren, Aktuatoren, Clouds, Fog Nodes, ...) dazu zu befähigen, dass diese so miteinander kooperieren können, dass ein weltweit verteiltes intelligentes und situationsbewusstes System, eine Art globales *Distributed Context-Aware Computing*

System, entsteht. Dieses soll überall und jederzeit auf der Erde die Erbringung einer breiten Palette von für Menschen und andere lebende Wesen nutzbare intelligente Applikationen und Services ermöglichen.

Das kognitive Verhalten des IIoT kann u.a. zur Verbesserung der *Quality of Service* (QoS) und der IIoT-Sicherheit dienen. Insbesondere die Fähigkeit des IIoT, verschiedene Anomalien zu erkennen und optimal auf diese zu reagieren, kann zur Erhöhung der Sicherheit im IIoT führen. Kognitives Verhalten

11.3 Logische Multilayer-Architektur

Abb. 11.3-1 zeigt eine Gegenüberstellung der logischen Multilayer-Architekturen des IoT und des IIoT. Aus ihr ist ersichtlich, welche Systemkomponenten des herkömmlichen IoT die Funktionalitäten einzelner Layer der IIoT-Architektur erbringen.

Im Hinblick auf Abb. 11.2-2 sei angemerkt, dass der Layer 3 in der logischen Architektur von IIoT in Abb. 11.3-1 aufgeteilt wurde, und zwar auf die Sublayer 3a (Big Data and Knowledge) und Sublayer 3b (Machine Learning).

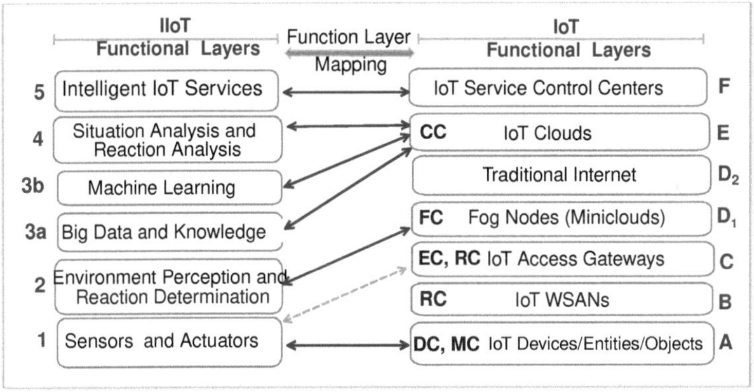

Abb. 11.3-1: Gegenüberstellung logischer Multilayer-Architekturen des IIoT/IoT

CC: Cloud Computing, FC: Fog Computing, EC: Edge Computing, RC: Roof Computing, DC: Dew Computing, MC: Mist Computing

Aus Abb. 11.3-1 geht insbesondere hervor, dass die einzelnen funktionalen Layer des IIoT durch folgende Layer der logischen Multilayer-Architektur von IoT erbracht werden: Function Layer Mapping

- *Sensors and Actuators* Layer 1
  Die Funktionalität dieses IIoT-Layer wird durch die zum Layer **1** (IoT-Device) im IoT gehörenden Systemkomponenten wie CC und MC erbracht.
- *Environment Perception and Reaction Determination* Layer 2
  Die Funktionalität dieses IIoT-Layer wird hauptsächlich durch Fog Nodes im IoT, d.h. durch Fog Computing (Sublayer $\mathbf{D}_1$) bzw. durch einige IoT Access Gateways (Layer **C**) erbracht.

Layer 3a

- *Big Data and Knowledge*
  Die Funktionalität dieses IIoT-Layer wird primär durch Cloud Computing im IoT bereitgestellt (Layer **E**).

Layer 3b

- *Machine Learning*
  Die Funktionalität dieses IIoT-Layer wird im IoT überwiegend durch Cloud Computing realisiert (Layer **E**).

Layer 4

- *Situation Analysis and Reaction Analysis*
  Die Funktionalität dieses IIoT-Layer wird am häufigsten durch Cloud Computing erbracht (Layer **E**).

Layer 5

- *Intelligent IoT-Services*
  Dieser Layer im IIoT entspricht der Funktion nach weitgehend den Service Control Centers im IoT (Layer **F**).

Aus der im obigen Bild gezeigten Gegenüberstellung der logischen Multilayer-Architekturen von IoT und IIoT geht hervor, dass Cloud Computing, Fog Computing und Edge Computing eine dominierende Rolle im IIoT spielen werden.

11.3.1 Arten von Computing und Intelligenz

Die Fähigkeiten des Computing im IIoT werden nicht allein durch *Distributed Content-Aware Computing* (DCAC) bestimmt, sondern auch durch andere, mit DCAC zusammenhängende Arten von Distributed Computing. Diese sind als *Support Computing* zu betrachten. Wie in Abb. 11.3-2 ersichtlich ist, sind zwei Gruppen von Support Computing zu unterscheiden:

- *Support Computing for IoT*
  Diese Gruppe bilden alle Formen von Distributed Computing, mittels derer eine unterstützende Funktionalität für das bestehende IoT realisiert wird. Diese Computing-Arten sind als Systemkomponenten des IoT zu betrachten.
- *Support Computing for DCAC*
  Zu dieser Gruppe gehören alle Formen von Distributed Computing, von denen eine unterstützende Funktionalität für DCAC erbracht wird.

Intelligenz im IIoT

DCAC und die in Abb. 11.3-2 gezeigten Arten von *Support Computing for IIoT* tragen dazu bei, dass folgende Formen künstlicher Intelligenz (AI) im IIoT erbracht werden können:

RTI

- *Real-Time Intelligence*
  Unter *Real-Time Intelligence* (RT) oder auch Echtzeitintelligenz im IIoT wird die Fähigkeit des IIoT verstanden, auf wahrgenommene Signale, Ereignisse und Situationen quasi direkt zu reagieren, sobald diese wahrgenommen werden.
  Diese Fähigkeit des IIoT setzt eine sehr geringe Latenzzeit zwischen der Wahrnehmung eines Sensors und der Reaktion auf diese Wahrnehmung voraus. Abb. 11.1-2 verwies bereits auf die technischen Voraussetzungen für die RTI im IIoT.

AmI

- *Ambient Intelligence*
  Ein wichtiges Ziel der Weiterentwicklung des IoT zum IIoT ist die Verbesserung

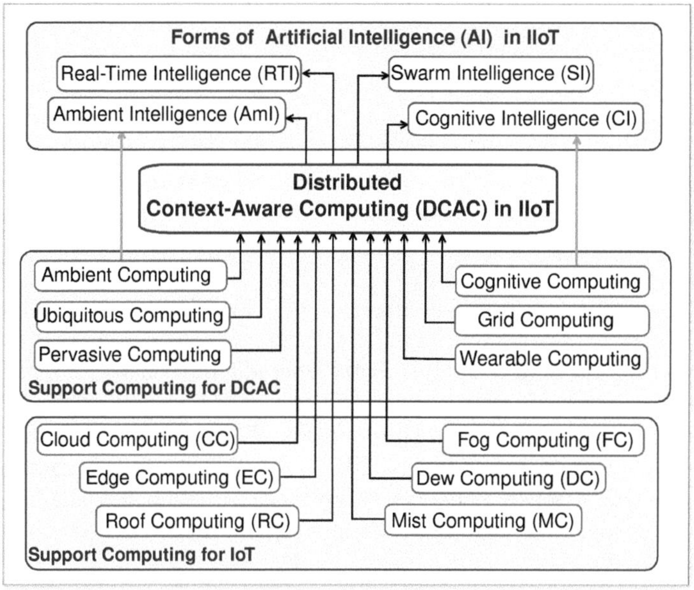

Abb. 11.3-2: Arten von Distributed Context Aware Computing und Intelligenz im IIoT

der Lebensqualität von Menschen. Dies bedeutet, dass besondere Fähigkeiten im IIoT mittels einer Intelligenz, die sich auf das direkte Lebensumfeld von Menschen bezieht, erbracht werden müssen. Diese Intelligenz im IIoT wird als *Ambient Intelligence* (AmI) oder auch Umweltintelligenz bezeichnet. AmI ist ein Konzept zur Nachbildung der realen menschlichen Umgebung mit einer durch vernetzte Sensoren und Aktuatoren erzeugten virtuellen Umgebung zur Unterstützung von Menschen im täglichen Leben.

Ein typisches Beispiel für den Einsatz von AmI im IIoT zur Verbesserung der Lebensqualität ist das *Active Assisted Living* (AAL), früher auch als *Ambient Assisted Living* bezeichnet. Damit sind alle IIoT-Services gemeint, mit denen ältere oder gesundheitlich benachteiligte Personen situationsabhängig und unaufdringlich in ihrem Alltag unterstützt werden können. AAL

- *Cognitive Intelligence* CI

  Der Mensch besitzt bekanntlich kognitive Fähigkeiten, die ihn in die Lage versetzen, Informationen wahrzunehmen, sie zu interpretieren, zu verarbeiten und daraus Erkenntnisse zu gewinnen. Diese Fähigkeiten wurden durch das in Abb. 11.2-1 gezeigte logische Modell veranschaulicht. Wird die menschliche Kognition im IoT nachgebildet [Abb. 11.2-2], kann von *Cognitive Intelligence im IoT* gesprochen werden, und dies wird mit der Bezeichnung *Cognitive IoT* (CIoT) zum Ausdruck gebracht [93].

> Wird Cognitive Intelligence in technischen Systemen nachgebildet, hat man es mit *Cognitive Computing* zu tun. In diesem Zusammenhang ist darauf zu verweisen, dass die Begriffe künstliche Intelligenz und kognitive Intelligenz oft synonym verwendet werden.

SI

- *Swarm Intelligence*
  Im technischen Bereich bezeichnet man als *Schwarmintelligenz*, *Gruppenintelligenz* oder auch *kollektive Intelligenz* (engl. swarm intelligence) das Zusammenwirken einer Gruppe von Komponenten (Individuen) eines Systems, bei dem die Fähigkeiten des ganzen Systems weit über die Fähigkeiten der einzelnen Komponenten hinausgehen. Dieses Zusammenwirken wird jedoch nicht durch eine spezielle Intelligenz begünstigende Struktur des Systems bestimmt, sondern ergibt sich von selbst aus einer zielgerichteten Kooperation der involvierten Komponenten.
  Die Schwarmintelligenz folgt allgemein dem Prinzip '*Alle für jeden und jeder für alle*'.
  So können z.B. mittels des IIoT Daten über alle innerhalb einer Stadt verteilten Parkplätze zur Verfügung gestellt werden, sodass diese einen virtuellen Parkplatz (*Virtual Parking Lot*) bilden. Dazu müssen alle fahrenden Autos in dieser Stadt einen Schwarm bilden und sich darin so intelligent und zielgerichtet verhalten, dass sie sich gegenseitig bei der Parkplatzsuche helfen, d.h. alle beteiligten Autos entwickeln eine gebündelte Kreativität im Rahmen der Schwarmintelligenz [Abb. 11.6-1].

11.3.2 Support Computing for Distinguished Content Aware Computing (DCAC)

Zu dem in Abb. 11.3-2 gezeigten Support Computing for DCAC (*Distinguished Content Aware Computing*) gehören die folgenden Computing-Arten:

UbiComp

- *Ubiquitous Computing*
  Unter *Ubiquitous Computing* oder ubiquitärem Computing wird die Allgegenwart einer rechnergestützten Informationsverarbeitung mithilfe von – oft drahtlos miteinander vernetzten – Mini/Micro-Rechnern verstanden, die unsichtbar in diverse Alltagsgegenstände oder 'Dinge' (Things) unserer Lebensumgebung eingebaut oder an diesen befestigt werden.
  Die mit Sensoren ausgestatteten Dinge können ihre Umwelt erfassen und dadurch zur Erbringung der Ambient Intelligence im IIoT beitragen. Ubiquitous Computing kann somit als sog. *Rechnerallgegenwart* angesehen werden. Die Verbreitung von Ubiquitous Computing wird in der Zukunft die umfassende Vernetzung fast beliebiger, Computing-fähiger Dinge unseres Alltags nach sich ziehen. Dies führt wiederum zur Erbringung von Computing durch 'unsichtbare Computer' in unseren Dingen und würde im IIoT '*Rechnen ohne Rechner*' (*Computing without Computers*) bedeuten. Diesem Motto folgend könnte in näherer Zukunft sogar Computing synonym für Ubiquitous Computing stehen.

PervComp

- *Pervasive Computing*
  Als Pervasive Computing wird die Rechnerdurchdringung durch die zuvor beschriebene allgegenwärtige Vernetzung der Alltagsgegenstände bezeichnet. Daher werden die Begriffe Ubiquitous Computing und Pervasive Computing oft äquivalent verwendet und können somit als Synonyme betrachtet werden. Es sei aber darauf hingewiesen, dass die Rechnerallgegenwart (Ubiquitous Compu-

ting) eine Voraussetzung für die Rechnerdurchdringung (Pervasive Computing) ist. Beide Begriffe verweisen auf die Allgegenwart der Informationsverarbeitung in Computing-fähigen, zum IIoT gehörenden Dingen unseres Alltags.

- *Grid Computing* GC
  Bei Grid Computing handelt es sich um eine Art Distributed Computing, bei der eine Gruppe von Rechnern für größere Rechenaufgaben quasi in Form eines Gitters (Grid) vernetzt wird. Im Grunde genommen meint Grid Computing eine spezielle Bündelung einer auf mehrere Standorte verteilten Rechenleistung, um ein gemeinsames Ziel zu erreichen. Der Funktion nach ist Grid Computing dem Cloud Computing sehr ähnlich. Grid Computing kann im IoT dazu dienen, einige Services für IoT-Devices zu erbringen [Abb. 11.3-3].

- *Cognitive Computing* CC
  Mit Cognitive Computing versucht man, den Verlauf der menschlichen Kognition nachzubilden. Folglich liegt dem Cognitive Computing das schon in Abb. 11.2-1 gezeigte Modell der menschlichen Kognition zugrunde. Eine Erweiterung des Cognitive Computing um eine Kontextanalyse würde zum *Context-Aware Computing* führen.

- *Ambient Computing* AC
  Mit Ambient Computing wird die nahtlose Integration verschiedener Arten von Computing in unseren Lebensumgebungen bezeichnet. Daher könnte man Ambient Computing als Sammelbegriff für Ubiquitous Computing und Pervasive Computing ansehen.

- *Wearable Computing* WC
  Wearable Computing steht für die Nutzung tragbarer, kleiner, am Körper des Benutzers befestigter oder in seiner Kleidung versteckter Mini/Micro-Rechner (Wearable Computer, Wearables).

11.3.3 Support Computing for IoT

Zum *Support Computing for IoT* gehören folgende Computing-Arten [Abb. 11.3-2]:

- *Cloud Computing* CC
  Auf die Bedeutung von Cloud Computing im IoT wurde bereits hingewiesen. In IoT-Clouds werden vor allem IoT-relevante Daten (*Big IoT Data*) gespeichert und analysiert (*Big Data Analytics*). IoT-Clouds können als zentrale IoT-Serviceplattformen dafür angesehen werden.

- *Fog Computing* FC
  Auch auf die Bedeutung von Fog Computing wurde bereits eingegangen. Mit dieser Computing-Art wird versucht, Intelligenz und Rechenleistung möglichst in direkter Nähe von Datenquellen zu positionieren. Die dazu eingesetzten Fog Nodes können als Mini-/Microclouds betrachtet werden. In ihnen lassen sich am Rand des IoT anfallende kleine Datenmengen vor Ort speichern und verarbeiten. Fog Computing lässt sich so gesehen als eine besondere Art von Cloud Computing interpretieren.

EC

- *Edge Computing*
  Bei Edge Computing wird das gleiche Ziel wie bei Fog Computing verfolgt: Intelligenz und Rechenleistung möglichst in direkter Nähe von Datenquellen zu positionieren. Der Hauptunterschied zwischen beiden Computing-Arten besteht darin, dass die Intelligenz und Rechenleistung an unterschiedlichen Stellen erbracht werden. Mit Fog Computing kann diese Funktionalität überall im Internet-Kontinuum zwischen IoT-Clouds und Internet Edge erbracht werden. Mit Edge Computing wird sie nur direkt am Internet Edge, oft in Edge Gateways (IoT Access Gateways) realisiert.

MC

- *Mist Computing*
  Bei Mist Computing wird ebenfalls versucht, Intelligenz und Rechenleistung möglichst direkt in Datenquellen zu platzieren, d.h. in IoT-Devices (Sensoren, Aktuatoren, ...). Die Rechenleistung wird normalerweise in Form von Mikrochips oder Mikrocontrollern bereitgestellt, die in IoT-Devices eingebettet sind. Aus diesem Grund ist ihre Verarbeitungsfähigkeit stark eingeschränkt.

DC

- *Dew Computing*
  Beim Dew Computing wird ein anderes Konzept als bei den bisher kurz erläuterten Arten von Computing (CC, FC, EC und MC) verfolgt. Die Besonderheit von Dew Computing besteht darin, dass ein DC-Node selbst eine Client-Server-Architektur darstellt. Die beiden Dew-Komponenten dieser Architektur, der Dew Client und der Dew Server, können sowohl mit Clouds als auch mit Fog Nodes vernetzt werden. Dadurch ergeben sich unterschiedliche Support-Möglichkeiten zur Erbringung von IIoT-Services. Auf das Konzept von Dew Computing wird im Weiteren noch ausführlicher eingegangen [Abb. 11.4-1] [89], [90].

Taxonomie Support Computing for DCAC

Wie ausgeführt, könnte man sich das zukünftige IIoT als weltweit verteiltes, kontextbewusstes Computing System vorstellen – d.h. als '*global Distributed Context-Aware Computing System*' (DCAC-System).

Um solch ein System verwirklichen zu können, müssen alle bereits bekannten Synergieeffekte gebündelt werden. Zur Erläuterung der funktionellen Abhängigkeiten zwischen allen relevanten, Context-Aware Computing beeinflussenden Arten von Computing im IoT zeigt Abb. 11.3-3 die Taxonomie von Distributed Computing im IIoT.

In Abb. 11.3-3 sind folgende zwei funktionelle Abhängigkeiten direkt erkennbar:

- *Mobility as Support for Ubiquity/Pervasiveness*
  Die Mobilität aller Typen Computing-fähiger Komponenten könnte als *Support für Ubiquity* (Allgegenwart) und für *Pervasiveness* (Durchdringung) von Rechnern angesehen werden. Vom Grid-Computing können auch einige, der Unterstützung allgegenwärtiger Anwendungen dienende Services in IoT-Devices erbracht werden.

- *Ubiquity/Pervasiveness as Support for Distributed Context Awareness*
  Das Kontextbewusstsein (Context Awareness) von Ubiquitous Computing und Pervasive Computing kann dazu beitragen, die Bereitstellung allgegenwärtiger kontextbewusster Services und Anwendungen im IIoT zu ermöglichen. Ambi-

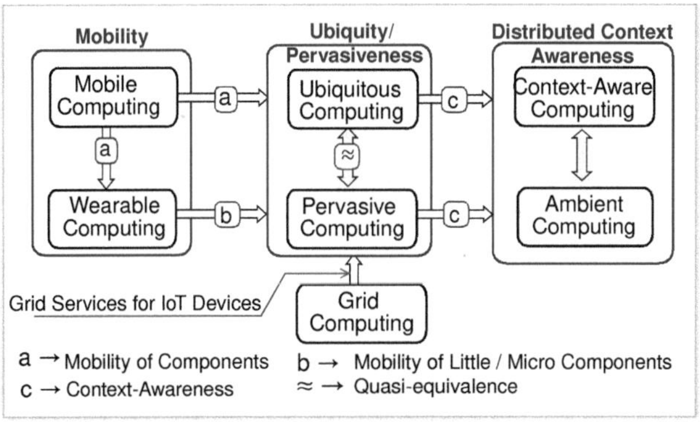

Abb. 11.3-3: Taxonomie von Distributed Computing im IIoT

ent Computing könnte dabei als eine umweltbezogene Sonderform von Context-Aware Computing angesehen werden.

Die funktionellen Grenzen zwischen den Computing-Paradigmen Ubiquitous, Pervasive, Mobile und Wearable Computing verschwimmen mehr und mehr.

11.4 Dew Computing (DC)

Dew Computing[2] ist ein neues Paradigma von Distributed Computing. Sein primäres Ziel besteht in der flexiblen Integration von Cloud Computing mit den Fähigkeiten von Endgeräten (PCs, Mobiltelefone, IoT-Devices).

Mit Dew Computing versucht man, die Hauptprobleme bei der Nutzung von Cloud Computing zu überwinden. Das allgemeine Konzept von Dew Computing, dessen typische Systemarchitekturen und deren Bedeutung für das IoT illustriert Abb. 11.4-1 [70].

Dew Computing liegt die klassische Client-Server-Architektur zugrunde. Abb. 11.4-1a zeigt ein IoT-Device mit einer einfachen klassischen Client-Server-Architektur vom Typ 1 : 1 (*Single DewC* und *Single DewS*). Die Literatur zum Thema Dew Computing bezieht sich häufig auf das in Abb. 11.4-1a gezeigte einfachste, bereits als klassisch geltende logische Modell [89], [90]. Single DewC und Single DewS

11.4.1 Idee von Dew Computing

Aus der Illustration geht außerdem hervor, dass die grundlegende Idee von Dew Computing darin besteht, dass sowohl DewC als auch DewS logisch/virtuell mit einer Cloud verbunden sind.

In einer solchen Konstellation ist DewC in einem IoT-Device mit zwei Servern verbunden, d.h. mit einer Cloud als Server und mit einem lokalen Server im IoT-Device.

[2] also in etwa 'Tau Computing'

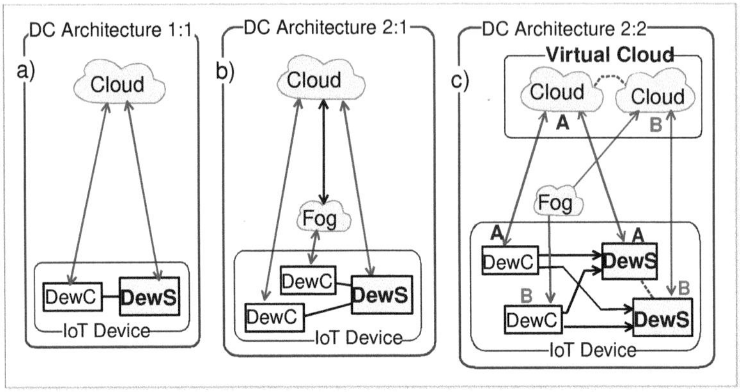

Abb. 11.4-1: Konzept von Dew Computing und dessen typische Systemarchitekturen: a) Single DewC und Single DewS; b) Multi DewC und Single DewS, c) Multi DewC und Multi DewS

DewC: Dew Client, DewS: Dew Server

Dies erlaubt, einige Daten aus der Cloud herunterzuladen und auf den lokalen DewS zu kopieren. Die damit einhergehende Möglichkeit der redundanten Verfügbarkeit bestimmter Daten bildet den Kern der Idee von *Dew Computing*.

Mit seiner Hilfe kann die volle Funktionalität eines DC-fähigen IoT-Device sogar nach einem Ausfall der Verbindung zur Cloud noch eine gewisse Zeit lang weiter zur Verfügung stehen. Die Client-Server-Architektur von Dew Computing ist außerdem erweiterbar, und zwar so, dass sowohl mehrere Dew Clients als auch mehrere Dew Server in einem IoT-Device untergebracht sein können.

Multi DewC und Single DewS

Die DC-Systemarchitektur mit zwei *Dew Clients* und einem *Dew Server* (Multi DewC und Single DewS) zeigt Abb. 11.4-1b. Hier hat ein DewC eine direkte virtuelle Verbindung zur Cloud, und der andere DewC ist virtuell mit einem als Server fungierenden und ebenso mit der Cloud kooperierenden Fog Node verbunden.

Diese Systemarchitektur ist z.B. gut geeignet zur Unterstützung des autonomen Fahrens [Abb. 11.4-2].

Die komplette Client-Server-Architektur von Dew Computing lässt sich darüber hinaus auch redundant organisieren. Abb. 11.4-1c zeigt anhand der DC-Systemarchitektur von Typ 'Multi DewC und Multi DewS' dafür ein Beispiel. Wie hier erkennbar ist, können zwei Clouds so integriert werden, dass sie sich quasi wie eine virtuelle, d.h. redundant ausgelegte, Cloud verhalten. Diese Systemlösung würde der Idee des *Virtual Router* nach dem Konzept VRRP (*Virtual Router Redundancy Protocol*) entsprechen.

11.4.2 Dew Computing beim autonomen Fahren

Wie Abb. 11.4-2 zeigt, müssen beim autonomen Fahren insbesondere die bereits bekannten Arten von Kommunikation V2I und V2V zuverlässig organisiert werden. Zur Organisation der V2I-Kommunikation kommen Cloud Computing und Fog

Computing zum Einsatz. Vergleicht man Abb. 11.4-1 und Abb. 11.4-2, so stellt man fest, dass das Konzept von Dew Computing mit der Architektur 'Multi DewC und Single DewS' zur Unterstützung der V2I-Kommunikation prädestiniert ist.

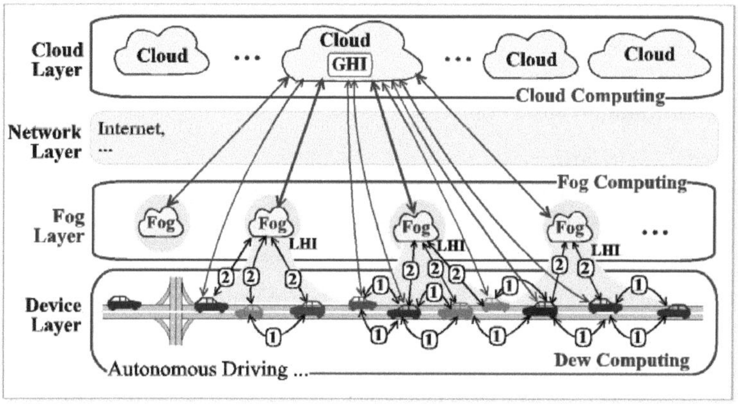

Abb. 11.4-2: Autonomes Fahren mit Dew Computing in Fahrzeugen
1 V2V: Vehicle to Vehicle, 2 V2I: Vehicle to Infrastructure,
GHI: Global Highway Information, LHI: Local Highway Information

Abb. 11.4-2 zeigt zudem, wie Informationen globaler Art (GHI) in Clouds und lokale Informationen (LHI) in Fog Nodes entlang einer Autobahn gespeichert werden. Zur Unterstützung der Kommunikation V2I kann ein Dew Client mit einem Dew Server eingesetzt werden. Der zweite Dew Client kann dabei zur Unterstützung der V2V-Kommunikation zwischen den bewegten Fahrzeugen eingesetzt werden.

11.5 Big Data im IoT

Durch das kontinuierliche Erfassen der aus diversen IoT-Sensoren stammenden Daten schwillt die Datenmenge immer weiter an. Obgleich der in diesem Zusammenhang benutzte Begriff 'Big Data' noch relativ jung ist, wurde er bereits um zusätzliche Attribute erweitert.

Wie Abb. 11.5-1 vermittelt, gibt es heutzutage mehrere Definitionen von Big Data. In jeder werden bestimmte, mit dem Buchstaben V beginnende Merkmale von Big Data eingeführt. Zur ursprünglichen Definition mit dem Attributschlüssel 3V (*Volume*, *Variety* und *Velocity*) sind drei weitere V-Attribute hinzugekommen: *Veracity*, *Value* und *Visibility* [52], [92].

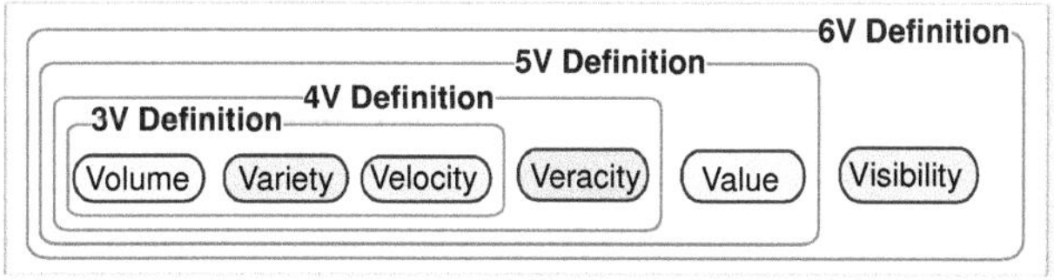

Abb. 11.5-1: Evolution der Definition von Big Data

11.5.1 Big Data Attributes

Im Allgemeinen werden als Big Data solche Daten bezeichnet, die mit den folgenden V-Attributen charakterisiert werden können:

- *Volume (Menge)*
  Es handelt sich um riesige Datenmengen: ab einigen Terabytes bis hin zu Größenordnungen von Petabytes.
- *Variety (Vielfalt)*
  Die Daten stammen aus diversen Quellen und sind unterschiedlicher Art (strukturiert, semistrukturiert oder unstrukturiert).
- *Velocity (Geschwindigkeit)*
  Es handelt sich um verschiedene Arten von Daten (Streaming-, Real-Time-Data, ...), die auch mit verschiedenen Geschwindigkeiten empfangen, generiert und transferiert werden müssen.
- *Veracity (Vertrauenswürdigkeit)*
  Mit Veracity wird darauf hingewiesen, dass die Vertrauenswürdigkeit von Daten nicht immer sicher ist.
- *Value (Informationswert)*
  Aus den in Big Data enthaltenen Daten können unterschiedlich wertvolle Informationen gewonnen werden, die sich in eine Werteskala oder -klasse einordnen lassen.
- *Visibility (Sichtbarkeit)*
  Mit diesem Attribut wird auf verschiedene Arten der Sichtbarkeit von Daten und des Zugriffs auf sie hingewiesen.

Data Analytics im IIoT

Big Data im IoT enthält oft besonders wertvolle, als Knowledge (Wissen) bezeichnete Informationen. Um diese herauszufiltern, müssen die vorliegenden Datenmengen entsprechend analysiert werden. Diese Analyse, eine Art Datenuntersuchung, wird als *Big Data Analytics* (BDA) bezeichnet. Sie führt zu *Knowledge Discovery in Databases* (KDD). Abb. 11.5-2 zeigt den Verlauf dieses Prozesses.

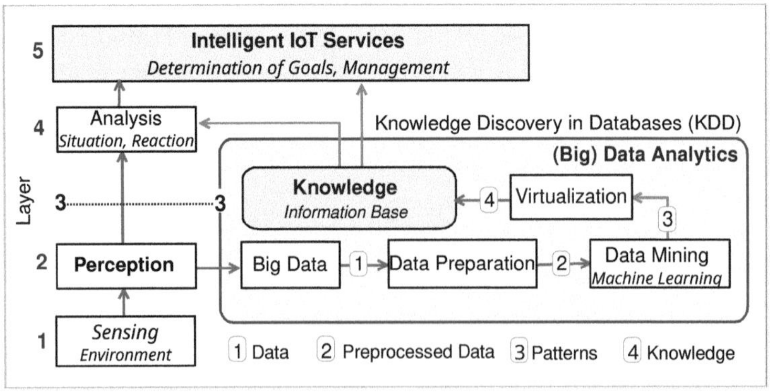

Abb. 11.5-2: Modell von Knowledge Discovery in Big IoT Data

Das in Abb. 11.5-2 gezeigte Modell ist eine Erweiterung des in Abb. 11.2-2 zu sehenden Modells der IIoT-Kognition. Der Prozess *Knowledge Discovery* findet in diesem Modell auf dem Layer 3 statt. Hierbei sind folgende Prozessschritte zu unterscheiden: Verlauf

- *Big Data*
  Die bei der sog. Umweltwahrnehmung (*Perception*) aufgenommenen Daten werden als sog. Rohdaten gespeichert und als Big Data bezeichnet.
- *Data Preparation*
  Die Rohdaten werden zuerst für weitere Analysen aufbereitet, indem die Daten z.B. gereinigt und unvollständige Datensätze entfernt oder ergänzt werden. Damit alle Daten im gleichen Format vorliegen und damit ihre Analyse im nächsten Schritt einfacher und präziser durchgeführt werden kann, werden die Daten einer Transformation unterzogen.
- *Data Mining*
  Die so vorbereiteten, aus einem System stammenden Daten werden analysiert. Bei diesem als *Data Mining* bezeichneten Prozess werden verschiedene Analysen mit dem Ziel durchgeführt, bestimmte Muster und Trends zu erkennen, um das künftige Verhalten des betreffenden Systems voraussagen zu können. Es handelt es sich hier somit um eine Voraussage (Prädiktion), weshalb von *Predictive Analytics* gesprochen wird. Die Kernaufgabe von Data Mining ist Predictive Analytics [22], [86].
- *Visualisation*
  Das aus verschiedenen Quellen herausgefilterte Wissen (Knowledge) muss auf eine einheitliche Art und Weise präsentiert und einfach – gewissermaßen über eine einheitliche Softwareschnittstelle – zugänglich gemacht und visualisiert werden. Hierfür muss das gewonnene Wissen entsprechend angepasst bzw. ergänzt werden. In diesem Zusammenhang spricht man von *Knowledge Visualisation* bzw. auch von *Big Data Visualisation.*

Die anfallenden Daten im Internet rühren immer aus der Aktion zwischen Client und Server. Der Client gibt hierbei (freiwillig) Nutzdaten preis, aber in der Regel auch technische Daten wie z.B. den Standort (der über z.B. die IP-Adresse approximiert werden kann). Die Frage der 'Eigentümerverhältnisse' der Daten und deren (gestattete) Nutzung wird in [36] genauer betrachtet. Erzeuger und Eigentümer von Daten

11.5.2 ML-Techniken

Die Gewinnung von Knowledge aus Big Data verlangt den Einsatz des maschinellen Lernens (*Machine Learning*, ML). Hierbei kommen in erster Linie zwei ML-Techniken infrage [77]:

- *Deep Learning* DL
- *Reinforcement Learning* RL

Beim maschinellen Lernen haben sog. neuronale Netze (*Neural Networks*) eine fundamentale Bedeutung, deren weitere Behandlung den Rahmen dieses Beitrags sprengen würde.

Big Data Analytics und Data Mining sind häufig synonym verwendete Begriffe – leider zu Unrecht, denn wie Abb. 11.5-2 zeigt, ist Data Mining als Bestandteil von Big Data Analytics anzusehen.

11.6 Schwarmintelligenz im IIoT

Im IIoT lassen sich neben stationären auch mobile IoT-Devices wie Drohnen oder Autos in Gruppen nach bestimmten Kriterien zusammenfassen. Hierbei können alle Gruppenmitglieder mithilfe von Cloud Computing, Fog Computing und Dew Computing in die Lage versetzt werden, das schon bekannte Prinzip '*Alle für jeden und jeder für alle*[3]' zu verwirklichen.

Auf diesem Prinzip beruht bekanntlich die Schwarmintelligenz (*Swarm Intelligence*).

Beispiel SCPS

Als Beispiel für die Nutzung der Schwarmintelligenz im IIoT möge das in Abb. 11.6-1 dargestellte Konzept des *Smart City Parking System* (SCPS) dienen.

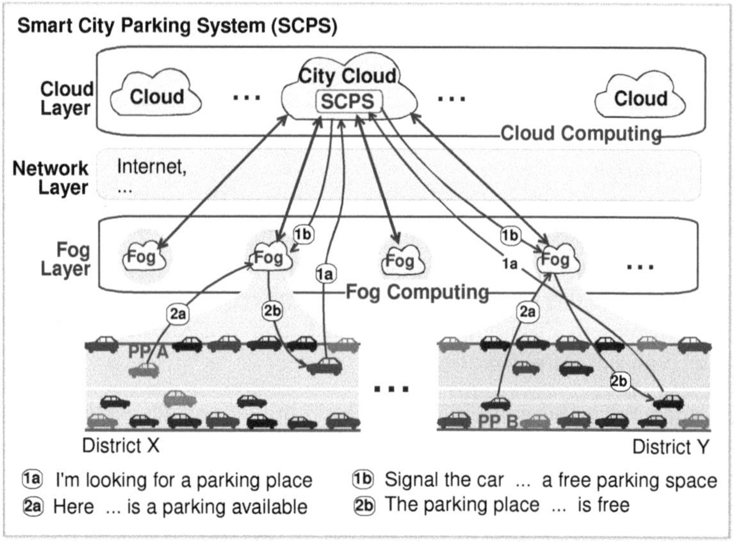

Abb. 11.6-1: Mittels Schwarmintelligenz des städtischen Autoverkehrs realisiertes SCPS

Technische Realisierung

Das SCPS lässt sich z.B. wie folgt realisieren: In einer Stadt werden Parkplätze entlang von Straßen eingerichtet. Alle in der Stadt fahrenden Autos bilden einen Schwarm, der von einer – in der städtischen Cloud installierten – SCPS-Koordinationssoftware kontrolliert wird. Hinzu kommen mehrere mit der Cloud verbundene Fog Nodes. Jeder von ihnen ist für die Erfassung und Vergabe freier Parkbuchten in nur einem Stadtteil verantwortlich. Alle städtischen Fog Nodes kooperieren mit der SCPS-Cloud.

Wie in Abb. 11.6-1 gezeigt, verhalten sich die in der Stadt fahrenden Autos wie folgt:

Alle für jeden und jeder für alle

- *Aktivität 1a*
  Ein mit einem Navigationssystem ausgestattetes Auto sucht nach einem freien Parkplatz und meldet sich beim SCPS-Service in der Cloud.
- *Aktivität 1b*
  Die SCPS-Instanz in der Cloud kennt die geografische Position des einen Parkplatz suchenden Autos und signalisiert diese dem Fog Node, der für die Vergabe freier Parkplätze im entsprechenden Stadtteil zuständig ist.
- *Aktivität 2a*
  Ein an einem freien Parkplatz vorbeifahrendes Auto meldet dem Fog Node die Lokation des von ihm 'bemerkten' freien Parkplatzes.
- *Aktivität 2b*
  Der Fog Node zeigt die Lokation (Koordinaten) des nächstgelegenen freien Parkplatzes dem einen Parkplatz suchenden Auto an.

Die hier geschilderte Nutzung der Schwarmintelligenz im IIoT ist nur ein Beispiel dafür, wie mittels IIoT das Leben von Menschen erleichtert und die Umwelt geschont werden kann.

> Diese Lösung kann nur dann funktionieren, falls alle Fahrzeuge über entsprechende IoT-Systeme verfügen würden. Heutige Parkleitsysteme arbeiten anders: Mittels Sensoren pro Parkplatz wird z.B. in einem Parkhaus festgestellt, ob freie Plätze verfügbar sind, und dies dann über eine Signalanlage dem Autofahrer mitgeteilt. Diese *On-premise-Lösung* besitzt somit keine Abhängigkeiten und verlangt im Besonderen keine Internet-Anbindung. Zudem erfolgt kein *Tracking* des Fahrzeugs.

11.6.1 Typische IIoT-Applikationen

Mit der Etablierung des IIoT lassen sich in einem ersten Schritt insbesondere die in Abb. 11.6-2 aufgelisteten intelligenten Applikationen realisieren.

Wie aus Abb. 11.6-2 hervorgeht, werden *Context Awareness*, *Big Data Analytics*, *Data Mining* und *Machine Learning* von herausragender Bedeutung für die Verwirklichung des IIoT sein.

[3] Das Motto des Schweizer Bundesstaats

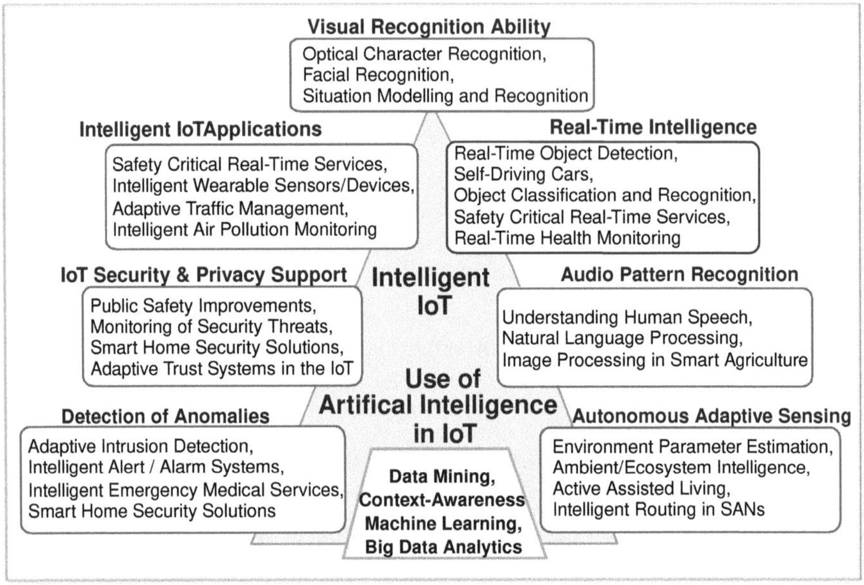

Abb. 11.6-2: Auflistung typischer IIoT-Applikationen

11.7 Schlussbemerkung

Die Evolution des IoT zum Intelligent IoT (IIoT) schreitet unaufhörlich voran. Sie führt zur Nachbildung der im menschlichen Gehirn verlaufenden Prozesse, d.h. der menschlichen Kognition, im IoT.

Die kognitiven Fähigkeiten des Menschen ermöglichen es ihm, diverse Arten von Informationen aus der Umwelt wahrzunehmen und intelligent weiterzuverarbeiten.

Cognitive IoT

Da die entsprechenden Fähigkeiten des künftigen IIoT den Menschen sehr nahe kommen sollen, wird bereits heute das zukünftige IIoT auch als *Cognitive IoT* (CIoT) bezeichnet. In ihm werden die zugehörigen Komponenten und Systeme eine künstliche Intelligenz besitzen und folglich in die Lage versetzt werden, ähnlich wie Menschen kontextbewusst zu agieren.

Sicherheit im IIoT

Die Garantie von Sicherheit im IoT ist heutzutage ein enorm komplexes und wichtiges Thema. Man kann sich kaum noch vorstellen, mit welchen bösartigen Angriffen und anderen Unsicherheiten im zukünftigen IIoT gerechnet werden muss. Es bleibt nur zu hoffen, dass später anstelle von *Intelligent Internet of Things* (IIoT) nicht vom *Intelligent Internet of Threats* (IIoT) die Rede sein wird.

Internet Quellen

- https://ieeexplore.ieee.org/document/8907119

12 Sicherer Einsatz und Betrieb des IoT

In diesem abschließenden Kapitel wollen wir den Fokus wechseln: Bislang haben wir (mit Ausnahme des ersten Kapitels) die detaillierten technischen Elemente und Protokolle für die Nutzung des *Internet of Things* beschrieben, und so wechseln wir nun den Blick auf deren Einsatz.

Im Gegensatz zu einem Taschenrechner, bei dem fehlerhafte Eingaben zu fehlerhaften Ergebnissen führen, diese aber keine direkte Auswirkungen auf unser Leben haben, besitzt das IoT mit seinen Sensoren, aber vor allem auch Aktuatoren einen unmittelbaren Einfluss. Hier denken wir z.B. an das autonome Fahren. Erkennt der Sensor die Situation falsch, gefährdet er hierdurch den 'Fahrer' (falls vorhanden), aber auch Passagiere und Passanten.

Nicht umsonst sieht das autonome Fahren fünf Stufen der Autonomie des 'Vehikels' vor:

- Keine vorhandenen Systeme: Der Fahrzeugführer fährt selbst. Stufe 0
- Unterstützender Modus (I): Assistenzsysteme wie Abstands- und Bremsautomation, Verkehrszeichenerkennung etc. Stufe 1
- Assistierter Modus (II): Das Fahrzeug beherrscht automatisches Einparken, Spurhalteautomat. Stufe 2
- Automatisierter Modus (III): Der Fahrer wird zeitweise von der Führung des Fahrzeugs entbunden (mit Überwachung). Stufe 3
- Autonomer Modus (I): Das Fahrzeug fährt weitgehend selbstständig. Stufe 4
- Autonomer Modus (II): '*Robo-Taxi*', der Fahrer wird nicht mehr benötigt. Stufe 5

Die Sensoren des Fahrzeugs erhalten Daten über die Umwelt: Verkehrszeichenerkennung, Bewegungsprofile entgegenkommender und begleitender Fahrzeuge, GPS-Information mit Lageerkennung, Geschwindigkeitsbegrenzung auf der Strecke, Gefahrenquellen (über Internet-Quellen oder ggf. durch Mitteilungen vorausfahrender Fahrzeuge) etc.

Das Portfolio der zu lösenden Aufgaben ist umfangreich und nicht beschränkt, sondern im Gegenteil komplex. In der Informatik würde man dies als *NP*-schwieriges (nicht polynomial-lösbares) Problem darstellen. Auch aufgrund der großen einfallenden Datenmenge benötigt dies umfangreiche Rechenleistungen. Zudem kann nicht garantiert werden, dass eine Internet-Anbindung bzw. eine (nahe) Echtzeitdatenverbindung vorliegt (vgl. Abb. 11.2-2).

Das System muss also in kritischen Fällen die Kontrolle an den Fahrer übergeben, indem es erkennen kann, dass seine Steuerungsmöglichkeiten erschöpft sind. Diese Eigenschaft muss der Software immanent mitgegeben werden und ist im Softwaredesign an vorderster Stelle vorzusehen. Wir sprechen somit von *IT Safety*. IT Safety

Die Paradigmen, mit denen IoT-Software entwickelt wird, unterscheiden sich daher beträchtlich von den Anforderungen an 'Commodity'-Applikationen wie z.B. die *Apps* auf unserem Smartphone.

In diesem Kapitel wollen wir versuchen, dies schrittweise aufzuschlüsseln:

RIOT-OS

- Zunächst wollen wir uns mit der Hardware und dem Einsatz von IoT-Devices beschäftigen und uns am Beispiel des Betriebssystems RIOT einen Eindruck verschaffen, welche Ressourcen auf einem IoT-Device vorhanden sind und wie diese genutzt werden können. Aus dem IoT-Device wird somit ein *IoT-System.*

CoAP

- Die Ressourcenbeschränkung im IoT verlangt Lösungen, die auf diese Bedingungen zugeschnitten sind. Ein Kommunikationsprotokoll, das dies mitbringt, ist das *Constrained Application Protocol* (CoAP) (siehe Abschnitt 17.4 in [17]).

DTLS und OSCORE

- Das IoT-Device ist auf die Kommunikation mit seiner Umwelt angewiesen. Dies gilt nicht nur die Daten und Befehle, die von und zum IoT-Device gelangen, sondern auch für die Firmware, die gelegentlich aktualisiert werden muss, was häufig '*Over-the-Air*' (OtA) passiert. Um hier Unverfälschtheit sicherzustellen, kann das Protokoll DTLS (*Data Transport Layer Security*) oder bei CoAP OSCORE (*Object Security for Constrained RESTful Environments*) eingesetzt werden, die wir beide besprechen.

Bau von Software

- Das Erstellen qualifizierter IoT-Software – die also Menschen schützen kann, statt sie zu gefährden – verlangt ergänzende Software-technische Maßnahmen, um deren Funktionsfähigkeit nicht nur im Labor zu verifizieren. Dies betrifft den ganzen Lebenszyklus der Software, ausgehend von sog. *Reproducible Builds*, aber auch das *Deployment* der Software auf dem IoT-Device von einer qualifizierten Quelle aus. Die hierfür notwendigen Protokolle wie SUIT (*Software Update for the IoT*) und RATS (*Remote Attestations*) wollen wir besprechen.

Correctness

- Nicht nur technische Maßnahmen zur Sicherstellung einer vertraulichen Kommunikation müssen vorhanden sein, sondern die Daten aus der Quelle müssen unkompromittiert vorliegen und nicht durch eine *Supply-Chain-Attacke* manipuliert worden sein. Dies wollen wir uns im Kontext von *Code* und *Data Correctness* sowie den sog. *Verifiable Data Structures* anschauen.

PQC

- Zudem wollen wir – nachdem im ersten Kapitel der Quantencomputer eingeführt wurde – einen kurzen Blick auf die *Post Quantum Cryptography* (PQC) für IoTs werfen.

12.1 IoT-Hardware und IoT-Kommunikation

Um die in den letzten Kapiteln besprochenen IoT-Lösungen besser verstehen zu können, benötigen wir einen Blick in den Maschinenraum:

- Wie ist die Hardware aufgebaut, auf denen ein IoT-System läuft?
- Welche Software – genauer – wie sieht das Betriebssystem aus, das die IoT-Lösung abbilden kann?

- Welche Kommunikationsprotokolle werden beim IoT genutzt?

Für alle diese Fragen gibt es eine Vielfalt von Antworten, von denen wir hier nur einige als Auswahl vorstellen können, um zumindest die prinzipiellen Probleme und deren ingenieurstechnische Lösung verständlich zu machen.

Ressourcen-beschränkte CPU

Im Gegensatz zu z.B. einem gängigen Smartphone, das schier unendliche Ressourcen besitzt, zeichnen sich IoT-Systeme durch folgende Eckpunkte aus:

- Das IoT-System darf nur wenig elektrische Leistung aufnehmen, da häufig über längere Zeit ($\sim$ Jahr) batteriebetrieben.
- Hierdurch fällt die CPU-Leistung bescheiden aus. Algorithmen werden benötigt, die schnell und effizient sind.
- Der Hauptspeicher des Systems ist stark eingeschränkt. Die Software muss mit 'KiByte' (2^{10} Byte) auskommen und nicht wie sonst sich über 'GiByte' (2^{30}) Byte) ausbreiten.
- Die CPU besitzt keinen *Memory Controller* (*Memory Management Unit*, MMU) sodass keine virtuellen Speicheradressen zur Verfügung stehen.
- Ggf. ist kein persistentes Dateisystem vorhanden. Daten werden nur so lange gehalten, wie das System läuft, also mit elektrischem Strom versorgt wird.
- Das System besitzt eine oder mehrere Netzwerkschnittstellen (NICs), kommuniziert dabei aber ausschließlich 'drahtlos', also z.B. über WiFi, und das auch noch mit geringen Leistungen und evtl. in einem Umfeld mit starken elektromagnetischen Störungen, wie in einem Produktionsumfeld typisch.

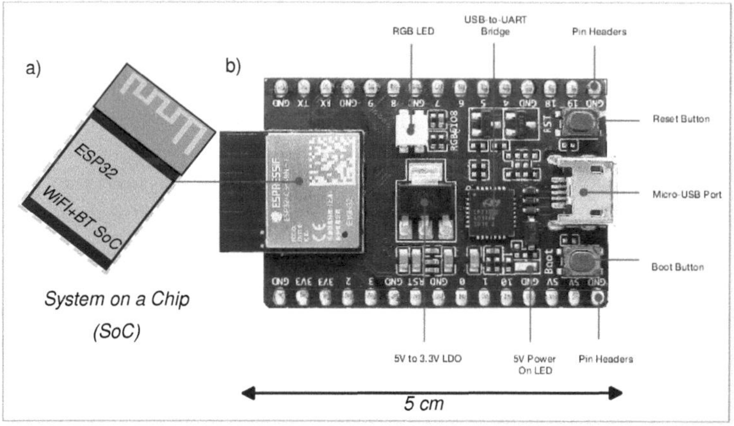

Abb. 12.1-1: a) Schematische Darstellung eines ESP32 SoC b) aufgebracht auf einem Board mit Stromversorgungsanschlüssen und Micro-USB Port

System on a Chip

Abb. 12.1-1 zeigt ein solches System, das auf einer 32 Bit ESP CPU aufbaut, die wieder auf einem Board verlötet zum Einsatz gebracht wird[1]. Im Gegensatz zu einem

[1] siehe Datenblatt: https://www.espressif.com/sites/default/files/documentation/esp32-c3_datasheet_en.pdf

einfachen *Microcontroller* (μC) wird diese CPU als '*System on a Chip*' (SoC) bezeichnet und besitzt einige beispielhafte Eigenschaften:

- Single-Core RISC V CPU[2] (z.B ESP32-C3) mit 140 MHz Taktrate. Die CPU besitzt HW-Unterstützung für den Verschlüsselungsalgorithmus AES (*Advanced Encryption Standard*).
- 400 KiByte interner *Random-Access-Speicher* (RAM).
- 384 KiByte Flashspeicher für das Betriebssystem und Applikationen, der verschlüsselt werden kann.
- Kommunikation über WiFi (802.11b/g/n) und Bluetooth 5.0 (Low Energy LE) mit Datenraten bis zu 54 Mbit/s.
- Bauform ca. $5mm * 5mm * 1mm$.
- Stückpreis ca. 1€.

> Das hier vorgestellte EPS32-Modell ist ein preiswerter Vertreter seiner Gattung. Üblicherweise werden hier Mengenpreise angegeben, die sich auf 1000 Stück beziehen. Entsprechend dem fortschreitenden Stand der Technik werden Multi-Core-Modelle angeboten, die neben sehr viel mehr Speicher auch über AI-Funktionen (in Form *neuronaler Netze*) verfügen.

Constrained Devices

Der oben vorgestellte Vertreter eines IoT-Devices kann schon nahezu als 'Großcomputer' angesehen werden. In RFC 7228 werden 'Constrained Devices' in mehrere Geräteklassen eingeteilt:

Klasse	**Datenspeicher** (RAM)	**Codespeicher** (ROM/Flash)
Class 0 (C0)	$\ll$ 10 KiByte	$\ll$ 100 KiByte
Class 1 (C1)	$\sim$ 10 KiByte	$\sim$ 110 KiByte
Class 2 (C2)	$\sim$ 50 KiByte	$\sim$ 250 KiByte
Class 3 (C3)	$\sim$ 100 KiByte	$\sim$ 500 bis 1000 KiByte
Class 4 (C4)	$\sim$ 300 bis 1000 KiByte	$\sim$ 1000 bis 2000 KiByte
Class 10 (C10)	(16) 32, 64 bis 128 MiByte	$\sim$ 4 bis 16 MiByte
Class 15 (C15)	0.5 bis 1 GiByte	(keine Angabe)
Class 16 (C16)	1 bis 4 GiByte	(keine Angabe)
Class 17 (C17)	4 bis 32 GiByte	(keine Angabe)
Class 19 (C19)	(keine Angabe)	(keine Angabe)

Tab. 12.1-1: Einteilung von 'Constrained Devices' als Microcontroller in Klassen [RFC 7228] (oberer Bereich) sowie RFC 7228bis [https://datatracker.ietf.org/doc/draft-bormann-lwig-7228bis/] mit den Klassen C10 bis C19 als 'general purpose' Devices
Ki: 1024, Mi: 1024 Ki, Gi: 1024 Mi

Der Name 'ESP32-C3' deutet bei dem oben beschriebenen SoC bereits an, dass es sich quasi in der Klasse 'C3' eingeordnet sieht.

[2]Eine RISC V CPU versteht sich als *Reduced Instruction Set Computer*; eine Architektur, die 1981 an der University of Berkeley erschaffen und public domain gestellt wurde.

12.1.1 IoT-Kommunikationsprotokolle

Bei den Kommunikationsprotokollen ist es hilfreich, sich an die Unterteilung der Anforderungen an das OSI-Referenzmodell zu halten, das folgenden Aufbau vorsieht, aber bei IoT 'verkürzt' aufgesetzt ist:

- Schicht 1: Physikalische Datenübertragung (Signale)
- Schicht 2: Sicherungsschicht (Ethernet, WiFi, Bluetooth Low Energy BLE, WPAN)
- Schicht 3: Netzwerkschicht (in der Regel IPv4/IPv6)
- Schicht 4: Verbindungsschicht (TCP/UDP oder auch QUIC[3])
- ~~Schicht 5: Sitzungsschicht (TCP)~~ – entfällt häufig; durch die Hintertür
- ~~Schicht 6: Präsentationsschicht~~ (evtl. HTML/XML)
- Schicht ~~7~~ → 5: Anwendungsschicht (z.B. CoAP, MQTT, MTConnect, OPC UA)

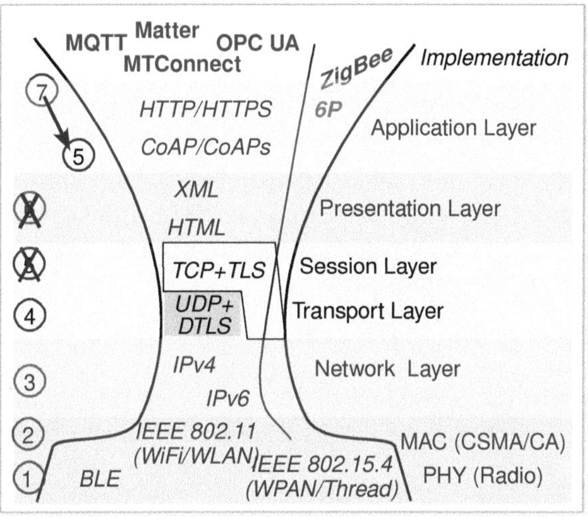

Abb. 12.1-2: IoT-Kommunikationsprotokolle im OSI-Referenzmodell

CSMA/CA: Carrier Sense Multiple Access/Collision Avoidance, CoAP: Constrained Application Protocol, BLE: Bluetooth Low Energy, HTML: Hypertext Markup Language, MQTT: Message Queuing Telemetry Transport, HTTP: Hypertext Transport Protocol, TCP: Transport Control Protocol, TLS: Transport Layer Security, WPAN: Wireless Personal Area Network, XML: Extensible Markup Language, 6P: 6top Protocol

Aus dieser Übersicht und aus Abb. 12.1-2 geht hervor, dass im IoT-Umfeld von einem 'verschlankten' Kommunikationsmodell ausgegangen wird. Einerseits kann unter Einsatz von UDP auf die Sitzungsschicht verzichtet werden, andererseits wird häufig die ungeliebte Präsentationsschicht automatisch der Anwendungsschicht zugeschlagen. Zudem erlauben einige Protokolle wie *ZigBee*[4] und *6P* die Datenübertragung direkt auf dem MAC-Layer, ohne über UDP und IP, d.h. die Netzwerkschicht, gehen zu müssen.

[3] QUIC: Quick UDP Internet Connections
[4] vgl. RFC 4944

Industrie 4.0

Historisch betrachtet, kommen einige dieser Protokolle aus der Industrievernetzung, unter anderem für die Anbindung von Industrierobotern und für Steuerungssysteme. Diese waren dann auch kabelgebunden vernetzt, z.B. über *Industrial Ethernet*. Zu diesen Protokollen zählen *MQTT* (heute im Industrieumfeld genutzt), *MT-Connect* und das von Microsoft stammende *OPC UA* (*Open Platform Communication Unified Architecture*). Im industriellen Umfeld spielt die Energieversorgung der Steuerungs- und Messeinheiten keine große Rolle, und so ist es kein Wunder, dass hier auf Standardprotokolle wie HTTP(S) und XML gesetzt wird.

Constrained Networks

Der Einsatz von IoT-Devices findet in einem sog. *Constrained Network* statt, was auch als *Low-power Personal Area Network* (Lo-PAN) bezeichnet wird. Für die Datenübertragung von und mit IoT-Devices stehen nur beschränkte Ressourcen zur Verfügung. Aus diesem Grund hat sich als Alternative zu den 'Schwergewichten' wie MTConnect und MQTT das *Constrained Application Protocol* (CoAP) als Favorit entwickelt, das eine Web-ähnliche Kommunikation mit den IoT-Devices mittels eines RESTfullen Services ermöglicht.

Smart Home

Für die *Heimvernetzung* hat sich in den letzten Jahren ZigBee empfohlen, wobei die Protokolle *ZigBee* (oder *zigbee*), *Matter* und *aliro* sich mittlerweile unter dem Dach der *Connectivity Standards Alliance* (csa) befinden [https://csa-iot.org/], die ein Industriekonsortium darstellt.

Die Welt der Heim-Automation ist schnelllebig und von unterschiedlichen Interessen geleitet. So haben z.B. *Apple*, *Amazon* und *Google* über die *Connectivity Standards Alliance* (CSA) den gemeinsamen Standard *Matter* entwickelt, der für deren Geräte wie z.B. *Amazon Echo* genutzt wird.

12.1.2 Übertragung der IoT-Daten

Bei der Übertragung der Daten von und zu IoT-Devices wird ein Transportmedium gebraucht, bei dem Kompromisse zwischen mehreren Eckpunkten gemacht werden müssen:

1. der nutzbaren *Datenrate* für die Übertragung,
2. der *Reichweite* des Netzdienstes sowie
3. der benötigten *Sende-* bzw. ankommenden *Empfangsleistung*.

Abb. 12.1-3 gibt einen Überblick über die verfügbaren und genutzten Technologien für IoT-Netzwerke.

Entsprechend *Claude Shannon* [79] hängen diese drei Punkte zusammen und werden um einen vierten Aspekt ergänzt:

4. Die *Sicherheit* bei der Übertragung.

Hierbei sind zunächst die 'klassischen' IT-Security-Merkmale zu betrachten:

- *Confidentiality* – Vertraulichkeit
- *Integrity* – Unverfälschtheit
- *Availability* – Verfügbarkeit

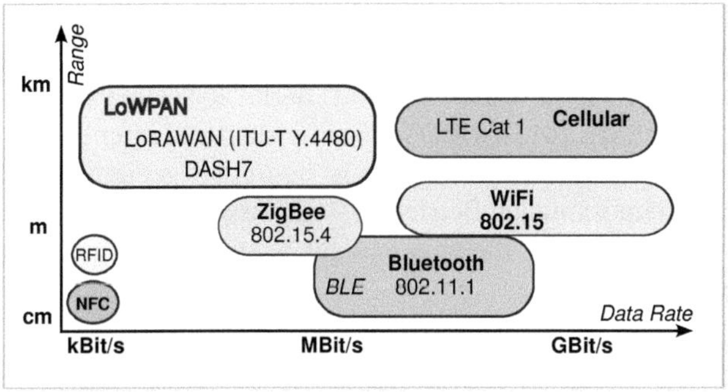

Abb. 12.1-3: Übertragungstechnologien für IoT-Devices
BLE: Bluetooth Low Energy, LTE: Long Term Evolution für Telekommunikationsnetze, LoWPAN: Low Power Wireless Personal Area Network, NFC: Near Field Communication, RFID: Radio Frequency Identification

Diese als 'CIA'-Dreieck bekannten Eigenschaften sind auch im IoT und innerhalb von *Constrained Networks* (CNs) zu erwarten; allerdings gilt es, weitere Aspekte einfließen zu lassen:

Vertraulichkeit

- Die Leistung der IoT-Komponenten ist so gering, dass deren Datensignale im CN nur in unmittelbarer Nähe zu empfangen sind; es gibt somit quasi eine natürliche 'FireWall'.

Verfügbarkeit

- Die Verfügbarkeit der Devices kann besonders beim Batteriebetrieb nicht zu 100% garantiert werden. Redundanzen und Wiederanlauf sind geeignet vorzusehen.

Unverfälschtheit

- Um die IoT-Komponenten in Constrained Network über das Internet zu erreichen, wird ein geeigneter *Internet Access Router* (IAR) benötigt, der mit allen IoT-Devices Nachrichten unverfälscht austauschen kann – auch, um Schaden zu vermeiden.

Randbedingungen für den IoT-Einsatz

Während im Internet auf die übliche Transport-Layer Verschlüsselung (TLS) gesetzt werden kann, sind im Constrained Network – mit den geringen verfügbaren Ressourcen – mehrere Randbedingungen zu berücksichtigen:

1. Datenstrukturen sind zu definieren, die sowohl kompakt als auch einfach zu erfassen (zu interpretieren) sind.
2. Viele Daten – wie z.B. übertragene Raumtemperatur beim Smart Home – sind nicht per se sicherheitskritisch; versteht aber die Regelung statt 'Erhöhung der Raumtemperatur um 2°' auf einmal 'Erhöhung der Raumtemperatur um 20°', hat dies aber mehr als unangenehme Folgen. Daher ist die Übertragung der Daten gesichert und unverfälscht vorzunehmen. Dies kann über *Digitale Signaturen* oder einen *Message Authentication Code* (MAC) erfolgen.
3. Wo es angebracht ist, sollte die Kommunikation gesichert erfolgen, also den allgemeinen Grundsätzen der IT-Security entsprechen.

Wir werden sehen, dass dies beim Protokoll CoAP in geeigneter Form gegeben ist. Was benötigt wird, ist ein Betriebssystem, das auf diese besonderen Belange zugeschnitten ist.

12.1.3 RIOT als Betriebssystem

Das Betriebssystem RIOT-OS wurde an der FU Berlin 2008 zunächst als *FeuerWhere* ins Leben gerufen und seit 2013 als RIOT-OS entwickelt und öffentlich bereit gestellt [https://www.riot-os.org/]. RIOT-OS ist besonders geeignet, sog. *constrained* IoT-Devices mit einem schmalen Betriebssystem auszustatten, indem für eine umfangreiche Reihe von Geräten, die notwendigen Kommunikationsprotokolle bereit gestellt werden:

- Unterstützung für 8, 16, 32 sowie 64 Bit CPUs.
- Lauffähig auf Systemen mit und ohne Memory-Controller.
- Sein *Mikrokernel* stellt (beschränkten) In-Memory Storage zur Verfügung, ohne dass persistenter Datenspeicher benötigt wird.
- Angeboten wird ein IPv6-nativer Kommunikationsstack, der eine Vielzahl an Devices und Kommunikationsprotokolle wie BLE (*Bluetooth Low Energy*) und 6LoWPAN nutzen kann.
- Auf den höheren Kommunikationsebenen werden neben UDP auch TCP sowie RPL für das Routing [17] als auch CoAP und CoAPs unterstützt.

RIOT-OS als Entwicklerplattform
Die Entwicklung des Betriebssystems kann auf einem normalen PC erfolgen, wobei dies typischerweise in einer *Virtual Machine* erfolgt, die auch die notwendigen Entwicklerwerkzeuge beinhaltet.

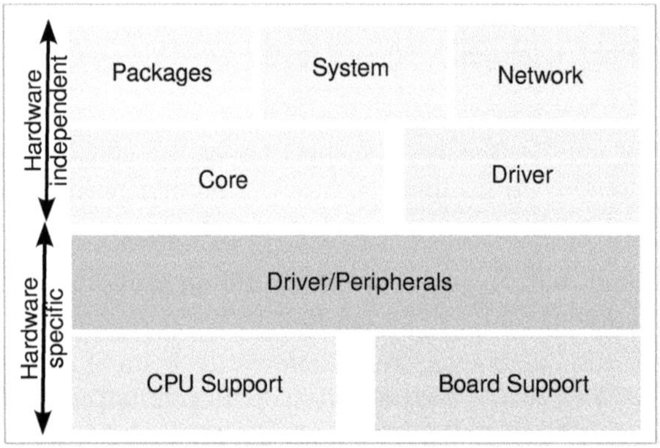

Abb. 12.1-4: Architektur des RIOT-OS aus Sicht des Entwicklers

Das RIOT-OS verfügt entsprechend Abb. 12.1-4 über eine geschichtete Architektur, die von der Trennung Hardware-spezifischer Bestandteile und Hardware-unabhängiger Komponenten (z.B. die Netzwerkapplikationen) Gebrauch macht. Für die gängigsten SoCs (*Systems on a Chip*) stehen bereits fertige Module zur Verfügung, die dann mit den Softwarekomponenten integriert werden müssen, was über die RIOT-Entwicklungsumgebung einfach zu erzielen ist.

Für den Entwickler von Echtzeitanwendungen liefert RIOT einen Baukasten, aus dem sich wie folgt bedient werden kann [https://doc.riot-os.org/]:

System-komponenten des RIOT-OS

- *Package*: RIOT bietet Unterstützung für externe Software-Bibliotheken, für die bereits Anpassungen (*Patches*) an das RIOT-OS vorgenommen wurden.
- *System*: Die Mikrokernel-Architektur von RIOT-OS fasst die notwendigen Systemkomponenten in diesem Block zusammen. Diese sind z.B.:
  - ▷ Crypto-Libraries für Hashfunktionen und Verschlüsselungsalgorithmen,
  - ▷ POSIX-Schnittstellen,
  - ▷ Preemptiver Scheduler (in der Ordnung $\mathcal{O}(1)$),
  - ▷ Memory-Allokator (falls erforderlich und eine MMU[5] vorhanden ist),
  - ▷ verschiedene Arten der Interprozesskommunikation,
  - ▷ Dateisysteme (optional),
  - ▷ eine RIOT-Shell

  sowie viele andere.
- *Networking*: Hier liegt der gesamte Code für die Netzwerk- und Kommunikationsprotokolle (außer den Treibern). Der Netzwerk-Stack ist in der Regel ausschließlich IPv6-basierend. Die neue Implementierung von *uniCoAP* verspricht, die Möglichkeiten dieses Protokolls über alle Schnittstellen bereit zu stellen.
- *Core*: Der eigentliche Kernel mit dem Scheduler für Programme, Threads und Thread-Synchronisation, aber auch mit den notwendigen Softwarekomponenten und Definitionen für Datenstrukturen.
- *Peripherie* und *Driver*: Zum Ansprechen der Peripherie werden sog. *Driver* benötigt, die die Kommunikation mit den Sensoren, Aktuatoren sowie den vorhandenen Netzwerkschnittstellen beinhalten.
- *CPU*: Die auf den Boards vorhandenen CPUs müssen explizit angesprochen und mit ihren vorhandenen Eigenschaften (wie Coprozessoren für die AI) initialisiert werden.
- *Boards*: Die CPU bildet mit dem Board und seiner Peripherie eine Einheit, die hier gemeinsam beschrieben ist und für den Entwickler ausgewählt werden kann.

RIOT-OS im IoT-Einsatz

Beim Einsatz von IoT-Komponenten sind einige Einschränkungen zu bedenken und in die Überlegungen einzubeziehen:

- Das IoT-Device muss – nach seinem Start – eigenständig und ohne menschliche Intervention arbeiten. Es liest seine Daten über die Sensoren und gibt diese über das Netzwerk weiter.
- Das IoT-Device arbeitet mit beschränkten Ressourcen (*constrained*). Die Menge der in einem Zyklus zu verarbeitenden Daten ist beschränkt, Datenformate müs-

[5] Memory Management Unit

sen so beschaffen sein, dass sie einerseits kompakt vorliegen, andererseits deren Aufbereitung nur wenig CPU und Hauptspeicher benötigt.

- Die Datenverarbeitung erfolgt in der Regel in Echtzeit, da größere Datenpuffer nicht vorhanden sind. Die laufenden Aufgaben für die Datenaufbereitung und Versendung muss also innerhalb weniger Taktzyklen möglich sein.
- Das IoT-Device muss verlässlich, aber – wie bereits erwähnt – effizient über das Netzwerk kommunizieren. Hierfür werden Protokolle benötigt, die dies unterstützen. Eine Verschlüsselung der Daten ist hierbei wünschenswert.

Besonderheiten von IoT-Devices als SoC

Beim Bootvorgang des *System on a Chip* (SoC, also des IoT-Devices) wird das fertig kompilierte und auf dem Mikrocontroller lauffähige Programm in den Speicher geladen. Dieser Teil des Speichers kann als ROM (*Read-Only Memory*) vorliegen und wird auch als *Flashspeicher* bezeichnet.

Das IoT-Device arbeitet solange, wie es über elektrischen Strom versorgt wird. Dies kann selbstverständlich auch ein Batteriespeicher sein, dessen Haltbarkeit bei niedrigen Lasten (falls das IoT-Device also nur wenig Strom benötigt) ein Jahr sein kann. Sind keine Daten zu verarbeiten, geht die CPU in einen Ruhemodus, wobei die Nutzdaten im *Random Access Memory* (RAM) gepuffert werden müssen und somit erhalten bleiben.

Dieses Arbeitsmodell entspricht eher dem eines *Endlichen Deterministischen Automaten* (DEA) als dem eines Computers, der auf unseren Schreibtischen steht. Das Programm läuft – während der 'Lebenszeit' des IoT-Devices – praktisch unverändert ab. Zudem besitzt ein IoT-System (auch bei RIOT-OS) keine dedizierten Benutzer: Alle Prozesse laufen mit *Systemrechten.*

Firmware-Updates 'Over the Air'

Aktuelle SoCs erlauben es zudem, das ablaufende Programm (die 'Firmware') '*Over the Air*' (OTA) nachzuladen bzw. zu modifizieren. Dies ist Fluch und Segen zugleich, denn nun ist es möglich, 'von außen' das IoT-Device zu steuern und zu manipulieren, bis zu dem Punkt, wo es nicht mehr funktioniert. Dies kann nicht nur zu einem IT-Security Incident führen, sondern die *Safety* des Benutzers berühren, indem z.B. ein Aktuator nicht oder nicht richtig funktioniert.

12.2 Sichere Datenübertragung bei CoAP

Die Daten, die ein IoT-Device sendet, sind Messdaten. Die Daten, die ein IoT-Device empfängt, sind ggf. Anweisungen an einen Aktuator, also eine Steuerungs- und Ausführungseinheit.

Werden die Daten auf dem Übertragungsweg verfälscht oder deren Übertragung unterbunden, führt dies zu Messfehlern. Werden Daten für Aktuatoren – also Stellglieder – manipuliert, führt dies zu Fehlfunktionen der Maschine, die diese Befehle umsetzt.

Beide Situationen sind zu vermeiden und erfordern in einer Umgebung, die dies nicht verhindern kann, einen Schutz der zu übertragenden Daten. Wir erzielen dies mit einer qualifizierten Verschlüsselung und/oder Signatur der Daten, so wie dies auch schon im Internet praktiziert wird.

Hierfür gibt es drei Lösungsansätze:

1. Die Daten werden von Applikation verschlüsselt und stehen somit nur dem zur Verfügung, der Kenntnisse über die Entschlüsselung besitzt. Hiermit ist zugleich ein Vertrauensverhältnis verbunden, das sicherstellt, dass die Daten nicht in falsche Hände geraten. Dies verlangt, dass Sender und Empfänger über den gleichen (symmetrischen) Schlüssel verfügen: Dies ist eine sog. *Peer-to-Peer-Verschlüsselung*.

Peer-to-Peer Verschlüsselung der Nachrichten

2. Die Daten werden von der Quelle digital signiert, und der *public Key* des Erzeugers ist allen bekannt, sodass die Integrität des Nachrichteninhalts und die Authentizität des Herausgebers verifiziert werden kann. Dies ist das Modell von z.B. DNSSEC (siehe Abschnitt 5.5 in [17]).

Notarisierung der Nachrichten

3. Die Daten werden auf dem Übertragungsweg verschlüsselt. Dies bedingt einen Schlüsselaustausch zwischen den beiden Beteiligten, die die Daten übermitteln. Ein übliches Verfahren ist die *Transport Layer Security* (TLS). Werden auf dem Übertragungsweg mehrere unterschiedliche Netzwerkkomponenten benötigt, muss jedes dieser Komponenten die Daten zunächst entschlüsseln und dann – zum nächsten Hop – wieder verschlüsseln. Die Daten liegen somit bei den involvierten Netzwerkkomponenten in Klartext vor. Es muss also dieser Netzwerkkomponente vertraut werden, dass diese keine Datenmanipulation vornimmt.

Transport-verschlüsselung der Datagramme

Bei IoT-Devices müssen die Verschlüsselungsalgorithmen leichtfüßig sein und zudem von allen Kommunikationsendstellen verstanden werden. Hierfür wurde eine CoAP-Erweiterung geschaffen, die als *Object Security for Constrained RESTful Environment* (*OSCORE*) im Weiteren besprochen werden wird.

OSCORE

Um diese Problematik näher zu verstehen, benötigen wir zunächst einen Überblick, wie CoAP funktioniert und wie IoT-Systeme mit der Außenwelt kommunizieren.

12.2.1 Das Arbeitsmodell von CoAP

CoAP ist ein sog. *Constrained Application Protocol* (vgl. Abschnitt 17.4 in [17]), das an das HTTP-Protokoll angelehnt ist [RFC 7252] und einen 'RESTful' Web-Service[6] darstellt.

In diesem typischen Fall [Abb. 12.2-1] bilden die IoT-Devices ein *Constrained Network* und sind per IPv6 über WiFi (IEEE 802.15) mit dem Homerouter verbunden, von dem sie auch ihre IPv6-Adresse per SLAAC[7] beziehen. Der Anwender kann z.B. mittels eines Smartphones und einer geeigneten App auf die per IoT-Devices gesteuerten Geräte zugreifen und deren Zustand abfragen.

Beispiele für IoT-Nutzung

- Abfrage der aktuell produzierten Strommenge der Photovoltaikanlage (PV).
- Herunterlassen der elektrischen Rollläden bei Einbruch der Dunkelheit.
- Abfrage der Raumtemperatur in allen Räumen (per Multicast).

[6]REST: *Representational State Transfer*

[7]SLAAC: Stateless Address Autoconfiguration bei IPv6 (siehe Kapitel 9 in [17].

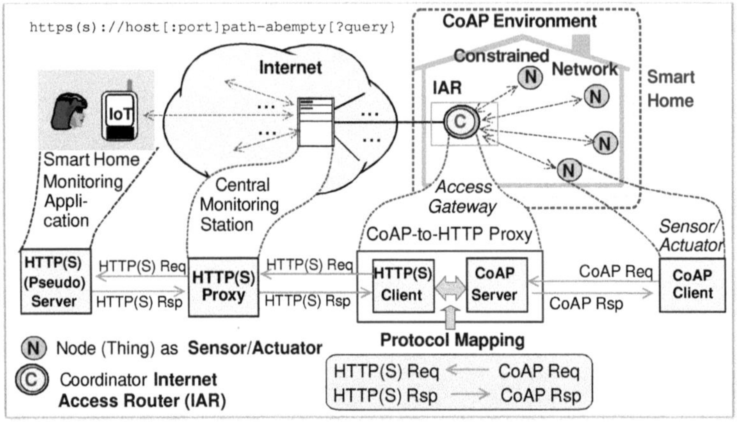

Abb. 12.2-1: CoAP-Arbeitsmodell mit URIs und einem CoAP/HTTP-Proxy [RFC 8075] zum Mapping der HTTP(S) ↔ CoAP-Nachrichten in das Heimnetzwerk

- Absenken oder Anheben der Raumtemperaturen per Heizungssteuerung.

Proxy mit HTTP(S) ↔ CoAP

Hierbei muss der CoAP-to-HTTP-Proxy so konfiguriert sein, dass für die Internet-Kommunikation das HTTPS-Protokoll zur Datenverschlüsselung benutzt wird und im Heimnetzwerk das unverschlüsselte CoAP. Hierzu sei bemerkt, das RFC 8075 diesen Fall nicht explizit vorsieht, sondern nur das HTTP/CoAP-Mapping beschreibt. HTTP in der Version HTTP/1.1 und HTTP/2 unterscheiden sich allerdings bis auf die TLS-Verschlüsselung und einige Header nicht grundsätzlich voneinander, sodass diese HTTP-Versionen ohne Abstriche möglich sind. Tatsächlich könnte hierzu auch HTTP/3 genutzt werden, das auf QUIC (siehe Abschnitt 4.8 in [17]) aufsetzt. In allen Fällen wird der CoAP-Nachrichteninhalt nicht angetastet.

WPA2/3 im Constrained Network

Hierbei kann je nach Bauart des SoC das WPA2/3-Protokoll (WiFi Protected Access 2/3; siehe Abschnitt 13.3 in [17]) eingesetzt werden, was wiederum eine Verschlüsselung auf der Netzwerkschicht ermöglicht. Bei dem in Abb. 12.1-1 vorgestellten ESP32 SoC ist diese Betriebsart möglich, bei einfacheren Mikrocontrollern häufig allerdings nicht.

Wie aus Abb. 12.2-2 ersichtlich ist, kann CoAP im Prinzip auf die Nutzung von UDP/IP verzichten und die Nachricht direkt auf der Datenlink-Schicht in dem genutzten Netzwerkprotokoll unterbringen. Neben dem *ZigBee*-Protokoll (IEEE 802.15.4) gilt es, *DASH7* und *Z-Wave* dabei zu berücksichtigen[8].

Observer-Pattern

Das Arbeitsmodell von CoAP entspricht dem Prinzip eines *Observer-Patterns* im Software-Engineering:

- Der *Observer* (hier der CoAP-Client) muss sich beim CoAP-Server registrieren und
- kann sodann Daten (GET Request) über die *Ressource* abfragen.

Neben dieser Betriebsart ist es jedoch erforderlich, dass die CoAP-Server gelegentlich konfiguriert und evtl. mit einer neuen Software ausgestattet werden müssen. Um Letzteres zu realisieren, verfügt CoAP über den *Block-Modus* [RFC 7252]. Diese POST-Operation ist deutlich kritischer und verlangt nach einem abgesicherten Verfahren und dessen Autorisierung, was mittlerweile als *Software Update für das IoT* (*SUIT*) vorliegt. Diese Anforderungen und ihre Lösungen wollen wir uns in den kommenden Abschnitten anschauen. SUIT

CoAP-Nachrichtentypen und -Nachrichtenformate

Entsprechend dem HTTP-Nachrichtenaustausch kennt CoAP auf der Anwendungsschicht (dem REST-Interface, siehe Abb. 12.2-2) zwei Nachrichtenformate und vier als Methoden bezeichnete Nachrichtentypen [Tab. 12.2-2]:

Methode	Code	Bedeutung, Funktion
GET	0.01	Abruf des mit URI angegebenen Objekts
POST	0.02	Übermittlung von Daten an ein Objekt
PUT	0.03	Erzeugen oder Update eines Objekts
DELETE	0.04	Löschen eines mit URI angegebenen Objekts

Tab. 12.2-1: CoAP-Request-Methoden und deren Bedeutung/Funktion

- Ein CoAP Request wird vom CoAP-Client zum Server übertragen und beinhaltet eine Request-Nachricht mit einer der Methoden GET, PUT, POST und DELETE [Tab. 12.2-1] sowie einer Message-ID und weiteren Optionen, über die eine Ressource im Heimnetzwerk – dem *Constrained Network* – angesprochen werden kann. CoAP Request
  Üblicherweise geschieht dies indirekt über ein *HTTP-to-CoAP-Mapping* [Abb. 12.2-1] mittels eines Proxys, der die Nachrichten (als CoAP-Client) zum und vom Sensor/Aktuator weiterleitet.
- Eine CoAP Response als ACK- bzw. NON-Nachricht, die sich auf (den *serialisierten*) Request bezieht und die Antwort des CoAP-Servers. CoAP Response
  Auf dem IoT-Device ist der Sensor/Aktuator über den CoAP-Server (als Applikation) verbunden und kann hierüber ausgelesen bzw. angesprochen werden[9].

Methode	Code	Bedeutung
CON (Confirm)	0	Request ist zu bestätigen (unter Timer-Kontrolle)
NON (None-Confirm)	1	Antwort auf den Request braucht nicht bestätigt zu werden
ACK (Acknowledge)	2	Response Nachricht auf Request
RST (Reset)	3	CON Request kann nicht bestätigt werden

Tab. 12.2-2: CoAP Response-Methoden/Nachrichtentypen und deren Bedeutung

CoAP kennt für die Requests *Unicasts* und *Multicasts*, wobei bei Letzterem von der IPv6-Multicast-Adresse FF0X::FD Gebrauch gemacht wird. Hierbei steht X für den Scope der IPv6-Adresse. Bei IPv4 wird von 224.0.1.187 Gebrauch gemacht. Für CoAP-Node-Adressierung

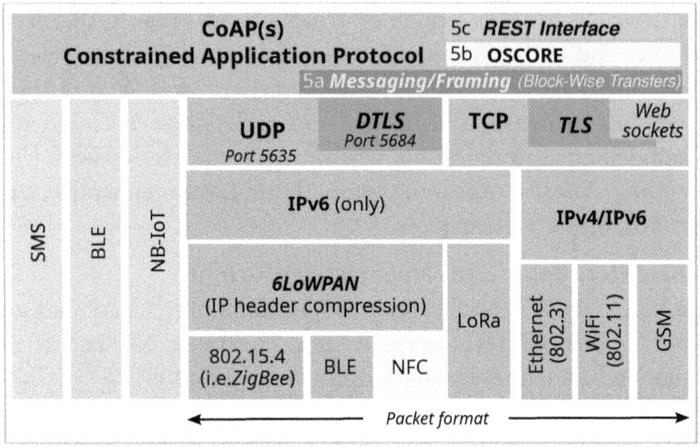

Abb. 12.2-2: CoAP auf unterschiedlichen Kommunikationsprotokollen

BLE: Bluetooth Low Energy, GSM: Global System for Mobile Communications, LoRa: Long Range, NB-IoT: Narrowband IoT, NFC: Near Field Communication, OSCORE: Object Security for Constrained RESTful Environments, SMS: Short Message Service, DTLS Datagram TLS, TLS: Transport Layer Security

CoAP ist der UDP-Port 5635 und unter Einsatz von DTLS der Port 5684 vorgesehen [Abb. 12.2-2].

Aufbau der CoAP-Nachrichten

Abb. 12.2-3 zeigt den Aufbau von CoAP-Nachrichten mit den beiden Typen CoAP `Request` und CoAP `Response`. Hierbei ist zu bemerken, dass nach Angabe des Header die einzelnen Nachrichtenteile auf äquivalente HTTP-Header abgebildet werden können, wie dies auch schon in Abb. 12.2-1 dargestellt wurde.

Steuerungsoptionen in CoAP-Nachrichten

Zur genaueren Steuerung von Antworten/Aktionen, die der CoAP-Server über seine Sensoren/Aktuatoren ermitteln bzw. vornehmen soll, kann die CoAP-Nachricht eine Menge von Optionen beinhalten [Tab. 12.2-3].

Aus Abb. 12.2-3 ist ersichtlich, dass diejenigen CoAP-Optionen, die Adressierung betreffen, öffentlich sind, daher nicht als besonders schutzwürdig gesehen werden. Will man dies trotzdem erzielen, muss DTLS oder TLS (über TCP) genutzt werden.

[8] siehe Links in den Schlussbemerkungen

[9] Aus Abb. 12.1-4 kann entnommen werden, dass beim RIOT-OS hierfür die Komponenten *Network* sowie *Driver* und *Peripherals* genutzt werden.

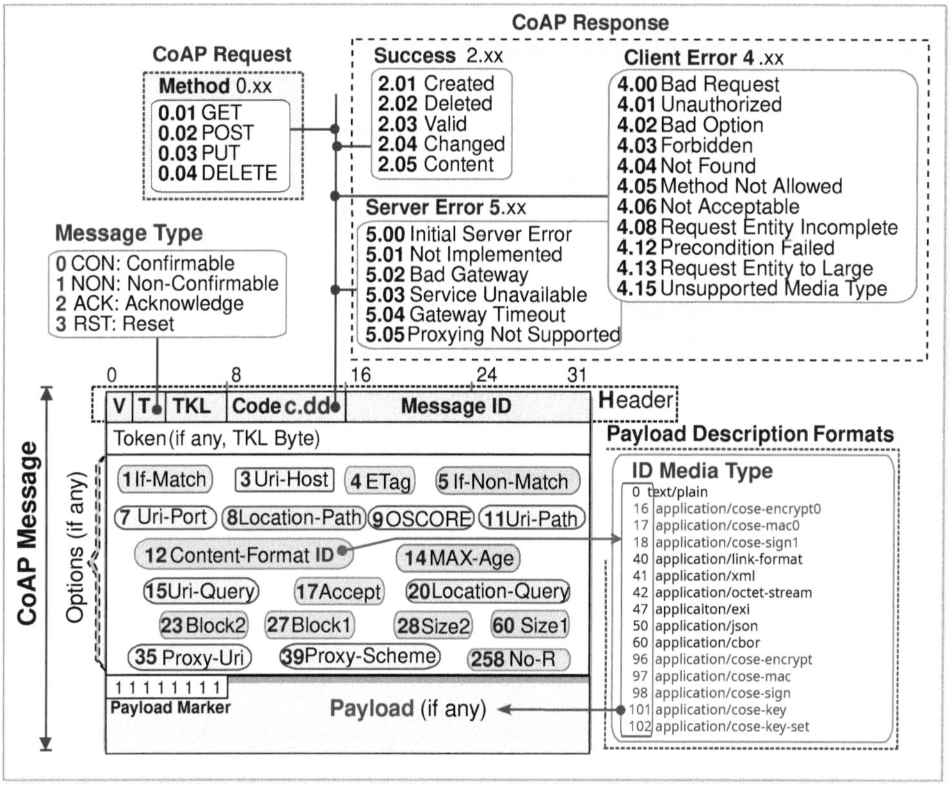

Abb. 12.2-3: Aufbau von CoAP-Nachrichten mit Header und einigen Option-Feldern. Solche mit dunklem Hintergrund können OSCORE verschlüsselt werden.
No-R: No-Response, TKL: Token Length, URI: Universal Resource Indicator, V: Version

CoAP Nachrichten-Payload

Der Payload-Teil in der CoAP-Nachricht beinhaltet beim Response den zu übermittelnden Nutzinhalt. Wie Abb. 12.2-3 zeigt, wird von folgenden Konventionen Gebrauch gemacht:

- Der Übergang zwischen Optionen und Payload wird durch den *Payload Marker* (mit Wert `0xff`) festgelegt.
- Der Payload wird im `Block1` oder `Block2` eingebettet, getrennt für Request und Response.
- Die Länge des Payload-Feldes wird über die Option `Size1` bzw. `Size2` (Request/Response) mitgeteilt [Tab. 12.2-3].
- Unterschiedliche Datenformate können per *Media Type ID* mitgeteilt werden. Neben einem Bytestrom, wie er z.B. für Firmware-Updates genutzt werden kann, wird bei CoAP eine an JSON (*JavaScript Object Notation*) angelehnte *Concise Binary Object Representation* (CBOR) [RFC 8949] eingesetzt. Diese Darstellungsart

Code	Option	Bedeutung
1*	`If-Match`	'Falls gleiches ETag' – enthält ETag zur Validierung eines Objekts im Cache
3	`Uri-Host`	adressspezifische Angabe des CoAP Origin Servers mit gewünschtem Objekt
4*	`ETag`	Eine Art Identifikation des Objektinhalts zwecks dessen Validierung
6*	`Observe`	Ermittlung und Beobachtungen von Ressourcen [RFC 7641]
5*	`If-None-Match`	'Falls nicht gleiches ETag' – enthält ETag zur Objekt-Validierung im Cache
7	`URI-Port`	Angabe des Ports des gewünschten Objekts
8*	`Location-Path`	Ist in Response auf POST (2.1 Created) enthalten und gibt die Lokation des neu erzeugten Objekts an
9	`OSCORE`	Object Security for Constrained RESTful Environments [RFC 7252]
11*	`Uri-Path`	Angabe des Pfads zum gewünschten Objekt
12*	`Content-Format`	Format von Payload in CoAP Message
14*	`Max-Age`	Wie lange ist ein empfangenes Objekt im Cache aktuell/gültig? (Default 60s)
15*	`Uri-Query`	Name und Format des gewünschten Objekts
17*	`Accept`	Angabe der vom Client akzeptierten Formate
20*	`Location Query`	Enthalten in Response 2.01 Created, Name und und gibt das Format des neu erzeugten Objekts an
23*	`Block2`	Payload der Response-Nachricht
27*	`Block1`	Payload der Request-Nachricht
28*	`Size2`	Angabe maximaler Größe des Block 2 in CoAP Response-Nachrichten
35	`Proxy-Uri`	Identifikation eines Proxy mit Cache
39	`Proxy-Scheme`	Nähere Spezifikation von Proxy-Uri
60*	`Size1`	Angabe maximaler Payload-Größe in CoAP Request-Nachrichten (`Block1`)
258*	`NO-Response`	Client ist nicht an Responses von CoAP-Server interessiert [RFC 7967]

Tab. 12.2-3: CoAP-Optionen; mit * gelistet: OSCORE Verschlüsselung möglich

verfolgt – im Gegensatz zum üblichen XML-Format[10] – hier das Ziel, sowohl eine kompakte als auch eine einfach zu parsende Datenstruktur zu beschreiben. Wie im Anschluss gezeigt, kann der CBOR-Payload speziell verschlüsselt und signiert werden.

Block-Wise Transfer bei der Nachrichtenübertragung

Eine besondere Herausforderung für CoAP ist die Übertragung großer Nachrichten. Unter 'groß' wird hierbei eine Anzahl von Nutzbyte bezeichnet, die nicht in einem einzigen Datagramm zu übertragen ist [Tab. 12.2-4].

Da CoAP aber auf unterschiedlichen Medien genutzt werden kann (siehe Abb. 12.2-2 und ebenso Abb. 12.1-3), wird ein unabhängiger Mechanismus benötigt, der auf allen diesen Transportkanälen genutzt werden kann: *Block-Wise Transfer.*

Im IPv6-Fall wird in der Regel von *Header-Compression* [RFC 6282] ausgegangen, sodass (unter Verzicht auf die Extension-Header) die nutzbare MTU-Größe für den Payload erweitert wird. Zudem sieht IPv6 vor, dass MAC-Frames bis zu einer Größe von 1280 Byte nicht fragmentiert werden dürfen.

Der in RFC 7959 beschriebene *Block-Wise Transfer* erlaubt es nun,

[10] EXtended Markup Language; ein Dialekt von SGML, der *Standardized General Markup Language* [ISO 8879:1986], unter der auch HTML zu subsumieren ist.

Protokoll	Layer	max. MTU	Bemerkung
UDP/IPv4	4	450 Byte	UDP über IPv4
UDP/IPv6	4	1280 Byte	UDP über IPv6
TCP	4	64 KiByte	max. Windowsize; streaming Protokoll
ZigBee	2 + 5	127 Byte	
6LoWPAN	(2)	2048 Byte	RFC 6282 (IPv6 Header Compression), RFC 8931 (per Emulation)
Bluetooth LE	(-)	27 byte	RFC 7668 (Link-layer Fragmentation and Reassembly Solution zur Unter- stützung von bis zu 1280 Byte)

Tab. 12.2-4: Vergleich der unterschiedlichen Maximum Transfer Unit (MTU) und Framesize bei den Transportprotokollen

- größere Datenmengen durch Blockbildung und initiale Fragmentierung auf die Framegröße zu übertragen,
- wobei die einzelnen Blöcke enummeriert und einzeln acknowledged bzw. wiederholt werden können, und
- mittels der `Block1`- und `Block2`-Optionen eine Steuerung in beide Richtungen (also Request: Client → Server und Response: Server → Client) mit den Flags '`M`' (*More*) und dem drei-Bit-igen `SZX` (*Size Exponent*) zusätzlich zu den Blocknummern vorgenommen werden kann.

Wir beachten, dass speziell der CoAP Request `PUT` dazu geeignet ist, Parameterdaten zur Konfiguration vom Client auf den Server zu übertragen bzw. das Device neu zu 'flashen', und daher vor Manipulation durch Dritte zu schützen ist.

12.2.2 Transportverschlüsselung bei CoAP mit DTLS

DTLS ist die TLS-Implementierung auf Grundlage des verbindungslosen UDP-Nachrichtentransfers (*Datagram TLS*). Mit der Version DTLS 1.3 [RFC 9147] kommt nicht nur der neue – bei TLS 1.3 [RFC 8446] verbesserte – Schlüsselaustausch zum Tragen, sondern es werden auch ergänzende Erweiterungen wirksam, die in Netzwerken notwendig sind, wo insbesondere NAPT (*Network Address and Port Translation*) mit wechselnden Portnummern und IP-Adressen (für IPv4) vorgenommen werden [RFC 9146]

Gleichzeitig besitzt DTLS 1.3 die gleiche Infrastrukturgrundlage, die auf den X.509-Zertifikaten basiert – mit allen Vorteilen aber auch Nachteilen, die sich hieraus ergeben.

Das übliche Arbeitsmodell von CoAP sieht eine hybride Nutzung der TLS-Verschlüsselung vor:

1. Für die Internet-Kommunikation wird das Web-Protokoll HTTP bzw. HTTPS (also HTTP über TLS) genutzt, das zwischen Clients (z.B. in Form einer Smartphone-App) und dem *Internet-Access Router* im Smart Home dient. Hierfür wird das das HTTP/CoAP-Mapping eingesetzt [Abb. 12.2-4a].

2. Innerhalb des Constrained Networks (also im Smart Home) wird DTLS zur Verschlüsselung des Datentransports einsetzt werden (vgl. Abb. 12.2-4b).

Eine dritte Arbeitsweise ist in Abb. 12.2-4b dargestellt:

3. Der Client auf z.B. dem Smartphone nutzt über seine App ebenfalls das DTLS-Protokoll.

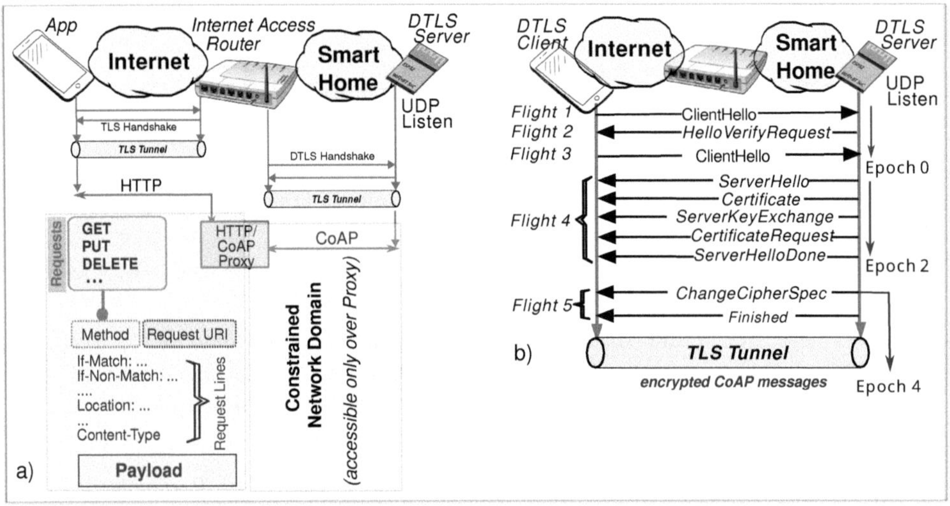

Abb. 12.2-4: Einsatz von HTTP(S) und CoAP über DTLS a) über einen Internet Access Router als Proxy, b) über das Internet mit einer DTLS-befähigten IoT-Applikation, die direkt CoAP 'spricht'

Das Kommunikationsmodell von DTLS basiert auf zwei Schichten:

Handshake

- Bei Verbindungsaufbau wirksam ist das Handshake-Protokoll, das für den Schlüsselaustausch, die Zertifikatsübermittlung und -verifikation maßgeblich ist, sowie im Anschluss hieran die Daten verschlüsselt.

Flights

- Alle diese Funktionen finden über eine eigenständige Implementierung eines Transportprotokolls statt. Hierin werden die Dienste *Enummerierung* der Datenpakete (*Flights*), *Retransmission* und Verlusterkennung von Datenpaketen samt Wiederanlauf, Datenfragmentierung sowie der *Heartbeat* und die Vergabe einer *Connection ID* vorgenommen.

Der DTLS-Transportdienst

Der Transportdienst von DTLS emuliert somit über das verbindungslose UDP einen weitgehend zuverlässigen – und durch die Verschlüsselung – sicheren Datentransfer zwischen zwei Endpunkten. Hierbei wird bei DTLS in der Version 1.3 von folgenden Protokollelementen Gebrauch gemacht:

Sequenznummern

- Beginnend mit dem Verbindungsaufbau von *Client* → *Server* erhält jedes Datenpaket eine *Sequenznummer* (siehe Abb. 12.2-5a und Abb. 12.2-5c), die auf beiden Seiten eigenständig geführt und mit dem Wert 0 beginnend hochgezählt wird.

DTLS-Epochen

- Die Verbindungsaufnahme geschieht naturgemäß zunächst unverschlüsselt und wird nach der Meldung `ChangeCipherSpec` verschlüsselt fortgesetzt. DTLS versteht diese zeitlichen Abschnitte als *Epochen* [Abb. 12.2-5] und verknüpft sie mit dem Zustand der Verschlüsselung:
  - ▷ `Epoche(0)` ist der unverschlüsselte Abschnitt und beinhaltet die Nachrichten `ClientHello`, `ServerHello` und `HelloRetryRequest`.
  - ▷ `Epoche(1)` betrifft Nachrichten, die (falls mitgeteilt) mit dem `client_early_traffic_secret` [Abb. 12.2-7] verschlüsselt sind.
  - ▷ `Epoche(2)` beinhaltet Pakete, die per `handshake_traffic_secret` [Abb. 12.2-7] verschlüsselt wurden. Dies sind im Besonderen Nachrichtenblöcke, die die X.509-Zertifikate enthalten und mit denen der Status und deren Überprüfung mitgeteilt werden, wie z.B. `CertificateVerify` und `Finish`.
  - ▷ `Epoche(3)` bezieht sich auf Kontrollnachrichten, die mittels des `application_secret_0`-Schlüssels verarbeitet wurden und z.B. bei einem neuen Handshake zum Tragen kommen.
  - ▷ `Epochen(≥ 4)` beziehen sich auf alle Nachrichten, die mit dem `application_traffic_secret_N` (N > 0) verschlüsselt wurden (vgl. Abb 7.2-8 in [17]).

Cookie-Mechanismus

- Um sogenannte *Denial-of-Service-Attacken* zu erschweren, wird von einem *Cookie-Mechanismus* Gebrauch gemacht: Nach Empfang der Nachricht `ClientHello` (mit einem 'Null'-Cookie) erzeugt der Server ein eigenes Cookie mit dem Inhalt:

  `Cookie = HMAC(Nonce,Client-IP,Client-Parameter)`

  und versendet dieses in der Nachricht `HelloVerifyRequest`.
- Dieses Server-Cookie muss der Client in einer zweiten Nachricht `ClientHello` wiederholen. Nachdem der Server den Wert auf seine Korrektheit überprüft hat (wobei für die IP-Adresse des Clients eine öffentliche Information genutzt wird), kann dann der DTLS-Verbindungsaufbau fortgesetzt werden.

Heartbeat-Nachrichten

- Da UDP ein verbindungsloses Protokoll ist, muss die Erreichbarkeit des Partners gelegentlich überprüft werden, auch falls aktuell keine eigentliche Datenübertragung vorgenommen werden muss. Hierzu dienen *Heartbeat*-Nachrichten, die optional und periodisch zwischen den Partnern ausgetauscht werden können.

Überprüfung der Connection ID

- Bei der Übertragung von UDP-Paketen über eine komplexe Internet-Infrastruktur kann es vorkommen, dass mittels NAPT (*Network Address Port Translation*) nicht nur die Portnummern z.B. des Senders wechseln, sondern auch die IP-Adresse für die Endknoten im Transfernetz neu gebildet und an die Endknoten vergeben werden, was insbesondere bei IPv4 der Fall sein kann. Hiermit wird das mit der Client-IP versehene Cookie invalidiert, und beide Partner müssten eine neue DTLS-Verbindung mit einem erneuten Handshake durchführen.

  Bei DTLS 1.3 kann dies vermieden werden, indem zusätzlich auf jeder Seite eine `Connection ID (CID)` [Abb. 12.2-5a] für den jeweiligen Kommunikationspartner (Peer) geführt wird.

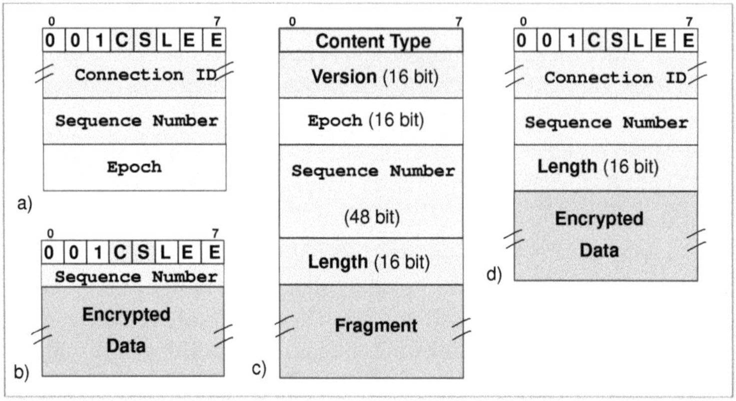

Abb. 12.2-5: DTLS Flight-Typen und ihre Header, a) genereller Aufbau des DTLS-Headers, b) minimaler Flight mit verschlüsselten Daten, c) Flight für unverschlüsselte Daten, d) DTLS-Flight mit Connection ID und verschlüsselten Daten

Header Bits: C: Connection ID angegeben (1), L: Länge mitgeteilt (1),
E: Epoche (beide niedrigwertigsten Bit), S: Sequenznummer ist 8 Bit (0) oder 16 Bit (1)

Use Cases für Connection ID

- Diese Connection ID erfüllt nun zwei Anwendungsfälle:
  1. Die jeweilige Connection ID wird genutzt, um die Werte für die *Security Association* (SA) zu hinterlegen und bei Bedarf anzuwenden.
  2. Im Gegensatz zum oben genannten Cookie wird die Connection ID zur Berechnung des MAC des DTLS Flights hinzugezogen und schützt damit als weitere Entropie-Quelle die Daten selbst. Dies gilt sowohl für Standard-Blockchiffren wie z.B beim *Advanced Encryption Standard* (AES), aber auch für Protokolle, die nach dem AEAD-Verfahren (*Authenticated Encryption with Additional Data*) arbeiten, worunter z.B. auch AES-GCM (*AES mit Galois Counter Mode*) einzuordnen ist.

Encrypt-then-MAC → MAC-then-Encrypt

- Bei DTLS 1.3 wird *Encrypt-then-MAC* angewandt; die Connection ID lässt sich aber auch für DTLS 1.2 nach dem Schema *MAC-then-Encrypt* erfolgreich einsetzen.
- Der Wert der `Connection ID` wird im jeweiligen Header einer DTLS-Nachricht mitgegeben und kann auch bei Bedarf neu verhandelt werden. Entsprechend RFC 9146 kann die Option `Connection ID` auch für DTLS 1.2 nachgerüstet werden, allerdings unter Verzicht auf eine mögliche Nachverhandlung, da DTLS 1.2 keine verschlüsselten Protokollnachrichten vorsieht.

Die besprochenen Maßnahmen sind teilweise Protokollerweiterungen, in dem neue Nachrichtentypen (wie der *Heartbeat*) eingeführt wurden; zum größten Teil werden die Parameter im DTLS-Header untergebracht (`Sequenznummer`, `Epoche`, `Connection ID`), wie dies in Abb. 12.2-5 dargestellt ist.

CoAP-Nachricht→ DTLS-Flight→ UDP-Datagramm→ IP-Paket

Wie ersichtlich, konterkariert der Einsatz von DTLS die Einfachheit des Protokollaufbaus von CoAP, muss doch das SoC nun Zustandstabellen für die DTLS-Verbindungen erstellen und pflegen. Besonders komplexe Anwendungsfälle ergeben sich, wenn CoAP mit DTLS nicht nur auf dem IoT-Device im Smart Home als

Server vorliegt, sondern nun von einem CoAP-Client angesprochen werden soll, der sich außerhalb befindet, z.B. in einem fremden WLAN [Abb. 12.2-6]. Wird hierbei nur IPv4 angeboten, kann es passieren, dass die IP-Adressen in den IP-Paketen, aber auch ggf. die Portnummern per NAPT (*Network Address and Port Translation*) umgeschrieben werden. Aus diesem Grund ist der oben beschriebene Cookie-Mechanismus mit IP-Adressen nicht mehr einsetzbar, und es bedarf der *Connection ID*, die kryptographisch sowieso günstiger ist.

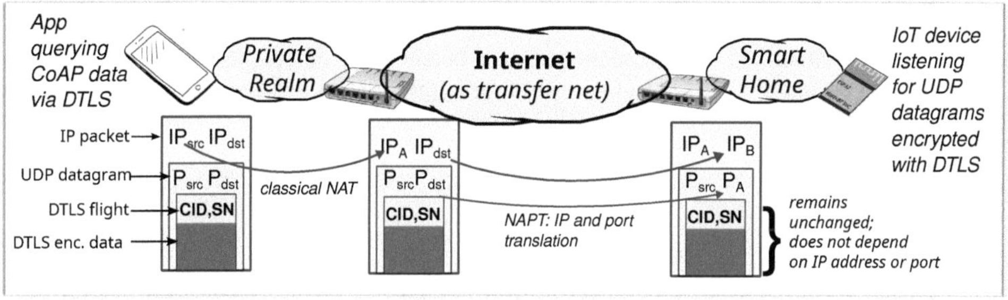

Abb. 12.2-6: DTLS-Verbindung über ein IP-Transfernetz vom Client zum Server mit Umschreibung der IP-Adressen und Portnummern per NAPT

CID: Connection ID, IP_{src}, IP Source, IP_{dst}: IP Destination

Das Umschreiben der IP-Adressen kann vermieden werden, falls die CoAP-Daten über ein VPN geroutet werden. Hierbei kann dann einerseits von IPSec statt DTLS Gebrauch gemacht werden; andererseits ließen sich hier sehr einfach IPv6 ULA-Adressen[11] einsetzen. Dem stehen einige Nachteile gegenüber: Virtual Private Network (VPN)

- Werden die DTLS-Flights über ein VPN übertragen, reduzierte sich erneut die Größe des möglichen (nicht fragmentierten) Payloads.
- IPSec (*IP Security*) gilt als schwieriger zu beherrschen als DTLS, trotz der oben beschriebenen Notwendigkeit für Anpassungen.

Der DTLS-Verschlüsselungsdienst

DTLS gibt es in den Varianten 1.2 [RFC 6347] und 1.3 [RFC 9147], die im Kern an die TLS-Versionen 1.2 und 1.3 (siehe RFC 8446) angelehnt sind. In allen Fällen müssen sich die TLS-Kommunikationspartner auf einen Satz von Kryptoprimitiven abstimmen, die sich entsprechend Tab. 12.2-5 auf vier Kernverfahren zurückführen lassen:

- Das Protokoll für den *Schlüsselaustausch* bzw. die *Schlüsselabstimmung* (*Handshake*). Hierbei wird die sog. asymmetrische oder Public/Private-Key-Kryptographie benötigt.
- Das Verfahren zur eigentlichen *Transportverschlüsselung* der Nutzdaten (*Encryption/Decryption*). Dies ist Gegenstand der symmetrischen Kryptographie, bei der von der Block- oder der Stromverschlüsslung (oder einer Kombination aus beiden) Gebrauch gemacht wird.

[11]ULA: *Unique Local Unicast Address*; dies ist der IPv6-Adressenbereich FC0::/7

- Ergänzende Mechanismen zur Sicherstellung der Datenintegrität (MAC: *Message Authenticate Code*). Dies kann durch zusätzliche Informationen (sog. *Hashsummen*) oder auch weitere Bits im verschlüsselten Datenstrom erfolgen (AEAD: *Authenticated Encryption with Additional Data*).
- Verfahren zur Bestimmung der Authentizität des Gegenübers, in der Regel nur des Servers. Dies geschieht mit *digitalen Signaturen*, die ebenfalls aus der *Public-Key-Kryptographie* hervorgegangen sind. Die Anwendung dieses Verfahrens ist allerdings optional.

Cipher Suite

Dieses 'Kleeblatt' wird als *Cipher Suite* bezeichnet, deren Nutzung und Eckwerte vom Protokoll vorgeschrieben wird und auf die sich die Partner verständigen müssen.

Verfahren	TLS/DTLS 1.2	TLS/DTLS 1.3
Schlüsseltausch	RSA, DHE, ECDH	ECDH (neu: CRYSTALS-Kyber)
Verschlüsselung	RC4, DES, AES	AES (GCM/CCM), ChaCha20
Nachrichtensicherung	MAC-then-Encrypt oder AEAD	Encrypt-then-MAC (AEAD)
	SHA-1, SHA-256, SHA-384	SHA-256, SHA-384, POLY1305
Authentisierung	RSA/DSA/ECDSA	RSA/EdDSA

Tab. 12.2-5: Vergleich der häufigsten kryptographischen Verfahren von TLS/DTLS in den Versionen 1.2. und 1.3

AEAD: Authenticated Encryption with Associated Data, AES: Advanced Encryption Standard, CBC: Cipher Block Chaining, CCM: Counter CBC Mode, DHE: Diffie-Hellman Ephemeral, DSA: Digital Signature Algorithm, ECDH: Elliptical Curve DH, EdDSA: Edwards Curve DSA, DES: Data Encryption Standard, GCM: Galois Counter Mode, MAC: Message Authentication Code, RC4: Rivest Cipher 4, SHA: Secure Hash

Neben den kryptographischen Routinen, die in Tab. 12.2-5 aufgelistet sind, spielt im jeweiligen Einsatz das kryptographische Material – sprich die erzeugten und verwendeten Schlüssel – die zentrale Rolle.

Anwendungsfälle für CoAP

Im Zusammenhang mit unserem CoAP-Anwendungsfall sind verschiedene Fragen zu stellen bzw. Probleme zu lösen:

1. Die benutzten kryptographischen Algorithmen müssen 'leichtgewichtig' sein. Auf rechenintensive Algorithmen soll möglichst verzichtet werden.
2. Algorithmen, die 'häufig' eingesetzt werden (wie die laufende Ver- und Entschlüsselung), müssen hierbei besonders effizient vorliegen und sind am besten in Hardware – also auf dem *System on a Chip* (SoC) – vorzunehmen.
3. Prinzipiell besitzt das SoC beim Start nur wenige Daten, die als 'Salz' zur Erzeugung der notwendigen Entropie der Schlüssel vorliegen. Es sind Mechanismen gesucht, die diesen Mangel möglichst ausgleichen.
4. Die Schlüssel selbst sollten möglichst 'kurz' sein, damit sie wenig Speicher in Anspruch nehmen.

DTLS-Schlüsselmaterial

Der TLS-Handshake stellt hierbei den rechentechnisch intensivsten Teil des Verfahrens dar. Abb. 12.2-7 zeigt die bei (D)TLS 1.3 vorgenommene Implementierung in seinen drei Stufen, über die im Prinzip auch das IoT-Device verfügen muss. Eckpunkte hierbei sind:

- Das kryptographische Ausgangsmaterial (oder im einfachsten Fall die '0').
- Die *Hash-based Key Derivation Function* (HKDF).
- Die sukzessiv erzeugten Hashwerte der `Hello`-Nachrichten im Handshake (der sog. *Transscript Hash* TSH).

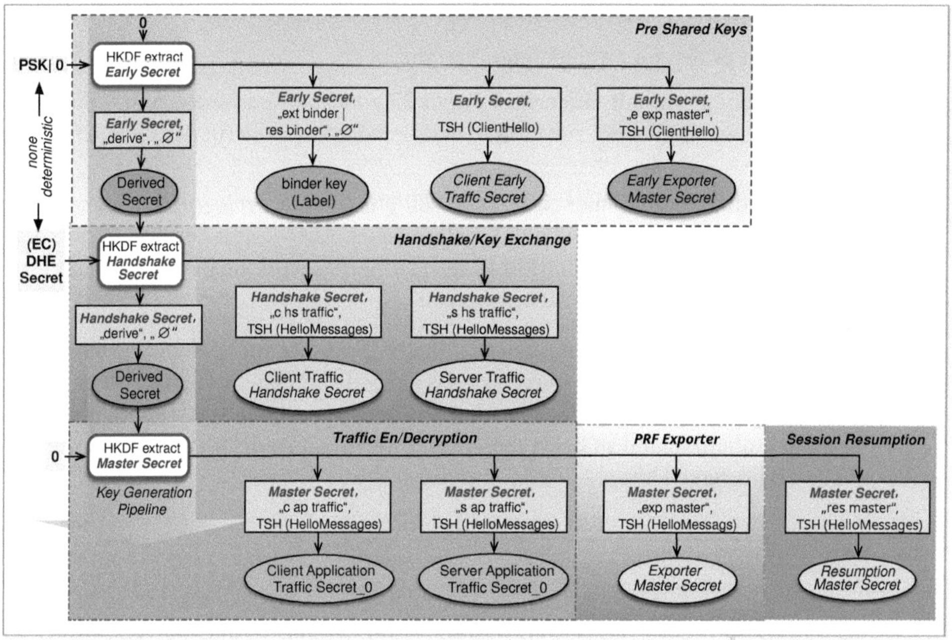

Abb. 12.2-7: Erzeugung des Schlüsselmaterials bei (D)TLS 1.3
PRF: Pseudo Random Function, TSH: Transscript Hash

Aus Abb. 12.2-7 lässt sich entnehmen, dass die Erzeugung der Schlüssel in drei Stufen vorgenommen wird, bei denen mehr und mehr Entropie angesammelt wird, um qualitativ hochwertige Schlüssel zu 'bauen'. Hierzu dienen auch Textfelder wie z.B. '`s ap traffic`', die als (ASCII) Konstanten zur Erzeugung der Hashwerte hinzugefügt werden.

(D)TLS lässt aber 'Abkürzungen' in diesem Verfahren zu, in dem auf vorhandenem Wissen aufgebaut und zudem die Anzahl der ausgetauschten Nachrichten reduziert wird:

PSK mit 0-RTT

- Prinzipiell ist es möglich, einen *pre-shared Key* zu hinterlegen. Damit entfällt der notwendige Handshake, und es kann unmittelbar in die Verschlüsselungsphase eingestiegen werden: Wir sprechen daher auch von einem *Zero Round Trip* (0-RTT)-Verfahren.

Resumption Key mit 1-RTT

- Die Partner haben sich aus einer früheren Sitzung die Schlüssel gemerkt (*Resumption Master Secret*) und benötigen nur noch eine kurze Verifizierungsrunde (*One Round Trip*), um hieran anzuknüpfen.

X.509-Zertifikate bei DTLS
Obwohl DTLS auf die Verifikation des Peers verzichten kann, sieht das Protokoll als Austausch zumindest das des X.509-Serverzertifikats vor: Nach dem Erhalt des hierin befindlichen public Keys des Servers kann (und muss) der Client hiermit eine Probenachricht an den Server 'verschlüsseln', auf die der Server mit der (mittels seines private Key) entschlüsselten Nachricht zurück antworten muss.

RSA vs. ECC

Hierbei gibt es derzeit zwei gängige Verfahren:

1. Das Zertifikat enthält einen *RSA Public Key* mit den Parametern *Modulus* (dem Produkt zweier großer Primzahlen) und dem Exponenten (in der Regel $2^{16} - 1 = 65537$).
2. Das Zertifikat wurde über einen ECC (*Elliptic Curve Cryptography*) Algorithmus erzeugt und dann als Punkt auf der elliptischen Kurve samt der Bezeichnung der Kurve selbst mitgeteilt. Der Punkt auf der Kurve wird als ganze Zahl mit einer typischen Länge von 255 Bit angegeben.

X.509 Client CA im Speicher

Das IoT-Device als Server muss dieses X.509-Zertifikat im Speicher besitzen. Wie auch beim Personalausweis muss die ausgegebene Stelle – die *Certificate Authority* (CA) – angegeben werden, und diese hat das Serverzertifikat (nach einem der beiden Verfahren oben) digital zu beglaubigen. Das Zertifikat ist der Client-Applikation im DTLS-Handshake [Abb. 12.2-4b] mitzuteilen.

Typ	**RSA** (2048)	**ECC** (prime256v1)
Serverzertifikat	1500 Byte	1090 Byte
Stammzertifikat	1380 Byte	960 Byte

Tab. 12.2-6: Größenvergleiche von typischen X.509-Zertifikaten mit 2048 Bit RSA und 256 Bit ECC Schlüsseln

Aus Tab. 12.2-6 kann entnommen werden, dass RSA-Zertifikate mit einer Stärke von 2048 Bit (und darüber) für den IoT-Einsatz wenig geeignet sind, da diese in mindesten zwei 'Flights' übertragen werden müssen. Bei den Serverzertifikaten beinhalten diese neben dem eigenen public Key die digitale Signatur des Erzeugers, den *Distinguished Name* beider sowie einige übliche *Subject Alternative Name* (SAN) Angaben wie den Hostnamen.

12.2.3 OSCORE für CoAP

Haben wir bislang IT-Security for CoAP auf Grundlage der Transportverschlüsselung mittels DTLS betrachtet, muss korrekterweise auch erwähnt werden, dass hiermit ein Bruch der Übertragungsverfahren einhergeht, wie dies aus Tab. 12.2-7 hervorgeht.

Unterstellt man zudem, dass CoAP für SoCs mit wenig Rechenleistung und kleinem Speicher konzipiert wurde, erscheint die Nutzung von DTLS wenig sinnvoll, und als Ergebnis wurde (wie aus Tab. 12.2-3 entnommen werden kann) bei CoAP die Option 9 '*Object Security for Constrained RESTful Environments*' (OSCORE) eingeführt, die auf den Einsatz von Public-Key-Kryptographie verzichtet und als Alternative für

Protokoll	Verbindungslos?	Zustandslos?	Bemerkungen
CoAP	√	√	Abfragen idempotent
DTLS	nein	nein	TLS Handshake notwendig
UDP	√	√	max. Paketgröße 64 KiByte
IP(v6)	√	√	Pakete < 1280 Byte bleiben ganz

Tab. 12.2-7: Eigenschaften der Kommunikationsprotokolle bei CoAP

CoAP/DTLS genutzt werden kann. Diesen Ansatz wollen wir uns im Folgenden näher anschauen.

OSCORE mit CBOR und COSE

OSCORE stellt einen eigenen Transportmodus für CoAP-Nachrichten bereit und stützt sich hierbei auf ein 'Kleeblatt' von Protokollen [Abb. 12.2-8], auf dessen 'Blätter' wir später in diesem Abschnitt im Detail eingehen werden.

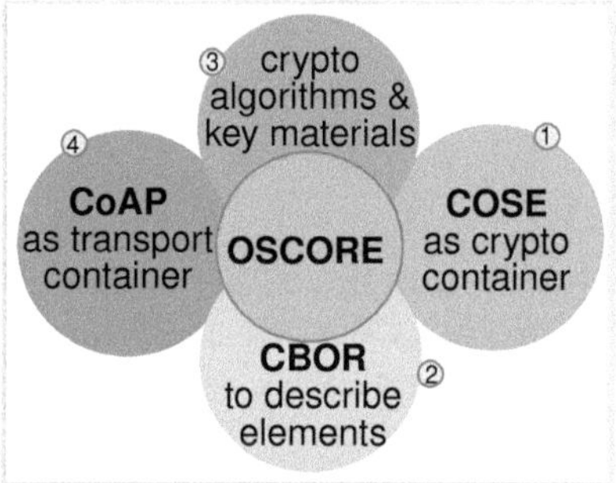

Abb. 12.2-8: Die vier Bestandteile des OSCORE-Protokolls von ① bis ④ unter Nutzung von COSE und CBOR für den verschlüsselten CoAP-Nachrichtentransport

- *Concise Binary Object Representation* [RFC 8949] dient hier als sog. tagged Format für die kompakte und binäre Repräsentierung von Datenelementen. Dies geschieht unter Berücksichtigung von (vorzeichenbehafteten) Integerwerten, Fließkommazahlen und Zeichenketten im UTF-8-Format, Byte-Feldern und anderen Datenobjekten. CBOR
- *CBOR Object Signing and Encryption* [RFC 9052] dient hierbei als kryptographischer Datencontainer insbesondere für das OSCORE-Protokoll, ist aber nicht hierauf beschränkt. COSE

Merkmale von OSCORE

Beide Protokolle wollen wir im Anschluss vorstellen. Was sind nun aber die kryptographischen Merkmale von OSCORE?

- OSCORE nutzt das symmetrische Verschlüsselungsverfahren AES-CCM im AEAD-Mode sowohl zum Ver- und Entschlüsseln als auch für die Authentisierung.
- Das Schlüsselmaterial wird mittels einer HKDF[12] als SHA-256 Hashwert konstruiert, wobei von *PreShared Keys* (PSK) ausgegangen wird.
- Die IoT-Devices erhalten eine Kennung (*Sender ID*, *Recipient ID*), die einmalig (im Constrained Network) sein muss und für den *Security Context* benötigt wird.

[12] HKDF: Hash-based Key Derivation Function [RFC 5869]

- Entsprechend Tab. 12.2-3 werden Teile des Payload in CoAP-Nachrichten geschützt, d.h. entweder verschlüsselt oder signiert: *CBOR Object Signing and Encryption* (COSE).
- OSCORE kann auch per HTTP angefordert bzw. genutzt werden.

OSCORE stellt somit eine Ende-zu-Ende-CoAP-Nachrichtenverschlüsselung unabhängig vom Transportprotokoll zu Verfügung. Es lässt sich sowohl über UDP als auch über TCP und bei UDP ergänzend zu DTLS einsetzen. Da die Verschlüsselung auf Applikationsniveau erfolgt, kann damit auch z.B. *CoAP-Caching* (wie auch bei HTTP) und *Proxy-Operationen* vollständig unterstützt werden, was bei DTLS-verschlüsselten Nachrichten nicht der Fall ist.

COSE: Verschlüsselter OSCORE-Datencontainer mit `COSE_Encrypt0`

↪ Abb. 12.2-8 ①
OSCORE nutzt zur Übertragung der verschlüsselten Daten COSE als kryptographischen Datencontainerdienst, der sowohl

- eine *Verschlüsselung* als auch
- eine *Signierung* der Nutzdaten ermöglicht.

Hierzu sind Datenstrukturen zu deklarieren, die dies effizient ermöglichen und einem zweistufigen Szenario folgen: Verhält sich CBOR für constrained Devices wie JSON (*JavaScript Object Notation*), so ist COSE mit JOSE (*JSON Object Signing and Encryption*) [RFC 7515] vergleichbar.

Gemeinsam gilt für JOSE als auch für COSE:

- Es wird eine Vielzahl von Datentypen und Verfahren sowohl für die Verschlüsselung als auch für die Signierung angeboten [RFC 9053].
- Hierzu zählen die symmetrischen Algorithmen für die Verschlüsselung,
- aber auch *Public-Key*-Verfahren für die Signierung, die von
- *Hashwert*-basierenden *Message Authentication Codes* (HMAC) Implementierungen ergänzt werden.

OSCORE Classes

Hiermit kann OSCORE zur Behandlung dreier unterschiedlicher 'Datenklassen' (*Classes*) eingesetzt werden:

- `Class E`: verschlüsselt und integritätsgesichert: Hiermit werden die Daten für die Übertragung zwischen zwei Endpunkten für evtl. Mitlauscher 'unsichtbar' gemacht.
- `Class I`: nur integritätsgesichert: Hiermit kann der Empfänger die Korrektheit der Daten nachvollziehen; diese sind aber auch für alle anderen Teilnehmer sichtbar und können z.B. zum Weiterleiten genutzt werden.
- `Class U`: nicht gesichert: Dies betrifft Daten, die im Klartext benötigt werden, wie z.B. Netzwerkadressen.

CBOR Tag	COSE-Typ	Datenobjekt	Semantik
98	cose-sign	`COSE_Sign`	signiertes Datenobjekt
18	cose-sign1	`COSE_Sign1`	signiertes Datenobjekt *eines* Senders
96	cose-encrypt	`COSE_Encrypt`	verschlüsseltes Datenobjekt
16	cose-encrypt0	`COSE_Encrypt0`	verschlüsseltes Datenobjekt für *einen* Empfänger
97	cose-mac	`COSE_Mac`	MACed Datenobjekt
17	cose-mac0	`COSE_Mac0`	MAC *ohne* Empfängerobjekt

Tab. 12.2-8: COSE Nachrichtenidentifierungscodes und ihre Bedeutung [RFC 9052]

COSE ist aber nicht hierauf beschränkt, sondern es sind unterschiedliche COSE-Typen deklariert, die durch einen CBOR-Tag identifiziert werden und für die eine Anzahl kryptographischer Aufgaben vorgesehen sind: COSE-Typen

Dem betreffenden Datenobjekt werden diese im *Header* vorangestellt. Beim Datenobjekt selbst wird die CBOR-Grammatik benutzt, die auf einem Key/Value-Schema aufbaut. Die Gesamtheit der COSE-Elemente ist bei der IANA unter der URL `https://www.iana.org/assignments/cose/cose.xhtml` zu finden. COSE unterstützt unterschiedliche kryptographische Mechanismen mit den zugeordneten Datentypen entsprechend Tab. 12.2-8.

Im Falle des Payload-Class `E` (*Encrypted*) wird bei OSCORE ausschließlich von `COSE_Encrypt0` Gebrauch gemacht [Abb. 12.2-9]. Durch die Einbettung einiger Header-Felder im COSE-Payload sind diese nun in der CoAP-Nachricht überflüssig geworden und können entfallen, was als *Header Compression* bezeichnet wird. OSCORE: `COSE_Encrypt0`

Bei den Signatur-Operationen werden die Fälle abgedeckt, dass entweder eine einzige Signatur vorliegt oder eben mehrere. Alternativ lässt sich die Integrität des Datenbestands mittels eines *Message Authentication Codes* (MAC) sichern. Dies kann unter Einschluss des Schlüssels des Empfängers – oder auch ohne – durchgeführt werden.

CBOR: Effiziente Codierung von Datenelementen

OSCORE ist somit mit den vorliegenden Datenstrukturen eng verbunden, da von CBOR Gebrauch gemacht wird. CBOR realisiert zugleich die *Serialisierung* der Daten als auch das notwendige *Mapping* der CoAP-Nachrichten auf die HTTP-Primitive (siehe Abb. 12.2-1) und nutzt eine Typ/Länge-Deklaration: ↪ Abb. 12.2-8 ②

Major Type	Additional Info oder Länge	Data
3 Bit	5 Bit	n Byte

Tab. 12.2-9: Aufbau des 8 Bit CBOR Datentyp-Headers

Es ist beachten, dass der Datentyp nur mit 3 Bit angegeben wird, während 5 Bit für die Länge der folgenden Information zur Verfügung stehen [Tab. 12.2-9]. Tab. 12.2-

Datentyp	Major Type	Beispiel-Encodierung/Minor Typen
Unsigned Integer	0x00	24 → 0x1818
Negative Integer	0x01	-1 → 0x20
Bytestring	0x02	0x01020304 → 0x4401020304
Textstring	0x03	"Hello World" → 0x6b48656c6c6c205764725c64
Feld	0x04	
Map	0x05	
Tag	0x06	
Simple/ Fließkommazahl	0x07	0x14 (false), 0x15 (true), 0x16 (null/nil), 0x1a (IEEE 745 32 Bit), 0x1b (IEEE 754 64 Bit)

Tab. 12.2-10: CBOR Datentypen mit ihrem Major Typ, einigen Minor Typen und einigen Bespielen für die Encodierung. Das Beispiel "Hello World" kann mittels dieser Tabelle und Tab. 1.1-1 nachvollzogen werden.

10 zeigt einige Beispiele für CBOR-Datentypen und ihre Umsetzung (vgl. auch RFC 8610 *Concise Data Definition Language* (CDDL)).

Kryptographische Verfahren: Verschlüsselung mit OSCORE

↪ Abb. 12.2-8 ③

Die Default-Verschlüsselung, die jedes IoT-Device mit CoAP/OSCORE-Implementierung beherrschen muss, ist

`AES-CCM-16-64-128 (10)`

AES-CCM Verfahren

Hierbei stehen die einzelnen Abschnitte für folgende Protokollelemente:

- AES ist die Blockverschlüsselung nach dem bekannten AES-Verfahren, hier mit 128 Bit Schlüssellänge.
- CCM ist der in RFC 3610 beschriebene sog. *Counter* (also Zähler) Mode mit CBC-MAC[13], der sowohl eine Ver-/Entschlüsselung der Nachricht oder deren Authentisierung oder aber beides ermöglicht.
- Der Wert '16' steht hier für die Anzahl der Bits, auf die gemeinsam der Integritätscheck vorgenommen wird, wobei sich
- der Wert '64' auf die Anzahl konsekutiver Bits bezieht, die der Authentisierung entworfen werden.
- Die '10' in Klammern bezeichnet dessen Verschlüsselungsalgorithmus im OSCORE-Protokoll.

IV und AAD

Neben dem 128 Bit langen AES-Schlüssel kommt ein 13 Byte (104 Bit) *Initialisierungsvektor* (IV) zum Einsatz. Letzterer muss für jede Nachricht neu erzeugt werden und darf sich nicht wiederholen. Da es sich um ein AEAD-Verfahren handelt, werden zusätzlich '*Additional Authenticated Data*' (AAD) hinzugefügt. Deren Länge beträgt 21 Byte, und ihre Generierung sowie dessen Aufbau wird im Anschluss besprochen.

OSCORE lässt auch eine Vielzahl anderer Algorithmen (`alg`) zu, z.B.

- AES-GCM Mode mit 256 Bit Schlüssel und 128 Bit (`alg:3`)

[13]CBC-MAC: Cipher Block Chaining (Mode) mit einem Message Authentication Code, aber nicht identisch mit dem CCM

- ChaCha20/Poly1305 mit 256 Bit Schlüssel und 128 Bit (`alg:24`)

wobei jeweils in Klammern der Identifier für das entsprechende Protokoll genannt ist. Bei kleiner zu verschlüsselnder Datenmenge ist somit der Schlüssel praktisch genau solange wie die Payload selbst!

Unterschiedliche kryptographische Verfahren im Constrained Network: Context-ID

Common (Security) Context

Im Constrained Network kann es neben den IoT-Nodes mehrere *Observer* mit unterschiedlichen Security-Mechanismen geben. Um dies abbilden zu können, gilt es, einen gemeinsamen, aber jeweils disjunkten Kontext für alle Devices hierin zu definieren, der ergänzende Informationen umfasst:

- Eine Abstimmung über die kryptographischen Algorithmen bezüglich der angewandten Verschlüsselungsmethode und der HKDF-Funktion.
- Das *Master Secret* und das *Master Salt.*
- Eine *Context-ID*, die es ermöglicht, dass IoT-Devices (als CoAP-Server) unterschiedliche Clients bedienen können, falls erwünscht (logische Abfragegruppe).
- Der gemeinsame *Initialisierungsvektor* IV, der aus den obigen Angaben und dem Algorithmus-Identifier gebildet wird.

Diese Parameter sind *immutable*, insbesondere müssen sie über den Neustart eines Gerätes im Netzwerk erhalten bleiben, sind also im *non-volatilen Speicher* abzulegen.

Sender Context

Der Sender-Kontext umfasst mehrere Angaben:

- *Sender-ID*: Bytesequenz, die den Sender im aktuellen Kontext beschreibt und für die ephemeralen AEAD-Komponenten gebraucht wird.
- *Sender-Key*: Dient zum Authentisieren der Nachrichten und wird aus der Sender-ID und der gemeinsamen Context-ID gebildet.
- *Sender Sequenznummer*: Wird monoton für Abfragen (und auch einige Antworten) hochgezählt und sollte über den Neustart eines Gerätes erhalten bleiben bzw. darauf wieder aufsetzen.

Recipient Context

Im Recipient-Kontext werden ergänzende Angaben untergebracht:

- *Recipient-ID*: Äquivalent zur Sender-ID, identifiziert aber nun den Recipient-Kontext.
- *Recipient-Key*: Dient zum Ver- und Entschlüsseln der Nachrichten.
- *Replay-Window*: Zeitfenster beim Server zur Bestätigung von Anfragen.

Auch hier gilt, dass die jeweiligen IDs und die Keys nach Bereitstellung unveränderlich bleiben. Sender-ID und Recipient-ID sollten eine Länge von 7 Byte nicht überschreiten, damit die CoAP-Nachricht, in denen diese untergebracht werden, nicht zu groß werden. In den meisten Fällen ist es hinreichend, für die IDs eine zwei Byte große Zahl anzugeben.

Statische Schlüssel: Erzeugung des Schlüsselmaterials

Der für das AES-Verfahren benötigte symmetrische Schlüssel ikm (mit 128 Bit Länge) muss im gesamten *Constrained Network* identisch vorhanden sein. Er wird auf jedem OSCORE-fähigen IoT-Device aus einem *Master Secret* und einem *Master Salt* begleitet und mittels der Funktion HKDF [RFC 5896] (zumindest) zweistufig erzeugt [Abb. 12.2-9].

Context-ID

Zuvor sind für das Constrained Network einige technische Angaben zum gemeinsamen Kontext (der '*Info*') bereitzustellen:

- Der zu verwendende Verschlüsselungsalgorithmus, charakterisiert durch seinen zugewiesenen numerischen Wert,
- die Länge des Nonce (als Ganzzahl),
- ggf. die *Context-ID.*

Mittels der optionalen Context-ID ist es möglich, im Netzwerk mehrere Kommunikationsgruppen zu erstellen, die gegeneinander geschützt sind. So kann z.B. eine Gruppe für die Heizungsregelung und eine andere für die Beleuchtung aufgesetzt werden. Unabhängig davon, ob eine Context-ID tatsächlich gesetzt wurde, gibt es für ein Constrained Network, das OSCORE einsetzt, immer eine *effektive* Context-ID *kid*, die für die Kommunikation der IoT-Devices Verwendung findet. Unter Nutzung des (gespeicherten) Master Secrets und Salts kann durch das Konzept der Context-ID ein *Bootstrapping* von Devices vorgenommen werden, die die ursprünglichen Werte z.B. infolge eines Reboots 'vergessen' haben.

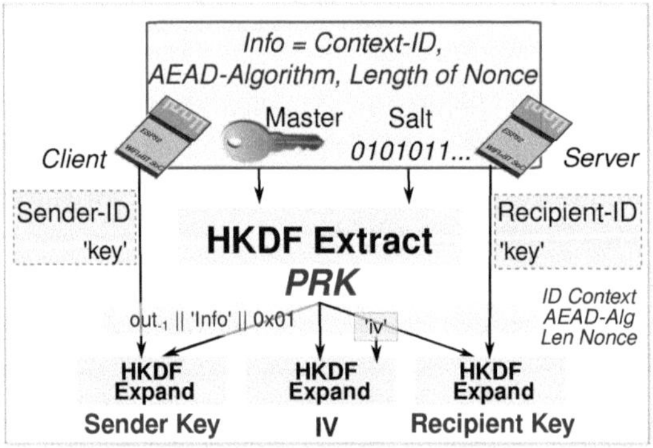

Abb. 12.2-9: Erzeugung des OSCORE-Schlüsselmaterials mittels der *Hash-based Key Derivation Function* (HKDF)

AEAD: Authenticated Encryption with Addditional Data, ID: Identifier, IV: Initialisation Vector, Len: Length, PRK: Pseudo Random Key

HKDF Extract

- *Erzeugung des Pseudo Random Keys (PRK)*:
  Aus den gemeinsamen Angaben und zwar aus dem *Master Key* und dem *Master Salt*, dem AES-Algorithmus, der Länge des Nonces[14] sowie der (falls vorhanden) Context-ID (das '*Info*'-Feld) wird für alle IoT-Devices einmal der PRK gebildet, der 256 Bit lang ist und über genügend Entropie verfügt.

- *Erzeugung der Schlüssel und des IV*: HKDF Expand
  - ▷ Jedes IoT-Device erhält eine *Sender-ID*, mit deren Hilfe – sowie ergänzt um die Zeichenkette "`key`", das 'Info'-Feld und um das Byte `0x01` – über den HKDF Expand-Modus der *Sender-Key* gebildet wird. Falls die erzielte Länge des Ausdrucks für 256 Byte nicht ausreicht, wird das Verfahren iterativ mit dem Vorgängerwert (PRK_{-1}) wiederholt und die berechneten Werte konkateniert.
  - ▷ Das gleiche Verfahren wird für den *Recipient-Key* mittels der *Recipient-ID* angewandt [Abb. 12.2-8] und zusätzlich
  - ▷ unter Auslassung der Device-Kennungen aber nun mit der Zeichenkette '`iv`' der gemeinsame *Initialisierungsvektor* erzeugt.

Ephemerales Schlüsselmaterial pro Nachricht: Das `Nonce` und die Additional Authenticated Data (`AAD`)

Ein kryptographisch wichtiges Element bei OSCORE ist die Anreicherung des Schlüsselmaterials mit einem *Authenticator*, der für jede Nachricht neu gebildet wird und somit als `Nonce` fungiert.

Um dies zu erreichen, werden weitere Informationen beim Sender genutzt:

- Im Sender-Kontext liegt die *Sequenznummer* vor, die als Zähler herangezogen wird. Dies wird hier als '*Partial IV*' (PIV) bezeichnet. Dieser wird durch Hinzufügen von '0' Bits von links auf eine Länge von 5 Byte gebracht. Partial IV
- Es liegt ferner die *Sender-ID* vor, ebenfalls mit '0' Bits von links aufgefüllt, sodass die resultierende Gesamtlänge dem *Salt* (aus Abb. 12.2-8) entspricht, aber noch Platz für ein Byte übrig bleibt, das die Länge der Sender-ID (in Byte) beinhaltet. Sender-ID

Bei dieser Konstruktion wurde davon ausgegangen, dass die Werte von *Sender-ID* und *Partial IV* in der Praxis klein sind und durch das *Padding* nun die benötigte Bitlänge erzeugt wird. Abschließend wird der nun vorliegende Wert mit dem im Constrained Network allen Endknoten bekannten `IV` über ein `XOR` verschränkt und somit zum aktuellen und einmaligen *Nonce* für genau diese Nachricht aufbereitet.

Um zu den notwendigen *Additional Authenticated Data* (AAD) zu gelangen, benötigen wir noch weitere Informationen, die aus dem *Security Context* abgeleitet und als *CBOR Object* beschrieben werden. Dies ist der sog. `external_AAD`, der folgende Werte umfasst: External AAD

- die OSCORE Version-ID (`1`),
- den numerischen Wert des verwendeten Algorithmus (z.B. `alg:10`),
- dem Request `kid` (Key-Identifier als Byte-Feld),
- dem Request `PIV` (Partial IV, Byte-Feld),
- den weiteren Optionen (falls gegeben als Byte-Feld).

Mittels der Literalen "`Encrypt0`" und der leeren Menge (`h''`) ergibt sich dann der finale `AAD`:

```
AAD = [ "Encrypt0", h'', external_AAD ]
```

[14]Nonce: oNly use once

Verschlüsselung und Integritätssicherung der Nachricht

Damit die CoAP-Nachricht verarbeitet werden kann, liegen nun neben dem *Plaintext* zusätzliche kryptographische Eingabedaten vor:

1. der gemeinsame (statische) Schlüssel ikm für die Ver- und Entschlüsselung (hier 128 Bit bzw. 16 Byte)
2. der Initialisierungsvektor IV von 13 Byte
3. die zusätzlichen 'Additional Authenticated Data' `AAD` mit 21 Byte

OSCORE-Verschlüsselung

Die sendende IoT-Station geht dann in folgenden Schritten vor:

1. Der *Sender-Context* für die OSCORE-Kommunikation wird entsprechend Abb. 12.2-8 bezogen.
2. Zusätzlich zu den unverschlüsselten Daten erfolgt die Bildung des einmaligen `AAD`.
3. Berechnung des *Partial IV* und Erhöhung der *Sequenznummer* um eins.
4. Es wird das `AEAD Nonce` abgeleitet, in das die Informationen *Sender ID*, *Common IV* und *Partial IV* einfließen.
5. Verschlüsselung des COSE-Objekts mit dem *Sender Key* (!) sowie dem *AEAD Nonce* und seine Verkürzung.
6. Erstellung der neuen OSCORE-Nachricht (vgl. Abb. 12.2-10) sowie Ergänzung der *OSCORE-Option* mit den notwendigen Werten.

Damit sind die wichtigen Dateninhalte sowohl verschlüsselt also auch gegen Verfälschungen durch Dritte gesichert. Das oben beschriebene Szenario geht von der Spiegelung der Sender-ID und der Recipient-ID aus, die somit gleich sind (siehe Abb. 12.2-8). Dies gilt dann auch für die hieraus abgeleiteten Schlüssel.

Das hier dargestellte Verfahren vollzieht sich in der Praxis noch mit mehreren Modifikationen, die vom zu übertragenden Datenmaterial und den Optionen abhängig sind. Hier wurden nur die Grundzüge beschrieben. RFC 8613 beschreibt diese Szenarien im Detail. Selbstverständlich wird auch die Entschlüsselung der OSCORE-Nachricht beschrieben, die im Prinzip reziprok abläuft, sich aber bei den verschiedenen Szenarien unterscheidet.

Dieser Mechanismus ermöglicht auch die Abbildung der OSCORE-Nachricht von und zu HTTP sowie weiteren Sicherheitsvorkehrungen wie z.B. die Feststellung der *Client-Aliveness* und anderer.

Kryptographische Daten in der OSCORE-Nachrichteneinheit

↪ Abb. 12.2-8 ④

Die OSCORE-Nachrichteneinheit kann als Spezialfall einer allgemeinen CoAP-Nachricht [Abb. 12.2-10] angesehen werden, womit zwei Zwecke verfolgt werden:

1. Die OSCORE-Nachricht kann im Constrained Network wie üblich übertragen werden. Alle notwendigen Steuerungs- und Adressinformation liegen im Klartext vor.
2. Das sendende IoT-Device verkapselt und verschlüsselt die eigentliche Nachricht im OSCORE-Payload. Dies betrifft sowohl die *Options* als auch den evtl. zu übertragenden Klartext-Payload.

Abb. 12.2-10 zeigt die verschlüsselte Verkapselung einer CoAP-Nachricht im OSCORE-Format [RFC 8613] anhand eines Beispiels als `COSE_Encrypt0`-Datenobjekt.

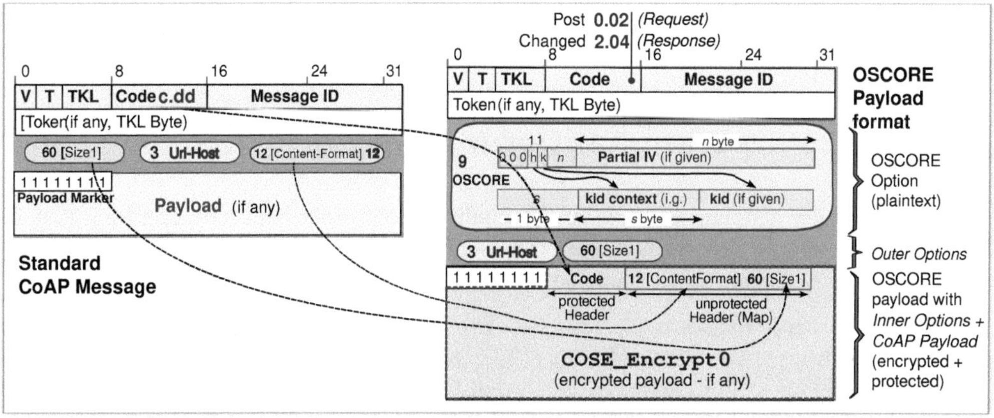

Abb. 12.2-10: Beispiel zur Umsetzung von CoAP-Nachrichten auf das OSCORE-Format mit eingebettetem COSE-Objekt (schraffierte Umrandung)

kid: Key Identifier, IV: Initialisation Vector, V: Version, T: Message Type, TKL: Token Length

Ergänzend sind diese Punkte zu berücksichtigen:

- Der CoAP-Code der OSCORE-Nachricht ist immer `0.02` (`POST`, zum Request) und `2.04` (`CHANGE`, beim Response). `POST/CHANGE`
- Es folgt die OSCORE-Option mit den ersten drei Bits auf '0' gesetzt (diese sind 'reserved') und im Anschluss daran die notwendigen Angaben zur Verarbeitung des OSCORE-Payloads unter Einschluss eines Teils des IVs (*Partial IV* `PIV`) und potenziellen Angaben zum Wechsel der Context-ID (**kid** und **kid context**). OSCORE-Option
  Hiermit kann die Sender-ID und die Sequenznummer für die übertragenen Pakete festgehalten werden.
  Diese Felder liegen im COSE-Format vor, was wir uns im Anschluss anschauen wollen.
- Nach der OSCORE-Option können weitere Optionen aus der ursprünglichen CoAP-Nachricht folgen, die unverschlüsselt als sog. *Outer Options* mitgegeben werden, teilweise ergänzend im COSE-Payload nochmals verschlüsselt untergebracht. Inner und Outer Options
- Es folgt der OSCORE-Payload nach dem Byte '`0xff`' im `COSE_Encrypt0` Format. Hierin sind zunächst der ursprüngliche CoAP-Code (als *protected*) und folgend die weiteren CoAP-Optionen als *unprotected* Felder (Map) im COSE-Header untergebracht. `COSE_Encrypt0` Payload
  Im Anschluss wird der *Payload* (sofern überhaupt vorhanden) in verschlüsselter und gesicherter Form eingebettet.

Wie an die Schlüssel kommen?

Abschließend ist noch eine letzte Frage zu klären: Wie kommen die IoT-Devices an die erforderlichen Ausgangsinformationen, also z.B. *Common Context* und den *Master Key* nebst dem *Master Salt*? Wie erhalten sie ihre Identitäten?

Hierzu macht RFC 8613 keine Aussage, sondern überlässt dies der 'Implementierung'. Gerade die (überprüfbaren) Identitäten sind entscheidend für das Vertrauensverhältnis untereinander. Dies wollen nun näher betrachten.

12.3 Operationalisierung des IoT

Bei der Nutzung von IoT-Devices steht nicht nur der häusliche Einsatz im 'Smart Home' zur Debatte, sondern diese Geräte findet man auch bevorzugt in Industrieanwendungen sowie natürlich in unseren Fahrzeugen.

Cyber Security Act

Hierbei ist nicht nur Wert auf 'Security' zu legen, sondern auch auf 'Safety', da vom (richtigen) Funktionieren dieser Geräte unser Leben abhängen kann bzw. dieses beim Nicht-Funktionieren gefährdet. Da IoT-Devices sowohl Hardware (HW) als auch Software (SW) umfassen, ohne deren Gesamtheit deren Betrieb nicht möglich ist, fallen diese somit unter den *Cyber Security Act* (CRA), wie er in der Europäischen Union mittlerweile verbindlich ist[15]. Dieser verlangt auf längere Sicht eine Zertifizierung dieser Geräte im Hinblick auf ihre IT-Sicherheit durch den Hersteller.

Use Cases

Doch warum sollte ein einfacher batteriebetriebener IoT-Sensor, der nur die Raumtemperatur misst und im Smart Home bereitsteht, ein Sicherheitsrisiko sein? Hierzu betrachten wir drei Szenarien in Abb. 12.3-1, die man auch als *Use Cases* beschreiben könnte:

- Unser smarter Rauchmelder startet einen Fehlalarm. Da dieser – wie in Abb. 12.3-1 gezeigt – mit der örtlichen Brandmeldezentrale verbunden ist, rückt nun die Feuerwehr (umsonst) aus.
  Die ist ein Fall von *Daten-Correctness*, der uns in einem kommenden Abschnitt beschäftigt.
- Wir haben Krach mit unserem Nachbarn. Der ist ein Elektroniktüftler und will uns eins auswischen. Hierbei schafft er es, sich über ein IoT-Device in unser Smart Home einzuschmuggeln, sodass er über unser ZigBee-Netz die Außenbeleuchtung zu einer Lichtorgel werden lässt:
  Dies ist ein Fall mangelnder *Authentisierung der Datenquellen.*
- Ein gewiefter Einbrecher hat festgestellt, dass wir Einbruchsensoren an unseren Fenstern angebracht haben. Er schafft es, diese über unseren Internet-Access-Router über eine CoAP-`Post`-Nachricht auszuschalten, und kann nun seiner Dinge walten, ohne dass wir das mitbekommen:
  Dies wird durch fehlende *Autorisierung* ermöglicht.

[15] siehe https://eur-lex.europa.eu/legal-content/DE/TXT/?uri=CELEX:32013R0526

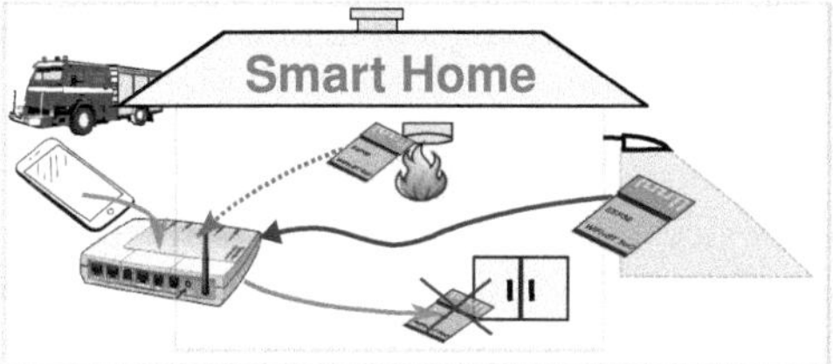

Abb. 12.3-1: Drei Fehlerfälle von Smart Home; zwei bedingt durch fehlende IoT-Authentisierung und -Autorisierung

IoT-Device = Akteur

Bezogen auf unsere IoT-Devices ist jedes dieser Geräte ein *Akteur* (als *Sensor* oder *Aktuator*). Die in diesen Geräten laufende Software kann aber mehrere Funktionen wahrnehmen. Daher benötigen wir nicht nur eine Device-ID, mit der das Gerät identifiziert werden kann, sondern auch eine Software-ID, die es erlaubt, quasi die virtualisierten Eigenschaften adäquat abzubilden.

Identitäten als notwendige Voraussetzung für die Authentisierung

Damit ein IoT-Device (wir gehen erstmal nur von einem Hersteller und einer Hardware-Lösung aus) unterscheidbar ist, stehen auf der Hardware-Seite zwei Lösungsmöglichkeiten zur Verfügung:

- Das Gerät identifiziert sich über WiFi mittels seiner MAC- bzw. EUI-64-Adresse. Diese *müssen* bei jedem Device unterschiedlich sein und betreffen auch die anderen Schnittstellen (Radio) sowie Bluetooth (BLE).
- Der Hersteller hinterlegt im ROM des Devices eine *Seriennummer*, die per *Systemcall* ausgelesen werden kann. Dieser Speicherbereich kann auch nicht neu beschrieben werden.

Hersteller-identitäten

Wir können in beiden Fällen von *Herstelleridentitäten* sprechen. Dies löst aber nicht das Problem, dass IoT-Devices gefälscht werden können. Um dies zu verhindern, muss der Hersteller ergänzende Informationen bereit stellen:

1. Das IoT-Device verfügt über ein *Trusted Platform Modul* (TPM), das den *immutable private Key* des Geräts beinhaltet und bei dem das zugehörige X.509-Zertifikat durch ein Stammzertifikat des Herstellers digital signiert wurde. Zusätzlich kann das TPM für weitere kryptographische Aufgaben wie z.B. Schlüsselerzeugung und -ablage genutzt werden. Dies ist eine aufwendige Lösung, wie sie mittlerweile bei den meisten PCs über das EFI-Bios[16] bereit gestellt wird.
2. Im einfacheren Fall kann der Hersteller lediglich den *private Key* des Gerätes im geschützten (*immutable*) Speicher ablegen und das Zertifikat digital signieren. Dieser private Key kann allerdings mit geeigneten Mitteln ausgelesen und somit 'gestohlen' werden. Dies macht solche IoT-Devices anfällig für sog. *Supply Chain*-Angriffe.
3. Eine dritte Möglichkeit besteht darin, dass die Kennung des Gerätes – ebenfalls wieder abgelegt in einem geschützten Speicherbereich – über eine *Blockchain*

[16] EFI: Extensible Firmware Interface; ein Minix-Betriebssystem, installiert auf einem FAT32-Dateisystem, das zur Initialisierung der Hardware und zum Booten dient.

mit dem einpflegten Hashwert öffentlich angeboten und somit überprüft werden kann.

Allerdings gibt es bis dato kein herstellerübergreifendes Verständnis, wie eine einheitliche Kennung eines IoT-Devices aussehen könnte, die vom IoT-Betriebssystem ausgelesen und sinnvoll genutzt werden kann. Zum Auslesen müssten Speicheradressen fest vorgegeben werden und zur Weiternutzung die Struktur einer Kennung feststehen, was ggf. durch einen Key/Value-Speicher ergänzt wird.

Secure Device Identity

Diese Problematik hat sich auch die IEEE in ihrem Dokument IEEE 802.1A[17] angenommen und eine *Secure Device Identity* entwickelt.

Während es für den Benutzer eines IoT-Devices ausreichen würde, dessen Identität über z.B. eine 128 Bit lange UUID[18] (*Universally Unique IDentifier*) beschrieben ist, stehen für den Hersteller – im Rahmen der Compliance mit dem *Cyber Security Act* – weitere Informationen (für die industrielle Nutzung) im Vordergrund, die über diese Verknüpfung

```
VendorID → DeviceID → LotID → SerialNumber → HWRevision → SWRevision
```

nachvollziehbar sein müssen, wie das Produkt erzeugt und bestückt wurde. Eine der Vorschläge geht dahin, dieses im Rahmen einer X.509-Zertifikatserweiterung (*Extensions*) quasi als Gerätepass unterzubringen.

MASA

Die Bereitstellung von X.509-Zertifikaten für das IoT-Device – hier das Pfand (*Pledge*) genannt – ist hierbei ein Herstellerservice, den dieser über die Lebensdauer des Gerätes garantieren und über die *Manufacturer Authorized Signing Authority* (MASA) bereit stellen muss.

12.3.1 ToFU: Trust on First Use

Bei der Nutzung von IoT-Devices ist zu berücksichtigen, dass diese für die Benutzung vorbereitet werden müssen, indem sie 'geflasht', d.h. mit einem Betriebssystem versehen werden. Wir haben in Abschnitt 12.1 das RIOT-OS vorgestellt. Dieses steht aber nur stellvertretend für viele andere wie z.B.:

- *Zephyr* [https://www.zephyrproject.org/]
- *RTOS* [https://www.freertos.org/]
- *Contiki* [https://github.com/contiki-os/contiki]

IoT-Device Lebenszyklus

Sofern nicht als Teil eines *Smart Home*-Systems bezogen, ist die Software für diese IoT-Devices zu konfigurieren und zu pflegen, was typischerweise in folgenden Schritten abläuft:

```
PowerUp & Connect → Erase → Flash → Initial Secure Setup → [Run] → EOL
```

[17] siehe https://ieeexplore.ieee.org/document/8423794
[18] vgl. https://en.wikipedia.org/wiki/Universally_unique_identifier

1. Das IoT-Device wird in der Regel an einen PC per USB angeschlossen und mit Strom versorgt.
2. Das Programm auf dem PC 'kennt' den Typ des Mikrocontrollers und dessen Eigenschaften und löscht zunächst den Speicher, um ggf. aller vorliegenden Daten (außer den nicht-volatilen) zu 'entsorgen'.
3. Das neue Image wird auf das Device 'geflasht'.
4. Die Konfigurationsdaten werden auf das Device 'überspielt'. Hierzu gehört auch (wie im letzten Abschnitt dargestellt) das Schlüsselmaterial, und das Gerät erhält eine Kennung im Constrained Network.
5. Hiermit ausgestattet, wird das Device an seinen vorgesehenen Platz gebracht und ggf. mit den Sensoren und Aktuatoren verbunden.
6. Hier verrichtet das IoT-Device seine Aufgaben – bis zu seinem
7. Lebensende (*End-of-Life*, EOL), weil vielleicht die Batterien erschöpft sind.

Trust on First Use

Hiermit soll dargestellt werden, dass das IoT-Device quasi jungfräulich zum Einsatz kommt und somit unter der Kontrolle des Nutzers steht, der hierüber frei verfügen kann. Dies gilt, falls das *Trusted Platform Modul* (TPM) keine Einschränkungen auferlegt, indem z.B. erwartet wird, dass die aufgebrachte Software digital signiert ist, was mit dem Stammzertifikat im TPM überprüft werden kann.

Anders sieht der Fall aus, falls das IoT-Device vom Hersteller vorkonfiguriert wurde. Es ergibt sich dann die Kette:

```
Hersteller → PowerUp → Initial Secure Setup → [Run] → EOL
```

Prinzipiell können die Konfigurationsparameter auch von einem externen Flashspeicher stammen und beim Boot gelesen werden. Allerdings bedingt dies, dass das IoT-Device von einem Dateisystem zumindest lesen kann, was aber nicht alle IoT-Betriebssysteme direkt unterstützen. Hier liegen alle Daten im Speicher: entweder *Read-Only* (ROM) oder *Read/Write* (RAM). Daher gilt es als ausgemacht, dass die Daten über das Netzwerk bezogen werden, was wir uns nun anschauen wollen.

12.3.2 Bootstrapping Remote Secure Key Infrastructure

Wenn das IoT-Device mit Strom und einem Flash-Image versorgt wird, fängt es an zu 'leben': *Anima rising*.

IoT Anima

Von der 'anima WG' (Working Group) bei der IETF liegt mit RFC 8995 ein Internet Draft vor, der den etwas sperrigen Titel *Bootstrapping Remote Secure Key Infrastructure* trägt, den wir uns nun mit seinen wesentlichen Komponenten und Arbeitsweisen näher anschauen wollen.

Dieser *Bootstrapping-Prozess* besitzt mehrere Komponenten:

- Das IoT-Device selbst – hier *Pledge* (Pfand) genannt –, das einen *Initial Device Identifier* (IDevID) seines Herstellers aufweist.
- Eine *Manufacturer Authority Signing Authority* (MASA), die die *Registrierung* des Gerätes beglaubigt.

- Eine Infrastruktur, über die das IoT-Device mit der MASA verbunden und über die die Geräteregistrierung vorgenommen werden kann.
- Eine PKI *Registration Authority* (RA) bzw. ein eigener *Trust Store* in Form einer *Certificate Authority* (CA).

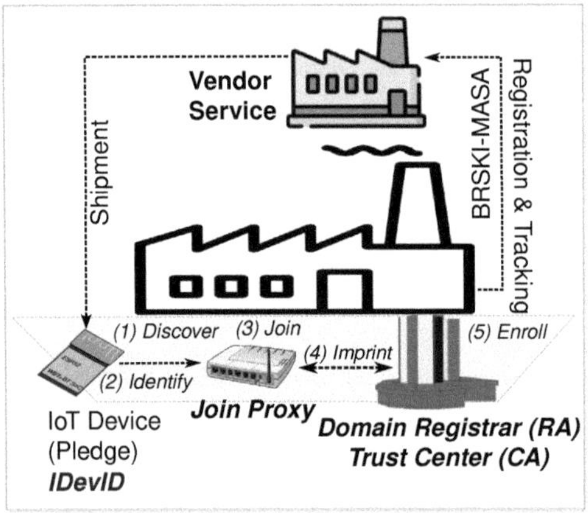

Abb. 12.3-2: Typischer Ablauf des Bootstrapping Prozess eines IoT-Devices
IDevID: Initial Device Identifier, MASA: Manufacturer Authority Signing Authority, BR-SKI: Bootstrapping Remote Secure Key Infrastructure, CA: Certificate Authority RA: Registration Authority

Abb. 12.3-2 zeigt diesen prinzipiellen Aufbau. Es erscheint einsichtig, dass dies nur für industrielle Betreiber von IoT-Devices – z.B. im Rahmen einer Automatisierung – sinnvoll zu realisieren ist. Damit ein IoT-Device erfolgreich registriert werden kann, durchläuft es mehrere Stufen:

Discover

(1) Zunächst muss festgestellt werden, welcher *Join Proxy* zur Kontaktanfrage zur Verfügung steht. Dies kann z.B. per *Multicast-DNS* (*Domain Name Service*) erfolgen.

Identify

(2) Das IoT-Device präsentiert sich gegenüber dem Join Proxy mit einem *Initial Device Identifier* (IDevID).

Join Request

(3) Es führt nun einen *Join Request* durch, der von einem einmaligen *Nonce* Gebrauch macht und nun als Stellvertreter für dieses Gerät steht.

Imprint

(4) Der anschließende *Imprint* basiert auf einem *Voucher* an die MASA. Dieser ist digital signiert und erhält die notwendigen (Telemetrie-) Angaben, um das Gerät zu authentisieren.

Enroll

(5) Fällt dies positiv aus, ist das IoT-Device *autorisiert*, um in dieser Umgebung aufgenommen zu werden und somit *Enrolled*.

Notwendigkeit einer PKI

Dieser gesamte Prozess fundiert somit auf einer X.509 *Public-Key-Infrastruktur* (PKI), die hier allerdings so abgewandelt ist, dass der Hersteller (*Vendor*) eine eigene PKI für seine IoT-Devices besitzt, die von der ebenfalls vorliegenden PKI des Anwenders ergänzt werden muss. Details über X.509-Zertifikate und deren Nutzung findet sich z.B. in [17]. Das kryptographische Element, das hier zum Tragen kommt, ist ein *Voucher*, der in RFC 8366 beschrieben und mit einem komplexen Authentisierungstoken vergleichbar ist.

Die Aufrechterhaltung der in Abb. 12.3-2 gezeigten *Bootstrapping Remote Secure Key Infrastructure* und die Abgabe einer Garantie, dass diese *nicht kompromittiert* wurde, ist kein triviales Unterfangen, und das Nichterreichen dieses Ziels wird als *Supply Chain Attack* bezeichnet. Dies wollen wir später noch im Detail besprechen.

Für einen Endanwender erscheint dieses Verfahren wenig sinnvoll, und deshalb haben sich hier andere Verfahren etabliert wie z.B. das *Matter*-Protokoll (siehe z.B. `https://csa-iot.org/all-solutions/matter/`).

12.3.3 SUIT – Software Update für das IoT

Die Besitzer eines E-Autos werden das Problem kennen: Das Fahrzeug 'fragt' nach einem Software-Update.

Während traditionell das Auto in die Werkstatt gebracht werden musste und per OBD[19] die Software vom Werkstatt-PC auf den Bordcomputer überspielt werden musste, findet heute eine Aktualisierung per OTA (*Over the Air*) statt, d.h. das oder die IoT-Devices werden mit neuen Parametern oder einem korrigierten Flash-Image versorgt. Damit dieses Update technisch erfolgreich ablaufen kann, sind einige Randbedingungen zu garantieren:

1. Das Update muss gesichert vorgenommen werden: Die *Integrität des Images* und der Parameter sind sicherzustellen.
2. Das Update muss robust erfolgen: *Wiederanlauf* nach einer gescheiterten Verbindung ist zu gewährleisten.
3. Das Update ist *atomar und fehlerfrei* einzuspielen: Änderungen müssen in 'einem Rutsch' vorgenommen werden, was bedeutet, dass diese zunächst gepuffert wird und nach Sicherstellung von 1. und 2. unterbrechungsfrei stattfindet.
4. Das *Korrektheit* des Updates ist vom Auslöser, d.h. von der Quelle überprüfbar festzustellen.
5. Das Update darf keine Benutzerdaten überschreiben oder invalidieren.

Update-Pattern für das IoT

Die Komplexität bezieht sich somit nicht nur auf das IoT-Device selbst, sondern es muss auch der herstellerspezifische Software-Erstellungs- und -Verteilungsprozess berücksichtigt werden. Andererseits können diese Herausforderungen durch ein *Muster* beschrieben werden, der dieses Problem ganz allgemein beschreibt und löst. In der Software-Entwicklung wird dies als *Pattern* bezeichnet. Hierbei geht es im Besonderen um

- die Beschreibung des *Software-Inventars* und seine Anforderungen,
- der Beschreibung der *Methode*, wie dieses von der Quelle auf die IoT-Devices übertragen werden kann, wobei die obigen Punkte eins bis fünf zu berücksichtigen sind.

[19] OBD: On-Board Diagnostics, vgl. `https://en.wikipedia.org/wiki/On-board_diagnostics`

Bereits in RFC 7452 findet sich der Versuch, die Anforderungen im Rahmen der '*Architectural Considerations in Smart Object Networking*' zu beschreiben. Diese sind aber bis Oktober 2025 immer noch im Stadium der Standardisierung als 'Software for the IoT'.

Das Manifest

Hierzu sind zunächst die Rahmenbedingungen für das Firmware-Upgrade zu ermitteln. Nach RFC 8520 gestaltet sich dies wie folgt:

Entscheidungsfrage	**Grundlegende Kriterien**
Kann man dem Ersteller der Firmware vertrauen?	Trust Anchor und Autorisierungs-Policies pro IoT-Device.
Liegt Firmware in korrekter Form vor?	Digitale Signaturen und Hashwerte für die Firmware.
Passt Update-Service zum IoT-Device?	Informationen zur Anbieter/Klassen/Device-ID.
Ist angebotene Firmware aktueller als jetzige?	Sequenznummer des Manifests.
Zu welchen Zeitpunkt soll das Update erfolgen?	Anweisung zum Aktivierungszeitpunkt.
Wie ist das Update durchzuführen?	Kommandos im Manifest.
Was ist das Binärformat der Firmware?	Auspackalgorithmen für das vorliegende Format.
Von welcher Quelle soll das Update angefragt werden?	Abhängigkeiten von anderen Manifesten sowie der im Manifest abgelegten URI.
Wo ist Firmware (initial) abzulegen?	Ablageort mit Komponentenidentifikation.

Tab. 12.3-1: IoT-Firmware-Update Entscheidungsmatrix nach RFC 8520

Wie auch schon im vorigen Abschnitt gezeigt, lassen sich die Herausforderungen nur mit einem relativ komplexen Ansatz lösen. In der IETF gibt es hierzu die *Working Group SUIT*[20], die auf den bislang diskutierten Ansätzen ein für alle IoT-Devices nutzbares Framework auf Grundlage von CoAP und CBOR zur Verfügung stellt.

RFC 8520 delegiert einige zentrale Antworten in ein Firmware-Update *Manifest*, das zusätzlich zur Firmware bereit gestellt werden muss. Abb. 12.3-3 illustriert den nun vorzunehmenden Update-Vorgang:

[20] siehe https://datatracker.ietf.org/group/suit/about/

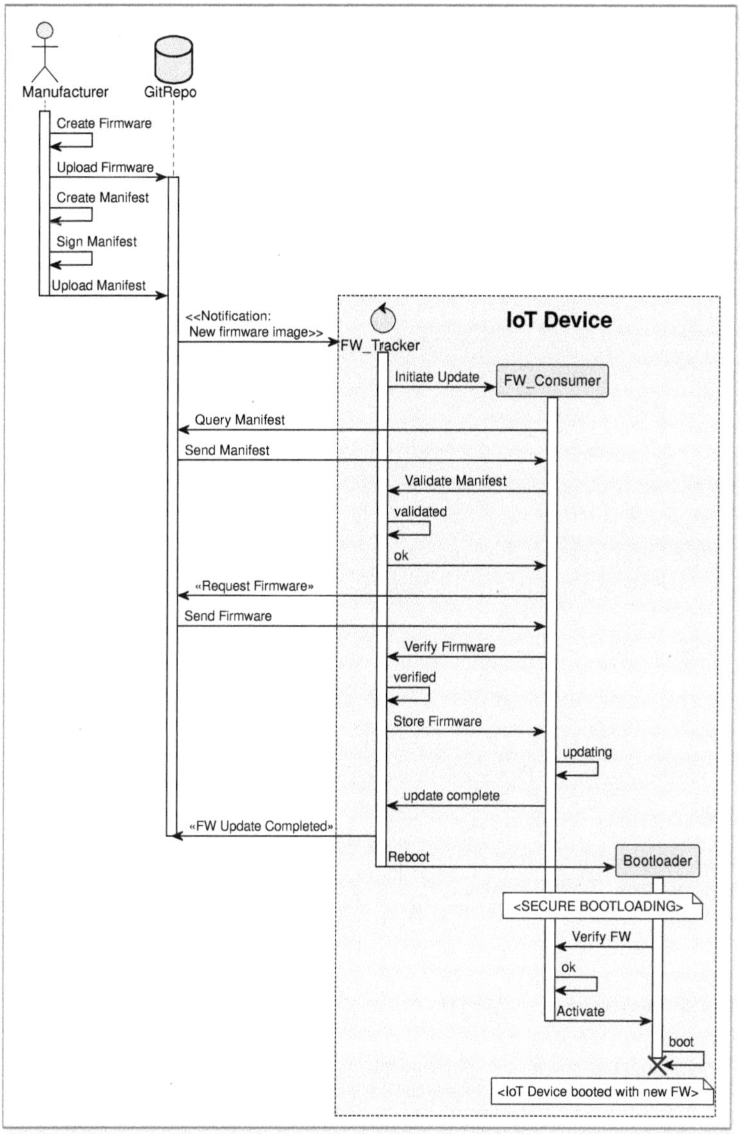

Abb. 12.3-3: Ablauf des IoT-Firmware Update-Prozesses nach RFC 8520
FW: Firmware, GitRepo: Git Repository

Die zum Bezug der Software – der IoT-Firmware – notwendigen Eigenschaften befindet sich somit im Manifest, das die *Manufacturer Usage Description* (MUD) darstellt. Dieses ist ein signiertes und formal strukturiertes Dokument (eine Datei), das der Entwickler dem eigentlichen Firmware-Image beistellt und dieses wie in Abb. 12.3-4 dargestellt beschreibt. MUD

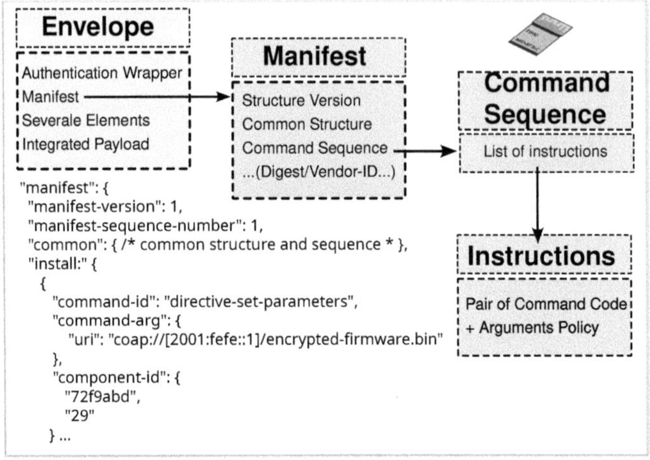

Abb. 12.3-4: Aufbau eines Manifestes gemäß RFC 8520

Pull-Request vom Software-Respository

Abschließend ist noch die Frage zu stellen, wie das IoT-Device mit dem *Software Repository* Kontakt aufnehmen kann. Hierfür werden zusätzliche Möglichkeiten diskutiert:

- Per DHCP über eine spezifische Erweiterung [RFC 8415].
- Mittels einer *Multicast DNS-SD* (*Service Discovery*).
- Über das *Link Layer Discovery Protocol* (LLDP)[21].
- Das Management-Device weist sich durch eine spezielle *X509 MUD-Extension*[22] aus.

Die Entscheidungen über den gangbarsten Weg für IoT-Devices steht noch aus. Dieser hängt mit dem Einsatzumfeld des Gerätes zusammen und ist zudem von den IoT-Herstellern unterschiedlich zu beantworten und zu implementieren.

12.3.4 Nummer 5 lebt!

Die Phasen des Bootens und des Updates des IoT-Devices sollten eigentlich verschwindend kurz sein gegenüber dem produktiven Einsatz des Geräts. Allerdings stellt sich hier die Frage:

> Bekomme ich keine Daten vom (IoT) Sensor, weil es keine (neue) Daten gibt, ist die Kommunikation gestört oder ist das Gerät ggf. ausgefallen?

Im Gegensatz zu einem typischen Webserver ist die zu erwartende Datenrate von einem Sensor einerseits gering, andererseits auch nicht wichtig genug, um den Ausfall zu merken bzw. hieraus Konsequenzen zu ziehen.

Bei üblichen (komplexen) Netzwerkkomponenten wie beispielsweise einem Switch wird der Ausfall sofort festgestellt werden, weil damit eine Kernfunktion des Netzes betroffen ist. Bei Endgeräten testen wir die Erreichbarkeit per ICMP *Ping*[23]. Wichtige Endgeräte unterliegen einer Online-Überwachung mittels Werkzeugen wie dem *Simple Network Management Protocol* (SNMP) oder dedizierten Überwachungssystemen wie beispielsweise *Prometheus/Grafana* oder *Icinga*, deren Daten prominent auf einem *Dashboard* quasi in Echtzeit ausgegeben werden. Netzwerk-Monitoring

Wie kommt ein 'dummes' IoT-Device zu seinem Update? Die Antwort auf diese Frage umfasst mehrere Aspekte: Lebt Nummer 5?

- Reagiert das IoT-Device auf Abfragen? Und gibt das Gerät eine zeitnahe Antwort zurück? Liveliness
- Ist das Gerät in der Lage, 'frische' Daten zurückzugeben? Insbesondere, sind die Daten tatsächlich zum aktuellen Zeitpunkt genommen worden? Freshness
- Liefert das IoT-Device eine 'sinnvolle' Antwort auf eine qualifizierte Abfrage zurück? Wie lässt sich der konkrete *Zustand* des Devices bestimmen? RATS

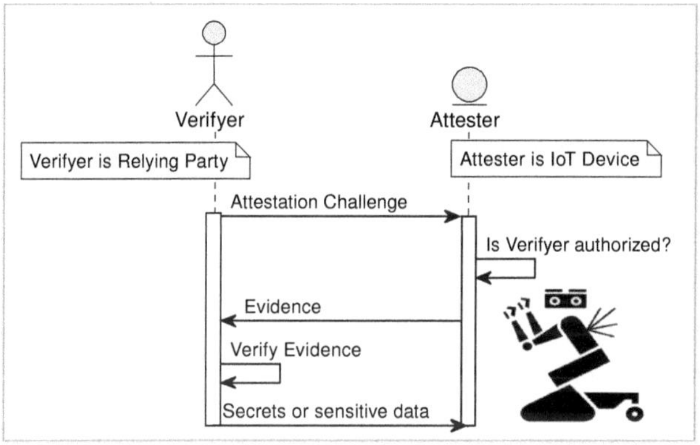

Abb. 12.3-5: Remote Attestation Procedures eines Verifiers für '*Nummer 5*[24]'

Abb. 12.3-5 zeigt den prinzipiellen Ablauf der *Remote Attestation Procedures* (RATS). Wie ersichtlich, bedingt dies ein gewisses Vertrauensverhältnis des *Attesters* (also dem IoT-Device) zur *Relying Party* als *Verifyer*, wobei diese Rollen auch in getrennten Systemen untergebracht sein können. Beim derzeitigen Stand der Diskussion geht dies ohne die Überprüfung *Relying Party* mittels (D)TLS unter Einsatz von X.509-Zertifikaten. Die Erweiterung *Exported Authenticators in TLS* [RFC 9261] liefert hierfür einen Rahmen. Weitere Details über RATS finden sich in RFC 9334. Remote Attestation Procedures

Allerdings lässt RFC 9334 ergänzend umfangreich andere Verifikationsmethoden zum 'Einsammeln' von *Evidenzen* zu. Der gesamte Strauß der von der Industrie Evidenzen zur Verifikation

[21] siehe https://www.ieee802.org/3/frame_study/0409/blatherwick_1_0409.pdf
[22] siehe https://ieeexplore.ieee.org/document/9018454
[23] Das *Ping*-Kommando ist Teil des Standards Internet Control Message Protocol (ICMP).
[24] Eine Anspielung an den Film '*Nummer 5 lebt!*':
https://de.wikipedia.org/wiki/Nummer_5_lebt!

angewandten Methoden kann Abb. 12.3-6 entnommen werden. Hier sind die verschiedenen Hersteller mit ihren unterschiedlichen Herangehensweisen erfasst[25].

Will man umfangreiche Kontrolle über seine IoT-Devices haben, muss dieser Vorgang periodisch wiederholt werden; allerdings stehen noch andere Gefahren im Raum: *Supply-Chain-Angriffe.*

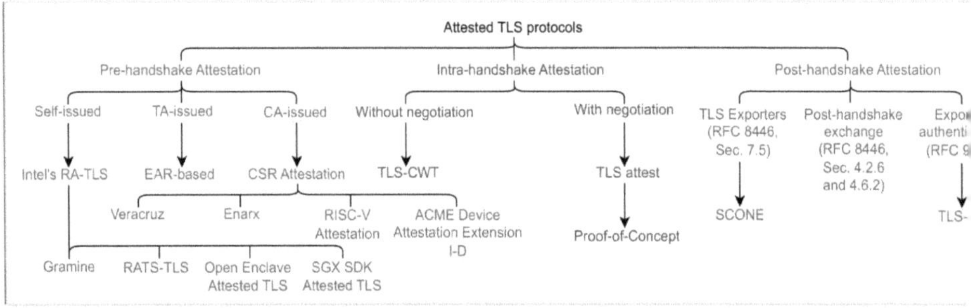

Abb. 12.3-6: Industrievorschläge für RATS [RIOT Summit Wien 2025]

Supply-Chain-Angriffe auf IoT-Devices

Abb. 12.3-3 zeigt auf der linken Seite den *Manufacturer* (Hersteller) und das *Software Repository*, hier *GitRepo* genannt.

Diese Bezeichnung ist nicht zufällig, sondern spiegelt die aktuelle Tendenz, Softwaremodule nicht nur im *Source Code* in einem *Version Control System* (VCS) zu hinterlegen, sondern auch in einem Containerformat dort abzulegen. Der Container kann nun von einem Client-Device heruntergeladen und zum Ausführen gebracht werden (vgl. Abb. 6.4-1). Wie bereits diskutiert, drängen sich hierbei unmittelbar einige Fragen in den Vordergrund:

- Kann eine gesicherte und vertrauliche Datenkommunikation mit der Quelle garantiert werden?
- Ist das Quellsystem vertrauenswürdig?
- Liefert das Quellsystem die passende Software mit einer aktuellen Version?
- Ist die zu beziehende Software nicht nur passend, sondern auch inhaltlich korrekt?

SCiTT

Die Antworten auf diese Fragen werden in der IETF Working *Group Supply Chain Integrity, Transparency, and Trust* SCiTT [https://datatracker.ietf.org/group/scitt/about/] diskutiert, in der explizit auf *COSE* und *RATS* Bezug genommen wird.

Hierbei steht – im Gegensatz zu unseren bisherigen Überlegungen – nicht das IoT-Device im Vordergrund, sondern das dieses mit Software beschickende Quellsystem. Die SCiTT-Arbeitsgruppe hat bis Oktober 2025 noch keine tragfähigen tech-

[25] RIOT Summit 2025 Wien: https://summit.riot-os.org/2025/wp-content/uploads/sites/20/2025/09/s03-04.pdf

nischen Dokumente erstellt, aber wir können die Dimension des Problems mit folgenden Leitgedanken erahnen:

1. Eine gesicherte und vertrauliche Kommunikation kann über das (D)TLS (1.3) Protokoll realisiert werden. Allerdings tritt nun die Datenquelle gegenüber dem IoT-Device als Client auf. (D)TLS 1.3
2. Soll dem Quellsystem (als Client) vertraut werden, muss es sich durch ein X.509-Client-Zertifikat ausweisen. Um dies zu überprüfen, bedarf es des X.509-Stammzertifikates, der diese Quelle beglaubigt, auf dem IoT-Device (als sog. *Client-CA*). Client CA
3. Mittels des *Manifests* kann die passende Software in der gewünschten Version erfasst und mitgeteilt werden, sofern der Hersteller dies korrekt eingebracht hat. Manifest
4. Zur Überprüfung der Korrektheit der Software wird ein geeigneter Ansatz benötigt, der als *Verifiable Data Structures* (VDS) bekannt geworden ist. Diese wollen wir im kommenden Abschnitt vorstellen. VDS

Obwohl sich der Eindruck vermittelt, dass im Ansatz viele Probleme gelöst werden können, erscheint es jedoch ratsam, hier große Vorsicht walten zu lassen, da sich in der Vergangenheit gezeigt hat, dass das Vertrauen in diese Lösungen nicht gerechtfertigt war. Dies gilt besonders, wenn man bedenkt, dass Software nicht homogen von einem Hersteller erstellt und angeboten wird, sondern in der Regel Code und Bibliotheken von Fremdherstellern enthält, über deren Qualität und Herkunft man wenig sagen kann.

Beispiele für Supply-Chain-Attacken

2020 Beim Windows-Betriebssystem von Microsoft ist es im kommerziellen Einsatz üblich, eine sog. *Endpoint Security* zu nutzen, mit der 'verdächtige' Programme auf dem Betriebssystem erkannt werden können. Ein Anbieter hierfür ist die Firma *Solarwinds* mit ihrer Software *Orion*, die sich über die weltweit verteilten SW Repositories automatisch aktualisiert. Die in den Repositories hinterlegte Software war durch den Einsatz eines Microsoft *private Keys* gültig signiert – nachdem diese vorher mit einer *Backdoor* versehen worden war (SUNBURST) und dort durch einen ebenfalls automatischen Update-Prozess zum Download bereit gestellt wurde (CVE-2020-10148[26]) .

2021 Anwendungen, die auf Java basieren, waren von der *Log4J*-Lücke betroffen, mit der eine *Remote Code Execution* möglich war. Java Software, die die Log4J aus dem Repository bezogen, waren davon betroffen (CVE-2021-44228).

2024 Die umfangreich genutzt Public Domain Software *OpenSSH* beinhaltet zur Optimierung der Daten eine Datenverschlüsselungskomponente, die in Form der xz-Bibliothek (*xz-utils*; auch Open Source) vorliegt. Hier hat ein unbekannter Täter in eine Testroutine eine *Backdoor*[27] eingeführt. Während diese Testroutine bei den meisten Unix- und Linux-Betriebssystemen nicht mitgeliefert wird, wäre aber potenziell betroffen die nachfolgende Version der Linux *Red Hat*-Distribution; die umfangreich auch von staatlichen Stellen eingesetzt wird (CVE-2024-3094).

12.4 Correctness – Die Mutter aller Sicherheit

Bei der Nutzung von IT-Systemen in der Firma oder zuhause stellt man oft fest, dass diese nicht so arbeiten wie erwartet. Häufig ist es aber nicht das IT-System oder die Software, die hierfür verantwortlich ist, sondern der Mensch als Nutzer: das sog. *Layer-8-Problem* (der Mensch vor dem Bildschirm).

Will man einen Aktuator eines IoT-Devices nutzen, sollte man sicher sein, dass dieses korrekt arbeitet. Die Datenverarbeitung des IoT-Gerätes und die Steuerung sollen (und müssen!) fehlerfrei sein. Und zwar fehlerfrei in dem Sinne, dass diese nicht nur unter günstigen Bedingungen das richtige Resultat liefern, sondern ebenso unter ungünstigen Umständen und Fremdeinwirkung.

Confidential Computing

Wir haben schon in Abb. 1.1-7 gezeigt, dass Daten in drei unterschiedlichen Zuständen auftreten können. Gelingt die vertrauliche Behandlung der Daten, spricht man auch von *Confidential Computing*. Allerdings reicht das nicht aus, und wir müssen zudem die korrekte Datenverarbeitung anfordern.

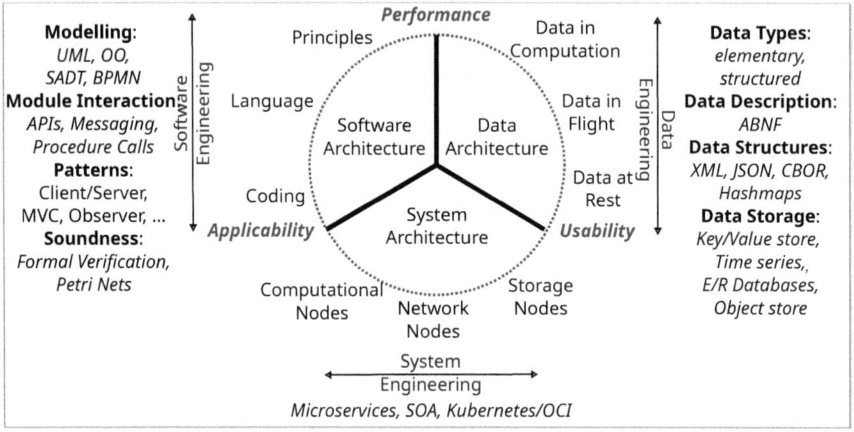

Abb. 12.4-1: Die drei Domänen des Software Engineerings

ABNF: Augmented Backus/Naur Form, API: Application Program Interface, CBOR: Concise Binary Object Representation, E/R: Entity Relationship, JSON: JavaScript Object Notation, MVC: Model/View/Controller, OCI: Open Container Initiative, OO: Object Oriented Design, SADT: Structured Analysis and Design Technic, SOA: Service Oriented Architecture, UML: Unified Modeling Language, XML: Extended Markup Language

Klassisches SWE

Hierbei nutzt das *Software Engineering* (SWE) einen mehrstufigen Ansatz, der die Schritte

1. Anforderungsanalyse (*Requirements Analysis*),
2. Modellierung (Grob- und Feinmodelle),
3. Codierung und Modulerstellung,
4. Integration, Systemerstellung und

[24] CVE: National Vulnerability Database (Common Vulnerabilities and Exposures): https://nvd.nist.gov/vuln

[25] siehe https://www.jmhoffmann.de/dl/xorzist.pdf

5. Qualitätssicherung

umfasst. Neben dem eigentlichen Code werden in diesem Prozess mehrere Dokumente (Artefakte) erstellt, die einerseits zu begutachten/abzustimmen sind, andererseits als Voraussetzungen für die nächsten Schritte betrachtet werden:

SW-Entwicklungsdokumente

- Das *Lastenheft*, das die funktionalen Anforderungen (*Functional Specification*) enthält,
- das *Pflichtenheft* mit der technischen Architektur (*Technical Specification*), in Abb. 12.4-1 'Software Engineering' genannt,
- die *SW-Testreports* mit den *Defekten*[28] und Korrekturen als Grundlage der Qualitätssicherung (*Quality Assurance*, QA) sowie final
- das *Abnahmedokument* (*Ready for Acceptance*), das der Mitteilung *Ready to Manufacture* (RTM) vorausgeht.

Aus Abb. 12.4-1 ist ersichtlich, dass bei der Erstellung von IoT-Software *drei* Domänen zu berücksichtigen sind und zusammenspielen:

Eckpunkte der SWE-Entwicklung

- das eigentliche *Software Engineering* zur Bereitstellung der Softwaremodule und speziell der Flash-Images für die IoT-Devices,
- das *Data Engineering* mit den resultierenden Datenarchitekturen für die Übertragung und Verarbeitung sowie
- das *System Engineering* für die Interkommunikation und die Verteilung der Aufgaben im Netzwerk.

Wie in Abschnitt 12.2 ausgeführt, spielen bei CoAP nicht nur die Pattern *Observer* sowie MVC (*Model/View/Control*) aufgrund der HTTP-Verwandtschaft und -Integration eine bedeutende Rolle, sondern es wurde hier auch auf die effiziente Beschreibung der Datenstrukturen für die Übertragung im *Constrained Network* und zur Verarbeitung auf der μCPU besonderen Wert gelegt. Diesen Ansatz könnte man auch als *Data Driven Design* (DDD) bezeichnen.

Anforderungen an die IoT-Software-Entwicklung

12.4.1 Code Correctness

Wollen wir, dass das IoT-Device korrekt arbeitet, muss der Code in der Lage sein, die einlaufenden Daten in der vorgesehenen Art und Weise zu verarbeiten und das Ergebnis zu produzieren. Dies kann die Übermittlung einer Antwort (*Sensor*) oder die Ausführung einer Bewegung (*Aktuator*) sein.

Wir sprechen davon, dass das IoT-Device ein *Automat* ist:

- Als *deterministischer endlicher Automat* (DEA) bezeichnen wir Systeme, die von einem Ausgangszustand A_i in einen definierten Endzustand E_j übergehen (dabei können allerdings unterschiedliche Zwischenzustände auftreten, die wir *Hazards* nennen). DEA
- Ein *nicht-deterministischer endlicher Automat* (NEA) kann hingegen mehrere Endzustände $E_j, E_k, \cdots$ von einem Ausgangszustand aus einnehmen. NEA

[28] Ein *Defekt* ist eine Abweichung der SW vom beschriebenen *Sollverhalten*.

ω-Automat

- Während beide Typen von Automaten mit Erreichen des Endzustandes dort stehen bleiben (terminieren), haben wir es bei IT-Systemen (und somit auch IoT-Systemen) mit einem ω-Automaten zu tun, der kontinuierlich arbeitet und fortfahren kann, auch wenn *eine* Aufgabe erledigt ist, und somit mit einer beliebigen Anzahl von Eingangszuständen umgehen kann.

Damit in der Verarbeitungskette keine Fehler auftreten, muss der Code einige zentrale Anforderungen aufweisen:

Typ	Anforderung	Lösung
Formal Verification	Der Code muss in seinen logischen und arithmetischen Ausdrücken das Problem und die Zielstellung genau abbilden. Alle möglichen Zwischenzustände sind zu erfassen und zu behandeln	Dies kann mittels *formaler Verifikation* des Codes beschrieben werden. *Petri-Netze* können hierbei unterstützen.
Memory Leakage	Bei der Anforderung von Hauptspeicher ist sicherzustellen, dass dieser wieder frei gegeben wird, ansonsten liegt ein *Memory Leakage* vor, und das System kommt zum Stillstand. Dies hängt im Besonderen vom Verhalten der genutzten Programmiersprache ab.	Mittels Hilfsprogrammen wie *Valgrind* oder Systemwerk- zeugen wie *dtrace* können Speicherlücken und ihre Ursache erkannt werden.
Undefined Behavior	Da der Code immer auf einer Programmier- sprache aufbaut, ist darauf zu achten, dass kein *Undefined Behavior* auftritt, d.h. das Ergebnis der Berechnung hängt vom Compiler und/oder der Hardware ab. Dies schränkt die *Portierbarkeit* des Codes ein.	Die Erkennung erfordert Tests, die das Extremverhalten der Eingabedaten berücksichtigen. Eine starke *Typisierung* der Daten kann hierbei hilfreich sein.

Tab. 12.4-1: Anforderungen und Lösungen für Code Correctness

Tab.12.4-1 sagt aber nicht aus, *wie* der Code zu erstellen ist. Heutzutage werden agile Verfahren wie das Arbeiten mit *Scrum* oder auch *Extreme Programming* eingesetzt. Bei Letzterem wird vom 4-Augen-Prinzip Gebrauch gemacht, d.h. der Code wird von zwei Personen erstellt, begutachtet und qualitätsgesichert.

Correctness des Codes in der Raumfahrt

Die ersten Software-Projekte, die auf Code Correctness im obigen Sinne basieren, waren die zu entwickelnden SW-Programme für die Raumfahrt.

JPL Top 10 Empfehlungen

Für die Programmiersprache 'C' erstellte das *Jet Propulsion Laboratory* eine 'Top Ten'-Liste von Anforderungen an die Programmierer[29]:

> 1. Avoid complex flow constructs, such as goto and recursion.
> 2. All loops must have fixed bounds. This prevents runaway code.
> 3. Avoid heap memory allocation after initialization.
> 4. Restrict functions to a single printed page.
> 5. Use a minimum average of two runtime assertions per function.
> 6. Restrict the scope of data to the smallest possible.

[29] siehe https://en.wikipedia.org/wiki/The_Power_of_10:_Rules_for_Developing_Safety-Critical_Code

7. Check the return value of all non-void functions, or cast to void to indicate the return value is useless.
8. Use the preprocessor only for header files and simple macros.
9. Limit pointer use to a single dereference, and do not use function pointers.
10. Compile with all possible warnings active; all warnings should then be addressed before release of the software.

Bezogen auf unsere heute doch sehr leistungsfähigen IoT-Devices und µCPUs war die technische Ausstattung z.B. für die Apollo Mondmissionen der NASA deutlich bescheidener. Der im Jahr 1966 konzipierte *Apollo Guidance Computer*[30] (AGC), der unter maßgeblicher Mitwirkung von *Margaret Hamilton* mit Assembler-Code ausgestattet wurde, besaß diese 'Leistungsdaten' (vgl. Tab. 12.1-1): Apollo AGC

- Taktrate: ~2 MHz
- Wortgröße: 15 Bit + 1 Bit Parität
- RAM: 2048 Worte (4 KiByte)
- ROM: 36864 Worte (73 KiByte)
- Leistungsaufnahme: 55 Watt

Solche Performance-Werte lassen sich heutzutage bei einer CPU mit ungefähr 10 Milliwatt Leistungsaufnahme bereit stellen, was Ergebnis des *Moore'schen Gesetzes*[31] ist.

Der SW-Build-Prozess

Wichtig ist in allen Fällen, dass der erzeugte ausführbare Code den Anforderungen entspricht. Die Überführung des Source-Codes in ein installierfähiges Paket oder Image wird als *Build Process* bezeichnet.

Der nun in Maschinensprache vorliegende Code besitzt ein *Application Binary Interface* (ABI). Hierin werden beschrieben: ABI

- die CPU-Instruktionen, die genutzte *Instruction Set Architecture* (ISA),
- das Byte-genaue *Alignment* der Daten im Speicher und die genutzten *Datentypen*,
- die *Calling Conventions* für aufgerufene Prozeduren,
- die Organisation des als *Stack* vorliegenden (volatilen) Hauptspeichers,
- das *Exception Handling* sowie
- die genutzten *System Calls*.

Bei *Reproducible Builds* wird verlangt, dass diese Eigenschaften auch bei z.B. Einsatz einer neueren Compilerversion erhalten bleiben. Dies gilt auch für den Fall, dass die CPU der den *Build* erzeugenden Computer eine andere (oder erweiterte) Hardware-Architektur aufweist. Reproducible Builds

Im Besonderen ist dies auch für Gastsysteme auf VMs (*Virtual Machines*) relevant: Das Gastsystem muss die ISA des Hosts kennen bzw. abfragen und verstehen, welche Systemaufrufe genutzt werden dürfen. Nur falls diese kongruent sind, kann die Paravirtualisierung

[30] Quelle: https://github.com/chrislgarry/Apollo-11
[31] siehe https://en.wikipedia.org/wiki/Moore%27s_law

Paravirtualisierung ohne Emulation und wesentliche Performance-Verluste eingesetzt werden.

12.4.2 Data Correctness

Die 'Richtigkeit' von Daten (*Data Correctness*) besitzt mehrere Dimensionen:

Quellen-Correctness

- *Die 'Richtigkeit', aus der korrekten Quelle zu stammen*; dies gilt für alle transitiven Daten, die also vermittelt übertragen wurden.

Syntax-Correctness

- *Die korrekte Syntax der Daten bezüglich ihres Aufbaus.* Hierzu haben wir bei CoAP das OSCORE-Format kennen gelernt. Die Daten müssen entsprechend den Formatierungsregeln generiert und aufgebaut werden und später entsprechend gelesen, d.h. geparsed werden können.
  Populär gesprochen sollte einem kein `X` für ein `U` vorgemacht werden können, was bei dem Lesen von Daten durch Menschen und ihre Interpretation durchaus vorkommen kann.

Technische Correctness

- *Die technische Richtigkeit der Daten.* Dies kann durch *Checksummen* und *Hashsummen* realisiert werden, die in Ergänzung zu den Nutzdaten vorliegen und zur Überprüfung bzw. auch Korrektur genutzt werden können. Dies ist üblich bei der Datenverarbeitung und für die Zustände *Data at Rest* und *Data in Flight* [Abb.1.1-7].

Semantische Correctness

- *Die semantische Richtigkeit der Daten.* Dieses Problem lässt sich nur durch Redundanzen in den Griff bekommen: Es sind mehrere Quellen notwendig, die die Daten bereit stellen. Der von *Leslie Lamport* beschriebene Algorithmus, der das *Problem der Byzantinischen Generäle* löst [41], ist ein Ansatz hierfür.

Um Data Correctness zu erzielen, sind zwei wesentliche Schritte notwendig:

Produzent → Bringschuld

1. Die Nutzdaten müssen vom Erzeuger (der Quelle) um Informationen angereichert werden (*supplementary data*), die zur Richtigkeitsprüfung eingesetzt werden können.

Konsumenten → Holschuld

2. Die Nutzdaten müssen vom Konsumenten mit diesen ergänzten Daten auf ihre Richtigkeit überprüft werden.

Diese beiden Schritte werden in IT-Systemen heutzutage automatisch durchgeführt, was die Speicherung der Daten auf einem Medium und die Übertragung der Daten über das Netzwerk betrifft. Erst hierdurch kann die heute selbstverständliche Datenqualität erzielt werden.

Data Correctness beim SW-Build-Prozess

Bei der Bereitstellung von Software in Form von Binärpaketen (Flash-Images) und/oder Quellcode muss der Erzeuger dies durch ein geeignetes Paketieren der Daten unterstützen. Üblich sind zwei Maßnahmen:

Stateless Verification

- Die einzelnen Softwaremodule werden durch einen Merkle-Baum (*Merkle Tree*) mit entsprechenden Hashwerten gekennzeichnet, der die Abhängigkeiten beschreibt und diese nachvollziehbar macht.
  Dieser Vorgang ist *zustandslos*.

- Die Software – im Speziellen das gesamte *Package* bzw. *Image* – wird vom Ersteller digital signiert (mit seinem *private Key*). Über den verfügbaren *public Key* des Herstellers kann die Integrität und die Quellenkorrektheit überprüft werden. Diese Methode ist *zustandsbehaftet*, da der public Key des Erzeugers in der Regel zeitlich befristet ist und zudem im Moment der Verifikation verfügbar sein muss.

Stateful Verification

Bei Bau von Software müssen im Zuge ihrer Paketierung entsprechende sog. *supplementary data* hinzugefügt werden. Dies geschieht häufig in Form von Hashsummen für die einzelnen Module. Dies sei anhand der *fehQlibs* exemplarisch gezeigt, die auch schon für das RIOT-OS portiert wurden.

Build von Quellpaketen

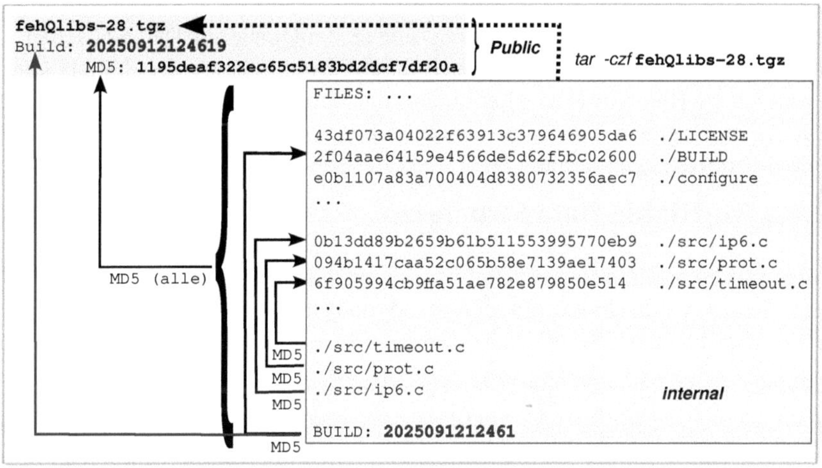

Abb. 12.4-2: Supplementary Data als einstufiger Merkle Baum bei den fehQlibs

Das Tar-Archiv `fehQlibs-28.tgz` wird gemeinsam mit den Attributen

- *Hashsumme* (per MD5 Hashfunktion) mit 32 hexadezimalen Zeichen und
- *Build-Datum* (als Integer mit sekundengenauem Wert)

erzeugt und veröffentlicht [Abb. 12.4-2]. Im Tar-Archiv[32] selbst befinden sich die *supplementary*-Dateien

- `FILES` mit den Hashwerten aller eingeschlossenen Dateien (außer `FILES` selbst) sowie
- `BUILD` mit dem entsprechenden Zeitstempel.

Somit sind die Werte der inneren Hashes (der Blätter) mit dem äußeren Hashwert (dem Ast) verknüpft und bieten eine starke Correctness, obwohl MD5 nur eine Stärke von 128 Bit aufweist. Würde dieses Tar-Archiv kompromittiert und ggf. von einem Drittanbieter mit falschen, fehlerhaften oder zusätzlichen Modulen erzeugt werden, wäre der öffentliche äußere Hashwert nicht mehr identisch. Hierbei wird die vorliegende `BUILD`-Information als *Salt* verwendet und ebenfalls bekannt gegeben. Somit sind sog. *preimage*-Attacken praktisch ausgeschlossen, die darauf

Preimage Attacken

[32] TAR: *Tape Archive* Format in Unix

abzielen, dass eingeschleuster Code den gleichen Hashwert wie der Originalcode aufweist.

Verifikation durch Menschen

Die MD5- Hashwerte finden hier Verwendung, da diese noch vom Menschen überschaubar und von daher mit dem Auge verglichen werden können. Hier fallen Fehler optisch sehr schnell auf, wie auch in Abb. 12.4-2 in der Zeile mit dem Hashwert für '`timeout.c`': Obwohl mit einem Font in fester Breite gesetzt, wird im PDF der hexadezimale Wert '`ff`' gestaucht.

Replika und Byzantinische Generäle

Ergänzend ist die Webseite (`https://www.fehcom.de`), die diese Dateien und Informationen bereit hält, per HTTPS über ein digitales Zertifikat signiert. Ein potenzieller Angreifer müsste – um kompromittierte Dateien zum Download anbieten zu können – das Linux-System 'hacken' und an der Quelle alle Daten fälschen, also einen *Supply-Chain-Angriff* erfolgreich durchführen, wie wir dies bereits kennen gelernt haben. Hier würde eine Redundanz der Daten bzw. der Webseite per *Replika* helfen. Dies ist genau der Ansatz, der beim Lösen des *Problems der Byzantinischen Generäle* zum Tragen kommt.

12.4.3 Verifiable Data Structures

Während wir bis dato den Erzeugungsprozess von Daten und Datenpaketen begleitet haben, wechseln wir nun den Standpunkt und wenden uns dem Nutzer der Daten zu und analysieren die Anforderungen bzw. Konsequenzen.

Das Konzept, Daten – genauer: Dateien – über ihre Hashsumme bzw. eine digitale Signatur eine überprüfbare Correctness zuzusprechen, kann verallgemeinert und auf allgemeine Input-Daten angewandt werden. Wir sprechen dann von *Verifiable Data Structures* (VDS). Diese stammen aus dem Konzept der (X.509) *Certificate Transparency*, wie in RFC 9162 spezifiziert, und lassen sich auf eine Anzahl von Situationen anwenden:

Nutzdaten und Proof

- Der Erzeuger der Nutzdaten stellt diese gemeinsam mit einem überprüfbaren Beweis der Correctness zur Verfügung. Der für den Algorithmus angewandte Beweis (*Proof*) und ggf. weitere Informationen wie Authentizität werden ergänzend den Nutzdaten als Protokolldaten hinzugefügt.

Verifiable Data Structure

- Die Daten besitzen eine vorgegebene Struktur, die konsistent – neben den Nutzdaten – alle notwendigen Informationen zu Überprüfung der Correctness ausweist: der Datencontainer.

Überprüfung der Correctness

- Der vorgesehene Nutzer der Daten ist mit dem Aufbau des Datencontainers vertraut, kann die einzelnen Bestandteile entnehmen und über den oder die angegebenen Algorithmen die Correctness überprüfen.

Der Einsatz von Hashfunktionen und Hashwerten zur Überprüfung der Nutzdaten weist sowohl Vor- als auch Nachteile auf:

1. Der Hashwert liegt als (supplementary) Protokollinformation im Klartext vor.
2. Die zu überprüfenden Daten müssen aber in den Speicher des Rechners geladen werden und

3. die Hashwerte werden bei den üblichen Funktionen (wie SHA-256) im *streaming Mode* (also abschnittweise) gebildet.
4. Erst nachdem der gesamte Datenbestand verarbeitet (hier sprechen wir von Mega- und ggf. Giga-Byte) und 'gehasht' wurde, kann dieser mit dem vorgegebenen Hashwert verglichen werden.

Unterscheiden sich beide Hashwerte voneinander, kann dies zu einer Reihe von Schlüssen führen:

- Es lag entweder ein semantischer (falsche Angaben) oder übertragungstechnischer Fehler vor: Unsere Anstrengungen waren umsonst, und die alten Daten müssen gelöscht und ggf. neu bezogen werden.
- Die Daten wurden kompromittiert: Falls Daten im Binärformat vorliegen, wurden diese dann schon in den Speicher geladen und können – bei mangelnder *Code Correctness* auf dem Rechner – hierdurch bereits Schaden anrichten (*Trojaner*).

IETF WGs

Generell wird ein Vorgehen benötigt, das komplexe Datenstrukturen unterstützt und für die meisten Anwendungsfälle geeignet ist. In der IETF Working Group 'COSE Hash Envelope' und 'Concise Encoding of Signed Merkle Tree Proofs' werden diese diskutiert und Lösungen vorgestellt, von denen nun einige skizziert werden sollen. Generell geht es um Folgendes:

- *Transparency Logs*: Wie bereits bei der Code Correctness beschrieben, geht es hierbei um *Merkle Trees*, die unterschiedliche Nutzdaten über die Verknüpfung deren Hashwerte abbilden können und damit der Überprüfung zugänglich machen.
- *Receipts* (Quittungen): Dies sind Hashwerte, deren Korrektheit durch *digitale Signaturen* von der Quelle nachvollziehbar sind und sich auf den Gesamtdatenbestand beziehen.
- *Checkpoints*: Hiermit wird mittels *signed consistency proofs* eine abschnittsweise (und frühe) Korrektheit der Daten ermöglicht, ohne den Gesamtdatenbestand verarbeiten zu müssen.

Wie Abb. 12.4-3 zeigt, kann das Verfahren nicht nur auf die übertragenen Daten eingesetzt werden, sondern lässt sich auch auf *externe Datenobjekte* anwenden.

`COSE_Sign1`-Signaturen

Vergleichbar OSCORE und dem hierbei genutzten `COSE_Encrypt0`-Datenobjekt wird bei der Signierung der Signaturwert in einem eigenen Datenobjekt `COSE_Sign1` transportiert. Da es sich hier um (öffentliche) Signaturen und nicht um verschlüsselte Daten handelt, kann das COSE-Objekt mit dem in Abb. 12.2-3 farbig unterlegten Media-Typen als Payload in der CoAP-Nachricht übertragen werden.

Quittungen

Aus Abb. 12.2-3 ergibt sich, dass festgehalten werden muss, welche Art von Signaturen (und Algorithmen) und für welchen Typ von verifiable Daten diese anzuwenden sind. Dies wird als Quittung (*Receipts*) verstanden, mit der quasi das zu signierende Objekt beschrieben wird und das im CBOR-Format abgefasst ist.

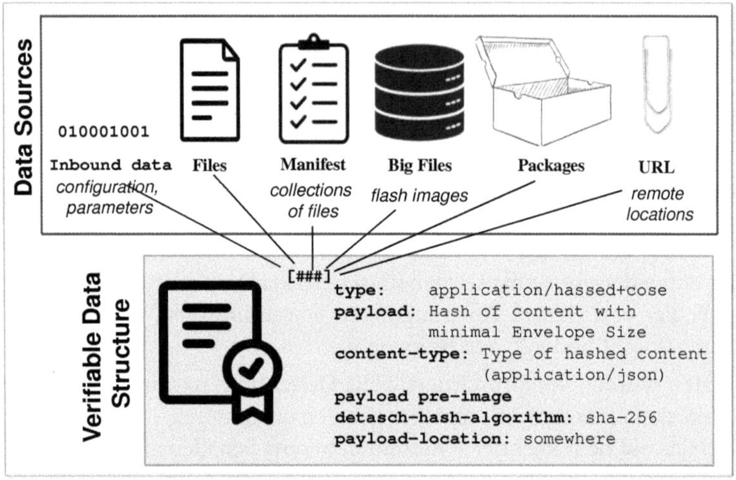

Abb. 12.4-3: Datenquellen und Verifiable Data Structures

Die CoAP-Nachricht in Abb. 12.4-4 enthält einen `COSE_Sign1`-Payload (siehe Abb. 12.2-2), der diese Inhalte beschreibt:

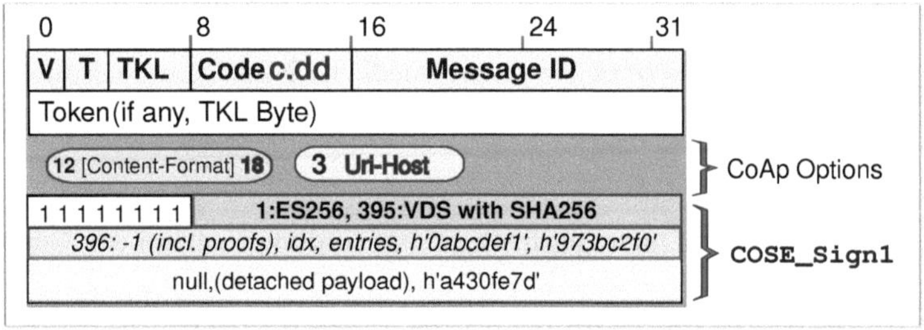

Abb. 12.4-4: CoAP-Nachricht mit Merkle-Baum für *Verifiable Data Structures* (inclusion proofs) als `COSE_Sign1` Payload
h'…' sind beispielhafte Hashsummen

Signatur-Algorithmen

- Im *protected COSE-Header* wird mitgeteilt, dass die Beweise (*Proofs*) mittels elliptischer Kurven Ed255 (`1`) und unter Einsatz von SHA-256 (`395`) für die *Verifiable Data Structure* (VDS) bereit gestellt werden.

Merkle Tree

- Im *unprotected Header* erfahren wir, dass dies *inclusion Proofs* sind (`396` mit `-1`), also einen *Merkle-Baum* darstellt. Dieser weist zwei verkettete Hashsummen auf, was mittels eines Index (*idx*) und der Anzahl Einträge (*entries*) mitgeteilt wird. Aufgrund der Feldstruktur dieses Headers kann eine Vielzahl von *Proofs* untergebracht werden.

COSE-Payload

- Der *Payload* des COSE-Objekts sagt aus, dass die Daten extern zu beziehen sind (*null*) und durch die beigefügte Signatur insgesamt (*inclusion proof*) überprüft werden können. Die URL zum Download der Sourcen kann in der URI-Option im CoAP-Header hinterlegt werden.

Hiermit kann also die gesamte Erzeugungskette der Daten verifiziert werden und eben nicht nur das Gesamtpaket. Dies entspricht einem sog. *Transparency Log* und verlangt natürlich, dass die den *COSE protected Header* authentisierenden Schlüsseln dem CoAP-Kommunikationspartner in Form von Stammzertifikaten bekannt ist. Transparency Log

Counter-Signaturen

Aus Abb. 12.4-4 geht hervor, dass alle beigefügten Signaturen den gleichen Algorithmus besitzen. Dies muss nicht zwangsläufig der Fall sein. Speziell wenn z.B. Software-Pakete von unterschiedlichen Herstellern (Vendors) kommen, können unterschiedliche Signatur-Konzepte und Algorithmen ins Spiel kommen.

Daher bietet RFC 9338 die Möglichkeit, sog. *Counter Signatures* zu erstellen und dem Software-Konsumenten mitzuteilen, sodass sich dieser auf die Correctness des Software-Paket verlassen kann, auch wenn einzelne Signaturen infolge fehlender Schlüssel oder als schwach charakterisierter Signatur-Algorithmen eigentlich die Überprüfung nicht bestehen würden. Dies gilt z.B. dann, wenn eine Signatur aufgrund der Operation `COSE_Mac0` (vgl. Abb. 12.2-2) vorlag und nun durch durch eine Public-Key-Signatur ergänzt werden soll.

Der in RFC 9338 beschriebene Counter-Signatur-Algorithmus (Version 2) sieht zwei unterschiedliche, mit verschiedenen *Labeln* ausgewiesene Vorgehensweisen vor:

1. `COSE_Countersignature`: *Vollständige Counter-Signaturen* Label 11
   Hierbei wird jedes (bereits signierte) Datenmodul nochmals ausgehend von den Quelldaten gegensigniert.
2. `COSE_Countersignature0`: *Abgekürzte Counter-Signaturen* Label 12
   Es wird nur das Ergebnis der früheren Signaturwerte signiert, nicht aber die Quelldaten selbst.

Wie Data Correctness erzielen?

Abschließend wollen wir festhalten:

- Data Correctness, die sich auf Hashwerte verlässt, ist *zustandslos*. Die Überprüfung basiert ausschließlich auf den *hic et nunc* vorliegenden Daten. Hashwerte
- Data Correctness mittels Hashwerten ist daher prinzipiell von *Verfälschungen* betroffen, deren faktische Auswirkungen durch Anwendung der Lösung des Problems der 'Byzantinischen Generäle' eliminiert werden kann. Byzantische Generäle
- Data Correctness auf Grundlage von *X.509-Zertifikaten* (oder auch *PGP-Schlüsseln*[33]) benötigt immer das Gegenstück eines public Keys oder eines Stammzertifikats, mit dem die Gültigkeit der Daten überprüft werden kann. Diese *extern* bezogenen und zum Zeitpunkt der Überprüfung verfügbaren Daten sind typischerweise *zustandsbehaftet*, da Schlüssel und Zertifikate üblicherweise ein Ablaufdatum besitzen. PGP-Schlüssel
- Data Correctness mittels der Signatur des Herausgebers löst allerdings das Problem der *Authentisierung*. Diese kann somit ad hoc festgestellt werden, sofern der Digitale Signaturen

[33] PGP: Pretty Good Privacy, RFC 9580

public Key oder der Schlüssel, der einem HMAC (*Hash-based Message Authentication Code*) zugrunde liegt, bekannt ist. Dies gilt besonders dann, falls das Zertifikat durch einen Hashwert bestätigt werden kann.

Certificate Transparency

- Data Correctness auf Basis einer *Public-Key-Infrastruktur* (PKI) ist durch *Supply-Chain-Attacken* kompromittierbar. Zur deren Verhinderungen werden zusätzliche Informationen wie z.B. *Certificate Transparency* [RFC 9162] benötigt, die ergänzend überprüft werden müssen.

12.5 Post-quantum Kryptographie beim IoT

Nachdem wir uns in Abschnitt 1.4 bereits mit dem Thema 'Quantencomputer' und seinen Möglichkeiten beschäftigt haben, bleibt die Frage zu beantworten, ob kryptographische Methoden auch auf IoT-Geräten eingesetzt werden, die versprechen, '*Post Quantum Cryptography*' (PQC) einzusetzen. Ohne auf die Details einzugehen, lautet die Antwort: Ja, daran wird gearbeitet.

Allerdings sind die Anforderungen bei IoT-Devices generell andere als bei typischen 'multi-purpose' Computern, da sie über weniger Ressourcen verfügen, auch wenn Tab. 12.1-1 Raum für neuere Entwicklungen lässt. Um diese einzuschätzen, werfen wir zunächst einen Blick auf die pre-quantum kryptographischen Verfahren und deren Eigenheiten, so wie sie heute bereits eingesetzt werden.

Hierbei ist zu berücksichtigen, dass ausschließlich die sog. *Public-Key*-Algorithmen durch den Quantencomputer mittels der *Shor-Faktorisierung* (siehe Abschnitt 1.4) betroffen sind; der *Grover-Algorithmus* spielt hier keine wesentliche Rolle. Somit ergibt sich für die symmetrischen Verschlüsselung als auch die Hashfunktionen kein unmittelbarer Handlungsbedarf, diese zusätzlich anzupassen – außer bedingt durch Entwicklungen, die dem generellen Zuwachs der Rechenleistung zuzuweisen sind.

Was ist sicher?

Bevor wir uns in Details verlieren, soll zunächst festgehalten werden:

> Ein kryptographisches Verfahren wird dann als sicher betrachtet, wenn für dessen 'Brechen' mehr als 2^n Operationen benötigt werden. Der Exponent n liegt heutzutage bei $n \gtrapprox 120$. Wird n um eins erhöht, verdoppeln sich somit die rechentechnischen Anstrengungen.

Diese Definition gilt grundsätzlich und betrifft sowohl die symmetrische Kryptographie einschließlich Hashfunktionen als auch Public-Key-Verfahren. Bei Letzteren ist die Bestimmung von n aber deutlich schwieriger und hängt mit dem Algorithmus und <u>nicht</u> mit der Schlüssellänge zusammen. Daher bedarf dies in der Regel einer Abschätzung, deren Gültigkeit und Korrektheit häufig auch umstritten ist.

Daher wollen wir das an einem einfachen Beispiel illustrieren:

NSA und DES-Verschlüsselung

> Die DES-Encryption wurde von *Horst Feistel* Anfang 1970 erfunden und von der FIPS[34] 1977 zum Standard erhoben[35] und die ursprüngliche Schlüssellänge von 8 Byte – also 64 Bit – vom *National Bureau of Standards* nach Intervention durch die NSA auf 56 Bit reduziert. Unter der Annahme, dass DES eine ideale Verschlüsselung liefert,

müssen alle Schlüssel – also 2^{56} – durchprobiert werden, um den Chiffretext zu entschlüsseln und in Klartext auszugeben. Statistisch ist man bei der Hälfte durch (und somit 'nur' 2^{55}), was bereits mit den damaligen Computern möglich war.

12.5.1 Klassische, pre-quantum Kryptographie

Zunächst halten wir fest, welche kryptographischen (Public-Key-) Operationen von zukünftigen Quantencomputern betroffen sind:

- Methoden des *Schlüsselaustauschs*, die in einem Handshake zwischen zwei Partnern genutzt werden.
- Methoden der *digitalen Signaturen*, mit deren Hilfe die Authentizität einer Nachricht oder eines Beteiligten garantiert und verifiziert werden kann.

Wir bezeichnen dies auch als die beiden Kryptographie-Primitive κ (*Schlüsseltausch*) und σ (*Signaturoperation*). Die klassischen Algorithmen nutzen entweder den RSA- bzw. den Diffie-Hellman-Algorithmus. Modernere Verfahren setzen kryptographische Operationen auf *Elliptische Kurven* (*Elliptic Curve Cryptography*, ECC). Wir fassen diese als *pre-Quantum-Verfahren* zusammen und betrachten zunächst den Schlüsseltausch mit derzeit 'sicheren' Schlüssellängen:

Algorithmus	**Schlüssellängen**	**Referenz**	**Bemerkung**
RSA	3000 Bit	RFC 8072	Länge des Modulus $n = p * q$
Diffie-Hellman (DH)	3000 Bit	RFC 3526	Länge der Primzahl p
ECC-DH	(ca.) 250 Bit	RFC 7748	Länge hängt von der elliptischen Kurve ab

Tab. 12.5-1: Pre-quantum Schlüsselverständigungsmethoden; Schlüssellängen entsprechend [81] (NIST empfiehlt bei RSA und DH 3072 Bit)

KEM und KEX

Es ist zu berücksichtigen, dass RSA ein *Schlüssel-Verschlüsselungsverfahren* (*Key Encapsulation Method*, KEM) ist, während die auf Diffie-Hellman aufbauenden Protokolle eine *Schlüsselverständigung* (*Key Exchange Method*, KEX) vornehmen. Seit TLS 1.3 [RFC 8446] ist allerdings nur noch ECC-DH gestattet; sowohl RSA als auch das 'historische' Diffie-Hellman-Verfahren, das auf dem Problem des *Diskreten Logarithmus* aufbaut, findet man in modernen IoT-Implementierungen nicht mehr. Einerseits, weil die Schlüssellängen bei einer notwendigen äquivalenten Sicherheit von 120 Bit (im Vergleich zur symmetrischen Verschlüsselung) sehr groß und damit unhandlich werden, andererseits weil der ECC-Algorithmus – speziell auf der *Edwardskurve* Ed25519 (siehe Kapitel 2 in [17]) – sehr effizient implementiert werden kann, was die Systemressourcen schont.

Signaturalgorithmen

Bei den *Signaturverfahren* stehen im Grunde die gleichen Algorithmen zur Verfügung [Tab. 12.5-2], wobei aufgrund der Komplexität des Diffie-Hellman-Verfahrens – das eine Operation zur Authentisierung des Benutzers und eine weitere zur Verifikation der Daten verlangt – entsprechend des *Digital Signature Algorithm* (DSA); wobei dieser nie gerne implementiert wurde. Zudem ist dieses Verfahren mittler-

[30] Federal Information Processing Standard

[35] siehe https://en.wikipedia.org/wiki/Data_Encryption_Standard

weile 'deprecated' (siehe Tab. 12.5-1). Auch hier punkten die ECC-basierten Verfahren, wobei allerdings darauf zu achten ist, dass die 'Äste' der Kurve (sofern sie mehrere hat) entsprechend berücksichtigt werden müssen.

Algorithmus	Schlüssellängen	Signaturgrößen	Referenz	Bemerkung
RSA	2048 Bit	256 Byte	FIPS 186-5	PKCS#1
DSA	L=3072, N=256 Bit	396 Byte	FIPS 186-4	deprecated
ECDSA	224 bis ≥ 512 Bit	je nach Kurve	FIPS 186-5	verschiedene Kurven
EdDSA	256, 456 Bit	64 bzw. 114 Byte	FIPS 186-5	Ed25519, Ed448

Tab. 12.5-2: Pre-quantum Signaturverfahren; bei den ECC-Verfahren werden in FIPS-186-5 [65] ECDSA und EdDSA separat aufgeführt

N: Anzahl der Bits für die Authentisierung, L: Anzahl der Bits für den Integritätscheck

Hieraus ergibt sich ein klarer Vorteil für die ECC-Kryptographie: Schlüssellängen und Signaturen sind klein und können zudem effizient auf einem Mikroprozessor berechnet werden. Dies kann von den Quantencomputer-sicheren Verfahren nicht unbedingt behauptet werden. Doch zunächst sollen diese eingeführt werden.

12.5.2 Implementierungen der post-quantum Kryptographie

Nachdem klar wurde, dass Quantencomputer prinzipiell die bestehenden kryptographischen Public-Key-Algorithmen brechen können, wurde von der NIST[36] 2016 ein Wettbewerb zur Erstellung und Bereitstellung von sog. post-quanten Computerfähigen Verfahren ausgelobt. Dieser ging über mehrere Etappen, und die Ergebnisse wurden von namhaften Experten überprüft, um in den folgenden acht Jahren zu einer Reihe von Verfahren zu gelangen und diese vom *Federal Information Processing Standards* (FIPS) als Standards festzulegen.

Name	Verfahren	Typ	Standard
CRYSTALS-Kyber	Gitter-basiert; Learning With Errors	KEM	FIPS-203
CRYSTALS-Dilithium	Gitter-basiert; Short Integer Solution	SIG	FIPS-204
Falcon	Gitter-basiert; Fast Fourier	SIG	FIPS-205
SPHINCS$^+$	Merkle-Baum; Hashsignaturen	SIG	FIPS-206
LMS	Lamport/Merkle Hashsignaturen	OTA	RFC 8554
New Hope	Ring Learning With Errors	KEX	Google
NTRU	Gitter-basiert	KEM, SIG	IEEE Std 1363.1
Classic McEliece	Goppa Codes	KEM, SIG	

Tab. 12.5-3: Einige post-quantum Signatur- (SIG), Schlüsselübertragungs- (KEM) und Schlüsselabgleich- (KEX) sowie *One-Time Authentication-Verfahren* (OTA) und ihre mathematischen Grundlagen

NTRU und New Hope

Aus Tab. 12.5-3 kann entnommen werden, dass die meisten PQC-Verfahren für digitale Signaturen geeignet sind. *New Hope* wurde von *Google* entwickelt und steht in deren Webbrowser *Chrome* zur Verfügung. NTRU (*Number Theory Research Unit*) war einer der ersten gitter-basierten post-quantum Algorithmen (1996 entwickelt), der als Ausgangspunkt für die anderen gitter-basierten Verfahren gelten kann.

[36] (US) *National Institute of Standards and Technology* [https://www.nist.gov/]

CRYSTALS

CRYSTALS nutzt ein Gitter unter Einsatz eines Algorithmus, der mit *Fehlern* (die entsprechend einer Gauß-Verteilung auftreten können) in dessen Berechnung (*modulo* eines Wertes q) und seiner Verifikation umgehen kann (*Module Learning with Errors* ML), das sich für viele Anwendungsfälle eignet:

- Erzeugen von Public/Private Schlüsselpaaren.
- Als Hashfunktion zur Erzeugung von *Hashwerten* und deren Verifikation.
- Zur Erzeugung von Signaturen mittels des *private Keys*.
- Zur Verifikation der Signaturen über den *public Key*.
- Um kryptographische Token zu generieren.

SPHINCS$^+$

SPHINCS$^+$ ist demgegenüber ein *Signaturverfahren*, das Hashfunktionen benutzt. LMS (*Leighton-Micali Hash-Based Signatures*) ist eine Entwicklung, die auf den Grundlagen von *Leslie Lamport*, *Whitfield Diffie*, *Ralf Merkle* sowie *Pavel Winternitz* aufbaut und sich für eine *Einmal-Authentisierung* eignet.

McEliece

Abweichend hiervon basiert der *Classic McElice*-Algorithmus, der bereits 1978 von *Robert McEliece* entwickelt wurde, auf dem Ansatz, einen gemeinsamen *Code* zu dechiffrieren bzw. zu bestimmen und nicht etwa, sich auf ein *Byte-Feld* zu einigen.

PQC Ressourcenverbrauch beim IoT

Analog zu den Überlegungen bei den pre-quantum Algorithmen muss auch hier die Frage gestellt werden, wieviele Ressourcen diese binden und wie groß die Schlüssel und die Signaturen werden. [19] liefert hierüber eine Übersicht, die wir kurz zitieren möchten. Zunächst betrachten wir Schlüssel- und Signaturlängen:

Algorithmus	**private Key**	**public Key**	**Signaturgröße**
Falcon	1281 Byte	897 Byte	666 Byte
Dilithium	2528 Byte	1312 Byte	2420 Byte
LMS	64 Byte	60 Byte	4756 Byte

Tab. 12.5-4: Vergleich von post-quantum Signatur-Algorithmen und kryptographischem Material bzgl. der Längen der Schlüssel und der Signaturen [19]

Typischerweise werden *Falcon* oder *Dilithium* für das Signieren von Daten herangezogen werden, während *LMS* für den Handshake, z.B. bei DTLS [Abb. 12.2-7], genutzt werden könnte. Erstaunlicherweise korrelieren große Schlüssellängen nicht unbedingt mit hoher erforderlicher Rechenleistung. Dies zeigte die Studie von [19], worauf in Tab. 12.5-5 Bezug genommen wird.

		Signieren			**Verifizieren**		
	Flash	Zeit		Stack	Zeit		Stack
Algorithmus	(Byte)	(ms)	(kTicks)	(Byte)	(ms)	(kTicks)	(Byte)
Ed25519*) (Monocypher)	17238	21	1709	1536	60	4864	2160
Falcon	60358	1172	93824	42504	16	1322	4920
Dilithium (dynamisch)	12397	87	7036	51954	43	3508	36242
Dilithium (statisch)	27197	121	9694	35412	21	1706	19520
LMS	15177	7583	606674	13488	101	8141	1808

Tab. 12.5-5: Vergleich einiger Signatur-Algorithmen auf einer ESP32 μCPU und ihre Ressourcenverbrauch; *) pre-quantum Signatur [19]

kTicks: 1000 Tickmarks (Zeitmarken)

Verglichen werden hier vier post-quantum Signaturen mit dem pre-quantum Ansatz *Ed25519* unter Einsatz des *monocypher* Frameworks [https://monocypher.org/]. Im Einzelnen wird in Tab. 12.5-5 gezeigt:

Flashspeicher

1. Der notwendige *Speicherbereich* für die Implementierung (persistenter Code).

Signierung

2. Die benötigten Ressourcen für die *Signierung* in Bezug auf *Zeit*, Anzahl der *Zeitslots* (kTicks) auf der ESP32-Hardware und die benötigte Größe des *Software-Stacks* für die Berechnung.

Verifikation

3. Die Ressourcen zur *Verifikation* einer Signatur mit den gleichen Parametern wie zur Signierung.

Die Ergebnisse wurden unter RIOT-OS ermittelt. Bei Ed25519 und den Dilithium-Chiffren lagen Teile der Matrix zur Berechnung bereits kompiliert vor (dynamisch vs. statisch). Wie erwartet, sind die Schlüssel- und Signaturgrößen weit von den Werten der Ed25519-Kurve entfernt, die allerdings prinzipiell besonders kleine Werte liefert. Hingegen sind die Werte der notwendigen Rechenoperationen nicht so einfach zu kategorisieren. Hier besitzen die post-quantum Versionen sogar Vorteile bei der Signatur-Verifikation.

Ergänzend sollte erwähnt werden, dass die anfangs im NIST-Wettbewerb mit hohen Erwartungen gestarteten Verfahren auf Grundlage von *Supersingularen Isogenesen*[37] (sog. hochdimensionale *Abel-Varietäten*) aufbauenden Entwicklungen mit einem Diffie-Hellman vergleichbaren Ablauf allesamt gescheitert sind.

12.5.3 Hybride Verfahren

Während die kryptographischen Stärken von pre-quantum Verfahren in den letzten Jahrzehnten ausgiebig erforscht wurden, gilt das für die post-quantum Algorithmen und Protokolle nur sehr eingeschränkt. Zwar hat sich in den letzten Jahren 'die Spreu vom Weizen getrennt'; ganz sicher kann man aber erst dann sein, wenn leistungsfähige Quantencomputer zur Verfügung stehen.

Daher gibt es einen Ansatz, klassische pre-quantum mit post-quantum (PQ) Verfahren als *Hybride* bereitzustellen. In vielen Webbrowsern ist dies bereits Standard, bedarf allerdings eines korrespondieren Webservers. Hierzu haben sich *Google* und der Provider *Cloudflare* zusammen getan, diese Voraussetzungen gemeinsam abgeglichen und Messungen vorgenommen[38].

Hybrides Geheimnis im Handshake

Hybride Verfahren kommen ausschließlich für den Handshake – d.h. bei der Verbindungsaufnahme zweier Partner – in Frage. Hierbei setzten *Google* und *Cloudflare* auf Implementierungen auf, die in Tab. 12.5-6 im oberen Bereich zu finden sind. Die IETF-Vorschläge[39] sind hingegen im unteren Bereich der Tabelle zu finden.

In allen Fällen wird der gemeinsame Schlüssel durch Kombination beider Verfahren gebildet. Hierbei werden zwei 'Geheimnisse' genutzt: eins auf Grundlage des PQ-

[37] vgl. https://blog.cloudflare.com/towards-post-quantum-cryptography-in-tls/
[38] siehe https://blog.cloudflare.com/the-tls-post-quantum-experiment/
[39] vgl. https://www.ietf.org/archive/id/draft-kwiatkowski-tls-ecdhe-mlkem-03.html

Bezeichnung	PQ Verfahren	Schlüssel-länge	ECC Kurve	Bemerkung
CECPQ2	HRSS-SXY	330 Byte	X25519	HRSS ist Variante von NTRU
CECPQ2b	SIKE/p434	1100 Byte	X25519	SIKE → Supersingular Isogeny Key Encapsulation
SecP256r1MLKEM768	ML-KEM	32 Byte	Secp256r1	DTLS ok
X25519MLKEM768	ML-KEM	32 Byte	X25519	DTLS ok
SecP384r1MLKEM1024	ML-KEM	1568 Byte	SecP384r1	DTLS ok

Tab. 12.5-6: Hybrider Schlüsseltausch bei TLS 1.3; die Länge der Schlüssel bei der Elliptic Curve Cryptography (ECC) richtet sich nach der Kurve. X25519 steht hierbei für die Edwardskurve Ed25519 entsprechend RFC 8446.

HRSS-SXY: Hülsing/Rijneveld/Schanck/Schwabe und Tsunekazu Saito/ Keita Xagawa/Takashi, SIKE: Supersingular Isogeny Key Encapsulation, ML-KEM: Modul Lattice Key Encryption Method (CRYSTALS Kyber)

Verfahrens, das nach dem KEM-Verfahren verschlüsselt übertragen wird, und eins, das durch den Diffie-Hellman-Algorithmus auf der Kurve gebildet wird.

Im Verlauf der Untersuchungen von *Cloudflare* stellte sich heraus, dass der post-quantum SIKE-Algorithmus (Spalte zwei in Tab. 12.5-6) gebrochen ist. Im Anschluss daran wurden alle Verfahren, die auf *Isogenesen* basieren, vom NIST-Wettbewerb ausgeschlossen.

Die aktuelle Diskussion in der IETF Working Group scheint aber darauf abzuzielen[40], keine hybriden Verfahren zu standardisieren. Dies soll wohl auf mehreren Varianten des ML-KEM-Verfahrens (also CRYSTALS-Kyber) mit unterschiedlichen Schlüssellängen (512, 768 und 1024 Bit) aufsetzen, wobei Letzteres als ML-KEM-1024 auf 'Stufe V' gehoben und als FIPS 203 [`https://nvlpubs.nist.gov/nistpubs/FIPS/NIST.FIPS.203.pdf`] ab 2033 genutzt werden soll.

12.6 Schlussbemerkungen

In diesem Kapitel wurde die (sichere) Interaktion von IoT-Devices mit der realen Welt besprochen. Wie wir gesehen haben, sind IoT-Devices nur solange brauchbar, wie sie fehlerfrei funktionieren oder vom Hersteller mit Software-Updates versorgt werden. Bedenken wir, dass µProzessoren in diesen Geräten nur den Gegenwert von wenigen (Euro) Cents aufweisen, stellt sich die Frage, ob eine Wartung dieser Geräte für die Hersteller überhaupt ökonomisch sinnvoll ist.

Welche Konsequenzen und Schlussfolgerungen ziehen wir hieraus?

- Absehbar ist in jedem Fall, dass mit dem Anwachsen der Anzahl von IoT-Devices, die mit dem Internet verbunden sind, die Datenmenge, die über das Internet zu übertragen ist, zunehmen wird und ohne diese Möglichkeit nicht weiter funktionieren werden.
- Bei den 'smarten' Systemen ist zwar prinzipiell die Möglichkeit gegeben, diese 'Over the Air' zu aktualisieren, da sie mit dem Internet – sprich der Cloud –

[40] siehe `https://blog.cr.yp.to/20251004-weakened.html`

kommunizieren können. Zum Zeitpunkt des Schreibens dieser Zeilen (Oktober 2025), hatten die *Amazon Web Services* (AWS-Cloud) Ausfälle, die ganze Serien von 'Smart Devices' zu 'Dumb Devices' werden ließ.

- Sind diese IoT-Devices zudem mit KI-Systemen verbunden, wächst die zur Auswertung notwendige elektrische Energie um ein Vielfaches. Bedenken wir, dass diese Energie vornehmlich für technische Aufgaben (Erstellung, Formatierung, Übertragung und Auswertung) 'verbraten' wird, ohne einen inhaltlichen Mehrgewinn zu produzieren, erscheint diese Entwicklung aus ökonomischer und ökologischer Sicht fraglich.
- Während wir hier in diesem Kapitel Maßnahmen diskutiert haben, wie IoT-Systeme sicher betrieben werden können, ist die Welt 'draußen' derzeit weit weniger sicherheitsbewußt: Systeme, die nicht geeignet gesichert sind und Daten unverschlüsselt über das Internet übertragen, stellen ein vermeidbares Risiko dar. Dies gilt z.B. auch für das Internet-Radio, das hier betrieben wird: Auf einem ESP32 Espressif-SoC[41] wird ein Webserver ohne Authentisierung betrieben.
- Diese Probleme können wie hier vorgestellt, technisch gelöst werden; selbst unter den Bedingungen der Existenz von Quantencomputern. Hierbei gibt es bereits Überlegungen [19], wie IoT-Devices sicher mit Updates versorgt werden können.
- Ein komplexeres Problem ist das in Kapitel 11 dargestellte Intelligente IoT: Hier werden Kommunikationswege zwischen IoT-Devices untereinander benötigt, die sich in unterschiedlichen 'Realms' befinden. Deren Kommunikation läuft dann über Cloud- bzw. Fog-Services (vgl. Abb. 11.4-2). Damit ist klar, dass *Anonymität* nicht gewährleistet werden kann. Alle unsere Bewegungen hinterlassen Spuren im Internet, die mittels 'Big Data'-Analyse ausgewertet, zurück verfolgt und genutzt werden können.

Letzteres ist im Grunde ein zivilisatorisches Problem:

> In einer zivilisierten Gesellschaft respektiere ich die Rechte meines Gegenübers und räume diesem die gleichen Rechte ein, die ich auch für mich beanspruche. Dies erwarte ich ebenso von meinem Gegenüber.

Zu diesen Rechten gehört auch insbesondere die Privatsphäre. Eine Gesellschaft, die hierzu nicht in der Lage ist oder dieses Prinzip aushebelt, ist keine zivilisierte Gesellschaft. Der 'gläserne' Mensch ist keine Perspektive. Bekanntlich besitzen Vampire kein Spiegelbild. Dieses Buch versteht sich als *Knoblauch*. Um Vampire fern zu halten, legen Sie es bitte neben Ihren Bildschirm.

Internet-Quellen und ausgewählte Wikipedia-Ergänzungen

- https://mqtt.org/
- https://www.mtconnect.org/
- https://opcfoundation.org/about/opc-technologies/opc-ua/

[41] siehe https://www.espressif.com/en/products/socs/esp32

- https://zigbeealliance.org/wp-content/uploads/2019/11/ZigBee_WP_2014_09_08_ZigBee_WhitePaper_Understanding-ZigBee-RF4CE.pdf
- https://csa-iot.org/all-solutions/zigbee/
- https://csa-iot.org/developer-resource/specifications-download-request/
- https://en.wikipedia.org/wiki/Industrial_Ethernet
- https://de.wikipedia.org/wiki/ZigBee
- https://de.wikipedia.org/wiki/Matter_(Standard)
- https://de.wikipedia.org/wiki/IEEE_802.15.4WPAN
- https://de.wikipedia.org/wiki/IEEE_802.11WiFi
- https://de.wikipedia.org/wiki/Bluetooth_Low_Energy
- https://en.wikipedia.org/wiki/LoRa
- https://en.wikipedia.org/wiki/DASH7
- https://en.wikipedia.org/wiki/IEEE_802.11ah
- https://en.wikipedia.org/wiki/Z-Wave
- https://en.wikipedia.org/wiki/Narrowband_IoT
- https://en.wikipedia.org/wiki/Merkle_tree
- https://en.wikipedia.org/wiki/Immutable_object
- https://avsystem.com/blog/iot/iot-communication-protocols-with-calculations
- https://www.mdpi.com/2224-2708/5/4/16

Anhang und Referenzen

Abkürzungsverzeichnis

6P 6top Protocol
6LoWPAN IPv6 over Low-Power WPAN
6TiSCH IPv6 over TiSCH

AAD Additional Authenticated Data
AAL ATM Adaption Layer
AC Ambient Computing
ACL Access Control List
A-CPI Application CPI
ACPU Arithmetic Coprocessor
ADC Analoge Digital Converter
AEAD Authenticated Encryption with Additional Data
AES Advanced Encryption Standard
AG Access Gateway
AGI Artificial General Intelligence
AH Authentication Header
AI Artificial Intelligence
AIX Advanced Interactive eXecutive (Unix)
ALT Alternate Logical Topology
ALU Arithmetic Logical Unit
AMD Advanced Micro Devices
AR Augmented Reality
ARIS Architektur integrierter Informationssysteme
AS Action Set, Autonomous System
ASCII American Standard Code for Information Interchange
ASN AS Number
ATM Asynchronous Transfer Mode
AWS Amazon Web Services

BDA BD Analysis
BD Big Data
Bit Binary Digit
BLE BT Low Energy
BPG Border Gateway Protocol
BSD Berkeley Software Distribution
BSM Building Safety Monitoring
BSS Business Support System
BT Bluetooth
BUM Broadcast, Unknown, Multicast (trafic)

CAC Context-Aware Computing
CA Customer Address, Certificate Authority
CAPEX Capital Expenditure
CBC Counter Block Cipher
CBOR Concise Binary Object Representation
CC Cognitive Computing, Cloud Computing
CCM Counter with CBC-MAC
CDC Control Data Corporation
CDDL Concise Data Definition Language
CE Customer Edge
CERN Conseile Europeen pour la Recherche Nucleair
CH Context Header
CN Cognitive Netwok, Cloud Networking
CoAP Constrained Application Procotol
COSE CBOR Object Signing and Encryption
CP Connection Point, Control Plane
CPE Customer Premesis Equipment
CPI CP Interface
CPU Central Processing Unit
CRA Cyber Resiliance Act
CR Constrained Routing
CS Communication Schedule
CSMA/CA Carrier Sense Multiple Access/Collision Avoidance
CUDA Compute Unified Device Architecture
CVE Common Vulnerabilities and Exposures
CW Control Word

DAC Digital Analoge Converter
DA Destination Address
DCAC Distributed CAC
DC Data Center, Dew Computing
DC Domain Controller
D-CPI Data CPI
DDoS Distributed DoS
DEA Deterministischer Endlicher Automat
DEC Digital Equipment Corporation
DES Data Encryption Standard
DFI Data Forwarding Infrastucture
DHCP Dynamic Host Configuation Protocol
DH Diffie-Hellman
DHE DH Ephemeral
DL Deep Learning
DNS Domain Name Service
DoS Denial of Service
DP Data Plane
DPI Deep Packet Inspection
DSA Digital Signature Algorithm
DT Digital Twin
DTF DT Foundation
DTLS Datagram TLS
DToP DT of People
DVS Distributed Virutual (Ethernet) Switch
DWDM Dense WDM

EAN European Article Number
ECC Elliptic Curve Cryptography
ECDH ECC DH
EC Edge Computing
ECMP Equal Cost Multi Path
EE Edge Equipmnet
EFI Extensible Firmware Interface
EHC Electronic Health Card
EH Encapsulation Header
EID Endpoint ID
EMS Element Mangement System
EOL End-of-Lifetime
EoMPLS Ethernet over MPLS
EPC Electronic Product Code
ERM EID to RLOC Mapping
ERP Enterprise Resource Planning
ESP Encapsulated Security Payload
ETM EID to TLOC Mapping
ETR Egress Tunnel Router
ETSI European Telecommunications Standards Institute
EU Europäische Union
EUI Extended Unique Identifier
EVC Ethernet Virtual Connection
EVPN Ethernet VPN

FC Fog Computing
FEC Forwarding Equivalence Class
FIFO First-In/First-Out
FIPS Federal Information Processing Standard
FQDN Fully Qualified Domain Name
FT Forwarding Table

GC Grid Computing
GCM Galois Counter Mode
GE Gigabit Ethernet
GENEVE Generic Network Virtualisation Encapsulation
GF Galois Feld
GHI Global Highway Information
GMPLS Generalised MPLS
GPS General Positioning System
GPT General-Purpose test-based Tasks
GPE Generic Protocl Extension
GPU Graphic Processing Unit
GRE Generic Routing Encapsulation
GT Group Table

HHDT Human Healt DT
HKDF Hash-based Key Derivation Function
HMAC Hash-based MAC
HO Hand-Over
HT Header Termination
HTML Hytertext Markup Language
HTTP Hypertext Transport Protocol
HW Hardware

IaaS Infrastructre as a Service
IANA Internet Assigned Numbers Authority
IAR Internet Access Router
IBM International Business Machines
ICMP Internet Control Message Protocol
ICN Information Centric Networking
ICV Integrity Check Value
ID Identifier
IEEE Institute of Electrical and Electronics Engineers
IE Information Element
IETF Internet Engineering Task Force
IIoT Industrial IoT
IKE Internet Key Exchange
IMKD Individual Medical Knowledge Database
I/O Input/Output
IoT Internet of Things
IoV Internet of Vehicles
IP Internet Protocol
IPSec IP Security
IPS Intrusion Prevention System
ISA Instruction Set Architecture
ISAKMP Internet Security And Key Management Protocol
IS-IS Intermediate System-to-Intermediate System
IT Information Technology
ITR Ingress Tunnel Router
ITU-T International Telecommunication Union - Telecom Sector
IV Initialisation Vector

JPL Jet Propulsion Laboratory
JOSE JSON Object Signing and Encryption
JSON Javascript Object Notation

KDD Knowledge Discovery in Databases
KEM Key Encryption Method
KEX Key Exchange Method
KI Künstliche Intelligenz
KNN Künstliches neuronales Netz

L1 Layer 1
L2 Layer 2
L4 Layer 4
LAN Local Area Network
LDP Label Distribution Protocol
LHI Local Highway Information
LIFO Last-In/First-Out
LISP Locator/ID Separation Protocol
LLDP Link Layer Discovery Protocol
LLM Large Language Models
LLN Low-Power and Lossy Network
LOC Locator
Lo-PAN Low-power PAN
LR-WPAN Low-Rate Wireless Personal Network
LSB Leat Significant Bit (first)
LSP Label Switched Path
LST Label Switching Table
LT Label Table
LTE Long Term Evolution

M2M Machine-2-Machine Communication
MAC Medium Access Control, Message Authentication Code
MANO Management and Orchestration
MAoS Medical Analysis of Symptoms
MASA Manufacturer Authorized Signing Authority
MC Mist Computing
MDCO Multi-Domain Controller and Orchestrator
MD Metadata, Multi-Domain
MD5 Message Digest 5
MEF Metro Ethernet Forum
MHA Mobile Health Assistant
ML Machine Learning, Multi-Lattice
MMU Memory Management Unit
MPLS Multiprotocol Label Switching
MP Multi Protocol

MQTT Message Queuing Telemetry Transport
MR Map Resolver
MSB Most Significant Bit (first)
MS Map Server
MT Meter Table
MTU Maximum Transfer Unit, Multi-Tenant Unit
MUD Multi User Dungean
MUX Multiplexer
MVC Model/View/Control

NAPT Network Address and Port Translation
NASA National Aeronautics and Space Administration
NBI Northbound Interface
NFC Near Field Communication
NFC Network Function Call
NFT None-Fungible Token
NFVI NFV Infrastucture
NFV Network Functions Virtualisation
NFVO NFV Orchestrator
NIC Network Interface Controller
NLRI Network Layer Reachability Information
NP Network Programming
NPU Neural Processing Unit
NRT Near Real Time
NSA National Security Agency
NSD Network Service Descriptor
NSH Network Service Header
NTRU Number Theory Research Unit
NVGRE Network Virtualisation using GRE

OAKLEY Oakley Key Determination Protocol
OAM Operation, Administration and Maintenance
OBD On-board Diagnostics
OFP OpenFLow Protocol
OID Object ID
ONF Open Network Foundation
OPC UA Open Platform Communication Unified Architecture
OPEX Operations Expenditure
OPNFV Open Platform NFV
OSCORE Object Security for Constrained RESTful Environments
OS Operating System
OSI Open System Interconnect
OSS Operations Support System
OTA Over-the-Air, One-Time Authentication
OXC Optical Cross-Connect

PA Provider Address
PC Personal Computer
PDF Programmed Data Processor
PDU Protocol Data Unit
PE Provider Edge
PGP Pretty Good Privacy
PKI Public Key Infrastructure
PON Purchase Order Number
PoS Proof of Stake
PQC Post Quantum Cryptography
PRK Pseudo-Random Key
PSK Pre-Shared Key
PWE3 Pseudo Wire Emulation Edge-to-Edge
PWI PW Instances
PW Pseudo Wires

QA Quality Assurance
QoS Quality of Service
QPU Quantum Processing Unit
QR Quick Response
QUIC Quick UDP Internet Connections

RAM Random Access Memory
RA Registration Authority
RATS Remote Attestations
RBSKI Bootstrapping Remote Secure Key Infrastructure
REST Representational State Transfer

RFC Request for Comments
RISC Reduced Instruction Set Computer
RLOC Routing Locator
RL Reinforcement Learning
RNFC Remote NFC
ROM Read-Only Memory
ROOF Real-time Onsite Operations Facilitation
RPA Robotic Process Automation
RPC Remote Procedure Call
RR Route Reflector
RSA Rivest/Shamir/Adleman
RSF Remote Service Function
RSP Rendered Service Path
RSVP Reservation Protocol
RTI Real-Time Intelligence
RTM Ready to Manufacture
RT Real Time
RTT Round-Trip Time

SAN Subject Alternative Name
SA Source Address
SBI Southbound Interface
SciTT Supply Chain Integrity, Transparency and Trust
SCPS Smart City Parking System
SDH Synchronous Digital Hirarchy
SDN Software Defined Networking
SDON SD Optical Networking
SD Service Discovery
SDSH SD Smart Home
SD Software Defined, Stable Diffusion
SDVS SD Virtual Sensor
SDWEE SD WAN Edge Equipment
SDWN SD Wireless Network
SFC SF Chaining, SF Controller
SFF SF Forwarder
SFP SF Path, SF Plane
SF Service Function
SHA Secure Hash
SID Segment ID
SI Service Index
SIG Signature
SKEYID Shared Key ID
SL Segment List, Segments Left
SOA Service Oriented Architecture
SoC System on a Chip
SPB Shortest Path Bridging
SPD Security Policy Database
SPRING Source Packet Routing in Networks
SRH SR Header
SRR SRv6-capable Router
SR Segment Routing
SRv6 SR IPv6
SSL Secure Socket Layer
STP Spanning Tree Protocol
SUIT Software Update für das IoT
SWE SW Engineering
SW Software
SWVC SD-WAN Virtual Connection

TCM Traditionelle Chinesische Medizin
TCP Transmission Control Protocol
TE Traffic Engineering
TH Tunnel Header
TiSCH Time-Slotted Channel Hopping
TLOC Transport Locator
TLS Transport Layer Security
TLV Type-Length-Value
TMUX TSCH MUX
TNC Transport Network Colors
ToFU Trust on First Use
TO Time OUT
TPM Trusted Platform Module
TP Tunneling Protocol
TR Technical Reference
TSCH Time-Slotted Channel Hopping
TSM TSCH Schedule Matrix
TTL Time-to-Live

UDP User Datagram Protocol
ULA Unique Local Unicast (IPv6) Address
URL Universal Resource Locator
URN Universal Resource Name
USB Universal Serial Bus
UUID Universal Unique User ID

V2I Vehicle-to Infrastucture
V2V Vehicle-to-Vehicle
VANET Vehicuar Ad-hoc Network
VCS Version Control System
VDC Virtual Data Center
VDES VDE Switch
VDE Virtual Distributed Ethernet
VDS Verifiable Data Structure
VE VPLS Edge
VIM Virtualised Infrastructure Manager
VLAN Virtual LAN
VLCH Variable Length Context Header
VLB Virtual Load Balancer
VM Virtual Machine
VNFM VNF Manager
VNF Virtualised Network Function
vNIC virtual NIC
VNI VXLAN Network Index
VNS Virtualised Network Services
VN Virtual Network
VON Virtual Overlay Network
VPLS Virtual Private LAN Service
VPN Virtual Private Network
VRRP Virtual Router Redundancy Protocol
vSDN virtual SDN
VSID Virtual Subnet Identfier
VSI Virtual Switching Instance, Virtual Switch Interface
VTEP Virtual Tunnel End Point
VWS Virtual Web Server
VXLAN Virtual Extensible LAN

WAN Wide Area Network
WBAN Wireless Body Area Network
WC Wearable Computing
WDL Wireless Data Link
WDM Wavelength Division Multiplexing
WPA2 WiFi Protected Access 2
WSAN Wireless Sensor and Actuator Network
WWW World Wide Web

XML eXtensible Markup Language

Abbildungsverzeichnis

Tabellenverzeichnis

Literaturverzeichnis

[1] Muhammad Abbas, Afaq Muhammad und Wang-Cheol Song. „SD-IoV: SDN enabled routing for internet of vehicles in road-aware approach“. In: *Journal of Ambient Intelligence and Humanized Computing* 11.3 (Mai 2019). Hrsg. von Heinz Schulte, S. 1265–1280. DOI: 10.1007/s12652-019-01319-w. eprint: arXiv:1902.10910v1[cs.NI].

[2] Aaqif Abbasi u. a. „Software-Defined Cloud Computing: A Systematic Review on Latest Trends and Developments“. In: *IEEE Access* 7 (2019), S. 93294–93314. DOI: 10.1109/access.2019.2927822.

[3] Zahraa Abdullah, Imtiaz Ahmad und Iftekhar Hussain. „Segment Routing in Software Defined Networks: A Survey“. In: *IEEE Communications Surveys & Tutorials* 21.1 (2019), S. 464–486. DOI: 10.1109/comst.2018.2869754.

[4] Panagiotis Aivaliotis, Konstantinos Georgoulias und George Chryssolouris. „The use of Digital Twin for predictive maintenance in manufacturing“. In: *International Journal of Computer Integrated Manufacturing* 32.11 (2. Nov. 2019), S. 1067–1080. DOI: 10.1080/0951192x.2019.1686173.

[5] Iqbal Alam und et al. „A Survey of Network Virtualization Techniques for Internet of Things Using SDN and NFV“. In: *ACM Computing Surveys, Vol 53* 53.2 (Apr. 2020), S. 1–40. ISSN: 0360-0300. DOI: 10.1145/3379444.

[6] Iqbal Alam u. a. „IoT Virtualization: A Survey of Software Definition & Function Virtualization Techniques for Internet of Things“. In: *CoRR* abs/1902.10910 (2019). arXiv: 1902.10910. URL: http://arxiv.org/abs/1902.10910.

[7] F. Arute, K. Arya und R. et al. Babbush. *Quantum supremacy using a programmable superconducting processor.* 2019. URL: https://doi.org/10.1038/s41586-019-1666-5.

[8] Alain Aspect. „Bell's inequalitytest: more ideal than ever“. In: *Nature* 398.6724 (18. März 1999), S. 189–190. ISSN: 0028-0836. DOI: 10.1038/18296.

[9] A. Badach, E. Hoffmann und O. Knauer. *High Speed Internetworking*. Addison-Wesley, 1994.

[10] A. Badach, S. Rieger und M. Schmauch. *Web-Technologien, Architekturen, Konzepte, Trends.* Carl Hanser Verlag GmbH & Co. KG, 2003.

[11] Anatol Badach. „EVB, BPE und SPB“. In: *Protokolle und Dienste der Informationstechnologie.* Hrsg. von Heinz Schulte. ISBN: 978-3824540662.

[12] Anatol Badach. „LISP - Locator/ID Separation Protocol“. In: *Protokolle und Dienste der Informationstechnologie.* Hrsg. von Heinz Schulte. WEKA Verlag, Mai 2012.

[13] Anatol Badach. „LISP+ALT – LISP Alternative Logical Topology“. In: *Protokolle und Dienste der Informationstechnologie.* Hrsg. von Heinz Schulte. WEKA Verlag, Aug. 2012.

[14] Anatol Badach. „MPTCP – Multipath TCP". In: *Protokolle und Dienste der Informationstechnologie.* Hrsg. von Heinz Schulte. WEKA Verlag, Apr. 2012.

[15] Anatol Badach. „SDN– Software Defined Networking". In: *Protokolle und Dienste der Informationstechnologie.* Hrsg. von Heinz Schulte. WEKA Verlag, Okt. 2020.

[16] Anatol Badach. *Web-Technologien für e-Commerce.* DOI:10.13140-RG.2.1.1074.7765. Mai 2016. URL: https://www.researchgate.net/publication/301796921_Web-Technologien_fur_e-Commerce.

[17] Anatol Badach und Erwin Hoffmann. *Technik der IP-Netze. Grundlagen der IPv4- und IPv6-Kommunikation.* 5. Aufl. Auf dem Umschlag: Extra: E-Book inside. Mit über 700 Abbildungen. München: Carl Hanser Verlag GmbH & Co. KG, 2023, S. I–XXVIII. 1156 S. ISBN: 978-3-446-47371-3. DOI: 10.3139/9783446455115.fm.

[18] Seyed Bamakan u. a. „Patents and intellectual property assets as non-fungible tokens; key technologies and challenges". In: *Scientific Reports* 12.1 (9. Feb. 2022), S. 2178. DOI: 10.1038/s41598-022-05920-6.

[19] Gustavo Banegas u. a. *Quantum-Resistant Security for Software Updates on Low-power Networked Embedded Devices.* 2021. arXiv: 2106.05577. URL: https://arxiv.org/abs/2106.05577.

[20] Charles H. Bennett. „Quantum Information and Computation". In: *Physics Today* (Okt. 1995), S. 340–348. DOI: 10.1142/9789812385253_0011.

[21] Nikos Bizanis und Fernando Kuipers. „SDN and Virtualization Solutions for the Internet of Things: A Survey". In: *IEEE Access* 4 (Sep. 2016), S. 5591–5606. DOI: 10.1109/access.2016.2607786.

[22] Feng Chen u. a. „Data Mining for the Internet of Things: Literature Review and Challenges". In: *International Journal of Distributed Sensor Networks* 11.8 (1. Aug. 2015), S. 431047. DOI: 10.1155/2015/431047.

[23] Min Chen u. a. „Cognitive Internet of Vehicles". In: *Computer Communications* 120 (Mai 2018), S. 58–70. DOI: 10.1016/j.comcom.2018.02.006.

[24] Ximing Chen u. a. „Digital Behavioral Twins for Safe Connected Cars". In: *Proceedings of the 21th ACM/IEEE International Conference on Model Driven Engineering Languages and Systems.* ACM, 14. Okt. 2018, S. 144–153. DOI: 10.1145/3239372.3239401.

[25] Cisco. *The Supernatural.* Sep. 2020. DOI: 10.1007/978-3-030-92450-8_2.

[26] IEEE Global Humanitarian Technology Conference. „A digital twin for smart farming". In: *2019 IEEE Global Humanitarian Technology Conference (GHTC).* IEEE, Okt. 2019, S. 1–4. DOI: 10.1109/ghtc46095.2019.9033075.

[27] Juan Contreras. „Internet of Vehicles: Architecture, Protocols and Security". In: *IEEE Internet of Things Journal (Early Access)* (Apr. 2017). DOI: 10.1109/JIOT.2017.2690902.

[28] Li Deren u. a. „Smart city based on digital twins“. In: *Smart city based on digital twins; Computational Urban Science*. Bd. 1. 1. Springer Science und Business Media LLC, März 2021. DOI: 10.1007/s43762-021-00005-y.

[29] Sadia Din u. a. „SDIoT: Software Defined Internet of Thing to Analyze Big Data in Smart Cities“. In: *2017 IEEE 42nd Conference on Local Computer Networks Workshops (LCN Workshops)*. IEEE, Okt. 2017, S. 175–182. DOI: 10.1109/lcn.workshops.2017.84.

[30] C. Delle Donne u. a. „An operating system for executing applications on quantum network nodes“. In: *Nature* 639.8054 (2025), S. 321–328. ISSN: 0028-0836. DOI: https://www.nature.com/articles/s41586-025-08704-w.

[31] Tolga Erol, Arif Mendi und Dilara Dogan. „The Digital Twin Revolution in Healthcare“. In: *2020 4th International Symposium on Multidisciplinary Studies and Innovative Technologies (ISMSIT)*. IEEE, 22. Okt. 2020, S. 1–7. DOI: 10.1109/ismsit50672.2020.9255249.

[32] V; Gopinath, A; Srija und C Neethu Sravanthi. „Re-design of smart homes with digital twins“. In: *Journal of Physics: Conference Series* 1228.1 (1. Mai 2019), S. 012031. DOI: 10.1088/1742-6596/1228/1/012031.

[33] Lov K. Grover. *From Schrödinger's Equation to the Quantum Search Algorithm*. 2001. URL: https://arxiv.org/abs/quant-ph/0109116.

[34] Peter Gutmann und Stephan Neuhaus. *Replication of Quantum Factorisation Records with an 8-bit Home Computer, an Abacus, and a Dog*. Cryptology ePrint Archive, Paper 2025/1237. 2025. URL: https://eprint.iacr.org/2025/1237.

[35] Juliana Herrera, Arevalo und Jorge Camargo. „Survey on Machine Learning Applications for Software Defined Network Security“. In: *Survey on Machine Learning Applications for Software Defined Network Security. International Conference on Applied Cryptography and Network Security (ACNS)*. International Conference on Applied Cryptography und Network Security (ACNS), 2019, S. 20.

[36] Hoffmann und Schwandt. „Towards a multi-layer view of 'Big Data'“. In: *Informatik Spektrum* 42.4 (2019), S. 294–303. ISSN: 0170-6012. DOI: 10.1007/s00287-019-01193-y.

[37] L Jacab. „LIST-TREE: A DNS Hierarchy to Support the LISP Mapping System“. In: *IEEE JSAC* 28.8 (Aug. 2010).

[38] Yaser Jararweh u. a. „SDIoT: a software defined based internet of things framework“. In: *Journal of Ambient Intelligence and Humanized Computing* 6.4 (23. Juni 2015), S. 453–461. DOI: 10.1007/s12652-015-0290-y.

[39] Chen Jiacheng u. a. „Software defined Internet of vehicles: architecture, challenges and solutions“. In: *Journal of Communications and Information Networks* 1.1 (Juni 2016), S. 14–26. DOI: 10.1007/bf03391543.

[40] Yong-Woon; Kim u. a. „An energy management framework for smart factory based on context-awareness". In: *Characterization of Digital Twin; TR*. ResearchGate, Apr. 2021. DOI: 10.1109/icact.2016.7423519.

[41] L. Lamport, R. Shostak und S. Pease. *The Byzantine Generals Problem*. ACM Trans. Programming Languages and Systems. Band 4, Nr. 3, Juli 1982, S. 382–401. 1982. URL: https://lamport.azurewebsites.net/pubs/byz.pdf.

[42] Leslie Lamport, Robert Shostak und Marshall Pease. „The Byzantine Generals Problem". In: *ACM Trans. Program. Lang. Syst.* 4.3 (Juli 1982), S. 382–401. ISSN: 0164-0925. DOI: 10.1145/357172.357176. URL: https://doi.org/10.1145/357172.357176.

[43] U Latif u. a. „Digital-Twin-Enabled 6G: Vision, Architectural Trends, and Future Directions". In: *Digital-Twin-Enabled 6G: Vision, ArchitecturalTrends, and Future Directions*. Bd. 60. 1. Institute of Electrical und Electronics Engineers (IEEE), Feb. 2021, S. 74–80. DOI: 10.1109/mcom.001.21143. eprint: arXiv:2102.12169v1[cs.NI]24.

[44] Babedi Letswamotse u. a. „Software defined wireless sensor networks and efficient congestion control". In: *IET Networks* 7.6 (Nov. 2018), S. 460–464. DOI: 10.1049/iet-net.2018.5122.

[45] Martin Liebenberg und Matthias Jarke. „Information Systems Engineering with Digital Shadows: Concept and Case Studies". In: *Lecture Notes in Computer Science*. Springer International Publishing, 2020, S. 70–84. DOI: 10.1007/978-3-030-49435-3_5.

[46] Mengnan Liu u. a. „Review of digital twin about concepts, technologies, and industrial applications". In: *Journal of Manufacturing Systems* 58 (Jan. 2021), S. 346–361. DOI: 10.1016/j.jmsy.2020.06.017.

[47] Zhansheng Liu, Anshan Zhang und Wensi Wang. „A Framework for an Indoor Safety Management System Based on Digital Twin". In: *Sensors* 20.20 (12. Okt. 2020), S. 5771. DOI: 10.3390/s20205771.

[48] D. Loss und D. Di Vicenzo. „Quantum computation with quantum dots". In: *Phys Rev A 57:120-125* (1998).

[49] H Luo. „A DHT-based Identifier to locator Mapping Approach for a Scalable Internet". In: *IEEE Transaction on Parallel and Distribution Systems* 20.12 (Dez. 2009).

[50] Redowan Mahmud, Ramamohanarao Kotagiri und Rajkumar Buyya. „Fog Computing: A Taxonomy, Survey and Future Directions". In: *Internet of Things*. Springer Singapore, 17. Okt. 2017, S. 103–130. DOI: 10.1007/978-981-10-5861-5_5. eprint: arXiv:1611.05539v4.

[51] D. Main u. a. „Distributed quantum computing across an optical network link". In: *Nature* 638.8050 (Feb. 2025), S. 383–388. ISSN: 1476-4687. DOI: https://doi.org/10.1038/s41586-024-08404-x.

[52] Mohsen Marjani. „Big IoT Data Analytics: Architecture, Opportunities, and Open Research Challenges". In: *IEEE Access* 5 (März 2017), S. 5247–5261. DOI: 10.1109/access.2017.2689040.

[53] Karl Marx. *Das Kapital (1867). Band 1: Der Produktionsprozeß des Kapitals.* FELIX MEINER VERLAG, 1859. DOI: 10.28937/978-3-86259-616-4.

[54] Laurent Mathy und Luigi Iannone. „LISP-DHT". In: *Proceedings of the 2008 ACM CoNEXT Conference on - CONEXT '08.* ACM Press, Dez. 2008, S. 1–6. DOI: 10.1145/1544012.1544073.

[55] Andrea Mayer u. a. „An Efficient Linux Kernel Implementation of Service Function Chaining for Legacy VNFs Based on IPv6 Segment Routing". In: *2019 IEEE Conference on Network Softwarization (NetSoft).* IEEE, Juni 2019, S. 333–341. DOI: 10.1109/netsoft.2019.8806652. eprint: arXiv:1901.00936.

[56] Victor Moreno und Dino Farinacci. *The LISP Network, Evolution to the Next Generation of Data Networks.* 2019.

[57] Ranesh Naha u. a. „Fog Computing: Survey of Trends, Architectures, Requirements, and Research Directions". In: *IEEE Access* 6 (2018), S. 47980–48009. DOI: 10.1109/access.2018.2866491. eprint: arXiv:1807.00976v1.

[58] Nerd. *A Not-so-novel EID to RLOC Database.* Mai 2012.

[59] M.A. Nielsen und I.L. Chuang. *Quantum Computation and Quantum Information.* Cambridge University Press, 2024. ISBN: 978-1-107-00217-3.

[60] T Ninikrishna, Sarkar und Sutapa. „Software defined networking for optical networks". In: *Software defined IoT: Issues and challenges; International Conference on Computing Methodologies and Communication (ICCMC).* IEEE, Juli 2017, S. 133–137. DOI: 10.1109/discover.2016.7806260.

[61] Mike Ojo, Davide Adami und Stefano Giordano. „A SDN-IoT Architecture with NFV Implementation". In: *2016 IEEE Globecom Workshops (GC Wkshps).* IEEE, Dez. 2016. DOI: 10.1109/glocomw.2016.7848825.

[62] Abiodun Onile u. a. „Uses of the digital twins concept for energy services, intelligent recommendation systems, and demand side management: A review". In: *Energy Reports* 7 (Jan. 2021), S. 997–1015. DOI: 10.1016/j.egyr.2021.01.090.

[63] Jose Ordonez-Lucena. „Network Slicing in 5G Systems; Network Slicing for 5G with SDN/NFV: Concepts, Architectures, and Challenges". In: *IEEE Communications Magazine* 55.5 (Mai 2017).

[64] Charith Perera u. a. „Context Aware Computing for The Internet of Things: A Survey". In: *IEEE Communications Surveys & Tutorials* 16.1 (2014), S. 414–454. DOI: 10.1109/surv.2013.042313.00197.

[65] FEDERAL INFORMATION PROCESSING STANDARDS PUBLICATION. *Digital Signature Standard (DSS).* Feb. 2023. URL: https://nvlpubs.nist.gov/nistpubs/FIPS/NIST.FIPS.186-5.pdf.

[66] Christos Pylianidis, Sjoukje Osinga und Ioannis Athanasiadis. „Introducing digital twins to agriculture". In: *Computers and Electronics in Agriculture* 184 (März 2021), S. 105942. DOI: 10.1016/j.compag.2020.105942.

[67] Qinglin Qi und Fei Tao. „Digital Twin and Big Data Towards Smart Manufacturing and Industry 4.0: 360 Degree Comparison“. In: *IEEE Access* 6 (Jan. 2018), S. 3585–3593. DOI: 10.1109/access.2018.2793265.

[68] Wajid Rafique, Qi und Lianyong. „Complementing IoT Services through Software Defined Networking and Edge Computing: A Comprehensive Survey“. In: *IEEE Communications Surveys & Tutorials (Early Access)* 22.3 (Mai 2020), S. 1761–1804. ISSN: 1553-877X. DOI: 10.1109/comst.2020.2997475.

[69] Rahim Rahim und Ali Ghaffari. „Software defined networks: A survey“. In: *Journal of Network and Computer Applications* 67 (2016).

[70] Partha Ray und Pratim. „An Introduction to Dew Computing: Definition, Concept and Implications“. In: *IEEE Access* 6 (Nov. 2017), S. 723–737. DOI: 10.1109/access.2017.2775042.

[71] Alberto Rodriguez-Natal u. a. „LISP: a southbound SDN protocol?“ In: *IEEE Communications Magazine* 53.7 (Juli 2015), S. 201–207. DOI: 10.1109/mcom.2015.7158286.

[72] José Romero-Gázquez und M Bueno-Delgado. „Software Architecture Solution Based on SDN for an Industrial IoT Scenario“. In: *Wireless Communications and Mobile Computing* 2018.1 (Jan. 2018). DOI: 10.1155/2018/2946575.

[73] Wolfgang Scheer. *Mathematik der Quanteninformatik.* 2016.

[74] H. Schulte, Hrsg. *Protokolle und Dienste der Informationstechnologie.* WEKA Verlag, 2014.

[75] Heinz Schulte. „Wie kritisch ist „Kritische Infrastruktur“?“ In: *Protokolle und Dienste der Informationstechnologie. WEKA Verlag, ISBN-13: 978-3824540662 - siehe Fog Computing, IoT, NFV, Intelligent IoT (IIoT) and SRv6-NP.* Bd. 68. 4. EVB, BPE und SPB. DOI: 10.24053/iv-2016-0076.

[76] Charles Seife. *Zwilling der Unendlichkeit.* Goldmann, 2000. ISBN: 3-442-15054-X.

[77] Omer Sezer, Erdogan Dogdu und Ahmet Ozbayoglu. „Context-Aware Computing, Learning, and Big Data in Internet of Things: A Survey“. In: *IEEE Internet of Things Journal* 5.1 (Feb. 2018), S. 1–27. DOI: 10.1109/jiot.2017.2773600.

[78] Ali Shamsan und Arman Faridi. „SDN-Assisted IoT Architecture: A Review“. In: *2018 4th International Conference on Computing Communication and Automation (ICCCA).* IEEE, Dez. 2018, S. 1–7. DOI: 10.1109/ccaa.2018.8777339.

[79] Clauden Shannon und Warren Weaver. *The mathematical theory of communication.* University of Illinois Press, 1949. ISBN: 9780252725463.

[80] Peter W. Shor. „Polynomial-Time Algorithms for Prime Factorization and Discrete Logarithms on a Quantum Computer“. In: Hrsg. von IEEE Xplore. Bd. 26. 1995, S. 28. URL: https://arxiv.org/abs/quant-ph/9508027v2.

[81] Bundesamt für Sicherheit in der Informationstechnik. *BSI TR-02102-1*. Jan. 2025. URL: https://www.bsi.bund.de/SharedDocs/Downloads/DE/BSI/Publikationen/TechnischeRichtlinien/TR02102/BSI-TR-02102.pdf.

[82] Do Sinh, Le und Luong-Vy. „Applying Big Data, Machine Learning, and SDN/NFV for 5G Early-Stage Traffic Classification and Network QoS Control". In: *SDN/NFV - A new approach of deploying network infrastructure for IoT"; 27th Wireless and Optical Communication Conference (WOCC)*. Bd. 6. 2. Scholar Publishing, Mai 2018. DOI: 10.14738/tnc.62.4446.

[83] Gernot Steindl u. a. „Generic Digital Twin Architecture for Industrial Energy Systems". In: *Applied Sciences* 10.24 (13. Dez. 2020), S. 8903. DOI: 10.3390/app10248903.

[84] Frank J. Swetz. *Capitalism & Arithmetic: The New Math of the 15th Century*. Bd. 30. 3. JSTOR, 1989, S. 670. DOI: 10.2307/3105970.

[85] Akhilesh Thyagaturu u. a. „Software Defined Optical Networks (SDONs): A Comprehensive Survey". In: *IEEE Communications Surveys & Tutorials* 18.4 (2016), S. 2738–2786. DOI: 10.1109/comst.2016.2586999.

[86] Chun-Wei Tsai u. a. „Data Mining for Internet of Things: A Survey". In: *IEEE Communications Surveys & Tutorials* 16.1 (2014), S. 77–97. DOI: 10.1109/surv.2013.103013.00206.

[87] Pier Ventre und Luigi. „Busoni: Policy Composition and Northbound Interface for IPv6 Segment Routing Networks". In: *Segment Routing: a Comprehensive Survey of Research Activities, Standardization Efforts and Implementation Results*. IEEE, 2019, S. 1–4. DOI: 10.1109/icnp.2019.8888104. eprint: arXiv:1904.03471.

[88] Cor Verdouw u. a. „Digital twins in smart farming". In: *Agricultural Systems* 189.15 (Apr. 2021), S. 103046. DOI: 10.1016/j.agsy.2020.103046.

[89] Yingwei Wang. „Cloud-dew architecture". In: *International Journal of Cloud Computing* 4.3 (2015), S. 199. DOI: 10.1504/ijcc.2015.071717.

[90] Yingwei Wang. „Cloud-dew architecture". In: *International Journal of Cloud Computing* 4.3 (2016), S. 199. DOI: 10.1504/ijcc.2015.071717.

[91] Zhenyu Wen u. a. „Fog Orchestration for Internet of Things Services". In: *IEEE Internet Computing* 21.2 (Apr. 2017), S. 16–24. DOI: 10.1109/mic.2017.36.

[92] Caesar Wu, R Buyya und Kotagiri Ramamohanarao. „Big Data Analytics = Machine Learning + Cloud Computing". In: *Big Data*. Elsevier, Jan. 2016, S. 3–38. DOI: 10.1016/b978-0-12-805394-2.00001-5. eprint: arXiv:1601.03115v1.

[93] Qihui Wu u. a. „Cognitive Internet of Things: A New Paradigm Beyond Connection". In: *IEEE Internet of Things Journal* 1.2 (Apr. 2014), S. 129–143. DOI: 10.1109/jiot.2014.2311513. eprint: arXiv:1403.2498v1.

[94] Ke Xu u. a. „Toward software defined smart home". In: *IEEE Communications Magazine* 54.5 (Mai 2016), S. 116–122. DOI: 10.1109/mcom.2016.7470945.

[95] N Yao u. a. „Scalable architecture for a room temperature solid-state quantum information processor“. In: *Nature Communications* 3.1 (24. Apr. 2012). DOI: 10.1038/ncomms1788.

[96] Qing-Yi Zhang u. a. „Software Defined Networking Meets Information Centric Networking: A Survey“. In: *IEEE Access* 6 (2018), S. 39547–39563. DOI: 10.1109/access.2018.2855135.

Stichwortverzeichnis